황 현(黃玹)

매천야록(梅泉野錄)

광무 9년(1905)~융희 4년(1910)

李章熙 譯

明文堂

매천야록(梅泉野錄) · 下

초판 1쇄 발행일 2008년 8월 25일
초판 2쇄 발행일 2020년 8월 20일

역　자 | 李章熙
편　집 | 張塏忠
펴낸이 | 金東求
펴낸데 | 明文堂(창립 1923. 10. 1.)
주　소 | 서울특별시 종로구 안국동 17-8
우체국 | 010579-01-000682
전　화 | (영업) 733-3039, 734-4798　FAX 734-9209
　　　　(편집) 741-3237
등　록 | 1977. 11. 19. 제 1-148
ISBN　978-89-7270-894-4　　04900
ISBN　978-89-7270-062-2(전3권)
값　35,000원

매천 황현 흉상
(구례읍 시민공원)

매천 황현 유물관 현판 (황옥 글씨)

구례 군립 매천도서관

매천사(梅泉祠)
전남 구례군 광의면 수월리(월곡) 691번지

황현의 매천야록

매천 황현의 영정이 모셔진
사당 내부(구례)

호양학교(壺陽學校)의 동종
호양학교(구례군 방광초등학교의 전신) : 1908년
매천이 이 학교 설립을 위해 모금하는 글을 지었다.

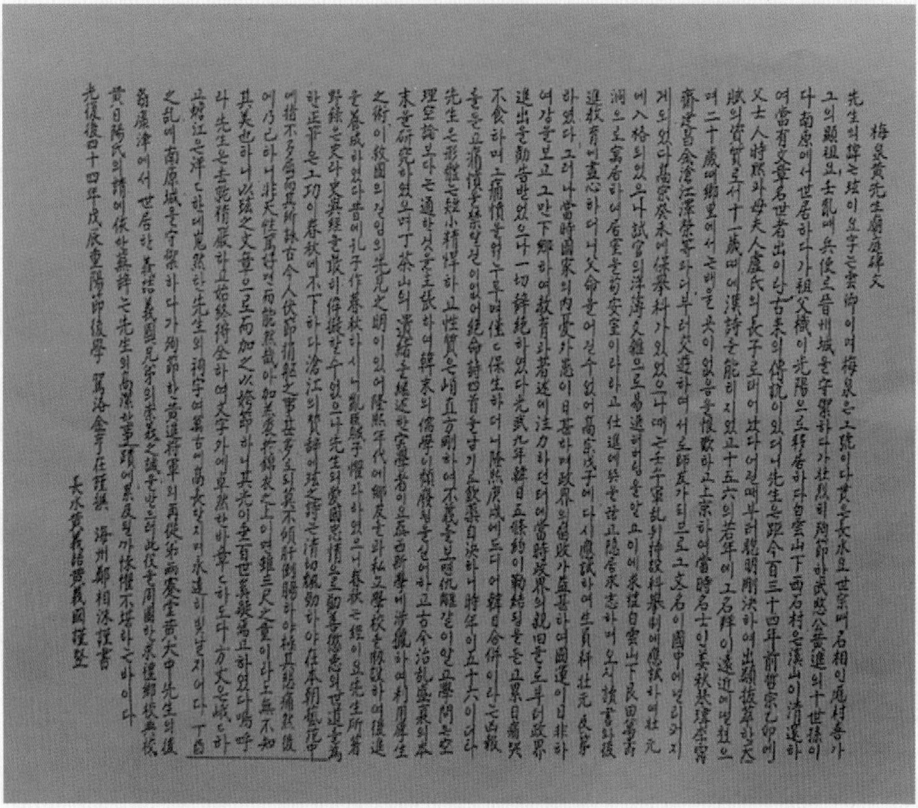

매천 사당의 비문(碑文)
(매천 선생의 일대기를 기록한 비문)

한국문학사상명저대계 · 13

황현(黃玹)

매천야록(梅泉野錄)

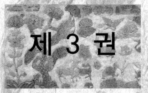

제 3 권

광무 9년(1905)~융희 4년(1910)

明文堂

|일러두기|

1. 본서의 번역은 국사편찬위원회에서 1955년에 간행한 『한국
   사료총서』 제1 『매천야록(梅泉野錄)』을 대본으로 삼았다.

2. 번역은 텍스트의 성격상 직역을 원칙으로 하였다. 어려운
   단어, 고어에는 ( ) 속에 현대말로 풀이해 주었다.

3. 『매천야록(梅泉野錄)』 국편본과 김택영(金澤榮)의 교열을 거
   친 교정본과 대조하여 오자(誤字)가 있을 경우, 실증에 의해
   수정했으며, 탈자는 □로 표시하였다.

4. 약자·속자·고자 등은 가급적 현재 통용되고 있는 정자(正
   字)로 바꾸었으나 간혹 이해를 돕기에 필요한 경우 원자를
   그대로 두었다.

5. 기타 체재(體裁)는 초역본(抄譯本)에 따르되, 독자가 이해하
   기 쉽도록 하기 위해 조목마다 한 줄씩 띄어 구분하고, 너
   무 긴 문장은 현대적인 시각을 살려 행을 바꾸어 주었다.

6. 독자의 이해를 돕기 위해 어렵다고 생각되는 낱말은 주해
   (註解)를 달았다.

7. 번역문 다음에는 반드시 그 원문을 삽입하고 이해를 돕고자
   한자의 음을 붙였다.

8. 책명은 『　』, 대화는 " ", ' '로 표시하였다.

|차 례|

제 1 권 (1864~1894)

□ 제 2 권

제 2 권 (1895~1905)

❑ 제 3 권

제 3 권 (1905~1910)

한국고전문학사상명저대계 · 13

황현(黃玹)

매천야록(梅泉野錄)

제 3 권

광무 9년(1905)~융희 4년(1910)

梅泉野錄 卷之五

을사(1905) 광무 9년
(청 광서 31년, 일본 명치 38년)

을사년(1905) 11월, 민영환(閔泳煥)과 조병세(趙秉世)에게 '충정(忠正)'의 시호를 내리고, 홍만식(洪萬植)에게 '충정(忠貞)'이란 시호를 내렸다. 민영환에게 처음에 '충문(忠文)'이란 시호를 내렸다가 고친 것이다.

原文

乙巳十一月 諡閔泳煥 · 趙秉世曰忠正 洪萬植曰忠貞 泳
煥始諡忠文而改之.

이지용(李址鎔)을 보빙 대사(報聘大使)로 삼아 일본에 사신으로 보내고 이근택(李根澤)과 권중현(權重顯)에게 수행하도록 하였다가 이재완(李載完)으로 대신하였다.

原文

以李址鎔爲報聘大使 使日本 李根澤 · 權重顯爲隨員 旋

이 이 재 완 대 지
以李載完代之.

참장 김영진(金永振)이 도망하였다. 김영진은 엄준원(嚴俊源)
과 함께 안팎에서 짝이 되어 간악한 짓을 마구 저질렀기에 사람
들이 그들을 지탄하였다.

原文

참 장 김 영 진 도　영 진 여 엄 준 원　표 리 붕 간　행 로 이 목 지
參將金永振逃 永振與嚴俊源 表裏朋奸 行路以目之.

경연관 곽종석(郭鍾錫)이 상소하여 시국을 논하였는데, 소에서
'죽지 못한 신(臣)'으로 칭했다. 상소문은 찾지 못해 기록하지 못
한다. 비답에 이르기를, "대신과 제신(諸臣)들에게 내린 비답을
또한 의당 보았을 것이니, 경은 반드시 헤아리는 것이 있을 것이
다."라고 하며, 지방관을 파견하여 유시를 전하도록 하였다. 이
어서 징소(徵召)의 명이 있었는데, 곽종석은 꾸물대면서 서울에
들어와 대면(對面)을 청하였으나 임금을 뵈올 기회를 얻지 못했
다. 또 풍색(風色)[1]이 좋지 않은 것을 보고 몰래 곧장 돌아갔다.
그는 거창(居昌)의 객사에 들어가서 대죄를 하다가 10여 일만에
집으로 돌아갔다. 곽종석은 일찍이 중망(重望)[2]을 얻고 있었는
데, 이에 이르러 의리에 처함이 분명하지 못하여 영남 사람들이
그의 행동에 대해서 더욱 부끄럽게 여겼다.

註解

1) 풍색(風色) : 상황. 남 보기에 좋지 못한 기색.
2) 중망(重望) : 두터운 명망(名望).

原文

經筵官郭鍾錫上疏 論時局 疏稱未死臣 疏佚不錄 批曰
大臣·諸臣之批 亦宜見之 卿必有斟量者矣 遣地方傳喩
繼而有召命 鍾錫遄廷入京 請對不得進見 且見風色不佳
潛自徑歸 入居昌客舍待罪 旬日還家 鍾錫夙負重望 至是
以處義未明 嶺人尤羞稱之.

전 지평 전우(田愚)가 소를 올렸는데 소를 구할 수 없어 기록하지 못한다. 비답에서 말하기를, "그 말이 가상하다. 전후에 올린 여러 소에 대한 비답을 또한 서로 참고하여 볼 것이다."라고 하였다.

原文

前持平田遇上疏 疏佚不錄 批曰 嘉乃之言 而前後諸疏之
批 亦可以參互見之矣.

영유 군수(永柔郡守) 박용관(朴容觀)·시흥 군수(始興郡守) 김종국(金宗國)이 병을 핑계로 사직하고 돌아갔다.

原文

영유군수박용관　시흥군수김종국　사병귀
永柔郡守朴容觀·始興郡守金宗國 謝病歸.

진남포(鎭南浦)의 항민(港民, 백성)들이 오적(五賊)을 제거할 것을 모의하였는데, 일이 발각되어 체포된 자가 14인이었다. 일본인들이 이유인(李裕寅)도 또한 의거를 모의할 우려가 있다고 하여 구속하였다.

原文

진남포항민　모토오적　사각피체자십사인　왜인칭이유인
鎭南浦港民 謀討五賊 事覺被逮者十四人 倭人稱李裕寅
역유의거지모　수지
亦有義擧之謀 囚之.

외부(外部)를 폐지하고 외교 사무를 일본의 동경(東京)으로 이관하였다.

原文

폐외부　이외교사무우일본동경
廢外部 移外交事務于日本東京.

의정부에 외사국(外事局)을 두고 이전의 외부의 업무를 관장하
도록 하였다. 외사국을 장차 설치하려 할 때, 엄준원(嚴俊源)의
집을 일부 수용해서 확장하려 하였는데, 엄비(嚴妃)가 크게 노하
여 일을 담당한 자가 두려워하며 그만두었다.

原文

置外事局于議政府　管舊時部務　局之將設也　擬析嚴俊源
家　以廣拓之　嚴妃大怒　幹事者懼而止.

(11월) 21일, 민영환(閔泳煥)을 용인 땅에 장사지냈다. 임금께
서는 친히 계단을 내려가서 떠나보내면서 경례를 표시하였고 각
국의 공사와 영사들도 모두 와서 조의를 표하여 관을 어루만지며
슬피 울었다. 위로는 진신(搢紳)으로부터 아래로는 동네 구석의
천인·부녀자·걸인·각 사원의 중들에 이르기까지 거리에 쏟
아져 나와 울며 보내니, 곡성이 들판을 진동시켰다. 전동(典洞)
에서 한강에 이르기까지 겹겹이 싸여 배진(排陣)을 친 것 같았으
며, 영구를 떠나보내는 길이 근고(近古)에 없었을 만큼 성황을 이
루었다. 시골 무관인 한(韓) 모씨가 민영휘(閔泳徽)를 장지에서
보고, "자네 또한 호상하러 왔는가? 자네는 성이 민가가 아닌가?
어느 민가는 서거했는데 자네 민(민영휘를 말함)은 죽지 않는가?
자네는 나라를 망쳐 금일에 이르렀으니, 한번 죽어도 속죄할 수
없는데 민충정공의 영구를 따라 이르렀으니 청천백일(靑天白日)

에 홀로 두렵지 아니한가? 가히 빨리 가시오. 가지 않는다면 나의 구둣발에 채어 죽을 것이다." 하니, 민영휘는 말도 못하고 힘없이 그 자리를 떠났다. 이 말을 전해들은 사람들은 통쾌하다고 하였다.

原文

二十一日 葬閔泳煥于龍仁 上親下階遙送 以示敬禮 各國
公領事等 皆來弔奠 撫棺悲慟 上自搢紳 下及坊曲皂隷·
婦孺· 乞丐· 各寺僧徒 塡街哭送 聲震原野 自典洞至江上
疊圍如排陣 送葬之盛 近古未有也 鄕弁韓某 見閔泳徽於
葬所曰 君亦護喪來乎 君不姓閔乎 何閔死 何閔不死 君亡
國至今日 而不一死贖罪 乃隨忠正公靈柩而至 天日獨不畏
乎 可速去 否者 死吾靴尖 泳徽嚘然而出 聞者快之.

한진창(韓鎭昌)을 전라북도 관찰사로 삼았다.

原文

以韓鎭昌爲全北觀察使.

종로거리 어물전에 큰 불이 나서 점포 백여 칸이 소실되었다.

原文

종 가 어 사 대 화 　 소 전 사 일 백 여 간
鍾街魚肆大火　燒廛舍一百餘間.

12월. 통감부를 전 외부에 설치하였다. 총무 장관 학원정길(鶴原定吉)이 앞서 와서 이등박문(伊藤博文)이 부임하는 것에 대비하였다.

原文

십 이 월 　 설 통 감 부 우 전 외 부 　 총 무 장 관 학 원 정 길 선 래 　 이 대
十二月　設統監府于前外部　總務長官鶴原定吉先來　以待

이 등 박 문 지 지
伊藤博文之至.

일본이 각 항구에 이사청(理事廳)을 설치하여 전에 영사가 맡아보던 직무를 대행하였다.

原文

왜 설 이 사 청 우 각 항 구 　 행 전 영 사 지 직
倭設理事廳于各港口　行前領事之職.

일진회가 「국민신보(國民新報)」를 창간하였는데. 그 의론의 주지(主旨)는 모두 일본의 내비치는 뜻을 받아들여 상호 호응하여 당시 사람들은 '기관신문(機關新聞)[1]'이라 말했고 민간인들은 그 신문을 미워하여 구독하는 사람이 없었다. 이에 관리에게 억지

로 맡겨 신문값을 강제로 받아들였다.

註解

1) 기관신문(機關新聞) : 기관이란 어떤 역할과 목적을 위하여 연계되어 있는 상태를 말한다. 곧 일본인들의 목적을 수행하는데 필요한 보도·언론을 기재하는 신문. 기관지.

原文

一進會 創國民新報 其議論主旨 皆受倭風旨 互相呼應 時人謂之機關新聞 民間惡之 無購覽者 乃勒付官吏 强索價金.

경운궁(慶運宮)을 중수하는 일을 마쳤다. 임금은 중화전(中和殿)에 나아가 대사면령을 내렸다. 감동(監董)과 감역(監役) 등에 대해 가자(加資)하는 별단(別單)[1]에 700인이 뒤섞여 있어서 임금이 그것을 꺼려하여 시행하지 말 것을 명했다.

註解

1) 가자(加資)하는 별단(別單) : '가자'는 품계를 올리는 일이고, '별단'은 임금에게 첨부하여 올리는 인명부를 말한다. 공사에 관여하여 공이 있는 사람에 대해 가자하는 명단을 임금에게 올림.

原文

_{경운궁중수준공} _{상어중화전} _{대사} _{감동감역등별단가자}
慶運宮重修竣工 上御中和殿 大赦 監董監役等別單加資

_{혼지칠백인} _{상염지} _{명물시}
混至七百人 上厭之 命勿施.

경상남도 관찰사 민영선(閔泳璇)과 경상북도 관찰사 이근호(李根澔)가 부정축재로 면직되어 조민희(趙民熙)는 민영선을 대신하고 신태휴(申泰休)는 이근호를 대신하여 관찰사로 삼았다. 조민희는 오랫동안 일본에 있으면서 이등박문(伊藤博文)과 잘 아는 사이여서, 이등박문이 정부에 기용하도록 권하여 이러한 제수가 있었다. 조민희는 조병세의 종질로서 조병세가 얼마 전에 순국했음에도 부끄러움을 무릅쓰고 관직에 진출하기를 도모하니, 마치 충성에 보답하는 은전을 입는 것과 같았다. 실은 정부에서 경상북도 관찰사를 추천할 때, 이근택은 그의 아우 이근상(李根湘)을 밀었는데, 사람들이 그것을 비웃어 말하기를, "대구 감영의 징청각(澄淸閣)이 어찌 당신들 집의 거실이란 말인가?"라고 말했다. 이로 말미암아 신태휴가 그 자리에 들어갈 수 있었다.

原文

_{경남민영선} _{경북이근호} _{좌장오면} _{이조민희대영선} _신
慶南閔泳璇 · 慶北李根澔 坐臟汚免 以趙民熙代泳璇 申

_{태휴대근호} _{위관찰사} _{민희구재왜중} _{여박문닐} _{박문권정}
泰休代根澔 爲觀察使 民熙久在倭中 與博文昵 博文勸政

_{부수용} _{고유시제} _{민희위병세종질} _{병세사어전} _{민희모치}
府需用 故有是除 民熙爲秉世從姪 秉世死於前 民熙冒恥

도 진　여 피 수 충 음 전　연 정 부 추 달 찰　이 근 택 천 기 제 근 상　중
圖進　如被酬忠蔭典　然政府推達察　李根澤薦其弟根湘　衆

치 지 왈　대 구 징 청 각　기 군 가 연 침 호　유 시 태 휴 득 예 언
嗤之曰　大邱澄淸閣　豈君家燕寢乎　由是泰休得預焉.

칙임관(勅任官) 위에 친임관(親任官)을 두고 아울러 주임관(奏任官)·판임관(判任官)을 두어 4등급으로 삼았다.

原文

치 친 임 관 우 칙 임 지 상　병 주 임　　판 임 위 사 등
置親任官于勅任之上　幷奏任·判任爲四等.

일본인이 홍주(洪州)의 우체사장(郵遞司長) 이붕림(李鵬林)을 징역 3년에 처하였다. 이붕림은 일본인 한 사람과 함께 우체 업무를 보고 있었는데, 일본인이 그를 조롱하여 말하기를, "지금부터 너희 한국 사람들은 다 우리 일본의 노예이다!" 하였다. 이붕림이 크게 노하여 칼을 빼어 그를 찌른 다음, 또 자신도 찔렀다. 단지 중상에 이르렀고, 이붕림 또한 죽지는 않았다. 법사(法司)에서 드디어 이붕림에게 징역을 처하였다.

原文

왜 인 처 홍 주 우 체 사 장 이 붕 림 삼 년 역　　붕 림 여 일 왜 공 우 무
倭人處洪州郵遞司長李鵬林三年役　鵬林與一倭共郵務

왜 조 지 왈　자 금 여 한 인　개 아 노 예　붕 림 대 노　발 도 자 지　우 자
倭嘲之曰　自今汝韓人　皆我奴隷　鵬林大怒　拔刀刺之　又自

자　왜 단 중 상　붕 림 역 불 수　법 사 수 처 붕 림 역
刺　倭但重傷　鵬林亦不殊　法司遂處鵬林役.

전 승지 유도성(柳道成)이 만인소(萬人疏)를 올리고자 바야흐로 호소하는 통문을 띄웠으며 전 승지 이중태(李中泰)는 단독 상소문을 옷소매에 넣어 가지고 서울에 들어왔다가 함께 일본인에게 발각되어 구속당했다. 모두 오적(五賊)을 성토하기 위한 것이었다. 유도성은 안동에 살았고, 이중태는 예안(禮安)에 살았다.

原文

前承旨柳道成 欲上萬人疏 方號召發通 前承旨李中泰 袖獨疏入城 俱爲倭人所發 囚之 皆爲討五賊也 柳居安東 李居禮安.

전 참봉 이승희(李承熙)는 의병과 밀통하여 대구부에 구속되었다. 이승희는 고 도사(都事) 이진상(李震相)의 아들로서 집안의 가통을 이어받아 유학(儒學)으로 이름이 높았다.

原文

前參奉李承熙 以通義兵 被拘于大邱府 承熙 故都事震相子也 承襲家庭 以儒學聞.

탁지부에서 갑오년(고종 31, 1894) 이후 공포안(公逋案, 공금횡령건)을 조사한 바, 3,000냥 이상 범한 자로서, 무릇 관찰사·군

수·어사 등의 직위에 있는 자가 7,000여 명이나 되었다.

`原文`

<ruby>度支部<rt>탁지부</rt></ruby><ruby>查覈<rt>사핵</rt></ruby><ruby>甲午<rt>갑오</rt></ruby>(<ruby>高宗三十一年<rt>고종삼십일년</rt></ruby>)<ruby>以後<rt>이후</rt></ruby><ruby>公通案<rt>공포안</rt></ruby> <ruby>其在三千兩<rt>기재삼천냥</rt></ruby>

<ruby>以上<rt>이상</rt></ruby> <ruby>凡觀察<rt>범관찰</rt></ruby>·<ruby>郡守<rt>군수</rt></ruby>·<ruby>御史之犯者<rt>어사지범자</rt></ruby> <ruby>爲七千餘人<rt>위칠천여인</rt></ruby>.

　천도교 두령 손병희(孫秉熙)가 일본에서 돌아왔다. 손병희는 모든 망명객과 체결하고 본국의 간세배(奸細輩)[1]와 몰래 통하여 일진회를 설립하였다. 이에 이르러 일본을 등에 업고 귀국하였는데, 일진회원들로 환영하는 자가 수만이었다. 이에 교당(教堂)을 세우고 연설하여 민중을 끌어들였고 '동학'을 개칭하여 '천도교(天道教)[2]'라 하였다. '시천주조화정영세불망만사지(侍天主造化定永世不忘萬事知)'의 열세 자를 글자마다 뜻을 해석해서 신문에 반포하였다. 윤시병(尹始炳)과 송병준(宋秉畯) 등은 손병희를 받들어 종주(宗主)로 삼았다.

`註解`

1) 간세배(奸細輩) : 간사한 소인배 무리.
2) 천도교(天道教) : 수운 최제우(崔濟愚)를 교조로 하는 종교. 인내천 (人乃天), 곧 천인합일(千人合一)의 지경에 이름을 그 종지로 함.

`原文`

<ruby>天道教魁<rt>천도교괴</rt></ruby><ruby>孫秉熙<rt>손병희</rt></ruby> <ruby>自倭還<rt>자왜환</rt></ruby> <ruby>秉熙<rt>병희</rt></ruby><ruby>締結<rt>체결</rt></ruby><ruby>諸亡命<rt>제망명</rt></ruby> <ruby>潛通<rt>잠통</rt></ruby><ruby>本國<rt>본국</rt></ruby><ruby>姦細<rt>간세</rt></ruby>

設一進會 至是挾倭還國 會民迎者數萬 於是 建敎堂 演說

誘衆 改稱東學曰 天道敎 侍天主造化定永世不忘萬事知十

三字 逐字釋義 頒之新聞 尹始炳·宋秉畯等 奉之爲宗主.

김영진(金英鎭)이 일본에서 돌아왔다.

김영진은 김옥균(金玉均)의 아들로서 일본 부인의 소생이다. 김옥균이 처형을 당한 후 청산군(靑山郡, 옥천)에 장사를 지냈는데, 김영진이 와서 13년 만에 기법회(忌法會)[1]를 거행하고, 또 그의 유고(遺稿)[2]도 간행하였다. 김영진은 이때부터 연달아 지방의 군수로 나갔는데, 평안남도의 참서관(參書官), 진위(振威) 군수로 있었을 때 불법을 저지른 것으로 소문이 나 있었다.

註解

1) 기법회(忌法會) : 죽은 사람을 위해 재를 올리는 일.
2) 유고(遺稿) : 죽은 사람이 남긴 원고.

原文

金英鎭 自倭還 英鎭者玉均子 倭婦所生也 玉均伏法後

葬靑山郡 英鎭旣至 追行十三年忌法會 刊其遺稿 英鎭自

是連居外郡 爲平南參書官·振威郡守 以不法聞.

최익현(崔益鉉)이 노성(魯城, 논산)의 궐리사(闕里祠)¹⁾에서 유회(儒會)를 열고 의병을 일으킬 대책을 강구하였는데, 영남의 정재규(鄭載奎, 奇正鎭의 문인)와 호남의 기우만(奇宇萬) 등이 이에 호응하였다.

註解

1) 궐리사(闕里祠) : '궐리'는 본디 공자의 출생지, 노(魯)나라 곡부(曲阜, 산동성)를 말한다. 그러므로 공자에 관련된 일에 '궐리'란 말을 쓴다. 노성은 충남 논산에 속한 고을 이름이다.

原文

崔益鉉 設儒會于魯城闕里祠 講究擧義之策 嶺南鄭載奎
· 湖南奇宇萬等應之.

30일 무진(戊辰), 전 대사헌 송병선(宋秉璿)이 독약을 먹고 자결했다. 송병선은 임하(林下)의 선비로 부름을 받아 지위가 경재(卿宰)에 이르렀다. 국가 변고 전후에 입을 다물고 가만히 있으니 당시 사람들은 그를 헐뜯었다. 그러나 을사보호조약이 이미 성립되었다는 소식을 듣고 그는 자신을 초망신(草莽臣)¹⁾이라 칭하고 계속 두 차례 상소를 올려 논의를 늘어놓으니 임금은 비답을 내려 그를 불렀다. 드디어 서울에 올라와 입대(入對)를 청했으나 임금은 즉시 인견하지 않았다. 송병선은 대궐 밖에서 수일간 명령을 기다렸는데 경무사 윤철규(尹喆圭)가 '교자를 타고 들어오라'는 교지를 전했으나 사양하여 말하기를, "황제와 지척지간에 있는데 천한 신하가 어찌 감히 교자(轎子)를 타고 들어가느냐?" 하였다. 윤철규가 꾸짖어 말하기를, "황제의 명은 가히 어길 수 없다." 하고 강제로 싣고 남대문으로 나아가니 일본인이 그를 붙잡아 기차에 태워 잠깐 사이에 공주에 이르렀다.

송병선은 어떻게 해야 좋을지 모르고 드디어 소제(蘇堤)에 있는 옛집으로 돌아가서 유소(遺疏)를 지었고, 또한 글을 지어 국민과 자제, 그리고 문생 등에게 알리고, 술을 내어 두루 시자(侍者)[2]들에게 따라 주고 소매에서 아편을 꺼내어 술에 타서 마셨다. 시자들은 울면서 말렸으나 송병선은 웃으며 말하기를, "내가 좋은 일을 했는데 너희들이 이같이 하는 것은 옳지 않다." 하였다. 아편을 이미 먹고 자리에 누웠으나 먹은 지 조금 지나도 죽지 아니하니, 다시 벌떡 일어나며 말하기를, "듣기로는 아편을 먹으면 졸다 즉시 죽는다고 하는데 내가 지금에 이르기까지 죽지 아니하니 약이 적어서 내가 죽지 않는 것이다. 어찌 낭패가 아니냐?" 하고 또한 한 숟갈을 삼키고 벽을 향하고 누우니, 수족이 반나절 동안이나 떨리더니 뒹굴며 죽었다.

송병선의 두 번째 상소는 다음과 같다.

"아아! 슬프다. 난신(亂臣)·적자(賊子)가 나라를 망치는 일이야 어느 때엔들 없었겠습니까마는, 천지가 개벽한 이래 박제순(朴齊純)·이지용(李址鎔)·이근택(李根澤)·이완용(李完用)·권중현(權重顯) 무리 같은 원악대대(元惡大憝)가 어떻게 있을 수 있겠습니까? 대저 3천리 우리 강역은 조종으로부터 물려받은 토지이며, 수천만의 생령 등은 조종으로부터 이어온 적자(赤字)[3]이옵니다. 비록 폐하의 지존으로도 오히려 사사로이 남에게 주지 못하거늘 하물며 신자(臣者)가 폐하에 대해서 어찌 감히 함부로 여탈(予奪)[4]을 하여 우리 5백 년의 종사를 전복시킬 수 있겠습니까?

아! 슬픕니다. 저들 오적은 종실의 가까운 친척이거나 교목세신(喬木世臣)[5]들로서 자기 할아버지나 아버지가 깊이 열성조의 은혜를 받은 것을 생각하지 아니하고 교활한 일본놈에게 교태를 부려 군상을 협박하고 조약을 허위로 결정하여 임의대로 조인을 하였으니, 고금 천하에 이 무슨 대변(大變)입니까? 나라 사람들이 '죽이는 것이 옳다'하는데 아직도 시원하게 죽여서 상쾌하게 신민들의 원통함을 씻고 천지신명께 사례하지 못했으니, 장차 어떠한 형태로 화기(禍機)가 있을지 알 수 없습니다. 시일이 드러나 있지 않고 이러한 처지에 이르렀으니 우리의 종사 · 생민은 어떻게 되겠습니까?

저 소위 5조약은 곧 우리를 노예로 만들고 우리를 신첩(臣妾)으로 만드는 것입니다. 그러하면 조종의 강토가 모두 남의 땅이 될 것이며, 조종의 적자가 모두 어육(魚肉)이 될 것이니, 나라는 나라로 될 수 없으니 어찌 가히 얻을 수 있겠습니까? 나라가 비록 망해도 의리는 망할 수 없는 것인즉, 신이 목욕재계하고 토역(討逆)을 하자고 청하는 것은 한갓 신 혼자만의 말이 아니요, 거국적인 공공(公共)의 여론입니다. 엎드려 성명(聖明)께 바라는 것은 속히 국헌(國憲)을 엄히 시행하시어 위로는 조정의 기강을 바로

잡고 아래로는 여정(輿情)⁶⁾을 위로하십시오.

　제가 듣기로는 영부사 조병세(趙秉世), 보국 민영환(閔泳煥), 참판 홍만식(洪萬植)이 순절한 일은 더욱 우리나라의 휴명(休明)⁷⁾을 널리 알려주어 다른 사람들의 뼛속에 사무치게 하였습니다. 이 임금이 욕되고 신하가 죽음에 이르렀는데, 오적의 무리들을 어찌 가히 한순간이라도 부재(覆載)⁸⁾지간에 살려둘 수 있겠습니까? 오직 폐하께서는 국헌을 바로잡아 빨리 행사하시어 매국의 죄를 바로 하시고, 우리가 당당한 예의지국임을 드러내어 천하 후세의 웃음거리가 되지 않도록 하소서."

註解

1) 초망신(草莽臣) : 벼슬을 아니하고 재야(在野)에 있는 신하.
2) 시자(侍者) : 가까이 모시는 사람.
3) 적자(赤子) : 갓난아이, 임금이 백성을 일컫던 말.
4) 여탈(予奪) : 줌과 빼앗음, 여탈(與奪)과 같음.
5) 교목세신(喬木世臣) : 오래된 가문에 대대로 벼슬하는 신하.
6) 여정(輿情) : 어떤 사실에 대한 일반 사회의 반응. 일반 백성들의 마음.
7) 휴명(休明) : 매우 명랑함. 아름답고 밝은 교화.
8) 부재(覆載) : 뒤덮음과 받아 실음, 하늘과 땅.

原文

三十日戊辰 前大司憲宋秉璿仰藥卒 秉璿起林下 位至卿
宰 而國家變故 前後緘嘿 時人少之 至是聞劫約已成 稱草

莽臣 連上二疏論列 上優批召之 遂入都請對 上不卽引見

秉璿待命闕外數日 警務使尹喆圭 傳旨乘轎而入 辭曰 天

威咫尺 賤臣安敢轎也 喆圭誑曰 上命不可違 强舁之 出南

門 倭挾之 入汽車 須臾至公州 秉璿無如之何 遂入蘇堤舊

廬 作遺疏 又作書遍告國人及子弟·門生 出酒遍飮侍者

袖出鴉片和飮 侍者泣持之 秉璿笑曰 吾作好事 汝曹不可

如此 旣飮之就席 食頃不絶 蹶然起曰 聞服鴉片者 睡而卽

死 吾至今不死 是藥輕也 吾不死 豈不狼狽 又進方匕呑之

向壁而臥 手足蠕動者半日 宛轉乃絶.

其第二疏曰

嗚呼 亂臣賊子之亡人家國者 何代無之 而剖判以來 豈有

如齊純·址鎔·根澤·完用·重顯輩之元惡大憝乎 夫三千

里疆域 祖宗之土地也 百千萬生靈 祖宗之赤子也 雖以陛

下之尊 猶不可私自予人 況乎爲臣子於陛下者 何敢擅自予

奪 以覆我五百年宗社耶 噫 彼五賊以宗室至親·喬木世臣

不念渠祖·渠父深被列聖之恩 納媚狡虜 脅迫君上 僞決條

約 任意調印 古今天下 此何大變也 國人皆曰可殺 而尙未

得顯戮 以快雪臣民之憤惋 昭謝天地之神祇 則且未知何樣

禍機 伏在時日 到此地頭 其於宗社生民何哉 彼所謂五條

約 卽奴隸我也 臣妾我也 然則祖宗疆土 盡爲異域 祖宗赤

子 盡爲魚肉 國欲爲國 豈可得乎 國雖亡而義不可亡 則臣

之沐浴請討 非徒臣之言 乃擧國公共之論也 伏願聖明 亟

施邦刑 上以扶朝綱 下以慰輿情焉 竊伏聞領府事臣趙秉世

·輔國閔泳煥·參判洪萬植殉節事 益知我朝休明之化 浹

人骨髓 致此主辱臣死之義 則五逆之徒 何可一時貸息於覆

載之間乎 惟陛下 迅用王章 以正賣國之罪 使我堂堂禮義

之邦 無爲天下後世所笑也.

그의 유소(遺疏)는 다음과 같다.

"장차 죽음에 이른 신하 송병선(宋秉璿)은 목숨이 다하려 함에 삼가 북면(北面)을 바라보고 피눈물을 흘리며, 글을 올려 우리 성상(聖上)께 영결을 고하옵니다. 엎드려 신은 역적을 토벌하고 늑약을 폐지해야 한다는 일로 소차(疏箚)[1]를 올려 공손히 처분만을 기다린 지가 이미 여러 날이 지났으며, 누차 독대를 청하였으나 성상의 건강이 미령(未寧)하시다고 하여 대궐 문에서 명을 기다 렸습니다. 경무사 윤철규(尹喆圭)가 신을 내방해서 말하기를, '만약 진언을 하고자 합문(閤門)에 엎드려 있으면 노쇠한 근력으로 반드시 스스로 버티기 어려울 것이다' 하고 신을 부축하여 교자에 태웠습니다. 교자 문이 닫히자 잠깐 사이에 이미 성 밖에 이르렀습니다. 순검과 일본 순사가 칙명이라 칭하면서, 신의 몸을 붙들어서 만단으로 곤욕을 보이며 협박하여 기차에 실었던 것입니다. 곧바로 도착한 곳은 공주의 대전(大田)이니 신을 추방하여 고향으로 돌아오게 한 것입니다. 그때를 당하여 죽음을 구했으나 얻을 수 없었습니다. 신의 몸이 욕을 당한 것은 진실로 족히 아까울 것이 없으나, 우리 조정에 욕을 보인 것은 어찌하겠습니까? 또 사람에 욕을 보인 것은 어찌하겠습니까?

아! 제적(諸賊, 乙巳五賊)[2]을 죽이지 못하고, 늑약(勒約)을 폐기하지 못한다면, 오백년 종묘·사직이 오늘 망하고 말 것이며, 수천만 생령이 오늘에 망할 것이며, 사천 년의 도맥(道脈)이 오늘에 끊어질 것입니다. 신이 금일에 있어서 살아서 또한 무엇하겠습니까? 장차 지하로 돌아가 우리 열성조(列聖朝) 및 옛 성현(聖賢)들을 모시어 춘추대의(春秋大義)를 저버리지 않겠습니다.

삼가 바라옵건대 성상께서는 이 뜻을 살피고 가상히 여기사 순사(殉死)[3]의 정의를 확정하여, 제적(諸賊)들을 죽여서 왕장(王章, 國法)을 펴시고 속히 늑약(勒約)을 폐기하여 국권을 회복하옵소서. 사람을 바로 택하시어 직책(職責)을 맡기시고 우리 백성들을 보호하며 종묘를 길이 보존하고 끊어져가는 도맥을 부지할 수 있게 한다면 이것은 신이 죽는 날이 오히려 살아나는 해가 될 것입니다.

정신이 혼미하고 기운이 막혀서 말을 가다듬을 줄도 알지 못하여, 삼가 죽음을 무릅쓰고 아뢰옵니다."

註解

1) 소차(疏箚) : 소(疏)와 차자(箚子). 차자는 임금에게 올리던 간단한 서식의 상소문.
2) 제적(諸賊, 乙巳五賊) : 을사조약(乙巳條約)에 찬동, 이의 체결에 참가한 다섯 매국노. 곧 외부 대신 박제순(朴齊純), 내부 대신 이지용(李址鎔), 군부 대신 이근택(李根澤), 학부 대신 이완용(李完用), 농상공부 대신 권중현(權重顯).
3) 순사(殉死) : 나라를 위하여 목숨을 바침. 순절(殉節).

原文

其遺疏曰.

將死臣宋秉璿 性命將盡 謹北面泣血 上書告訣于我聖上

伏以臣以討逆廢約事 以疏以箚 恭俟處分者已有日 而屢度

請對 以聖後未寧 待命闕門矣 警務使臣尹喆圭來訪于臣曰

若欲進伏閤門 則癃疾筋力 必難自强 扶臣載轎 轎門下垂

閃忽之頃 已到城外 則巡檢與倭巡查 稱以勅命 扶護臣身

因辱萬端 脅載之車 直到公州之大田 逐臣還鄉 當其時也

求死不得 臣身受辱 固不足惜 而貽辱朝廷何 貽辱土林何

嗚乎 諸賊未誅 勅約未繳 則五百年宗社 今日而亡矣 三千

里疆土 今日而無矣 數千萬生靈 今日而滅矣 四千年道脈

今日而絶矣 臣於今日 生亦何爲 將歸侍我列聖朝 曁先聖

賢於地下 而不負春秋大義矣 伏乞聖慈 察之憐之 確定殉

死之正義 亟誅諸賊 以伸王章 亟廢勒約 以復國權 擇人任

職 保我黎民 實宗祏於無彊 扶道脈於垂絶 則是臣死之日

猶生之年也 神昏氣塞 言不知裁 謹昧死以聞.

또한 송병선(宋秉璿)이 온 나라의 인민에게 공개한 글은 다음과 같다.

"송병선은 초야의 묻혀 사는 사람으로 두문불출하고 책이나 읽으면서, 오직 명분과 의리를 지키면서 세도의 융체(隆替, 盛衰)에 있어서는 오직 부수(副手)와 초공(梢工)[1]을 믿었을 따름입니다. 지금 국가가 망하고 인민이 다 죽어가는 날을 당하여 만세에 태평을 여는 공을 마련하지 못하고, 또 일세의 넘어져 뒹구는 적자(赤子)를 구제하지도 못하면서 차마 이 참혹한 형상을 보고 있자니, 차라리 눈을 감고 아무 것도 모르는 편이 더 나을 것 같습니다. 단지 한번 죽어 국민에게 사죄하고자 합니다.

아! 우리 국민은 이와 같은 경쟁의 세계를 만나 이미 활불(活佛, 살아있는 부처)을 만날 수 없은즉, 장차 누구를 믿고 살 수 있겠습니까? 청컨대 각자 스스로 생각해 보십시오. 대저 죽어야 할 때를 당하여 산다는 것은 살아도 죽은 것이요, 죽어야 할 때를 당하여 죽으면 죽어도 사는 것입니다.

옛날에 이르기를, '뭇사람들의 마음은 성(城)을 이룬다〔중심성성(衆心成城)〕'[2]고 하였으니, 오직 바라건대 우리 국민들은 분발하고 힘을 쏟아 한마음으로 단합하여 임금에게 충성하고, 어른을 위해 죽어야 한다는 마음을 최고의 법으로 삼고, 아무리 억눌려도 뜻을 굽히지 말며, 만세에 변함이 없는 자세로 나가면, 하늘의 마음도 내렸던 재앙을 씻어줄 터인즉, 생명을 보존할 날을 얻을 것입니다. 그렇지 않고서, 마음과 기질이 나약하고 만만하여 태만하게 굴면서 한결같이 나가 흩어진다면, 나는 장차 차례로 우리 국민을 지하에서 만나게 될 날도 얼마 남지 않았을 것입니다.

아! 그것을 각기 염두에 두시기를 바랍니다."

註解

1) 부수(副手)와 초공(梢工) : 왕을 보좌하여 정치하는 사람들을 지칭함. 부수는 조수, 초공은 배를 젓는 사공을 일컫는 말.

2) 중심성성(衆心成城) : 여러 사람의 뜻이 성을 만들고, 여러 사람의 입은 쇠도 녹인다.〔衆口鑠金 중구삭금〕

原文

其示全邦人民書曰.
기시전방인민서왈

秉璿 草野之人也 杜門讀書 分義是守 若其世道隆替 惟
병선 초야지인야 두문독서 분의시수 약기세도융체 유

副手梢工是恃 今當國家垂亡 人民盡劉之日 旣不能做爲萬
부수초공시시 금당국가수망 인민진유지일 기불능주위만

世開太平之功 又無救一世匍匐之赤子 而忍見此慘酷之狀
세개태평지공 우무구일세포복지적자 이인견차참혹지상

寧溘然無知之爲愈也 只以一死謝國民 嗚呼 我國民 値此
영합연무지지위유야 지이일사사국민 오호 아국민 치차

競爭世界 旣無活佛 則其將何恃以生耶 請各自思量 夫當
경쟁세계 기무활불 즉기장하시이생야 청각자사량 부당

死而生 生而死也 當死而死 死而生也 古云 衆心成城 惟願
사이생 생이사야 당사이사 사이생야 고운 중심성성 유원

我國民奮發淬厲 一心團合 以忠君死長之心 爲究竟法 而
아국민분발쉬려 일심단합 이충군사장지심 위구경법 이

百折不撓 萬劫不渝 則天心悔禍 得有保生之日矣 不然而
백절불요 만겁불투 즉천심회화 득유보생지일의 불연이

柔懦惰怠 一向渙散 則吾將次第逢我國民於地下之日 無幾
유나타태 일향환산 즉오장차제봉아국민어지하지일 무기

矣 嗚呼 其各念之哉.
의 오호 기각념지재

송병선(宋秉璿)이 문인(門人)에게 고한 글은 이러하다.

"가만히 생각해보니, 유자(儒者)가 된다는 것은 매우 어려운 일
이다. '인(仁)'으로 자기의 임무를 삼아 죽은 뒤에야 그치게 될 것
이다. 성인의 가르침이 있는데, 지금에 이르러 하늘과 땅이 바뀌
어 '화(華)'가 '이(夷, 오랑캐)'가 되고 사람이 짐승으로 바뀌었다.

오직 바라건대 동지들은 더욱 노력을 더해서 의리를 강구해 밝히고 우리 유도(儒道)의 거의 끊어져가는 맥(脈)을 부지함을 얻어 이어져갈 수 있게 한다면 앞선 성현에 대해 편안함을 드릴 수 있을 것이다. 이 노부(老夫)의 구구한 바람(소원)이니 조금도 소홀함이 없도록 하라. 이것은 작은 일이 아니다."

또 그 아우 송병순(宋秉珣)에게 영결한 말은 이러하다.

"성인이 이르기를, '사람이 사는 것은 곧아야 하는데 그것을 망각하고 살아가는 것은 요행히 화나 면하고 있는 것이다.'라고 하였다. 몸을 잘 지키고 행실을 닦아서 자제들을 잘 이끌어 가문의 성망(聲望, 명예)을 보존해야 할 것이다."

또 그의 아들 송철헌(宋哲憲)에게 준 유서는 이러하다.

"나물 먹고 물마시며 몸을 닦고 천명을 기다리되 가문의 성망을 떨어뜨리지 말라."

송병선의 일이 임금께 알려지자, 문충(文忠)의 시호를 내리고 예관(禮官)을 보내서 치제(致祭)하였다.

이때에 최익현(崔益鉉)은 당직(謹直, 정직함)으로, 곽종석(郭鍾錫)은 경학(經學)으로, 전우(田愚)는 학행(學行)으로 모두 일대(一代)의 중망(重望)을 지니고 있었다. 모두들 가문이 단한(單寒)[1]했는데, 송병선만은 세가(世家)에 의지해서 빈사(賓師)[2]의 융성한 자리에 올랐다. 그렇지만 명론(名論)이 본디 크게 떨치지 못한데다. 또 보궤(簠簋)³⁾의 비방까지 있었다. 이때에 이르러서는 많은 사람들의 마음이 크게 감복하여 추대하여 완인(完人)으로 삼았다. 송병선은 이용원(李容元)의 종매(從妹)의 사위인데, 이용원은 그를 가볍게 보았다가 이때에 이르러 다른 사람에게 보낸 편지에서 그의 죽음을 논하기를, "연재(淵齋)의 죽음은 마감법(磨勘法)⁴⁾이라 이를 만하다." 하였다. 이 말을 들은 사람들은 그 말이 실상에 꼭 맞는다고 하였다.

송병선의 자는 화옥(華玉), 호는 연재(淵齋)로서, 병신년(헌종 2, 1836)에 태어났으니 금년 70세였다. 유언하기를, 시호를 청하지 말고 예장(禮葬)을 받지 말 것이며, 시복(時服)⁵⁾으로 염(殮)' 하라고 하였다.

註解

1) 단한(單寒) : 친족이 드물며 고독하고 가난함. 가난하고 이름도 나지 않은 사람.

2) 빈사(賓師) : 제후로부터 손으로 대우를 받음. 임금이 학자를 우대하여 스승으로 모신다는 뜻. 송병선은 송시열(宋時烈)의 9대손으로 그 가문에서 산림(山林, 빈사의 예)을 많이 배출했다.

3) 보궤(簠簋) : 제향(祭享) 때 쓰는 보(簠)와 궤(簋). 보는 나라의 제사 지낼 때 기장쌀과 피쌀을 담아 놓는 제기(祭器), 궤도 마찬가지임. '보궤불식'은 청렴하지 못한 신하를 탄핵할 때 쓰는 말이다.

4) 마감법(磨勘法) : 우리나라 고유의 문자로서 끝을 맺음. 또는 최종 마무리를 짓는 일을 일컫는 말.

5) 시복(時服) : 관원이 입시(入侍) 또는 공무를 집행할 때에 입는 예복

(禮服)의 한 가지. 단령(團領)에 흉배(胸背)가 없고 빛은 담홍색이다.

原文

其告門人曰.

竊念爲儒者最難 仁爲己任 死而後已 聖人有訓 見今天壤

易處 華而夷 人而獸矣 惟望同志 益加努力 講明義理 扶得

吾儒幾絶之脈 使之綿絡 以爲靖獻于先聖賢之地 是老夫區

區所願 千萬毋忽 此不是小事.

又訣其弟秉珣曰 聖人云 人之生也直 罔之生也幸而免 飭

躬砥行 導率子弟 以保家聲.

又遺其子哲憲曰 木食澗飮 修身俟命 愼守先訓 勿墜家聲

事聞 諡贈諡文忠 遣官致祭.

是時崔益鉉以讜直 郭鍾錫以經學 田愚以學行 倂負一代

之重望 皆以門地單寒 秉璿則藉世家 位賓師之隆 然名論

素未盛 且有簠簋之謗 至是衆心大服 推爲完人 秉璿爲李

容元從妹婿 容元素經之 至是 與人書其死曰 淵齋之死 可

위 마 감 법　문 자 역 이 위 실 록 운　병 선　자 화 옥　호 연 재　생 병 신
謂磨勘法 聞者亦以爲實錄云 秉璿 字華玉 號淵齋 生丙申

헌 종 이 년　금 년 칠 십　유 언 물 청 시　물 수 예 장　렴 이 시 복
(憲宗二年) 今年七十 遺言勿請諡 勿受禮葬 斂以時服.

　　송병선(宋秉璿)의 처 한씨(韓氏)는 재취 부인이다. 송병선이 서울에 올라온 지 오래되어도 소식이 없자 그의 아우 송병순(宋秉珣)은 그가 늦어지는 것을 괴이하게 여기며 기다렸다. 한씨가 말하기를, "대감께서 어찌 살아서 돌아오시겠습니까? 가문의 전통과 명망을 저버리지 않으실 것입니다. 아주버님은 어찌해서 기다리고 계십니까?" 하였다. 송병순은 나와서 다른 사람에게 말하기를, "한집안에서 수숙(嫂叔)[1] 간으로 지낸 지 30년 동안 우리 형수님의 늠름한 기상이 이런 줄 처음 보는 것이라." 하였다. 어떤 이는 이르기를, "송병선의 죽음은 부인 한씨가 부추긴 것이다."라고도 하였다.

註解

1) 수숙(嫂叔) : 형제의 아내와 남편의 형제.

原文

처 한 씨 재 취 야　병 선 입 경　구 무 음 신　병 순 괴 이 지 지　한 씨 왈
妻韓氏再娶也 秉璿入京 久無音信 秉珣怪而遲之 韓氏曰

대 감　나 득 생 환　가 세 문 망 불 가 부 야　숙 하 대 위　병 순 출 어 인 왈
大監 那得生還 家世聞望不可負也 叔何待爲 秉珣出語人曰

일 가 수 숙 삼 십 년　불 위 름 열 내 이　혹 위　병 선 지 사　한 씨 욱 지
一家嫂叔三十年 不謂凜烈乃爾 或謂 秉璿之死 韓氏勖之.

송병선(宋秉璿)의 집에 공림(恭林)이라 불리는 여종이 있었는데, 그를 매우 존경했다. 공림이 일찍이 말하기를, "대감께서 백살 뒤에 (작고하시면) 소인도 응당 따라 죽을 것입니다." 하여, 집안사람들이 상서롭지 못한 말을 했다고 꾸짖었다. 송병선이 죽음에 미처 성복(成服)을 하고 나서 남편과 함께 자고 있었는데, 한밤중에 남편이 피비린내를 맡고 깜짝 놀라서 일어나 불을 밝히니 공림이 벌써 죽어 있었다. 부엌칼이 목에 꽂혀 있었는데 칼날이 무뎌서 썬 자국이 있었으며 목구멍이 이미 끊어져 있었다. 이에 공림의 이름이 온 나라를 진동시켰다. 송철헌(宋哲憲)은 그를 송병선의 묘소 발치에 장사지내 주었다고 한다.

原文

有婢 名恭林 甚憐之 林嘗言 大監百歲後 小人當殉之 家
人嗔其不祥 及秉璿之卒 旣成服 偕夫寢 夜半夫吸血腥 驚
起燭之 見林赫然死 廚刀在項 刀鈍有鋸鍥狀 嗓已斷矣 於
是 恭林之名 震國中 哲憲葬之秉璿墓趾云.

일본인들이 송병선을 서울에서 추방할 때에 그를 모시고 간 문도(門徒, 제자)들에게 협박하기를, "너희들이 너의 스승을 종용하여 멋대로 상소를 올려서 오늘의 소요가 있게 만들었다. 이번에는 용서해 주겠다만 너희들이 재차 또 하겠느냐? 다시 한다면 반드시 용서하지 않을 것이다."라고 하였다. 그들 10여 명은 한결같이 같은 말로 하지 않겠다고 하면서 일제히 보증장(保證狀)에 서명하니, 일본인들이 그들을 비웃었다. 대구 사람 김모(金某)가 문인이라 자칭하고 걸식하며 시묘(侍墓)[1]를 살았다.

1) 시묘(侍墓) : 부모의 거상 중에 그 무덤 옆에서 움막을 짓고 3년간 사는 일.

原文

倭人之逐秉璿也 脅其門徒陪往者曰 汝等慫慂汝師 枉自
上疏 致有今日擾攘 今姑饒 汝敢再否 再必不赦 十餘人一
辭對不敢 齊署保證狀 倭人笑之 秉璿葬後 有大邱人金某
自稱門人 乞食而廬于墓.

최익현(崔益鉉)은 송병선(宋秉璿)이 죽었다는 소식을 듣고 탄식하여 말하기를, "죽는 것은 진실로 잘하는 것이다. (그렇지만) 사람들이 다 죽는다면 나라를 위할 자가 누구이겠는가?" 라고 하고, 이때부터 더욱 식사를 잘하고 기운을 돋으며 사방의 사람들을 불러 모을 계책을 세웠다.

原文

최 익 현 문 병 선 사　　탄 왈　　사 고 호　　인 개 사　　위 국 자 하 인　　자 시
崔益鉉聞秉璿死　歎曰　死固好　人皆死　爲國者何人　自是

익 진 반 작 기　　위 호 소 사 방 지 계
益進飯作氣　爲號召四方之計.

　기산도(奇山度)가 이근택(李根澤)을 죽일 것을 도모하였으나
실패했다. 기산도는 기우만의 족자(族子)[1] 되는 사람으로 약관에
삭발하고 사관학도가 되어 이근택의 집을 출입했다. 이에 이르
러 그의 소행을 분하게 여겨 칼을 품고 가서 찔러 죽이려 하였으
나 행동거지가 수상해서 이근택이 붙잡아서 신문하니 대답하기
를, "너희 5적을 죽이려는 것이 어찌 나 한 사람뿐이겠는가? 나는
단지 너를 죽이려는 것이 서툴러서 탄로 나게 된 것이 한스럽다.
오직 5적을 모두 죽이려고 한 까닭에 일이 지연되어 지금에 이른
것이다. 성공하고 실패하는 것은 하늘에 달렸으니 어찌 묻느냐?
너 역적이 오늘 나를 쾌히 죽이겠구나!" 하였다. 이 사건에 연루
되어 남원에 사는 노영현(盧永鉉)도 함께 사령부에 구속되었다.

註解

1) 족자(族子) : 유복친(有腹親) 이외의 조카뻘되는 사람. 형제의 아들.
　조카.

原文

기 산 도　　모 주 이 근 택 불 과　　산 도 우 만 지 족 자　　약 관 체 발　　위 사
奇山度　謀誅李根澤不果　山度宇萬之族子　弱冠剃髮　爲士

官學徒 出入根澤之門 至是 憤其所爲 懷刃欲行刺 擧止殊
常 根澤繫而訊之 曰 汝五賊欲殺者 詎獨我也 我但恨謀汝
不密 何至見露 惟盡斬五賊 故延之至今耳 成否天也 奚問
爲 汝逆賊 今日可快殺我 事連南原盧永鉉 幷拘于倭司令
部.

기우만(奇宇萬)은 도내에 통문을 띄워 5적을 토멸하자고 청하
더니 거처를 감추었다.

原文

奇宇萬發通道內 請討五賊 而已不知去處.

각국에 파견되었던 공사가 모두 철수해 돌아왔다.

原文

各國公使撤歸.

주일 공관 참서관 한치유(韓致愈)를 감독으로 삼아서, 머물면
서 교섭 사무를 관장하도록 하였다. 공사 조민희(趙民熙)가 철수
해 돌아왔기 때문이다.

原文

^{이 주 왜 공 관 참 서 관 한 치 유 위 감 독　유 장 교 섭 사 무　공 사 조}
以駐倭公館參書官韓致愈爲監督　留掌交涉事務　公使趙

^{민 희 철 환 고 야}
民熙撤還故也.

일본에 건너가 유학하는 학생 30여 명이 본국의 을사보호조약
(乙巳保護條約)이 체결되었다는 소식을 듣고, 일본 문부성에 항의
서를 제출하고 모두 자퇴하였다.

原文

^{입 왜 유 학 생 삼 십 여 인　문 본 국 겁 약　정 서 우 문 부　병 퇴 학}
入倭留學生三十餘人　聞本國劫約　呈書于文部　幷退學.

동래군 초량포(草梁浦)에 큰 비가 내리고 벼락이 쳐서 청나라
상인 세 사람이 벼락에 맞아 죽었다.

原文

^{동 래 군 초 량 포 대 뢰 우　청 상 삼 인 진 사}
東萊郡草梁浦大雷雨　淸商三人震死.

청국인 강유위(康有爲)가 북미(北美)에 있으면서 한·일 간의
늑약(勒約) 소식을 듣고 시를 지어 애도하였다.

8도의 강산은 단지 푸를 뿐,

옛날에 봉한 기자(箕子)의 땅 신령스러움 잃었네.

은나라의 혈통 오직 그대들에게 이어졌거늘.

진(晉)·초(楚) 간의 전쟁[1] 명분은 있는 것인가?

보호를 받는 처지가 되었으니 이제 어찌 사신을 보낼건가?

태평 무사하니 군사가 소용없구나.

한양의 희씨(姬氏, 全州李氏)[2]는 지금 다하였으니,

주나라의 구정(九鼎)[3]을 어루만지며, 눈을 감지 못하노라.

註解

1) 진(晉)·초(楚) 간의 전쟁 : 명분 없는 싸움. 청일, 러일 간의 전쟁.

2) 희씨(姬氏) : 주(周)나라 왕실의 성(姓). 한양의 희씨는 조선조 이씨
   왕조를 빗댐.

3) 주나라의 구정(九鼎) : 청동으로 제작한 세발 달린 솥. 하우(夏禹)가
   구정을 제작하여 주나라에 이어져 천자(天子)의 상징물로 여겼다.

原文

清人康有爲 在北美 聞韓倭約案 詩以悼之曰 八道山川只

麼靑 舊封箕子不神靈 殷商血屬猶存汝 晉楚干戈可有名

保護有人寧遣使 太平無事可裁兵 漢陽姬氏於今盡 周鼎摩

挲目不冥.

병오(1906) 광무 10년
(청 광서 32년, 일본 명치 39년)

1월(춘정월), 윤철규(尹喆圭)가 충청북도 관찰사가 되었다. 윤철규가 송병선(宋秉璿)을 압박하여 쫓은 죄로 인심이 크게 분개하였는데, 김하용(金夏容)이 소를 올려 윤철규를 성토하였다. 윤철규 또한 맞서 소를 올렸는데, 지극히 추하고 비열해서 여론이 더욱 격하게 일어났다. 일본인은 그를 외직으로 내보내 피하도록 한 것이다.

原文

春正月 尹喆圭爲忠北觀察使 喆圭迫逐宋秉璿 人心憤惋
金夏容上疏聲討 喆圭對疏 極其醜詆 物議愈激 倭使出外
以避之.

(1월) 이근택(李根澤)이 첩의 집에서 자다가 자객을 만나 십여 군데나 찔렸으나 죽지 아니하였다. 대청 위에 가수(假鬚, 가짜 수

염)를 떨어뜨리고 갔으므로 전상(廛商)들을 끌어다가 가짜 수염을 사간 사람을 추궁하니 이근철(李根哲)이란 사람이었다. 이근철은 공초(供草)에서 수염을 달고 대청에 올라가기는 하였으나 실상 칼로 찌르지는 않았다고 하였다. 이근택은 병원에 들어간 지 수 개월만에 비로소 완치되었다. 이에 5적들은 크게 두려워하여 일본군을 파견하여 저택을 지키며 출입을 엄히 경계하였다. 당시에 그 자객을 칭하여 '둔적(鈍賊)'이라 하였다.

原文

李根澤寢于妾室 遇刺客 被十餘創 不死 廳上遺假鬚 逐
拘廛商 跡買鬚 乃李根哲者也 供稱粧鬚上廳則有之 實無
行刺 根澤入病院 數月始痊 於是五賊大駭 派倭衛其第 出
入嚴警 時稱行刺者爲鈍賊.

일본 공사 임권조(林權助)가 철수하여 돌아갔다. 임권조는 공사가 된 지 무릇 7년 동안, 우리나라 일에 참여하지 않은 것이 없었다. 위협하고 속임수를 썼다가 뇌물을 받으면 그만두었으므로 부정한 재물이 만만(萬萬)으로 헤아렸다.

原文

倭公使林權助撤去 權助爲公使凡七年 我國之事 無不參

涉 威嚇詐騙 得賂則止 臟貨可萬萬計.

2월, 이근홍(李根洪)을 경기도 관찰사로, 주호면(朱鎬冕)을 충청남도 관찰사로, 이도재(李道宰)를 전라남도 관찰사로 삼았다.

原文

二月 李根洪爲京畿觀察使 朱鎬冕爲忠南觀察使 李道宰
爲全南觀察使.

2월 7일, 두 해가 나란히 나타나 햇무리를 이루었다.

原文

初七日 兩日幷出 有暈珥.

13도의 공금 태비(公金駄費, 짐 싣는 비용)를 영구히 폐지하였다.

原文

永革十三道公金駄費.

2월, 심순택(沈舜澤)이 졸하였다. 심순택은 강제 늑약이 체결된 후 문을 잠그고 찾아오는 사람을 사절하여 장차 죽기로 맹세하였다. 일본인이 가서 탐지하니, 가족들이 "칼로 찔러 목숨이 끊어지려고 한다."고 하며 사절하였다. 일본인이 곧장 들어가서 이불을 들추어보니 별일이 없으므로 크게 웃으며 돌아갔다. 수개월 후에 천수를 누리고 죽었다. 임금은 심순택이 큰 공훈이 있다고 하여 죽기 전에 미처, 특별히 청녕공(靑寧公)을 봉하고, 죽음에 이르러 은졸(隱卒)[1]을 매우 후하게 하고 시장(諡狀)이 올라오기를 기다리지 말고 시호를 의논하라고 명했다.

註解

1) 은졸(隱卒) : 임금이 죽은 신하에게 애도(哀悼)의 뜻을 표하던 일.
은졸지전(隱卒之典)은 은졸의 특전으로, 관직을 추봉(追封)한다든지 시호를 내리는 따위를 말한다.

原文

二月 沈舜澤卒 舜澤於劫約後 杜門謝客 誓將自盡 倭人
往探之 家人謝以剚刃方絶 倭直入攓其被故無恙也 大笑而
去 數月以天年終 上以舜澤有大勳勞 逮其未死 特封靑寧
公 及死 隱卒甚 命不待狀議諡.

이준영(李準榮)을 강원도 관찰사로 삼았다. 이준영은 이하영(李夏榮)의 아우인데, 부임한 지 한달 남짓 만에 사망하였다.

原文

以李準榮爲江原觀察使 準榮者 夏榮之弟也 月餘死.

(2월) 일본 통감 이등박문(伊藤博文)이 내한하였다. 일진회는 '환영' 두 글자를 크게 써서 남대문에 걸어 놓았다. 이등박문은 이 때 나이 66세였으나 세차고 건강하기가 소년 같았다.

原文

倭統監伊藤博文來 一進會大書歡迎二字 揭南大門 博文
時年六十六 勇健類少年.

강원도 의병장 원용팔(元容八)이 옥중에 갇혀 있다가 병으로 죽었다.

原文

江原道義兵將元容八 在囚病卒.

이등박문(伊藤博文)이 의친왕(義親王) 이강(李堈) 및 망명해 있는 국사범들을 돌아오게끔 청하였으나 임금은 가(可)타부(否)타 말이 없었다.

原文

이등박문 청소의친왕강급국사범제망명환 상무가부
伊藤博文 請召義親王堈及國事犯諸亡命還 上無可否.

　　서울과 지방의 처녀를 선발할 것을 명했다. 황태자가 장차 비
(妃)를 맞아들이려고 하여 서울과 지방 13도 사족의 여자로서 15
세에서 19세에 이르기까지, 아울러 국혼 전에는 시집가는 것을
허용하지 말도록 명했다. 지방관은 단자(單子)를 받들어 성책(成
冊)을 하고 처녀의 집에다가 데리고 서울에 올라갈 것을 명했다.
들은 이들은 웃음을 터뜨리며 말하기를, "멀리 떨어져 있는 시골
여자들을 뽑아서 어디에 쓰겠단 말인가? 집안 형편을 생각지 않
고 노자를 마련하여 천리를 달려간들 누가 충신으로 명을 따른다
고 하겠는가?"라고 하였다. 수령들 또한 형식적으로 그것을 행하
는 척했을 뿐 한 사람도 올라가라고 재촉하는 일이 없었으며, 혼
인하여 시집가는 일도 예전처럼 행해졌다.

原文

명선경향실녀 황태자장재빙 령경외지십삼도사족여자
命選京鄕室女 皇太子將再聘 令京外至十三道士族女子
십오지십구세 병어국혼전 불허혼가 지방관 봉단성책 사
十五至十九歲 幷於國昏前 不許昏嫁 地方官 捧單成冊 使
녀가 솔지상경 문자절소왈 하향여자 선지안용 파가판자
女家 率之上京 聞者竊笑曰 遐鄕女子 選之安用 破家辦資
부 서서천리 수위충신 수령역문구행지 졸무독일인왕자
斧 栖栖千里 誰爲忠臣 守令亦文具行之 卒無督一人往者
혼가의구
婚嫁依舊.

  (일본) 흥업은행(興業銀行)에서 일본 차관 1천만 원을 들여왔는
데, 이자는 1백 원마다 연이자 6분 5리였다. 전국의 해관(海關)을
담보로 하고 10년을 상환 기간으로 하였으며 5년 내에는 상환하
지 못하게 하였다. 그 발행 가격은 1백 원에 대하여 90원을 받는
데, 참정 대신 박제순(朴齊純), 탁지부 대신 민영기(閔泳綺)가 그
일을 주재하였다. 대개 지난해에 처음으로 3백만 원, 또 2백만
원, 또 1백5십만 원을 차관으로 들여와서, 도합 1,650만 원이었
다. 그러나 중간에서 착복하고 헛되이 버려서 단지 나라 팔아먹
은 자들의 밑천이 되었으니, 이집트〔埃及〕의 형국[1]이 되는 것도
장차 멀지 않은 것으로 생각되었다.

註解

1) 이집트〔埃及〕의 형국 : 외채를 지게 되어 나라의 어려움이 외채에
   근원하고 있었다.

原文

借倭款一千萬元于興業銀行　利息每百元　年息六分五厘

擔保以全國海關　而十年爲償還期　五年內不許償還　其發行

價格　則對百元只受九十元　參政朴齊純 · 度支閔泳綺主其

事　蓋上年始借三百萬元 · 又二百萬元 · 又一百五十萬元　至

是合一千六百五十萬元　而中飽虛擲　只資賣國人　以爲埃及

之局　將不遠也.

내부(內部)에서 13도 각군의 지도를 취합하였다.

原文

<ruby>聚<rt>취</rt></ruby><ruby>十<rt>십</rt></ruby><ruby>三<rt>삼</rt></ruby><ruby>道<rt>도</rt></ruby><ruby>各<rt>각</rt></ruby><ruby>部<rt>부</rt></ruby><ruby>地<rt>지</rt></ruby><ruby>圖<rt>도</rt></ruby><ruby>于<rt>우</rt></ruby><ruby>內<rt>내</rt></ruby><ruby>部<rt>부</rt></ruby>.

경기·강원·충청·경상 등 여러 도에서 의병이 크게 봉기했다. 을사늑약(乙巳勒約)을 맺은 이래 나라 전체가 가마솥에 물 끓는 것같이 들끓어 깃발을 세우고 저마다 왜놈들을 죽이라고 떠들었다. 관동 지방에서부터 먼저 봉기하여 곳곳에서 향응하여 모였으며 인심은 점점 스스로 흥분하였다. 그러나 무기가 없고 기율(紀律)이 없어서 비록 천백씩 무리를 지었으나 일본군 수십 명만 만나도 번번이 분패(奔敗)하여 무너져 흩어지고 말았다. 혹은 한두 곳 험한 지역을 의지하여 허한 곳을 찔러 일본군을 참획(斬獲)하는 일도 있었으나 일본군은 패한 것을 깊이 감추었으므로 의병군의 명성이 멀리까지 미치지 못하였다. 경상북도 관찰사 신태휴(申泰休)는 민간의 서당을 금지하고 신학교(新學校)를 개설하는 한편, 어기는 자는 벌을 주었다. 이에 사민(士民)들은 분하고 원통해 하며 성학(聖學)을 버리고 사교(邪敎)로 들어가라 한다고 하여 의병이 되는 자가 날로 많아졌다. 오직 전라남북도는 조금 멀리 떨어져 있었던 까닭에 성기(聲氣)[1]가 서로 연결되지 않아 기치(旗幟)를 세우고 의병이 되겠다고 맹세하여 모이는 자가 없었다.

註解

1) 성기(聲氣) : 의기. 명성과 위세, 독립의 깃발을 세워 명성을 떨치는 소식.

原文

京畿 · 江原 · 忠清 · 慶尙諸道 義兵大起 劫約以來 擧國
鼎沸 斬竿揭旗 皆以殺倭爲辭 首倡自關東 處處響合 人心
稍自奮 然無機仗 無紀律 雖千百成群 遇倭十數人 輒奔敗
潰散 或一二據險擣虛 有所斬獲 倭深諱其敗 故軍聲不遠
及 慶北觀察使申泰休 禁民書塾 改設新學校 違者有罰 士
民憤怨 以廢聖學 而入邪敎 附義兵者日衆 惟全南北稍隔
遠 聲氣不相接 無建旗誓衆者.

전 감리(監理) 하상기(河相驥)가 의병과 몰래 통하다가 걸려 도
주하였다.

原文

前監理河相驥 絓潛通義兵而逃.

경상도 전라도에 각각 2,000원씩 내려 보내 각군에 신식학교를

세우도록 하였다. 돈은 실제로 내려가지 못했다.

原文

하 금 각 이 천 원 우 경 상　　전 라 도　　창 각 군 신 학 교　　이 전 실 미
下金各二千元于慶尙·全羅道　創各郡新學校　而錢實未
하
下.

전 신문사 사장 장지연(張志淵) 등이 '대한자강회(大韓自强會)'[1]
를 창설하였다.

註解

1) 대한자강회(大韓自强會) : 국민의 교육·계몽을 통하여 자주독립의
   기반을 닦으려는 목적에서 조직된 단체. 윤치호(尹致昊)를 회장으
   로 윤효정(尹孝定)·장지연(張志淵) 등이 주동이 됨. 1906년에 발
   족. 친일 내각에 도전하다가 1907년 정부로부터 해산 명령을 받고
   후에 대한협회(大韓協會)로 바꿈.

原文

전 신 문 사 장 장 지 연 등　　창 대 한 자 강 회
前新聞社長張志淵等　創大韓自强會.

3월, 의친왕(義親王) 이강(李堈)이 귀국하였는데, 통감부에 거
처하면서 이등박문(伊藤博文)과 잠시도 서로 떨어져 있지 않았
다. 입근(入覲, 부모를 뵙는 일)할 때도 이등박문이 함께 알현을

하고 본궁으로 돌아가지 않았다. 이강이 일본에 있을 때 우연히 자객을 만나 겨우 죽음을 면한 적이 있었는데, 혹자는 엄비(嚴妃)를 지목하기도 하였다. 그러므로 돌아와서도 방비를 매우 주밀하게 하였다. 이강은 어려서부터 사랑스러운 평판이 없었는데, 외국에 있으면서 학문도 제대로 익히지 못했고 오직 주색에 빠져 있었으며 자전거를 잘 타는 것으로 이름이 알려져 있었다. 일본이 장차 관병식(觀兵式)을 행하려고 하여 이등박문과 장곡천(長谷川)이 자기 나라로 돌아가는데 이강도 따라갔다. 그는 3월 14일에 왔다가, 25일에 떠났다. 10년 만에 환국했다가 겨우 열흘 머물렀으니, 사람들은 더욱 의심하였다.

原文

三月 義親王堈還 處于統監府 與博文暫不相離 入覲時

博文上謁 不歸其本宮 堈在倭 遇刺客僅而免 或指嚴妃 故

及還 慮防甚周 堈幼無令望 在外旣無學問 惟湛于酒色 以

善乘自行車有名 倭將行觀兵式 博文與長谷川歸其國 堈亦

隨往 蓋以十四日來 而二十五日去 十年還國 留纔旬日 人

愈疑之.

전 판서 이유승(李裕承)이 죽었다.

_{전 판 서 이 유 승 졸}
前判書李裕承卒.

경관(京官) 및 군인의 봉급을 올려 주었는데, 이등박문(伊藤博文)의 뜻을 따른 것이다. 또 보안령을 내려 일본인의 폭력과 약탈 행위를 금했다.

_{증 경 관 급 군 인 봉　　종 박 문 의 야　　우 하 보 안 령　　금 왜 폭 략}
增京官及軍人俸　從博文意也　又下保安令　禁倭暴掠.

엄주익(嚴柱益)이 귀족여학교[1]를 설립하였다.

1) **귀족여학교** : 명신여학교(明新女學校). 엄귀비(嚴貴妃)가 용동궁(龍洞宮)을 제공하고, 왕실의 재산으로 학교를 설립, 운영토록 했다. 1909년 숙명여학교(淑明女學校)로 바꾸었는데, 현 숙명여자중고등학교이다.

_{엄 주 익　　설 귀 족 여 학 교}
嚴柱益　設貴族女學校.

전 주사(主事) 이건석(李建奭)이 감옥에 갇혀 있다가 죽었다.

이건석은 종성(宗姓, 전주 이씨)으로 황간(黃澗)에 살고 있다가, 지난해 겨울 전 승지 이석종(李奭鍾)과 함께 늑약(勒約)을 파기할 것을 주장하는 소를 올리려던 차에 일본인에게 발각되어 사령부에 수감되었다. 백가지로 회유와 위협을 받았으나 끝까지 굽히지 않고 마침내 피를 토하고 죽었다.

原文

전 주 사 이 건 석 재 수 졸　건 석 종 성　거 황 간　상 년 동　여 전 승 지
前主事李建奭在囚卒　建奭宗姓　居黃澗　上年冬　與前承旨

이 석 종　치 파 약 소　장 상　위 왜 소 각　수 사 령 부　유 협 백 단　종 불
李奭鍾　治破約疏　將上　爲倭所覺　囚司令部　誘脅百端　終不

굴　구 혈 이 사
屈　嘔血而死.

금산(錦山) 고와정(苽臥亭)에 사는 백성 신씨(申氏) 부인은 잉태한 지 12개월이 되어도 분만하지 못했다. 이달 12일 저녁, 날씨가 몹시 추운데 밖에서 부르는 소리가 들렸다. 옆에 있던 사람들은 듣지 못하고 홀로 부인만이 듣고서 달려 나간즉, 어떤 사람이 그를 끼고 산골로 들어가는 것이었다. 왼쪽 옆구리를 갈라 아이를 꺼내고서 눈 한줌을 집어먹게 하니 옆구리가 즉시 합해졌다. 다시 부인을 끼고 대문 앞에 내던지고 아이는 안고 갔다. 그 부인은 저절로 벙어리가 되었는데, 그 옆구리에 상처가 있는 것을 보여 주었다. 사람들은 배가 가라앉아서 비로소 그가 아이를 분만한 것을 알았다. 그리고 아무 탈이 없었다.

原文

錦山苽臥亭民申氏婦 孕十二月不乳 是月十二日夕寒甚

有呼于外者 傍人不聞 而獨婦聞 趨出 則有人挾之入山谷

剖左脇 取兒以出 掬雪啖之 脇卽合 復挾婦投門首 摟兒去

婦自是啞 示其脇有痕 而腹則低矣 人始知其娩 因得無恙.

주사(主事) 유경종(劉敬鍾)의 아들 아무개(그 이름을 잊었다)는 평생 문을 걸어 잠그고 책만 읽으면서 영리(榮利, 영화와 복리)를 구하지 않았다. 시국이 날로 위태로워짐을 보고 미친 듯 고민하고 탄식하더니 홀연히 스스로 독약을 먹고 자결하였다.

原文

主事劉敬鍾子某(失其名) 一生閉門讀書 不求榮利 見時

局日危 悶歎如狂 忽自飮藥而死.

(3월) 미국 거니성(巨尼城)의 유학생 박장법(朴長法)이 신문사에 기고하였는데, 그 내용은 다음과 같다.

작년에 일본과 러시아가 강화 담판을 할 때 미국에 살고 있는 우리 동포 7천여 명은 윤병구(尹炳球)·이승만(李承晚)을 대표로 삼아서 미국 대통령을 만나도록 하였다. 장차 미국의 도움을 받

아 우리 한국이 일본의 굴레에서 벗어나 세계의 평등한 나라가
되게 해줄 것을 청하였다. 미국 대통령은 흔연히 허락하여 말하
기를, "내가 마땅히 힘을 다하겠다. 그러나 국제공법이 있으니 반
드시 귀국 공사가 먼저 교섭해야 호응할 수 있다."고 하였다. 윤
병구 등은 빨리 주미 한국대리 공사 김윤정(金潤晶)에게 알렸으
나 김윤정은 복(服)을 입어 나갈 수 없다 하고, 본국의 명령도 없
다고 하면서 고집을 부리고 듣지 않아서 드디어 이 기회를 잃었
다고 하는 내용이었다.

原文

美國巨尼城遊學生朴長法　寄書新聞社略曰　年前日俄之

談判也　我民寓美者七千餘人　派尹炳球·李承晚爲代表　往

見大統領　願得美國之助　使我韓脫日羈絆　爲世界平等國

大統領欣然許之曰　吾當盡力　然在國際公格　必得貴公使交

涉而應之　炳球等奔告于代理公使金潤晶　潤晶以功不出己

諉無本國命令　固執不聽　遂失此機會云云.

이순익(李淳翼)이 죽었다. 이순익은 소론의 갑부로서 나이가
70이 지났어도 인색하고 비루한 것이 더욱 심하였다. 창고에 땔
감과 쌀을 저장해두고 아침저녁으로 저울에 달아서 취사를 하도
록 하였으며, 두부와 고기는 날짜가 지나서 구더기가 나기도 하

였다. 지위가 보국대부(輔國大夫, 정1품 하계)에 이르렀지만, 남의 일같이 생각하고 상란(喪亂)[1]에 대해 근심을 하는 법이 없어 세상에서는 그를 왕융(王戎)[2]에 견주었다.

註解

1) **상란**(喪亂) : 사상(死喪)과 화란(禍亂). 또는 국토를 잃고 백성이 떠돌며 흩어짐. 전쟁 · 정염병 · 천재지변 따위로 사람이 죽는 재난.

2) **왕융**(王戎) : 진(晉)나라 임기(臨沂) 사람. 죽림칠현(竹林七賢)의 한 사람이었으나 성격이 탐욕스럽고 인색하였으며 전장(田莊)을 여러 주(州)에 가지고 있었다. 매일 상아알로 된 주판을 들고 밤낮으로 계산을 하였다고 한다. 혜제(惠帝) 때에 벼슬이 사도(司徒)에 이르렀으나 뚜렷한 치적(治積)은 없었다.

原文

李淳翼卒 淳翼 爲小論甲富 年過七十 慳鄙愈甚 貯薪 · 米于庫 朝夕自秤量以炊 豆肉跨日 有生蛆者 位至輔國 而邈然無喪亂之虞 世比之王戎.

중국 북경에 황색 눈이 내렸다.

原文

淸國北京降黃雪.

미국 상항(桑港, 샌프란시스코)에서 지진이 나서 사망자가 수천 명이나 발생했다. 그 중에는 우리나라의 유우민(流寓民)[1]들도 섞여 있었다. 임금은 정부에 명하여 본국에 있는 처자들을 구휼하도록 했는데, 임금은 1만 원, 황태자는 3천 원, 영친왕(英親王) 이은(李垠)은 2천 원을 내놓았다.

註解

1) 유우민(流寓民) : 유랑 끝에 타향에 사는 사람.

原文

美國桑港地震 死者數千人 我國流寓多混焉 上令政府 恤

其孥之在本國者 上一萬元‧皇太子三千元‧英王垠二千元.

4월, 지방조사회(地方調査會)를 설치하였다. 군을 통합하자는 의론이 있었으나 오랫동안 실시되지 못하다가, 이때에 이르러 조정의 벼슬아치로 여지(輿地, 地理)에 밝은 자를 위원으로 삼아, 산천(山川)‧강역(疆域)‧형편(形便)‧원근(遠近)을 조사해서 가을이 되기를 기다려 시행하려 한 것이다. 이원긍(李源兢) 등이 그 위원에 참여하였다.

原文

夏四月 設地方調査會 合郡之議 久無實施 至是擇朝士之

<ruby>嫻<rt>한</rt></ruby><ruby>於<rt>어</rt></ruby><ruby>輿<rt>여</rt></ruby><ruby>地<rt>지</rt></ruby><ruby>者<rt>자</rt></ruby><ruby>爲<rt>위</rt></ruby><ruby>委<rt>위</rt></ruby><ruby>員<rt>원</rt></ruby> <ruby>考<rt>고</rt></ruby><ruby>山<rt>산</rt></ruby><ruby>川<rt>천</rt></ruby><ruby>疆<rt>강</rt></ruby><ruby>域<rt>역</rt></ruby><ruby>形<rt>형</rt></ruby><ruby>便<rt>편</rt></ruby><ruby>遠<rt>원</rt></ruby><ruby>近<rt>근</rt></ruby> <ruby>待<rt>대</rt></ruby><ruby>秋<rt>추</rt></ruby><ruby>而<rt>이</rt></ruby><ruby>行<rt>행</rt></ruby> <ruby>李<rt>이</rt></ruby><ruby>源<rt>원</rt></ruby><ruby>兢<rt>긍</rt></ruby>

<ruby>等<rt>등</rt></ruby> <ruby>預<rt>예</rt></ruby><ruby>其<rt>기</rt></ruby><ruby>選<rt>선</rt></ruby>.

회민(會民)의 송병준(宋秉畯) 등이 정부를 압박하여 김윤식(金允植)・박영효(朴泳孝) 등을 일체 서용하고, 백낙관(白樂寬)을 신원(伸寃)하여 충성을 정표할 것을 청하였다. 임금이 크게 노하여 말하기를, "짐이 이 자리를 내놓는 한이 있더라도 김윤식은 절대로 사면할 수 없다."고 하였다.

原文

<ruby>會<rt>회</rt></ruby><ruby>民<rt>민</rt></ruby><ruby>宋<rt>송</rt></ruby><ruby>秉<rt>병</rt></ruby><ruby>畯<rt>준</rt></ruby><ruby>等<rt>등</rt></ruby> <ruby>迫<rt>박</rt></ruby><ruby>政<rt>정</rt></ruby><ruby>府<rt>부</rt></ruby> <ruby>請<rt>청</rt></ruby><ruby>金<rt>김</rt></ruby><ruby>允<rt>윤</rt></ruby><ruby>植<rt>식</rt></ruby>・<ruby>朴<rt>박</rt></ruby><ruby>泳<rt>영</rt></ruby><ruby>孝<rt>효</rt></ruby><ruby>等<rt>등</rt></ruby> <ruby>一<rt>일</rt></ruby><ruby>切<rt>절</rt></ruby><ruby>敍<rt>서</rt></ruby><ruby>用<rt>용</rt></ruby> <ruby>白<rt>백</rt></ruby>

<ruby>樂<rt>락</rt></ruby><ruby>寬<rt>관</rt></ruby><ruby>伸<rt>신</rt></ruby><ruby>寃<rt>원</rt></ruby><ruby>表<rt>표</rt></ruby><ruby>忠<rt>충</rt></ruby> <ruby>上<rt>상</rt></ruby><ruby>大<rt>대</rt></ruby><ruby>怒<rt>노</rt></ruby><ruby>曰<rt>왈</rt></ruby> <ruby>朕<rt>짐</rt></ruby><ruby>可<rt>가</rt></ruby><ruby>讓<rt>양</rt></ruby><ruby>此<rt>차</rt></ruby><ruby>座<rt>좌</rt></ruby> <ruby>允<rt>윤</rt></ruby><ruby>植<rt>식</rt></ruby><ruby>不<rt>불</rt></ruby><ruby>可<rt>가</rt></ruby><ruby>赦<rt>사</rt></ruby>.

5일, 동학의 최제우(崔濟愚)가 교(敎)를 창도(倡道)한 날이어서 천도교인 수천 명이 중앙총본부(中央總本部)에 모여 최제우를 위한 초례(醮禮, 제사)를 올리고 명복을 빌었다. (그리고) 4월 5일을 정하여 수도기념일(受道紀念日)로 삼았다.

原文

<ruby>初<rt>초</rt></ruby><ruby>五<rt>오</rt></ruby><ruby>日<rt>일</rt></ruby> <ruby>爲<rt>위</rt></ruby><ruby>東<rt>동</rt></ruby><ruby>學<rt>학</rt></ruby><ruby>崔<rt>최</rt></ruby><ruby>濟<rt>제</rt></ruby><ruby>愚<rt>우</rt></ruby><ruby>倡<rt>창</rt></ruby><ruby>敎<rt>교</rt></ruby><ruby>之<rt>지</rt></ruby><ruby>本<rt>본</rt></ruby><ruby>日<rt>일</rt></ruby> <ruby>天<rt>천</rt></ruby><ruby>道<rt>도</rt></ruby><ruby>敎<rt>교</rt></ruby><ruby>數<rt>수</rt></ruby><ruby>千<rt>천</rt></ruby><ruby>人<rt>인</rt></ruby> <ruby>會<rt>회</rt></ruby><ruby>于<rt>우</rt></ruby><ruby>中<rt>중</rt></ruby>

<ruby>央<rt>앙</rt></ruby><ruby>總<rt>총</rt></ruby><ruby>部<rt>부</rt></ruby> <ruby>爲<rt>위</rt></ruby><ruby>濟<rt>제</rt></ruby><ruby>愚<rt>우</rt></ruby><ruby>建<rt>건</rt></ruby><ruby>醮<rt>초</rt></ruby><ruby>祈<rt>기</rt></ruby><ruby>冥<rt>명</rt></ruby><ruby>福<rt>복</rt></ruby> <ruby>定<rt>정</rt></ruby><ruby>以<rt>이</rt></ruby><ruby>四<rt>사</rt></ruby><ruby>月<rt>월</rt></ruby><ruby>五<rt>오</rt></ruby><ruby>日<rt>일</rt></ruby><ruby>爲<rt>위</rt></ruby><ruby>受<rt>수</rt></ruby><ruby>道<rt>도</rt></ruby><ruby>紀<rt>기</rt></ruby><ruby>念<rt>념</rt></ruby><ruby>日<rt>일</rt></ruby>.

김종한(金宗漢)이 사충사(四忠祠)를 세울 것을 앞장서서 발의
했다. 처음에는 민영환(閔泳煥)·조병세(趙秉世)·홍만식(洪萬
植)·송병선(宋秉璿) 네 분을 거론했는데, 조금 있다가 이상철(李
相哲)·김봉학(金奉學) 등을 아울러 넣어서 '육충신(六忠臣)'이란
이름을 붙였다. 그 터를 노량강 위에 잡고 서울과 지방에 통문을
발송하여 의연금을 요청했다. 그런데 역사가 오래 지나도록 진
척되지 않았는데, 그것은 김종한이 육충신을 위한 것이 아니라
이 일을 빙자해서 지나친 이익을 챙기려고 한 때문이었다. 식자
들은 그것을 너무 서두르는 것을 의심한데다가 또 김종한에 대해
매우 유감스럽게 생각했던 것이다.

原文

金宗漢倡議建四忠祠 始擧閔·趙·洪·宋 已而 幷及李
相哲·金奉學 號爲六忠 定址露梁江上 發文京外 請義損
役久未就 蓋宗漢非爲六忠 欲藉以染指也 識者嫌其太早
且爲宗漢痛恨.

법부 대신 이하영(李夏榮)이 소를 올려 사직을 청했으나 윤허
되지 않았다. 이에 앞서 정부는 여관이나 다름없었으며 통감부
가 설치됨에 따라 오적(五賊)들은 밖으로는 일본과 결탁하여 호
응을 받고, 안으로는 군상(君上, 임금)을 협박하여 모두 한 덩어

리가 되어 다른 사람들을 끌어들이는 것을 허락하지 않고, 술자
리를 자주하며 함께 단합하여 자신들의 지위를 공고히 하였다.
그런 까닭에 다들 단단하게 뿌리를 내리고 옮겨가지 않으니 임금
은 팔짱만 끼고 있을 뿐이었다.

原文

법부대신이하영소사 불윤 선시정부여전사 급통감지설
法部大臣李夏榮疏辭 不允 先是政府如傳舍 及統監之設

야 오적외결왜원 내협군상 곤성일단 불허타인만입 역주
也 五賊外結倭援 內脅君上 滾成一團 不許他人挽入 瀝酒

동맹 이고기위 고개반거불천 상공수이이
同盟 以固其位 故皆盤踞不遷 上拱手而已.

(4월) 울릉도에서 바다 동쪽으로 1백 리 거리에 한 섬이 있으니
'독도(獨島)'이다. 옛날부터 울릉도에 편입되어 있었는데 일본인
들은 억지를 부려 자기 나라의 영토라고 주장하며 살펴보고 돌아
갔다.

原文

거울릉도양동백리 유일도 왈독도 구속울릉도 왜인늑칭
踞鬱陵島洋東百里 有一島 曰獨島 舊屬鬱陵島 倭人勒稱

기령지 심사이거
其領地 審查以去.

김가진(金嘉鎭)을 충청남도 관찰사로 삼고, 심상훈(沈相薰)을
강원도 관찰사로 삼았다.

原文

^{이 김 가 진 위 충 남 관 찰 사} ^{심 상 훈 위 강 원 관 찰 사}
以金嘉鎭爲忠南觀察使 沈相薰爲江原觀察使.

청송 군수 안종덕(安鍾悳)을 영남 선유사로 삼고, 홍주 군수 윤
시영(尹始永)을 호서 선유사로 삼아 의병들을 설득해서 해산토록
하였다.

原文

^{이 청 송 군 수 안 종 덕 위 영 남 선 유 사} ^{홍 주 군 수 윤 시 영 위 호 서}
以靑松郡守安鍾悳爲嶺南宣諭使. 洪州郡守尹始永爲湖西

^{선 유 사} ^{유 기 의 병 해 산}
宣諭使 諭其義兵解散.

민영규(閔泳奎)를 의정 대신으로 삼으니 이등박문(伊藤博文)이
전화로 힐책하여 말하기를, "나에게 알리지 않고 어찌 복상(卜
相)[1]을 하였느냐?" 하니, 정부는 "황태자의 가례(嘉禮)[2]가 장차
거행되어 대신자리를 가히 비울 수 없는 까닭에 임시로 또한 그
자릴 채운 것이다."라고 답변하였다.

註解

1) **복상**(卜相) : 정승이 될 사람을 뽑음. 본디 삼정승 중 결원이 생기면
    정승들이 후보자 세 명을 추천해서 임금이 그 중 한 사람을 낙점하
    였다.
2) **가례**(嘉禮) : 혼례를 말함. 경사스러운 예식.

原文

以閔泳奎爲議政大臣 博文電詰之曰 吾不知而卜相 何也
政府答以皇太子嘉禮將行 大臣不可闕 故權且備數.

일본인들이 사령부로부터 헌병 2개 중대를 충청도와 경상도에
나누어 보내 의병을 방비하도록 하였다.

原文

倭人 自司令部 分送憲兵二中隊于忠淸 · 慶尙道 以備義
兵.

전 참판 민종식(閔宗植)이 의병을 일으켜 홍주로 들어갔다. 민
종식은 판서 민영상(閔泳商)의 아들로서 국변(國變, 나라의 변고)
을 마음 아프게 생각하여 가재(家財)를 풀어서 사람을 모집하고
무기를 사들이니, 호서 지방의 사민(士民)으로 그를 따르는 사람
이 날로 증가했다. 남포 · 보령 등 여러 군을 습격하여 그 병기를
거두어들이고, 순찰하는 일본군을 사로잡아 참수하면서 (4월)
20일에 홍주로 입성한 것이다. 전번에 일본군은 홍주의 성곽이
족히 믿을 만하다 하여 포병 약간을 배치하고 대포 10여 문을 매
설하였는데, 모두 민종식에게 빼앗기고는 지역별로 나누어 펼쳐
서 지키니 그의 명성과 위세가 몹시 왕성했다.

原文

전 참 판 민 종 식　기 의 병　입 홍 주　종 식　판 서 영 상 자 야　통 념
前參判閔宗植 起義兵 入洪州 宗植 判書泳商子也 痛念

국 변　산 가 재　모 사 구 계　호 서 사 민 종 자 일 중　습 남 포　보 령
國變 散家財 募士購械 湖西士民從者日衆 襲藍浦·保寧

제 군　수 기 병 장　금 참 순 왜　이 이 십 일 입 홍 주　선 시　왜 이 홍 주
諸郡 收其兵仗 擒斬巡倭 以二十日入洪州 先是 倭以洪州

성 지 족 시　숙 포 병 약 간　매 대 포 십 여 존　병 위 종 식 소 유　분 문
城池足恃 宿砲兵若干 埋大砲十餘尊 并爲宗植所有 分門

열 수　성 세 심 성
列守 聲勢甚盛.

일본인이 김승문(金升文)을 사령부에 구속하였다. 김승문은 함흥 사람인데, 강석호(姜錫鎬)가 그는 신이(神異)한 술법이 있다고 천거하여 임금은 두터이 불러 입대(入對)하고 열흘 만에 비서승에 제수했다. 어떤 사람이 그를 일본군에게, '의병과 내통하고 있다'고 꾸며 말했는데, 일본군이 그를 구속하고 그의 짐 보따리를 검사하니 과연 어보(御寶)가 찍힌 문서가 있었으며 의병과 내통하고 있었다. 그래서 오랫동안 구금되었던 것이다. 김승문의 발적(發跡)한 과정도 곽종석과 비슷한데 뜻밖에 화를 당하게 된 것이다.

原文

왜 인 수 김 승 문 우 사 령 부　승 문 함 흥 인 야　강 석 호 천 기 유 신
倭人囚金升文于司令部 升文咸興人也 姜錫鎬薦其有神

술　상 돈 소 입 대　순 일 제 비 서 승　혹 구 우 왜 왈　시 통 의 병 자 야
術 上敦召入對 旬日除秘書丞 或搆于倭曰 是通義兵者也

왜 구 이 검 기 탁　　과 유 어 보 문 자　　여 의 병 상 문　　수 장 계 지　　승 문
倭拘而檢其橐　果有御寶文字　與義兵相聞　遂長繫之　升文
발 적　　류 곽 종 석　　이 득 기 화 과 지
發跡　類郭鍾錫　而得奇禍過之.

철원 황제봉(皇帝峰) 아래 김낙영(金樂永)이란 자가 살았는데, 사악재(祀岳齋)를 세우기 위해 그 터를 닦다가 비기(祕記) 스물여섯 자를 얻었다. 궁내부에 올렸는데 돌려보내 깨끗한 땅에 묻으라고 지시하여, 무슨 글자가 쓰여 있는지는 알려지지 않았다.

原文

철 원 황 제 봉 하　　유 김 낙 영 자　　건 사 악 재　　개 기 득 비 기 이 십 육
鐵原皇帝峰下　有金樂永者　建祀岳齋　開基得秘記二十六
자　　상 궁 내 부　　령 환 매 결 지　　경 불 지 작 하 문 자
字　上宮內部　令還埋潔地　竟不知作何文字.

윤달에 홍주 의병이 패하여 민종식(閔宗植)은 도주했다. 일본군은 민종식의 병세(兵勢)가 왕성하다는 소문을 듣고 2개 중대를 발하여 우리 관군 150명과 함께 남하하였다. 그들은 처음에 도착한 정병으로 갑자기 홍주성을 포위하고 일본군이 전면에서 대열을 갖추고 있는데, 민종식은 대포를 쏘아 일본군 50여 명을 쓰러드리자 일본군은 군사를 거두어 물러났다. 민종식은 군사를 나누어 성을 지켰다. 아전 하나가 자청해서 남문을 지키겠다고 하니 여러 사람이 말하기를, "앞장서서 입성할 자는 사대부(士大夫)들이다. 이서(吏胥)를 참여시키는 것은 또한 다른 사람들에게 가

히 부끄러움이 없지 않겠는가?" 하고 허락하지 않았다. 그 아전
은 의병들이 반드시 패할 것이라고 생각하여 9일 밤에 몰래 동문
을 열고 일본군을 불러들였다. 그날 밤은 칠흑같이 어두워서 의
병의 부오(部伍)가 크게 어지러워졌고 능히 대전할 수 없어 사방
으로 달아나고 60여 명이 죽었으며 백여 명이 사로잡혔다. 민종
식은 정예병을 뽑아 포위망을 뚫고 도망쳤다. 홍주 10리 안에는
밀·보리가 모두 없어졌으니 병마의 짓밟힌 바 되었기 때문이다.

原文

閏月 洪州義兵敗績 閔宗植走 倭聞宗植兵盛 發其二中隊

幷我兵一百五十南下 因其始至之銳 猝圍洪州 倭列于前

宗植發大砲 斃倭五十餘 倭收兵退次 宗植分汛守城 有一

吏自請守南門 衆曰首事入城者士夫也 參以吏胥 不亦無人

可羞乎 不許 吏以義兵必敗 以九日夜 潛開東門納倭 時夜

黑 義兵部伍大亂 不能据戰 四散走 死六十餘 擒者百餘 宗

植抽精銳 潰圍而跳 洪州十里內 二麥俱盡 爲兵馬所蹂碎

也.

전 승지 이설(李偰)이 사망했다. 이설은 지난해 겨울에 서울로
와서 오적을 성토하는 상소를 하였으나 비답이 내리지 않아 시골

로 돌아가 울울한 심경으로 서성였다. 민종식과 서로 소식을 통하여 그가 성과가 있기를 기대하였는데, 패전 소식이 들리자 크게 통곡하며 유소(遺疏)를 지어 놓고 식음을 폐한 지 10여 일 만에 사망하였다.

原文

前承旨李偰卒 偰上年冬入京 上疏討五賊 不報 還鄕鬱鬱
徊皇 與閔宗植相聞 幸其有成 及敗報至 大慟 治遺疏 因不
食十餘日死.

유맹(劉猛)을 홍주 군수로 임명하였다. 유맹은 공정하고 청렴한 데다 능력이 있기 때문에 특별히 차임(差任)을 해서 속히 부임하도록 해 난리를 겪은 백성들을 안정시키도록 한 것이다.

原文

以劉猛爲洪州郡守 猛公廉有幹局 故特差迅赴 撫戢經亂
之民.

전 판서 최익현(崔益鉉)이 호남 지방에서 의병을 일으켰다. 최익현은 작년 겨울 상소를 올린 후 정산(定山)으로 돌아가서 의병을 일으키려 하였으나 일본인들이 그의 기색을 살피고 군대를 파

견하여 지키도록 하였다. 최익현은 병이 위독하다고 하며 낮에
도 내실에 누워 있다가 일본인의 간수(看守)가 조금 나태해진 틈
을 타서 미복차림으로 집을 나와서 태인(泰仁)에서 임병찬(林炳
瓚)과 모임을 가졌다.

임병찬이란 사람은 군리(郡吏)였는데 을유년(1885)과 병술년
(1886) 간에 돈을 바치고 낙안 군수가 되었다. 그리고 돌아와서
깊은 산중에 움막을 짓고 살았는데, 최익현의 충의에 감화되어
평소 왕래한 지 수년이 되었다. 나라의 난망(亂亡)이 이미 드러난
것을 보고 재산을 풀어서 다른 사람들과 짜고 군기를 사서 여축
하고 변을 기다렸다.

이에 이르러 홍주 의병이 이미 패하니 인심이 크게 무너져서
발붙일 곳이 없었다. 오직 호남 지방이 아직 온전한 상태에 있었
으며, 또한 최익현의 문도들이 많아 가히 불러 모을 바탕이 될 만
했다. 드디어 최익현을 권하여 태인에서 거병(擧兵)을 하자 하니,
최익현도 이에 좇았다.

윤4월 13일에 무성서원(武城書院)[1)]에 들어가 단(壇)에 올라 여
러 사람에게 서약하니, 따라온 유생들이 80여 명이었다. 그 하루
전에 소를 올려 의병을 일으키는 정황을 다음과 같이 아뢰었다.

"신은 사사로이 옛사람들을 살펴보니, 나라가 망하는 날을 당
함에 몸을 감춘 사람도 있었으니 중국 은(殷·商) 왕조의 미자(微
子)[2)]가 그러하며, 죽은 사람도 있었으니 명나라의 범경문(范景
文)[3)] 등이 그러한 사람이며, 적을 토벌하다 완수하지 못하고 죽
은 사람도 있었으니 한(漢)나라의 적의(翟義)[4)]와 송(宋)나라의

문천상(文天祥)⁵⁾이 그러합니다.

　신은 불행히 오늘의 변고를 만나 이미 가히 숨어있을 곳이 없으니, 의리를 따른다면 오직 대궐에 들어가서 진소(陳訴)하고 폐하의 앞에서 스스로 목숨을 끊는 것뿐입니다. 그러나 폐하께서 능히 하실 수 없음을 잘 알고 있어 빈말로 번거롭게 소란을 피우는 것보다 한갓 글을 갖추어 돌리는 것이 좋을 것 같습니다. 또한 인심이 아직도 국가를 잊지 않는 것을 보면 스스로 구독(溝瀆)⁶⁾을 경영하며, 또한 경정(徑情)⁷⁾을 가까이 하여 이로써 숨어서 참고 살다가 동지 약간과 함께 적의와 문천상과 같은 일을 도모한 지 또한 4, 5개월이 되었습니다. 단지 신은 본디 재략과 지모(智謀)가 없으며 노환이 겹친 데다가 또한 형세에 제약을 받은 것이 열에 여덟아홉이나 되어 이로써 천연(遷延)을 면치 못하게 되었으며 앉아서 세월만 보냈습니다.

　이제 간신히 계획이 조금 정하여지고 인사들도 모여서 이에 윤 4월 12일에 전 낙안 군수 임병찬을 먼저 보내 나아가 전주를 거점으로 동지들을 장려한 후, 차제에 북상하여 이등박문(伊藤博文)과 장곡천호도(長谷川好道) 등 여러 왜놈들을 불러 모아서 함께 담판을 지어 늑약(勒約)을 소멸시키고, 다시 나라의 자주권을 행사할 수 있도록 하겠으며, 백성들의 씨를 바꾸는〔易種〕 화란을 면케 하는 것이 신의 소원입니다. 대저 우리나라 사람으로 그들의 노예가 되는 것이 좋다고 날뛰면서 대의(大義)를 원수같이 보는 자는 '비도(匪徒)'의 호칭을 붙이고 헐뜯으며 비방함하는 무리들은 신이 진실로 구휼할 틈을 주지 않겠습니다."고 하였다.

註解

1) **무성서원**(武城書院) : 전북 정읍 칠보면 무성리에 있는 서원. 최치원(崔致遠)을 주벽(主壁)으로 위패를 모셨다.
2) **미자**(微子) : 중국 은(殷)대의 충신. 기자(箕子)·비간(比干)과 함께 은의 삼인(三仁)이라 함. 은의 주왕(紂王)이 음란 무도함을 누차 간하였으나 듣지 않자 벼슬을 버리고 나라를 떠났다.
3) **범경문**(范景文) : 중국 명나라 오교(吳橋) 사람. 자는 몽장(夢章), 호는 사인(思仁). 공부상서 겸 동각대학사를 지냈다. 청에 의해 명나라가 망하자, 유소(遺疏)를 남기고 우물에 뛰어들어 죽었다.
4) **적의**(翟義) : 중국 전한 말에 왕망(王莽)이 신(新)을 세우고 황제 위에 오르자, 한 황실의 재기를 도모하려다 성사하지 못하고 죽음.
5) **문천상**(文天祥) : 중국 송말의 충신. 원나라가 침입하여 수도 임안(臨安)이 함락된 후 단종(端宗)을 받들고 근왕군을 일으켜 원군에 대항하였으나 사로잡혀 처형되었다.
6) **구독**(溝瀆) : 전답 사이에 있는 도랑. 구혁(溝洫).
7) **경정**(徑情) : 임의(任意)대로 함.

原文

前判書崔益鉉 起兵于湖南 益鉉自昨冬上疏後 歸定山 欲

擧義 倭人詗其氣色 派兵着守 益鉉稱以病篤 晝臥于內 乘

倭少懈 微服出門 會林炳瓚于泰仁 炳瓚者郡吏也 乙酉·

丙戌(高宗二十二 二十三年)納貲爲樂安郡守 歸而結廬深

山 感益鉉忠義 素相往來 數年來 見亂亡已形 散財結客 蓄

買軍械 以待變 至是以洪州旣敗 人心大沮 無着足地 惟湖

南尙完 且多益鉉門徒 可資號召 遂勸益鉉 從泰仁聚兵 益

鉉從之 以十三日 入武城書院 登壇誓衆 儒生從者 八十餘

人 以前一日 拜疏以聞 陳起兵之情曰 臣竊見古人 當國亡

之日 有去者焉 商之微子是也 有死者焉 明之范景文等 是

也 有討賊不遂而死之者 漢翟義·宋文天祥是也 臣不幸見

今日之變 旣無可去之地與義則 惟有詣闕陳疏 自斃於陛下

之前而已 然明知陛下之不能有所爲 則空言煩聒 徒歸文具

又見人心之猶不忘國家 則自經溝瀆 亦近徑情 是以隱忍偸

活 與同志略干 謀所以爲翟義·文天祥者 于今四五朔矣

但臣素無才智 加以老病 又形格勢禁者 十每八九 是以未

免遷延 坐費歲月 今纔計畫稍定 人士稍集 乃於閏四月十

二日 遣前樂安郡守臣林炳瓚 進據全州 獎勵同志 次第北

上 招博文·好道等諸倭 及各國公使 會同談辦 取勒約而

燒滅之 使國復自主之權 民免易種之禍 臣之願也 若夫我

人之甘爲彼隷 讐視大義者 爭加之以匪徒之稱 而訾嗷之者

_{신 고 불 가 휼 야 운 운}
臣固不暇恤也云云.

또 일본의 전후 죄상을 헤아려 일본 정부에 서한을 보냈다.

"대한 광무 10년 윤4월 일, 정헌대부(正憲大夫) 전 의정부 찬정 최익현(崔益鉉)은 일본 정부 여러 대신 각하에게 이 서신을 보낸다.

아! 나라에 충성하고 사람을 사랑하는 것을 '성(性)'이라 이르고, 믿음을 지키고 의리를 밝히는 것을 '도(道)'라 한다. 사람으로서 이 '성'이 없으면 반드시 죽게 되며, 나라에 이 '도'가 없으면 망할 수밖에 없다. 이것은 오직 완고한 노생(老生)이 늘 하는 말이 아니다. 비록 개화 경쟁의 열국에 있어서도 이를 버리고는 세계에서 자립할 수 없을 것이다.

지난 병자년(고종 13, 1876) 귀국의 사신 흑전청융(黑田淸隆)이 와서 통상을 청할 때 나는 일찍이 항의하고 배척하였다. 나는 그때 교린 수호가 아름다운 일인 줄 몰라서 그런 것이 아니고, 귀국의 반복하는 정황을 내가 유독 잘 알고 있었던 까닭에 미리 근심을 해서 그렇게 말했던 것이다. 그러나 천하의 대세는 이미 옛날과 달라서 서세(西勢)의 치열한 형세를 홀로 막을 수 없는 것인즉, 반드시 꼭 한국 · 일본 · 청국은 서로 보거(輔車)¹⁾를 한 후에야 동양의 대국면을 보존할 수 있다는 것은 지혜로운 자의 머리를 빌리지 않더라도 알 수 있는 것이니, 나도 또한 이것을 깊이 바랐던 것이다. 그런 까닭에 비록 귀국을 꼭 믿겠다고는 하지 않았지만 또한 너무 심하게 하여 한갓 두 나라의 화해를 상처주고 싶지는 않았던 것이다.

이로써 20년 동안 물러나 있으면서 시사(時事)에 관해서는 입을 굳게 다물고 말하지 않았다. 근년에 귀국(貴國)이 하는 바를 보고 난 다음에 비로소 나의 견해가 차이가 없다는 것을 알게 되었다. 또 귀국이 비록 지금은 강대하다고 치더라도 종래는 또한 반드시 망할 것이요, 동양의 화란도 그칠 새가 없다는 것을 알게 되었다.

지금 여기서는 먼저 귀국이 신뢰를 버리고 의리를 배반한 죄를 말한 연후에 또 귀국이 반드시 망하게 될 까닭과 동양의 화란이 그칠 때가 없다는 까닭을 말하겠다.

병자년(1876) 강화도 조약을 살펴보면, 제1조에 '조선은 자주국가로서 일본과 평등한 권리를 보유한다. 이후로 화친의 관계를 표현하고자 할 때는 모름지기 피차 동등한 예의로 서로 대하며 추호도 침범하거나 시의(猜疑, 질시)하는 일이 없도록 할 것이며, 의당 먼저 종전의 우호를 저해하는 여러 예규(例規)를 일체 혁파하여 없애서 관대하고 널리 통하는 법을 힘써 열어 영원히 서로 편안할 것을 기할 것'이라 하였다. 제12조에는, '이상의 조약은 양국 정부가 모름지기 변혁하지 않으며 영원히 믿고 준수한다'고 되어 있다. 또 살펴보건대, 을미년(1895) 청국 이홍장(李鴻章)과 귀국의 이등박문(伊藤博文)이 마관조약(馬關條約)을 의정(議定)함에, 제1조에 '조선국의 독립과 자주는 양국이 인정하여 밝히며 추호도 침범하는 일이 있어서는 안 된다'고 나와 있다.

그리고 갑진년(광무 8, 1904) 일 · 아선전서(日俄宣戰書)에도 '한

국과 청나라 양국은 평화를 유지한다'는 구절이 들어 있다. 또 귀
국이 아라사국에 대해 공법(公法)을 위반한 것을 열국에 통첩한
변명서에도, '원래 한국의 독립을 공고히 하고 토지와 주권을 보
호 유지하는 것이 전쟁을 하는 목적이다'라고 밝혔었다. 또 서구
로 사신을 파견하여 전쟁이 일어난 원인을 설명한 데에도 '한국
의 독립을 공고히 하기 위함이다.'라고 하였다.

이것으로 보건대 전후 30년 사이에 무릇 귀국 군신(君臣)이 우
리나라에 신의로써 맹세하였고 천하에 성명한 것이 어찌 일찍이
우리나라의 토지와 인민을 침탈하지 않고 우리의 독립과 자주를
해치지 않는 것으로 담보하지 않은 때가 있었던가? 또 천하만국
이 또한 어찌 일찍이 한·일 양국이 순치(脣齒)[2]의 관계로 그 서
로 보호하고 서로 유지하며 서로 침해함이 없을 것으로 알고 있
지 않겠는가? 그러나 귀국은 우리나라에 흉포(凶暴)[3]를 마구 자
행함이 날로 더욱 심해지고 달로 더욱 혹독해져서 신뢰를 포기하
고 의리를 배반하며 이르지 않는 바가 없으니 청컨대 그 증거를
제시하겠다.

갑신년(고종 21, 1884)에 죽첨진일랑(竹添進一郎)의 난동으로
우리 황상을 협박하여 옮기게 하고 우리 재상을 살육하였으니 그
것이 죄의 첫째요, 갑오년(고종 31, 1894) 대조규개(大鳥圭介)의
난동 때 우리 궁궐을 불태우고 우리의 재물을 겁탈하였으며, 우
리의 전장(典章)을 훼손·파기하고 명분은 우리나라를 독립시킨
다고 칭하면서도 후일 약탈하여 빼앗아가는 기반이 실로 여기에
서 비롯되었으니 그 죄의 둘째가 되는 것이요, 을미년(고종 32,

1895) 삼포오루(三浦梧樓)의 변란으로 우리 모후(母后)를 시해하고 천고 만고에 없는 반역을 저지르고도 오로지 가려 덮는 데만 일삼고 도망친 역적들을 일찍이 한 명도 결박 지어 보내지 않았으니 그 대역무도함이 곧 믿음을 버리고 의리를 배반하는 것으로 끝날 뿐 아니니, 그것이 죄의 셋째가 되는 것이다.

(그리고 또한) 임권조(林權助)와 장곡천호도(長谷川好道)가 우리나라에 와서 머물면서 그 협박하고 겁탈한 일들을 손가락으로 다 꼽을 수 없지만, 그 큰 것만을 거론한다면, 다음과 같다. 즉 각처의 철도를 부설하면서 경의철도(京義鐵道)는 처음부터 조회하여 알리지도 않고 자기들의 뜻대로 행사하였고, 어채(漁採)·삼포(蔘圃)의 이득에서부터 광산·항해의 권리에 이르기까지 무릇 한 나라의 재원을 남김없이 망라하였으니 그 죄가 네 번째가 되는 것이다.

(그뿐만 아니라) 군사상 필요하다는 명목으로 토지를 강점하여 인민들을 침탈하고 학대하며 분묘를 발굴하고 주택을 헐은 것이 그 수를 알 수 없을 정도이다. 우리 정부에 권고한다고 칭하면서 우리나라의 하치않은 소인배를 천거하여 벼슬을 줄 것을 강압적으로 청하여 회뢰(賄賂, 뇌물)가 공공연히 행해져서 추잡한 소문이 낭자하니 그것이 죄의 다섯째이다. 나아가 철로다, 지단(地段)이다, 군율이다 들먹이는 것이 용병(用兵, 전쟁)을 할 때라면 혹시 군용이라 빙자해서 그런 것을 실시할 수 있을지 모르지만 이제 전쟁도 이미 끝났는데, 철로에 있어서는 돌려줄 것을 생각하지 않고, 지단에 있어서는 예전처럼 그대로 빼앗아 쓰고 있으며,

군율도 예전처럼 시행하여 쓰고 있으니 이것이 그 죄의 여섯째가
되는 것이다.

우리의 역적 이지용(李址鎔)을 유혹하여 강제로 의정서를 작성
시켜 우리의 국권을 능체(陵替)[4]하게 만들고, 대한독립 및 영토 보
전 문제 같은 것을 버려둔 채 논하지도 않았으니 그것이 죄의 일곱
번째가 되는 것이다. 벼슬아치와 선비들이 전후해서 올린 소는 모
두 스스로 우리 임금에게 고한 것이요, 스스로 우리나라에 충성하
는 것인데도 문득 포박하여 구류·상해하고 석방하지 않으며, 충
언을 억제하고 공론을 막아, 오직 우리나라의 형세가 혹시 다시 떨
칠 것을 겁을 내니 이것이 죄의 여덟 번째가 되는 것이다.

동학(東學)과 토비(土匪)와 같은 우리나라의 나쁜 사람들을 꼬
여 일진회(一進會)란 이름을 붙여 그들을 창귀(倀鬼)로 삼고, 또
그들에게 선언서를 내노라고 가르쳐 민론(民論)이라 빙자하여
떠벌이게 하고, 보안회(保安會)나 유약소(儒約所) 같은 것을 만들
어 국민의 의무를 하고자 하면 치안 방해(治安妨害)라 일컬으며
백방으로 치근덕거리며 회롱하고 포박하여 구금하니, 그것이 죄
의 아홉 번째가 된다. 강제로 역부(役夫)를 모집하여 소를 채찍질
하듯, 돼지를 몰듯하여 조금도 마음에 꺼리는 것이 없고, 마치 풀
이나 왕골 베듯 하며, 또 어리석은 백성들을 꼬여서 모집하여 묵
서가(墨西哥, 멕시코)로 몰래 팔아넘겨 우리 백성들의 부자와 형
제들로 하여금 원통함을 머금고 복수하려해도 갚을 수 없게 하고
학대를 받으며 죽음에 이르러도 돌아올 수 없게 하니 그것이 죄
의 열 번째이다.

전보사(電報司)와 우정국(郵政局) 두 기관을 강제로 빼앗아 스스로 통신기관을 장악한 것이 그 죄의 열한 번째이며, 각부에 강제로 고문관을 두도록 하여 누워서 먹으면서 후한 봉급을 받으면서, 오로지 우리나라를 망하게 하거나 전복시키려는 일을 하며 군경의 감축과 재정의 전횡 같은 것은 가장 그 두드러진 것으로, 그 죄의 열두 번째가 되는 것이다.

억지로 차관을 쓰게 하며 한 번 두 번 거듭되어 명색은 '재정의 정리'라고 하지만, 단지 신화폐의 색깔이나 질 그리고 경중(輕重)에 있어서 구화폐와 다름이 없는데도 그 명칭을 바꾸고 그 수효를 배로 하여 스스로 배사(倍蓰)[5]의 이득을 취하여 한 나라의 재정을 고갈시켰다. 또 유통시킬 수 없는 종이 조각에 억지로 '원위화(元位貨)'란 이름을 붙이고, 또 차관이란 허명(虛名)을 붙여 미리 후한 이식(利息, 利子)을 취했으며, 고빙(顧聘)이란 미명으로 미리 후한 봉급을 절취하여 우리의 깨끗한 피를 열심히 빨아먹어 텅 비어 썩은 껍데기만 남겼으니, 그것이 죄의 열세 번째가 된다.

작년 10월 21일 밤에, 이등박문(伊藤博文)과 임권조(林權助)와 장곡천호도(長谷川好道) 등이 군사를 이끌고 대궐에 들어가 강제로 조약을 맺고 정부를 위협하고 스스로 가부를 외치면서 그 인장을 빼앗아 멋대로 조인하여 우리나라의 외교권을 차지했으며, 통감부를 설치하여 우리나라의 독립·자주권을 하루아침에 상실하게 하였으니 그것이 죄의 열네 번째가 된다.

처음에는 단지 외교의 감독만을 하겠다고 말하더니 마침내는 온 나라의 정사(政事)를 오로지 관장하고 소속의 관원을 두는 것이 날로 번성하여 우리로 하여금 손을 쓸 수 없게 하면서 뭐라고 하면 위협과 공갈을 일삼았으니, 그것이 죄의 열다섯 번째이다. 근자에 또 이민조례(移民條例)를 만들어 강압적으로 인준할 것을 청하여 인종을 바꾸려는 악독한 음모를 행하고자 하니 그것이 죄의 열여섯 번째이다.

아! 이것들은 특별히 그 큰 것들만 거론한 것이다. 그러나 이들 십수조(十數條, 16조)의 죄목(罪目)을 강화도조약과 마관의 조약 및 선전(宣戰)포고서, 판명(辨明, 변명서) 등 여러 문건을 비교해 볼 것 같으면 그 반복(反覆)함이 무상하다. 여우와 원숭이가 속임수를 쓰듯, 기미를 살펴서 모함한 것이 과연 어떠한가? 우리 대한의 수천만 인심이 과연 유감이 없을 수 있겠는가? 그러나 동양의 대세가 그러한 까닭에 귀국이 아라사와 싸울 때 폐방(弊邦, 우리)의 인사들은 귀국의 군대를 환영하여 두려워하는 마음이 없었다. 귀국이 전승을 거두고 돌아와서는 더욱 흉포한 짓을 저질러 우리나라의 인민들로 하여금 어육의 참화를 이중으로 입게 하였다. 가령 아라사가 승리해서 동양이 드디어 망했다고 한들 우리에 미칠 화가 어찌 오늘보다 더하였겠는가?

지금 우리의 백성들은 사람들마다 모두 꼭 죽어 살 수 없으며 반드시 망해서 존재할 수 없다는 것을 알고 있는 까닭에 죽고 망한 것이나 같은 것이다. 함께 머리를 숙이고 마음을 낮추어 핍박을 입고 억압을 받으면서 끝내 이런 치욕을 면할 수 없을지니 차라리 일제히 분발하고 용기를 내서 주먹을 떨치고 함성을 지르며 기세를 올리는 것만 같지 못하다는 것을 알고 있다.

대저 노련(魯連)[6]은 일개 선비에 불과하지만 오히려 진(晉)나라를 황제로 받든다는 말을 부끄러워하였으며, 소진(蘇秦)[7]은 세객(說客, 遊說客)이었지만 소꼬리라는 이름이 붙여지는 것을 부끄럽게 여겼거늘, 하물며 우리 대한 삼천리의 민중이 옛 선왕과 선현의 예의를 따르면서 익힌 후예로서 어찌 원수의 나라 밑에서 노예 신세가 되어 하루의 생을 구걸하는 것을 마음으로 달게 여기겠는가? 또 천하가 모두 아라사 사람들이 귀국과의 패전을 잊지 못하고 있다는 것을 다 알고 있고, 조만간에 동쪽으로 쳐들어올 형세라는 것을 부녀자나 어린아이까지 알고 있는 바이다.

이때를 당하여 동양 3국이 정족지세(鼎足之勢)로 버티고 서서 온 힘을 축적하고 기다려도 오히려 지탱하지 못할까 두려워하거늘, 하물며 서로 시기하고 혐오하며 원망하고 분노하여 같은 집에서 서로 원수가 되는 형국을 면치 못함에서이랴? 또한 서구 열국이 어찌 귀국과 같이 경솔하고 천박하며 이웃을 사랑하는 마음이 없이 함부로 마구 날뛰는 것을 내버려 두겠는가? 이같이 행동한다면 귀국의 망함은 족히 기다릴 것도 없으며, 동양도 함께 망하는 화가 또한 날을 기다리지 않아도 곧 이를 것이다.

그런 까닭에 나는 다음과 같이 말한다.

귀국이 비록 강하다고는 해도 끝내 또한 반드시 망하고야 말 것이며, 동양의 화란도 그칠 때가 없을 것이다. 진실로 귀국을 위한 계책을 세운다면 급히 그 근본으로 돌아가는 것만 함이 없을 뿐이다. 그 본래의 길로 돌아간다면 또한 신의를 지키고 의리를 밝히는 것 만한 것이 없으며, 신의를 지키고 의리를 밝히려면 어떻게 하여야 되는가? 즉시 나의 서신을 귀국 황제에게 아뢰어 장차 앞에서 열거한 16조의 큰 죄를 다 회개하고 통감부를 혁파하여 거두어가고, 고문관 및 사령관을 소환하며, 다시 충성스럽고 믿음직한 사람을 공사로 파견할 것이며, 다시 이것을 각국에 사죄하여 우리나라의 독립·자주의 권한을 침해하는 일이 없도록 하는 것이다.

양국이 정말로 영원히 서로 편안히 할 수 있게 한다면 귀국은 온전한 복을 받음이 있을 것이요, 동양의 큰 국면도 또한 유지될 수 있을 것이다. 만약 그렇게 하지 않을 것 같으면 대저 복(福)과 선(善), 화(禍)와 음(淫)은 곧 천도(天道)의 밝은 도리인데, 지금 귀국의 하는 짓이 제(齊)나라의 민왕(湣王)이나 송(宋)나라의 언왕(偃王)[8]과 다를 것이 능히 그 얼마나 되겠는가? 나는 불행히도 지난봄 욕을 당할 적에 죽지를 못하고, 또 작년 10월 21일의 변고를 보게 되었은즉, 의리상으로 원수 나라의 노예가 되어 천지간에서 구차하게 목숨을 이어갈 수가 없다.

그런 까닭에 곧 수십 인의 동지와 더불어 함께 죽기로 결심하고 서약하여 장차 병을 무릅쓰고 상경하여 이등박문과 장곡천호도 등과 한번 회담하여 말을 다 끝내고 죽으려 한다. 이에 먼저 심간(心肝)을 토로하여 글을 써서 귀 영사관에 부치노니 귀국 정부에 전달하기 바란다. 오직 우리나라만을 위해 도모하는 것이 아니며, 먼저 귀국을 위하여 도모하는 것만이 아니라 또한 동양의 전체를 위하여 도모하는 것이다.

살펴보기 바란다.

1) 보거(輔車) : '수레의 덧방나무와 바퀴처럼 서로 도와 의지한다'는 뜻에서 서로 공조, 협력하는 관계. 이해관계가 깊음의 비유. 보아(輔牙).

2) 순치(脣齒) : 입술과 이빨처럼 서로 밀접한 어떤 관계를 비유할 때 쓰는 말.

3) 흉포(凶暴) : 몹시 흉악하고 사나움.

4) 능체(陵替) : 아랫사람이 윗사람보다 능가하여 윗사람의 권위가 떨어지는 것.

5) 배사(倍蓰) : 배(倍)는 한 갑절. 사(蓰)는 다섯 갑절. 곧 한 갑절 이상 댓 갑절 가량.

6) 노련(魯連) : 중국 전국시대 제(齊)의 의사(義士). 조(趙)·위(魏) 두 나라 왕에게 진(秦)을 높여 황제(黃帝)를 일컫게 하는 것을 반대하도록 함. 노중련(魯仲連).

7) 소진(蘇秦) : 강자의 세력에 추종하지 않고 독자적으로 독립할 것을 주장한 유세객(遊說客).

8) 제(齊)의 민왕(湣王)이나 송(宋)의 언왕(偃王) : 주변국을 침략하여 괴롭힌 포악한 왕. 연(燕)·진(秦)·초(楚) 등 주변국들이 연합하여 그들을 물리친 고사.

又數倭前後罪狀 騰書其政府.

大韓光武十年閏四月日 正憲大夫前議政府贊政崔益鉉

致書于日本政府大臣僉閣下 嗚呼 忠國愛人曰性 守信明義

曰道 人無此性則必死 國無此道則必亡 此不惟頑固老生之

常談 抑雖開化競爭之列國 捨此 恐無以自立於世界矣 粤

在丙子(高宗十三年) 貴國使臣黑田淸隆之來請通商也 某

嘗抗斥 某於其時 非不知交隣修好之爲美事 而貴國反覆之

情 則某獨知之 故預憂而言之耳 然天下大勢 旣與古異 而

西氛之熾 有不可以獨遏 則必須韓·日·淸三國 相與爲輔

車而後 可以全東洋大局者 不待智者而知 而某亦深望於是

故雖不以貴國爲必信 而亦不欲爲已甚 徒傷兩國之和 是以

屛廢二十年 絶口不言時事矣 及觀近年貴國所爲 然後始知

愚見之不差 而又知貴國今雖强大 終亦必亡 而東洋之禍

無有已時也 今此先言貴國棄信背義之罪然後 且及貴國所

以必亡 而東洋之禍 所以無已時之故可乎 按丙子江華議約

第一款有曰 朝鮮自主之邦 保有與日本平等之權 嗣後欲表

和親之實 須以彼此同等之禮相待 不可毫有侵越猜嫌 宜先

將從前爲交情阻塞之患 諸例規一切革除 務開關裕弘通之

法 以期永遠相安 第十二款有曰 右條約 兩國政府不須變

革 永遠信遵 又按乙未(高宗三十二年)淸國李鴻章 與貴國

伊藤博文 議定馬關條約也 其一款有曰 朝鮮國獨立自主

兩國認明 不可毫有侵越 及甲辰(光武八年)日·俄宣戰書

亦有韓·淸兩國維持平和之句 又貴國對俄違反公法 通牒

列國辨明書 亦曰 鞏固元來韓國獨立土地主權保持者 爲戰

爭之目的 又遣使歐西 說明戰爭之起因亦曰 鞏固韓國獨立

由此觀之 前後三十年之間 凡貴國君臣 所以信誓敝國 聲

明於天下者 何嘗不以不侵我土地·人民 不害我獨立·自

主爲擔負哉 抑天下萬國 亦何嘗不以韓·日兩國脣齒之邦

而知其相保相持 無相侵害也哉 然而貴國所以肆凶行暴於

敝國者 則日甚月劇 棄信背義無所不至 請有以證之.

甲申(高宗二十一年)竹添進一郎之亂 劫遷我皇上 殺戮

我宰相 其罪一也 甲午(高宗三十一年)大鳥圭介之亂 焚掠

我宮闕 劫奪我財物 毀棄我典章 名稱獨立我國 而異日攘

奪攫取之基 實肇於此 其罪二也 乙未(同三十二年)三浦梧

樓之變 弑我母后 爲千萬古所無之逆 而專事掩覆 逃逋之

賊 不曾一介縛送 其大逆無道 非直棄信背義而已 其罪三

也 林權助 · 長谷川好道之來駐我國也 其脅迫劫奪之事 指

不勝屈 而擧其大者 則各處鐵道之敷設 而京義鐵路 則初

不知照 恣意行之 以至漁採 · 蔘圃之利 礦山 · 航海之權

凡一國財源 網羅無遺 其罪四也 稱以軍事上 則强占土地

· 侵虐人民 · 掘墓毀宅者 不知其數 稱以勸告政府 則薦我

筲小 强請授官 賄賂公行 醜聲狼藉 其罪五也 鐵路也 · 地

段也 · 軍律也 在用兵時 則或可藉托軍用而施之矣 今用兵

旣休 而鐵路焉不思還付 地段焉依舊占奪 軍律焉依舊施用

其罪六也 誘我賊子址鎔 勒爲議定書 使我國權陵替 而如

大韓獨立及領土保全云者 則置而不論 其罪七也 搢紳章甫

之前後陳疏者 皆自告吾君 自忠吾國 而輒加捕縛 拘留阽

殺而不釋 鉗制忠言 抑遏公論 惟恐我國之勢或復振 其罪

八也 誘我蚩民 如東學土匪之流 名曰一進會 以爲之倀鬼

又敎爲宣言書 藉稱民論 其爲國民義務 如保安會 · 儒約所

者 則稱以治安妨害 而百方沮戲 捕縛拘執 其罪九也 勒墓

投夫 牛鞭而豕驅之 少不愜意 則刈若草管 又誘集愚民 潛

賣於墨西哥 使吾民父子兄弟 含寃抱讐而不得報 受虐至死

而不得返 其罪十也 勒奪電·郵兩司 自握通信機關 其罪

十一也 勒置顧問官於各部 臥食厚俸 而專爲亡我覆我之事

如軍警之減額·財賦之專攬 最其尤者 其罪十二也 勒使借

款 一之再之 名爲財政整理 而只取新貨之色質輕重 無異

於舊貨者 易其名稱 倍其數爻 自取倍蓰之利 而渴一國之

財 又以不能通行之紙片 强名之曰 元位貨 又虛名借款 而

預取厚息 虛名顧聘 而預竊厚俸 務欲吸我精血 空遺朽殼

其罪十三也 昨年十月廿日之夜 博文·勸助·好道等 率兵

入闕 勒搆條約 威脅政府 自呼可否 奪印擅調 移我外交 置

其統監 使我獨立·自主之權 一朝失去 其罪十四也 始則

只言外交之監督 而終則專管一國之政事 所屬設官 式日斯

繁 使我搖手不得 動肆威喝 其罪十五也 近又作爲移民條

例 勒迫請認 乃欲行其易人種之毒謀 其罪十六也.

嗚呼 此特擧其大者耳 然試以此十數罪者 準諸江華·馬

關等條約　及宣戰・辦明等諸書　則其反覆無狀・狐欺狙詐

者　果何如耶　吾韓數千萬人心　果可以無憾耶　然以東洋大

勢之故　貴國之戰俄也　敝邦人士　歡迎貴國之師　而無懼心

矣　及貴國全勝而歸　益肆凶暴　使敝邦人民　重罹魚肉之慘

假令俄勝而東洋遂亡　敝邦之禍　何以加於今日乎　今敝邦之

民　人人皆知必死無生　必亡無存之故　則等死亡耳　與其屈

首下心　被逼受壓　而終亦不免　寧可無一奮拳・一叫聲之氣

乎　夫魯連一士耳　猶恥帝秦之言　蘇秦說客耳　尚愧牛後之

名　況吾韓三千里民衆　乃先王先賢禮義服習之裔也　豈有甘

心奴隷於讐國之下　而丐一日之生耶　且天下皆知俄人之不

忘貴國　早晚有東搶之勢　婦孺之所知也　當是時也　東洋三

國　鼎足而立　蓄全力而待之　猶恐不支　況相猜嫌怨怒　未免

同室相讐　而抑歐西列國　亦豈如貴國之輕淺　無心愛黨　而

一任貴國之跳跟也哉　如此則貴國之亡　可翹足以待　而東洋

幷亡之禍　亦不日而至矣.

愚故曰　貴國雖強　終亦必亡　而東洋之禍　無有已時也　誠

爲貴國計 莫如遽反其本而已 反本之道 又莫如守信明義而

已 守信明義當如何 卽以鄙書上奏貴皇帝 將以上所列十六

大罪 盡行悔改 罷收統監 召還顧問官及司令官 更派忠信

之人爲公使 更以此謝罪于各國 使無侵害我獨立自主之權

使兩國果其永遠相安 則貴國有全安之福 而東洋大局 亦可

以維持矣 若曰不然 夫福善禍淫 乃天道之昭然者也 今貴

國所爲其不與齊湣·宋偃異者 能幾何哉 某不幸不死於昨

春之辱 而又見昨十月卄一日之變 則義不可爲讐國之奴隸

而苟且偸生於天地之間 故卽與數十同志 約決同死 將興疾

上京 與博文·好道等 一週說盡而死矣 玆先披露心肝 作

爲此書 以付于貴領事館 轉達于貴政府 蓋不惟爲敝國謀

而先爲貴國謀 不惟爲貴國謀 而亦爲東洋全局謀 幸希照

亮.

　　최익현(崔益鉉)은 사람을 구하여 일본 영사관으로 서신을 전하
도록 했으나, 그 사람은 두려워서 사령부 문에 붙여놓고 도주하
였다. 얼마 안 있어 일본 신문에 실려서 그것이 전해져서 읽혀졌

음을 알 수 있게 되었다.

原文

^{익현모인전서우왜영사관 기인구 참부사령부문이주 미}
盆鉉募人傳書于倭領事館 其人懼 站付司令部門而走 未
^{기 파지왜중보장 가지기체상전간야}
幾 播之倭中報章 可知其遞相傳看也.

서울에서 일진회가 떠들어대기를, 궁금(宮禁)을 엄숙히 하려
면 부득불 아래에서부터 그것을 시행해야 한다고 하여 사람을 파
견하여 대궐문을 교대로 지켰다. 별입시들의 사사로운 길로 출
입하는 자도 아울러 구속하였다.

原文

^{경중일진회창언 숙청궁금 부득불자하행지 내파인체수}
京中一進會倡言 肅淸宮禁 不得不自下行之 乃派人遞守
^{궐문 별입시지사기출입자 병구지}
闕門 別入侍之私岐出入者 幷拘之.

20일 순창의 의병이 붕괴되고 최익현은 서울로 압송되었다. 최
익현은 전주에 웅거하려 하였으나 중과부적(衆寡不敵)이라 길을
바꾸어 정읍과 태인으로 들어가면서 또한 의병을 모집하여 두 개
군의 군대와 병기를 입수하고 세전(稅錢)을 끌어다 지출하였다.
의병을 에워 둘러서 곡성으로부터 순창으로 들어갔으며 군수 이
건용(李建容)이 일본군을 불러 내응하려는 상황을 전해 듣고 이

건용을 참수하려 하였으나 실패하였다. 19일, 연청(椽廳)[1]에서 묵고 있는데, 황혼이 질 무렵에 전주와 남원의 지방대가 삼면을 포위하고 공격하니 총알이 비 오듯 하였다. 휘하 수백 명이 잠깐 사이에 흩어져 없어졌고 서기 정시해(鄭時海)는 탄환을 맞아 사망하였다. 오직 임병찬(林炳瓚)·고석진(高石鎭)·김기술(金箕述)·문달환(文達煥)·양재해(梁在海)·나기덕(羅基德)·이용길(李容吉)·임현주(林顯周)·최제학(崔濟學)·조영선(趙泳善)·조우식(趙愚植)·유해용(柳海瑢) 등 12명이 죽기를 결심하고 서로 지키다가 아무런 저항도 못하고 결박을 기다렸다.

그때 날씨가 몹시 가물었는데 별안간 대풍이 일고 번개를 치며 비가 몹시 쏟아져서 두 지방대는 모두 군대를 거두었다. 21일, 전주 지방대가 최익현과 함께 12명이 북으로 가는 것을 뒤쫓아 사령부에 수금했다. 최익현은 평소 중망이 있었고 충의가 일세에 뛰어났다. 그러나 군대를 부리는 데 익숙하지 못한데다가 나이 또한 늙어서 수백 명의 오합지졸은 전혀 기율이 없었으며 유생으로 종군한 자들은 큰 관을 쓰고 넓은 옷소매의 의복을 입어 장옥(場屋)[2]에 나아가는 것 같았으며 총탄이 어떠한 물건인지 알지도 못했다. 겨우 시정(市井)에서 할 일 없는 사람들을 사 모아서 간신히 대오를 충당하니, 보는 사람들은 이미 반드시 패할 것이라는 것을 점칠 수 있었다. 그러나 그들이 패하니 주점의 여자들이나 걸인들도 실성해서 탄원하지 않는 이가 없고 백정과 무당까지도 최익현이 타고 가는 교자를 바라보며 막아서서 절을 하며, "하느님 최충신을 살려주십사." 하는 이들이 끊이지 않았다.

註解

1) 연청(椽廳) : 아전들의 집무소. 아전들은 연리(椽吏)라 불렀다.
2) 장옥(場屋) : 관리를 채용할 때의 시험장. 과거 시험장.

原文

二十日 淳昌兵潰 崔益鉉被執上京師 益鉉欲據全州 以衆

寡不敵 改路入井邑 · 泰仁 行且募兵 收二郡軍火 引稅錢

支用 逶迤自谷城入淳昌 諜獲郡守李建容招倭內應狀 欲斬

建容 不果 十九日 宿于椽廳 黃昏 全州 · 南原地方隊兵 圍

三面而合 鉛丸如雨 麾下數百 霎時散盡 書記鄭時海中丸

死 惟林炳瓚 · 高石鎭 · 金箕述 · 文達煥 · 梁在海 · 羅基德

· 李容吉 · 林顯周 · 崔濟學 · 趙泳善 · 趙愚植 · 柳海瑢十

二人 以死相守 束手待縛 時久旱 天忽大風震雷 雨下如注

兩隊皆斂兵 二十一日 全州隊逼益鉉幷十二人北去 囚于司

令部 益鉉素有重望 忠義仗一世 然不閑軍旅 年又衰耄 未

嘗有奇謀定算 數百烏合之衆 蕩無紀律 儒生從軍者 大冠

廣袖 如赴場屋 不知銃丸爲何物 至購募市井閒氓 僅充隊

伍 觀者已卜其必敗 然及其敗也 店娼行丐 莫不失聲歡惋

屠丁・巫戶 望轎遮拜 呼天活崔忠臣者屬.

　　이때 경부(京部)에서는 전라남도 지방대에 연락하여 순창을 포위하라 하였다. 전라남도 관찰사 이도재는 광주대(光州隊)에 칙지하여 단지 경계로 나아가 주둔만 하도록 했으며, 만일 싸우는 자가 있을 것 같으면 비록 이겨도 마땅히 참하겠다 하였다. 그러므로 광주 지방대는 총을 쏘지 않았다. 남원 지방대가 출발할 때 늙은 아전 양한규(梁漢奎) 등이 바로 맞대고 쏘는 것을 경계하라 하였다. 그러므로 남원만이 또한 공포를 쏘고 맞대고 쏘지 않았다. 오직 전주 지방대장 김□□만이 힘써 병력을 다하여 정시해(鄭時海)가 마침내 죽음을 면치 못했다.

原文

時京部 調全南北地方隊 圍淳昌 南察李道宰 飭光州隊 但進屯境上而已 若搏戰者 雖捷當斬 故光州兵 不放丸 南原隊之發也 老吏梁漢奎等 戒勿接仗 故南原兵亦響虛砲 不放丸 惟全州隊長金□□ 務盡兵力 鄭時海竟不免焉.

　　최익현(崔益鉉)이 의병을 일으킬 때, 서신을 보내 곽종석(郭鍾錫)을 맞아들이려 하였으나, 곽종석은 우리 군상(君上, 임금)께 화를 재촉하고 백성들에게 독을 끼칠 뿐이라고 알려왔으며 응하

지 않았다. 또 기우만(奇宇萬)에게 담양의 산사에서 만나 일을 함
께 도모할 것을 요구했으나 기우만도 사절하였다. 그것은 기우
만이 스스로 자신이 따로 기치를 세우려하고 있어서 최익현의 휘
하로 들어가는 것을 바라지 않았기 때문이다. 이때에 최익현이
계책으로 세운 것은 전라우도를 순회하여 장성의 여러 기씨(奇
氏)들과 합류하고, 나주에 들어가 근거지로 삼고, 혹 남원을 기습
하여 운봉으로 진입하여 박봉양(朴鳳陽)을 일으켜 경상우도에 호
소하면 사방에서 필시 따라 호응하리라고 여겼다. 그런데 기우
만과 박봉양이 실은 다 관망하고 있는 것을 알지 못했다. 비록 서
로 수미(首尾, 앞뒤)에서 호응을 했더라도 단지 지방의 피폐함만
더했을 뿐이었다. 그런데 최익현이 패함으로써 충청과 전라 양
호 지방의 사대부들은 더욱 기가 꺾여 감히 다시 의병을 일으키
자는 말을 하지 못했다.

原文

益鉉之起也 貽書 邀郭鍾錫 鍾錫 報以促禍君父 · 貽毒生

靈 不應 又與奇宇萬 會于潭陽山寺 要以共事 宇萬辭之 蓋

欲自建一幟 不願爲其麾下也 是時 爲益鉉計者 或欲徇右

道 合長城諸奇 入羅州爲根據地 或欲襲南原 轉入雲峰 起

朴鳳陽 以號召嶺右 四方必響應 然不知宇萬 · 鳳陽 實皆

觀望也 雖得使相首尾 只添地方糜爛而已 然自益鉉敗 兩

湖士大夫益喪氣 不敢復言義擧矣.

창평의 고광순(高光洵)은 최익현이 순창에 들어왔다는 소식을 듣고서 칼을 들고 나갔으나 이미 붙잡혔다는 말을 듣고 통곡을 하며 돌아왔다.

原文

昌平高光洵 聞益鉉入淳昌 杖劒赴之 至則已敗執矣 痛哭
而歸.

거창의 이완발(李完發)은 장차 의병 앞에 나가다가 최익현이 이미 잡혔다는 소식을 듣고 중도에서 길을 바꿔 올라가 뵈었다. 그는 호송하는 왜군에게 매를 맞아 거의 죽게 되었지만 그래도 그를 좇아 서울에 이르렀다가 돌아갔다.

原文

居昌李完發 將赴軍前 聞益鉉已執 中道上謁 爲巡倭所捶
幾死 猶從之 至京師而去.

조병호(趙秉鎬)를 의정 대신으로 삼았다.

原文

<ruby>以<rt>이</rt></ruby><ruby>趙<rt>조</rt></ruby><ruby>秉<rt>병</rt></ruby><ruby>鎬<rt>호</rt></ruby><ruby>爲<rt>위</rt></ruby><ruby>議<rt>의</rt></ruby><ruby>政<rt>정</rt></ruby><ruby>大<rt>대</rt></ruby><ruby>臣<rt>신</rt></ruby>.

이조병호위의정대신
以趙秉鎬爲議政大臣.

통감부에 법부원(法部院)을 두고, 13도에 경무분서(警務分署)를 설치하였다.

原文

통 감 부 치 법 부 원   십 삼 도 치 경 무 분 서
統監府置法部院 十三道置警務分署.

이건석(李建奭)이 구속되었다. 당시 유생 이문화(李文和)·김석항(金錫恒)·유한정(柳漢鼎)·이종대(李鍾大)·안한주(安漢周)·이인순(李麟淳)·조성찬(趙性燦) 등이 함께 의병에 연좌되어 사령부에 수감되었다. 이문화의 첩 한씨(韓氏), 김석항의 첩 박씨(朴氏), 유한정의 첩 최씨(崔氏), 이종대의 처 조씨(趙氏), 안한주의 처 박씨(朴氏), 이인순의 첩 황씨(黃氏), 조성찬의 첩 허씨(許氏), 이건석의 첩 천씨(千氏)는 모두 서울에 올라와 반려(伴侶, 친구)를 결성하고 의복가지들을 팔아서 옥바라지를 하는데, 흐트러진 머리에 먼지가 낀 얼굴로 눈물을 흘리며 호곡을 하고 다녔다. 사람들이 간혹 그들을 유혹하면 문득 그들에게 침을 뱉고 말하기를, "지아비가 의리를 지켜 감옥에 갇혀 있는데 우리들이 비록 만 번 죽더라도 가히 그 행실을 더럽힐 수 있겠는가?" 하였다. 이를 보는 사람들이 그들을 의롭게 여겼다.

原文

李建奭被拘　時儒生李文和 · 金錫恒 · 柳漢鼎 · 李鍾大 ·
安漢周 · 李麟淳 · 趙性燦　俱坐義兵　囚于司令部　文和妾韓
氏 · 錫恒妾朴氏 · 漢鼎妾崔氏 · 鍾大妻趙氏 · 漢周妻朴氏
· 麟淳妾黃氏 · 性燦妾許氏 · 建奭妾千氏　相率入京　結成
伴侶　賣服餙以供獄饁　蓬垢號哭　人或誘之　則輒唾之曰　家
夫守義見囚　吾等雖萬死　可渝其行乎　見者義之.

5월, 이등박문(伊藤博文)이 의친왕(義親王) 이강(李堈)과 더불어 앞서거니 뒤서거니 왔다. 이등박문은 일본 천황의 서신을 바치고 여러 망명자들을 소환할 것을 권유했다. 이를 듣지 않을 경우 저들은 응당 스스로 송환하겠다고 하였다.

原文

五月　伊藤博文　與義親王堈　後先出來　博文呈倭皇書　勸
召還諸亡命　否者　彼當自送云.

경상북도 관찰사 신태휴(申泰休)를 평안북도 관찰사로 옮기고, 이근상(李根湘)을 신태휴를 대신하여 경상북도 관찰사로 삼았다. 당시 이근상의 아우 이근홍(李根洪)이 경기도 관찰사가 되었는

데, 사람들의 말을 두려워하여 사면하려고 하였다. 그렇지만 이
근홍이 치적을 쌓았던 터라 아전이나 백성들이 머물러 있기를 간
절히 바랐다. 그런 이유로 교체되지 않았다. 드디어 이근상을 바
꾸어 이중하(李重夏)로 그를 대신하게 하였으나 이중하는 강력히
사양하여 부임하지 않았다.

原文

移慶北觀察使申泰休于平北道　以李根湘代泰休　時根湘
弟根洪　方爲京畿觀察使　懼人言　欲辭免　然根洪有治績　吏
民願留甚切　故得不遞　遂遞根湘　以李重夏代之　重夏力辭
不赴.

　이등박문(伊藤博文)이 대궐문에 일본 병사를 파견하여 무당이
나 점쟁이들이 드나드는 길을 차단했고, 대소 관원들도 금하여
통감부의 증빙할 표(憑票)가 없이는 들어갈 수 없게 하였다. 이에
궁금(宮禁)이 비로소 엄숙하고 깨끗하게 되었다. 임금은 멍하니
앉아 있으면서 사람들을 보지 못하니 두려워 울어서 눈이 다 부
어올랐다. 태자에게 이르기를, "애야! 듣자하니 지금 세계열강들
이 비록 다른 나라를 빼앗는다 해도 그 나라의 임금은 죽이지 않
는다고 들었는데 우리 부자도 죽음을 혹 면할 수 있겠느냐?" 하
였다. 도성 안에 백성들이 대궐을 가리키며 비웃기를, "지금 같은

때 어찌해서 별입시를 부르지 않고 있을까?" 하였다. 임금은 일
찍이 의친왕(義親王) 이강(李堈)을 불렀는데, 이강은 병을 핑계대
고 가지 않았다. 다음날 김덕수(金德秀)의 산 정자로 가서 머무르
며 실컷 술만 마시다 돌아왔다.

原文

博文派倭闕門 斷巫祝之途 禁大小官 無統監憑票 不得闌
入 於是宮禁始肅淸 上塊坐不見人 懼而泣 目盡腫 謂太子
曰 兒呀 聞今世界列强 雖奪人之國 不殺國君 吾父子或可
免乎 都民指闕嘻矣曰 如今何不召別入侍 上嘗召義王堈
堈謝病不赴 翌日 往金德秀山亭 留連縱飮而歸.

　　내시 강석호(姜錫鎬)가 도망쳤다. 일본인이 그를 찾았으나 잡
아오지 못했다.

原文

內侍姜錫鎬逃 倭人索之 不獲.

　　농부(農部)의 관원으로 머리를 자르지 아니한 자가 많았으나 대
신 권중현(權重顯)이 퇴사(退仕)[1]하라고 명령을 독촉하자 이에 모

든 주사(主事)들은 머리를 깎았다. 또한 각급 학교의 생도들도 많은 수가 머리를 깎지 아니하였으나 입학을 허락하지 않았으며, 또한 장정 수백 명을 징계하여 감옥에서 삭발시켰다. 이에 서울 장안에서는 귀천을 막론하고 삭발하니 위생 면에서나 일을 하는 데에 고루 이익이 있었다. 또한 의복제도도 날로 변하여 소매와 바지통이 아주 좁아져 화살통 같았고 색깔도 정한 것이 없이 감색이나 검정색으로 현란하여 마치 귀물(鬼物) 같았다. 삿갓 가장자리도 띠 두른 것 같고 버선코도 칼끝 같아서 해괴망측하여 차마 바로 볼 수 없었으나 사람들마다 좋아하며 스스로 잘난 체하여 호기를 부리고 다녔다. 혹 흰옷을 입고 상투를 자르지 않은 사람이 도리어 위축되었으며 예전에 외국사람 같은 느낌이 들었다.

註解

1) 퇴사(退仕) : 낮은 벼슬아치가 구실을 내놓고 물러감. 사퇴(仕退).

原文

農部官不剃者尙多 大臣權重顯 督令退仕 於是諸主事皆剃 又各校生徒多不剃 不許入學 又懲丁數百 自監獄署幷剃之 於是都下毋論貴賤剃之 則於衛生作事 均有利益 且衣制日變 杉袴狹窄如箭筒 色無定染 紺黑絢爛如鬼物 笠簷如帶銙 襪鼻如刀尖 詭怪倉被 不忍正視 而人人方昂然

자호 기혹의백이계존자 반다축기저 여석시지이국인
自豪 其或衣白而髻存者 反茶縮氣沮 如昔時之異國人.

　민영환(閔泳煥)이 죽은 뒤에 그가 자결할 때 사용했던 칼과 피가 묻은 옷을 모두 영상(靈床)[1] 뒷마루에 보관하였는데, 이달 중에 부인 박씨가 장차 그 옷을 햇볕에 쪼이려고 끄집어내니 새로 나온 죽순[箏]이 그 옷 아래에서 자라고 있었다. 모두 네 그루터기에서 아홉 줄기였으며 가늘기가 벼마디 같고 뿌리가 엉킨 것이 실 같았다. 마루판과 유지 사이에 붙어서 겨우 대나무의 모양을 알아볼 수 있었는데, 약해서 능히 지탱할 수 없었다. 이에 온 장안 사람이 모여들어 인해(人海)를 이룬 것이 순월(旬月)이나 계속되었다. 또한 서양 상인들도 와서 술을 따라놓고 곡을 하여 처음 죽은 것 같았으며, 장안 사람들은 그 모습을 그려서 누판(鏤板)을 팔기도 하였고, 청국인은 시를 지어 읊어서 우리나라에 전해진 것만 해도 권축(卷軸)[2]을 이루었다.

註解

1) 영상(靈床) : 대렴(大斂)한 뒤에 시체를 두는 곳. 영상(靈牀).
2) 권축(卷軸) : 두루마리 또는 두루마리의 서화축(書畵軸). 곧 글씨나 그림 등을 표구해 말아 놓은 축.

原文

민영환사후 기자재지도 혈지지의 병장지영상후헌 시
閔泳煥死後 其自裁之刀·血漬之衣 幷藏之靈床後軒 是

월중 부인박씨 장쇄기의 유신순 생우하의 위지장 범사총
月中 夫人朴氏 將曬其衣 有新笋 生于下衣 爲之張 凡四叢

九莖 _{구경} 細如禾稢 _{세여화동} 根蔓如絲 _{근만여사} 自托于廳板油紙之際 _{자탁우청판유지지제} 僅成竹狀 _{근성죽상}

구경 세여화동 근만여사 자탁우청판유지지제 근성죽상
九莖 細如禾稢 根蔓如絲 自托于廳板油紙之際 僅成竹狀

이약불능지 어시경성취관 성인해자순월 서양상여 역래
而弱不能持 於是傾城聚觀 成人海者旬月 西洋商旅 亦來

뢰곡여시사 도민화이루판죽지 청국인시이가영지 동래자
酹哭如始死 都民畫而鏤板鬻之 淸國人詩以歌咏之 東來者

성권축
成卷軸.

월정(月汀) 윤근수(尹根壽)의 무덤을 도굴해갔다. 도굴해간 뒤에 옥호(玉壺) 한 개와, 옥합(玉盒) 한 개가 남겨져 있었다. 그 묘는 장단(長湍)에 있다.

原文

도굴윤월정근수묘 도거후 유하옥호일 옥합일 묘재장
盜掘尹月汀根壽墓 盜去後 遺下玉壺一 玉盒一 墓在長

단
湍.

6월, 의친왕(義親王)을 책봉하여 왕의 의전(儀典)을 갖추도록 하였다.

原文

유월 책의친왕봉 왕의
六月 冊義親王封 王儀.

아라사 영사 부란손(富蘭孫, Plancon)이 왔다. 아라사와 일본

양국이 개전한 초기에 아라사 공사 파우로후(巴禹路厚)가 자기 나라 깃발을 내리고 귀국할 때에 집기 등을 법국 공관에 맡겨두고 갔다가, 화의가 성립함에 아라사가 다시 영사를 파견했는데, 수행원은 남자 2명과 여자 1명이었다.

原文

^{아 영 사 부 란 손 래   아   왜 개 전 지 초   공 사 파 우 로 후   하 기 귀}
俄領事富蘭孫來 俄·倭開戰之初 公使巴禹路厚 下旗歸

^{국   탁 유 기 집 물 우 법 공 관   급 화 의 성   아 부 송 영 사   수 행 남 이}
國 托留其什物于法公館 及和議成 俄復送領事 隨行男二

^{여 일}
·女一.

이민조례(移民條例)를 반포하였다.

일본은 수년부터 날로 그 백성들을 우리나라에 옮겨온 것이 그 수가 수만 명에 이르렀는데, 그들이 말하는 바 자유로이 한국에 건너온 자들이다. 강제로 조약이 체결됨에 미처, 또한 우리 국민들이 복종하지 않을 것을 근심하여 그들을 옮겨와서 우리와 섞여 살게 하고자 정부를 협박하여 드디어 이 조례를 반포하여 스스로 옮겨오려는 자들의 청을 들어주었고, 외국으로 가고자 하는 자도 또한 들어주었으니, 반드시 일본으로만 가게 한 것은 아니었다. 그 이민하려는 자는 먼저 구전(口錢)[1]을 납부하고 그 증빙서류를 소지하게끔 하였으며, 어기는 자는 처벌하였다. 그 뜻은 대개 우리나라 사람 하나라도 가고오고 간에 그들의 관리 단속에 들어가지 않는 것이 없도록 한 것이며, 강제로 이민을 내몬 것이 아니라는 것이다. 이에 유언비어가 날로 전파되어 장차 우리나라 인종을 바꾸려고 실어다가 바다에 빠뜨려 죽인다고 하여 가까운 곳이나 먼 곳 할 것 없이 흉흉하고 소란하였다. 그것은 일본이 간교한 속임수로 우리나라 사람을 우롱하는데 힘써 이목을 현혹시켜 날로 여유가 없이하여 스스로 빈약하게 만들려는 것뿐이었지, 실은 강압적으로 꼭 떠나도록 쫓아내려는 것은 아니었다.

그런 까닭에 저들은 '아침에 하라고 했다가 저녁에 하지 말라고 하는 것'이었으며, 모두 이민 조례 따위와 비슷하였다. 일본인 영목요태랑(鈴木要太郎)이 이민 사무 처리인(移民事務處理人)이 되었다.

註解

1) 구전(口錢) : 구문(口文). 흥정을 붙여 주고 그 보수로 받는 돈.

原文

頒移民條例 倭自數年來 日移其民于我地 厭數累萬 所謂

自由渡韓者也 及劫約後 又患我民不服 欲移之錯居其國

脅政府 遂頒是例 欲自移者聽之 欲往外國者亦聽 不必日

本也 其聽移者 先納口錢 持其文憑 違者罰 其意蓋欲我國

一人一口一去一來 無不就其管束 亦非駈之强移也 於是

訛言日播 謂將易我人種 載以沈之海 遠近洶擾 蓋倭挾其

저 사　무 욕 우 롱 아 인　현 기 이 목　사 일 불 가 급　이 자 취 빈 약 이
狙詐　務欲愚弄我人　眩其耳目　使日不暇給　以自就貧弱而

이　실 비 유 일 부 려 금　구 지 필 행　고 기 소 시 설　조 령 석 폐　개 이
已　實非有一副厲禁　歐之必行　故其所施設　朝令夕廢　皆移

민 지 류 야　왜 인 령 목 요 태 랑　위 이 민 사 무 처 리 인
民之類也　倭人鈴木要太郎　爲移民事務處理人.

　대안문(大安門)을 바꾸어 '대한문(大漢門)'이라 하고 경운궁(慶運宮)의 정문으로 삼았다. 전 비서승 유시만(柳時萬)이란 자는 겸암(謙庵) 유운룡(柳雲龍, 柳成龍의 兄)의 사손(祠孫)이다. 그는 스스로 말하기를 유운룡의 비결을 얻었다고 하였는데, 300년 된 묘를 옮기면서 거짓 참언을 미리 만들어 몰래 옛 무덤 속에 매장했다가 꺼내어 은밀하게 상감에게 바쳤다. 그 참언의 대략은 대안문을 바꾸어 대한문으로 하고, 도읍을 안동부의 신양면(新陽面)으로 옮기면 국운이 이어져 창성하리라는 것이었다. 임금은 거기에 현혹되어 꿈속에서 길조(吉兆)가 있었다고 빙자하고 즉시 문의 이름을 고쳤으며, 큰 돈을 내어 유시만에게 행궁(行宮)을 건축할 자금으로 쓰도록 했다. 유시만은 그 돈을 둘러메고 돌아가 갑자기 부호가 되었다. 임금은 또한 그것을 끝내 추궁하지 않았다.

原文

개 대 안 문 왈 대 한 문　　문 위 경 운 궁 정 문　　전 비 서 승 유 시 만 자
改大安門曰大漢門　門爲慶運宮正門　前秘書丞柳時萬者

겸 암 운 용 사 손 야　자 언 득 운 용 비 겸　천 기 삼 백 년 지 묘　인 조 위
謙庵雲龍祀孫也　自言得雲龍秘鉗　遷其三百年之墓　因造僞

識 潛藏舊壙而出之 密進于上 其略言 改大安門以大漢 遷
都于安東之新陽面 則國祚延昌 上惑之 託言有夢兆 卽改
門號 大出金錢 資時萬營行宮 時萬橐而歸 驟致富豪 上亦
不之竟也.

  일본인이 경상남도 진해만(鎭海灣)과 함경남도 영흥만(永興灣)
을 강제로 탈취하여 그들의 군항으로 정하고, 우리 군사(軍事)가
확장되는 날을 기다려 돌려주겠다고 언약하였다. 웅천(熊川)은
진해로부터 수백 리 거리에 있는데, 또한 항구의 지역으로 따라
들어가서 이민(吏民)들이 흩어져 마치 난리를 만난 것 같았다.

原文

倭人勒奪慶南之鎭海灣 · 咸南之永興灣 定其軍港 約待
我軍事擴張之日還之 熊川距鎭海數百里 而亦捲入港域 吏
民渙散 如逢亂離.

  정봉시(鄭鳳時)를 함경남도 관찰사로 삼고, 윤길병(尹吉炳)을
충청북도 관찰사로 삼았으며, 성기운(成岐運)을 경기도 관찰사
로 삼았다.

原文

이정봉시위함남관찰사   윤길병위충북관찰사   성기운위
以鄭鳳時爲咸南觀察使 尹吉炳爲忠北觀察使 成岐運爲

경기관찰사
京畿觀察使.

다시 군수의 월봉을 증액하였다.

原文

부증군수월봉
復增郡守月俸.

경기 지역에 가뭄이 크게 들었다.

原文

경기   대한
京畿 大旱.

문의군 월산동(月山洞)의 내 가운데서 신 물이 솟아나왔다.

原文

문의군월산동   천유지중   산수용출
文義郡月山洞 川流之中 酸水涌出.

함흥부에 구각(九閣)이 있는데, 태조고황제(太祖高皇帝)가 말을

타고 활을 쏘던 땅이다. 보초를 서는 일본병이 각(閣) 위에 보배로운 기운이 있다고 말하여 땅을 두어 길 파니 반석(盤石)이 있었는데 그 반석을 깨자 큰 구렁이가 날아올랐다. 길이가 4, 5장(丈)이나 되며, 크기는 가옥 대들보의 4, 5배쯤 되었다. 일본군 하나가 그 뱀을 총으로 쏘았으나 맞히지 못했다. 일본군 6명이 일제히 총을 쏘아 죽여서 동문 밖에서 불태웠는데 타는 냄새가 지극히 불쾌했고 푸른 기운이 성을 덮었으며, 그날 밤에 일본군 7명이 피를 토하고 사망했다. 다음날 또 한 마리의 구렁이가 돌 틈 가운데서 나왔는데 크기가 어제 것과 같았다. 총을 쏘았으나 맞지 않고 성을 둘러싸고 날며 밤새도록 슬피 울었다.

原文

咸興府有九閣　太祖高皇帝騎射之地也　站倭謂閣上有寶

氣　掘地數丈　有磐石　石破　大蛇飛出　長四五丈　大如屋梁四

五倍　一倭銃之不中　六倭齊銃斃之　燒于東門外　臭極惡　青

氣羃一城　夜七倭嘔血死　明日又一蛇　從石隙中出　大如昨

銃之不中　繞城而飛哀鳴達夜.

7월, 일본군이 평양·강동·상원 3군의 경계로 나아가, 길이 70리, 너비 60리 되는 땅을 점유하고 '대한 축목장(大韓畜牧場)'으로 정하고 백성들이 함부로 침범하지 못하게 금했다.

原文

추칠월　왜취평양　　강동　　상원삼군계　　점장칠십리　광
秋七月　倭就平壤·江東·祥原三郡界　占長七十里·廣
육십리　정위대한축목장　금민무범
六十里　定爲大韓畜牧場　禁民毋犯.

(7월) 초팔일 계묘(癸卯), 일본군은 최익현(崔益鉉)을 구금하여 대마도에 구류(拘留)하였다. 최익현과 임병찬(林炳瓚) 등은 사령부에 수금된 지 두 달이 지났으나 반항하며 굴복하지 않았다. 일본군은 드디어 등급을 나누어 죄안(罪案)[1]을 정하고 김기술(金箕述) 이하 9명은 태(笞) 1백을 때려 석방하고, 고석진(高石鎭)·최제학(崔濟學)은 4개월을 더 수감하고, 최익현·임병찬은 모두 대마도 위수영(衛戍營)에 구류키로 하였다. 문인·자제·진신·장보(章甫)[2]들의 영송자 30여 명이 통곡하며 실성했다. 최익현은 웃으며 말하기를, "제군들은 이같이 할 필요가 없소. 죽지 못한 것이 부끄럽다." 하고 흔연히 수레에 올라타고 갔다. 최익현의 자제 영조(永祚)와 임병찬의 자제 응철(應喆)은 부산항까지 따라갔으나 일본인이 칼을 휘두르며 쫓아서 영조 등은 통곡하며 돌아왔다.

註解

1) 죄안(罪案) : 범죄의 사실의 기록.
2) 장보(章甫) : 치포관(緇布冠), 공자가 쓴 뒤부터 유생이 쓰는 관이 됨. 유생을 가리킴.

原文

初八日癸卯 倭拘崔益鉉 囚于對馬島 益鉉與林炳瓚等在

司令部 經兩月 抗辭不屈 倭遂分等定案 金箕述以下九人

笞百放釋 高石鎭·崔濟學 加囚四朔 益鉉·炳瓚幷羈管于

對馬島之衛成營 門人子弟縉紳章甫送者三十餘人 痛哭失

聲 益鉉笑曰 諸君不必如是 重貽未死者慚恧也 怡然登車

而去 益鉉子泳祚·炳瓚子應喆 追到釜港 倭揮刃逐之 泳

祚等 痛哭而還.

전번에 민종식(閔宗植)이 패함에 그의 휘하에 있던 이식(李植)·유준근(柳濬根)·신현두(申玄斗)·이상두(李相斗)·남경천(南敬天)·안항식(安恒植)·최중일(崔重一)·문석환(文奭煥)·신보균(申輔均) 등의 아홉 사람이 붙잡혔는데, 일본인이 (그들을 대마도) 위수영(衛成營)에 보내 수금하며 가혹한 학대를 하여 그 괴로움을 견딜 수가 없었다. 최익현이 이르자 일본인은 몹시 존경하며 감금도 조금 누그러져 이식 등이 그에 힘입어 의뢰하게 되었다.

原文

先是閔宗植之敗 其麾下李植·柳濬根·申玄斗·李相斗

^{남경천} ^{안항식} ^{최중일} ^{문석환} ^{신보균구인병피획}
· 南敬天 · 安恒植 · 崔重一 · 文奭煥 · 申輔均九人幷被獲

^{왜인송위수영수지} ^{수왜가학} ^{불감기고} ^{급익현지} ^{왜심경}
倭人送衛戍營囚之 守倭苛虐 不堪其苦 及益鉉至 倭甚敬

^지 ^{감금초완} ^{식등뢰지}
之 監禁稍緩 植等賴之.

전 대사성 김상덕(金商悳)은 일찍이 민종식(閔宗植)이 일본군을 토벌하는 모의에 참여하였는데, 평리원(平理院, 재판소)에 자수하고 진정소를 올렸다.

그 내용은 다음과 같다.

"신은 불행히도 지난 겨울의 변고를 당해서도 살아남았으나 다만 자결하고자 한 지 오래입니다. 금년 4월 전 참판 민종식(閔宗植)이 의병을 일으켜 홍주로 들어가서 죽음을 결단하고 나라를 위해 갚고자하는 뜻의 서신을 신에게 보냈습니다. 신은 홍주 사람이어서 의리상 사양할 수 없는 어려움이 있었고, 몸을 구차하게 보전할 수도 없었습니다. 신은 이에 강개하여 그의 연소(聯疏)를 하자는 말에 허락을 했습니다. 하지만 신은 창의(倡義)¹⁾할 만한 역량이 되지 못하여 단지 한 번 죽을 수 있을 뿐이라고 결심을 하였습니다. 날이 저문 밤에 무너져 흩어짐에 미쳐, 신은 또한 실신하여 죽을 수조차 없었습니다. 그런 까닭에 곧장 법원에 자수하여 삼가 왕장(王章, 결재)을 기다리고 있었은즉 법원은 한갓 허명(虛名)을 끼고 있을 뿐이었습니다. 신이 가진 의리로는 차라리 구렁텅이에 스스로 빠져 죽을지언정 결코 일본군 사령부의 포로

가 되지는 않을 것입니다. 그런 까닭으로 또한 동쪽 서쪽으로 몸을 감춰가며 하루를 살아가는 것이 하루의 욕이 되고 있습니다. 그런데 이제 듣건대 노성(魯城) 등지에서 민종식의 남은 무리들이 백성들의 재물을 강제로 토색(討索)[2]한다고 합니다. 이 일은 비도(匪徒)들이 의병을 가탁(假託)해서 하는 일 같습니다. 그렇지만 민종식이 과연 실제로 지휘함이 있다면 신은 해를 향해 의를 함께할 자일 것입니다. 신이 아주 어두운 상황에서 흑(黑)과 백(白)을 분별하기 어렵고, 윗사람을 욕되게 하고도 욕을 더하면서까지 일본인의 포로가 된다면, 또한 스스로를 구휼할 여가도 갖지 못하게 됩니다. 감히 이에 석고대죄하며 평리원 밖에서 수수상면(囚首喪面)[3]하오니, 엎드려 바라옵건대, 폐하께서 속히 부월(斧鉞)[4]을 가하시어 신으로 하여금 일본 감옥의 귀신이 되는 것을 면하게 하여 주신다면 신은 죽어서도 영광이 될 것이며 실로 나라의 체통을 바르게 하는 일이 될 것입니다.”

상소가 들어오자 법에 따라 10년 유배형에 처했다. 최상하(崔相夏)란 사람은 김상덕의 문하에서 10년을 수학하였는데, 김상덕이 수감되자 의리상 홀로 면할 수 없어 스스로 같은 죄를 받기를 원하여 5년 유배형을 받았다. 이듬해 2월에 이르러 함께 석방되었다.

註解

1) **창의**(倡義) : 국난을 당했을 때 나라를 위해 의병을 일으킴.
2) **토색**(討索) : 재물을 억지로 구함.

3) **수수상면**(囚首喪面) : 얼굴을 꾸미지 않는 일. 수인(囚人)처럼 머리를 빗지 않고, 거상(居喪) 때와 같이 낯을 씻지 않는 일.

4) **부월**(斧鉞) : 임금이 출정하는 대장에게 형구(形具)를 주던 작은 도끼와 큰 도끼. 여기서는 중형(重形)을 뜻함.

原文

前大司成金商悳 以曾預閔宗植討倭之謀 自首于平理院

上陳情疏 略曰.

臣不幸生遭去冬十月之變 直欲自決久矣 本年四月 前參

判臣閔宗植 擧義入洪州 以決死報國之意 貽書于臣 臣洪

人耳 義不可辭難 軀不可苟全 臣乃慷慨 許其聯疏 臣則未

有倡義力量 而但決一死而已 及其暮夜潰散 臣亦失身 不

能死之 故卽欲自首法院 恭俟王章 則法院徒擁虛名耳 臣

所執之義 寧自經溝瀆 決不爲日人司令部之俘虜 故姑且東

西晦藏 則一日生有一日之辱 而今又聞魯城等地 有以宗植

餘黨 勒討民財者云 此事似是匪徒之假托義兵 然宗植果若

實有指揮 則臣是向日同義者 臣於黯昧之間 黑白難卞 辱

上添辱 爲日人俘虜 亦不暇恤也 敢此席藁 囚首于平理門

外 伏乞陛下亟加斧鉞 俾臣免致日獄之鬼 則非但臣死之榮
實爲國體之正云云.

疏入 擬流十年 有崔相夏者 十年受學于商㦖之門 及商㦖
就囚 義不可獨免 自願同罪 得流五年 至明年二月俱釋.

의친왕(義親王)의 궁에 경상남도 연해의 군지역 어장터를 구획
하여 붙였다.

原文

劃付慶南沿郡漁基于義親王宮.

양산 사람 강호(姜鎬)가 두 종의 책을 저술했다. 하나는 『역계
조변(易繫粗辨)』이고, 다른 하나는 『중용조변(中庸粗辨)』이었다.
정문(正文)의 내용을 더하거나 빼거나 하고 자구(字句)를 뒤집어
서 성균관에 납부했는데, 관장 서상훈(徐相勛)은 크게 놀라, 사문
(斯文, 유교)에 처음 있는 변(變)이라 하여 경전을 어지럽힌 형률
로 죄를 주도록 하였다.

原文

梁山人姜鎬 著書二種 一曰易繫粗辨 一曰中庸粗辨 增減

正文 倒逆字句 納于成均館 館長徐相勛大駭 以爲斯文初
有之變 擬以亂經之律.

　지난해 제주 목사 조종환(趙種桓)이 일본 사람에게 뇌물을 받
고 감태(甘苔, 김) 전매권을 허락해 주었다. 이에 이르러 이등박
문(伊藤博文)이 우리 백성들이 실업하는 것을 염려하여 전매권을
혁파하고, 우리 백성들로 하여금 한 사람씩 캐서 팔도록 하여 이
익을 고르게 나누도록 하였다. 원숭이의 교활함과 같아서 조금
의 혜택을 주고 생색을 냈으니, 모든 일들이 다 이와 같았다.

原文

上年濟州牧使趙種桓 受倭賂 許甘苔專賣權 至是 伊藤博
文 以韓民失業可念 革罷專賣 使我民一體採賣 均霑利益
其狙猾小惠 多類此.

　지방 관제를 개혁하였다. 각 항구의 감리(監理)를 부윤(府尹)이
라 칭했고, 강화(江華)·광주(廣州)·개성(開城)의 세 부윤을 군
수로 개칭하였다.

原文

改地方官制 稱各港監理曰府尹 其江華·廣州·開城三

<ruby>府尹<rt>부 윤</rt></ruby> <ruby>改稱郡守<rt>개 칭 군 수</rt></ruby>.

  심상황(沈相璜) 등이 소를 올려 엄귀비를 승격시켜 황후로 삼을 것을 청하였다. 또한 임금이 특별히 간택하여 다시 혼인하기를 청하는 자도 있었다.

原文

<ruby>沈相璜等上疏<rt>심 상 황 등 상 소</rt></ruby> <ruby>請陞嚴貴妃爲皇后<rt>청 승 엄 귀 비 위 황 후</rt></ruby> <ruby>又有請上別擇聘者<rt>우 유 청 상 별 택 빙 자</rt></ruby>.

  충청남북도에 3일간 큰비가 내렸는데, 동이에 가득 담은 물을 쏟는 것 같아서 무너진 곳이 전에 없이 많았다. 북쪽에선 한강에 흘러들어온 물높이가 24척(尺) 5촌(寸)이었고, 남쪽에선 금강에 흘러들어가는 것이 산을 끊는 것 같아 침수된 논밭이 부지기수였다. 만여 호(戶)가 물에 휩쓸려 떠내려갔으며, 은진(恩津)과 강경포(江景浦)의 두 교룡(蛟龍)이 나와 싸워 대천을 가로막아 수십 리를 역류하여 범람하였다. 민간의 예전 참어(讖語)[1]에, "초포(草浦)에 배가 가고, 계산(鷄山)의 바위가 하얗게 되면 시사(時事)를 알 수 있다."라고 하였는데, 이에 이르러 강경포가 범람하고 초포에 점차 배가 다니게 된 것이다. 조병호(趙秉鎬)가 소를 올려 민은(民隱)[2]을 아뢰었다.

註解

1) **참어(讖語)** : 참언. 거짓 꾸며서 남을 참소함. 또는 그런 말.

2) 민은(民隱) : 일반 국민이 품은 고통이나 원한. 곤궁하여 고생하는
   백성의 마음.

原文

忠清南北道大雨三日 如傾盆 壞襄無前 北流入漢江者 水
高二十四尺五寸 南入錦江者 如斷山 沈沒田野 不可計 漂
萬餘戶 恩津江景浦 兩蛟出鬪 橫塞大川 逆流汎濫數十里
民間舊有讖曰 草浦舟行 鷄山石白 時事可知 至是江景汎
濫 爲草浦舟行之漸 趙秉鎬上疏 陳民隱.

   홍주 군수 유맹(劉猛)과 진천 군수 이탁응(李鐸應)을 충청남북
도 위유사(慰喩使)[1]로 삼아서 표류된 호구를 어루만지고 위로하
며 재해의 상황을 조사케 하였다.

註解

1) 위유사(慰喩使) : 지방의 천재지변으로 인한 백성을 위로하기 위하
   여 어명으로 보내는 임시 관리.

原文

以洪州郡守劉猛 · 鎭川郡守李鐸應 爲忠清南北道慰喩使
撫恤漂戶 査驗災傷.

평리원(平理院, 재판소)의 연지(蓮池, 연못)가 연일 붉고 흐렸다.

原文

<ruby>平理院蓮池<rt>평 리 원 연 지</rt></ruby> <ruby>赤濁連日<rt>적 탁 연 일</rt></ruby>.

13도 도군(道郡)의 경계를 고르게 하여 문의(文義)를 충청북도에 소속시키고, 울릉도를 경상남도에 소속시키고, 구례를 전라남도에 소속시켰으며, 흥덕·고창·무장은 전라북도에 소속시켰다. 군의 경계가 무릇 갑지역이 을군에서 떨어진 것을 '비래면(飛來面)'이라 하고, 병지역이 정군에 삽입된 것을 '두입면(斗入面)'이라 하여 각기 가까운 곳에 붙였다. 또 관찰부를 고쳐서 도(道)라 하고, 참서(參書)·통역 등의 관직을 두니, 제도가 복잡해져 준수할 수 없을 지경이었다.

原文

<ruby>均十三道道郡疆界<rt>균 십 삼 도 도 군 강 계</rt></ruby> <ruby>以文義屬忠北<rt>이 문 의 속 충 북</rt></ruby> <ruby>鬱陵島屬慶南<rt>울 릉 도 속 경 남</rt></ruby> <ruby>求體屬<rt>구 체 속</rt></ruby>
<ruby>全南<rt>전 남</rt></ruby> <ruby>興德<rt>흥 덕</rt></ruby>·<ruby>高敞<rt>고 창</rt></ruby>·<ruby>茂長屬全北<rt>무 장 속 전 북</rt></ruby> <ruby>其郡界則凡甲地之隔在乙<rt>기 군 계 즉 범 갑 지 지 격 재 을</rt></ruby>
<ruby>郡者曰飛來面<rt>군 자 왈 비 래 면</rt></ruby> <ruby>丙地之揷入丁郡者曰斗入面<rt>병 지 지 삽 입 정 군 자 왈 두 입 면</rt></ruby> <ruby>各就所近附之<rt>각 취 소 근 부 지</rt></ruby>
<ruby>又改觀察府曰道<rt>우 개 관 찰 부 왈 도</rt></ruby> <ruby>置參書<rt>치 참 서</rt></ruby>·<ruby>通譯等官<rt>통 역 등 관</rt></ruby> <ruby>制度紛紜<rt>제 도 분 운</rt></ruby> <ruby>莫得以準焉<rt>막 득 이 준 언</rt></ruby>.

민종식(閔宗植)이 패하여 죽었다. (그의 병졸들은) 배를 타고 부

안(扶安)의 줄포(茁浦)에 이르러, 일본 상인 두 집을 불태우고 꾸불꾸불 고창 선운사(禪雲寺)에 이르렀는데 흥덕과 고창군의 군사에 의해 습격을 받아 뿔뿔이 흩어져 달아났다.

原文

민종식패졸 부해지부안지줄포 소왜상이호 위리지고창
閔宗植敗卒 浮海至扶安之茁浦 燒倭商二戶 逶邐至高敞

지선운사 위흥덕 고창군병소습 산주
之禪雲寺 爲興德·高敞郡兵所襲 散走.

안악 군수 박이양(朴彝陽)을 황해도 관찰사로 삼고, 부안 군수 권익상(權益相)을 강원도 관찰사로 삼았으며, 한진창(韓鎭昌)을 경상북도 관찰사로 삼고, 김규희(金圭熙)를 전라북도 관찰사로 삼았으며, 기복(起復)한 이시영(李始榮)을 평안남도 관찰사로 삼았다.

原文

이안악군수박이양위황해관찰사 부안군수권익상위강원
以安岳郡守朴彝陽爲黃海觀察使 扶安郡守權益相爲江原

관찰사 한진창위경북관찰사 김규희위전북관찰사 기복이
觀察使 韓鎭昌爲慶北觀察使 金奎熙爲全北觀察使 起復李

시영위평남관찰사
始榮爲平南觀察使.

전라도에서 은결(隱結)[1]을 조사하여 2,800여 결을 얻었다. 경자년(광무 4, 1900)에 양안(量案)을 고쳐, 이미 7년이 지났는데도 버려두고 실행하지 않은 것이다. 각군의 은결은 간혹 위에 바치는 것보다 초과하였고, 관리들이 서로 짜고 숨겨, 죽게 되면 속이고 덮어버려 마침내 십분의 일도 얻지 못했다.

註解

1) 은결(隱結) : 부정한 방법으로 조사 부과 대상에서 제외시킨 땅. 곧 양안(量案)에 올리지 않은 땅.

原文

全羅道查隱結 得二千八百餘結 庚子(光武四年)改量 已
經七年 而閣置不行 各郡隱結 或有浮於上供者 而官吏朋
比 抵死欺蔽 竟不得十之一焉.

8월, 의친왕(義親王) 이강(李堈)이 8일 일본에 갔다. 이미 도착했을 때 황제가 후비를 세웠다는 것을 전보로 알렸는데, 동궁이 다시 혼인하는 일보다 급해 먼저 황비를 세운 것이며, 다음에 황태자의 가례를 행했다. 그것은 이강의 처지가 불안하고 위급해서 자기를 엄비에게 결탁시키고자 그랬던 것이다. 이강의 장인 김사준(金思濬)은 성품이 본디 부드럽고 조심성이 많은 편이었다. 이강이 환국함에 따라 떠도는 의론이 분수에 지나쳐서 불령(不逞)[1]의 무리들이 그 대문에 모여드니, 김사준은 이에 거만하게 귀족의 인척으로서 자처하였다.

註解

1) 불령(不逞) : 불만·불평을 품고 구속에서 벗어나 제 마음대로 행동
   함. 또는 그런 사람.

原文

八月 義親王堈 以初八日往日本 旣至 電奏皇上立后 急
於東宮再聘 可先立坤宮 次行皇太子嘉禮 蓋堈處地危疑
欲自結于嚴妃也 堈婦翁金思濬 性素柔謹 及堈還國 浮議
有匪分之望 群不逞輻輳其門 思濬乃傲然以貴戚自居.

위수사령부(衛戍司令部)를 세우고 서울 밖 여러 도에 조례(條
例)를 반포하였다.

原文

建衛戍司令部 頒條例于京外諸道.

13도에 세무감(稅務監)을 두고 관찰사가 겸하였다. 또 세무관
36인, 세무 주사 144인을 두었다. 그것은 대개 정사와 세금을 묶
어서 예전처럼 수령과 아전·서리들의 손에 떨어지지 않도록 하
고자 한 것이다.

原文

치세무감우십삼도　관찰사겸지　우치세무관삼십육인　세
置稅務監于十三道　觀察使兼之　又置稅務官三十六人　稅

무주사일백사십사인　개욕결정　세전　불락수령　이서지
務主事一百四十四人　蓋欲結政·稅錢　不落守令·吏胥之

수여구일야
手如舊日也.

일본과의 협약에서 각기 금 120만 원을 출자하여 '서북삼림회
사(西北森林會社)' 설립을 논의하였다.

原文

여왜협약　각출자금일백이십만원　의개서북삼림회사
與倭協約　各出資金一百二十萬元　議開西北森林會社.

화폐 통용법을 정하여 10원 이하는 새 은화를 사용하고, 2원 이
하는 백동화를 사용하며, 1원 이하는 청동화를 사용하였다. 엽전
은 지방의 경우 1원 이하는 또한 엽전 사용하는 것을 허용하되,
각각 제한을 두어 주고받는 것을 거부할 수 없었다. 오직 제일은
행권(第一銀行券)만이 무제한 통용되는 것으로 정하였다.

原文

정화폐통용법　십원이하　용신은화　이원이하　용백동화
定貨幣通用法　十元以下　用新銀貨　二元以下　用白銅貨

일원이하　용청동화　기엽전지방　일원이하　역허용엽　각유
一元以下　用靑銅貨　其葉錢地方　一元以下　亦許用葉　各有

制限 與受不得拒 惟第一銀行券 則定爲無制限通用.

일본 중 보도(寶道)가 흥인문 밖에 원흥사(元興寺)를 세우고 13
도의 사찰을 관할하였다. 영친왕(英親王) 이은(李垠)을 추대하여
대법주(大法主)로 삼고, 정부 제도를 모방하여 각기 국(局)·과
(課)를 두어 교권을 넓혔다. 보도란 자는 일본 태자의 친구의 사
위이며 싸가지고 온 금화가 백만 원이나 되었다.

原文

倭僧寶道 建元興寺于興仁門外 管轄十三道寺刹 推英親
王垠爲大法主 倣政府 設各局課 以張敎權 寶道者 倭太子
友壻也 所齎金貨 爲百萬元.

목하전종태랑(目賀田種太郎)이 내장사(內藏司)에서 관할하는
각도 역둔토(驛屯土)를 탁지부(度支部)에 소속시켰다.

原文

目賀田種太郎 奪內藏司所管各道驛屯土 屬之度支部.

이등박문(伊藤博文)이 임금과 황태자에게 일본 적십자사 명예
의원으로 참여할 것을 청하였다.

原文

<ruby>伊藤博文<rt>이등박문</rt></ruby> <ruby>請上及太子參日本赤十字社名譽議員<rt>청상급태자참일본적십자사명예의원</rt></ruby>.

13도에 재판소 검사를 두고 또한 평리원에 보좌관을 두었다. 한성부 밖에 관찰도 및 부윤의 각 항구와 제주까지 무릇 23곳에 일본인을 고용하였는데, 이것 또한 이등박문의 의견을 좇은 것이다. 이등박문은 또한 광제원(廣濟院)으로 하여금 나라 안의 두종우장(痘種牛醬)을 금하여 일체 일본 동인회(同仁會)에서 무역해서 쓰도록 하였다. 또 우리나라 사람들이 청결법을 이해하지 못한다 하여 이에 일본인을 고용해서 각부에 배치하여 청소를 담당하도록 하였다. 그들이 우리의 공사(公私)의 이익을 감독하며 극히 미세함까지도 잃을 것을 두려워함이 이와 같았다.

原文

<ruby>加設十三道裁判所檢事<rt>가설십삼도재판소검사</rt></ruby> <ruby>又置補佐官于平理院<rt>우치보좌관우평리원</rt></ruby> <ruby>漢城府外<rt>한성부외</rt></ruby>

<ruby>至觀察道<rt>지관찰도</rt></ruby> <ruby>及府尹<rt>급부윤</rt></ruby>·<ruby>港幷濟州凡二十三處<rt>항병제주범이십삼처</rt></ruby> <ruby>而雇用倭人<rt>이고용왜인</rt></ruby> <ruby>亦從<rt>역종</rt></ruby>

<ruby>博文議也<rt>박문의야</rt></ruby> <ruby>博文又令廣濟院<rt>박문우령광제원</rt></ruby> <ruby>禁國中痘種牛醬<rt>금국중두종우장</rt></ruby> <ruby>一切貿用於日<rt>일체무용어일</rt></ruby>

<ruby>本同仁會<rt>본동인회</rt></ruby> <ruby>又謂韓人不解淸潔法<rt>우위한인불해청결법</rt></ruby> <ruby>乃雇倭傭<rt>내고왜용</rt></ruby> <ruby>以備各部灑掃<rt>이비각부쇄소</rt></ruby>

<ruby>其括我公私利益<rt>기괄아공사이익</rt></ruby> <ruby>絲毫恐遺如此<rt>사호공유여차</rt></ruby>.

서상규(徐相奎)와 구우영(具禹榮)은 포의(布衣, 평민)로 을사오적을 죽이려고 폭약을 구입하여 장차 이근택(李根澤)을 죽이는데 사용하려 하였으나 처음 다루는 것이라 실패할까 두려워 북한산에 들어가 몰래 연습하다가 일이 발각되었다.

또한 안동 사람 박양래(朴檨來)는 떠돌이 의사로 8도를 주류하다가 용천 전덕원(全德元) 집에서 묵게 되었다. (그때) 홍주에서 의병이 일어났다는 소식을 듣고 쫓아가서 따르려 하였으나 또한 패보가 이르렀다. 그래서 전덕원과 의주에 사는 진사 홍재기(洪在綺) 등과 강계에서 의병을 모집하였으나 응하는 자가 없었고, 일본인에게 탐지되어 서상규와 함께 붙잡혀 수감되었다.

이근택(李根澤)은 5적 중에서도 더욱 교활하고 악독하였으며 일본군 사령관 장곡천호도(長谷川好道)와는 형제를 맺었고, 이등박문에게 의탁하여 의자(義子)가 되었다. 머리를 깎고 양복을 입었으며 일본 신발까지 신고 일본 수레에 앉아 일본군의 호위를 받으며 출입하였다. 일찍이 한 술 취한 사람이 수레를 당기며 흘겨보며 말하기를, "네가 왜놈이라고 하는 이근택인가? 5적의 괴수로 그 영화와 부귀가 이에서 그치는가?" 하니, 이근택은 크게 노하여 순서(巡署)에 결박 지어 보냈다. (그는) 포악한 고문으로 기절했다가 밤이 깊어 소생하여 말하기를, "저 놈은 반드시 나를 죽일 것이다. 내 또한 명백히 욕질을 하였으니 죽어도 도리어 통쾌하다. 그러나 그들의 적수(賊手)에 죽느니 차라리 스스로 죽자." 하고 드디어 의복을 찢어서 목을 매어 자결하였다.

原文

徐相奎·具禹榮者 布衣也 欲誅五賊 購爆藥 將試于李根

澤 而恐生手失利 入北漢私習之 因以事覺 又有安東人朴

樑來者 行醫周流 客于龍川全德元 聞洪州兵起 方謀往從

而敗報又至 遂與德元及義州進士洪在綺等 募兵于江界 無

應者 爲倭所詗 與相奎幷被獲而囚 根澤於五賊 尤稱狡惡

與長谷川好道 結兄弟 托伊藤博文爲義子 薙髮洋裝 穿倭

鞋 坐倭車 倭兵護以出入 嘗有一醉漢 攀車晛之曰 吾謂倭

耳 乃李根澤乎 五賊之魁 其榮貴止此乎 根澤大怒 縛送巡

署 惡刑幾絕 夜深而甦曰 此賊必殺我 我又明白罵之 死也

猶快 然與其死賊手 寧自死也 遂裂衣結項以死.

일본이 민형식(閔炯植)·민병한(閔丙漢)·민경식(閔景植)·홍
재봉(洪在鳳)·이봉래(李鳳來)·조남승(趙南升)을 감옥에서 석방
하였다. 홍주 싸움에서 일본군은 여러 민씨들이 내응할 것을 의
심했고, 홍재봉 등 또한 그러할 것을 의심하여 아울러 가두었다.
그러나 이들 여러 사람들은 모두가 들뜨고 멋대로 행동하여 의거
가 무엇을 의미하는지조차도 알지 못하고 있었다. 이미 수개월

이 지나도록 아무런 증험이 없었고, 또 각국에서 비난하는 평이 있었으므로 석방한 것이다.

原文

^{왜 석 민 형 식} ^{민 병 한} ^{민 경 식} ^{홍 재 봉} ^{이 봉 래} ^{조 남}
倭釋閔炯植· 閔丙漢· 閔景植· 洪在鳳· 李鳳來· 趙南

^{승 우 옥} ^{홍 주 지 역} ^{왜 의 제 민 내 응} ^{재 봉 등} ^{역 연 의 사} ^{병 견 수}
升于獄 洪州之役 倭疑諸閔內應 在鳳等 亦緣疑似 幷見囚

^{연 제 인} ^{개 환 감 광 자} ^{부 지 의 거 지 위 하 야} ^{기 수 월 무 좌 험} ^우
然諸人 皆參酣狂恣 不知義擧之謂何也 旣數月無左驗 又

^{유 각 국 자 평} ^{고 석 지}
有各國訾評 故釋之.

일본 군대가 대궐 안에 경보용 포를 설치하고 큰 경보엔 다섯 번 포를 쏘고, 작은 경보엔 세 번 포를 쏘는 것으로 규칙을 정했다.

原文

^{왜 가 경 포 우 궐 중} ^{대 경 오 포} ^{소 경 삼 포} ^{정 위 식}
倭架警砲于關中 大警五砲 小警三砲 定爲式.

재신 원세순(元世洵)·장석신(張錫藎)·노영경(盧泳敬) 등이 소를 올려 엄비를 승격시켜 황후로 삼을 것을 청하였다. 당시 사람들이 그들을 지목하여 '삼귀(三鬼)'로 삼았다. 장석신과 노영경은 다 영남인이다.

原文

재신원세순　장석신　노영경상소　청승엄비위황후　시
宰臣元世洵·張錫藎·盧泳敬上疏　請陞嚴妃爲皇后　時

인목위삼귀　장노개영남인
人目爲三鬼　張盧皆嶺南人.

이창원(李昌遠)이란 사람이 있었는데, 산삼을 얻어 남중희(南重熙)에게 판매를 의탁했다. 이지용(李址鎔)이 그 말을 듣고 남중희를 설득하여 말하기를, "나에게 산삼을 주면 마땅히 한 군으로 보상하겠소."라고 하였다. 이지용이 산삼을 복용하고는 영험스러운 효력이 크게 일어나 한 번에 여러 여자들을 감당하였으나 군은 끝내 주지 않았다. 이창원이 남중희에게 외치며 말하기를, "내 산삼을 돌려주오!" 하자, 남중희도 이지용에게 외쳐대기를, "나에게 군수 자리를 보상하라!" 하니, 이지용이 연달아 이르기를, "잠깐만 기다리시오. 내가 내부 대신이오."라고 하였다. 이창원의 아우 아무개가 통감부에 고용되었는데, 이등박문에게 하소연하니 이등박문이 이지용을 꾸짖어 그것을 돈으로 보상해 주었다.

原文

유이창원자　득산삼　탁매우남중희　이지용문지　유중희왈
有李昌遠者　得山蔘　托賣于南重熙　李址鎔聞之　誘重熙曰

여아산삼　당이일군상지　기복삼　영효대작　일어수녀　이군
予我山蔘　當以一郡償之　旣服蔘　靈效大作　一御數女　而郡

종불해　창원규중희왈　환아산삼　중희규지용왈　상아군수
終不諧　昌遠叫重熙曰　還我山蔘　重熙叫址鎔曰　償我郡守

址鎔連日 姑俟之 我內大也 昌遠弟某 爲統監府雇傭 訴于
博文 博文叱址鎔 償之以錢.

이등박문(伊藤博文)의 아들 이등용길(伊藤勇吉)이 그 아비를 보러 왔는데, 이등박문이 그를 데리고 가서 임금을 알현하였다.

原文

博文子勇吉 來省其父 博文帶之陛見.

가산(嘉山) 사람 윤극도(尹克道)란 자가 집에서 자라 한 마리를 기르고 있었는데, 군수 윤교영(尹喬榮)이 상서로운 거북이라 하여 그것을 자기에게 바치라고 했다. 윤극도가 응하지 않자, 윤교영에게 위협을 받게 되어 집이 거의 파산할 지경에 이르렀다. (그것을) 조정에 공물로 바치니, 내부(內部)에서 그것을 물속에 던져 놓아주었다.

原文

嘉山民尹克道者 家養一鼈 郡守尹喬榮以爲瑞龜 命獻之
克道不肯 爲喬榮所威劫 幾至破家 及貢于朝 內部投之水.

전주에 머물고 있는 일본인 5인이 관제묘(關帝廟)에 들어가 소

상(塑像)을 희롱하여 놀리다가 즉시 모두 피를 토하고 죽었다. 이로부터 재앙으로 인한 죽음이 연속하여 일본인들이 크게 놀라 다른 군으로 피하였다가 한달 남짓 뒤에 돌아오니 그 후로는 무사하였다.

原文

전 주 유 왜 오 인　입 궐 제 묘　조 희 소 상　즉 개 토 혈 사　자 시 려
全州留倭五人　入闕帝廟　調戲塑像　卽皆吐血死　自是沴

사 상 속　왜 대 해　피 타 군　월 여 내 환　역 경 무 사
死相屬　倭大駭　避他郡　月餘乃還　亦竟無事.

일본인이 여수군에 들어와 동헌(東軒)에 머물렀을 때, 밤에 키가 수십 장(丈)이나 되는 사람이 나타났는데, 체구가 큰 집채만 했고, 사납고 추하며 칠흑처럼 검었고, 쓰러져 처마를 내려다보며 살펴보았다. 일본인은 크게 놀라 연달아 총을 쏘았지만 맞아도 움직이지 않으므로 일본인들은 더욱 놀라 다시 총을 쏘지 못했다. 얼마쯤 지나서 섬광이 나오더니 나가면서 탄식을 하고 꾸짖어댔다. 다음날 밤에도 또 나타났는데 일본인들은 엎드리고는 감히 기를 펴지 못했다. 오래 있도록 그가 간 것을 알지 못했다. 다음날 일본인들은 달아나더니 다시는 오지 않은 지가 1년 남짓 되었다.

原文

왜 입 여 수 군　처 동 헌　야 유 일 인 장 수 십 장　구 여 대 옥　영 추 칠
倭入麗水郡　處東軒　夜有一人長數十丈　軀如大屋　獰醜漆

黑 偃然俯簷而窺 倭大驚連砲 中之不動 倭愈驚 不復砲 少

頃 閃閃出去 作嗟咄聲 翌夜又至 倭蜷伏不敢出氣 久之不

知其去 明日倭走 不復至者歲餘.

울산군에 흑연(黑鉛) 같은 싹이 났다.

原文

蔚山郡 發黑鉛苗.

도적들이 고려 시대의 홍릉(洪陵)을 파헤쳤다. 능은 강화군에
있었는데, 고종의 능이다.

原文

盜發高麗洪陵 陵在江華郡 高宗陵也.

인천항 일본 사람 집에 있는 고양이가 머리가 둘이고 눈이 세
개인 새끼를 낳아 젖을 먹이다가 어미 고양이가 깨물어 죽였다.

原文

仁川港倭人家猫 乳二頭三目 母猫卽噬殺之.

원산항에 17일 눈이 내렸다. 영호남 이남에 서리가 일찍 내려 벼의 손실이 컸다.

原文

원 산 항　이 십 칠 일 하 설　영 호 이 남 조 상　화 대 손
元山港　以十七日下雪　嶺湖以南早霜　禾大損.

청국 향항(香港, 홍콩)에 대풍(태풍)이 불어 익사한 자가 2천여 명이나 되었다.

原文

청 국 향 항 대 풍　익 사 이 천 여 인
淸國香港大風　溺死二千餘人.

미국령 포와(布哇, 하와이) 육지에 큰 지진이 일어나 바다 수십 리까지 고기들이 모두 익어 죽어서 물에 뜬 것이 천만이 될 정도였다. 혹자는 바다 밑에 화산이 있다고 하였다.

原文

미 령 포 와　지 대 진　해 수 십 리　어 진 란 사　부 수 자 천 만 계　혹
美領布蛙　地大震　海數十里　魚盡爛死　浮水者千萬計　或
위 해 저 유 화 산
謂海底有火山.

9월, 윤헌(尹憲)·김희수(金喜洙) 등이 13도의 벼슬아치와 선비

들을 이끌고 엄귀비(嚴貴妃)가 황후로 승격되는 것은 불가하다고 논하였다. 상소의 내용은 다음과 같다.

"삼가 노영경(盧泳敬)·원세순(元世洵)·장석신(張錫藎) 등의 이른바 승후소(陞后疏)에 대해 내리신 비답을 보건대, 비록 윤허하여 따른다는 뜻이 없다고는 하나, 사사로운 생각으로는 지나친 계책의 우려가 없지 않으며 혹시 성덕이 굳게 정해질 수 없다면 간사한 이들에게 분수 밖의 기회를 엿보는 것을 열어주게 될까 염려됩니다.

아! 저 노영경·원세순·장석신 세 적신(賊臣)은 망극하게도 나라의 전례에 크게 방해가 된다고 생각되며, 감히 우리 숙종대왕의 금석과 같은 전례를 어기고 범해서 이러한 어지럽고 반역을 꾀하는 말로써 성총(聖聰)을 미혹하게 되는 것이니, 나라의 법으로 헤아려 합당하게 처치한다면 무슨 허물이 되겠습니까? 지금 이 비사(批詞)는 넉넉하고 부드러워 혹 할 만한 것이 있을 것도 같지만, 급히 처리해서는 안 되는 듯싶습니다. 이에 대해 폐하께서도 일찍이 크게 옳지 않다고 하셨습니다. 신 등은 감히 폐하께서 잠자리에 드셔도 잠 못 이루는 때를 모르겠사오나, 오히려 숙종대왕께 죄를 얻고 만대에 웃음거리가 되어 크게 놀라고 부끄럽게 되는데 이를까 염려스럽습니다. 폐하께서는 국가의 전례에 대하여 멀리는 명조(明朝)의 일을 거슬러 살피시고, 가까이는 선왕의 일을 조술(祖述)[1]해서 터럭 한 오라기만큼도 감히 어기셔서는 아니 됩니다. 그런데 오직 이렇게 한결같이 하시면 좌우의 돌아보는 뜻을 면하기가 어려울 듯싶습니다. 신 등은 청컨대 대명

(大明) 및 선조(先朝)들이 이미 행한 전례를 거슬러 올라가고, 다음으로 폐하와 황태자의 편안하기 어려운 일에 대해서 열 조목으로 나누어 아뢰겠습니다.

그 첫째, 명 태조는 마후(馬后)가 죽은 후 수십 년에 일찍이 비빈으로 꾐을 받은 자가 없지는 않았으나 후를 승격시키자는 논의는 들은 적이 없었습니다. 이것은 금일에 있어서도 마땅히 본받을 만한 것이 아니겠습니까?

그 두 번째는 우리 숙종대왕께서는 후궁을 정위(正位)로 올릴 수 없음을 위로는 태묘에 고했고 아래로는 만세에 교훈을 남겨 국가의 금석과 같은 전례를 뚜렷이 남겼으니, 폐하께서는 이들 세 적신을 죽일 수는 없다고 해도 혹시 그들의 말을 따른다면 장차 무슨 얼굴을 들고 숙종대왕의 사당에 들어갈 수 있겠으며, 또한 무슨 말로 하늘에 계신 28세 선대왕들의 영령을 위로하시겠습니까?

셋째는, 영조대왕의 효성은 여러 왕 중에서 으뜸인데, 육상궁(毓祥宮)의 전례에 있어서 극진함을 다하지 않은 것이 없습니다. 그러나 추숭(追崇)해야 한다는 논의는 들은 바가 없습니다. 순조황제는 가순궁(嘉順宮)을 받들면서 효도로 지극히 봉양하였지만, 또한 정위로 받들자는 의론이 있다는 것을 듣지 못했습니다. 대저 육상궁과 가순궁은 대왕을 탄생시켜 키웠으며 공덕이 아주 높은 데도 오히려 대호(大號, 왕후의 칭호)를 받음을 얻지 못했는데, 하물며 엄비는 폐하의 후궁으로 영친왕의 어머니에 지나지 않습니다. 이제 행하지 않은 전례를 육상궁과 가순궁에 가해줄 것 같으면 숙종대왕께 죄를 지을 뿐만 아니라, 영조대왕과 순조대왕께서도 편안하실 수 있겠습니까?

넷째는, 삼가 국조(國朝, 우리나라)를 헤아려보건대, 오직 현덕 (顯德) · 안순(安順) · 정현(貞顯) 세 분의 왕후는 후궁으로서 정위 에 올랐습니다만, 현덕왕후는 동궁에 뽑혀 들어가 단종을 탄생 하여 빈으로 받들어졌다가 이미 폐하여졌으므로 추책(追冊)하여 왕후로 삼았던 것입니다. 안순왕후(安順王后) 역시 동궁에 뽑혀 들어가 이어 장순왕후(章順王后)가 죽자 후사를 맡아 기를 이가 없었기 때문에 정위에 올랐던 것입니다. 정현왕후도 대궐에 뽑 혀 들어가 중종을 탄생하였고, 마침 연산군의 어미가 폐출되는 일이 있었던 까닭에 정위에 올랐던 것입니다. 그런데 모두 숙종 이전의 일입니다. 또한 이름이 비록 후궁이나 모두 명문 집안에 서 잘 골라 뽑았으며, 예를 갖추어 궁에 들어와 부득불 그렇게 되 지 않을 수 없었기 때문에 정위에 올랐던 것입니다.

민가의 딸로 상궁이 되어 분수에 넘치게 정위에 올랐던 것은 오직 장희빈(張禧嬪)뿐입니다. 그러나 오래지 않아 도로 위호(位 號)를 빼앗겼으며, 상서롭지 못한 일까지 일어났으니, 그것을 원 용하여 예로 삼는다는 것은 옳지 않다는 것이 분명합니다. 하물 며 장희빈이 정위에 오를 때는 이미 경종이 탄생하였으니, 오히 려 이것은 왕세자의 사친(私親)과 같습니다. 숙종대왕께서도 오 히려 이 일을 뉘우치시고 종묘에 고하시고 가르침을 드려 자손 들이 대대로 지켜야 할 전례를 만들기에 이르렀습니다. 엄비는 하물며 당초부터 상궁이었으니 장희빈과 다름이 없으나 소생인 영친왕이 황태자와는 크게 다름이 있음에서 이겠습니까?

다섯 번째는, 지금 시험 삼아 계획을 꾀하는 자들은 반드시 말하기를, 황태자의 가례가 목전에 닥쳤는데, 그 조현례(朝見禮), 헌조례(獻棗禮), 헌포례(獻脯禮)에서 곤위(坤位)가 없은즉, 한 당(堂)에 함께 어거하신 자리에서 아울러 올릴 수 없으니 크게 전례에 결함이 된다고만 합니다. 이 어찌 불경스럽고 무례한 말이 아니겠습니까? 헌포례는 스스로 경효전(景孝殿)에서 행할 수 있거늘, 어찌 쓸데없이 곤위가 갖추어지고 갖추어지지 않고를 논하겠습니까? 만약 부황(父皇)께서 홀로 헌포례를 받는 것이 전례에 어긋나는 것이라고 한다면, 열성조 이래 대비전으로서 홀로 헌포례를 받은 것이 일찍이 그 예가 없었단 말입니까? 이미 행했던 예가 한두 번에 그치지 않으니, 이제 폐하께서 홀로 헌조례와 헌포례를 받는 것은 다르고, 또한 천자의 예(禮)는 스스로 전일과 다름이 있다고 한다면, 명나라 태조는 적서(嫡庶)를 합해서 26명의 아들이 있었으나 마황후가 세상을 뜬 뒤에도 곤위를 영영 비워두었습니다. 그런데도 그는 혼례에 있어서 혼자 조헌례를 받은 것이 또한 한두 번에 그치지 않습니다. 또한 사가(私家)에서 보통 행하는 예로써 말한다면 홀아비가 자식을 장가들일 때, 홀로 앉아서 대추를 받는 것은 예사입니다. 만약 혹 이것이 흠이 되는 일이라고 한다면 반드시 첩으로써 처를 삼아서 공손히 그 서모에게 예를 집행한다면 고금 천하에 어찌 이러한 이치가 있을 수 있겠습니까?

여섯 번째는, 우리 태조로부터 28조(朝)에 이르는 왕후들에 대해서는 명문가에서 가려 뽑지 않음이 없었습니다. 비단 우리나라만이 그런 것이 아니고 명나라 16조(朝) 동안에도 역시 빈어(嬪御)로서 외람되이 모신 경우는 없었습니다. 비단 명나라 황실만 그러했던 것이 아닙니다. 비록 세계 각국을 들어 말하더라도 귀족의 아래 신분은 처음부터 황후로 뽑힌 예가 없습니다. 하물며 궁녀 신분으로부터 황후에 오른 자는 처음부터 한 가지 예도 끌어댈 것이 없습니다.

일곱 번째는, 황태자가 40을 바라보는 나이가 되었고 30년 전부터 대하던 엄상궁에게 하루아침에 소신(小臣)이라 일컫고, 모후라 부르고 곤탑(坤榻, 정비의 자리) 아래에서 몸을 굽혀 사배례(四拜禮)를 행한다면, 그 천리(天理)와 인정에 있어서 편안하시겠습니까, 그렇지 않으시겠습니까? 명성황후의 척강지령(陟降之靈)[2]이 명명지중(冥冥之中)에서도 앎이 있으시다면 어찌 가엾고 불쌍해하지 않으시겠습니까? 말이 여기에 미치니 만만 통곡일 뿐입니다.

여덟 번째는, 폐하께서 이 일을 행하신다면 천추만세 후에 명성황후의 묘주(廟主)가 옛날 시녀였던 상궁의 신주와 한 실(室)에서 함께 흠향하실 것이니, 명성황후의 혁혁한 영령으로 어찌 진노하여 분통한 한을 삭이실 수 있겠으며, 필분지천(苾芬之薦)[3]을 함께 받고자 하시겠습니까?

아홉 번째는, 황태자께서 을미(1895)망극지변(乙未罔極之變) 이래로 아픔을 참고 억울함을 삼키면서도 의지하고 믿는 것은 오직 부황 폐하(父皇陛下)로 오직 엄부(嚴父)와 자모(慈母)를 겸하셨습니다. 지금 이들 적신배들이 망측하게 시험 삼아 꾀를 부려

종종 분란을 일으키니, 엎드려 성심을 생각하며 오직 대조(大朝)의 처분이 어떠하실지를 기다립니다. 갑자기 지존(至尊) 앞에서 다 말씀드린다는 것은 어려움이 있고, 또한 적신의 무리들에게 다 드러나게 꾸짖는 것도 어려우니, 반드시 머뭇머뭇하여 마음의 중심을 안정시키기가 어렵습니다. 폐하께서 만약 한가로이 계실 때 여가를 주셔서 이 일을 조용히 물어주신다면 지극한 사정을 다 통촉하실 수 있도록 하여 신들의 말이 지극히 어리석음을 괴이하게 여기지 않게 되실 것입니다.

열 번째는, 숙묘(肅廟, 肅宗)의 어진(御眞)이 이미 진전(眞殿)에 봉안되었습니다. 전날의 엄상궁이 만약 황후가 되어 빈번지천(蘋蘩之薦)[4]을 주관하게 된다면 하늘에 계신 숙묘의 혼령이 기꺼이 오르내리시며 양양히 복을 내리시려고 하겠습니까? 폐하 또한 능히 안연히 우러러볼 즈음에 부끄러움이 없으시겠습니까?

신들은 이상에서 말한 10조목 이외에도 다시 우러러 밝힐 것이 있습니다. 사사로이 생각하옵건대 황귀비를 생각하건대 상궁으로부터 빈이 되고 비가 되어 후궁으로는 극히 높은 지위에 이르렀으니, 명분과 지위에 해됨이 없고, 복록도 넘침이 없습니다. 육궁(六宮, 황후와 빈첩의 총칭)을 총괄해 관리하며, 맑은 덕에 허물이 없은즉, 그 아름다운 이름과 떳떳한 규범이 또한 가히 천추의 동관[彤管, 여관(女官)이 소지했던 붉은 대롱의 붓]으로 빛을 발할 것이니 어찌 거룩하지 않겠습니까?

또한 영친왕이 영민하고 숙성하여 훌륭한 명망이 날로 전파됨을 생각하옵건대, 의방(義方)[5]으로 가르쳐서 덕성을 성취시킬 것 같으면, 후일에 가히 써 제실(帝室)의 울타리가 될 것이며, 왕의 지모를 도와 하간(河間)·동평(東平)의 옛날의 아름다움을 독차지하지 않게 될 것입니다. 지금 이 엄비의 승후(陞后) 여부는 처음부터 영친왕의 훗날 복록(福祿)에 손익이 될 것이 없습니다. 지금 만약 이렇게 하지 않고 굳이 나라의 전례를 어기고 공의를 거슬러서 엄귀비에게 망령되이 명분과 지위에 합당하지 않은 칭호를 가하여 분수에 넘치고 복에 지나친다면, 지영계만(持盈戒滿)의 도가 아닌가 두렵습니다.

신들의 이 말은 또한 황귀비와 영친왕의 처지를 위한 데서 나온 것입니다. 엎드려 비옵건대 폐하께서는 온 나라의 공론을 두루 굽어 살피시어 속히 세 적신을 속히 처형하여 난신적자로 하여금 다시는 우리 숙종대왕의 대의(大義)를 어기거나 범하지 못하도록 하게 하소서."

註解

1) **조술**(祖述) : 스승이나 조상의 도를 이어받아서 기술하는 것.
2) **척강지령**(陟降之靈) : 하늘을 오르락내리락 하는 혼령.
3) **필분지천**(苾芬之薦) : 제사를 드릴 때에 쓰이는 음식과 향을 말함.
4) **빈번지천**(蘋蘩之薦) : 고대 신에게 바치는 제수로 썼던 수초.
5) **의방**(義方) : 『주역(周易)』에 나오는 말로 경(敬)으로 인간의 내면을 곧게 하고, 의(義)로써 행동의 절도를 보인다는 뜻.

原文

九月 尹憲·金喜洙等 率十三道縉紳章甫 論嚴貴妃不可

陞后事 上疏曰.

伏見盧泳敬·元世洵·張錫藎所謂陞后疏批旨下者 雖無

允從之意 而竊不能無過計之憂 或慮聖德之不能堅定 以啓

姦細之覬覦也 噫 彼盧·元·張三賊者 罔念邦禮之大防

敢欲違犯我肅宗大王金石之典 爲此亂逆之言 二熒惑聖聰

撲以邦憲 合置何辟 今此批詞 優游巽軟 若在或可爲 而不

速爲者然 是陞下 亦未嘗以爲大不可也 臣等未敢知陞下於

丙枕無寐之時 倘能念到於得罪肅廟 貽笑萬世 爲大可驚愧

者乎 陞下於國家典禮 遠追明朝 近述先王 毫髮不敢違 而

惟此一着 似未免有左右顧眄之意 臣等請溯大明及先朝已

行之典禮 而次及陞下及東宮難安之事 以十條陳之.

其一, 明太祖於馬后崩後數十年 未嘗无妃嬪承寵者 而陞

后之議 則無聞焉 此非今日所當法者乎.

其二, 我肅廟以後宮不得陞正位 上告太廟 下訓萬世 著

爲國家金石之典 陞下不能誅此三賊 而或從其言 則將何顏

入肅宗之廟 亦何辭以慰二十八世先大王在天之靈乎.

其三, 英祖大王孝冠百王 於毓祥宮典禮 靡不用極 然未

聞有追崇之議 純祖皇帝奉嘉順宮 孝養備至 而亦未聞有奉

以正位之議 未毓祥·嘉順二宮 誕育大王 功德巍巍 猶不

得受大號 況嚴妃乃陛下之後宮也 不過親王之母也 今欲加

之以毓祥·嘉順所未行之典禮 則不但得罪於肅廟而已 抑

無難安於英廟·純廟乎.

其四, 謹稽國朝 惟顯德·安順·貞顯三王后 以後宮陞正

位 然顯德選入東宮 誕端宗 而以奉嬪 旣廢之 故追冊爲王

后矣 安順亦選入東宮 因章順薨而無嗣育 故陞正位矣 貞

顯選入大內 誕中宗 而適有燕山母廢黜之擧 故陞正位矣

然皆肅廟以前事也 且名雖後宮 皆妙選名門 備禮入宮 而

因得不得不然之 故乃陞正位矣 以民家女爲尙宮 而濫陞正

位 惟張禧嬪而已 然未久還奪位號 不祥之擧 不可援以爲

例明矣 況禧嬪陞位時 已誕景廟 則猶是儲君之私親也 肅

廟猶悔是擧 至於告廟及垂訓 以爲子孫世守之成典 且況嚴

妃之當初爲尙宮 與禧嬪無異 而所生之親王 與儲君大有別

焉者乎.

其五, 今之嘗試者必曰 皇太子嘉禮在前 其於朝見禮也
獻棗獻脯禮也 無坤位 則不得幷獻于一堂同御之座 大爲欠
典 是何不經無禮之說也 獻脯之禮 自可行于景孝殿 何可
贅論坤位之備不備耶 若以父皇 獨受獻脯之禮爲欠典 則列
聖朝以來 以大妃殿 而獨受獻脯之禮 曾無其禮乎 已行之
例 非止一二 則今陛下之獨受棗脯 宜無異同 且以天子之
禮 自別於前日云爾 則明太祖 有嫡庶二十六子 而馬后崩
坤位永曠 然於其婚禮 獨受獻棗者 亦不止一二矣 且以私
家通行之禮言之 鰥而婚子者 獨坐受棗 便成例事 若或以
此爲欠事 而必欲以妾爲妻 恭執子禮於其庶母 則古今天下
寧有是理.

其六, 自我太祖以下二十八朝王后 無非妙選名門 非但我
國爲然 皇明十六朝 亦無以嬪御而濫陞者 非但明室爲然
雖以世界各國言之 貴族以下 初無選后之禮 況自宮女而陞
后者 初無一例之可援乎.

其七, 皇太子已過望四之年 而對三十年前之嚴尙宮 一朝

稱以小臣 呼以母后 鞠躬四拜於坤榻之下 則其於天理人情

安呼否乎 明成皇后陟絳之靈 有知於冥冥之中 則豈不測然

而衿憐之乎 言之及此 萬萬痛哭.

其八, 陛下若行此擧 則千秋萬歲後 明成廟主 將與平昔

侍女尙宮之神主 一室同享矣 以明成赫赫之靈 豈不震怒忿

恨 不欲同受苾芬之薦乎.

其九, 皇太子自乙未(高宗三十二年)罔極之變以來 忍痛

含冤 而所依恃者 惟父皇陛下 以嚴父兼慈母而已 今此賊

臣輩 嘗試罔測 種種紛聒 伏想睿衷 惟俟大朝處分之如何

有難遽然 盡達於至尊之前 亦難顯然叱斥於賊臣之輩 其必

徊皇難安於中矣 陛下若於燕閒之暇 以此事從容詢及 則庶

可悉燭至情 而母怪乎臣言之至愚矣.

其十, 肅廟御眞 旣奉安于眞殿矣 前日之嚴尙宮 若爲皇

后 而主其蘋藻之薦 則肅廟在天之靈 其肯陟絳 洋洋錫以

純嘏乎 陛下亦能晏然無愧於仰瞻之際乎.

臣於十條之外　更有仰暴者　竊念皇貴妃　自尙宮而爲嬪·

爲妃　至於後宮極尊之位　於名位無害矣　於福祿不濫矣　攝

理六宮　淑德無愆　則其令名懿範　亦可輝光於千秋之彤管矣

豈不休哉　且念英親王　穎悟夙就　聲譽日播　如得敎以義方

成就德性　則他日可以藩屛帝室　恊贊王猷　河間·東平不得

專美於古矣　今此陛后與否　初無損益於英王他日之福祿　今

若不此之爲　必違邦典　而拂公議　妄加以不當稱之名位於貴

妃　溢分過福　恐非持盈戒滿之道　臣等此言　亦出於爲皇貴

妃爲英親王之地也　伏乞陛下　俯察擧國之公論　亟誅三賊

使亂臣賊子　毋復違犯我肅廟大義焉云云.

9월, 관서 사람들이 서울에 서우학회(西友學會)를 세웠다. 이어서 관북 사람들은 한북흥학회(漢北興學會)를 세웠고, 기호(畿湖)·양남(兩南)에서 관동에 이르기까지 그들도 서로 차례로 학회를 일으켰으며, 모두 서울에 본회를 설치하고 외군(外郡)에 지회(支會)를 두는 것을 허락하였다. 이때에 학교와 사회단체가 온 나라에 가득하였는데, 학교는 관서 지방에 더욱 왕성하였으니 용천(龍川) 한 군에 20여 곳이나 이르렀다. 그러나 관립과 공립학교는 모두 일본인의 검제(鈐制)[1]를 받아서 자유롭게 활동을 할 수 없었다. 오직 사립학교는 다소 구속이 적었다. 그러나 재력이 달려서 일어났다 없어지는 것이 속출하였다. 사회단체는 문학이다 종교다 하여 공예 미술에 이르기까지 그 명칭이 천백이 되었으나 그 우두머리 되는 사람은 대부분이 개두환면(改頭換面)[2]하여 이름을 밝혀 이득을 낚으려는 자들이며 실제의 마음으로 유지하고자 하는 바가 없었다. 다만 유담(游談)의 근거로 삼으려는 데 지나지 않았다. 경상(經商)이라 이름을 붙인 자들 또한 이득을 서로 다투며 멀리 내다보려는 계획이 없었다. 그나마 그의 이득의 근원은 일본인이 이득을 독점하지 않는 것이 없었으며 우리나라 사람의 소득은 거칠고 지저분한 것뿐이었다. 이로써 개화된 지 10여 년에 그 효험은 바람을 잡는 것 같았다. 그러나 (사람들의) 이목(耳目)은 차차 변하였으며 사상도 차차 새로워져서 왕왕 학교와 사회단체의 모임이 반드시 가히 그칠 수 없다는 것을 깨우치게 되었다. 모두 갑오경장(1894) 이전에 비하여 참으로 뚜렷이 달라졌다.

註解

1) 검제(鈐制) : 통제 받는 일. 비녀장을 굴대에 꽂아 바퀴를 제어하듯이 자유를 제어하는 것.
2) 개두환면(改頭換面) : 일을 근본적으로 고치지 않고 사람만 갈아서 그대로 시킴.

原文

九月 關西人建西友學會于京師 繼而關北人 建漢北興學

會 畿湖兩南 以及關東 相次以起 皆于京中 設本會 許支會

于外郡 是時學校·社會滿國中 學校則關西尤盛 龍天一郡

至二十餘區 然官立公立 皆聽倭鈐制 不得自由活動 惟私

立稍無拘 然財力窘絀 起仆相屬 社會則文學也宗敎也 以

至工藝美術千百其名 而爲其魁者 類多改頭換面 炫名釣利

而無實心維持之 不過爲游談之資 其號經商者 亦錐刀互競

無久遠之圖 且其利源 無不被倭所權 我人所得 齷齪而已

是以開化十餘年 其效如捕風 然耳目稍變 思想稍新 往往

知學校·社會之必不可已 比諸甲午(高宗三十一年)以前

固逈然自別云.

각군의 향장(鄕長)을 혁파해서 군주사(郡主事)를 두어 군수에게 유고가 있을 때는 임시로 대신하도록 하였다. 그를 뽑을 때 군수로 하여금 고을 중에 나아가서 선비이든 아전이든 구애받지 말고 천거하여 내부에 알리도록 하였다.

原文

革各郡鄕長 置郡主事 郡守有故 則署理之 其差除也 令

_{군 수 취 군 중　물 구 유 서　천 보 내 부}
郡守就郡中　勿拘儒胥　薦報內部.

전 주사 백낙구(白樂九)가 일본인에게 잡혀 광주(光州)에 수금
되었다. 백낙구는 전주 사람으로 갑오 동학란 때 초토관(招討官)
으로 남해 연안에서 동학교도를 추격하여 섬멸하였다. 이미 청
국에 건너가서 요동 땅 심양에 들어갔으나 눈병을 알아서 귀국하
여 광양(光陽)의 산중에서 은거하였다. 이에 이르러 거의(擧義)
를 도모코자 동지 10여 명을 모으고 산중에 사는 사람들을 달구
쳐서 무리가 수백 명에 이르렀다. 20일 밤에 장차 순천을 기습하
려는데 중도에서 군사적인 약속이 서로 어긋나서 다음날 대중들
이 모이지 않아 결국 사방에 흩어졌다가 구례 군수 송대진(宋大
鎭)에게 잡혔다. 따르는 자들은 모두 7명으로 순천 일본 순사에
게 넘겼다가 순천에서 광주로 옮겨 수감되었다. 처음에 기우만
(奇宇萬)과 백낙구는 약속하여 함께 의병을 일으키자 하였다. 백
낙구가 심문을 받자 기우만을 데려왔는데 기우만은 일찍이 함께
음모한 일이 없다 하였다. 일본인을 대하는 것이 매우 공손했으
며 일본을 일컬어 나국(那國, 내나라)이라 하니, 백낙구는 금수
같은 놈이라 크게 꾸짖더니 붓을 빼앗아 공사(供辭)¹⁾를 적었다.
　"아! 금일의 소위 대한이라는 나라는 마침내 누구의 나라란 말
인가? 을미사변(乙未事變) 때 일본 공사 삼포오루(三浦梧樓)는 멋
대로 군사를 몰고 대궐에 들어오니 세계 각국에서 이 소식을 듣
고 얼굴빛을 잃었고 조선 8도 지역에서 뼈에 사무치도록 애통한
지 이미 10여 년이 되었다. 위로는 복수하라는 거사가 없고 밑으

로는 부끄러움을 씻자는 의론이 없으니, 이런데도 가히 나라에 사람이 있다 하겠는가? 이제 이등박문(伊藤博文)은 더욱 모욕을 가하고 상하를 꼼짝 못하게 하고 스스로 통감이라 칭하니, 그 통치하는 자는 어느 사람이며 감독한다는 것은 어느 일인가? 5백년의 종사와 3천리 강토와 2천만의 생령이 이웃 나라의 적신 이등박문에게 빼앗긴 바되어 입을 다물고 머리를 조아리고 능히 그 억울하고 원통함을 성토하지 못하니, 바로 죽음을 기다리는 것이 옳겠는가? 이에 백낙구는 스스로 힘을 헤아리지 않고 의용병을 모집하여 우리나라에 머물고 있는 많은 왜놈들을 추출하고자 한 것이다. 이등박문을 참수하며 또한 대마도에 수금되어 있는 최익현 등 여러 공들을 되찾아오려 하였다. 시운(時運)이 불리하여 먼저 붙잡혔으니 패군지장은 죽음이 있을 뿐이다."

註解

1) 공사(供辭) : 지난날, 죄인이 범죄 사실을 진술하던 말. 공초(供招).

原文

前主事白樂九 被倭囚于光州 樂九全州人也 甲午以招討官 追殲東匪于南沿 旣游淸國 入遼瀋 患目疾東還 隱居光陽山中 至是謀擧義 聚同志十許人 駈脅山氓 衆至數百 以二十日夜 將襲順天 中途誤軍期 天明而衆未集 遂四散 爲求禮守宋大鎭所跟捉 幷從者七人 付之順天巡倭 自順天移

囚光州 初奇宇萬與樂九約幷起 及樂九被訊 引宇萬 宇萬

辭以未嘗同謀 置對甚遜 稱倭曰那國 樂九大罵畜生 奮筆

作供辭曰 嗚呼 今日所謂大韓 竟是誰人之國也 乙未(高宗

三十二年)之變 倭使三浦 擅兵入闕 萬國聞之失色 八域痛

之次骨 已來十許年 上無復讐之擧 下無雪恥之議 尙可謂

國有人乎 今伊藤博文 益加侮辱 鉗勒上下 自稱統監 其統

之者何人也 監之者何事 五百年之宗社 三千里之疆土 二

千萬之生靈 擧爲隣國賊臣博文之所奪 噤口縮首 不能聲叫

其寃憤 而一直待斃可乎 於是乎白樂九 不自量力 募集義

勇 欲逐群倭之來留者 且斬伊藤博文 且索還崔益鉉諸公

而時運不利 先被捕獲 敗軍之將 有死而已云云.

백낙구(白樂九)는 두 눈이 모두 멀었다. 매양 싸울 때마다 교자를 타고 일본군을 추격했으며 패할 때도 교자를 타고 달아났다. 세 번째 잡혔을 때 마침내 총탄을 맞고 사망했다. 광양 사람들은 지금도 말하기를, "백낙구는 발발(勃勃)[1] 한 데다 기개가 있었다."고 한다.

註解

1) 발발(勃勃) : 사물이 한창 일어나는 모양.

原文

낙구양목구맹 매전승여교축왜 패역승차이주 기제삼견
樂九兩目俱盲 每戰乘舁轎逐倭 敗亦乘此而走 其第三見

포 경수포이사 광양인지금언왈 낙구자발발유기
捕 竟受砲而死 光陽人至今言曰 樂九者勃勃有氣.

기우만(奇宇萬)의 공사(供辭)는 대략 다음과 같다.

"지난 을미년(고종 32. 1895) 나라의 변고가 망극(罔極)¹⁾할 때 기우만은 각 고을에 통고하여 장차 대의(大義)를 펴고자 하였으나 적신(賊臣)들이 임금을 끼고 강압으로 선유(宣喩)를 행하니, 통곡하며 파직하고 돌아왔습니다. 그런데 차마 돌아가 처자를 돌볼 수가 없어서 산속에 들어가 초막을 짓고 나무를 해다가 때며 자급하고 지냈습니다. 『춘추(春秋)』의 의리에 의거하면, '적을 토벌하지 않으면 장사 지냈다고 쓸 수 없고, 장사 지냈다고 쓸 수 없으면 복도 입지 않는다'고 했으니, 지금에 이르기까지 백립(白笠)을 쓰고 와신상담의 의(義)를 부친 지 10여 년이 되었습니다. 뜻하지 않게 지난겨울에 5조약을 허가했다는 소식을 들은즉, 우리 임금이 한 조각의 빈 종이 때문에 앉아서 나라를 잃었는데도 조정에 있는 신하들은 한 사람도 수판(手板)²⁾으로라도 오적을 쳐서 죽이는 자가 없으니, 이와 같이 하고도 또한 가히 나라에 사람이 있다고 말할 수 있겠습니까? 그리하여 거칠고 천박함에 매이

지 않고 감히 한 번 소를 올려서 아뢰어 군신부자가 성(城)을 등지고 한바탕 싸울 것을 청했던 것입니다. 그런데 적신들이 받아들이기를 거부하고 사방에서 귀를 밝혀 듣는 자가 없었습니다. 이에 두문불출하고 아픔에 신음한 지 이제 다섯 달이 되었습니다.

그때 마침 홀연히 백낙구(白樂九)가 의를 받들어 군사를 일으켰다는 소식을 듣고 얼굴은 비록 본 적이 없지만 마음은 서로 알 수 있는 터라, 이 같은 아름다운 일을 홀로 멋대로 하기에는 어려움이 있기에 사람을 불러들여 부린다고 하였습니다. 실효 없이 허명(虛名)을 빌리는 것도 또한 족히 부끄러운 일일진대 어찌 가히 구구하게 사양하고 피해서 화를 면할 계책을 만들겠습니까? 오호라! 사람은 반드시 스스로 업신여긴 다음에야 남이 나를 업신여기며, 나라가 반드시 스스로 친 다음에 다른 사람이 쳐오는 것이니, 초(楚)나라를 망하게 한 것은 진(秦)나라가 아니라, 자란(子蘭)³⁾이며, 오(吳)나라를 망하게 한 것은 월(越)나라가 아니라 백비(伯嚭)⁴⁾이며, 조선을 망하게 한 것은 일본이 아니라 오적(五賊)입니다.

아! 저들 오적은 머리를 뽑아 헤아린다 해도 죄를 다할 수 없으며, 살가죽을 벗겨 깨문다 해도 분함은 남음이 있을 것입니다. 저들로 하여금 조금이나마 의리를 알게 하고자 한다면 마땅히 죽여서 다 없애버려야 저 나라의 신자(臣子)들에게 위엄을 보여야 할 것입니다. 그런데 도리어 수습함에 한숨만 거두고 미치지 못할 것 같으면 어찌 여기에만 유독 이 같은 무리들이 있으며, 저들 나

라에는 이 같은 무리가 없겠습니까? 저들 나라의 계책을 위하여
연달아 오적을 거두어 우리 임금으로 하여금 기쁜 마음으로 조선
신민에게 사죄케 하고, 속히 우리나라에서 철수해 돌아가서 스
스로 닦고 각자의 처지에서 잘 먹고 편안히 잠잘 수 있게 한다면
가히 둘 다 다행이라 할 수 있을 것입니다.

만약 저의 비루한 말이 옳지 않다고 하신다면 몽둥이나 칼로
죽여도 경우에 따라 즐겁게 여길 것이며 달리 드릴 말씀이 없습
니다. 일개 서생으로서 달리 기능은 없고 지키는 것은 단지 살아
서는 이씨의 신하가 될 것이요, 죽어서도 이씨의 귀신이 되는 것
입니다."

註解

1) **망극**(罔極) : 어버이나 임금에게 상서롭지 못한 일이 생긴 슬픔.
2) **수판**(手板) : '홀(忽)'의 진(晉)·송(宋) 이후의 명칭. 관원이 어전
   (御前)에서 비망(備忘)으로 적기 위하여 지니던 작은 판자.
3) **자란**(子蘭) : 초(楚)나라 회왕의 아들. 진(秦)나라의 음모에 가담하
   여 회왕을 진나라에 가게 하여 초나라가 망하였다.
4) **백비**(伯嚭) : 본래는 초(楚)나라 사람. 오나라 왕 부차가 그를 태재
   로 삼았다. 오나라는 월나라를 쳐서 부친의 원수를 갚지만, 후에
   월나라에 의해 패망한다. 백비는 월나라로부터 뇌물을 받고 월나
   라에 도움을 주어 결국은 오나라가 망하게 된다.

原文

奇宇萬供辭 略曰.

去乙未(高宗三十二年) 國變罔極 宇萬通告列郡 將伸大

義 而賊臣挾天 勒行宣喩 痛哭罷歸 而不忍歸養於妻子 入

山結屋 樵爨自給 據春秋之義 賊不討則不書葬 葬不書 則

服不除 至今戴白 以寓薪膽之義者 十許年 不意昨冬 聞五

條約許可 則吾君以一片虛紙 坐失全國 在廷之臣 無一人

以手板擊五賊而斃之 如是而亦可曰 國有人乎 不揆疏賤

敢陳一疏 以請君臣父子 背城一戰 而賊臣拒納 四聰莫聞

杜門吟病 五朔于玆 忽聞白樂九 擧義興師 面雖不見 心或

相悉 如此美名 有難獨擅 招引以指使云 無實效而借虛名

亦足羞也 豈可區區辭避作免禍之計乎 嗚呼 人必自侮而後

以侮之 國必自伐 而後人伐之 亡楚者非秦也 子蘭也 亡吳

者非越也 伯嚭也 亡朝鮮者非日也 五賊也 噫彼五賊擢髮

而數之罪不盡 剝膚而啗之憤有餘 使那人粗知義理 當誅戮

之殄滅之 以厲那國臣子 而反收拾吹噓之若不及 豈此獨有

此輩 而那國無此輩乎 爲那國計收連五賊 使吾君甘心 以

謝朝鮮臣民 而汲汲撤還 以自內修 使甘食安寢於各地界

則可謂兩幸 如以鄙言爲不可 則挺殺刀殺 隨遇樂地 他無

可言 一介書生 無他技能 所守者只是生爲李氏臣 死爲李

氏鬼而已云云.

일본인이 세 종류의 신화(新貨)를 주조하여 대판(大坂) 조폐국으로부터 운송하여 서울에 가져왔다. 무릇 20전짜리 은화 4만원, 10전짜리 은화 51,828원, 1전짜리 청동화 5,000원이다. 중앙 금고의 요청에 따른 것이다.

原文

倭人鑄三種新貨 自大坂造幣局 運至京師 凡二十錢銀貨

四萬元 十錢銀貨五萬一千八百二十八元 一錢靑銅貨五千

元 從中央金庫之托也.

군부 대신 이근택(李根澤)이 경리원 서리로서 각도에 수조관(收租官)을 나누어 보냈는데, 받아들이는 뇌물이 백만을 헤아렸다. 이등박문(伊藤博文)이 그것을 증오하여 경리원 경을 강제로 갈아 치웠다.

原文

軍部大臣李根澤署理經理院 分送收租官於各道 捧賂以

백 만 계　박 문 오 지　늑 체 원 경
百萬計 博文惡之 勒遞院卿.

　안동 별궁(안국동 풍문여고 자리에 있던 궁) 담장 밖에 빈 터가
있었다. 이완용(李完用)이 일본인에게 멋대로 팔았다가 일이 발
각되어 정부의 힐책을 받고 일본인은 공사를 중지했다. 일본인
이 이완용을 억압하여 아울러 공역 비용을 변상토록 하였다.

原文

안 동 별 궁　원 외 유 공 지　이 완 용 향 왜 천 매　사 각　정 부 힐 왜 정
安洞別宮 垣外有空址 李完用向倭擅賣 事覺 政府詰倭停
역　왜 늑 완 용　병 상 역 비
役 倭勒完用 幷償役費.

　민간의 총기에 세금을 징수하되 총 한 자루에 신화(新貨) 1원을
부과했다. 이 법령은 실행되지 않았다.

原文

세 민 간 총 기　매 일 병 신 화 일 원　령 격 불 행
稅民間銃器 每一柄新貨一元 令格不行.

　일본인이 중양절(重陽節)에 동경에서 국화전시장을 열었다. 국
화를 묶어 두 사람의 상(像)을 만들었는데, 그 하나에는 '덕천가
선(德川家宣)'이라 써놓았고, 다른 하나에는 '조선국왕 래조지장
(朝鮮國王來朝之場)'이라 크게 써놓았다. 우리 유학생 여러 명이

통곡하며 일본 정부에 호소하고 그 무례함을 따지자 일본인들은
웃으며 금지시켰다.

原文

倭人重陽日 設觀菊戲場于東京 束菊爲二人像 署其一曰
德川家宣 一則大書朝鮮國王來朝之場 我留學諸生痛哭 訴
其政府 迫詰無禮 倭笑而禁之.

신관희(辛觀希)란 자가 이등박문(伊藤博文)·이근택(李根澤)·
박용화(朴鏞和) 세 사람의 선적비(善蹟碑)를 모화관 독립문 밖에
세웠다. 이등박문은 교린(交隣) 보호(保護)의 공이 있고, 이근택
과 박용화는 힘을 써서 이민을 막았다는 것이었다. 신관희는 영
남인이라 자칭했는데, 영남의 유생들은 신문사에 글을 보내 그
가 영남 사람이 아니라는 것을 밝혔다.

原文

有辛觀希者 立伊藤博文·李根澤·朴鏞和三人善蹟碑于
慕華館獨立門外 以博文有交隣保護之功 根澤·鏞和宣力
止移民也 觀希稱嶺南人 嶺儒寄書新聞社 明其非嶺南人.

영국인 배설(裵說)[1]이 서울에 신문사를 설립하고 이름을 「매일신보(每日申報)」라 하고 박은식(朴殷植)을 초빙하여 주필로 삼았다. 박은식은 황해도 사람으로 본디 경술(經術)[2]에 깊었으며 또한 신학문(新學問)의 지식 또한 풍부하여, 그의 논의도 자못 근본이 깊어 장지연(張志淵)과 함께 백중(伯仲)[3] 하였다. 그때 영국인은 비록 일본과 동맹을 맺었으나 일본이 날로 횡포하여 영국은 달갑지 않게 여기고 있었다. 배설은 자기 나라 정부에 기대고 보장(報章, 신문)을 발간하였는데, 일본인에 대한 매도와 비판을 주지(主旨)로 삼았다. 박은식은 그 필설(筆舌)[4]에 의지해서 쌓인 분노를 터뜨리며 곧고 예리한 비판으로 논평하여 공박하였으며 조금도 거리끼는 것이 없었다.

일본인은 그것을 우려한 나머지 비로소 우체사에 위촉하여 시외로 배포하지 못하도록 하였다. 이미 또한 박은식을 구속하여 사령부에 수감하니 배설은 크게 노하여 스스로 가서 꾸짖어 말하기를, "천하에 개명한 나라라고 칭하면서 신문을 금지하는 경우가 있는가? 너희들이 박은식을 수감했으니 이것은 나를 수감한 것이나 마찬가지이다. 너희들이 이같이 나를 우려한다면 나는 마땅히 신문사를 철수하겠다. 그러나 나는 내 나라 정부의 인가를 받았으며, 자본금 30만 원을 마련하여 이 신문사를 설립하고, 30년으로 기한을 정했다. 너희들이 내 신문사를 철수하도록 하고 싶으면, 나의 30만 원을 배상하고 아울러 30년간의 이자를 배상하라." 하니, 일본인은 공손히 사례하며 박은식을 풀어 주었다. 배설은 또한 말하기를, "신문사는 매일 2천 원을 수금하는데 이

제 2일간 정간한 4천 원은 누가 보상하느냐?"고 따지니 일본인은 옳다고 하면서 4천 원을 내주었다. 배설은 돌아와서 4천 원을 박은식에게 주며 말하기를, "당신을 위해 놀란 마음을 위로합니다." 하였다.

이때에 서울과 지방에서는 일본의 소행을 분히 여겼으나 그들의 기세에 위축되고 무서워서 감히 한 마디의 옳은 소리도 못하였다. 각 신문에서도 의병을 일컬어 폭도라 하고, 비류(匪類)라 하는데 이르렀으나, 오직 「매일신보」만은 당당히 '의병'이라 일컫고, 논조가 조금도 굴하지 않고, 일본의 죄악상을 들춰내고 들은 대로 상세히 폭로하였다. 그러므로 「매일신보」를 서로 다투어 가며 구독하여 일시에 신문이 귀하게 되고 1년이 채 못 되어 매일 발행하는 부수가 7, 8천 부에 이르렀다.

註解

1) 배설(裵說) : 베델(Bethell, E.T. 영국인) 런던 「데일리지」의 특파원으로 노·일전쟁(1904) 때 우리나라에 와서 「대한매일신보(大韓每日申報)」를 발간함.
2) 경술(經術) : 유가의 경서에 관한 학문.
3) 백중(伯仲) : 서로 어금지금 맞섬.
4) 필설(筆舌) : 붓과 혀라는 뜻으로, 곧 글과 말.

原文

英人裵說 設新聞社於京中 名曰每日申報 聘朴殷植爲主

筆 殷植黃海人 素好經術 且富於新學 論議頗有根柢 與張

志淵伯仲 時英人雖與倭同盟 倭之日橫 英未嘗不甚之說

遂倚其政府出報章 以譏罵倭人爲主旨 殷植聘其筆舌 以攄

宿憤 矢口評駁 無所顧忌 倭患之 始囑郵司 勿播京外 旣又

拘殷植 囚之司令部 說大怒 自往詬之曰 天下有稱開明國

而禁人新聞者乎 汝囚朴殷植 是囚我也 汝如此患我 我當

撤社 然吾得我政府認許 辦貲三十萬 設此報館 限三十年

汝欲吾撤 可賠我三十萬元幷三十年利息 倭遜謝 出殷植

說又曰 報館每日收金二千元 今停刊二日四千元 誰人償之

倭唯唯出四千元 說歸以四千元贈殷植曰 爲君壓驚 是時

中外憤倭所爲 而沮縮震讋 不敢出一口氣 各報館至稱義兵

爲暴徒爲匪類 惟每日報 抗稱義兵 辨論不少屈 掀播倭惡

隨聞悉暴 故爭相購覽 一時紙貴 未期年而每日所發 至七

八千張.

　　순천군 학교 생도의 이관일(李觀一)이란 자가 있었는데, 신문사에 편지를 보내 전국 국민에게 경고하는 내용이었다. 편지에서 자기 나이는 14세로 귀머거리가 될 것을 근심한다고 하였다.

숙부 한 분은 법국의 서울 파리에 있으며, 또 숙부 한 분은 일본 동경에 있으며, 두 숙부와 두 형 및 8세의 아우는 미국 화성돈(華盛頓, 워싱턴)에 있다고 하였다..

原文

順川郡學校生 有李觀一者 貽書新聞社 警告全國之人 書
稱年方十四 且患聾 其一叔 在法京巴里 一叔在日本東京
二叔·二兄及一弟年八歲者 俱在美國華盛頓府.

미국인들은 일본이 필리핀의 속도(屬島)들을 엿보고 있어 국론이 들끓었다. 샌프란시스코의 학교에서는 일본인이 와서 유학하는 것을 거부하였으며, 거리의 아이들이 몰려서 투덜대며 그들이 머물고 있는 집에 돌을 던졌다. 일본 정부가 공문을 보내 금해 줄 것을 청했으나 미국인은 불응했다. 이로부터 여러 번 일본과 미국간의 싸움이 벌어질 것이라는 말이 있어 각 신문에 보도되었다.

原文

美人 以倭窺其菲律賓屬島 國論沸騰 自桑港學校 拒倭來
學 街童群噪 投石于其寓館 倭政府移文請禁 而美人不應
自是屢有日美開戰之說 騰傳各報.

10월, 의병장 민종식(閔宗植)과 전 참판 이남규(李南珪)가 김가진(金嘉鎭)에게 체포되어 서울에 압송됐다. 민종식은 홍주에서 패한 이후부터 은밀히 떠돌며 숨어 있다가 의병을 다시 일으키고자 음모하려 이남규 집에 왕래했는데, 김가진은 충남 관찰사로 있으며 비밀히 찾아서 사령부에 결박하여 보냈다. 민종식의 부하 김덕진(金德鎭) · 박윤식(朴潤植) · 곽한일(郭漢一) · 황영수(黃英秀) · 정재호(鄭在鎬) · 이용규(李容圭) 등도 함께 구금되었으나 이남규는 서로 동조하여 내응한 자취가 나타나지 않았으므로 석방시켰다.

原文

冬十月 義兵將閔宗植 · 前參判李南珪 爲金嘉鎭所獲 致于京師 宗植自洪州敗後 流離竄伏 以謀再擧 往來南珪家 嘉鎭以忠南觀察使密跟之 縛送于司令部 宗植部下金德鎭 · 朴潤植 · 郭漢一 · 黃英秀 · 鄭在鎬 · 李容圭等幷拘 南珪 以無見跡和應 見釋.

민종식(閔宗植)이 갇혀 있은 지 오래되자 아내 이씨는 걸어서 여종 한 명을 데리고 서울에 올라와서 밥을 얻어다가 남편의 옥바라지를 하였다. 그러나 서울의 여러 민씨들 중 어느 한 사람도 보살펴서 도와주는 이가 없었으며, 민씨들을 찾아가 문을 두드리면 번번이 거절하고 받아들이지 않았다.

原文

종식재수초구 처이씨도보상경 휴일비 걸식공옥 제민무
宗植在囚稍久 妻李氏徒步上京 携一婢 乞食供獄 諸閔無
일인고휼자 호기문 첩거지
一人顧恤者 呼其門 輒拒之.

전 승지 김복한(金福漢)이 홍주에 수감되었고, 전 주서 박봉양
(朴鳳陽)이 전주에 수감되었다. 이때 세상에 떠도는 소문들이 '김
복한은 민종식(閔宗植)에게 호응하고, 박봉양은 백낙구(白樂九)
와 손을 잡고 도모할 것'이라고 했다.

原文

전 승지김복한 수우홍주 전주서박봉양 수우전주 시도로
前承旨金福漢 囚于洪州 前注書朴鳳陽 囚于全州 時道路
훤전 이복한응민종식 봉양연모백낙구야
暄傳 以福漢應閔宗植 鳳陽連謀白樂九也.

이등박문(伊藤博文)이 자기 나라로 돌아갔다. 이등박문은 이근
택(李根澤)과 이지용(李址鎔) 등을 시켜 임금을 설득하여 오늘날
일본과의 우호관계는 모두 이등박문의 힘에 의한 것이라 하고,
국서(國書)로 자세히 진술하여 계속 머물러 있게 할 것을 청원하
도록 하자 임금이 그대로 따랐다. 이등박문이 이미 돌아가고 나
서, 장곡천호도(長谷川好道)가 통감부의 일을 서리(署理)하며 청

국 영사 마정량(馬廷亮)과 더불어 서북 간도(間島)의 지계(地界, 경계)를 심의해 정하기로 했는데, 일이 끝내 해결을 보지 못했다.

原文

이등박문귀기국　　　박문사근택　　　지용등　　　설상이근일교제
伊藤博文歸其國　博文使根澤·址鎔等　說上以近日交際

개박문력야　국서상진　원득잉임　상종지　박문기귀　장곡천
皆博文力也　國書詳陳　願得仍任　上從之　博文旣歸　長谷川

호도서리통감부사　여청영사마정량　감정서북간도지계　사
好道署理統監府事　與淸領事馬廷亮　勘定西北間島地界　事

경미결
竟未決.

　　최석린(崔錫麟)을 웅천 군수로 삼고, 고희경(高羲敬)을 거제 군수로 삼아서 바로 임지로 떠나도록 했다. 이등박문(伊藤博文)이 돌아가는 길에 진해만을 답사할 것이라고 표명했으므로, 우리 정부는 이들 두 사람이 일본어를 잘한다고 해서 영접하도록 보낸 것이다. 고희경은 고영희(高永喜)의 아들로서 이등박문과 가까운 사이였다.

原文

이최석린위웅천군수　　고희경위거제군수　　불일등정　박문
以崔錫麟爲熊川郡守　高羲敬爲巨濟郡守　不日登程　博文

지귀야　성언답사진해만　정부이양인한왜어　송지관접　희
之歸也　聲言踏査鎭海灣　政府以兩人嫺倭語　送之館接　義

경　영희자야　닐어박문
敬　永喜子也　昵於博文.

이지용(李址鎔)이 특파 대사가 되어 일본에 갔으니 그것은 이등 박문이 오래 머물러 줄 것과 이준용(李埈鎔)과 박영효(朴泳孝)의 문제를 위해서였다. 이지용의 처 홍씨는 이홍경(李洪卿)이라 자칭 하고 함께 갔다. 우리나라 부녀는 예전에는 이름이 없었고 단지 모씨(某氏)라 칭하였다. 이에 이르러 왜속(倭俗)을 본받아서 각각 그 이름을 써서 사회에 머리를 드러내게 되었는데, 홍경으로부터 시작된 것이다. 홍경은 처음에는 일본 관원 추원수일(萩原守一)과 함께 정을 통했다가 또한 국분상태랑(國分象太郞)과도 정을 통하 고, 뒤에는 장곡천호도와 또한 정을 통하게 되니 추원수일은 분 하고 질투가 났으나 분풀이를 하지 못했다. 일본 풍속에는 남녀 가 서로 만나면 반드시 악수하고 입을 맞추어 친근함을 표시하였 다. 추원수일이 본국에 돌아갈 때 홍경이 그를 전송하며 입을 맞 출 때 혀끝을 내밀어 그의 입에 디밀었으나 추원수일이 그 혀를 깨물어 상처를 입혔다. 홍경은 아픈 것을 참고 돌아왔는데 장안 사람들은 작설가(嚼舌歌)[1]를 지어 비웃었다. 홍경은 일본어·영 어를 할 줄 알았으며 양장을 하고서 이지용과 함께 손을 잡고 길 거리를 돌아다녔다. 혹 인력거를 타면 얼굴을 내놓고 궐련을 피 우며 양양하게 돌아다녀 행인들은 눈을 가리기도 하였다.

처음에는 이지용이 허랑방탕하다 하여 누차 임금의 견책을 받 았으나 홍경이 엄비(嚴妃)의 처소를 출입하며 임금의 뜻을 돌려 놓아 마침내 권세를 잡기에 이른 것이다. 그런 관계로 그녀의 방 자한 행동을 이지용은 능히 금하지 못했다. 이지용은 자기와 홍 경이 서 있는 영상을 촬영하여 외헌청(外軒廳, 대청)에 걸어 놓았는데, 종놈이 수시로 막대기를 들고 그녀 사진의 음부를 찌르면서, '이것은 왜놈의 구멍이다' 하였다고 한다. 여러 일본인을 바꿔가며 서로 좋아하여 일본인 또한 그녀를 질투하여 그녀가 일본인을 포옹하고 교합(交合)하는 모습을 그려서 팔아서 한 달 사이에 장안에 퍼졌으며 전파되어 외항에까지 이르렀다고 한다.

민영철(閔泳喆)의 처 유씨(柳氏)는 구례인 유제관(柳濟寬)의 딸로서, 민영철에게 재취로 들어왔으며 용모와 자태가 몹시 예쁘게 생겨서 장곡천호도(長谷川好道)가 그를 사랑하게 되었다. 홍경과 함께 두 미인으로 지목되었다. 유씨는 이름을 옥경(鈺卿)이라 칭하였다. 민영철이 상해에 들어가자, 옥경은 그 집을 지키며 매일 왜관에 드나들고 혹은 북한산 승방에 갔는데, 선음(宣淫)[2]을 그치지 않았다. 당시 방곡(坊曲)[3]의 소시민들은 종친과 척족의 대가에서 규방의 법도가 먼저 망함을 서로 탄식하며, "종척대가가 의(儀)를 좀먹어 먼저 망하니, 우리들이 외국인에 대하여 '예의지국(禮義之國)'이라 자랑하는데, 이 어찌 부끄러움이 없겠나?" 하였다.

註解

1) 작설가(嚼舌歌) : 혀를 깨문 노래란 뜻.
2) 선음(宣淫) : 공공연하게 음란한 행동을 함.
3) 방곡(坊曲) : 이(里) 단위의 마을.

原文

李址鎔爲特派大使 赴日本 蓋爲願留博文 及錮李埈鎔 ·

박영효사야 지용처홍씨 자칭이홍경 여지해왕 아국부녀
朴泳孝事也 址鎔妻洪氏 自稱李洪卿 與之偕往 我國婦女

구무명 단칭모씨 지시효왜속 각서기명 출수사회 이창자
舊無名 但稱某氏 至是效倭俗 各署其名 出首社會 而創自

홍경야 홍경시여왜관추원수일통 우여국분상태랑통 후여
洪卿也 洪卿始與倭官萩原守一通 又與國分象太郎通 後與

장곡천호도통 수일분투 이미유이발 왜속남녀상견 필악
長谷川好道通 守一憤妬 而未有以發 倭俗男女相見 必握

수접문 이표친닐 수일지귀야 홍경전지 기접문야 출설첨
手接吻 以表親昵 守一之歸也 洪卿餞之 其接吻也 出舌尖

납기구 수일교파지 홍경인통이귀 도인작작설가 이조지
納其口 守一咬破之 洪卿忍痛而歸 都人作嚼舌歌 以嘲之

홍경통왜·영어 천양복 여지용휴수이행 혹승인력거 로
洪卿通倭·英語 穿洋服 與址鎔携手而行 或乘人力車 露

면흡권연 양양횡치 행자엄목 초지용 이낭탕 루피상견 홍
面吸卷烟 揚揚橫馳 行者掩目 初址鎔 以浪蕩 屢被上譴 洪

경출입엄비소 곡회상의 수지병용 고범기자행지사 지용
卿出入嚴妃所 曲回上意 遂至柄用 故凡其恣行之事 址鎔

불능금 지용촬기여홍경영 이입상현지외헌청 노시거장자
不能禁 址鎔撮己與洪卿影 以立像懸之外軒廳 奴時擧杖刺

기음왈 차왜혈야 체상희소 왜역질지 사기포왜교구상매
其陰曰 此倭穴也 遞相嘻咲 倭亦嫉之 寫其抱倭交媾狀賣

지 순월편도하 파지외항운
之 旬月遍都下 播至外港云.

민영철처유씨 구례인제관여야 위영철재취 용자농염 장
閔泳喆妻柳氏 求禮人濟寬女也 爲泳喆再娶 容姿穠艶 長

곡천폐지 여홍경 유이미지목 유씨칭옥경 영철입상해 옥
谷川嬖之 與洪卿 有二美之目 柳氏稱鈺卿 泳喆入上海 鈺

경수기가 일추왜관 혹왕북한승방 선음무이 시방곡소민
卿守其家 日趨倭館 或往北漢僧房 宣淫無已 時坊曲小民

상절탄이종척대가 곤의선망 오조대외인 칭례의지국 독
相竊歎以宗戚大家 壼儀先亡 吾曹對外人 稱禮義之國 獨

無愧乎.

이준용(李埈鎔) 처 모씨가 홍경을 따라서 준용을 보러가려 하니 임금은 크게 노하며 못 가게 하였다.

原文

李埈鎔妻□氏 欲隨洪卿往見埈鎔 上大怒 止其行.

이지용(李址鎔)이 일본에 들어가니 박제순(朴齊純)은 서리내부대신으로 수령 10여 명을 임명하였는데, 시망(時望)이 있는 자를 빈번히 채용하니 이지용은 그 소식을 듣고 몹시 화를 냈다.

原文

址鎔之入倭也 朴齊純署理內部 除守令十餘窠 而頻採時望 址鎔聞之 恚甚.

전번 이지용(李址鎔)의 아들 이해충(李海忠)이 일본에 들어가서 학교에 입학하려 하였으나 그곳 유학생들이 몰려와서 쫓아버리며 말하기를, "우리들이 비록 타국에 있지만 역적의 아들과 함께 배울 수 없다." 하니, 이해충은 부끄럽게 여겨 그만두었다. 이지용이 건너가서 수백 원을 기부하여 유학생들의 여비를 보조하

였으나 여러 유학생들은 준엄히 거부하며 말하기를, "우리들은
비록 역적의 재물을 쓰지 않고도 이제까지 죽지 않았다."고 하였
다.

原文

先是 址鎔子海忠 入倭欲入學校 留學生群逐之曰 吾等雖
在他國 不能與逆賊之子同學 海忠愧屈而止 及址鎔往 捐
金數百元 以補留學旅費 諸學生峻拒之曰 吾等雖非逆賊之
財 至今不死.

일진회(一進會) 회장 이용구(李容九) 등이 신조약 기념연을 열
었다. 10월 20일은 을사보호조약을 맺은 지 일주년이 되는 날이
기 때문이다. 회민들은 경사스런 모임 같이 여겼으나 그러나 조
야 모두는 통분하는 날이었다. 이용구 등은 대소 관리들을 초청
하였으나 한 사람도 연회에 참석지 않았고, 오직 광산 국장 최상
돈(崔相敦)만 참석했다. 그때 일본인은 일진회까지도 억압하여
회민들은 의지하여 보호받을 곳을 잃어 기염이 날로 꺼졌다.
　이로 말미암아 지방은 비로소 차차 형률로써 다스렸으며, 간혹
평민들이 몰려 일어나 일진회 회원들을 구타하여 세력이 점차 흩
어졌다.
　이용구는 마침내 천도교와 합하려 하였으나 손병희가 거절하

니, 이용구는 이에 일진회를 개칭하여 '시천교(侍天敎)'라 하고 지회장을 교구장(敎區長)이라 불렀다. 천도교와 서로 혼동하기를 바랐던 것이다. 그러나 성기(聲氣)¹⁾가 능히 연결되지 않았다. 이왕 머리를 깎은 자들은 혹은 천도교라 칭하고 혹은 시천교라 칭하여, 교(敎)와 회(會)가 헌지(軒輊)²⁾함이 있는 것 같았다. 그러나 대체로 외로워서 돌아갈 곳이 없어 제 무리를 잃은 도깨비 같았다고 한다.

註解

1) 성기(聲氣) : 서로 통하는 분위기. 기맥(氣脈). 음성과 기운. 기색.
2) 헌지(軒輊) : 수레 앞이 높았다 낮았다 함. 높음과 낮음. 우열, 경중.

原文

一進會長李容九等 設新約紀念宴 以本月二十日 爲乙巳
(光武九年)勒約周朞也 會民有若慶會 然朝野痛憤 容九等
請邀大小官吏 無一人赴者 惟礦山局長崔相敦赴之 時倭幷
抑一進會 會民頓失依庇 氣熖日熸 由是地方始稍稍裁以刑
律 平民或群起毆之 勢漸渙散 容九遂欲合于天道敎 孫秉熙
拒之 容九乃改稱一進會曰侍天敎 支會長曰敎區長 冀有以
相混 然聲氣不能連絡 已往剃髮者 或稱天道敎 或稱侍天敎

<ruby>如以教與會有軒輊也<rt>여이교여회유헌지야</rt></ruby>　<ruby>大都踽踽無所歸<rt>대도우우무소귀</rt></ruby>　<ruby>如失群之魍魎焉<rt>여실군지망량언</rt></ruby>.

성기운(成岐運)을 농부 대신으로 삼고, 권중현(權重顯)을 군부 대신으로 삼았다.

原文

<ruby>以成岐運爲農部大臣<rt>이성기운위농부대신</rt></ruby>　<ruby>權重顯爲軍部大臣<rt>권중현위군부대신</rt></ruby>.

신라 석씨(昔氏) 탈해왕(脫解王)의 묘(廟)를 '숭신전(崇信殿)'이라 부르도록 하였는데, 박씨를 숭덕전(崇德殿), 김씨를 숭혜전(崇惠殿)이라고 했던 예에 의거한 것이었다.

原文

命號新羅昔氏脫解王廟曰　崇信殿　依朴·金　崇德·崇惠殿例.

대구에 거주하는 일본인이 '징청각(澄淸閣)'을 점거하였는데, 관찰사 한진창(韓鎭昌)이 부임하여 여러 번 교섭을 거쳐서 비로소 돌려받았다. 광주 관찰사 심상익(沈相翊)은 일본인에게 간청하여 비로소 선화당(宣化堂)에 거처할 수 있었다. 이때에 왜경(倭警)이 온 나라의 도나 군에 가득히 포진하고 있어서 관찰사 이하

어느 누구도 조금만 그들의 뜻을 거스르면 주먹질을 하고 발길질을 하여 노예 같은 취급을 당하였다. 그런데도 관인(官印, 인끈)을 던지고 돌아간 자가 없었다.

　대구 군수 박중양(朴重陽)은 일본인 섬기기를 매우 조심하였다. 이등박문이 우리 정부에 부탁하기를, "한국에서 좋은 관리로는 오직 박중양이 있다." 하였는데, 박중양은 이로부터 더욱 교만해졌으며 성가퀴(성 위의 담)를 뜯어서 일본인에게 석재로 팔았다. 그런데도 한진창은 이를 금지시키지 못했다. 박중양은 본래 양주의 아전 출신이었다. 진주성은 강과 산이 험한 곳에 자리잡고 있어 성지(城池)가 매우 견고했다. 이때에 이르러 왜인들이 성을 허물어 돌을 운반 해다가 집을 지으니 오직 촉석루(矗石樓)만이 혼자서 우뚝이 솟아 있었다.

原文

倭在大邱者 據澄淸閣 觀察韓鎭昌赴任 屢經交涉 始得讓
還 光州觀察沈相翊 向倭懇乞 始得處于宣化堂 是時 警倭
布滿道郡 觀察以下 少咈其意 拳歐足踢 如奴隷 然而訖無
投印去者 大邱郡守朴重陽 事倭甚謹 博文囑政府曰 韓國
好官 惟朴重陽 重陽由是益驕 折毁城堞 賣石材于倭 而韓
鎭昌不能禁 重陽本楊州吏也 晉州據江山之險 城池甚固
至是倭人夷之 運石築屋 惟矗石樓 嵬然獨存.

경향 각지에는 예전부터 도기(賭技, 노름·도박)로서 '투전(鬪
錢)'과 '골패(骨牌)'라는 것이 있었는데, 곧 마조(馬弔)·강패(江
牌) 따위이다. 갑오년(고종 31, 1894) 이후 도박은 저절로 사라지
고 수년 이래로 일본인들이 서울 및 각 항구에 화투국(花鬪局)을
설치하였다. 지화(紙貨)로 도박을 하여 한 번에 만 전(萬錢)을 던
지곤 하니, 우둔한 양반이나 못난 장사꾼들로 파산하는 자가 즐
비했다. 일본인은 또한 요술을 부리는 놈이 있어 사람들의 이목
을 현혹시키며 장난을 쳐서 훔치고 도둑질하는 우환이 서울에 더
욱 극성을 부렸다.

原文

京鄉舊有賭技 曰鬪錢 曰骨牌 卽馬弔·江牌之類也 甲午
後 賭者自絶 數年來倭人設花鬪局于京城及各港埠 賭以紙
貨 一擲萬錢 頑紳劣賈 破家者相望 倭又有妖術 賊以幻戲
入耳目 偸盜之患 都下尤盛.

도둑이 이유인(李裕寅)의 아비 묘를 파헤치고 그의 두개골을
베어갔다.

原文

盜發李裕寅父墓 割其顱骨以去.

일본인 서판풍(西坂豊)이 자살하였다. 서판풍은 일본의 유사 (儒士)로서 평화주의의 정당성을 주장하며 동양을 두루 다니면 서 세상 사람들에게 권고하였다. 더욱이 한국·청국·일본은 보 거(輔車)해야 할 처지에 있다고 힘써 말했다. 서울에 와서 머무른 지 조금 오래되어 통감 이등박문과 일본군 사령관 장곡천호도의 강압과 학대를 보고 여러 차례 간청하였으나, 듣지 않아서 서판 풍은 죽음으로써 스스로 밝히려 하여 누각에서 투신했으나 죽지 는 않았다. 그는 여러 대중을 향하여 수백 마디의 말을 펼쳐 나아 갔으며 마침내 스스로 칼로 찔러 죽었다. 또한 대원장부(大垣丈 夫)라는 자가 있었는데, 책사(策士)라 자부하고 서울 사대부들과 결사(結社)하여 서로 왕래하였으며, 그의 논설이 종종 보장(報章, 신문)에 발포되었다. 미상불 저들이(일본) 우리를 기만했다고 비 판하는 것이었다. 그 무렵 청국인 반종례(潘宗禮)가 있었는데 그 가 또한 서판풍과 함께 죽었다.

原文

倭人西坂豊自殺 豊彼中儒士也 主平和之義 遊歷東洋 勸
告世人 尤惓惓於韓·淸·倭輔車之勢 來留京師稍久 見博
文·好道 專行强虐 屢諫不聽 豊欲以死自明 墮樓不死 對
衆陳說數百言 竟自刺以死 又有大垣丈夫者 自負策士 與
京師士大夫 結社相往來 論議往往出報章 未嘗不咎其欺我

^야 ^{동 시 청 인 유 반 종 례 자} ^{기 사 야 역 여 풍 동}
也 同時淸人有潘宗禮者 其死也亦與豊同.

진주 기생 산홍(山紅)이란 여인은 미모와 기예가 모두 뛰어났었다. 이지용(李址鎔)이 천금을 가지고 이르러 첩이 되어 줄 것을 요청하였다. 산홍은 사양하며 말하기를, "세상 사람들이 대감을 오적의 우두머리라 하는데, 첩은 비록 천한 기생이라고는 하나 스스로 사람 구실을 하고 있으니 무슨 까닭으로 역적의 첩이 되겠는가?" 하니, 이지용은 대노하여 그를 두들겨 팼다.

어떤 사람이 시를 지었다.

"세상 사람들이 다투어 매국인에게 나아가 노안비슬(奴顏婢膝)[1]이 날로 분분하네.

자네의 집에는 금과 옥이 집보다 높이 쌓였는데

산홍 한 미인의 젊음을 사기는 어렵구나!"

註解

1) 노안비슬(奴顏婢膝) : 남에게 종같이 알랑거리는(굽신거리는) 비겁한 태도.

原文

^{진 주 기 산 홍 색 예 구 절 이 지 용 이 천 금 치 지 욕 수 위 첩 산 홍}
晉州妓山紅 色藝俱絶 李址鎔以千金致之 欲遂爲妾 山紅

^{사 왈 세 이 대 감 위 오 적 지 괴 첩 수 천 창 자 재 인 야 하 고 위 역}
辭曰 世以大監爲五賊之魁 妾雖賤倡 自在人也 何故爲逆

賊之妾乎　址鎔大怒撲之　客有贈詩者曰　擧世爭趨賣國人

奴顔婢膝日紛紛　君家金玉高於屋　難買山紅一點春.

　용인의 연씨(延氏) 성을 가진 민가에서 한 아이를 출산했는데 사람도 아니고 뱀도 아닌데, 허리 위로는 순전히 뱀의 형상이었다. 즉시 죽여서 땅에 묻었다. 산부가 말하기를, "잉태할 무렵 어느 날 밤에 곤하게 잠들었는데 큰 뱀이 배를 지나갔다."고 하였다.

原文

龍仁郡延姓民家産一兒　非人非蛇　而腰以上　純是蛇形　卽

殺而埋之　乳婦言　懷孕時　一夜困寢　有大蛇　徑其腹.

　11월, 조병호(趙秉鎬)를 의정 대신으로 삼고, 심상훈(沈相薰)을 궁내부 대신으로 삼았다.

原文

十一月　以趙秉鎬爲議政大臣　沈相薰爲宮內府大臣.

　13도의 신사(紳士) 남백희(南百熙) 등이 엄귀비(嚴貴妃)를 황후로 삼을 것을 청하였다.

原文

_{십 삼 도 신 사 남 백 희 등　청 입 엄 비 위 황 후}
十三道紳士南百熙等　請立嚴妃爲皇后.

수산세(水産稅)를 정하여 100분의 1을 세금으로 징수했다. 결세(結稅)와 호세(戶稅) 등 각종 세전(稅錢, 세금)도 아울러 신화(新貨) 지폐(紙幣)로 징수하기로 하였다.

原文

_{정 수 산 세　백 분 취 일　명 결 호 등　각 세 전　병 수 이 신 화 지 폐}
定水産稅　百分取一　命結戶等　各稅錢　幷收以新貨紙幣.

창기(娼妓)의 매음세(賣淫稅)를 정하여 매년 기(妓) 한 사람당 36원, 창(娼) 한 사람당 24원을 징수하고, 매달 의사를 파견하여 양매창(楊梅瘡)¹⁾을 검진하고 치료했다. 이는 일본의 습속을 좇은 것이다.

註解

1) 양매창(楊梅瘡): 화류병(花柳病, 性病)의 한 가지.

原文

_{정 창 기 매 음 세　매 년 기 일 인 삼 십 육 원　창 일 인 이 십 사 원　월}
定娼妓賣淫稅　每年妓一人三十六元　娼一人二十四元　月
_{파 의 사　검 치 양 매 창　종 왜 속 야}
派醫師　檢治楊梅瘡　從倭俗也.

서양복제(西洋服制)로 문관 대례복을 만든다는 규정을 반포하였다.

原文

이 양 제 반 문 관 대 례 복
以洋制頒文官大禮服.

일본이 궁내부 대신 전중관현(田中光顯)을 파견하여 황태자의 가례를 축하하였다. 황태자의 재빙일(再聘日, 결혼)이 잡혀 있기 때문이었다.

原文

왜 견 궁 내 대 신 전 중 광 현　　래 하 황 태 자 가 례　　이 황 태 자 재 빙
倭遣宮內大臣田中光顯　來賀皇太子嘉禮　以皇太子再聘
유 기 야
有期也.

11월 17일 경술(庚戌), 전 판서 최익현이 대마도에서 사망하였다. 최익현(崔益鉉)이 처음 대마도에 도착했을 때, 일본 좁쌀로 지은 죽을 바쳤으나 물리치고 먹지 아니하였다. 일본인은 크게 놀라며 우리 정부와 통해서 음식물을 공급받았다. 임병찬(林炳瓚) 등이 다시 음식을 들 것을 강력히 당부하였지만, 연로한 데다 속에서 위장이 역(逆)해서 먹는 것이 점차 줄어 병이 더욱 깊어졌다. 융질(癃疾)[1]이 겹쳐져서 10월 16일 자리에 눕더니 다시 일어나지 못한 것이다. 이에 이르러 서쪽을 향하여 머리를 숙여 절을

하고 나서 구두로 유소(遺疏)를 불러 쓰게 하고 임병찬에게 살아
서 돌아가면 주상께 전하라 하고 죽으니 나이 74세였다. 일본인
또한 그의 충의에 감동하여 줄지어 와서 조의를 표했다.

21일, 영구(靈柩)가 부산에 이르자 우리 상민(商民)들은 파시하
고 통곡하되 친척이 죽은 것같이 슬퍼했다. 남녀노소가 모두 뱃
전을 잡고 매달려 울어서 곡성이 넓은 바다를 진동시켰다. 상인
들은 자기들 회사에 호상소(護喪所)를 마련하고 상여를 꾸몄다.
하루 머물러 있다가 발인을 하였다. 상여를 따라오며 펄펄 뛰며
우는 자가 수천수만 명이었다. 산승(山僧)·방기(坊妓)·걸인 등
속의 사람들까지 제물을 가지고 와서 뒤섞여서 저자를 이루었으
며, 만뢰(挽誄)²⁾를 모아 몇 필의 말에 실려서 왔으나 종일토록 10
리를 지나지 못했으며, 입으로 전하는 부고가 나는 듯이 급속히
전해져서 인사들이 모여들었다. 동래에서 출발하던 날에는 상여
가 거의 움직일 수 없을 지경이었다. 일본인들은 사람이 많이 몰
려들어 변이 있을까 두려워하고 방호(防護)를 매우 엄하게 하였
으나 끝내 몰아내서 오지 못하게 하지는 못했다. 상주(尙州) 지경
에 이르렀을 때 저들은 곤란하게 여겨 상여를 강제로 기차에 실
어 순식간에 시골집에 도착했다.

상주에 오기까지 3백리 길을 10일간이나 허비했다. 항간의 곡
성은 온 나라 안에 퍼졌고 사대부에서 길거리에서 뛰어노는 어린
이와 달리는 군졸에 이르기까지 모두 눈물을 흘리며 서로 조상하
되 "최면암(崔勉菴, 최익현의 호)이 돌아가셨다."고 하였다. 국조
이래 죽어서 슬퍼함이 이같이 성황을 이룬 적은 없었다고 한다.

그러나 홀로 조정에서만은 은졸(隱卒)[3]의 의전이 없었으니 적신들이 나라 일을 담당하였기 때문이다.

註解

1) 융질(癃疾) : 허리가 굽고 등이 높아지는 병. 곱사등이.
2) 만뢰(挽誄) : 만장(挽章). 죽은 이를 기리는 만사(挽詞)와 뇌문(誄文).
3) 은졸(隱卒) : 임금이 죽은 공신에게 애도의 뜻을 표하는 일.

原文

十七日庚戌 前判書崔益鉉卒于對馬島 益鉉始至 以供饋

出倭粟 却不食 倭大驚 通我政府 題給食物 林炳瓚等 復强

之 然年老胃逆 飮啖漸減 轉添癃疾 以十月十六日就席 不

復起 至是向西作叩首狀 口授遺疏 托炳瓚 生還上聞而絶

年七十四 倭亦感其忠義 迭來弔慰 以二十一日喪至釜山

我國商民罷市 哭如悲親戚 男婦老幼 攀船舷 顚倒哀號 聲

震澳海 商民設護喪所于其會社 治輿具 留一日乃發 隨輀

狂哭者 以千萬數 山僧·坊妓·丐人之流 持奠筐 雜遝成

市 聚挽誄 駄數馬而行 終日不過十里 口訃飛傳 人士愈集

發自東萊之日 喪車幾不得行 倭恐人衆有變 防護甚嚴 而

終不能驅之勿來 至尙州 倭苦之 却喪車 載之汽車 瞬息至

鄕廬 然尙州以下三百里 已費十日矣 巷哭遍國中 士大夫

至街童走卒 皆揮淚相弔曰 崔勉菴死矣 蓋國朝以來 死哀

之盛 未之有也 然獨朝廷無隱卒之典 以賊臣當國也.

　최익현(崔益鉉)이 죽기 전 수일 밤에 서울 동쪽에서 큰 별이 보이더니 바다 가운데로 떨어졌고, 얼마 지나지 않아서 부음이 이르렀다. 영구가 동래항에 도착했을 때, 홀연 백주에 처우(凄雨)1)가 내리더니 쌍무지개가 물가에서 일어났다. 장례를 치를 때에는 우레가 치며 큰 비가 쏟아지더니, 소상과 대상에 모두 고우(苦雨)2)가 온종일 쏟아져서 사람들은 더욱 이상하게 여기고 슬퍼하였다. 정미년(1907) 2월(광무 11년)에 연산(連山) 지경의 마을 뒷산 관도(官道, 큰 길) 곁에 장사를 지냈다.

註解

1) 처우(凄雨) : 처량하고 차가운 비.
2) 고우(苦雨) : 오래도록 두고 내리는 궂은 비.

原文

卒前數日夜 京師東 望有大星落海中 未幾訃至 柩到萊港

忽白晝凄雨 雙虹起水濱 葬時雷雨大作 練及大祥 皆苦雨

彌日 人益異而悲之 葬以丁未(光武十一年) 二月 在連山地
境村後麓官道傍.

아들 최영조(崔永祚))와 최영학(崔永學)이 병보(病報)를 받고
달려가 뵈었다. 이미 초상을 맞나 장차 관을 사다 염을 하려 하였
으나 일본인이 관을 보내왔다. 최영조는 물리치며 받지 아니하
니, 일본인은 겁을 주며 말하기를, "우리가 보낸 관을 사용하지
않는다면 영구를 돌려주지 않겠다."고 하니, 영조는 부득이 그것
을 사용했다가 집에 돌아가서 비로소 새 관으로 바꿨다.

原文

子永祚 · 泳學 承病報馳省 旣遭故 將買棺殮之 倭送棺
永祚却不肯 倭劫之曰 不用吾棺 不許返喪 永祚不得已用
之 到家始易以新棺.

내(황현)가 무신(융희 2, 1908) 9월에 가서 그의 상청에 곡을 하
고 조객들의 명부를 보니 촘촘히 적은 것이 네 책이었으나, 경재
(卿宰)로 이름을 아는 사람은 이도재(李道宰) 한 사람뿐이며 위안
의 편지로 사람을 보내서 조상한 자는 김학진(金鶴鎭) · 이용원
(李容元)뿐이었다.

原文

여이무신 융희이년 구월 왕곡기영연 견조객록 가촌허
余以戊申(隆熙二年)九月 往哭其靈筵 見弔客錄 可寸許

자사책 이경재지명자 이도재일인 유위서송인이제자 김
者四冊 而卿宰知名者 李道宰一人 有慰書送人以祭者 金

학진 이용원이이
鶴鎭 · 李容元而已.

이재윤(李載允)은 현 임금의 종형제로 벼슬은 승지였다. 그는 최익현의 충직에 감복되어 집지(執贄)[1]하고 제자가 되었으며, 벼슬하지 않은 지가 이미 10년이나 되었다. 최익현이 죽으매 그 후사를 맡아 잘 처리하였다.

註解

1) 집지(執贄) : 예전에, 제자가 스승을 처음 뵐 때 예패를 가지고 가서 경의를 표하던 일.

原文

이재윤 금상종조형제야 관승지 감익현충직 집지위제자
李載允 今上從祖兄弟也 官承旨 感益鉉忠直 執贄爲弟子

불사자 이십허년 익현지사 간기후사심근
不仕者 已十許年 益鉉之死 幹其後事甚勤.

일본 유학생 최창조(崔昌祚) 등이 맹세하는 혈서를 보내왔다. 최창조 등은 을사년(1905) 봄에 일본에 갔을 때, 학비가 떨어져서 중도에 돌아온 자가 과반이었다. 최창조 이하 21명은 맹세하여 말하기를, "비록 굶어 죽는다고 하더라도 배움을 이루지 못하면 귀국하지 못하겠다." 하고, 드디어 일제히 한 손가락씩 잘라 피를 내어 글을 썼던 것이다. 감독 한치유(韓致愈)가 학부에 보고하여 일이 드디어 사방에 계시되어 국내 사람들은 불쌍하고 장하게 여겨 전후 수만 원을 기부하였다.

그 21명은 희천의 최창조, 성천의 이희설(李熙卨), 곽산의 이윤찬(李允贊), 의주의 최충호(崔忠浩), 은산의 박윤힐(朴允詰), 가산의 김창하(金昌河), 태천의 백종흡(白宗洽), 은산의 안희정(安希貞), 선천의 김윤영(金潤英), 의주의 서윤경(徐允京), 안악의 이선경(李善慶), 순천의 양대경(梁大卿), 용천의 김치련(金致鍊), 서울의 함준호(咸俊灝), 안주의 한문언(韓文彦), 서울의 유영희(劉永熙), 의주의 장경락(張景洛)·한문선(韓文善), 철산의 정이태(鄭利泰), 정주의 장운용(張雲龍), 파주의 민재현(閔在賢) 등이다. 이들은 대부분이 관서인이며 모두들 나이가 30이 안 되었다. 이때에 우리나라 사람들은 모두 특출한 서양 유학생들을 믿었고, 국권 회복의 밑천으로 삼았다. 그 강경하고 민첩하고 예리함에는 더욱 관서 사람을 추켰으며, 학교의 정도로 말하더라도 개발 중 진함이 관서 지방이 가장 으뜸이었다.

原文

日本留學生崔昌祚等 發血誓書 昌祚等 以乙巳(光武九年)春入日本 費絀逃還者過半 昌祚以下二十一人誓言 雖

餓死 學不成 不還國 遂齊斷一指 染血作書 監督韓致愈 報

學部 事遂四揭 國人憐而壯之 捐助前後以數萬計 其二十

一人者 熙川崔昌祚・成川李熙杲・郭山李允贊・義州崔忠

浩・殷山朴允詰・嘉山金昌河・泰川白宗洽・殷山安希貞

・宣川金潤英・義州徐允京・安岳李善慶・順川梁大卿・

龍川金致鍊・京城咸俊灝・安州韓文彦・京城劉永熙・義

州張景洛・韓文善・鐵山鄭利泰・定州張雲龍・坡州閔在

賢 大抵皆關西人 而俱年未三十云 是時 國人擧恃特出洋

生 以爲回復國權之資 而其强硬敏銳 尤推關西人 以學校

程度言之 開發烝進 關西爲最.

12월, 황태자비로 윤씨(尹氏)를 맞아들였다. 비서승 윤택영(尹澤榮)의 따님인데, 그때 나이가 14세였다. 예선에 든 자가 많았으나 임금은 윤택영이 윤두수(尹斗壽)의 후예로서 가문이 빛났다고 하여, 그의 나이가 어리다는 것에 구애받지 않고 간택하여 정한 것이다. 밖의 여론이 좋지 않게 일어나자, 윤택영은 거액의 뇌물을 엄비에게 바치고 알선해 주는 데 힘을 얻었다고 하였다.

^{십 이 월} ^{빙 황 태 자 비 윤 씨} ^{비 서 승 택 영 지 여 야} ^{시 년 십 사} ^예
十二月 聘皇太子妃尹氏 秘書丞澤榮之女也 時年十四 預

^{선 자 다} ^{이 상 이 택 영 위 두 수 지 후} ^{문 지 혁 석} ^{불 혐 기 년 기 유}
選者多 而上以澤榮爲斗壽之後 門地赫舃 不嫌其年其幼

^{이 간 정 언} ^{즉 외 의 자 자} ^{이 택 영 납 거 뢰 우 엄 비} ^{득 기 알 선 지 력}
而揀定焉 卽外議藉藉 以澤榮納巨賂于嚴妃 得其斡旋之力

^야
也.

경무사 김사묵(金思默)에게 계속해서 직임을 맡도록 명했다. 이보다 먼저 김창렬(金昌烈)의 어미 진령군(眞靈君)이 죽자 김사묵이 의자(義子)로서 복을 입었다. 김사묵이 경무사에서 장차 쫓겨나게 되었는데 임금이 진령군을 생각해서 교체하지 말 것을 명했다.

^{명 잉 임 경 무 사 김 사 묵 직} ^{선 시} ^{김 창 렬 모 진 령 군 사} ^{사 묵 이}
命仍任警務使金思默職 先是 金昌烈母眞靈君死 思默以

^{의 자 수 복} ^{급 사 묵 이 경 무 사 장 피 출} ^{상 념 진 령} ^{명 물 체}
義子受服 及思默以警務使將被黜 上念眞靈 命勿遞.

이윤용(李允用)과 서오순(徐午淳)이 호남철도회사(湖南鐵道會社)를 세웠다. 청주·조치원에서부터 옥구·군산항에 이르기까지 경부선의 지선(支線)으로 삼으려 하였으나, 주식이 모이지 않아 오래도록 착수하지 못했다. 서오순이 손가락을 끊어 맹서하는

혈서를 쓰자, 이 소식을 들은 사람들은 모두 비웃었다. 일본 유학
생들이 했던 행동을 본받아 의연금의 도움을 바랐던 것이다.

原文

李允用 · 徐午淳　營建湖南鐵道會社　擬自淸州鳥致院至

沃溝 · 群山港　爲京釜支線　株募未集　久不就緒　午淳斷指

自誓　聞者哂之　以其效日本留學生　覬人捐助也.

민건식(閔健植)이 부산진의 땅 4만 평을 일본인에게 몰래 팔아
12,000원을 받았다. 그중 4분의 1은 대내(大內)에 바치고, 또 4분
의 1을 탁지부에 납부하고, 4분의 1은 궁내부에 납부하였으며,
나머지 4분의 1은 자신이 취했다. 민건식은 탁지부 대신 민영기
(閔泳綺)의 아들이다.

原文

閔健植潛賣釜山鎭地四萬坪于倭人　捧價一萬二千元　四

分之一納于大內　一納度支　一納宮內府　一自取之　健植 度

大泳綺子也.

형사국 검사 이준(李儁)에게 벌태(罰笞) 70을 처했다. 동궁의

혼례를 치른 뒤 대사면(大赦免) 때에 이유인(李裕寅)은 중죄인으로 수감되어 있었다. 그런데 형사 국장 김낙헌(金洛憲)이 사면의 법전을 원용해서 빼고 넣고를 마음대로 하여 이유인을 석방하고, 다시 기산도(奇山度)를 가두었다. 이준은 그 법이 잘못된 것을 분하게 생각하여 김낙헌을 평리원에 고소하고 재판을 열 것을 청하였다. 그러나 이하영(李夏榮)과 이윤용(李允用) 등이 김낙헌을 편들어 옳다 하고, 일본병을 파견하여 법원을 포위하고 사람의 방청을 금지하였다. 공안(供案)을 강제로 정하고 이준의 관직을 갈아 치우고 태 1백 대에 처했으나 임금은 특별히 감등하여 70대에 처했다.

原文

處刑事局檢事李儁罰笞七十 東宮嘉禮後 大赦時 李裕寅

以重犯在囚 刑事局長金洛憲 因赦典 操縱出入 釋裕寅 而

更錮奇山度 儁憤其枉法 訴洛憲于平理院 請開裁判 李夏

榮·李允用等 右洛憲 派倭兵圍法院 禁人傍聽 勒定供案

遞儁職 而處以笞一百 上特命減等 處以七十.

　일본 특사 전중광현(田中光顯)이 귀국하면서 경천사탑(敬天寺塔)을 뜯어서 가져갔다. 이 탑은 풍덕군(豊德郡, 개성 남쪽의 장단반도) 경천리(敬天里) 옛 절터에 있었던 것이다. 탑은 모두 12층

으로 한 면에, "지정 8년(1348)에 하늘을 공경하여 황제, 황후, 태
자를 위해 축원한다.(至正八年 敬天祝願爲皇帝皇后太子)"는 15자
(字)가 새겨져 있다. 그것은 고려 말엽 노국공주(魯國公主)가 시
집올 때에 실어온 것으로, 서울의 대사동(大寺洞) 석탑(서울 탑골
공원의 탑)과 함께 건립된 것이다. 지금 600년이 되었는데도 우뚝
솟아 한 조각 도 흠이 없으며, 돌 같기도 한데 옥은 아니며, 옥 같
으면서도 돌은 아니다. 사람과 여러 형태의 물건들이 새겨져 있
는데, 신기한 기교가 눈을 어리둥절하게 한다.

　이해 가을 일본 중 세 명이 와서 절을 중건할 것을 청하고 두루
살펴보고 돌아갔는데, 이에 이르러 전중광현이 많은 일본인을
풀어 탑을 해체하고 그것을 기차에 싣고 밤으로 바다를 건너갔
다. 고을 사람들이 못하도록 힘껏 말렸으나 일본인들은 칼을 휘
두르고 총을 쏘아대서 마침내 더 이상 항거하지 못했다. 저들이
싣고 가서는 그들의 박물관에 진열하였다. 동양인이나 서양인들
이 그것을 보고 천하에 빼어난 보배라 극찬하면서 그 값으로 따
진다면 족히 우리나라 경부선과 경의선 두 철로를 놓는 자본과
맞먹을 것이라고 하였다.

原文

倭使田中光顯歸國　折敬天塔以去　塔在豊德郡敬天里故
寺基也　塔凡十二層　一面刻至正八年敬祝願爲皇帝皇后太
子十五字　蓋麗季魯國公主下嫁時　所載來　而與京城大寺洞

石塔同建者也 今且六百年 屹立無片缺 似石非玉 似玉非

石 雕鏤人物 紳巧奪目 是年秋 倭僧三人來 請重建寺宇 周

視而去 至是 光顯縱群倭折毀 載之汽車 星夜渡海 郡人苦

禁之 然倭揮刀放銃 竟不得拒 旣至 倭陳于其博物館 東西

洋人聚觀之 以爲天下絶寶 論其價 足抵我國京釜 · 京義兩

鐵路資本云.

청주에 있는 만동묘(萬東廟)가 철거된 뒤에 원세순(元世洵)은 다시 단(壇)을 영동(永同) 명지곡(明池谷)에 축조하고 사사로이 제향을 지내면서 제향 비용을 빙자해서 강제로 동민에게 전조(田租, 곡식)를 거두어들였다. 이때에 이르러 평리원으로부터 금지당하자, 원세순은 또 같은 군에 있는 승곡(升谷)으로 옮겼다.

原文

淸州萬東廟撤後 元世洵更築壇于永同明池谷 私設薦享

藉稱享費 勒斂洞民田租 至是 自平理院禁之 世洵又移于

同郡升谷.

영국 런던의 신문에 우리 한국의 을사보호조약의 일을 게재하였는데, 모두 여섯 조문이었다.

1. 1905년 11월 17일(양력 일자임), 일본 공사가 박제순(朴齊純)
   과 함께 5조약을 체결할 때에 황제는 처음부터 인허하지 않
   았고 또한 친압(親押, 친히 서명)하지도 않았다.
2. 일본은 이 5조약을 강제로 정하여 제멋대로 반포하였는데
   황제는 처음부터 반대하였다.
3. 황제는 일찍이 앞으로 독립 제권(獨立帝權)을 조금도 타국에
   게 양위한 바 없다.
4. 일본이 외교권을 빼앗은 것은 근거가 없으며, 하물며 내치
   (內治)에 있어서는 비록 한 건의 일이라도 어찌 가히 인준했
   겠는가?
5. 황제는 이미 통감이 와서 주재하는 것을 허락하지 않았을 뿐
   만 아니라, 황제권은 비록 털끝만치라도 외국인이 마음대로
   하는 것을 허락하지 않았다.
6. 황제는 세계 각 대국으로 하여금 함께 한국의 외교를 보호하
   게 한다. (이하 일곱 글자는 도장이 찍혀 가려 있다.) 5년에 한
   하여 확정한다. 운운하였다.

도장의 글자는 '대한국새(大韓國璽)'이다. 대개 임금께서는 강
제로 조약이 체결된 직후, 한두 대신에게 비밀리에 조서를 내려
영국 런던으로 새서(璽書)를 보내서 그들이 도와줄 것을 바랐던
것이다. 배설(裵說)이 이 기사를 「매일신보」에 게재하여 중앙과
지방에서는 그 사실의 일부나마 볼 수 있었다. 그 다음해에 이르
러 드디어 헤이그 만국평화회의(萬國平和會議)에서 이준(李儁) 열

사의 사건을 일어나게 되었다.

原文

英京倫頓新聞 揭我韓乙巳劫約時事 凡六條 一曰 一千九

百五年十一月十七日 据陽曆 日使與朴齊純締約五條之時

皇帝初無認許 又不親押 二曰 日本勒此五條 擅目頒布 而

皇帝則自初反對 三曰 皇帝不曾將獨立帝權一毫讓與他國

四曰 日本之勒脫外交權 尙此無據 況於內治 則雖一件事

何可認准 五曰 皇帝旣不許統監之來駐 皇室權雖一毫 不許

外人擅行 六曰 皇帝使世界各大國 同爲保護韓國外交 此下

七字爲 印文所掩 限以五年確定云云.

印文曰 大韓國璽.

蓋上於劫約之後 密詔一二臣 發璽書于英倫 冀其幫助也

裵說照謄于申報 中外或覬其萬一 至明年 遂有海牙會李儁

之事.

동소문(東小門) 밖에 호환이 또 크게 발생했다.

原文

<ruby>東<rt>동</rt></ruby><ruby>小<rt>소</rt></ruby><ruby>門<rt>문</rt></ruby><ruby>外<rt>외</rt></ruby> <ruby>虎<rt>호</rt></ruby><ruby>患<rt>환</rt></ruby><ruby>又<rt>우</rt></ruby><ruby>熾<rt>치</rt></ruby>.

동인도(東印度)에서 해일이 발생하여 수천 명이 익사했다.

原文

<ruby>東<rt>동</rt></ruby><ruby>印<rt>인</rt></ruby><ruby>度<rt>도</rt></ruby><ruby>海<rt>해</rt></ruby><ruby>溢<rt>일</rt></ruby> <ruby>渰<rt>엄</rt></ruby><ruby>死<rt>사</rt></ruby><ruby>數<rt>수</rt></ruby><ruby>千<rt>천</rt></ruby><ruby>人<rt>인</rt></ruby>.

11월, 남원에서 양한규(梁漢奎)가 의병을 일으켰으나 곧 죽어서 의병들은 흩어졌다. 양한규는 대대로 아전 출신으로 일찍이 초계 군수(草溪郡守)의 차함(借啣)을 받은 바 있어서 사람들은 그를 '양초계'라 일컬었다. 당시 그의 나이 61세였다. 을사늑약(乙巳勒約)이 체결된 이래 은밀히 거의(擧義)를 도모하기 위해 재산을 흩어 동지를 규합했으며, 힘을 숨겨 때를 기다렸다. 이에 이르러 지방대 군사들이 설을 쇠기 위해 귀가하여 제야(除夜)를 보내며, 일본군의 호위도 단조롭고 허한 것을 파악한 후, 드디어 그믐밤 2경에 읍내에서 힘 꽤나 쓰는 장정들 백여 명을 이끌고 습격하니 순왜(巡倭)들은 사방으로 도망쳤다.

이에 군기를 거두어들이고 사방의 네 문을 지키니, 피를 흘리지 않고 일이 장차 성취되는 듯하였다. 양한규는 몹시 기뻐서 뒷짐을 지고 순대청(巡隊廳) 위아래를 힘써 배회하다 갑자기 총탄을 맞고 넘어졌다. 대개 어두운 밤이고 갑작스런 일이라 오합지

졸(烏合之卒)은 기율이 없어서 휘하병이 양총을 마구 쏘아대도 능히 금할 수조차 없었다. 마침내 총탄이 어느 곳에서부터 날아 와서 맞았는지 알지 못했다. 의병들은 양한규가 죽은 것을 보고 일이 성취되지 못할 것을 알고 각자 사방으로 흩어졌다.

날이 밝아오자 지방대 군인들이 차츰 모여 의병을 체포하러 사방에서 나타나고 억울하게 걸려든 사람들이 감옥을 가득 채웠다. 양한규의 집안사람들이 서둘러 그의 시신을 수습해 놓았다. 서울에 있는 일본군이 이르러 파서 검시(檢尸)해 보니, 시체가 산 사람처럼 금방 살아서 일어나기라도 할 것 같았다. 이에 일본군은 놀라 자빠지며 혀를 찼다고 전한다. 양한규의 처는 박봉양(朴鳳陽)의 누이동생이다. 양한규는 박봉양과 약속하고 남원에서 군사와 병기를 모아 운봉에 들어가 웅거하며 영남우도에서 사람들을 불러 모으고자 하였다. 자못 실마리가 풀리려 하였는데 뜻하지 않게 죽었다고 한다.

原文

十一月 南原梁漢奎兵起 漢奎旋死 兵散 漢奎 世吏也 嘗 借草溪啣 人稱梁草溪 年今六十一 自劫約以來 潛謀擧義 散財結客 蓄銳待時 至是 瞰隊兵皆歸家守歲 倭衛單虛 遂 以晦夜二更 率郡治游勇百餘人襲之 巡倭四竄 乃收軍械 把四門 不血刃而事將集 漢奎喜甚 負手巡隊廳上下百回

忽中丸倒 蓋暮夜倉卒 烏合無紀 麾下亂試洋銃 而不能禁

竟不知銃丸何自而中也 衆見漢奎死 知事不濟 各四散 平

明 隊兵稍集 跟捕四出 橫罹盈獄 漢奎家人 藁葵漢奎 及京

倭至 掘而檢之 戶勃勃類生 倭驚倒 談之吐舌 漢奎妻 朴鳳

陽之姊也 漢奎約鳳陽 募南原兵械 入據雲峰 以號召嶺右

事 頗有緒而不意身殲云.

군 사람 전 진사(進士) 박재홍(朴在洪)과 상인 양문순(梁文淳)은
양한규와 함께 입성하기로 모의하였으나, 양한규가 죽은 것을
보고 모두 망명하였다. 한 달쯤 지나서 박재홍은 자수하고 양문
순은 붙잡혀서 모두 서울 감옥으로 송치되었다. 박재홍은 법관
을 몹시 꾸짖어서 그것으로 인해서 오래도록 감옥살이를 했다.

原文

郡人前進士朴在洪·商民梁文淳 與漢奎同謀入城 見漢

奎死 俱亡命 月餘在洪自首 文淳被獲 幷致之京獄 在洪罵

法官甚勁 因長繫.

정미(1907) 광무 11년
(청 광서 33년, 일본 명치 40년)

※ 7월 이후는 융희 원년이다.

춘정월(1월) 대구 사람 서상돈(徐相敦)과 김광제(金光濟) 등이 단연회(斷烟會)¹⁾를 결성하고 '국채보상금(國債報償金)'을 모금하였다. 수년을 내려오면서 우리나라가 일본 빚을 쓴 것이 1,300만 원에 이르렀으나 보상(상환)은 기약할 수 없어서 사람들은 모두 국토를 장차 전질(典質)²⁾로 잡히게 될 것이라는 것을 알았으나 어찌할 방책도 없었다. 서상돈 등은 깊이 계산하고 여러 번 생각을 거듭하여, 전체 인구가 2천만 명이니 모두 담배를 끊으면 한 사람당 1개월의 담뱃값으로 신 화폐 20전씩을 거두면 석 달이 되면 가히 원채액(原債額)을 채울 수 있다 하여 단연회를 창설한 것이다. 마침내 단연회를 결성하자, 신문들이 사방에서 들고 일어나 거국적으로 향응하여 많은 것은 만 원, 천 원에서부터 작은 금액은 10전, 20전에 이르기까지 많고 적은 것에 구애받지 않으며 억지로 하지 않아도 신문에 게시되는 등 조그마한 금액들이 계속 들어왔다. 그러나 정부의 큰 벼슬아치나 서울의 사대부층과 돈 있는 장사치들은 한 사람도 호응하여 기부하는 이가 없었다. 미치광이처럼 절규하고 눈물로 호소하며 목표액에 이르지 못할까 전전긍긍하는 자들은 천한 신분으로 고용살이하며 빌어먹는 계층들이 도리어 많았다. 이때에 많은 금액을 낸 사람은 해주 사는 이재림(李載林)이 2만 원, 김선준(金善駿)이 1만 원이었다.

註解

1) **단연회(斷烟會)** : 1907년 대구에서 서상돈과 김광제가 '국채일천삼백만원 보상 취지서'라는 제목으로 격문을 돌려 국채보상운동을 시작했다.
2) **전질(典質)** : 물건을 전당 잡힘.

原文

春正月 大邱人徐相敦·金光濟等 設斷烟會 募集國債報

償金 數年來 國家負倭債至一千三百萬元 而報償無期 人

皆知國土將見質 而束手無一策 相敦等窮籌積思 以爲通國

二千萬人 齊斷吸烟 每人一月烟費 計收新貨二十錢 則滿

三月 可塡原債額 遂創是會 新聞四騰 擧國響應 上自萬元

千元 下至十錢·二十錢 勿拘多小 勿許勒派 揭告報章 雪

片相續 然其應之者 政府大官 京師士大夫及富商大賈 無

一人而應捐 其狂叫悲涕 大聲疾呼 汲汲如不及者 氓隷傭

丐之流反多矣 是時 出多額者 海州李載林二萬元·金善駿
一萬元.

  임금은 이 소식을 듣고 탄식하며 말하기를, "백성들의 우국지
성이 이와 같은데, 짐이 무슨 면목으로 가만히 있겠는가?" 하고
양궁(兩宮)에서 피우던 권련도 특명으로 모두 끊도록 하였다. 그
러자 각 학교 생도들과 각 부대의 군인에 이르기까지 모두 이구
동성(二口同聲)으로 말하기를, "스스로 주상께서 그렇게 하시는
데 하물며 우리들이랴!" 하고 모두 끊었다.

原文

上聞之歎曰 臣民憂國如此 朕何顏靦然已乎 兩宮御吸卷
烟 特命幷停 各學校生徒 以至各隊軍人 皆不謀同辭曰 自
上猶然 況我曹乎 皆斷之.

  일본인은 담배를 끊어서 외채를 상환하려 한다는 소식을 듣고,
이지용(李址鎔)을 협박하여 이 운동을 금지시키게 하였으나 이지
용이 말하되, "우리 국민들이 나를 5적의 괴수로 지목하고 있어
몸 둘 곳이 없다. 다른 일은 금할 수 있으나 오직 이것만은 가히
금할 수 없다."고 하였다. 장곡천호도(長谷川好道) 등도 또한 탄식
하여 말하기를, "의거(義擧)인데 어째서 막을 수 있는가?" 하였으

며, 기부하여 돕는 예까지 생기기에 이르렀다. 각국 영사들은 모두 자기 나라에 이 사실을 전보로 알렸다.

原文

倭聞斷烟償債 脅李址鎔禁之 址鎔曰 國人目吾魁五賊 厝

身無所 他事可禁 惟此不可禁 長谷川等亦歎曰 義擧也 何

以沮之 至有一例捐助者 各國領事 皆電報其國.

서상돈(徐相敦)은 미국 여인과 동거하는 것을 빙자해서 거만금을 모았다. (그가) 야소교에 입교하여 미국인과 교제하자 비록 일본인이 또한 꺼렸다. 그러나 단연회를 만들고 (국채를 보상하기 위해) 의연금을 모금하자, 사람들은, "그가 믿는 바가 있기 때문에 미국이 장차 원조하게 되면 일은 반드시 처리될 것이다."라고 하였다. 혹은 말하기를, "우리나라의 여러 가지 일들은 처음은 있어도 끝이 없으니 이 어찌 가히 꼭 맞겠는가? 조만간 몇 놈이 중간 착복할 자금이 될 뿐이다." 하였는데, 그 말이 과연 들어맞았다.

原文

相敦貲美女同居 聚貨鉅萬 習耶蘇敎 交通美人 雖倭人

亦忌之 及創會募捐 人以其所恃者 美將爲援也 謂事必辦

或曰我國萬事 有始無終 此安可必 早晩爲幾個人中飽之資
而已 其言果驗.

세계 각국의 공채(公債)는 대부분 그 나라 부력(富力)의 10분의
1이 최고의 한도액이 된다고 하는데, 일본인의 부력은 130억 원
에 불과한데 공채가 24억 원에 이르러 거의 그 나라 부력의 10분
의 2가 되었다. 그러므로 식자들은 일본 또한 반드시 공채로써
망할 것이라고 말했다.

原文

世界各國公債 率以國富力十之一爲極度 倭之富力 不過
一百三十萬萬元 而公債至二十四萬萬元 幾及富力十之二
故識者 謂倭亦必以公債亡.

임금이 황태자 및 태자비에게 서봉대수장(瑞鳳大綬章)을, 영친
왕(英親王) 이은(李垠)에게 태극장(太極章)을 내렸다.

原文

上賜皇太子及太子妃瑞鳳大綬章 英王垠太極章.

이용익(李容翊)이 해삼위(海蔘威, 블라디보스토크)에서 죽었다. 유소(遺疏)에서, "널리 학교를 세워, 인재들을 가르쳐 키우고, 국권을 회복할 것"을 주청하였다. 그의 아들 이현재(李賢在)에게 이르기를, "나라가 이미 망했으니 내가 죽어도 시신을 반장(返葬)[1]하지 말라."고 당부했으나, 이현재는 이역 땅에 오래 둘 수 없어 한 달 남짓 지난 후에 계빈(啓殯)[2]하려고 하였으나 관이 움직이지 않았다. 이현재는 대성통곡을 하며 옮기는 일을 그만두었다.

註解

1) 반장(返葬) : 객지에서 죽은 사람을 고향땅으로 옮겨다가 장사함.
2) 계빈(啓殯) : 발인할 때 출관(出棺)하기 위해 빈소(殯所)를 여는 절차. 파빈(破殯).

原文

李容翊死于海蔘威 遺疏請廣建學校 敎育人材 以復國權
謂其子賢在曰 國已亡矣 我死勿返葬 賢在以異域不可久
月餘啓殯 柩不可動 賢在大慟而止.

충청도 관찰사 윤길병(尹吉炳)이 관하의 군수들에게 삭발할 것을 권장하면서, 삭발하지 않는 자는 벼슬을 그만두고 떠나게끔 하였다. 군수들이 다투어 후한 뇌물을 바쳐 면함을 얻었는데, 봉급이 박한 자도 500냥에 이르렀다. 윤길병은 또 관내에 신칙하여 민간인들의 단연(斷煙, 금연) 모금을 금지토록 하였다.

原文

忠清觀察使尹吉炳 勸管下郡守剃髮 不剃者使解官去 郡
守等 競厚賂得免 俸薄者至五百兩 吉炳又飭所部 禁民斷
烟募金.

이충영(李忠永)을 경상북도 관찰사로 삼았다.

原文

以李忠永爲慶北觀察使.

영친왕(英親王) 이은(李垠)의 혼처를 민봉식(閔鳳植)의 딸로 정
했으니, 민영규(閔泳奎)의 손녀이다. 임금은, "민간인이 단연(斷
烟)으로 국채 보상을 하려 하는데 짐은 어떻게 편안한 마음으로
길례(吉禮)를 행할 수 있겠는가?"라고 하였다. 처음에 3월로 혼사
날짜를 정했으나, 조금 있다가 물려서 가을까지 기다리자고 하
였다. 그러나 간택을 받은 자가 48인이나 되었는데, 그 혼사 날짜
를 연기함에 이르러 사람마다 2,000원씩을 지급토록 했다.

原文

定英親王垠婚于閔鳳植之女 泳奎孫也 上以民間斷烟償
債 朕何必宴安行吉禮爲 初以三月定期 已而命退待秋間

然^연被^피揀^간者^자 猶^유四^사十^십八^팔人^인 及^급其^기命^명退^퇴也^야 人^인給^급二^이千^천元^원.

일본인이 용산에 청루(靑樓)[1]를 설치하면서 민가의 무덤 800여 기를 파냈다. 또 사냥하던 일본인이 융릉(隆陵)[2]에 들어가 담배를 태우다가 실화하여 능을 태웠다.

註解

1) 청루(靑樓) : 창기의 집. 기생집. 기루(妓樓).
2) 융릉(隆陵) : 사도세자가 장조(莊祖)로 추존된 후의 현륭원의 이름. 사도세자와 혜경궁 홍씨를 모신 능. 현재 경기도 화성 태안면 안녕리에 있다.

原文

倭^왜人^인設^설青^청樓^루于^우龍^용山^산 掘^굴民^민八^팔百^백餘^여塚^총 又^우獵^엽倭^왜入^입水^수原^원隆^융陵^릉 吸^흡

烟^연失^실火^화 延^연燒^소陵^능上^상.

현흥택(玄興澤)이 청나라 상해에 들어가 민영익(閔泳翊)에게 빚을 받으려고, 해항(該港) 재판소에서 서로 대질하고 심판을 받았다. 민영익이 은행에 저축한 돈 중에서 반을 현흥택이 차지하였다. 현흥택(玄興澤)은 민영익(閔泳翊)의 예전 겸인(傔人, 하인)이었다.

原文

현 흥 택 입 청 국 상 해   징 채 우 민 영 익   향 해 항 재 판 소   호 상 질
玄興澤 入淸國上海 懲債于閔泳翊 向該港裁判所 互相質

판   영 익 소 저 은 행 지 화   반 위 흥 택 소 점   흥 택 영 익 구 겸 야
判 泳翊所儲銀行之貨 半爲興澤所占 興澤泳翊舊傔也.

인천항에 크게 불이 나서 500여 호(戶)가 불탔으며, 대구에서
도 불이 나서 58호를 태웠다.

原文

인 천 항 대 화   소 오 백 여 호   대 구 화   소 오 십 팔 호
仁川港大火 燒五百餘戶 大邱火 燒五十八戶.

이달 중에 강원도 영동 일대에 큰 눈이 내려 7, 8길이나 쌓였
다. 큰 나무가 겨우 그 꼭대기만 드러낼 정도였으며, 눈사태가 나
면서 큰 나무가 다 부러졌다. 100세 된 노인도 처음 보는 일이라
고 하였으며 이로 인해 40여 명이 사망했고, 소와 말도 네 마리가
죽었다.

原文

시 월 중 강 원 도 영 동 일 대 대 설   칠 팔 장   고 수 재 로 기 전   설 태
是月中江原道嶺東一帶大雪 七八丈 高樹纔露其顚 雪汰

시   대 목 개 절   위 백 세 노 인 초 견 운   인 사 자 사 십 여   우 마 폐 사
時 大木皆折 爲百歲老人初見云 人死者四十餘 牛馬斃四.

2월. 이등박문(伊藤博文)은 이달 5일에 서울로 다시 돌아왔고, 의친왕(義親王) 이강(李堈)은 10일 귀국했다.

原文

二月 伊藤博文 以初五日 回至京師 義親王堈 以初十日 入城.

전 주서(注書) 나인영(羅寅永)과 전 주사(主事) 오기호(吳基鎬), 김인식(金寅植) 등이 오적(五賊)을 죽일 것을 도모하다 이루지 못하고 평리원(平理院)에 자수했다. 나인영 등은 폭탄이 설치된 폭발약 두 궤짝을 비밀리에 보관하고 있었는데, 자물쇠에 장치를 설치하여 열쇠를 넣으면 불이 나도록 되어 있었다. (그들은) 이 궤짝을 이지용(李址鎔) · 박제순(朴齊純)에게 보내고 말하기를, "미국인 모씨(某氏)가 증정한 것이다."라 하였다. 그 집에서는 받아놓고 열어보려고 하였으나 박제순은 안 된다고 하면서 뾰족한 칼 끝으로 그 틈새를 벌려 궤짝을 열렸는데, 집안사람들은 모두 크게 놀랐다. 이지용도 우연히 열지 않고 있다가 박제순의 일을 듣고 서로 쳐다보며 깜짝 놀라며 발설하지 말라고 하였다. 나인영 등은 일이 성사되지 못한 것을 알고서 장사 강원상(康元相) · 황화서(黃華瑞) 등 18인을 모집하여, 매양 3인이 조를 짜서 1인씩을 대적하도록 하였다. 그것은 대개 박용화(朴鏞和)를 포함하여 육적(六賊)이 되었기 때문이다.

강원상은 권중현(權重顯)을 담당하여 사동(寺洞, 인사동)까지 뒤따라가서 육혈포(六穴砲)를 세 번이나 쏘았지만 맞추지 못하고 드디어 체포되었다. 얼마 후 박용화는 자객을 만나 죽임을 당했다. 아지용 등은 크게 놀라 그 뿌리를 캐기 위하여 강원상을 여러 날을 단련하였다. 나인영 등은 재차 거사하고자 하였으나 틈을 얻지 못했다. 드디어 참간장(斬姦狀, 역적을 죽인 경위서) 및 통감부와 각 영사관 통첩(通牒), 그리고 방방곡곡에 보낸 광고문, 자신회(自新會) 취지서, 애국동맹가(愛國同盟歌), 참간(斬姦) 후의 자현장(自現狀, 자수하는 문서) 등 여러 가지 증거가 될 만한 문서를 가지고 연명(聯名)하여 자성(自省, 自首)하였다.

나인영 등은 이기(李沂)와 더불어 친한 사이였으므로, 법사(法司)에서는 이기 또한 필시 모의에 참여했을 것으로 보고 아울러 하옥시켰다. 이등박문은 옥관(獄官)에게 이르기를, "지금 나인영과 오기호를 용서해주면 다음을 징계할 수 없으니 매우 엄격히 수감하라."고 지시했다.

이에 사람들은 모두 그들을 위태롭게 여겼다. 이로부터 이지용 등이 출입할 때에는 경비병이 따라붙었고, 일본 순사를 그 집에 파견하였다. 밤이 되면 문득 5, 6곳을 옮겨 다녀, 사람들이 그의 거처를 알지 못했다.

原文

前注書羅寅永 · 前主事吳基鎬 · 金寅植等 謀誅五賊 不果 自首于平理院 寅永等 密齎暴發藥二櫃 設機括于鎖鑰

匕衝則火發 送于李址鎔·朴齊純曰 美國人某所贈遺 其家

接置欲啓視 齊純不可 有以刀尖挑其隙者 櫃遂開 家衆大

驚 址鎔偶亦不啓 聞齊純事 相對錯愕 戒勿洩 寅永等見事

不繼 募壯士康元相·黃華瑞等十八人 每三人共敵一人 蓋

幷朴鏞和爲六賊也 元相常權重顯 跟至寺洞 三放六穴砲

不中 遂被獲 未幾鏞和遇刺死 址鎔等大駭 窮極根窩 彌日

鍛鍊 寅永等欲再擧 而無便可乘 遂持斬姦狀 及統監府·

各領館通牒·坊曲廣告文·自新會趣旨書·愛國同盟歌·

斬姦後自現狀 諸可據文字 聯名自省 寅永等與李沂善 法

司謂沂必預謀 幷下獄 博文謂獄官曰 今宥羅·吳 無以懲

後 囚禁甚嚴 人皆危之 自是址鎔等 出入警備 派倭巡其第

夜輒五六徙 人不知其處.

이용태(李容泰)와 민형식(閔衡植) 등이 체포되었다. 이용태와 민형식은 나인영(羅寅永)과 오기호(吳基鎬)에게 이끌린 바, 거금을 내어 운동자금으로 썼다. 이용태 집에서 사주(私鑄)한 기계와 돈을 압수하여 신안(訊案)에 첨가해 집어넣었다. 민형식은 어름거리면서 자복하지 않아서 혹독한 형벌을 받았으며, 이기(李沂)

는 지레 겁을 먹고 사실대로 실토하여 여러 가지 문적이 그의 손에서 나와 옥사의 정황이 명백해졌다. 그러나 박용화를 죽인 자는 또한 별도로 있었으며, 나인영과 오기호가 아니었다. 법사에서는 처음에는 살인 음모의 흉악범으로 죽이려 하였으나, 민형식이 민영휘(閔泳徽)의 양자였으므로, 민영휘가 많은 돈을 뿌려 안팎으로 알선하였기 때문에 일이 조금 풀리게 되었다. 얼마 안 있어 박영효(朴泳孝)가 돌아와서 다시 국사범으로 바꿔져서 모두 죽지 않게 되었다.

처음에 이기(李沂)는 모친상을 당했는데 상복을 벗어버리고 서울에 올라와서, 이지용의 추천을 받아 사범학교 교관이 되어 월급을 받아 자고 먹고 하였다. 나인영은 날마다 박제순(朴齊純)의 대문에 가서 관직 한 자리를 빌었으나 이루지 못하고, 드디어 이 일을 벌인 것이다. 혹자는 말하기를, "이 거사는 매우 의롭지 못한 것이다."라고 하였다. 이 옥사에 연루된 자로는 윤주찬(尹柱瓚)·이광수(李光秀) 이하 10여 명이 있었는데, 모두 호남 사람이다. 주모자인 이기와 나인영 등이 모두 같은 도(道)인 까닭이다.

原文

逮李容泰·閔衡植 李·閔爲羅·吳所引 出鉅款以資運

動 容泰家 又獲私鑄械及私鑄貨 添入訊案 衡植吞吐不服

被酷刑 李沂望風吐實 諸文蹟皆出其手 獄情始白 然殺朴

鏞和者 又別有在 非羅·吳也 法司始擬謀殺人劇盜當死

衡植爲泳徽養子 泳徽揮斥重金 斡旋中外 事稍解 未幾朴

泳孝還 改擬以國事犯 俱得不死 初沂丁內艱 毁衰麻入京

以李址鎔薦 爲師範敎官 資月俸旅食 寅永日往齊純門 乞

一官未諧 遂有是事 或者議之 不甚義此擧也 是獄所延 如

尹柱瓚 · 李光秀以下十許人 皆湖南人 以主謀沂及寅永等

皆同省故也.

　　일본 동경에 조도전학교(早稻田學校)가 있는데, 그 학교에서 토론회가 열렸다. 일본인 전연풍길(田淵豊吉)이란 자가 한국의 황제는 화족(華族)으로 칭하는 것이 옳다고 주장하였다. 화족이란 저들 중에 사족(士族)을 일컫는 말이다. 우리나라의 유학생 여러 사람이 통분하여 모여서 호곡을 하며 전연풍길을 죽이고자 했으나, 교장이 그 자를 비호하여 손을 쓰지 못했다. 드디어 교장을 성토하자, 교장이란 자가 우물쭈물 사과하고 전연풍길을 마지못해 학교에서 내보내는 선에서 그쳤다. 박제순(朴齊純) 등이 이 말을 듣고 이등박문(伊藤博文)에게 말하자, 이등박문은 웃으면서 말하기를, "그 자는 일본의 법을 지키지 않는 막돼먹은 사람이다. 귀국에도 어찌 이런 자가 없겠는가? 또한 이미 처벌했으니 길게 말하지 말라."고 하였다.

日本東京 有早稻田學校 校有討論會 倭人田淵豊吉者 倡

論可稱韓國皇帝爲華族 華族彼中士族之稱也 我國游學諸

生 痛憤會哭 欲殺豊吉 爲校長庇 不得下手 遂聲討校長 校

長者依違謝之 勒豊吉出學而止 朴齊純聞之 言于博文 博

文笑曰 此日本之橫民也 貴國寧無此等乎 且已處罰 勿多

談.

종전에는 외국 사신이 임금을 알현할 때 으레 정부로 하여금
품의하여 윤허를 받아야만 임금을 뵈올 수 있었다. 그런데 이번
이등박문이 돌아오고 나서는 정부를 거치지 않고 곧장 먼저 들어
가 알현하고 한참 만에 나오곤 하니, 사람들이 의심하고 반드시
임금을 공갈 위협하거나 기만한 일이 많을 것이라고 말들을 했
다.

從前外使之陛見也 例使政府稟旨 得允 乃上謁 而此次博

文之還也 不由政府 徑先入謁 移時而出 人疑之 以爲必多

恐嚇欺謾之事.

이등박문(伊藤博文)이 탁지부의 문서 문부(文簿)들을 통감부로 옮겨가고, 통감부에 재정 감사장(財政監査長)을 두었다. 중앙금고를 옮겨 제일은행에 소속시켰지만, 정부에서는 입을 꽉 다문 채 한 사람도 나서서 막는 사람이 없었다. 이등박문은 또 그들의 백성으로 우리나라에 머물러 사는 자들에게 지세(地稅)를 자기 나라에 낼 것을 지시하였다. 박제순이 이지용(李址鎔)과 함께 가서 질문하자, 이등박문은 또한 (그 일을) 중지시켰다.

原文

博文移度支部文簿于統監府　府置財政監査長　移中央金庫　屬于第一銀行　政府嚜嘿　無一人搪塞者　博文又令其民之留居我地者　納地稅于其國　朴齊純與李址鎔　偕往質問　博文姑止之.

경의과(經義科)를 설치하여 박사 33인을 선발했다. 이등박문(伊藤博文)은 정부를 질책하여 말하기를, "너희들은 아직도 옛 폐습을 그대로 따르는가?" 하니, 학부 대신 이완용(李完用)이 공손히 사과하고 감히 하지 않겠다고 하였다. 이로써 고권(考券)에 나이를 표시해 두었다가 단지 70세 이상의 노인만을 취하였다. 그것은 앞으로 박사과(博士科)를 폐지할 것이기 때문에 은전을 베풀어 늙은 거자(擧子, 응시생)들을 위로한 것이다.

原文

설경의과 취박사삼십삼인 박문질정부왈 약배상종구폐
設經義科 取博士三十三人 博文叱政府曰 若輩尙踵舊弊
호 학부이완용 손사불감 시이표년고권 지취칠십이상노
乎 學部李完用 遜謝不敢 是以標年考券 只取七十以上老
인 개장폐박사과 고거은전 이위로거자야
人 蓋將廢博士科 故擧恩典 以慰老擧子也.

이재극(李載克)을 궁내부 대신으로 삼았다.

原文

이 이재극위궁내부대신
以李載克爲宮內府大臣.

양호(兩湖, 충청·전라도) 사이에서 의병이 크게 일어났다. 의병을 일으킨 사람들은 병기가 없는 것을 근심하여 민간의 소를 빼어다가 군산항으로 가서 소 한 마리와 서양총 한 자루씩 바꿨다. 이에 연산(連山)·노성(魯城)·진산(珍山)·금산(錦山) 들판에는 소가 자취를 감추었는데, 소 한 마리의 값은 민전(緡錢) 300냥에 이르렀다.

原文

양호지간 의병대기 기의자환무군화 략민우 입군산항
兩湖之間 義兵大起 起義者患無軍火 掠民牛 入群山港
우일두환일양총 어시연 노 진 금지야 우독군공 일두
牛一頭換一洋銃 於是連·魯·珍·錦之野 牛犢群空 一頭

가 지민전삼백냥
價 至緡錢三百兩.

경상북도 의병장 임성기(任性基)와 하덕근(河德根)이 구속된
채 한 해를 넘겨 지방 진위대에 의해 살해되었다. 임성기는 죽음
에 임해서 낭랑한 목소리로 시(詩)를 읊었고, 하덕근은 미소를
지으며 말이 없어서 바라보던 사람들이 슬퍼하였다.

原文

경북의병장임성기 하덕근 피구경년 견살우지방진위
慶北義兵將任性基 · 河德根　被拘經年　見殺于地方鎭衛
대 성기임사 낭성음시 덕근미소무언 관자비지
隊　性基臨死　朗聲吟詩　德根微笑無言　觀者悲之.

철원(鐵原)에 황제봉(皇帝峰)이 있는데, 그 봉우리에 네 개의
바위가 있고, 바위에는 '대황제후(大皇帝侯)'라는 네 글자가 새겨
져 있었다. 그것은 저절로 만들어진 것이라고 하였다. 김낙형(金
樂瀅)이란 자가 그 자리에서 혈거(穴居)[1]하며 10여 년간 기도하
고 스스로 말하기를, "국가에서 봉선(封禪)[2]하기를 기다려 내가
바야흐로 이 굴에서 나올 것이다."라고 하였다. 그 후 일가 사람
인 김흥원(金興元)이 딱하게 여겨 중추원에 헌의하여 봉선하기를
청하였다.

註解

1) 혈거(穴居) : 동굴 속에서 삶. 또는 그 주거(住居). 혈처.

2) 봉선(封禪) : 흙을 쌓아 올리고 단을 모아 하늘에 제사함.

原文

鐵原有皇帝峯 峯有四巖 巖有大皇帝侯四字 蓋天作云 有
金樂瀅者 穴居于趾 祈禱十餘年 自言待國家封禪 吾方出
穴 其族興元憫之 獻議中樞院 請封禪.

숭례문(崇禮門)과 흥인문(興仁門)의 두 문루 옆의 성가퀴를 헐
었으니 전찻길을 통하게 하기 위함이었다. 두 문루 서까래에 괴
서(怪書) 여섯 자가 있었다. 기록할 수 없어 생략함.

原文

毀崇禮·興仁兩門傍城堞 以通電車之路 兩門樓椽 有怪
書六字 依原書錄于左 力死馬將月米加니豆巾夕

탁지부에 화재가 발생하여 양지과(量地課)의 창고에 불이 번져
40여 칸이 탔다.

原文

度支部火 量地課庫延燒四十餘間.

함흥에 큰 불이 나서 백여 집이 불탔다.

原文

^{함 흥 대 화 소 백 여 가}
咸興大火 燒百餘家.

묵서가(墨西哥, 멕시코)에서 큰 지진이 일어나서 사망자가 5백
여 명이었으며, 전복된 가옥이 5만여 채나 되었다.

原文

^{묵 서 가 대 지 진 사 자 오 백 인 가 옥 탕 복 자 오 만 여}
墨西哥大地震 死者五百人 家屋蕩覆者五萬餘.

3월. 김재풍(金在豊)을 강원도 관찰사로, 박승봉(朴勝鳳)을 평
안북도 관찰사로, 윤성보(尹性普)를 함경북도 관찰사로, 이건영
(李健榮)을 충청남도 관찰사로, 권익상(權益相)을 전라남도 관찰
사로 삼았다.

原文

^{삼 월 이 김 재 풍 위 강 원 관 찰 사 박 승 봉 위 평 북 관 찰 사 윤 성}
三月 以金在豊爲江原觀察使 朴勝鳳爲平北觀察使 尹性

^{보 위 함 북 관 찰 사 이 건 영 위 충 남 관 찰 사 권 익 상 위 전 남 관 찰}
普爲咸北觀察使 李健榮爲忠南觀察使 權益相爲全南觀察

^사
使.

서북 지방에 영림창(營林廠)[1]을 설치하고 삼림에 관한 사무를 관리토록 하였다.

註解

1) 영림창(營林廠) : 압록강과 두만강 연안의 삼림(森林)에 관한 일을 맡아보던 관아. 1907년에 설치하여 1910년에 폐함. 일제가 산림을 수탈하기 위해 설치한 부서.

原文

設西北營林廠 管理森林事務.

3월, 이완용(李完用)에게 2등 훈장을 내렸다. 임금은 처음에 3등 훈장을 내렸으나 이완용이 성을 내며 말하기를, "시종 조남익(趙南益)도 또한 3등 훈장을 찼거늘, 나는 대신이다. 가히 조남익과 등급이 같을 수가 있겠는가?" 하고 돌려보냈다. 임금이 듣고 고쳐서 2등 훈장을 내린 것이다.

原文

三月 賜李完用勳二等章 上初賜三等章 完用慍曰 侍從趙南益 亦佩三等章 吾大臣也 可同南益乎 繳納之 上聞而改賜之.

일본인이 김승문(金升文)을 감옥에서 석방했다. 김승문은 돌아가면서 『주례(周禮)』의 '일왕지치(一王之治)'를 풀이한 글을 상소로 올렸다. 강호석(姜鎬錫) 또한 석방되었다.

原文

왜 석 김 승 문 우 옥　 승 문 장 귀　 연 주 례 일 왕 지 치　 위 소 진 지　 강
倭釋金升文于獄 升文將歸 演周禮一王之治 爲疏進之 姜

석 호 역 석
錫鎬亦釋.

경흥(慶興)의 주민들이 크게 소요를 일으켜 일본인의 가옥을 불사르고, 일본인과 격투를 벌여 사망자가 10여 명이나 되었다. 주둔하고 있던 일본병이 출동하여 간신히 어루만져 진정시킬 수 있었다.

原文

경 흥 민 대 조　 소 왜 옥 우　 왜 격 투　 사 자 십 여 인　 왜 병 출 주 자
慶興民大噪 燒倭屋宇 倭格鬪 死者十餘人 倭兵出駐者

근 능 무 정
僅能撫定.

조병식(趙秉式)과 이헌식(李憲植)이 모두 죽었다. 조병식은 일생 동안 악한 짓을 저질렀으나 끝내 집에서 편안히 죽었다. 그 소식을 들은 사람들은 탄식하고 한스러워하며 하늘의 이치도 알 수 없는 노릇이라고 하였다.

原文

趙秉式·李憲植皆卒 秉式一生稔惡 竟死牖下 聞者歎惋
謂天理不可知.

전 군수 임병찬(林炳瓚)이 대마도에서 석방되어 돌아와서 고
(故) 참판 최익현(崔益鉉)의 유소(遺疏)를 올렸는데 그 내용은 다
음과 같다.

"죽음에 임한 신(臣) 모(某)는 일본 대마도 경비대(警備隊) 안에
서 서쪽을 향하여 두 번 절을 올리고 황제 폐하께 말씀을 올립니
다. 삼가 신의 거의(擧義, 의병을 일으킴)는 대략 금년 윤4월 처음
일을 시작할 때 이미 갖추어 올린 소에 말씀드렸습니다. 원래의
이 상소가 등철(登徹)되었는지의 여부는 신은 알 수가 없습니다
만, 다만 신의 거사가 잘못되어 마침내 부로(포로)로 갇히는 곤
욕을 치르게 되었습니다.

7월 8일, 일본의 대마도로 압송되어 현재 그들의 이른바 경비
대 내에 수감되어 있는 바, 스스로 반드시 죽고야 말겠다는 생각
뿐이며, 살아서 돌아가겠다는 마음은 바라지 않습니다. 지금 이
왜적들은 처음에는 강제로 신에게 삭발을 가하려다가 마침내 다
시 교활한 말로써 설득하고 있습니다. 그러나 왜적의 정황을 헤
아릴 수 없으니 반드시 죽인 뒤에 그치려 할 것입니다.

또한 엎드려 생각하건대, 신이 이곳에 들어온 뒤로 한 숟갈의
쌀(밥)과 한 모금의 물도 다 그들의 손에서 나오는 즉, 설사 왜적

이 죽이지 않는다고 하더라도 신 또한 차마 입에 넣는 것으로 스스로 누(累)를 끼칠 수는 없다고 생각하였습니다. 마침내 음식을 물리치기로 뜻을 결정하고 고인이 스스로를 단정히 하여 선왕에게 바친 의를 추구하기로 하였습니다.

신은 이미 나이가 74세이니 죽은들 어찌 족히 아까울 것이 있겠습니까? 단지 역적을 능히 토벌하지 못하고, 원수를 능히 없애지 못하고, 국권을 회복하지 못하고 강토를 되돌려 받지 못해서, 사천년 화하(華夏)[1]의 정도(正道)가 더러운 흙 속에 빠졌어도 그것을 부지하지 못하고, 삼천리 선왕(先王)의 적자(赤子)[2]가 어육이 되었음에도 그것을 구하지 못했으니, 이로써 신이 비록 죽더라도 눈을 감을 수 없는 것입니다.

그렇지만 신이 사사로이 헤아리건대, 왜적은 반드시 망할 형세가 있어서 멀어도 4, 5년을 넘기지 못할 것입니다. 단지 두려워해야 할 것은 우리가 그것을 대응하는 것이 그 도리를 다하지 못할까 하는 것입니다. 이제 청나라와 아라사는 밤낮으로 이 왜적에게 이를 갈고 있으며, 영국과 미국 등 여러 나라들도 또한 반드시 이 왜적들과 더불어 십분(十分) 우호적이라고 할 수 없으니, 조만간 반드시 서로 공격하게 될 것입니다. 또한 이 나라는 무력을 남용한 나머지 백성은 곤궁해지고 재정은 고갈되어 뭇 사람들이 위에 대해 원망하게 될 것입니다. 대저 밖으로는 틈새를 엿보는 적(敵)이 있게 마련이고, 안으로는 위를 원망하는 백성들이 있을 것이니 그들이 망하기를 발을 치켜들고 기다리고 있습니다.

엎드려 바라옵건대, 폐하께서는 국사가 어찌할 수 없게 되었다고 물러서지 말고 분발하여, 굳세고 강건하게 하시어 성지(聖志)를 확연히 세우시고, 퇴락한 것을 진작(振作)시키시고, 일어서서 인순(因循)[3]의 폐습을 없애고, 차마 할 수 없는 것을 하지 마시고, 믿을 수 없는 것을 믿지 마시고, 저들의 허위와 위세에 지나치게 겁내지 마시고, 아첨하는 말을 달갑게 듣지 마시고, 더욱 자주(自主)의 도모를 확고히 하셔서 저들에게 영구히 의뢰하는 마음을 끊어버리시고, 더욱 와신상담(臥薪嘗膽)의 뜻을 굳건히 하시고, 자신을 닦는 방도를 다하시어, 영걸 준재들을 불러들이시고, 군민(軍民)을 어루만지고 잘 키워서, 사방으로 방편을 엿보아 그 가운데서 일을 취하신다면, 이 백성들이 진실로 모두들 임금을 존경하고 나라를 사랑하는 마음이 들게 하실 수 있습니다.

그리고 또한 모두 선왕들의 500년에 걸친 왕성했던 거룩한 덕과 지극한 선(善)의 은택에 젖어들게 될 것입니다. 어찌 폐하를 위하여 죽을힘을 다 내서 나라의 큰 원수를 보복하고 깊은 치욕을 씻자고 하는 자가 없겠습니까? 그 실마리는 오직 폐하의 마음 하나에 달려 있습니다.

신은 죽음에 임하여 정신이 거칠어져서 말하고자 하려는 것도 그 중에 하나 둘밖에 아뢸 수가 없습니다. 이것을 함께 갇혀 있던 임병찬에게 주어 때를 기다려 올리도록 하겠습니다. 엎드려 비옵건대, 폐하께서는 애절하고 가련하게 여기시어 살펴 주옵소서."

임병찬은 또 스스로 자기도 소 한 통을 지어 유소(遺疏)의 곡절

을 자세히 아뢰고, 원소(原疏)는 고본(稿本)대로 바쳐서 신빙을
징험할 수 있도록 분명히 하였다.

註解

1) 화하(華夏) : 華는 화려함, 夏는 대국(大國)을 뜻한다.
2) 적자(赤子) : 임금이 백성을 일컫던 말.
3) 인순(因循) : 옛 습관을 고치지 못하고 우물거림.

原文

前郡守林炳瓚 自對馬島被釋還 上故參判崔益鉉遺疏.

臨死臣某 在日本對馬島警備隊內 西向再拜上言于皇帝

陛下 伏以臣之擧義 大略具已疏陳于今年閏四月始事之初

原疏之登徹與否 臣未可知也 但臣擧事無狀 竟被俘囚之辱

以七月初八日 被押到日本之對馬島 現囚於其所謂警備隊

內 自分必死 無望生還 今此賊始欲以勒剃加臣 終復以狡

辭解說 然賊情叵惻 必欲殺之而後已 且伏念 臣入此以後

一匙之米 一哯之水 皆從賊手出 則設使賊雖無殺 臣亦不

忍以口腹自累 遂決意却食 以追古人自靖獻先王之義 臣生

年七十四 死何足惜 但逆賊不能討 仇讐不能滅 國權未復

彊土未還 而四千年華夏正道 淪於糞壤 而莫之扶 三千里

先王赤子 化爲魚肉 而莫之救 此臣雖死而目不能瞑者也

然臣竊料 倭賊有必亡之形 而遠不過四五年 但恐我之所以

應之者 未能盡其道耳 今淸·俄兩國 日夜切齒於此賊 而

英·美諸國 亦未必十分與此賊相好 則早晚必自相攻 且其

國瀆兵之餘 民窮財渴 衆怨其上 夫外有伺釁之敵 而內有

怨上之民 其亡可翹足以待也 伏願陛下 勿遞以國事之不可

爲 而奮發乾剛 廓立聖志 振頹靡起因循勿忍 其不可忍 勿

恃其不可恃 勿過怯於虛威 勿甘聽於諛說 益固自主之謀

而永斷依賴之心 益堅薪膽之志 而克盡自修之方 招納英俊

撫養軍民 以覘四方之便 而於中取事焉 則斯民也 固皆有

尊君愛國之心 而又皆淪浹於先王五百年盛德至善之澤者也

豈無爲陛下出死力 以復大讐 雪深恥者哉 其機只在乎陛下

一心耳 臣臨命神荒 所欲言者 不能陳其一二 爲此付同囚

人林炳瓚 而使之待時以呈 伏乞陛下 哀憐而垂察焉.

炳瓚 又自製一疏 詳陳遺疏曲折 而原疏則進以稿本 以明

징 신 지 적
徵信之蹟.

장인근(張寅根)이란 자는 문충공(文忠公) 장유(張維)의 후손으로, 현재 육군 정위(正尉)이다. 그는 어머니가 죽자 일본의 상제 풍습에 따라 장사지냈다. 그 아우 장우근(張宇根)과 더불어 양복 차림으로 상여 뒤를 따랐으며 군악대를 앞에 세웠다. 그의 처는 마차를 타고 따라갔으며, 일본 중이 대열 앞에서 범패(梵唄, 석가여래의 찬미 노래)를 외웠다.

原文

장 인 근 자 문 충 공 유 지 후 야 현 위 육 군 정 위 모 사 이 왜 제 장
張寅根者 文忠公維之後也 現爲陸軍正尉 母死 以倭制葬

지 여 제 우 근 양 복 수 여 군 악 도 전 처 승 마 차 종 지 왜 승 주 패
之 與弟宇根 洋服隨轝 軍樂導前 妻乘馬車從之 倭僧呪唄

전 열
前列.

(3월) 윤효정(尹孝定)은 사족(士族)으로 외국에 나간 지 10여 년 만에 돌아왔다. 그는 무릇 일진회나 자강회 등 무슨 모임이나 적극적으로 하였다. 그 딸〔윤정원(尹貞媛), 최초의 유럽 유학생〕이 미국에 들어가서 구라파 일대를 두루 돌아다니다 돌아왔는데, 나이 30이 지났으나 결혼을 하지 않았다. 스스로 '천하의 호걸을 택하여 섬기겠다'고 말하면서, 그렇지 못하면 깨끗한 몸으로 늙어 죽겠다고 하였다. 이에 이르러 서울의 부녀자들을 권유하여

여학교 수개 교를 설립하도록 했는데, 처녀들이 10명, 100명씩 떼를 지어 입학했으며, 사대부 집에서도 왕왕 그것을 본받았다. 여학생들이 어깨를 나란히 맞대고 나란히 걸어다니며 땋은 머리를 늘어뜨리고 박쥐같은 우산을 들고 책보를 끼고서 양양히 교태를 부리면서도 부끄러워하는 기색이 없었다. 추한 소리가 사방에서 들리며 어린애를 잉태했다는 소리가 끊이지 않았다.

原文

尹孝定者士族也 出洋十餘年始返 凡一進·自强等會 無

不攘袂出席 其女入美國 周流歐洲 年過三十 尙不字 自言

擇天下英雄事之 不然潔身枯死 至是 勸誘京中婦女 起女

學校數區 室女入學者 十百成群 士大夫家 往往效之 聯肩

齊式 辮髮委地 持蝙蝠傘 挾冊袱 陽陽嬌媚 無復羞澁之態

醜聲四聞 孕雛者不絶.

호남 의병장 백낙구(白樂九)가 태인(泰仁)에서 일본군과 싸우다 패하여 사망했다. 백낙구는 지난해 12월 광주(光州)에서 석방되었으나, 집에 돌아가지 않고 전북 지방의 의병에 투신하였다. 일본군이 태인 들판을 습격하여 그를 따르던 자들은 전세가 불리함을 알자 백낙구를 부축하고 달아나려 하였다. 백낙구는 탄식하며 말하기를, "군들은 멋대로 가게나 여기는 내가 죽을 곳이네." 하고 가마에서 기어 나와 호령하되, "백낙구는 여기에 있다." 하였다. 그는 마침내 총탄을 맞고 절명하였다.

原文

호남의병장백낙구　여왜전우태인패사　낙구이객랍　피석
湖南義兵將白樂九　與倭戰于泰仁敗死　樂九以客臘　被釋

우광주　불환가　투전북의병　왜습우태인지야　종자견불리
于光州　不還家　投全北義兵　倭襲于泰仁之野　從者見不利

욕액지도　낙구탄왈　임군거　차오사소야　정출호왈　백낙구
欲掖之跳　樂九歎曰　任君去　此吾死所也　挺出呼曰　白樂九

재차　수중환이절
在此　遂中丸而絶.

고광순(高光洵)이 동복군(同福郡)에서 왜군의 습격을 받아 패주하였다. 이보다 먼저 고광순은 최익현이 창의한 곳에 합류하려다가 미치지 못했고, 또한 양한규(梁漢奎)와 더불어 모의하여 남원을 점거하기도 하였으나 성사시키지 못했다. 오래 지나서 의병 백여 명을 모집하여 동복군에 들어갔는데, 아전배들이 화가 미칠 것을 두려워하여 왜군을 인도하여 습격하였다. 고광순은 달아나서 죽음을 면하였다.

성이 이씨(李氏)인데 이름을 잊었는데 일찍이 정언(正言) 벼슬을 했다고 하며, 관서 출신으로 여력(膂力, 완력)이 절륜하였다. 성 안을 두루 다니며 남모르게 충의지사(忠義之士)들과 사귀었다. 처음에는 민종식(閔宗植)을 따르다가 패하였고, 다음에는 최익현(崔益鉉)을 따르다가 패하였으며, 또 양한규(梁漢奎)를 따르다가 패하였다. 이에 이르러 고광순(高光洵)을 따르다가 또 패하게 되니, 마침내 간 곳을 알지 못했다.

原文

高光洵 襲倭于同福郡敗走 先是光洵追崔益鉉不及 又與

梁漢奎謀 據南原不成 久之 聚百餘人 入同福郡 吏畏禍及

導倭襲之 光洵走免 有李忘其名 嘗官正言 關西人也 膂力

絶倫 周行城中 潛結忠義 始隨閔宗植而敗 又隨崔益鉉而

敗 又隨梁漢奎而敗 至是 隨光洵又敗 竟不知去處.

윤치호(尹致昊)는 어미가 죽었는데도 기복(起復)하였다. 윤치호는 청국인 마건상(馬建常)의 딸을 취하여 아내로 삼았다. 지난해에 해산을 한 후에 배가 아파서 양의가 해부를 하여 치료를 하였으나 수일 만에 죽었다. 사람들은 바람이 든 것이라 하였다.

原文

尹致昊 母死起復 致昊娶淸人馬建常女爲妻 去年娩後患

腹 洋醫剖而治之 數日死 人以爲風入也.

각부(閣部)의 여러 사람들이 이등박문을 초청하여 창덕궁에서 연회를 열었다. 이등박문이 먼저 시 한 수를 읊었다.

"꽃이 활짝 피고 버들가지 짙은 춘삼월에,
창덕궁 안 태극정이로다.
상부(商婦)[1]가 어찌 군국(君國)[2]의 한을 알리오.
무심한 가무(歌舞)는 듣기가 감당하기 어렵구나."

註解

1) 상부(商婦) : 상녀(商女). 춤 · 노래하는 기녀(妓女).
2) 군국(君國) : 임금과 나라. 군주가 통치하는 나라. 군주국.

原文

閣部諸人 邀博文 宴會于昌德宮 博文首吟一絶曰 花明柳
暗春三月 昌德宮中太極亭 商婦何知君國恨 無心歌舞不堪
聽.

박영효(朴泳孝)가 을미년(고종 32, 1895)에 재차 도망갈 때 이
규완(李圭完)과 신응희(申應熙) 등이 좇아갔다. 그들은 오래 머물
면서 돌아오지 않다가 이에 이르렀다. 신응희는 부친이 죽자 집
안사람들이 부음을 알리니, 회답하기를, "일이 있어 갈 수 없다."
하고 사람을 보내 치상(治喪)할 뿐이었다.

原文

박영효을미 고종삼십이년 재도시 이규완 신응희등종
朴泳孝乙未(高宗三十二年)再逃時 李圭完·申應熙等從
지 구유불반 지시응희부사 가인부지 보왈 유사부득거 견
之 久留不返 至是應熙父死 家人訃之 報曰 有事不得去 遣
인 치 상 이 이
人治喪而已.

이용익(李容翊)을 충숙(忠肅)으로, 이헌식(李憲植)을 충간(忠
簡)으로, 박용화(朴鏞和)를 충정(忠貞)으로 시호를 내렸다. 박용
화는 고양(高陽)의 일반 민가의 아들이었다. 일본어를 잘하는 까
닭에 갑자기 귀하게 되었는데, 이 봄에 자객에게 죽임을 당했다.
당시의 의론들이, '죽음에도 이치가 있구나.'하고 말들을 했다.

原文

시 이 용 익 왈 충 숙 이 헌 식 왈 충 간 박 용 화 왈 충 정 용 화 고 양
諡李容翊曰忠肅 李憲植曰忠簡 朴鏞和曰忠貞 鏞和高陽
민 가 자 야 이 한 왜 어 어 취 귀 시 춘 위 자 객 소 살 시 의 위 유 사 도
民家子也 以嫺倭語驟貴 是春 爲刺客所殺 時議謂有死道.

4월, 참정 박제순(朴齊純)·학부 대신 이완용(李完用)·탁지부
대신 민영기(閔泳綺)·군부 대신 권중현(權重顯)·농부 대신 성
기운(成岐運)·내부 대신 이지용(李址鎔)·법부 대신 이하영(李夏
榮) 등이 모두 면직되었다. 박제순은 오적(五賊) 중에서도 문한
(文翰, 문필)이 있고 꾀가 있어서 전국에서 침을 뱉으며 욕을 퍼
붓는 것을 오래도록 견디어냈다. 또한 밖에서의 핍박이 날로 가

속화되는 것을 근심하여 비록 지위가 높고 봉록이 후하다고 해도 일찍이 아침저녁으로 방황하였다.

나인영(羅寅永)과 오기호(吳基鎬)의 옥사가 일어나자, 비로소 크게 두려워하여 여러 사람들을 대하여 한숨을 쉬면서 말하기를, "나는 죽을 날을 알 수 없으니 차라리 어진 이가 나오도록 길을 피해 주어 다소라도 공분(公憤)을 풀어 주어야겠다." 하고 드디어 힘써 사임하였다. 조금 지나서 각부(各部)에서도 모두 파직하였다.

原文

夏四月 參政朴齊純·學部李完用·度支閔泳綺·軍部權重顯·農部成岐運·內部李址鎔·法部李夏榮皆免 齊純於五賊 有文而黜 久耐全國之唾罵 又患外逼之日亟 雖位尊祿厚 嘗蚤夜彷徨 及羅·吳獄興 始大懼 對衆嘻曰 吾不知死日 寧避賢路 少洩公憤 遂力辭 已而各部皆罷.

(4월) 이완용(李完用)을 참정 대신에, 고영희(高永喜)를 탁지부 대신에, 이병무(李秉武)를 군부 대신에, 송병준(宋秉畯)을 농부 대신에, 임선준(任善準)을 내부 대신에, 조중응(趙重應)을 법부 대신에, 이재곤(李載崑)을 학부 대신에 각기 임명하였다.

이완용은 이등박문과 같이 결탁하여 온 나라가 청명(聽命)할 것을 원했으므로, 이등박문은 드디어 이완용을 참정 대신으로 힘써 천거한 것이다. 그러나 임금은 불허했다. 이등박문이 노하여 말하기를, "이완용이 참정 대신이 안 된다면 외신(外臣)도 이에 따라 사직하겠다." 하니, 임금은 마지못해 그대로 따랐다. 이완용이 임선준을 내부 대신으로 끌어들이자 임금은 말하기를, "임선준은 3품 관원인데 어찌 대신이 될 수 있는가?" 하니, 이완용이 대답하기를, "외국은 9품 대신도 있는데 어찌 불가하겠습니까?"라고 하여 임금은 말하기를, "네 마음대로 하라."고 하였다.

조중응(趙重應)의 초명이 중협(重協)으로 유생 시절에 일본인과 내통했다고 걸려들어 오랫동안 유배를 가 귀양살이를 하다가 갑오년(1894)에 발탁되어 인천 관찰사가 되었다. 그러다 얼마 안되어 박영효를 따라 다시 일본으로 도망하였다가 이에 이르러 시국이 또한 변하여 의젓이 환국하여 일본인의 심복이 되어 사법권을 관장하게 된 것이다. 무릇 가히 일본놈의 뜻을 맞히는 자로 창도(倡導)[1]하지 않는 것이 없어서 당시 사람들은 일본놈의 충노(忠奴)라고 지목하였다. 또한 본디 명가(名家)의 자손으로서 인척들의 절반은 남촌(南村)[2]과 혼인을 맺어 연결된 명성과 위세가 매우 넓었다. 그러므로 궁중의 내전에서 촌가에 이르기까지 비록 자그마한 일이라도 조중응이 말하면 일본인은 듣지 아니하는 것이 없었다. 무릇 소론(少論) 가문의 한준(寒畯)[3]한 자로 출세에 조경(躁競)[4]하는 자는 때를 타고 와서 따라붙어 조중응을 지극히 추켜올려 말하기를 '남촌주인(南村主人)이다'라고 떠받들었다.

註解

1) 창도(伥導) : 아양을 부리는 심부름꾼.
2) 남촌(南村) : 남산 고을(회현동, 남산동). 소론(少論)의 집성촌으로, 글만 읽고 벼슬하지 못한 선비들이 많아 '남산골 딸깍발이'라고 불렀다.
3) 한준(寒畯) : 생활은 가난하나 문벌은 좋은 선비.
4) 조경(躁競) : 마음을 조급히 굴며 남과 권세를 다투는 일.

原文

以李完用爲參政 高永喜爲度支大臣 李秉武爲軍部大臣

宋秉畯爲農部大臣 任善準爲內部大臣 趙重應爲法部大臣

李載崑爲學部大臣 完用深結博文 願擧國聽命 博文遂以參

政力薦 上持之 博文怒曰 完用不參政 則外臣從此辭矣 上

强從之 完用引善準長內部 上曰善準三品官耳 安得爲大臣

完用曰 外國有九品大臣 何不可之有 上曰 任汝爲之 重應

初名重協 儒生時坐通倭 久謫于外 甲午(高宗三十一年)擢

爲仁川觀察 未幾隨朴泳孝 復逃日本 至是 以時局又變 偃

然還國 爲倭復心 驟掌司法 凡可以中倭意者 無不伥導 時

人目爲倭忠奴 且素名家子也族 姻半南村 聲勢聯絡甚廣

故宮閭閻巷 雖細事 重應聞之則倭無不聞 凡少論寒畯之躁

競者 乘時趨附 至相推重 曰南村主人.

강원도 관찰사 김재풍(金在豊)을 면직시키고, 황철(黃鐵)로 대신케 하였으며, 최석민(崔錫敏)을 경기 관찰사로 삼았다. 황철은 의친왕 이강(李堈)을 수행하여 일본에서 10년 동안 머물러 있어 일본인과 친밀하였기 때문에 그것을 얻게 된 것이다. 이때에 중앙과 지방의 관직은 다 통감부에서 나왔으며, 임금은 '가(可)'라고 서명만 했을 뿐이었다. 통감부에 있는 일본 관리들은 다수가 우리나라 사람들에게 후한 뇌물을 요구하고, 벼슬자리에 오르도록 하였다. 이등박문도 이를 또한 두루 살필 수가 없었다. 황철은 관(官)에 이르자 날뛰며 망녕된 일을 저질러, 관동 사람들은 그를 "도깨비 채찍"이라고 불렀다.

原文

江原觀察使金在豊免 以黃鐵代之 崔錫敏爲京圻觀察使

鐵隨義親王堈 在倭十年 與倭昵故得之 是時內外官盡出統

監府 上署可而已 倭之官統監府者 多向我人 索厚賄以擬

官 博文亦未能周察也 鐵到官 跳跟妄作 關東號曰魍魎鞭.

대구 군수 박중양(朴重陽)을 옮겨 평안남도 관찰사로 삼고, 양근(楊根) 군수 양재익(梁在翼)을 충청남도 관찰사로 삼았으며, 파주 군수 김규창(金奎昌)을 전라남도 관찰사로 삼았다. 이건영(李健榮)과 권익상(權益相)은 부임하기도 전에 교체되었다.

原文

移大邱郡守朴重陽 爲平南觀察使 楊根郡守梁在翼 爲忠南觀察使 坡州郡守金奎昌 爲全南觀察使 李健榮·權益相 未赴而遞.

영친왕 이은(李垠)에게 대훈위이화대수장(大勳位李花大綬章)을 내렸다.

原文

賜英親王 大勳位李花大綬章.

경빈(慶嬪) 김씨가 죽었다. 헌종의 빈궁으로 순화궁(順和宮)이라 일컬어진 분이다.

原文

慶嬪金氏卒 憲宗嬪宮也 稱順和宮.

김윤식(金允植)이 사면되어 돌아왔다. 김윤식은 나이가 70을 넘었는데도 정력이 강하여 소년 같았으며, 섬에 귀양 가 있을 때 두 아들을 낳았다. 병오년(광무 10, 1906) 겨울에 70세 이상의 사람들을 모두 사면한다는 조칙이 내렸으나 김윤식만 홀로 누락되었었는데, 일진회에서 누차 정부를 논박하였으므로, 이때에 이르러 세상 형편이 장차 변하게 되자 먼저 석방된 것이다.

原文

赦金允植還 允植年踰七十 精强類少年 在島生二子 丙午

(光武十年)冬 有七十以上混赦之詔 而允植獨漏 一進會屢

駁政府 至是以時象將變 首先見釋.

장성(長城)의 기우만(奇宇萬)과 운봉(雲峰)의 박봉양(朴鳳陽)이 의병과 몰래 내통했다는 이유로 서울 감옥에 갇혔다가 한 달여 만에 모두 석방되었다.

原文

長城奇宇萬·雲峰朴鳳陽 以潛通義兵 見囚京獄 月餘俱

釋.

충청남도의 이종태(李鍾台)와 이상현(李商鉉)이 고군산도(古群

山島)에 10년 동안 유배되었다. 의병과 연락하였기 때문이다.

原文

충 남 이 종 태　이 상 현　유 십 년 우 고 군 산　이 의 병 연 락 야
忠南李鍾台 · 李商鉉　流十年于古群山　以義兵聯絡也.

　박영효(朴泳孝)가 일본에서 돌아와 부산에 이르러 상소를 올리고 대죄(待罪)를 하니, 조칙을 내려 사면하고 불러들여 서울에 집을 하사하였다. 근래 몇 년 사이에 박영효가 귀국한다는 말이 날로 꼬리를 물고 잘못 전해져서 도성 사람들이 왕왕 세차게 부는 파도처럼 다투어 뛰어나가 이마에 손을 얹고, "금릉위(錦陵尉)께서 돌아오셨다."고 외치곤 하였다. 그것은 일본의 기세가 날로 더 가혹해지는데 호소할 곳이 없어서 그런 까닭에, 박영효가 혹시라도 뭔가를 할 수 있을지를 바라는 마음이 없지 않았기 때문이다.

　박영효는 일찍부터 개화를 주장하였으니, 그것은 대개 자기 나라에 대해 뜻이 없을 수 없었던 것이 아니었다. 망명한 지 수십 년 동안 일찍이 난육(卵育)¹⁾의 마음을 품지 않았던 것이 아니었으며, 또한 이를 조종하는 끈이 일본에 있으니 일본인의 뜻을 얻지 못하면 벗어날 길이 없었다. 그런 까닭에 마음 속으로는 한국이요, 외면으로는 일본인 척하면서 누차 일본 천황에게 요청하니 일본은 드디어 그를 놓아주어 돌아오게 된 것이다.

　그의 소(疏)의 내용은 다음과 같다.

"엎드려 생각하건대 신들은 임금의 덕화에 의지하여 특별한 총 애를 받아 허물을 버리고 하자(결점)를 씻어내고, 만 번 죽을 지 경에서 발탁되어 몸을 백료(百僚, 백관)의 서열에 두시니 신은 비 록 미욱한 돼지와 물고기 같은 보잘것없는 몸이지만 어찌 감사하 고 두려워하는 뜻을 알지 못하겠습니까? 그 은혜로 말할 것 같으 면 하해(河海)도 오히려 얕고, 그 의리를 돌아보자면 『춘추』에 있 는 그대로입니다. 이 일단의 충군(忠君) 애국하는 마음으로 속히 혁신의 정치를 도모하여 아울러 열강들과 나란히 나가 독립의 기 반을 공고히 함이 필생의 소원이 되겠습니다. 불행히 군소배들 이 눈을 흘겨보고 많은 사람들의 시기가 다 이 몸에 모여서, 세 차례 전해진 무고는 베 짜던 어머니로 하여금 북²⁾을 던지도록 했 다고 한즉, 그 헛되이 죽어서 여러 간신들의 음모를 적중시켜 주 기보다는 차라리 자취를 해외에 도피하여 만에 하나 후일 성과를 도모할 것을 기약하는 것이 낫지 않겠습니까? 지금 국세가 위태 롭고 생령들은 곤궁에 지쳐 있으니, 신의 지극한 소원을 펴서 실 시할 희망이 없습니다. 백 번 생각하고 헤아려 봐도 차마 한갓 죽 음을 두려워하는 마음을 품고 오래도록 도망의 자취를 지을 수는 없습니다. 신은 본디 한국의 신하이며 죽어도 한국 귀신이 된다 는 것은 이치상으로 당연한 바입니다. 그런 까닭에 몸을 날려 바 다를 건너와 국경에서 대죄를 하며 감히 짧으나마 이 소장을 망 녕되이 충정을 드러내고자 한 것입니다. 스스로 신의 몸을 돌이 켜봐도 실은 신의 소유가 아닙니다. 엎드려 바라건대 성명(聖明) 께서는 굽어 살피시어 특별히 짐작하여 처리해 주옵소서."

이에 대한 비답이 내려졌다.

"지난 을미년(고종 32, 1895) 여름에, 박영효를 엄하게 조사하여 죄를 바로잡으라는 뜻의 조서를 내렸다. 그런데 사태가 분별하기가 모호하여 정황이 가히 마음을 상하게끔 하였다. 금릉위 박영효를 특별히 서용(敍用)하여 조정에서 의빈(儀賓)³⁾을 우대하는 뜻을 보이도록 하라."

註解

1) **난육**(卵育) : 어미 닭이 알을 품듯 부모가 자식을 키우는 것.
2) **북** : 베틀에 딸린 기구의 하나(날의 틈으로 왔다 갔다 하면서 씨실을 풀어주며 피륙을 짬.)
3) **의빈**(儀賓) : 부마도위(駙馬都尉) 등과 같이 왕족의 신분이 아니면서 이와 통혼(通婚)한 사람의 통칭. ※ 박영효는 철종의 옹주에게 장가들었다.

原文

朴泳孝 自日本還至釜山 上疏待罪 詔赦之召還 賜第于京

師 數年來 泳孝還國之說 式日踵訛 都民往往奔波 爭出加

額曰 錦陵尉至矣 蓋倭焰日酷 無處控訴 故不能無望於孝

之或有爲也.

泳孝夙主開化 蓋非無意於本國 而亡命數十年 未嘗不懷

其卵育 且條鏃在倭 不得倭意 則無由脫免 故內韓外倭 屢

우왜황　왜수종지귀　기소약왈
于倭皇　倭遂縱之歸　其疏略曰.

복이신속적금련　편몽은권　기구척하　발탁어만사지중　치
伏以臣屬籍禁臠　偏蒙恩眷　棄垢滌瑕　拔擢於萬死之中　置

신어백료지열　신수돈어　기부지감출지의재　어기은즉하해
身於百僚之列　臣雖豚魚　豈不知感忸之義哉　語其恩則河海

유천　고기의　즉춘추자재　시이단충애지심　극도혁신지정
猶淺　顧其義　則春秋自在　是以段忠愛之心　亟圖革新之政

병가열강　공고독립지기　위필생지원의　불행군소측목　중
幷駕列强　鞏固獨立之基　爲畢生之願矣　不幸群小側目　衆

시총집　삼전지무　이치투저지무　즉여기도사이중군간지모
猜叢集　三傳之誣　易致投杼之誣　則與其徒死以中群奸之謀

무녕도적해외　기도후효지만일재　견금국세급업　생영곤췌
毋寧逃跡海外　期圖後效之萬一哉　見今國勢岌嶪　生靈困瘁

신지지원　전시무망　백이사량　불인도회외사지심　이영작
臣之至願　展施無望　百爾思量　不忍徒懷畏死之心　而永作

포도지적야　신본한신　사위한귀　이소당연　고번신도해　대
逋逃之跡也　臣本韓臣　死爲韓鬼　理所當然　故飜身渡海　待

명계수　감진단장　망폭충곡　자고신신　실비신유　복걸성명
命界首　敢陳短章　妄暴衷曲　自顧臣身　實非臣有　伏乞聖明

부수감량　특사재처언　비왈　왕재을미（고종삼십이년）하
俯垂鑑諒　特賜裁處焉　批曰　往在乙未（高宗三十二年）夏

이박영효엄핵정죄지의조하의　내지사속알매　정가진념　금
以朴永孝嚴覈正罪之意詔下矣　乃知事屬黮昧　情可軫念　錦

릉위박영효　특위서용　이시조가우대의빈지의
陵尉朴泳孝　特爲敍用　以示朝家優待儀賓之意.

박영효(朴泳孝)가 도착하기에 앞서 임금은 궁내부 관원을 보내 중로(中路)에서 맞이하도록 하고, 금 130냥을 내어 민영찬(閔泳瓚)의 집을 사서 내려주었다. 그가 들어와서 알현할 적에 구제(舊

制)의 의관과 망건을 갖추었으며 비취 옥관자를 달았다. 임금이 물으니, "지난 갑오년에 폐하께서 하사하신 것입니다."라고 대답했다. 임금이 바다 건너 떠도는 신세에 어떻게 그것을 보존하며 지킬 수 있었는가?" 하고 묻자, 대답하기를, "신은 옥관자 보기를 폐하를 뵙는 것 같이 하였는데 어찌 감히 잃어버릴 수 있었겠습니까?"라고 하였다. 임금이 오래도록 감탄해 마지않았다. 이완용 등은 임금이 박영효를 대함에 더욱 융숭한 것을 보고 다들 눈을 휘둥글리며 엿보게 되었다.

原文

泳孝將至 上遣宮內府官 迎于中路 出金百三十兩 買閔泳瓚第 以賜之 其入見也 具舊制衣冠·網巾 懸翡翠玉貫子 上問之 對曰 去甲午(高宗三十二年)陛下所賜也 上曰 浮浮沈海 何以保守 對曰 臣見玉貫子 如見陛下 安敢失墜 上嗟歎良久 李完用等 見上待泳孝有加 皆睢盱伺之.

이지용(李址鎔)·민영기(閔泳綺)·권중현(權重顯)이 장차 일본을 가려고 부산에 이르렀을 때 국민들은 길을 막고 울부짖으며 욕을 하여 말하기를, "너희들은 대신으로서 일본에게 금고(金庫)를 양여하고 또한 부산진의 기지를 팔아먹었으니, 이 땅의 국민들은 장차 어디로 가란 말이냐? 너희가 이 땅을 속환(贖還)하지 못한다면 우리들을 모두 땅에 묻어라. 이 두 문제 중에 하나도 해결하지 못한다면 너희들은 살아 돌아가지 못할 것이다."라고 하며 여러 사람의 분노가 조수같이 밀어닥쳤다. 그 광경은 매우 위급한 공포에 사로잡혔으나 일본인의 호위에 의지해서 겨우 면했다.

原文

李址鎔·閔泳綺·權重顯 將往日本 至釜山 民遮道哭罵

曰 汝等以大臣 讓金庫于日本 又賣本鎭基址 此地之民 將

安歸乎 汝不贖還此地 則可坑盡吾屬 二者無一 汝不生還

衆怒如潮 光景危怖 賴倭護 僅免.

이완용(李完用)의 집에 장항아리가 여섯 개인데, 일시에 모두 깨졌다. 얼마 안 있어 신대(新臺)[1]의 소란이 있었다.

註解

1) 신대(新臺) : 이완용이 자부(며느리)를 간통했다는 것을 중국 고사(故事)를 원용해서 간접 표현한 것임. 위(衛)나라 선공(宣公)이 제나라에서 며느리를 맞아 데려왔는데, 그 아름다움에 반하여 자기가 취하려고 신대를 지어 그곳에 거처하도록 하였다.

原文

李完用家醬甕六 一時俱裂 未幾有新臺之喧.

충주에서 계란만한 크기의 큰 우박이 내렸다.

原文

^{충 주 대 박 여 계 란}
忠州大雹如鷄卵.

선산의 백성 최연희(崔淵喜)가 벼락에 맞아 죽었다.

原文

^{선 산 민 최 연 희   진 사}
善山民崔淵喜 震死.

일본 광도(廣島, 히로시마)에 큰 화재가 있었다.

原文

^{일 본 광 도 대 화}
日本廣島大火.

5월, 의정부를 개칭하여 '내각(內閣)'이라 하고 각부의 협판을 '차관(次官)'으로 참서를 '서기관(書記官)'으로 불렀으니, 일본의 제도를 좇은 것이다. 갑오(1894) 이래 관제가 여러 번 변경되어 칭호도 그에 따라 변했는데, 오래 가기도 했고, 혹은 잠깐 불려지다 없어진 것도 있어 뒤섞이고 생소한 느낌이 들었다. 벼슬자리에 있는 사람들은 대다수가 옛 칭호를 듣기를 좋아했고, 새로운 칭호로 불리는 것을 싫어했다. 그러므로 비서랑은 한림이라 불

렀고. 비서승은 승지라 불렀고, 협판은 참판으로. 대신은 판서라
부르는 것이 편하여 떳떳하게 들렸다. 오직 의정은 정승이라 못
하게 하여 의정이라 하였다. 이에 이르러 차관과 서기관의 제도
를 행함에 사람들은 그것을 영예로운 벼슬자리같이 여기지 않았
다.

原文

五月 改稱議政府曰內閣 各部協辦曰次官 參書曰書紀官

從倭制也 甲午(高宗三十一年)以來 官制屢更 稱號隨變

或久或暫 錯雜生疎 居官者多樂聞舊稱而惡新呼 故秘書朗

則喚翰林 秘書丞則喚承旨 協辦曰參判 大臣曰判書 恬以

爲常 而惟議政 則不曰政丞 而曰議政 至是次官·書記官

之制行 而人視之不類榮宦焉.

　교원(敎員) 정재홍(鄭在洪)이 자결하였다.
　박영효(朴泳孝)가 귀국하자, 서울 여러 민회(民會)의 사람들이
환영회를 열었다. 김가진(金嘉鎭)·김종한(金宗漢)·윤웅렬(尹雄
烈)·민병석(閔丙奭) 등이 다 모였다. 박영효는 병을 핑계대고 안
영중(安泳重)으로 하여금 대신 참석하도록 했다. 정재홍은 서울
에 사는 사람이다. 환영회가 바야흐로 진행되고 있을 때 갑자기

육혈포를 꺼내 자기 배에 대고 쏘았다. 많은 사람들이 크게 놀라 그를 병원으로 옮겼으나 수일 만에 죽었다. 박영효는 찾아가서 병문안을 하고 그가 죽자 부의금으로 50환을 내놓았다.

정재홍은 본래 글을 못하는데 그의 주머니를 검색하니 유서와 팔변가(八變歌)가 들어 있었다. 다 국문으로 쓰여졌는데, 대략 말은, '원수놈을 죽이려고 하였으나 형세가 장차 서로 죽이면 그걸로 그치는 것이요, 일을 이룰 수 없으니 차라리 홀로 자결하여 일찍이 품었던 뜻을 표하려 한다.'는 것이었다. 말이 우물쭈물 모호하여 뜻이 명확하지가 않아서 무엇을 뜻하는지 알 수가 없었다. 혹자는 '박영효를 죽이려고 한 것이나 대적할 수가 없었던 까닭에 자살한 것'이라고도 하였다. 정재홍은 본시 시국에 대해 비분강개한 나머지 교육에 성심을 다하였으며 당시에도 학교의 직임을 맡고 있었다. 대체로 또한 '지사(志士)'라고 이를 만한 사람이었다.

原文

敎員鄭在洪自殺 朴泳孝之還也 京師諸會人 設歡迎會 金

嘉鎭 · 金宗漢 · 尹雄烈 · 閔丙奭等咸集 泳孝稱病 使安泳

重代往 在洪京師人也 會方中 忽以六穴砲 自轟其腹 衆大

驚 昇致病院數日死 泳孝歷訪問疾 賻其死五十圜 在洪素

不文 檢其囊 有遺書 · 及八變歌 皆國文也 大槪言 欲殺讐

<ruby>人<rt>인</rt></ruby> <ruby>而<rt>이</rt></ruby><ruby>勢<rt>세</rt></ruby><ruby>將<rt>장</rt></ruby><ruby>相<rt>상</rt></ruby><ruby>殺<rt>살</rt></ruby><ruby>而<rt>이</rt></ruby><ruby>止<rt>지</rt></ruby> <ruby>無<rt>무</rt></ruby><ruby>濟<rt>제</rt></ruby><ruby>於<rt>어</rt></ruby><ruby>事<rt>사</rt></ruby> <ruby>寧<rt>녕</rt></ruby><ruby>獨<rt>독</rt></ruby><ruby>自<rt>자</rt></ruby><ruby>殺<rt>살</rt></ruby> <ruby>以<rt>이</rt></ruby><ruby>表<rt>표</rt></ruby><ruby>夙<rt>숙</rt></ruby><ruby>志<rt>지</rt></ruby> <ruby>吞<rt>탄</rt></ruby><ruby>吐<rt>토</rt></ruby><ruby>模<rt>모</rt></ruby>

<ruby>糊<rt>호</rt></ruby> <ruby>語<rt>어</rt></ruby><ruby>意<rt>의</rt></ruby><ruby>不<rt>불</rt></ruby><ruby>明<rt>명</rt></ruby> <ruby>不<rt>부</rt></ruby><ruby>知<rt>지</rt></ruby><ruby>其<rt>기</rt></ruby><ruby>何<rt>하</rt></ruby><ruby>所<rt>소</rt></ruby><ruby>指<rt>지</rt></ruby><ruby>也<rt>야</rt></ruby> <ruby>或<rt>혹</rt></ruby><ruby>言<rt>언</rt></ruby><ruby>欲<rt>욕</rt></ruby><ruby>殺<rt>살</rt></ruby><ruby>泳<rt>영</rt></ruby><ruby>孝<rt>효</rt></ruby> <ruby>不<rt>부</rt></ruby><ruby>敵<rt>적</rt></ruby><ruby>故<rt>고</rt></ruby><ruby>自<rt>자</rt></ruby><ruby>殺<rt>살</rt></ruby>

<ruby>在<rt>재</rt></ruby><ruby>洪<rt>홍</rt></ruby><ruby>慷<rt>강</rt></ruby><ruby>慨<rt>개</rt></ruby> <ruby>憤<rt>분</rt></ruby><ruby>時<rt>시</rt></ruby><ruby>局<rt>국</rt></ruby> <ruby>盡<rt>진</rt></ruby><ruby>心<rt>심</rt></ruby><ruby>敎<rt>교</rt></ruby><ruby>育<rt>육</rt></ruby> <ruby>現<rt>현</rt></ruby><ruby>帶<rt>대</rt></ruby><ruby>學<rt>학</rt></ruby><ruby>校<rt>교</rt></ruby><ruby>之<rt>지</rt></ruby><ruby>任<rt>임</rt></ruby> <ruby>蓋<rt>개</rt></ruby><ruby>亦<rt>역</rt></ruby><ruby>志<rt>지</rt></ruby><ruby>士<rt>사</rt></ruby><ruby>云<rt>운</rt></ruby>.

서울 사람들이 국채금총합소(國債金總合所)를 세우고 김종한 (金宗漢)을 회장으로 삼았다. 얼마 안 되어 횡령 사건이 있어 윤 웅렬(尹雄烈)로 대신하게 했다. 그곳에 모인 돈은 연이율 4푼으 로 하여 은행에 맡겼다.

原文

<ruby>京<rt>경</rt></ruby><ruby>師<rt>사</rt></ruby><ruby>人<rt>인</rt></ruby> <ruby>建<rt>건</rt></ruby><ruby>國<rt>국</rt></ruby><ruby>債<rt>채</rt></ruby><ruby>金<rt>금</rt></ruby><ruby>總<rt>총</rt></ruby><ruby>合<rt>합</rt></ruby><ruby>所<rt>소</rt></ruby> <ruby>以<rt>이</rt></ruby><ruby>金<rt>김</rt></ruby><ruby>宗<rt>종</rt></ruby><ruby>漢<rt>한</rt></ruby><ruby>爲<rt>위</rt></ruby><ruby>會<rt>회</rt></ruby><ruby>長<rt>장</rt></ruby> <ruby>未<rt>미</rt></ruby><ruby>幾<rt>기</rt></ruby> <ruby>有<rt>유</rt></ruby><ruby>贓<rt>장</rt></ruby><ruby>犯<rt>범</rt></ruby>

<ruby>以<rt>이</rt></ruby><ruby>尹<rt>윤</rt></ruby><ruby>雄<rt>웅</rt></ruby><ruby>烈<rt>렬</rt></ruby><ruby>代<rt>대</rt></ruby><ruby>之<rt>지</rt></ruby> <ruby>所<rt>소</rt></ruby><ruby>集<rt>집</rt></ruby><ruby>金<rt>금</rt></ruby> <ruby>定<rt>정</rt></ruby><ruby>以<rt>이</rt></ruby><ruby>年<rt>년</rt></ruby><ruby>邊<rt>변</rt></ruby><ruby>四<rt>사</rt></ruby><ruby>分<rt>분</rt></ruby><ruby>息<rt>식</rt></ruby> <ruby>屬<rt>속</rt></ruby><ruby>之<rt>지</rt></ruby><ruby>銀<rt>은</rt></ruby><ruby>行<rt>행</rt></ruby>.

안경수(安駉壽)를 신원해 주려고 이유인(李裕寅)을 체포하여 신문하려고 했는데, 이유인은 겁을 지레 먹고 죽었다. 안경수의 처가 평리원에 호소하기를, 안경수의 죽음은 임금의 뜻이 아니 라 이유인이 마음대로 죽인 것이라 하고, 심리하고 판결하여 목 숨으로 보상할 것을 청하였다. 이유인은 그때 김해군에 있다가 체포되어 즉일로 밀양의 전사(田舍)에 이르렀다가 깊이 잠이 든 채 일어나지 못했다. 경사(京司)에서는 보고를 받고 곧 일본인 의 사를 보내 검시하였다. '의사는 놀라서 기(氣)가 막혀 뇌막(腦膜)

이 적체되어 죽은 것으로, 다른 이유는 없다'고 말했다. 대개 담
파증(膽破症)과 비슷한 것이다.

原文

伸安駉壽寃 逮問李裕寅 裕寅怖死 駉壽妻訴平理院 以駉
壽之死非上意 出於裕寅擅殺 請質判償命 裕寅時在金海郡
被逮 卽日至密陽田舍 熟睡仍不起 京司見報 卽送醫倭檢
之 醫言喫驚氣塞腦膜積滯而死 無他由 蓋膽破之類也.

청국 주재 일본 공사 임권조(林權助)가 귀국할 때 서울에 들러
10여 일 있다가 출국했다.

原文

倭駐淸公使林權助 因還國 歷入京師 十餘日出發.

경복궁(景福宮)의 경회루(慶會樓)를 외국 손님을 영접하는 장
소로 삼았다.

原文

以景福宮之慶會樓 爲迎接外賓之所.

김사묵(金思默)을 경상남도 관찰사로, 이호성(李鎬成)을 충청
북도 관찰사로 삼았다. 이호성은 이완용의 일가붙이로 바야흐로
목포항에 살면서 상관(商館)을 열었다.

原文

以金思默爲慶南觀察使　李鎬成爲忠北觀察使　鎬成完用
之族也　方居木浦港　開商館.

「대한일보사(大韓日報社)」는 일본인이 설립한 것으로, 간행한
지 이미 몇 년이 되었다. 이때에 이르러 주필 반전삼랑(飯田三郞)
과 삼호평길(森戶平吉) 등은 우리나라에 고빙(雇聘)된 여러 일본
인들이 교활하고 포학함이 날로 심한 것을 보고, 자못 옳지 못한
짓이라고 여겨 드디어 환산중준(丸山重俊)과 호자우일랑(呼子友
一郞) 등의 악행을 신문 지면에 게재하여 공박하였다. 환산중준
(丸山重俊) 등은 이 사실을 이등박문에게 호소하여 「대한일보」의
간행을 정지시키고, 강제로 그들을 돌려보냈다.

原文

大韓日報社者 倭人所設也 行之已有年 至是其主筆人 飯
田三郞·森戶平吉等 見諸倭之雇聘於我者 狡虐日甚 頗不
直之 遂臚列丸山重俊·呼子友一郞等 惡行於報面 以攻駁

之 ^중重^준俊^등等^소訴^박博^문文 ^령令^정停^간刊 ^늑勒^귀歸^기其^국國.

대내(大內)에서 신화 10만 환을 내려 보내 윤택영(尹澤榮)에게 명해 국혼(國婚) 때 진 빚을 갚게끔 하였다.

原文

^내內^하下^신新^화貨^십十^만萬^환圜 ^명命^윤尹^택澤^영榮^상償^국國^혼婚^시時^채債^액額.

일본인들이 대궐 출입표를 팔고 표가 없는 사람은 들어가지 못하게 하였다. 이때 어소(御所)에는 '참내료(參內料)'라 칭하여 1매에 16원을 받았고, 동북의 양궐[兩闕, 창경궁(동궐)과 경복궁(북궐)]은 '배관권(拜觀券)'이라 하여 1매에 12환을 받았다. 연극장에서 하는 것과 유사한 방식이었다.

原文

^왜倭^인人^매賣^궐闕^문門^출出^입入^표票 ^무無^표票^자者^부不^득得^입入 ^시時^어御^소所 ^즉則^칭稱^이以^참參^내內^료料

^일一^매枚^십十^육六^환圜 ^동東^북北^양兩^궐闕 ^즉則^칭稱^이以^배拜^관觀^권券 ^일一^매枚^십十^이二^환圜 ^유類^극劇^장場

^지之^위爲^자者.

명천 군수 한남규(韓南奎)를 함경남도 관찰사로 삼았다.

原文

<ruby>以<rt>이</rt></ruby> <ruby>明<rt>명</rt></ruby> <ruby>川<rt>천</rt></ruby> <ruby>郡<rt>군</rt></ruby> <ruby>守<rt>수</rt></ruby> <ruby>韓<rt>한</rt></ruby> <ruby>南<rt>남</rt></ruby> <ruby>奎<rt>규</rt></ruby> <ruby>爲<rt>위</rt></ruby> <ruby>咸<rt>함</rt></ruby> <ruby>南<rt>남</rt></ruby> <ruby>觀<rt>관</rt></ruby> <ruby>察<rt>찰</rt></ruby> <ruby>使<rt>사</rt></ruby>

以明川郡守韓南奎爲咸南觀察使.

민종식(閔宗植)·민형식(閔衡植)·이용태(李容泰)·나인영(羅寅永)·오기호(吳基鎬)·김인식(金寅植)·이기(李沂) 등을 유배 보냈다. 연한은 차이가 있었다.

진도(珍島)에는 이용규(李容圭)·박윤식(朴潤植)·김덕진(金德鎭)·곽한일(郭漢一)·황영수(黃英秀)·정재호(鄭在鎬)가 유배되었고, 지도(智島)에는 박재홍(朴在洪)·조규현(曺圭顯)·양문순(梁文淳)을 귀양 보내고, 진도에 유배된 사람들은 모두 종신형이었다. 민형식·이석종(李奭鍾)은 철도(鐵島)에 10년 유배되고, 이용태· 김동필(金東弼)·강상원(康相元)·지팔문(池八文)·박종섭(朴鍾燮)·김경선(金京善)·황문숙(黃文淑)·황성주(黃聖周)·이경진(李京辰)·조화춘(趙化春)·나인영(羅寅永)·박두표(朴斗杓) 등은 지도로 10년 유배 보내고, 이승대(李承大)·최익진(崔翼軫)·서창보(徐彰輔)·이광수(李光秀)·윤충하(尹忠夏)·김영채(金永采)·최동식(崔東植)·권재중(權在重) 등은 진도에 10년 유배 보내고, 정인국(鄭寅國)·이기 등은 진도에 7년 유배 보내고, 윤주찬(尹柱瓚) ·오기호·김인식·서정희(徐廷禧) 등은 진도에 5년 유배 보내고, 김덕준(金德俊)·이완수(李完秀)·차정오(車正午)·이승당(李承唐)·이상학(李常學) 등은 지도에 5년 유배 보내는 형에 처했다.

이용규(李容圭) 등 6명은 민종식당(閔宗植黨)에 연좌된 것이고, 박재홍 등 3인은 양한규당(梁漢奎黨)에 연좌된 것이고, 이석종 이하 30여 명은 모두 민형식과 더불어 권중현(權重顯)을 죽이려고 모의한 죄로 걸려든 것이다.

이완용(李完用) 등이 민종식(閔宗植)을 죽이려고 하였으나 조중응(趙重應)이 강력히 버티고 있어서 사형에서 감면되는 판결을 얻어냈다. 이종원(李鍾元)은 민종식의 겸인(傔人, 시종)으로, 처음부터 끝까지 모시고 보호하는데 힘을 다하여 조석으로 밥그릇을 들고 와서 옥문 밖에서 부르며 눈물을 흘리니, 이 소식을 들은 사람들은 그를 의롭다 하였다.

호남 의병장 양회일(梁會一)·임낙균(林洛均)은 15년 유배형에, 안찬재(安贊在)·유태경(柳泰京)·신태환(申泰煥)·이윤선(李允善)은 10년 유배형에 각각 처해졌다. 양회일 등은 오랫동안 광주(光州)에 수감되어 있다가, 이에 이르러 선고되었다.

原文

流閔宗植·閔衡植·李容泰·羅寅永·吳基鎬·金寅植·李沂等 年限有差 珍島李容圭·朴潤植·金德鎭·郭漢一·黃英秀·鄭在鎬 智島朴在洪·曹圭顯·梁文淳 珍島幷終身 閔衡植·李奭鍾鐵島十年 李容泰·金東弼·康相元·池八文·朴鍾燮·金京善·黃文淑·黃聖周·李京辰

·趙化春·羅寅永·朴斗杓智島十年 李承大·崔翼軫·徐

彰輔·李光秀·尹忠夏·金永采·崔東植·權在重 珍島十

年 鄭寅國·李沂珍島七年 尹柱瓚·吳基鎬·金寅植·徐

廷禧珍島五年 金德俊·李完秀·車正午·李承唐·李常學

智島五年 其李容圭等六人坐宗植黨 朴在洪等三人坐梁漢

奎黨 李㙉宗以下三十餘人 皆與衡植謀殺權重顯獄也 李完

用等欲殺宗植 趙重應力持之 得減死論 有李鍾元者 宗植

傔人也 終始陪護竭力 朝夕持一盂餼 呼泣獄門外 聞者義

之 流湖南義兵梁會一·林洛均十五年 安贊在·柳泰京·

申泰煥·李允善十年 會一等久囚光州 至是宣告.

일진회(一進會)에서 연명소를 올려 최제우(崔濟愚)의 신원을 요청하였다. 법부 대신 조중응(趙重應)이 각의(閣議, 내각회의)에 제출하여 허락을 받았다. 일진회 회장 이용구(李容九)는 최제우가 죽은 날을 기려 자기집에서 제사를 지냈는데, 제사에 참여한 사람이 만 명을 헤아렸다.

原文

一進會聯疏 請雪崔濟愚 法部趙重應 提出閣議 許之 會

長李容九 祭濟愚死日於其家 與祭者萬數.

평양성 남문을 철거하였다.

原文

毀平壤城南門.

일본은 모병령(募兵令)을 반포하였다. 〔이 영(令)은〕 3개 항으로 그 내용은 현역 · 예비역 · 국민병역으로 나누어져 있고, 나이 17세부터 40세에 이르기까지로 한정하였는데, 그 지원에 따르고 강제 모집은 허락하지 않았다. 그러나 이 일은 끝내 시행되지 않았다.

原文

倭頒募兵令 分作三項 曰現役 曰預備役 曰國民兵役 限

年十七至四十 從其願 不許勒募 然事竟不行.

부산 사람 정덕규(鄭德奎)와 대구에 사는 박씨 성을 가진 여인이 일본인에게 유인당해 모두 동경으로 갔다. 두 사람은 나이가 채 30세가 안 되었는데 모두가 어리석었다. 일본인은 이들을 한국 복식으로 분장시켜 정씨는 상투를 틀어 올리고 망건으로 묶은

위에 큰 삿갓을 썼으며, 소매가 넓은 도포를 입었다. 박씨 여인은 쪽을 찌고, 좁은 소매의 적삼과 긴 치마를 입었는데, 다 극히 넉넉해 보이도록 하여 의자에 조용히 앉아 있도록 했다. 그것은 우리나라 사람을 모욕하고 우롱한 것으로 마치 꿈틀거리는 동물로 얕잡아 보아 박람회에 출품했던 것이다. 그런데 두 사람은 그 이유를 알지 못하고 단지 그들의 말에 의하여 묵묵히 앉아서 날짜를 보냈다. 각국 사람들이 이것을 보고 일본 사람들의 얄팍하고 악한 것을 탓하지 않는 이가 없었다. 마침 민원식(閔元植)이 시찰차 갔다가 그것을 보고 매우 안타깝게 여겨 몸값을 갚아주고 데려왔다.

原文

釜山民鄭德奎 · 大邱朴姓女 俱被倭誘 入其東京 二人年
未三十 俱廢駿 倭各扮之 以韓裝 鄭懸髻 裹網巾 戴大笠
穿廣袖袍 朴北髻 窄袖衫長裙 皆務極寬博 令踞椅嘿坐 蓋
侮弄我人 以蠢動物 出品于博覽會 而二人不知其由 但依
其言 嘿坐度日 各國人縱覽 無不恨倭之薄惡 適閔元植以
視察至 大慟贖以還之.

일본인이 충청북도의 철도에 인접해 있는 여러 군의 어리석은 백성들을 유혹하여, 자기 나라의 철도부설 사업이 한창인데 한 달치 품삯이 400환이라면서 모집에 응해 갈 것 같으면 단시일 내 천금을 벌 수 있다고 하였다. 혹 응모에 응하는 사람이 있으면 곧바로 400환을 지급하니, 이에 다투어 서로 나가니 열흘 사이에 600여 명이나 되었다. 일본인들은 그들을 재촉하여 기차에 태우고 배에 실어 보냈다. 그리고 나서 한 번 가면 소식이 묘연하였다. 이 일을 아는 사람들이 말하기를, "묵서가(墨西哥, 멕시코)로 갔다."고 하였다.

原文

倭誘忠北鐵道傍近諸郡愚民 以其國鐵道役殷 一朔雇金 至四百圜 如募往者 指顧致千金 或試應之 輒予四百圜 於是 爭相赴 旬日得六百餘 倭乃催車下船 一往杳然 知其事者 謂往墨西哥.

전고소(銓考所, 시험 보던 관서)를 혁파하였다.

原文

罷銓考所.

박씨 여자가 계룡산에서 서울의 냉정동(冷井洞, 냉천동)으로 옮겨 살았는데, 나이는 39세로, 아직도 시집을 가지 않았다.

『주역(周易)』 읽기를 좋아하여 그 동리의 여자들에게 가르쳐 주었다. 사람들이 그 여자를 '박주역(朴周易)'이라 불렀다.

原文

有朴氏女 自鷄龍山 轉寓京師之冷井洞 年三十九 猶不嫁 喜讀周易 敎授其隣里女子 人號朴周易.

전 검사 이준(李儁)이 헤이그 평화회의에서 나라의 변고를 호소하고 스스로 칼로 자결했다. 전에 유럽인들은 만국평화회의(萬國平和會議)1)를 창설하였는데, 춘추의상회(春秋衣裳會)2)의 모임 같은 것이었다. 이제 5회째라 하기도 하고, 혹은 두 번 모임이라고도 하는데, 모임 장소는 기간이 임박해서 정하기 때문에 일정함이 없었다. 이때는 네덜란드 헤이그에서 모임을 가졌다. 임금은 그 소식을 듣고 비밀히 이준을 파견하였으며, 옥새를 찍은 문빙(文憑)을 가지고 가게 하였다. 해삼위(海蔘威, 블라디보스토크)에 가서 이상설(李相卨)과 함께 러시아에 이르렀고, 그곳을 경유하여 헤이그에 이르렀다.

이범진(李範晋)의 아들 이위종(李瑋鍾)은 그때 나이 21세였으며, 7세부터 부친을 따라 구미 각국을 두루 다녀서 능히 서양말을 잘하여 그도 같이 딸려 보냈다. 이미 헤이그에 이르러서, 이위종이 을사조약(乙巳條約)에 대한 나라의 변고의 자초지종을 수만 마디의 말로 진술하였으나 회의 참가자들은 한국인은 외교권이 없다 하여 물리치고 들으려 하지 않았다. 이준은 분하고 억울함을 이겨내지 못하고 스스로 자기의 배를 찌르고 뜨거운 피를 움켜쥐고 좌석에다 뿌리며 말하기를, "이같이 해도 족히 믿지 못하겠는가?" 하였다. 피가 철철 흘러 떨어지고 몸은 이미 쓰러졌다. 회의 참석자들은 크게 놀라서 서로 돌아보고 혀를 차며 말하기를, "천하의 열렬한 대장부로다. 일본이 참으로 나쁜 나라구나." 라고 하였다. 그것은 (대개) 일본은 우리 한국이 자기 나라에게 부속되기를 원한다고 여러 나라를 속였던 까닭에 유럽인들은 반신반의했던 것이다. 이에 이르러 저들의 간정(姦情)이 모두 폭로되니 일본은 해명할 도리가 없어, 마침내 부끄럽고 노하여 이상설 등을 해치려 하였으나 미국 대사가 보호하여 데리고 갔다.

이준(李儁)은 종성(宗姓, 전주 이씨)으로 북관 사람이다. 체구는 작고 뚱뚱하며 성격은 강열(剛烈)하여 매양 술이 취하면 분해서 주먹을 쥐고 말하기를, "죽는다면 어찌 그대로 죽겠는가?" 하더니, 이때 이르러 실천에 옮겼다.

이상설은 이로부터 구미 각국을 주유하다 해삼위에 이르러 본가와 통하고 땅을 팔아서 몰래 빼내 와서 여비로 사용했다. 이상설은 본래 재산이 넉넉하였으나 수년이 안 되어 모두 없어졌고 식구들도 이리저리 옮겨 다니게 되었다. 일본 정부는 헤이그 밀사사건을 듣고 이상설을 교형에 처한다고 서울과 지방에 반포하여 알렸다.

註解

1) 만국평화회의(萬國平和會議) : 1899년과 1907년에 러시아 황제 니콜라스 2세의 주창으로 헤이그에서 열린 두 차례의 국제회의. 첫 번째는 26개국, 두 번째는 44개국의 대표가 헤이그에 모여 국제간의 평화 유지 문제를 토의함.

※ 편집자 주(註) : 고종 황제는 이준(李儁) 열사에게 보냈던 밀서보다 1년 1개월 전인 1906년 5월 프랑스인 정무 고문 트레믈러를 통해 독일 황제 빌헬름 2세에게 전달한 밀서가 있었다. (2008년 2월 20일 중앙일보 발표) 그 내용은 일본에 외교권을 빼앗긴 을사늑약(1905년)의 부당함을 알리고 지원을 요청하였다.

2) 춘추의상회(春秋衣裳會) : 춘추시대 병거회(兵車會)와 같은 국제적인 평화회의.

原文

前檢事李儁 訴國變于海牙平和會 自刺死之 先是 歐洲人

創萬國平和會 類春秋衣裳之會也 今凡五會 或云再會 會

地臨期先定故無一定 是時 會于荷蘭之海牙州 上聞之 密

遣儁 持御押文憑 往海參威 與李相卨同至俄國 由俄以海

牙焉 李範晋子瑋鍾 年方二十一 自七歲隨父 游歷歐美 能

操洋語 故亦從焉 旣至海牙 瑋鍾歷陳我韓倭變首尾數萬言

會者以韓人無外交權 麾之不諦聽 儁不勝憤寃 自割其腹

掬熱血 灑于座曰 如是而猶不足信乎 血瀝瀝飛墜 而身已

倒矣 衆大驚 相顧嘖嘖稱曰 天下烈丈夫 日本儘無狀哉 蓋

倭以我韓情願附屬 誑萬國 故歐人疑信相半 至是姦情畢露

倭無辭以明 遂慚怒 欲害相㘵等 美使挾之以去 儁宗姓 北

關人也 體短而胖 性剛烈 每酒酣 奮拳曰 死矣豈徒死 至是

驗焉 相㘵自是周流歐美 或至海蔘威 通于其家 賣田産 密

輸以供資斧 相㘵素饒於貲 未數年而蕩然 妻子轉徙 倭聞

海牙事 處相㘵絞刑 頒示中外.

안정수(安定洙)·유성춘(柳成春)·장경(張景) 등이 북미주에
온 유민(流民)들과 함께 대동보국회(大同保國會)¹⁾를 창설하였다.

註解

1) 대동보국회(大同保國會) : 1905년 장경(張景)을 중심으로 교육진흥
을 위한 대동교육회를 조직하였는데, 1907년 대동보국회로 확대,
개편하여 조국독립을 위한 운동을 전개했다.

原文

安定洙·柳成春·張景等 在北美 與諸流民 創大同保國
會.

큰 가뭄이 들었다. 삼남 지역 백여 군의 협곡과 벌판에 겨우 절반밖에 이앙(移秧, 모내기)을 못했으며, 그 나머지는 누런 티끌이 하늘을 덮어 천리에 근심하는 소리로 가득했다.

충청남도의 10여 개 군에 흑충(黑虫)이 벼를 해쳤으며, 이어서 과일·채소·초목까지 해쳤다.

6월 초에 이르러서야 비로소 큰 비가 내렸다.

原文

大旱 三南百餘郡峽原僅半秧 其餘黃埃漲天 千里嗷然 忠
南十餘郡 黑虫害稼 延次果蔬草木 至六月初 始大雨.

서울 이현(泥峴, 진고개)에서는 미친개가 일본인 7명을 물어 죽였다. 태평동(太平洞, 태평로)에서는 고양이가 일본 아이를 물어 즉사시켰다.

原文

京師泥峴 狂犬咬七倭死 太平洞 猫咬雛倭立死.

일본 수호시(水戶市)에서 큰 화재가 발생하여 가옥 200여 채가 불탔다.

原文

^{일 본 수 호 시 대 화   소 이 백 여 가}
日本水戶市大火 燒二百餘家.

청국의 남경학당(南京學堂)에서는 큰 소리가 지하에서 울려나오는 일이 있었다. 무너질 듯한 이런 형세는 연일 네 번이나 발생했다. 지질학자가 구명(究明)한 바로는, "지하에 다섯 개의 금광(金礦, 광맥)이 전기에 부딪혀 소리를 내는 것이다."라고 하였다.

原文

^{청 국 남 경 학 당   유 대 성 출 지 하   유 최 탑 지 세   연 일 사 발   구 지}
淸國南京學堂 有大聲出地下 有摧塌之勢 連日四發 究地

^{질 지 학 자   언 하 유 오 금 광   촉 동 전 기   이 발 성 야}
質之學者 言下有五金礦 觸動電氣 以發聲也.

6월, 박영효(朴泳孝)가 궁내부 대신이 되었다.

原文

^{육 월 이 박 영 효 위 궁 내 부 대 신}
六月以朴泳孝爲宮內府大臣.

혜성이 동쪽에서 나왔는데, 길이가 한 발 남짓 되었으며, 형혹성(熒惑星)은 남두(南斗)[1]로 들어갔다.

註解

1) 남두(南斗) : 남두육성(南斗六星). 궁수(弓手)자리의 일부를 차지하
는 국자 모양을 한 여섯 개의 별. '임금의 수명' 또는 '재상의 관작'을
주관하는 별자리로 알려져 있다.

原文

혜 출 동 방　　　장 장 여　　　형 혹 입 남 두
彗出東方　長丈餘　熒惑入南斗.

일본 특사 임동(林董)이 내한했다. 이지용(李址鎔)·민영기(閔
泳綺)·권중현(權重顯)이 따라 들어왔다. 해아(海牙, 헤이그)의 평
화회의에 참석한 일본인들이 이준(李儁)의 일을 자기 나라에 보
고하니, 저들 국내가 크게 진동하여 이등박문의 허술함을 비난
하고, 우리나라 사람들의 반복(反覆, 배신)함을 몹시 한스러워했
다. 드디어 크게 징계하고자 임동이 외무 대신으로 특파되어 급
히 달려와 이르렀으니, 죄를 묻고자 한 것이라 일컬었다.

原文

왜 사 임 동 래　　　이 지 용　　　민 영 기　　　권 중 현 수 환　　　왜 재 해 아 자
倭使林董來　李址鎔·閔泳綺·權重顯隨還　倭在海牙者
보 이 준 사 우 기 국　　　국 내 대 진　　　구 박 문 지 소 완　　　중 한 아 인 반 복
報李儁事于其國　國內大震　咎博文之疎緩　重恨我人反覆
수 욕 대 행 징 창　　　동 이 외 무 대 신 특 파　　　성 치 이 지　　　칭 이 문 죄
遂欲大行懲創　董以外務大臣特派　星馳而至　稱以問罪.

(6월) 9일 무진(戊辰), 임금은 내선(內禪)[1]을 결정하고 황태자

(皇太子) 이척(李坧)에게 명하여 서무(庶務)[2]를 대리케 하였다. 이전의 경향의 여론이 임금은 덕을 많이 잃어서 민심이 이미 떠나 가히 만회할 수 없으니, 만일 선위(禪位)를 하여 보좌할 사람을 잘 얻을 것 같으면 이목이 일신할 것이므로 진실로 그러하기를 바랐으나 감히 먼저 발설하지 못했다. 유성준(俞星濬)은 일찍이 바깥의 의론을 비밀히 알려서, "폐하는 쉬시고 진실로 사람을 발탁하여 얻는다면 종묘사직이 힘을 얻을 수 있으니, 어찌 이 같은 경사가 있겠습니까?"라고 하였다. 임금이 아무 말도 없었으므로 유성준은 두려워 물러나왔다. 이에 이르러 일본은 헤이그 사건의 원한을 품고 더욱 깊이 압박을 가하여 현 임금을 퇴위시키는 게 더욱 급했다. 이에 군대를 파견하여 궁성을 포위하고 이등박문은 이완용 등을 불러서 세 가지 일을 요구하게 하였다.

첫째, 을사조약(乙巳條約)의 문서에 옥새를 찍을 것.
둘째, 다른 사람을 천거하여 섭정을 시키되 황위(皇位)를 함께 할 것.
셋째, 임금은 일본에 건너가서 일본 천황에게 사죄할 것.

임금은 모두 허락하지 않았다. 이완용 등이 대답하여 말하기를, "그렇지 않으면 마땅히 태자에게 황제위를 전해 주어 비난을 막으셔야 합니다." 하였으나 임금은 윤허하지 않았다. 이완용이 칼을 빼어 들고 큰 소리로 말하기를, "폐하는 오늘날이 어떠한 세상인지 아십니까?" 하였다. 당시 무감(武監)과 액례(掖隷)[3]들이 폐하를 모시고 있던 자가 아직도 많았는데 이완용의 태도를 보고 분노하지 않음이 없었으며, 모두 칼집에서 칼을 뽑아들려고 하면서 임금의 말 한마디를 기다려 찔러서 만단을 내려 하였다. 그러나 임금은 슬픔을 머금은 채 말없이 못 들은 체하였다. 조금 지나서 이완용을 곁눈질하여 보며 말하기를, "그렇다면 황제위를 전하는 것이 옳겠다." 하니, 이완용 등은 물러나왔다.

다음날 조작된 조서가 내려졌는데, 그 내용은 다음과 같다. "짐은 열조(列朝)의 비기(丕基)⁴⁾를 이어받은 지 이제 44년이 되었다. 여러 번 다난한 시국을 거쳐 다스림이 뜻대로 되 주지 않았고, 사람을 천거해도 그 바라던 사람이 아니어서 소란이 날로 심해지고, 조처한 일들이 많이 어긋나서 시의(時宜)가 어렵게 되고, 근심스러움이 바야흐로 급박한 지경에 이르러 백성의 곤궁함과 나라 운명의 위태로움이 이때보다 심한 적이 없었다. 마치 전전긍긍하여 살얼음판을 건너가는 것 같았다. 다행히 원량(元良)⁵⁾의 덕기(德器)⁶⁾가 타고나 훌륭한 명성이 일찍이 드러났으니, 효성을 다하여 문안을 드리는 여가에도 도움을 준 것이 크고 많았다. 지금 시정 개선의 방법으로 부탁할 만하다. 짐은 사사로이 생각건대 오직 내선을 전할 것을 권한다. 스스로 역대 이미 행한 예(例)가 있고, 또한 우리 앞선 임금들의 성대한 예(禮)가 있으니 바르게 소술(紹述)⁷⁾하라. 짐은 이제부터 나라의 대사를 황태자에게 대리할 것을 명하노니, 무릇 각 의절은 궁내부와 장례원에서 마련하여 거행토록 하라."

註解

1) **내선**(內禪) : 현황이 있으면서 왕위를 자제에게 물려주는 것.
2) **서무**(庶務) : 서정(庶政). 모든 정사(政事).
3) **액례**(掖隷) : 조선시대 액정서(掖庭署)에 속한 관리. 왕명을 전달하거나 대궐의 일을 맡아보는 관리.
4) **비기**(丕基) : 왕조 대대로 전해 내려오는 기업(基業). 큰 바탕. 왕업의 바탕.
5) **원량**(元良) : 매우 선량함. 태자를 일컬음.
6) **덕기**(德器) : 덕행과 기량(氣量). 훌륭한 인격.
7) **소술**(紹述) : 선왕조가 이미 행한 예. 앞 사람의 일을 이어받아 행함.

原文

初九日戊辰 上內禪 命皇太子坧代理庶務 先是 中外之議

以上多失德 民心已離 不可挽回 如得傳禪 而輔佐有人 則

耳目一新 庶幾苟延 然莫敢先發 俞星濬嘗密白外議 欲陛

下養閒 苟付托得人 宗社有賴 何慶如之 上嘿然 星濬懼而

退 至是 倭恨海牙事 操切益急 派兵圍宮城 博文招李完用

等 要以三事.

一, 追鈐御璽于乙巳五條約券.

二, 薦人攝政與共皇位.

三, 車駕渡海 謝罪倭皇.

上皆不允 完用等對曰 不然 當傳位太子 以塞嘖言 上猶
不許 完用拔釖厲聲曰 陛下謂今日何如世乎 時武監掖隸陛
侍尙衆 見完用狀 莫不憤怒 皆敲刀出鞘 待上一言 欲斫成
萬段 而上慘嘿類不會者 有頃 睨完用曰 然則傳位可也 完
用等出 明日下嬌詔曰 朕嗣守列祖丕基 今四十有四載 屢經
多難 治不徯志 進庸或非其人 騷訛日甚 施措多乖 時宜艱
虞方急 民命之困瘁 國步之岌嶪 未有甚於此時 慄慄危懼
若涉淵氷 幸賴元良德器天成 令譽夙彰 問寢視膳之暇 裨益
弘多 施政改善之方 付托有人 朕竊惟倦勤傳禪 自有歷代已
行之例 亦粤我先王朝盛禮 正宜紹述 朕自今軍國大事 其令
皇太子代理 凡各儀節 其令宮內府·掌禮院 磨鍊擧行.

황태자가 백관을 거느리고 재차 소를 올려 사양했다. 황제가
윤허하지 않자 마침내 황태자는 백관의 하례를 받았다.

原文

皇太子率百官再上疏辭 不允 遂受百官賀.

계제과장(稽制課長)[1] 이철우(李喆宇)가 6월 10일 부름을 받고 대궐에 들어가자, 임금이 이철우의 손을 잡고 말하기를, "짐은 지금 혼미하고 어지러워 사람을 알아볼 수 없다. 너는 누구인가?" 하였다. 대답하기를, "이철우입니다." 하였다. 임금이 말하기를, "대리의주(代理儀注)[2]를 마련해 오라."고 하였다. 이철우는 임금의 얼굴색이 참담한 것을 보고 물러나와 사직하였다. 얼마 있어서 궁내부로부터 누차 독촉을 받았으나 종내 응하지 않았다. (그는) 결국 경무청에 수감되었다.

註解

1) 계제과(稽制課) : 국가의 의식 등의 사무를 맡아보던 관서.
2) 대리의주(代理儀注) : 황제를 대신하여 황태자가 정치를 행하는 전례(典禮)에 관한 의전 절차.

原文

稽制課長李喆宇 以初十日承召詣闕 上握喆宇手曰 朕今
迷亂 不省人 爾是誰也 對曰 李喆宇 上曰代理儀注 磨鍊以
入 喆宇見玉色慘沮 退而辭職 旣而自宮內府屢促之 終不
應 遂被囚于警廳.

이등박문(伊藤博文)이 임금을 일본으로 데려가려고 궁궐 밖에 따로 차를 대기시켜 놓고 임금을 협박하여 차에 오르도록 하였다. 도성 백성들이 그 소식을 듣고서 남녀노소 할 것 없이 몽둥이를 들고 달려 나와서 순식간에 거리를 메웠다. 각 학교의 학생들도 서로 연락하여 불러 모아 구름처럼 조수처럼 밀려닥치면서 죽기로 싸우고자 외쳐댔다. 이등박문은 군중들의 형세가 결사적임을 보자 드디어 그만두게 되었다.

原文

博文欲遷上于日本 伏別車于宮外 脅上登御 都民聞之 男

婦老幼 持杵荷棒 奔而出者 頃刻塡街巷 各校學徒 傳相號

召 雲聚潮擁 大呼死鬪 博文見衆怒有死勢 遂止之.

도성 백성들이 기약 없이 종가(鍾街)에 모여든 것이 수만 명이나 되었다. '결사회(決死會)'란 깃발을 세우고 바야흐로 정부에 질문하려 하였다. 그러다가 일본인에 저지당하고 이에 만인소(萬人疏)를 올리려고 의논하였다. 바야흐로 만인소를 쓰고 있는데, 일본인들이 총검을 휘두르며 말을 달려 그 집회장에 돌진하였다. 이에 시위대 군사 수십 명도 회민(會民)들과 합류하여 피를 마셔 맹세한 다음, 일본군을 향해 총을 발사하여 3명의 일본인을 죽였다. 우리나라 사람 또한 사상자가 많았다.

原文

都民不期而集鍾街者數萬人 樹旗曰決死會 方質問政府

而爲倭所沮 乃議呈萬人疏 方繕寫 而倭揮霍銃釰 躍馬衝
其會 於是侍衛隊兵數十 與會民合 歃血盟 向倭發銃 死三
倭 我人亦多死傷.

일진회(一進會) 회원 수백 명이 수일 전부터 무기를 들고 궁성을 포위하고 있어, 일본군과 구별이 안 되었다. 이에 이르러 도성 안 백성들이 크게 외치면서, "일진회 회원도 같은 왜놈이다. 어째서 죽이지 않느냐?" 하였다. 그리하여 칼과 몽둥이를 비 퍼붓듯이 휘둘러 죽은 자가 수십 명이었고, 달아나다가 다리와 몸뚱이가 부러지거나 다친 자도 길에 즐비하였다.

原文

一進會數百 自數日前 持械圍宮城 與倭無別 至是郡民大
呼 一進會皆倭也 盍相誅之 釰棒如雨 死者數十 走而折肢
體者 相屬于道.

서울의 각 아문이 업무를 정지하고 상민들은 점포를 닫았으며, 개성과 평양 및 각 항구도 철시(撤市)하였다.

原文

京師各衙門停務 商民閉廛 開城·平壤及各港 皆撤市.

이준용(李埈鎔)이 일본에서 환국했다. 5월 부산에 도착했는데, 이등박문의 독촉 전보를 받고서 10일 서울에 들어왔다. 어떤 사람은 말하기를 이등박문이 임금을 협박하여 선위(禪位)를 하도록 하면서, 한편으로는 선언하기를, "이 일을 만약 의심을 품고 날짜를 미루어 머뭇거린다면 응당 이준용을 옹립하겠다."고 하였다 한다. 임금은 크게 두려워하여 드디어 윤허하고 말았다.

原文

李埈鎔 自倭還國 以五月下釜山 得博文促電 以初十日入
京 或言 博文逼上內禪 而一邊宣言 事若遲疑 則當擁立埈
鎔 上大懼 遂允之.

바야흐로 (선위(禪位)의) 일이 시작됨에, 이등박문(伊藤博文)은 각 부대(部隊)의 군사들이 변란을 일으킬 것을 겁을 내어 일본군을 파견하여 가서 지키게 하였다. 군부 대신 이병무(李秉武)가 본부에 전화해서 영접하도록 하니, 정위(正尉) 조성근(趙性根)이 대답하기를, "자기 나라의 군문(軍門)에 다른 나라의 군대가 파수하는 것은 용납될 수 없는 일로, 이는 만국(萬國)이 다 같은 바입니다." 하였다. 이병무가 또 전화를 걸어, "일본인의 명령인데 어찌하겠는가?" 하니, 조성근이 크게 성을 내어, "일본 사람 있는 것만 알고 있는데, 어찌해서 이런 사람을 군부 대신으로 등용할 수 있단 말인가?" 하고 주먹으로 전화통을 때려 부수고 일어났다.

이병무는 또 참령(參領) 임재덕(林在德)을 불러 말하기를, "일본 헌병 70명이 바야흐로 대궐 밖에 도착했으니, 즉시 대궐문 열어라." 하였다. 임재덕은, "칼을 차고 대궐에 들어가는 것은 국법으로 금지되어 있습니다. 어찌 가히 일시 군부 대신의 뜻으로 멋대로 외국 군대를 들여보낼 수 있습니까?" 하였다. 그러나 부대장(部隊長) 이한용(李漢用)이 이병무의 지시를 받고 일본 군대를 이끌고 들이닥치니 임재덕은 항거할 수 없었다. 이병무가 일본군을 사주하여, 임재덕은 끝내 믿을 수 없으니 그의 무장을 빼앗는 것이 좋겠다고 하였다. 임재덕은 일본군에 항의하여 말하기를, "우리 부대의 병장(兵仗)은 다 황제의 칙명으로 나누어 준 것인데, 어찌 사사로이 외국 군대에게 줄 수 있겠는가?"라고 하였다. 일본인들 또한 그의 강직함에 감복하였다.

이병무는 제3대의 폭동을 수습하지 못한 것은 그 죄가 장관(將官)에게 있는 구실을 만들어 임재덕을 법원에 구속하였다. 임재덕은 땅을 치며 말하기를, "수습하지 못한 것은 그렇다 치고, 이번 행동은 병사들의 충의에서 나온 것이거늘 장관된 자는 홀로 부끄럽지 않은가?"라고 부르짖었다.

原文

方事之始 博文恐各隊兵有變 波倭往守 軍部大臣李秉武

電話本部使迎之 正尉趙性根答曰 本國軍門 不容他國兵把

守 此萬國所同也 秉武又電曰 日人命之 奈何 性根大怒曰

但知日人 安用此軍部爲 拳碎電筒而起 秉武又呼參領林在

德曰 日憲兵七十 方到闕外 可卽開門 在德曰 帶劍入闕 尤

屬邦禁 安可以一時部臣之意 擅納外兵 隊長李漢用 受秉

武指 率倭衝入 在德不能拒 秉武喉倭 以在德終有可疑 可

奪其兵仗 在德抗倭言 此隊兵仗 皆皇勅所頒給 安可私受

外兵 倭亦服其直 秉武諉以第三隊暴動不能戢 罪在將官

乃囚在德于法院 在德擊地曰 不戢則有之 此出於兵人忠義

爲將官者 獨不愧乎.

12일, 시위대의 병사들이 순찰하는 일본군을 습격하여 한 시각
이나 큰 싸움이 벌어져 총성이 성안을 진동시켰다.

原文

十二日 侍衛隊兵 襲巡倭 大戰一時辰 砲聲震城中.

골목 민가에서 이등박문(伊藤博文)을 저격한 자가 있었는데,
맞추지는 못했다.

原文

曲巷民家 有狙擊博文而不中者.

박영효(朴泳孝) · 이도재(李道宰) · 남정철(南廷哲)이 평리원에 수감되었다. 그때 일본 황제가 전보를 보내서 신황제의 즉위를 축하하니, 정부에서는 답전(答電)에 대하여 논의하게 되었다. 이완용(李完用)은 '수선(受禪)[1]'의 글자를 쓰려 하니 박영효가 말하기를, "지금은 '대리'로 명을 받은 것이지 '수선'이 아니다."라고 반박하였다. 마침내 공박과 힐난을 그치지 아니하여, 갑자기 서로 역적이라 꾸짖으니 일본인들이 잡아 가두었다. 이도재와 남정철도 박영효와 함께 의논이 같았다.

註解

1) 수선(受禪) : 임금의 자리를 물려받음. 이에 반대되는 말은 양위(讓位). 선위(禪位)는 왕위를 다음 임금에게 물려 줌. 선양(禪讓)도 같은 말이다.

原文

朴泳孝 · 李道宰 · 南廷哲 被囚于平理院 時倭皇致電 賀 新皇帝卽位 政府議答電 李完用擬用受禪字 泳孝曰 今日 承命代理 非受禪也 駁詰不已 卒乃互罵逆賊 倭收而囚之 道宰 · 廷哲 與泳孝議同.

환관 이병정(李炳鼎)이 이완용을 책망하여 말하기를, "대감은 세신(世臣)[1]으로 벼슬에 오른 지 30년이 되었다. 의(義)로 말하면 임금과 신하요, 은혜로 말하면 아버지와 아들과 같은데 오늘의 이 거사는 대감의 성공이란 말인가?"라고 말하여 또한 수감되었다.

註解

1) 세신(世臣) : 대대로 한 가문이나 왕가를 섬긴 공로가 있는 신하. 세록지신(世祿之臣).

原文

宦官李炳鼎 責完用曰 大監世臣也 立朝三十年 義則君臣
恩猶父子 今日此擧 乃大監之成功乎 又被囚.

이윤용(李允用)을 박영효(朴泳孝)의 후임으로 궁내부 대신에 임명하였다. 이완용 형제는 일시에 세력이 왕성하게 되고 중외의 넉넉함이 더 전진할 수 없는 지위에까지 오르게 되었다. 장안 사람들은 이완용(李完用) · 이지용(李址鎔) · 이근호(李根澔) · 이근택(李根澤)의 집에 불을 질러 이완용의 선조 이만성(李晚成) 이하의 신주가 모두 불타 없어졌다. 송병준(宋秉畯)은 이현(泥峴, 진고개)에서 일본인들과 섞여 살았는데, 이완용 등은 백성들이 복수로 죽일 것을 두려워하여 모두 송병준 집에 모여들었다.

原文

以李允用代朴泳孝爲宮內府大臣 完用兄弟 一時薰灼 中
外重足以立 都民燒李完用·李址用·李根澔·根澤家 完
用先祖晩成以下神主皆燼 宋秉畯家于泥峴 與倭雜居 完用
等 恐爲民讐殺 俱聚于秉畯家.

전 의정 이근명(李根命)이 도피하였다. 이근명은 이달 초에 분
위기가 좋지 않은 것을 보고 성묘를 간다고 핑계하고 몰래 서교
(西郊)로 가서 열흘간이나 머물렀다. 나라에 변이 일어났다는 소
식이 전해지자, 파주의 사민(士民)들이 대회를 열어 그의 죄를 성
토하며 말하기를, "이근명은 원임 대신인데, 국가가 위태로운 상
황인 데도 구제할 방안을 한 가지 계책도 내놓지 못하고 먼저 달
아나 숨을 계책만 삼았다. 이는 난적(亂賊)의 우두머리이니 사람
마다 찾아서 죽이고 싶은 자이다. 모두들 찾아서 그를 죽이는 것
이 옳다?"고 하였다. 이근명은 깜짝 놀라 다시 도망하여 서울로
돌아왔다.

原文

前議政李根命逃 根命以月初見風色不佳 託省掃 潛往西
郊 留連旬日 及變報至 坡州士民大會 聲其罪曰 根命原任

大臣 國家倉皇 而無一策匡扶 先爲鼠竄之計 此亂賊之首
而人人得而誅之者也 可衆殺之 根命大驚 復逃還京師.

이재완(李載完)이 총성을 듣고 여자 복색을 하고 부인의 가마
를 타고 달아났다. 이재곤(李載崑)은 군인들이 약탈할 것을 두려
워하여 자기집 식구들과 재산을 밖으로 옮겼다.

原文

李載完聞砲聲 假粧巾幗 乘婦人轎而逃 李載崑 恐軍人搶
掠 移其家人幷資産于外.

10일 기사(己巳)부터 해와 달이 빛이 없어 날씨가 맑아도 흐릿
하기가 무릇 10여 일이나 계속되었다. 15일에도 한강에 붉고 혼
탁한 황토색 물이 반나절이나 흘렀다.

原文

自初十日己巳 日月無光 晴而類陰曀 凡十餘日 十五日
漢江赤濁半日.

순명비(純明妃) 민씨를 황후로 추가 책봉하였다.

原文

^{추 책 순 명 비 민 씨 위 황 후}
追冊純明妃閔氏爲皇后.

이등박문(伊藤博文)은 일본인이 우리 한국 사람에게 군기를 파
는 것을 금지시켰다. 당시 사람들은 감정이 불울(怫鬱)¹⁾하여 장
차 변란이 조석지간에 있을 것 같았다. 오강(五江)의 백성들은
'용산인쇄국'을 습격하여 파손시켰으며, 중화(中和)의 인민들은
전차를 부수고, 안성학교의 모든 생도들은 떼를 지어 서울로 들
어왔다. 각 부대 병사들은 일진회 회원을 만나면 곧 머리를 베어
땅에 던지고 말하기를, "나라를 망친 놈은 이 역적놈들이다."라고
하였다. 사방에서 난을 일으킬 형세라는 소식이 날로 들리자 이
등박문은 7적과 더불어 밀의하였다. 송병준은 군대 해산의 산병
지책(散兵之策)에 앞장섰으며 먼저 각 항구에서 군기의 화매(和
賣)²⁾를 금지시키게 하였다.

註解

1) 불울(怫鬱) : 불만이나 불평이 있어 마음이 끓어오르고 답답함.
2) 화매(和賣) : 물건을 사고 팔 때 서로 합의 계약을 맺고 하는 매매.

原文

^{박 문 금 일 본 인 매 군 계 우 아 한　　시 인 정 불 울　　약 장 변 재 조 석}
博文 禁日本人賣軍械于我韓 時人情怫鬱 若將變在朝夕

^{오 강 민　　습 훼 용 산 인 쇄 국　　중 화 민 쇄 전 차　　안 성 학 교 제 생　　성}
五江民 襲毁龍山印刷局 中和民碎電車 安城學校諸生 成

군입경 각대병우일진회 첩단두투지왈 망국자차적야 사
群入京 各隊兵遇一進會 輒斷頭投地曰 亡國者此賊也 四

방난형일문 박문여칠적밀의 송병준수창산병지책 선금각
方亂形日聞 博文與七賊密議 宋秉畯首倡散兵之策 先禁各

항구군계화매
港口軍械和買.

6월 15일 갑술(甲戌), 7개 조항의 새 조약을 체결하였다.

1. 한국 정부는 모든 시정(施政) 개선과 관계되는 것은 모두 통감부의 지도를 받는다.

2. 한국의 법령과 제도는 반드시 통감부의 승인을 거친다.

3. 한국의 사법사무는 보통행정과 각각 구별해서 행한다.

4. 한국의 관리는 가히 통감의 뜻과 같이 임면(任免)한다.

5. 통감이 추천하는 일본인은 한국 관리로 임용한다.

6. 통감의 동의가 없으면 가히 외국인을 고용하거나 초빙하지 못한다.

7. 갑진년(1904) 8월 22일 조인한 한일협약의 제1항에 '한국 정부는 일본이 천거한 1명을 재정 고문으로 삼아, 모든 재정 사항과 관계되는 것은 일체 그의 의견에 좇는다'는 일은 이제부터 폐지한다 등으로 되었다.

약조 문서의 끝에 '내각 총리대신 이완용(李完用)'과 '통감 후작 이등박문(伊藤博文)'이라고 써서 서명하여 조인하고, '대한'이나 '일본'의 글자는 제기하지 않았다.

이등박문이 이 조약을 체결하려 할 때 구 내각과 의논하려 하

였으나 박제순과 이지용 등은 사양하며 말하기를, "우리들은 을
사 5조약을 맺은 이래 위로는 황제를 우러러 뵈올 수 없고 아래로
는 국민들을 대할 수가 없어서 제대로 허리를 펴서 얼굴을 쳐들
수도 없는 형편인데, 오늘에 이르러 또한 이 조약에까지 담당하
는 것은 어렵지 않겠습니까?"라고 거절하였다. 오직 이완용이 힘
써 호응하여 스스로 승인하니 마침내 조약이 이루어지기에 이른
것이다.

原文

十五日甲戌 定七條新約.

一, 韓政府 凡係施政改善之方 一從統監指導.

二, 韓國法令制度 必經統監承認.

三, 韓國司法事務 與普通行政 各爲區別.

四, 韓國官吏 可同統監之意任免.

五, 可以統監所薦日本人 任用韓國官吏.

六, 若無統監同意 則不可雇聘外人.

七, 甲辰(光武八年)八月二十二日 所調印韓日協約第一

項大韓政府 以日本所薦日人一名 爲財政顧問 凡關財政事項 一

切從其意見事 從今廢止.

約券尾 署內閣總理李完用·統監侯爵伊藤博文調印 而

幷不提起大韓·日本字樣 博文將締約 議于舊內閣 朴齊純

·李址鎔等辭曰 吾等自五條約以來 上無以仰瞻皇帝 下無

以對國人 苟容踽踽 至于今日 又擔此案 不其難乎 惟李完

用力自承應 竟至成約.

이완용에게 신화 2만 환을 하사하여 새 집을 짓게 하니, 사람들은 화가 도리어 복이 되었다고 말들을 하였다. 또 3천 환을 하사하여 기밀비로 충당케 했다.

原文

賜李完用新貨二萬圜 以營新第 人謂其禍反爲福 又下三千圜 以充機密之費.

전 승지 이재윤(李載允)이 대궐 밖에서 분문(奔問)[1]하였다. 을사년(광무 9, 1905) 겨울에 이재윤이 이지용(李址鎔)을 참수할 것을 청했으나, 받아들이지 않자 물러나 고향으로 내려가 있었다. 이에 이르러 서울에 올라와서 분주히 외쳐대고 통곡하며 깨어났다 취했다하는 것이 7, 8일 계속되더니, 마침내 간 곳을 알지 못했다. 오랜 후에 비로소 소식이 들려왔는데, 그는 망명하여 청국

에 들어가 원세개(袁世凱)를 만나 나라의 변고에 대해 울면서 하
소연하길, "공께서는 끝내 우리 한국을 잊으셨소이까?" 하자, 원
세개는 추연(楸然)히 붓을 잡고 쓰기를, "푸른 하늘이 머리 위에
있거늘, 어느 날인들 잊을 수가 있겠소?" 하였다. 이재윤은 다시
산동성 곡부(曲阜)로 들어가 공림(孔林)²⁾에 배알하고, 연성공(衍
聖公)³⁾을 방문한 다음 드디어 요동으로 돌아갔다. 일본인들이 그
말을 듣고 추적하기 때문에 목적지 없이 옮겨 다녔다고 한다.

註解

1) 분문(奔問) : 달려가서 문상을 한다는 뜻임. 부모상을 당하면 분상
   한다는 옛날 예절에서 유래됨.
2) 공림(孔林) : 공자의 사당인 공묘(孔廟).
3) 연성공(衍聖公) : 공자의 종손이 세습으로 받는 칭호.

原文

前承旨李載允 奔問闕外 乙巳(光武九年)冬 載允請斬李

址鎔 不聽 退處鄕廬 至是入城 奔走號哭 如醒狂者七八日

竟不知所往 久之 始聞其亡入淸國 見袁世凱泣愍國變曰

公竟忘我韓乎 世凱卽愀然援筆書曰 靑天在頂 何日可忘

轉入山東曲阜 謁孔林 訪衍聖公 遂還遼東 倭人聞而跡之

故遷徙不常云.

6월 19일, 일본 특사 임동(林董)이 돌아갔다.

原文

_{십 구 일} _{왜 임 동 귀}
十九日 倭林董歸.

6월 22일 신사(辛巳), 이완용(李完用)이 군대를 해산하라는 조칙을 임금의 조서라고 속여서 내리자, 시위 제1연대 제1대대장 박성환(朴星煥)이 자결하였다.

그 조칙은 다음과 같다.

"짐은 생각하건대, 국가가 다난한 때를 만나 불필요한 비용을 절약하고, 실업(實業)[1]에 마음을 두는 것이 오늘의 급선무이다. 지금 현재의 군무(軍務)는 용병으로 조직된 까닭에 상하가 일치되지 못해 족히 완전한 방위가 될 수 없다. 짐은 이제부터 군제(軍制)의 쇄신을 도모하여 오로지 사관(士官) 양성에 힘을 기울이며, 장차 후일에 징병령을 발하여 병력으로 하여금 공고히 구비하는 효과를 얻기를 기약한다. 이에 유사(有司)[2]에게 명하여, 모든 황실을 시위하는데 필요한 자는 그대로 뽑아 두고 기타 부대는 각각 해산을 명령한다. 그러나 너희들의 지금까지의 노고를 생각하고 뒷일을 돌보아주기 위해 특별히 자급(資級, 계급)에 따라 하사금을 반급(頒給)[3]할 터이니, 너희 장졸들은 짐의 말을 잘 체득하여 각자 그 업(業)에 나갈 것이며, 허물을 짓지 말기를 기대하노라."

註解

1) 실업(實業) : 농업 · 상업 · 공업 등의 생산적 경제적인 사업.
2) 유사(有司) : 어떤 단체의 사무를 맡아보는 직무.
3) 반급(頒給) : 임금이 봉록(俸祿)이나 물건을 나누어 줌.

原文

二十二日辛巳 李完用矯詔散兵 侍衛第一聯隊 第一大隊

長朴星煥 自刎而死之 詔曰 朕惟 值玆國家多難 節略冗費

留心實業 乃今日之急務也 今此現在軍務 以備兵組織之

故上下未能一致 不足爲完全防衛 朕繼自今 圖刷新軍制

專力于士官養成 將於他日 發徵兵之令 使兵力期得鞏固具

備之效 玆命有司 凡皇室侍衛之所必要者 姑可選置 其他

各令解散 然顧念汝等宿勞 特隨資級 頒下賜金 汝將卒克

體朕言 各就其業 期於無譽.

　근년의 군제(軍制)는 서울에 제1연대의 제2대대와 제3대대, 그리고 제2연대의 제2대대와 제3대대 및 포병 · 공병 · 기병 각 중대가 있고, 또 혼성대대가 있었다. 이것이 그 총액(總額, 전체 편제)이었다. 각 지방에는 따로 진위대(鎭衛隊)가 있었다. 이때에 이르러 단지 시위 제1연대 제2대대만 남겨 놓고 나머지는 모두 해산시켰다.

原文

近年軍制　京師有第一聯隊第二·第三各大隊　第二聯隊
第二·第三各大隊及砲兵·工兵·騎兵各中隊　又有混成大
隊　此其總額也　各地方又有鎭衛隊　至是只留侍衛第一聯隊
第二大隊　餘皆散之.

　7적(賊) 등은 군인들의 동태가 격변할 것을 두려워하여 일본군
을 사주하여 경계를 배가(倍加)하여 엄하게 하도록 하였다. 6월
23일, 각부 대장을 불러 부대원을 이끌고 훈련원에 모이게 하였
다. 먼저 맨손으로 무예를 연습시킬 것이니 무기를 지니지 말도
록 하였다. 일본인은 한쪽에서 병사들이 군영을 떠나는 것을 엿
보다가 틈을 타서 들어가 총포를 거두어 갔다. 여러 부대의 병사
들이 훈련원에 이르러 무예 연습을 마치니, 은사금(恩賜金)이 있
다 하고 조칙에 따라 나누어 주었다. 하사 80원, 병졸 50원, 그 밑
이 25원이었다. 부대원들이 (비로소 그 일의 실마리를 알아차리고)
분노를 이기지 못하여 지전(紙錢)을 찢어 버리고 통곡하며 군영
에 돌아가니, 병기가 모두 없어졌다. 드디어 각자 흩어져 돌아갔
다.

原文

七賊等 恐軍情激變 㗋倭倍加戒嚴 二十三日 招各隊長

率所部 會訓鍊院 先以空手習藝 不許帶仗 倭人一邊 伺隊

兵離營 乘隙闌入 收其銃砲 諸隊兵至訓鍊院 試藝畢 見有

恩賜金 隨詔而頒 下士八十元 兵卒五十元 其次二十五元 衆

不勝憤怒 裂破紙錢 慟哭歸營 則軍火一空矣 遂各散歸.

박성환(朴星煥)은 돌아가는 분위기가 수상한 것을 연달아 살피고, 다른 창고에 총포를 몰래 숨겨두고 일본군에 저항하며 바치지 않았고 또한 훈련원에 나가지도 않았다. 군대 해산의 조칙을 듣고 통곡하며 부하에게 이르기를, "내가 국은(國恩)을 입은 지 지금 몇 년이 되었는데, 지금 나라가 망하는데도 능히 한 명의 왜놈을 죽이지 못하니 죽어도 여죄가 있다. 내가 차마 해산에 순순히 응하고 돌아갈 수 없으니 차라리 나는 죽겠다." 하고 드디어 의자에 기댄 채 칼을 빼어 비껴 찌르며 소리치니 몸과 의자가 모두 쓰러졌다. 박성환은 입직(入直)한 지 10여 일 동안 집으로 돌아가지 아니하고 단지 문을 닫고 슬픔을 참고 견디다 이에 이르러 마침내 자결하였다. 부위(副尉) 구(오)의선(具(吳)義善)도 박성환과 함께 같은 날에 자결하였으며 정교(正校) 1인과 종졸(從卒) 1인(성명을 잊었음)도 모두 자결하여 뒤를 따랐다.

原文

_{성환연찰기색수상} 星煥連察氣色殊常 _{밀쇄총포우별고} 密鎖銃砲于別庫 _{거왜불납} 拒倭不納 _{역불부훈} 亦不赴訓

_{련원} 鍊院 _{급문산병조} 及聞散兵詔 _{병곡위소부왈} 病哭謂所部曰 _{오환양국은} 吾夌養國恩 _{금기년} 今幾年 _{국가} 國家

_{망의} 亡矣 _{불능참일왜} 不能斬一倭 _{사유여죄} 死有餘罪 _{오불인종약등거} 吾不忍縱若等去 _{녕오사이} 寧吾死耳 _수 遂

_{거의추도} 據椅抽刀 _{횡자결조} 橫刺決噪 _{신여의구도} 身與椅俱倒 _{성환입직십여일} 星煥入直十餘日 _{불귀가} 不歸家

_{단폐호음읍} 但閉戶飮泣 _{지시경사} 至是竟死 _{부위구의선} 副尉具義善 _{여성환동일자문사} 與星煥同日自刎死 _기 其

_{정교일인} 正校一人 · _{종졸일인} 從卒一人 _{병실성명} （并失姓名） _{개자문이종} 皆自刎以從.

부위(副尉) 남상덕(南相惪)이 일본군과 맞서 힘을 다해 싸우다 죽었다. 남상덕은 박성환이 죽는 것을 보고 크게 외치기를, "박공(朴公)과 함께 죽을 자가 누구인가?" 하니, 부대원이 일제히 응해 말하기를, "함께 죽겠다." 하였다. 남상덕이 지휘하고 군영을 나오니 일본군이 이미 에워싸고 모여 있었다. 이틀 동안 맞서 용감히 격투하고, 고전한 지 3일이 되니 양쪽에 죽은 시체가 즐비하게 늘어 있었다. 아군 사망자는 조사에 의하면 98명이 되는데 장교가 7명이었고, 일본군 장교 미원(梶原) 또한 전사하였다. 일본군은 숭례문(崇禮門, 남대문)에 웅거하고 기관포를 발사하여 연일 들볶아쳤으며 성내의 수백 집이 모두 불탔다. 남상덕은 마침내 탄환에 맞아 죽고 대관(隊官) 권기홍(權基泓) 또한 전사하였다. 우리나라 군인들은 남상덕이 이미 죽었고 탄환 또한 떨어졌

음을 알고 드디어 사방으로 도망하였다. 싸움을 관망하던 자들은, "탄약이 떨어지지만 않았다면 일본군은 반드시 대패했을 것이다." 하였다.

　일본 장교 미원이란 자는 뛰어난 장수로 갑진(광무 8년)에 러시아와 싸워 특출한 공을 세웠는데, 이에 이르러 남상덕에게 사살되니, 일본군은 자기 군영으로 끌고 가서 통곡하였다. 흩어진 병사들은 도망쳐 여염집으로 들어가 대청이나 행랑에 엎드리니 일본군은 집집마다 수색하여 찾았다. 먼저 일본 부녀자들을 내실에 침투시켜 샅샅이 뒤져서 탈출한 자는 얼마 되지 않았다. 바로 성 밖으로 달아나는 자들은 전부가 의병과 합류하였다. 일본 부녀자들이 탈출병을 찾는다는 것을 빙자해서 재화(財貨)를 약탈해 감이 도적보다 심하여 민간인들은 맥없이 겹쳐서 난리를 만났다.

原文

副尉南相悳 與倭力戰死之 相悳見星煥死 大呼與朴公同

死者誰 全隊齊應曰死 相悳指揮出營 倭圍已合 奮勇格鬪

二日頃 苦戰者三 兩邊積尸相枕 我兵死者据調査爲九十八

將校七 倭將梶原亦死 倭據崇禮門 發機關砲 連日雷震 城

內外數百家俱燼 相悳竟中丸死 隊官權基泓亦死 衆見相悳

已死 彈藥又絶 遂四竄逃命 觀戰者謂彈藥不絶 則倭必大

岋 梶原者驍將也 甲辰(光武八年)戰俄有奇功 至是爲相憙

所殺 倭連營痛哭 散兵奔入閭閻 伏廳廡間 倭逐戶搜覓 先

之以倭婦 窮探內室 得脫者無幾 其直走城外者 皆全與義

兵合 倭婦藉搜兵 因以奪掠財貨 甚於劇盜 民間燸然 重逢

亂離.

참위(參尉) 이충순(李忠淳)은 군대 해산 소식을 듣고 그의 서모에게 이별을 하며 말하기를, "제 직책이 비록 낮으나 나라가 어지러우니 죽지 않을 수 없습니다." 하고는 적진으로 돌진하여 전사하였다.

原文

參尉李忠淳聞解兵 訣其庶母曰 吾職雖微 國亂不可不死 遂馳往突陣而死.

바야흐로 싸울 때에 여학교 간호부 몇이 탄환이 쏟아지는 것을 무릅쓰고 인력거에 우리 병사 부상자를 싣고 병원으로 보냈다. 미국인 의사 어비신(魚飛信)과 목사(牧師) 조원시(趙元時) 등도 또한 우리 병사 부상자를 들고 제중원(濟衆院)[1]에 들어가 힘써 치료해 주었다.

註解

1) 제중원(濟衆院) : 서양 의학 의료기관. 처음 명칭은 광혜원(廣惠院)
으로 미국인 선교사 안련(安連, Allen, H. N.)이 주관하여 진료하였
다.

原文

方戰時 女學校看護婦數人冒丸 以人力車舁我兵踣者 送
病院 美國醫人魚飛信 · 牧師趙元時等 亦舁我兵負傷者 入
濟衆 療治甚力.

도성 사람 김명철(金命哲) · 기인홍(奇仁洪) · 김창기(金昌基) ·
이원선(李元善) 등이 돈을 거두어 전사한 장졸들의 장례를 치러
주고 곡을 하며 애통해 하고 돌아갔다.

原文

都民金命哲 · 奇仁洪 · 金昌基 · 李元善等 斂錢葬陣亡將
卒 哭奠盡哀而歸.

이등박문(伊藤博文)은 각도에 전문을 보내 경관(警官)을 시켜
서 서울에서 행한 것과 같이 속여서 진위대(鎭衛隊)를 해산시키
라 하였다. 기한을 작정하고 같은 날에 교장(敎場)에 모여 놓고

총통(銃筒)[1]을 세워 놓게 하고, 먼저 수기(手技)를 연습시키며 박희(博戲)하는 틈을 타서 총포를 집어가고 비로소 조칙을 반포하니, 군인들은 꼼짝없이 혀만 내두르고 이미 어찌할 줄을 모르다가 드디어 각각 따라서 흩어졌다. 양서(兩西) 지방과 관북(關北) 지방에서는 대부분 의병 진영에 돌아가고, 양호(兩湖) 이남 지역은 비로소 토비(土匪)에 투입하는 자가 또한 많았다. 의병이 사방에서 일어나니 모두 가서 합세했다. 오직 안동과 원주의 두 지역 진위대는 이보다 앞서 기밀을 알고 총을 가지고 흩어져서 일본군이 매우 두려워하였다.

註解

1) **총통**(銃筒) : 탄환을 넣어 쏘던 옛날의 총.

原文

博文發電各道 使其警官 賺散鎭衛隊兵 如行于京中者 刻
期同日聚于教場 令束立銃筒 先試手技 乘其博戲之時 一
齊攫收銃筒 始頒詔 衆束手嗟咄 已無如之何 遂各隨防隨
散 兩西·關北 多歸義陣 兩湖以南 始投土匪者亦多 及義
兵四起 皆往會之 惟安東·原州兩隊 先是見機 擔銃而散
倭甚苦之.

　각도에서 부대를 설치한 뒤로 도적질이 그치지 않았으나 능히 금하지 못했고, 군사들이 오직 술을 마시고 행패를 부리며 평민을 물고기나 짐승 사냥하듯 하였다. 그러므로 지방에서는 그들을 이리나 범같이 무서워했고, 구적(仇賊)같이 미워했다. 그들이 해산됨에 무지한 소민(小民)들은 알지 못하고 손뼉을 치며 서로 좋아했는데, 얼마 안 되어 의병이 일어나서 일본군과 각축을 벌여 사망하고 부상을 입어 쓰러진 자가 수천수만 명에 이르니 또한 군대를 설치할 때만 같지 못하다고 하였다.

原文

自各道之設兵也 萑苻相屬 而不能禁 惟醉飽驕頑 漁獵平民 故地方畏之如狼虎 疾之如仇賊 及其散也 無知小民 攢手相慶 未幾 義兵踵作 與倭角逐 死傷蕩覆者千萬計 又不如設兵之時.

　임금을 높여 태황제(太皇帝)라 하고, 존호(尊號)를 수강(壽康), 궁호(宮號)를 덕수(德壽), 부호(府號)를 승녕(承寧)이라 하였다. 부(府)에는 총관(總管) 등의 관직을 신설하였다.

原文

尊上爲太皇帝 上尊號壽康 宮號德壽 府號承寧 府設總管

<ruby>等官<rt>등 관</rt></ruby>.

광무 11년 6월을 고쳐, 융희(隆熙) 원년 7월로 하였다. 연호를 정할 때 부망(副望)은 태시(太始)였는데, 수망(首望)을 따른 것이다.

原文

改光武十一年六月爲隆熙元年秋七月　年號副望太始　從
首望.

영친왕(英親王) 이은(李垠)을 봉하여 황태자로 삼았다. 이때 조야에서는 모두가 다 신황제가 지혜롭게 못하고 또 대를 이어나갈 희망이 없음을 알고, 태자(太子)를 택하여 사람들의 마음을 매어 놓기를 바랐다. 일본 또한 이미 보호라는 명분을 내걸은즉 그 후사를 끊기가 어려워 잠시 들어주었던 것이다. 엄귀비가 바야흐로 총애를 독점하고 있었으므로 자신의 아들을 높이고자 이등박문에게 후한 뇌물을 주어 그의 힘을 얻기를 바랐던 것이다. 의친왕(義親王) 이강(李堈)이 나이는 비록 위였지만 여러 번 위의(威儀)를 잃은 데다, 인망도 없었으며 또 고립되어 후원도 적어서 임금 또한 좋게 보지 않았다. 이로 말미암아 중의(衆議)가 자연히 이은에게 돌아갔다. 정종조(定宗朝)의 고사(故事)를 원용해서 바로 황태자로 삼은 것이다.

原文

封英親王垠爲皇太子 是時 朝野皆智新皇帝不慧 且無嗣

屬望 願擇儲副 以繫人心 倭亦以旣名保護 則難乎斬其後

姑聽之 嚴貴妃方專寵 欲貴其子 厚賂博文 冀得其力 義親

王堈 年雖長 多失儀 無人望 且孤立援少 上亦不善視之 由

是衆議自歸於垠 援定宗朝故事 立爲皇太子.

　이때에 정론(正論)을 주창하는 사람들은 새임금이 즉위하고 해를 넘겨야 개원(改元)을 할 수 있다고 하였으니, 이것은 「춘추(春秋)」의 대의(大義)이다. 또한 형제를 세워 대통(大統)을 잇는다면 스스로 마땅히 황태제(皇太弟)라 칭해야 되는 것이니, 이는 바꿀 수 없는 전례(典禮)인 것이다. 오늘의 이 일은 경법(經法)[1]에 크게 어긋나는 것이니, 개정되기를 바랐으며, 소를 올려 헌의(獻議)[2]한 자가 많았으나 모두 보지도 않았다. 그것은 이등박문이 '해아(海牙, 헤이그) 밀사사건'으로 깊이 태황제(太皇帝)를 원망하였으며, 광무(光武)가 하루라도 이어지는 것을 싫어한 데다, 만약 이은을 황태제라 칭할 것 같으면 그래도 여전히 태황제(太皇帝)의 아들이 되는 것을 혐오한 때문이라고 말하였다.

1) **경법**(經法) : 경서(經書)의 의의와 예법(禮法). 올곧은 법.
2) **헌의**(獻議) : 윗사람에게 의견을 아룀.

原文

是時 持正論者 以爲新君卽位 踰年始改元 此春秋之義也

立兄弟以繼統 則自當稱皇太弟 此不易之典禮也 今日之事

大違經法 願得改正 陳疏獻議者衆 而俱不省 蓋博文以海

牙事 深怨太皇 惡光武之延一日 而若稱垠以皇太弟 則惡

其猶得爲太皇之子云.

경무사(警務使)를 개칭하여 경무총감이라 하였으며 일본인 환산중준(丸山重俊)이 총감이 되고 목내중사랑(木內重四郎)이 내무차관이 되었으며 표손일(俵孫一)이 학부 차관, 학원정길(鶴原定吉)이 궁내부 차관, 목하전종태랑(目賀田種太郎)이 탁지부 차관이 되었다. 일본인으로 정임(正任) 경관(京官)[1]이 된 것은 이로부터 시작된다. 이등박문은 각부(各部) 대신 자리를 빼앗으려 하였으나 청문(聽聞)을 꺼려했고 또한 인심이 파탕(波蕩)할까 두려워서 이에 차관자리를 빼앗은 것이다. 그러나 차관의 월급이 대신보다 3분의 1이 더 많았고 매사를 차관이 결정하였으며, 대신들은 서명날인만 할 뿐이었다. 이로부터 일본인이 아니면 차관 벼슬을 얻지 못하였다.

註解

1) **경관**(京官) : 서울 각 관아의 관원 및 개성 · 강화 · 수원 · 광주(廣州) 등의 유수(留守)를 통틀어 일컫는 말. 내직(內職).

原文

<ruby>改稱警務使曰警務總監<rt>개칭경무사왈경무총감</rt></ruby> <ruby>倭人丸山重俊爲總監<rt>왜인환산중준위총감</rt></ruby> <ruby>木內重四<rt>목내중사</rt></ruby>

<ruby>郎爲內部次官<rt>랑위내부차관</rt></ruby> <ruby>俵孫一爲學部次官<rt>표손일위학부차관</rt></ruby> <ruby>鶴原定吉爲宮內府次官<rt>학원정길위궁내부차관</rt></ruby>

<ruby>目賀田種太郞爲度支部次官<rt>목하전종태랑위탁지부차관</rt></ruby> <ruby>倭人之爲正任京官<rt>왜인지위정임경관</rt></ruby> <ruby>自此始<rt>자차시</rt></ruby> 博

<ruby>文欲奪各部大臣<rt>문욕탈각부대신</rt></ruby> <ruby>而惡聽聞<rt>이악청문</rt></ruby> <ruby>且恐人心波蕩<rt>차공인심파탕</rt></ruby> <ruby>乃奪次官<rt>내탈차관</rt></ruby> <ruby>然俸<rt>연봉</rt></ruby>

<ruby>加大臣三之一<rt>가대신삼지일</rt></ruby> <ruby>每事決之次官<rt>매사결지차관</rt></ruby> <ruby>大臣署押而已<rt>대신서압이이</rt></ruby> <ruby>自是非倭人<rt>자시비왜인</rt></ruby>

<ruby>不得居次官<rt>부득거차관</rt></ruby>.

이등박문(伊藤博文)이 한성부에 영(令)을 내려 죽은 병사를 광희문 밖에 매장하게 하였는데, 위관(尉官)은 포(布) 1필과 종이 3속(束), 사병은 포 10척(尺)과 종이 1속(束)을 주어 염(殮)하도록 했다. 위관으로 병란에 죽은 자가 수십 명인데 그들의 성명을 잊었다.

原文

<ruby>博文令漢城府<rt>박문령한성부</rt></ruby> <ruby>埋死兵于光熙門外<rt>매사병우광희문외</rt></ruby> <ruby>殮尉官布一疋 · 紙三<rt>렴위관포일필　지삼</rt></ruby>

束 卒布十尺 · 紙一束 尉官殉難者 數十人而失傳.

각도의 군수로 벼슬을 던지고 간 자가 수십 명이었다. 그 성명
또한 잊었다.

原文

各道郡守棄官去者 數十人 失其姓名.

일본은 육군성으로부터 1천만 환을 내어 우리 회령 땅에 성을
쌓았다.

原文

倭自陸軍省出一千萬圜 築城于我會寧地.

진남군(통영)의 시민들이 일본인의 학대를 참을 수 없어서 많
은 사람들이 일어나 무기를 들고 싸웠다. 사상자가 일본 측은 10
여 명이었으며, 그 집을 불태웠다. 일본군은 부산과 창원에서 군
사를 파병해 가서 진압하라고 하니 경상남도 연해가 크게 소란스
러웠다.

原文

鎭南郡市民 不勝倭虐 群起械鬪 死傷倭十餘人 燒其屋

^{왜 자 부 산} ^{창 원 파 병} ^{왕 진 지} ^{경 남 연 해 대 요}
倭自釜山 · 昌原派兵 往鎭之 慶南沿海大擾.

심상훈(沈相薰)이 죽었다. 충숙(忠肅)이라는 시호를 내렸다.

原文

^{심 상 훈 졸} ^{시 충 숙}
沈相薰卒 謚忠肅.

각국의 선교사 및 교도들은 우리 한국이 망해가는 것을 근심하여 하늘에 기도하여 국운을 보존할 기도회를 열었다.

原文

^{만 국 선 교 사 급 교 도 등} ^{민 아 한 수 망} ^{설 기 천 청 명 지 회}
萬國宣敎師及敎徒等 憫我韓垂亡 設祈天請命之會.

관동 · 호서 · 영남 지방에서 의병이 크게 일어나고, 서울 동쪽에 있는 모든 군에서도 일시에 향응하니 일본은 연달아 정병을 파견하여 나가게 하였다. 그런데 지형에 어두워서 진퇴(進退)의 적기를 놓쳤으며 의병은 새로 일어난 기세로, 부인들이 나무와 돌을 운반하고 노약자들은 주장(酒漿, 술과 물) 등을 가져다주었다. 천리를 연결하여 험한 곳을 거점으로 출몰했던 까닭에 일본군은 분명(奔命)[1]을 따르기에 피곤하여 왕왕 패몰(敗沒)하였다. 그러나 그 패한 것을 꺼려 우리 국민에게 알리려 하지 않았다. 일본군이 원주에서 죽은 것이 제1차 싸움에서 2백여 명, 제2차 싸

움에서 4백여 명이었고, 충주에서 전사한 인원이 6백여 명으로
사망자의 목을 베어 선척에 가득 싣고 양근강(楊根江, 남한강)에
서부터 떠나서 서울에 들어온 것이 무릇 4, 5척이나 되었다. 이하
는 「의병월일표(義兵月日表)」에 자세히 나와 있다.

[註解]

1) 분명(奔命) : 임금의 명령을 받들어 바삐 움직임.

[原文]

關東·湖西·嶺南義兵大起 京東諸郡 亦一時響應 倭連
派精兵赴之 而昧於地形 進退失宜 義兵因新鋒之銳 婦人
運木石 老弱饋酒漿 千里連環 據險出沒 故倭疲於奔命 往
往敗沒 然諱其敗 勿使我民知之 倭之死於原州者 第一戰
二百餘 第二戰四百餘 死忠州者六百餘 其割頭滿船 運自
楊根江而入京者 凡四五艘 以下詳義兵月日表.

　이보다 먼저 민응식(閔應植)은 향제(鄉第, 고향집)를 여주에 지
어 놓았는데, 한 저택이 세 구역으로 나뉘어 무릇 3백여 칸이나
되었다. 이때에 이르러 의병이 번갈아 출입하고 일본군이 뒤쫓
아 포위하곤 하여, 민응식의 아들 민병승(閔丙昇)은 달아나서 살
수 있었다. 일본군은 그 집에 보관되어 있는 것을 살펴보고 진귀

한 보화만 골라서 40여 필의 말에 실었는데, 8백 벌 병풍에서 서화만 떼어 갔다. 베·모시·비단·동철(銅鐵) 등속이 다 불에 탔으며, 그의 집도 아울러 모두 타버렸다. 서로 돌아보면서, "자그마한 나라에 이 같은 부자가 있었단 말인가?" 하였다. 이때 여주·지평·양근·원주 사이에서 민간인 사망자가 3,000여 명이나 되었고, 불탄 집은 5,000여 호에 이르렀다.

原文

先是 閔應植營鄉第于驪州 一宅分三區 凡三百餘間 至是

義兵迭相出入 倭踵而圍之 應植子丙昇走免 倭閱其藏 擇

珍貨 載四十餘匹 屏風八百摺 摘其書畵而去 布苧·細緞·

銅鐵之屬 悉焚之 幷其第皆燼 相顧咤曰 小國有此等富乎

是時 驪州·砥平·楊根·原州之間 民死者可三千餘 燒戶

至五千云.

태백성(太白星)이 귀방(鬼方, 귀신이 드나드는 동북방)으로 들어가서 적시(積尸, 죽음을 뜻하는 별이름)를 관통했다.

原文

太白入鬼貫積尸.

영국령 인도의 맹매(孟買, 봄베이) 지방에 큰 비가 내려 수심이
8척이나 되었다.

原文

英領印度孟買大雨 水深八尺.

미국 뉴육(紐育, 뉴욕)에 큰 화재가 일어났다.

原文

美國紐育大火.

안남국(安南國, 베트남) 황제가 법국(法國)에 포로가 되었으며,
법국인은 그의 셋째아들을 세웠다.

原文

安南國皇帝 爲法國所虜 法人立其第三子.

7월 3일, 이등박문(伊藤博文)이 돌아갔다.

原文

秋七月初三日 伊藤博文去.

내각을 포덕문(布德門) 안으로 옮겼다. 서울에 지방 박람회를
열었다.

原文

이 내 각 우 포 덕 문 내　설 지 방 박 람 회 우 경 사
移內閣于布德門內　設地方博覽會于京師.

민두호(閔斗鎬)에게 효헌(孝獻), 이호준(李鎬俊)에게 충익(忠
翼)이란 시호를 내렸다. 이윤용(李允用)은 이호준(李鎬俊)의 서자
로, 이때 궁내부 대신으로 있으면서 자기 아버지의 시망(諡望)을
올렸다. 그의 염치없음이 이와 같았다.

原文

시 민 두 호 효 헌　이 호 준 충 익　이 윤 용 이 호 준 서 자　방 위 궁
諡閔斗鎬孝獻·李鎬俊忠翼　李允用以鎬俊庶子　方爲宮
내 대 신　의 기 부 시 망　기 무 염 치 여 차
內大臣　擬其父諡望　其無廉恥如此.

이규환(李圭桓)을 경기도 관찰사로 삼았다.

原文

이 이 규 환 위 경 기 관 찰 사
以李圭桓爲京畿觀察使.

일본인으로서 각도 경시(警視)를 임명하였다. 경기도에 반전장

(飯田章), 충청남도에 천연개(泉硏介), 충청북도에 영목중민(鈴木重民), 전라북도에 증전창(增田彰), 전라남도에 궁천무행(宮川武行), 경상남도에 소천길태랑(小川吉太郎), 경상북도에 영곡융지(永谷隆志), 함경남도에 송하평조(松下平助), 함경북도에 고교천목(高橋淺木), 평안북도에 관곡용(關谷勇), 평안남도에 향전행장(向田幸藏), 황해도에 시흥시(柴興市), 강원도에 도전문지조(島田文之助)이며 그 사무관(事務官)으로는 염전일태랑(鹽田一太郎) 등 12명이고, 도주사(道主事)는 횡산등삼랑(橫山藤三郎) 등 24명이다. 일본인이 정식 지방관으로 임명된 것은 이로부터 시작된다.

이등박문(伊藤博文)과 7적(賊)은 약정하기를, 내직으로 각부의 대신, 외직으로 관찰사와 군수는 마땅히 한국인에게 돌리고 그 나머지 관직은 구애받지 않는다 하였다. 그러므로 이미 각부 차관을 임명하여 내권(內權)을 장악하고, 또한 각도에 경시 등의 관원을 임명하여 외권(外權)을 장악한 것이다. 얼마 안 있어서 또한 일본인을 무더기로 나누어 보내서 도와 군에 재무관으로 삼았고, 또한 군주사(郡主事)도 임명하여 그들의 차지가 되었다. 이에 중앙과 지방의 명맥을 포괄해서 온 나라가 일본인 손에 들어갔으며, 우리나라 관리는 코를 뚫어 맨 송아지 신세같이 되어 그들의 고용인 행세를 했을 뿐이다. 이후 일본인의 관리 임명에 대해서는 모두 기록하지 않겠다.

原文

以倭人爲各道警視 京畿飯田章 忠南泉硏介 忠北鈴木重

民 全北增田彰 全南宮川武行 慶南小川吉太郎 慶北永谷

隆志 咸南松下平助 咸北高橋淺木 平北關谷勇 平南向田

幸藏 黃海柴興市 江原島田文之助 其事務官則鹽田一太郎

等十二人 道主事則橫山藤三郎等二十四人 倭人之爲正任

外官 自此始 博文與七賊約 內而部大臣 外而觀察·郡守

當歸韓人 其餘勿拘 故旣除各部次官 以据內權 又除各道

警視等官 以握外權 未幾又分遣群倭 爲道郡財務官 又爲

郡主事者有之 於是內外命脈 括入倭手 我人官吏 如穿鼻

之犢 供其使傭而已 是後倭人差除 幷不錄.

　　일본군 장수 소창(小倉)이 수원에서 강화로 들어와서 진위대를 해산하려 하였으나 진위대 병사들이 그 기미를 살피고 선창과 연안에서 맞아 공격했다. 그때 일본군 사망자가 53명이었으며, 강화 성내가 크게 어지러웠다. 군수 정경수(鄭璟洙)는 일진회원이라 도망하여 통진에 이르렀으나 진위대 군사들이 추격하여 사살했다. 배를 타고 교동 연안 사이에 출몰하여 경기 연해안은 소동이 일어났다. 이 싸움으로 강화 화약고와 갑곶진(甲串津) 군기가 모두 불에 탔다.

原文

倭將小倉 自水原入江華 欲散鎭衛隊 隊兵訶之 迎擊于泊
岸 時倭死者五十三 城內大亂 郡守鄭璟洙 一進會也 逃至
通津 隊兵追殺之 因浮海出沒喬桐·延安之間 幾沿騷動
是役江華火藥庫·甲串津軍器皆燹.

유길준(俞吉濬)·장박(張博)·조희연(趙羲淵)·조희문(趙羲聞)
·이두황(李斗璜)·이진호(李軫鎬)·이범래(李範來)·최정덕(崔
廷德) 등이 일본에서 돌아왔다. 처음 박영효(朴泳孝)가 명성후(明
成后)의 시해를 모의할 적에 유길준을 의지할 만하다고 하여 그
와 음모를 통했는데, 유길준은 명성후가 박영효를 죽이게 하여
그 지위를 빼앗는다 하여 드디어 고변을 하였다. 박영효는 일이
실패하자 재차 도망하면서 욕하기를, "국사를 두 번 그르치게 한
것은 유길준이다."라고 하였다.

原文

俞吉濬·張博·趙羲淵·羲聞·李斗璜·李軫鎬·李範
來·崔廷德等 自倭還國 初朴泳孝謀弑明成后 以吉濬可仗
通其謀 吉濬欲使后殺泳孝 而奪其位 遂上變 泳孝事敗再
逃 嘗罵曰 致國事再誤者 俞吉濬也.

민간에서 사사로이 만든 총포의 화약 및 강원도와 평안도의 사슴 사냥을 금지하고 엽총을 모두 거두어들였다. 이는 의병들이 사용할 것을 두려워했기 때문이다.

原文

禁民間私砲火藥及江原 · 平安道鹿獵　盡收獵銃　恐爲義兵用也.

이완용(李完用)이 어느 날 장곡천호도(長谷川好道)를 방문하고 일본 군대를 빌려 의병을 토벌할 것을 요청하였으나 장곡천호도가 말하기를, "이 일만은 가히 빨리 처리할 수 없는 일이다. 귀 황제의 수칙(手勅)[1]을 받아 우리 황제에게 보낸다면 혹 가할지 모르겠다." 하였다. 일본인들은 2개 사단 병력을 발하여 한국에 보내자는 논의가 있었으나, 일본에 있는 각국 공사들이 비난하기를, "귀국은 한국에 대해서 보호를 자담(自擔)[2]하겠다하더니 이에 군대를 발하여 모두 죽이려느냐? 이러한 공례(公例)[3]는 없으니 천하에 누가 믿겠는가?" 하여 일본인도 드디어 중지했다. 이후 수년간은 일본 또한 의병으로 인해 몹시 괴로움을 받으면서 능히 출병하여 분풀이를 못했으니, 이로 볼 때 장곡천호도의 대답도 또한 헛일이었다.

註解

1) 수칙(手勅) : 임금이 손수 쓴 조칙(詔勅).

2) **자담**(自擔) : 스스로 담당하거나 부담함.
3) **공례**(公例) : 국제법상의 예.

原文

이완용일후장곡천도 걸차병 이멸의병 호도왈 차불가창
李完用日候長谷川道 乞借兵 以滅義兵 好道曰 此不可倉

졸 여득귀황제수칙 정아천황 즉혹가야 왜인 의발이사단
卒 如得貴皇帝手勅 呈我天皇 則或可也 倭人 議發二師團

도한 각공사지재왜자난지왈 귀국어한 이보호자담 이내
渡韓 各公使之在倭者難之曰 貴國於韓 以保護自擔 而乃

발병초살호 차공예지소무야 천하숙신지 왜수저 시후수
發兵勦殺乎 此公例之所無也 天下孰信之 倭遂沮 是後數

세 왜역심고의병 이기불능일거대분자이차 호도지대 역
歲 倭亦甚苦義兵 而其不能一擧大奮者以此 好道之對 亦

유사야
游詞也.

7적(賊)들은 일본군을 동원하여 자기 집을 호위하게 하였는데, 그 수가 5, 6명을 밑돌지 않았다. 매번 밥 먹을 때면 일본인에게는 반드시 닭 한 마리, 계란 다섯 개를 갖추었고, 담배도 애급(埃及, 이집트)의 부도산(敷島産)이 아니면 태우지 않았다. 그 비용이 적지 않아서 자못 괴롭게 여겼다.

原文

칠적차왜 호기가호 불하오육 매반 왜필구계일 란오
七賊借倭 護其家戶 不下五六 每飯 倭必具鷄一 · 卵五

연비애급부도산불흡 소비부자 파고지
烟非埃及敷島産不吸 所費不貲 頗苦之.

홍운표(洪運杓)는 이완용의 사위이다. 충주로 피난을 갔는데, 충주 사람들이 욕을 하며 꾸짖기를, "역적의 사위가 우리 땅을 더럽히지 말라."고 하여, 홍운표는 처를 이완용에게 보내고 홀로 남아서 죽음을 면하였다.

原文

홍운표 완용서야 피난왕충주 주민매왈 역적서야 물오
洪運杓 完用婿也 避亂往忠州 州民罵曰 逆賊婿也 勿汚

오토 운표송처우완용 독처이면
吾土 運杓送妻于完用 獨處以免.

송병준(宋秉畯)이 국민의 삭발에 대한 의안(議案)을 각의(閣議)에 제출하였는데, 조금 있다가 이 안이 보류되었다. 그때 의병들이 삭발한 자를 만나기만 하면 문득 살해하여, 송병준은 그것을 근심하고 모두 삭벌을 하면 면할 수 있다고 생각하여 드디어 강제 삭발을 제의했던 것이다. 임선준(任善準)이 말하기를, "지금 온 나라가 물 끓어오르듯 한데 또 강제 삭발을 한다면 난리를 부추기는 셈이다. 어찌 조금 진정되기를 기다려 논의하지 않으려 하는가?" 하였다. 장곡천호도(長谷川好道) 역시 삭발을 급히 해야 할 일이 아니다."라고 하였다.

原文

송병준의삭국민발 제출각의 이이유안 시의병우삭발자
宋秉畯議削國民髮 提出閣議 已而留案 時義兵遇削髮者

첩살지 병준환지 이일절혼삭즉가면 수의늑삭 임선준왈
輒殺之 秉畯患之 以一切渾削則可免 遂議勒削 任善準曰

今擧國鼎沸 又加勒削 促之亂也 盍待稍平議之 長谷川亦
曰 削髮非急務也.

이지용(李址鎔)이 평리원에 자수하였는데, 곧 특별히 사면할
것을 명했다.

原文

李址鎔自首平理院 辱命特赦.

박시병(朴始秉)은 부인의 장의(長衣, 장옷)을 금하고, 개가(改
嫁)를 허용하며, 남녀의 의제(衣制)를 한 가지로 할 것을 청했다.
이민설(李敏卨)은 승니(僧尼)들이 결혼할 것을 청하여, 모두 중추
원에 헌의하였다. 이때에 일본이 필요로 하는 정령(政令)은 제방
이 터져 물에 씻겨 내려가듯 하였으나, 우리나라의 이해에 관계
된 것은 모두 모호하게 얼버무리고 불분명하게 묻어버려 문서만
행할 따름이었다. 서울에서는 부녀자들이 얼굴을 드러내고 다닌
지가 이미 수년이 되었으며, 개가는 논할 것도 없이, 공공연히 서
로 어울렸으며, 승니(僧尼)들 또한 서로 짝을 이루는 것을 그들
자신들도 아무렇지 않게 여겼다. 사람들은 박시병과 이민설의
건의를 쓸데없는 군더더기 말이라고 생각하였다.

原文

朴始秉^{박시병} 請禁婦人長衣^{청금부인장의} 許改嫁^{허개가} 男女同衣制^{남녀동의제} 李敏卨請僧尼^{이민설청승니}

嫁娶^{가취} 俱獻議中樞院^{구헌의중추원} 是時政令爲倭所必要者^{시시정령위왜소필요자} 如決堤行水^{여결제행수}

而其繫我國利害者^{이기계아국이해자} 皆模稜埋揎^{개모능매골} 行文書而已^{행문서이이} 京師婦女露面^{경사부녀노면}

而行者已有年^{이행자이유년} 不論改嫁^{불논개가} 公相聚塵^{공상취진} 僧尼亦自相合^{승니역자상합} 其徒恬^{기도념}

視之^{시지} 人以朴 · 李爲贅言.^{인이박 이위췌언}

　이완용(李完用)의 아들 이명구(李明九)의 처 임씨(任氏)는 임선준(任善準)의 형 임대준(任大準)의 딸이다. 이명구가 일본에 들어가 수년간 유학하는 사이에 이완용이 간통했다. 그가 돌아와 하루는 내실에 들어갔다가 아버지인 이완용이 며느리를 포옹하고 누워 있는 것을 보고 나오면서 탄식하여 말하기를, "집과 나라가 모두 망했으니 죽지 않고 어찌하겠는가?" 하고는 그로 인해 자살하였다. 이완용은 드디어 독차지하고 부끄러움 없이 첩같이 여겼다고 한다. 민형식(閔炯植)은 곧 민긍식(閔肯植)인데 그의 첩 소생의 딸과 결합하여 함께 살면서 어린아이를 낳았다. 민형식은 이미 세 아들이 있었는데 이에 이르러 그 애를 안고 손님에게 자랑하며 말하기를, "점쟁이가 내 운명을 보고 네 아들을 둔다고 하더니, 이놈을 얻어 그 수를 채우게 하였으니 점쟁이 말이 신기하군." 하였다. 고 판서 홍종헌(洪鍾軒)의 조카 아무개는 과부로 사는 사촌누이와 간통하여 첩을 삼아 아이를 낳았다. 이것은 두

드러지게 소문나 있는 것들로써 그 밖에 자질구레한 일들을 가히 다 기록할 수 없다.

原文

李完用子明九之妻任氏 善準兄大準女也 明九入倭留學

數年 完用通焉 及其還 一日入內 見完用摟任臥 出而歎曰

家與國俱亡 不死何爲 因自殺 完用遂得專之 靦然如姬妾

閔炯植 卽肯植也 報于其妾産之女 偕居生雛 炯植已有三

子 至是抱雛誇客曰 筮者算吾命當四子 得此充其數 筮其

神乎 故判書洪鍾軒之侄某 通其寡居從妹 作妾生雛 此其

著聞者 而其外瑣微 不可勝記也.

　박영효(朴泳孝)를 제주에 안치하고, 이도재(李道宰)과 남정철(南廷哲)을 아울러 석방하였다. 박영효는 시국을 만회하여 일찍이 저질렀던 지난날의 잘못을 속죄하려 하였으나, 대세가 이미 기울어 방도를 찾을 수 없었다. 그러다가 자못 정황이 드러나 일본의 입장에서는 그를 매우 한스럽게 여겨 은혜를 저버렸다 하고, 드디어 이런 죄를 주었던 것이다.

原文

安置朴泳孝于濟州 李道宰·南廷哲幷釋 泳孝欲挽回時

局 以贖夙愆 而大勢已去 無由斡旋 頗露聲色 倭甚恨之 以

爲忘恩 遂有是獄.

7월 19일 무신(戊申), 황제(순종)가 돈덕전(敦德殿)에서 즉위의 예를 거행하였다. 대 사면령을 내렸으며, 황제(순조)와 황태자 은(垠)이 모두 삭발하였다. 그리고 서울 내외의 인민에게 영을 내려 일제히 준수하여 행하도록 하였다.

原文

十九日戊申 皇帝行卽位禮于敦德殿 大赦 上與皇子垠幷

削髮 令京師內外人民 一齊遵行.

민종식(閔宗植)·민형식(閔衡植) 등은 배소(配所)에 한 달 남짓 만에 모두 돌아왔다. 10년 이래 귀양살이한 자로 죄를 용서받지 아니한 사람은 한 사람도 없었다. 양궁(兩宮)이 비록 머리를 깎고 단발의 영을 내렸으나, 관리와 군인을 제외한 나머지 사람들은 깎는 자는 깎았고 깎지 않으려는 자는 깎지 않았으나 구반(舊班) 이라 하여 공박했다.

原文

민종식 민형식등 도배 보월여개환 십년이래 유방자
閔宗植 · 閔衡植等 到配 甫月餘皆還 十年以來 流放者

무일인불유자 양궁수유단발령지거 제관리군인이외 삭자
無一人不宥者 兩宮雖有斷髮令之擧 除官吏軍人以外 削者

삭 불삭자불삭 의구반박
削 不削者不削 依舊班駁.

전라남도 관찰사 김규창(金奎昌)은 관할 군수들을 모아놓고 모두 다 머리를 깎게 하였다. 이때에도 지방의 관리들은 아직도 머리를 깎지 아니한 자가 있었다.

原文

전남관찰사김규창회관하군수   일도진삭   개시시외도관
全南觀察使金奎昌會管下郡守 一刀盡削 蓋是時外道官

리 즉상유불삭자
吏 則尙有不削子.

영변(寧邊) 아전 김기홍(金基弘)은 정미 7조약이 체결되었다는 소식을 듣고 통곡하며 관찰사 박승봉(朴勝鳳)에게 미루어 말하기를, "소인은 비록 천한 부류이나 망국일을 당하여 차마 다시 추주(趨走)[1]할 수 없다." 하고 관직을 버리고 가버렸다. 경성(鏡城)의 아전으로 삭발을 피하여 도망한 사람이 6명이나 되었다.

註解

1) 추주(趨走) : 공경의 뜻으로 윗사람 앞에서 허리를 굽히고 빨리 걸

음. 굽실거리며 추종함.

原文

寧邊吏金基弘 聞七協約 痛哭謂觀察朴勝鳳曰 小人雖賤
流 當亡國之日 不忍復趨走耳 棄職而去 鏡城吏避削髮而
逃者六人.

바야흐로 진위대(鎭衛隊)를 해산할 때에, 북청(北青)의 부교(副
校) 조희명(曺喜明)은 응하지 않으면서 말하기를, "듣건대 조정에
경비가 없어 군대를 해산한다고 하니, 우리들은 국고를 쓰지 않
고 각자 양식을 싸가지고 와서 나라를 지키기를 원합니다." 하였
다. 대장 김명환(金命煥)이 꾸짖자, 조희명은 부하들과 더불어 대
성통곡을 하고 흩어졌다.

原文

方鎭衛隊之散也 北青副校曹喜明不肯曰 聞朝廷以費紬
散兵 吾屬願不費國帑 各自齎糧 以衛國家 隊長金命煥叱
之 喜明與部下 大慟而散.

이재선(李載先)을 신원하여 정은군(定恩君)에 추증하였다.

原文

신이재선 증정은군
伸李載先 贈定恩君.

지평(砥平) 군수 김태식(金泰植)·양지(陽智) 군수 심의혁(沈宜赫) 및 마전(麻田)·죽산(竹山) 군수(모두 성명을 잊어버렸음)가 의병에 의해 살해되었다.

原文

지평군수김태식 양지군수심의혁급마전 죽산군수 병
砥平郡守金泰植·陽智郡守沈宜赫及麻田·竹山郡守 并
실성명 위의병소살
失姓名 爲義兵所殺.

'대한자강회(大韓自强會)'가 군중을 선동한다고 하여 해산할 것을 명했다.

原文

명산자강회 이선동중심야
命散自强會 以煽動衆心也.

제실(帝室) 소유 및 국가 소유의 재산조사소(財産調査所)를 설치하였다.

原文

설제실유급국유재산조사소
設帝室有及國有財産調査所.

정인홍(鄭寅興)을 경기도 선유사로, 김중환(金重煥)을 경상북
도 선유사로, 홍우철(洪祐哲)을 강원도 선유사로, 이순하(李舜夏)
를 충청북도 선유사로 삼았다. 일본병을 각각 30명씩 파견하여
그들의 행차를 호위하게 하였다. 그러나 의병을 두려워하여 감
히 신지(信地, 목적지)로 들어가지 못하고 몸을 피하면서 갔다.

原文

以鄭寅興爲京畿宣諭使　金重煥爲慶北宣諭使　洪祐哲爲
江原宣諭使　李舜夏爲忠北宣諭使　派倭各三十人　以護其行
然畏義兵　不敢入信地　閃避而行.

국내의 공사 간에 간행한 서적 판본을 모두 조록(照錄)하여 보
고하도록 했다.

原文

令國中公私刊行書籍板本　幷照錄登聞.

궁내부(宮內府) 경무관 소흥문(蘇興文)이 면직되었다. 소흥문
은 을사년(광무 9, 1905) 경청(警廳)에 예속되어 있었는데, 김홍
집(金弘集)의 주검을 보고 그의 신낭(腎囊, 불알)을 베어낸 적이
있었다. 이에 이르러 이윤용(李允用)이 소흥문을 경무관으로 발
탁하였다. 송병준(宋秉畯)이 이완용에게 말하기를, "이 사람은 일

찍이 김총리 대신(김홍집)의 불알을 베어냈는데, 대감은 유독 두렵지 않소이까? 그 불알을 잘 보호해야 할 것 같소이다." 하였다. 소흥문이 그 말을 듣고 스스로 물러났다.

原文

宮內府警務官蘇興文免 興文於乙巳(光武九年)隷警廳 見
金弘集死 割其腎囊 至是李允用擢警務官 宋秉畯謂完用曰
此人會割金總相腎囊 大監獨無懼乎 其善護腎囊 興文聞之
自退.

군부 대신 이병무(李秉武)는 진위대 장교들을 불러 돈을 내어 주고 은사금(恩賜金)이라 명목을 붙였다. 위관과 참령이 6백 원, 정위가 5백 원, 부위가 4백 원, 참위가 3백 원, 연성학교 위관은 150원, 헌병은 백 원을 주었다. 이는 군대 해산을 위로하고 무마하려는 것이었다. 이때 이미 대병(隊兵)을 해산하고 사관연성학교와 헌병사령부(憲兵司令部)도 또한 폐지했다.

原文

軍部李秉武 召鎭衛隊將官 頒賜恤金 名曰恩賜 尉官·參
領六百元 正尉五百元 副尉四百元 參尉三百元 研成學校
尉官一百五十元 憲兵百元 以其解散而慰摩也 是時旣散隊

兵 士官研成學校·憲兵司令部 亦廢.

이병무(李秉武)의 향제(鄕第)는 공주에 있었다. 그의 모친 수연(壽宴)에 널리 빈객을 초청하였으나, 빈객들은 가는 사람이 없었으며 말하기를, "역적의 집이 어찌 연회를 제대로 치를 수 있겠는가?" 하였다.

原文

秉武鄕第在公州 其母壽宴 廣邀賓客 客無往者曰 逆賊之家 安用宴樂乎.

일본군이 의병을 추격하여 보은군(報恩郡)에 들어갔다가 향교를 불태웠다.

原文

倭追義兵 入報恩郡 焚鄕校.

김홍집(金弘集)과 정병하(鄭秉夏)의 관직을 회복시키고, 유길준(兪吉濬)·장박(張博)·조희연(趙羲淵)·이두황(李斗璜)·이범래(李範來)·이진호(李軫鎬)·조희문(趙羲聞)·권동진(權東鎭) 등을 서용(敍用)하였다. 태황제(太皇帝)는 비록 어둡고 용렬했지만,

그래도 능히 일의 가부를 판단할 수는 있었다. 그런데 지금 임금 (순종)은 타고나기를 어리석고 어두워 배가 부른지 고픈지, 추운지 더운지도 살피지 못했다. 군소배들의 야유가 이르지 않는 곳이 없어, 김홍집 등을 설원(雪冤, 원통함을 품)하는데 이르러서도 또한 오직 윤허할 뿐이었다.

原文

復金弘集·鄭秉夏官 敍用兪吉濬·張博·趙義淵·李斗

璜·李範來·李軫鎬·趙義聞·權東鎭等 太皇雖昏庸 尙

能可否事 今上則天資痴闇 不省飢飽寒燠 群少揶揄之 無

所不至 至於雪弘集等 而亦惟曰允.

일본 동경에 큰 비가 내려 홍수가 나서, 끊어진 철도가 600리, 익사자가 7,000여 명으로, 30년 만에 처음 겪는 재앙이었다. 또 함관 (函館)에 큰 불이 나서 15,000호가 소실되었으며, 죽은 사람이 300여 명이나 되었다. 또 복강(福岡)에는 역질(疫疾)이 크게 번졌다.

原文

日本東京大雨 出洪水 鐵道潰決六百里 溺死七千餘人 爲

三十年初有之災 又函館大火 燒一萬五千戶 死者三百餘

又福岡大疫.

梅泉野錄 卷之六

정미(1907) 융희 원년
(청 광서 33년, 일본 명치 40년)

　정미년(융희 1, 1907) 8월, 흥선대원군(興宣大院君)을 추존하여 왕으로 삼고, 시호를 헌의(獻懿)로 하였으며, 부대부인(府大夫人) 민씨(閔氏)를 비(妃)로 삼고 시호를 순목(純穆)으로 하였다. 또 완화군(完和君) 이선(李墡)을 봉하여 친왕(親王)으로 삼고 시호를 헌의(憲義)라 하였으며, 친왕(親王) 이강(李堈)의 부인 김씨(金氏)를 비로 삼았고, 이준용(李埈鎔)을 영선군(永宣君)으로 삼았다.

原文

丁未八月 追尊興宣大院君爲王 諡獻懿 府大夫人閔氏爲
妃 諡純穆 封完和君墡爲親王 諡憲義 親王堈夫人金氏爲
妃 李埈鎔爲永宣君.

　일본군이 동래(東萊)의 옛 좌수영(左水營) 및 부산(釜山)·다대포(多大浦) 세 진(鎭)으로 들어가서 거기에 있는 군장(軍仗, 무기)

을 약탈해 갔고, 북관(北關)¹⁾에 있던 자들도 또한 함흥에 있는 군기고(軍器庫)를 약탈하였다.

1) 북관(北關) : 함경도의 마천령(摩天嶺)을 경계로 그 북쪽을 북관, 그 이남을 남관(南關)이라 하였다.

原文

^{왜 입 동 래 구 좌 수 영 급 부 산} ^{다 대 포 삼 진} ^{창 기 군 장} ^{기 재}
倭入東萊舊左水營及釜山 · 多大浦三鎭　搶其軍仗　其在

^{북 관 자} ^{역 탈 함 흥 군 기 고}
北關者　亦奪咸興軍器庫.

　송병준(宋秉畯)이 염세(鹽稅)·선세(船稅)·수산세(水産稅)·포삼세(圃蔘稅) 등을 혁파하여 백성들의 곤궁함을 풀어줄 것을 건의하였다. 모든 경리원(經理院)이 관할하던 재정과 기타 송전(松田)·죽전(竹田)·상전(桑田)·강전(薑田)·저전(楮田)·칠전(漆田)·율전(栗田)·시산(柴山)·노전(蘆田)·봉밀(蜂蜜)·탄신(炭薪) 등의 모든 잡세(雜稅)를 모두 탁지부 관할로 귀속시켰다.

原文

^{송 병 준 의 파 염 세} ^{선 세} ^{수 산 세} ^{포 삼 세} ^{이 서 민 곤} ^범
宋秉畯議罷鹽稅 · 船稅 · 水産稅 · 圃蔘稅　以紓民困　凡

^{경 리 원 소 관 재 정} ^{기 타 약 송 전} ^{죽 전} ^{상 전} ^{강 전} ^{저 전}
經理院所管財政　其他若松田 · 竹田 · 桑田 · 薑田 · 楮田 ·

漆田^{칠전} · 栗田^{율전} · 柴山^{시산} · 蘆田^{노전} · 蜂蜜^{봉밀} · 炭薪諸雜稅^{탄신제잡세} 盡歸度支管^{진귀탁지관}

轄^할.

박영호(朴泳好)는 궁내부에 신소(申訴)하여 그의 아우 박영효(朴泳孝)의 을미년(고종 32, 1895) 이후부터의 녹봉 및 영혜옹주(永惠翁主)의 향사비(享祀費)를 지급해 달라고 요청하였다. 박영호는 을미년 여름부터 재차 도망하여 숨어 있었다. 박영효가 귀환함으로 인해서 참서관(參書官) 자리를 얻게 되었다.

原文

朴泳好申宮內府^{박영호신궁내부} 請支其弟泳孝乙未^{청지기제영효을미}(高宗三十二年^{고종삼십이년})以後^{이후}

俸祿及永惠翁主享祀費^{봉록급영혜옹주향사비} 泳好乙未夏^{영호을미하} 再度竄匿^{재도찬닉} 因泳孝還^{인영효환}

得爲參書官^{득위참서관}.

일본인이 통감부(統監府)에 부통감(副統監)을 두고, 증녜황조(曾禰荒助)를 부통감으로 삼았다. 그 소속으로 총무장관(總務長官) · 참여관(參與官) · 비서(秘書) · 참서(參書) 등의 관원이 있었다.

原文

倭人置副統監於統監府^{왜인치부통감어통감부} 以曾禰荒助爲副統監^{이증녜황조위부통감} 其屬有總^{기속유총}

務長官·參與官·秘書·參書等官.
<small>무장관 참여관 비서 참서등관</small>

전라도 임피(臨陂) 등 9개 고을에 둔전세(屯田稅)를 폐지하였다. 이들 여러 군은 김창석(金昌錫)이 균전사(均田使)로 내려온 이래 민전(民田)이 궁장토(宮庄土)에 섞여 들어간 까닭에 세금을 억울하게 징수당한 지 이미 10여 년이나 되었다. 이때에 이르러 각의(閣議)로써 파기하게 되었다.

原文

罷全羅道臨陂等九郡屯田稅 諸郡自金昌錫均田以來 民
田混入宮庄土 稅寃徵已十餘年 至是以閣議罷之.

일진회(一進會)는 이제부터 입회하는 자는 반드시 머리를 깎지 않아도 된다는 것을 의결하였다. 이는 의병을 만나면 문득 살해를 당했기 때문이다.

原文

一進會議自今入會 不必削髮 以遇義兵輒見殺也.

전라남도 장성(長城) 사람 송영순(宋榮淳)과 변승기(邊昇基) 등이 탁지부에 호소하여, 전라남북도의 세전(稅錢)을 경기도와 충청도의 예에서 보듯이 균등하게 징수할 것을 요청하였다. 갑오년(고종 31, 1894) 이래로 경기도와 충청도는 신화(新貨)를 사용하였고, 전라도와 경상도는 엽전(葉錢)을 사용하였는데, 오직 엽전만 사용한 곳은 전라남도뿐이었다. 매양 세전을 바칠 때마다 백성에게는 엽전으로 내라고 독촉하고 서울에 납부할 때는 신화로써 하였다. 관리들은 짜고서 이해를 같이하는 사람들끼리 농간을 부려 계산을 가하여 그 차액, 나머지를 취하였으니, 앉아서 그 배의 이득을 챙겨서 백성들은 그것을 한스럽게 여겼다.

병오년(광무 10, 1906) 겨울에 이르러서는 다시 세법을 개정하여 위로는 세무감(稅務監)·세무관(稅務官)·세무주사(稅務主事)가 있고, 아래로는 영수원(領收員)·임원(任員)이 있는데, 백성들로 하여금 거두어들이게 하여 관리의 손을 떨어지지 않게 하였다. 매양 1결(結)당 경기도와 충청도 이북은 신화 8원을 징수하고, 전라도와 경상도는 12원을 징수했으며, 각군은 엽전으로 계산을 더하여 엽전 60냥이나 70냥 등 고르지 않게 징수했다. 혹은 예전과 같이 80냥을 섞어서 징수하기도 하였다. 이에 국탕(國帑, 國庫)의 손실은 적지 않았는데도 백성들의 실제 혜택은 거의 없었다. 그런 까닭에 백성의 원망은 덩어리로 일어나고 민소(民訴)[1]가 있기에 이르렀다. 그러나 각의(閣議, 내각의 회의)에서 밀고 당기면서 오래도록 결정을 보지 못했다.

얼마 지나서 우용택(禹龍澤) 등이 또한 이 일로써 헌의(獻議)하였는데, 송영순 등의 말과 같았다.

註解

1) 민소(民訴) : 국민들의 원통한 사정을 관청에 호소함.

原文

全南長城民宋榮淳 · 邊升基等 訴度支部 請均徵全南北

稅錢 視畿湖例 甲午(高宗三十一年)以來 畿湖用新貨 全

· 慶用葉錢 而其用純葉者 全南而已 每捧說錢時 督民以

葉 納京以新 官吏朋奸 加計取贏 坐收一倍之利 民甚恨之

及丙午(光武十年)冬 更定稅法 上有稅務監 · 稅務官 · 稅

務主事 下有領收員 · 任員 使民斂納 不落官吏之手 每一

結 畿湖以上徵新貨八元 全 · 慶則十二元 各郡以葉加計解

算 徵葉六十兩 · 七十兩不等 或混徵八十兩如前日 於是

國帑之損者不貲 而民之實惠無幾 故怨讟朋興 至有民訴

然閣議推諉久不決 已而禹龍澤等 亦以此事獻議 如榮淳等

言.

일본군이 의병(義兵)을 추격하면서 예안군(禮安郡)에 들어가서
문순공(文純公) 이황(李滉)의 사우(祠宇)와 고택(故宅)을 불태웠다.

原文

^{왜 추 의 병 입 예 안 군   소 문 순 이 황 사 급 기 고 택}
倭追義兵入禮安郡 燒文純李滉祠及其故宅.

이완용(李完用)이 입대(入對)하여 눈물을 흘리면서 말하기를, "세상 사람들이 신을 불충(不忠)한 사람이라고 매도를 하고 있는데, 폐하께서도 또한 신(臣)을 그렇다고 의심을 하십니까? 왕년에 태황제(太皇帝, 고종)를 모시고 아라사 공관으로 옮겨, 역적 난신을 처단하고 오늘이 있게끔 보전한 것은 오직 신의 형제였습니다. 힘써 강대한 이웃나라와 화친을 도모하여 다시 조약을 체결하고, 태황제의 파천(播遷)[1]을 면하게 한 것 또한 오직 신의 형제였습니다. 신의 형제가 아니었던들 나라의 안정, 세가(稅駕)[2]할 곳이 있었겠습니까? 송병준(宋秉畯)과 신의 형제가 목숨이 다하기 전까지 마땅히 함께 통감의 지휘를 받들어 시종 보호해드리겠습니다." 하였다.

이때에 황태자(皇太子) 이은(李垠)이 대원왕(大院王, 대원군)의 묘(廟, 사당)를 배알하고자 하니, 군중이 기뻐하며 찬사를 올렸는데, 이완용이 아무 말 없이 사이를 두고 있다가 말하기를, "이준용(李埈鎔)은 역적의 이름을 띤 몸으로 망명한 지가 10년이 되었습니다. 이제 비록 그 죄명을 씻었다고는 하나 믿을 수가 없습니다. 바라건대 전하께서는 가까이 하지 마십시오."라고 하였다.

註解

1) 파천(播遷) : 임금이 도성을 떠나 다른 곳으로 피란함.

2) 세가(稅駕) : 수레에 매어 있는 말을 끌러 놓아 쉬게 하는 일. 곧 국
   가가 안정됨.

原文

이완용입대유체언 세인매신불충 폐하역의신호 왕년봉
李完用入對流涕言 世人罵臣不忠 陛下亦疑臣乎 往年 奉

태황행아관 주서역난 보유금일 유신형제야 역구강린 재
太皇幸俄館 誅鉏逆亂 保有今日 惟臣兄弟也 力媾强隣 再

결조약 면태황파천 역유신형제야 비신형제 국가유세가
結條約 免太皇播遷 亦惟臣兄第也 非臣兄弟 國家有稅駕

지소호 지어송병준 신형제명진지전 당공승통감지휘 이
之所乎 至於宋秉畯 臣兄弟命盡之前 當共承統監指揮 以

보종시 시황태자은 욕알대원왕묘 중환희찬지 완용묵연
保終始 時皇太子垠 欲謁大院王廟 衆歡喜贊之 完用嘿然

유간왈 준용신대역명 망명자십년 금수탕척 공불가신 원
有間曰 埈鎔身帶逆名 亡命者十年 今雖蕩滌 恐不可信 願

전하물근
殿下勿近.

일본인이 전 참판 이남규(李南珪)를 살해하였다.

처음에 민종식(閔宗植)이 이남규에게 함께 의병을 일으키자고
요청했으나 이남규는 단지 앉아서 힘을 폈을 뿐 끝내 홍주(洪州)
에 들어가지 않았다. 민종식이 패하자 이남규는 그들을 위해 은
신처를 제공해 주었다. 그런데 일진회에 참여한 그 고을 어리석
은 백성들이 다투어 말하기를, '이남규를 제거하지 않으면 내포
(內浦) 지역에는 편안한 날이 없을 것이다'고 고자질하였다. 일본
인들은 그것을 믿고 그를 붙잡아 결박지으려 하자, 이남규가 분

개하여 말하기를, "나는 대부(大夫)이다. 죽일 수는 있어도 욕보일 수는 없다. 너희들이 가자는 곳으로 갈 것이니 어찌 포박 지을 수 있는가?"라고 꾸짖으며 마침내 교자를 타고 나섰다. 두 아들이 그를 따라가려 하자 이남규가 말하기를, "너희 두 사람은 나를 따르다가는 함께 죽을 것이다. 우리 집안은 어찌 되겠느냐?"라고 하면서 꾸짖어 물러가도록 하였다. 그의 작은아들만 따라갔는데 온양(溫陽) 외암촌(嵬岩村) 앞에 이르렀을 때, 왜놈들이 서로 눈짓을 하더니 칼을 빼어들고 앞으로 다가갔다. 이남규가 꾸짖으면서 말하기를, "너희들이 서울로 가자고 하지 않았느냐? 가면 일이 판결날 것인데, 어찌해서 성급하게 해치려 하느냐?" 하면서 칼을 잡고 막으니 다섯 손가락이 모두 잘려서 떨어졌다. 그 아들이 몸으로 막으며 왜놈을 크게 꾸짖다가 드디어 부자가 함께 죽임을 당했는데, 난자질을 당해서 성한 곳이 없었다. 가마꾼 한 사람이 가마의 막대기를 뽑아 왜놈 한 명을 박살내고 또 죽임을 당했다. 시신 세 구가 길에 버려져 있었는데, 하루가 지나도록 거두는 자가 없었다.

외암촌은 이성렬(李聖烈)의 시골집이 있는 곳인데, 이성렬은 왜놈들이 물러가기를 기다려 비로소 시체를 거두어 염을 하였다.

이남규의 자는 원팔(元八)이며, 호는 산좌(汕左)인데, 대대로 예산(禮山)에 살았다. 문장에 능했으며 특히 소차(疏箚)에 뛰어나서 한때 명대부(名大夫)로 알려졌다. 그렇지만 성품이 간결하고 오만하여 문벌로서 자부함이 높았으므로 시골 사람들이 많이 미워하고 질시하였다. 혹자는 그것이 화를 빚은 것이라고 말하기도 하였다. 이건창(李建昌)이 죽은 뒤로 경재(卿宰) 중에 문학과 명론(名論)으로는 이남규가 최고였는데, 그가 죽임을 당함에 미처 진신(搢紳, 벼슬아치)들이 사기를 잃었으니 사류(士流)들은 더욱 애석하게 여겼다.

原文

倭人 殺前參判李南珪 初閔宗植要南珪幷起 南珪但坐而

宣力 終不入洪州 及宗植敗 南珪爲之藏匿 其郡氓之參一

進者 爭言不除南珪 內浦無寧日 倭信之 掩捕將縛之 南珪

奮曰 吾大夫也 可死不可辱 任汝所之 何縛爲 遂轎而出 二

子欲從之 南珪曰 汝二人 俱從我死 奈家戶何 叱退 其少子

行至溫陽巍岩村前 倭互眗之 拔鈫以進 南珪罵曰 汝等云

往京師 往則事判矣 何欲造次相戕 拒鈫而握之 五指俱落

子翼蔽之 大罵倭賊 遂父子俱死 刲裂無完膚 轎奴一人 拔

轎幹撲殺一倭 又死 三尸橫道 經日無殮者 巍岩村李聖烈

鄕廬也 聖烈俟倭去 始殮之 南珪字元八 號汕左 世居禮山

能文章 長於疏箚 一時名大夫也 然簡伉以門地自高 鄕人

多_다憎_중疾_질者_자 或_혹言_언此_차其_기禍_화媒_매云_운 李_이建_건昌_창死_사後_후 卿_경宰_재文_문學_학名_명論_론 南_남
珪_규爲_위之_지冠_관 及_급其_기死_사 搢_진紳_신喪_상氣_기 士_사流_유尤_우痛_통惜_석之_지.

일본은 군대를 파견하여 북간도(北間島)에 주둔시켰다. 청나라 사람들 또한 관리를 두었으며, 아라사 사람들도 혼춘(琿春)에 들어와 웅거하였으니 간도 한 구역은 홍연(閧然, 원기 있는 모양)히 시끄러운 전쟁의 마당이 되었다.

原文

倭_왜派_파兵_병駐_주北_북間_간島_도 淸_청人_인又_우置_치官_관吏_리 俄_아人_인入_입據_거琿_혼春_춘 間_간島_도一_일區_구
閧_홍然_연爲_위競_경爭_쟁之_지域_역.

임금이 태묘(太廟)를 배알하는데 복식과 의전 절차가 예전 제도와 전혀 달랐다. 왜병을 빌어 호가하도록 하고 임금은 마차에 탔으며, 이완용 이하는 참승(驂乘, 陪乘)을 하였다. 이때부터 매양 행차할 때는 이와 같이 하였다.

原文

上_상謁_알太_태廟_묘 服_복飾_식儀_의衛_위 盡_진變_변舊_구制_제 借_차倭_왜兵_병扈_호駕_가 上_상御_어馬_마車_차 李_이
完_완用_용以_이下_하驂_참乘_승 自_자此_차行_행幸_행 輒_첩仿_방此_차.

이등박문(伊藤博文)이 일본으로부터 서울로 돌아왔다.

原文

이 등 박 문　자 일 본 환 지 경 사
伊藤博文　自日本還至京師.

(8월) 일본군 백여 명이 군기를 스물여덟 바리를 싣고 강원도로 향했다. 그때 강원도 두메에는 의병이 날로 치열하여 지방 수령들이 모두 도망하여 벼슬자리를 비웠던 것이 19개 군이나 되었다. 처음 군대 해산을 논의할 때 일본군 사령관 장곡천호도(長谷川好道)가 말하기를, "너무 급히 서두르면 격변이 있을 것이 가히 염려스럽고, 늦추어 수년을 끌게 되면 결함은 있어도 보(補)함은 없으니, 가히 이빨이 빠지는 것을 알지 못할 것이다."라고 하였다. 송병준(宋秉畯)이 말하기를, "일은 이미 거의 성취되어 가는데 어찌 대기하고 있겠소? 우리 백성은 연약하니 가히 우려할 것이 없다는 것을 보장하겠소." 하고 힘써 고했다. 의병이 일어나고 해산된 대병(隊兵)들이 모여들어 사방에서 단합하니 뜻밖에 일을 당하여 박멸하기 어렵게 되자 일본인은 비로소 송병준을 허물하였다.

原文

왜 병 백 여　재 군 계 이 십 팔 태　향 강 원 도　기 시　동 협 의 병 일 치
倭兵百餘　載軍械二十八駄　向江原道　其時　東峽義兵日熾

수 재 개 주　공 관 자 십 구 군　초 의 해 병 야　장 곡 천 왈　태 급 즉 격
守宰皆走　空官者十九郡　初議解兵也　長谷川曰　太急則激

^변變^가可^려慮 ^완緩^지之^연延^수數^년年 ^유有^궐闕^무無^보補 ^가可^이以^치齒^탈脫^부不^지知 ^송宋^병秉^준畯^왈曰 ^사事

^이已^수垂^집集 ^안安^용用^등等^대待 ^아我^민民^연軟^약弱 ^가可^보保^무无^우虞 ^력力^찬贊^지之 ^급及^의義^병兵^기起 ^산散

^대隊^사四^합合 ^졸猝^난難^박撲^멸滅 ^왜倭^시始^구咎^병秉^준畯.

    선조(宣祖) 임진년(1592)에 영남의 도요공(陶窯工) 몇 집이 왜놈의 포로가 되어 잡혀갔다. 그 기술을 배우기 위해 녹아도(鹿兒島)에서 살게 하니, 도공의 집안들은 대대로 자기들끼리 스스로 서로 혼인하며, 혼례와 상례 등 다 옛날 제도를 그대로 지켜왔다. 해마다 새해가 되면 북쪽을 향하여 망궐례(望闕禮)[1]를 행했으며, 멀리 단군(檀君)에게 제사를 지내고, 자손들에게 본국의 말로 부모를 부르도록 가르쳤다. 지금은 백여 호(戶)에 이르고 인구를 천여 명이 된다고 한다.

註解

1) 망궐례(望闕禮) : 외관(外官)이 명절 때나 왕 또는 왕비의 생일에 '궐(闕)'자를 새긴 나무패에 절하던 예식.

原文

^선宣^묘廟^임壬^진辰 ^영嶺^남南^도陶^요窯^공工^수數^가家 ^위爲^왜倭^로擄^거去 ^학學^기其^기技 ^방放^우于^록鹿^아兒^도島

^도陶^가家^세世^세世^자自^상相^혼昏^가嫁 ^길吉^흉凶^지之^예禮 ^개皆^수守^고故^제制 ^매每^세勢^수首 ^북北^향向^행行^망望

^궐闕^례禮 ^요遙^제祭^단檀^군君 ^교敎^자子^손孫^이以^본本^국國^어語^호呼^부父^모母 ^금今^호戶^지至^백百^여餘 ^가可^천千

^{수 운}
數云.

경상북도의 의병장 남우팔(南又八)이 붙잡혀 대구에서 살해되었고, 참모(參謀) 백남선(白南善)은 징역 10년을 선고받았다.

原文

경북의병장남우팔피획 견살우대구 참모백남선역십년
慶北義兵將南又八被獲 見殺于大邱 參謀白南善役十年.

서울에 전염병이 발생하여 검역소(檢疫所)를 설치하였다. 토속(土俗)에서는 '괴질(怪疾)'이라 불렀고, 외양(外洋) 사람들은 '호열자(虎列刺)'라 부르기도 하고, 혹은 '흑사병(黑死病)'이라 부르는 전염병들이었다. 이로부터 전염병이 발생할 때마다 바로 관원을 선발하여 검사하고 방역하는 기술을 행하였으니, 이름하여 검역(檢疫)이라 하였다. 그러나 구제한다는 것이 오히려 해를 끼치는 데 적합한 것이었다.

原文

경사역 설검역소 토속호이괴질 외양즉왈호열자 왈흑사
京師疫 設檢疫所 土俗呼以怪疾 外洋則曰虎列刺 曰黑死

병 자시매유유행려기 첩차관원 행검사소방지술 명왈검
病 自是每有流行癘氣 輒差官員 行檢查消防之術 名曰檢

역 연구지적족이해지야
疫 然救之適足以害之也.

서부(西部) 천연정(天然亭)¹⁾ 아래 우물물이 붉고 흐려졌다.

註解

1) 천연정(天然亭) : 돈의문(敦義門) 밖의 서지(西池) 가에 있었던 정
   자.

原文

서 부 천 연 정 하　정 수 적 탁
西部天然亭下　井水赤濁.

청나라 복주(福州)에 큰 불이 나서 집 1천여 채가 불탔다.

原文

청 국 복 주 대 화　소 천 여 가
淸國福州大火　燒千餘家.

　일본의 궁기연관(宮崎延關)에 홍수가 발생하여 4백여 호가 침
수되고, 장야(長野)에는 7일 동안 태풍이 불었다. 대분군(大分郡)
에는 큰 비바람으로 2백여 호가 침수되었고, 고송(高松)에도 큰
비바람이 불었다. 기부현(岐阜縣)에는 큰 홍수가 났으며, 기이군
(紀伊郡)에는 7일간 큰 비가 내려서 300여 호가 침수되고, 주산
(周山)에는 6일간 폭풍이 몰아치고 비가 내렸으며, 광도(廣島)에
는 큰 비가 와서 물이 15척(尺)이나 불어났다. 대수정(大手町)·
미진정(美津町)·일평(日平)·동산(銅山)·문사항(門司港)·송강
녹족군(松江鹿足郡)·진화야정(津和野町)·복천첨도동(福川尖道

洞)·미보만(美保灣)·전도(田島)·복도(福島)·세다군(勢多郡)·기야천(起野川) 등지에도 모두 폭풍우가 몰아치고 홍수가 났다. 신내천(神奈川)·정강(靜岡)·산이(山梨)·황천(荒川)·다마천(多摩川)에도 홍수가 났다. 국부진(國府津)에 해일(海溢)이 일었으며, 장도정(長島町)·남루군(南婁郡)에도 해일이 일었다. 포화(浦和)·비기군(比企郡)·근천(筋川)·도령(島嶺)·횡견령(橫見嶺)에는 홍수가 나 2,000여 호가 침수되었는가 하면, 또 큰 눈이 내렸다. 암수현(巖手縣)에서는 큰 불이 나고 동경 오이관(東京五二館)은 불이 나서 다 탔고, 녹아도(鹿兒島)에서도 큰 불이 나서 47호가 불탔다. 신사현(新瀉縣)에도 큰 불이 나서 400호가 소실되었으며, 삼도(三島) 화약창(火藥廠)에 불이 나서 여공(女工) 1백 30여 명이 사망했다. 문사(門司)와 대판(大坂)에는 흑사병으로 1천여 명이 죽었고, 삼하시(三河市) 어정(魚町)에는 화약이 폭발하였고, 녹도함(鹿島艦)에 화재가 발생하여 장졸들의 사망자가 40여 명이나 되었다. 영전환(永田丸)은 지부만(芝罘灣)에서 불탔으며, 쾌응환(快鷹丸)은 연일만(延日灣)에서 침몰하여 장교 4명이 죽었다.

<hr>

原文

日本宮崎延關大水 浸四百戶 長野大風七日 大分郡大風雨 浸二百戶 高松大風雨 岐阜縣大洪水 紀伊郡大雨七日 浸三百餘戶 周山暴風雨六日 廣島大雨 增水十五尺 大手

町 · 美津町 · 日平 · 銅山 · 門司港 · 松江鹿足郡 · 津和野

町 · 福川尖道洞 · 美保灣 · 田島 · 福島 · 勢多郡 · 起野川

等地 皆暴風雨大水 神奈川 · 靜岡 · 山梨 · 荒川 · 多摩川

大水 國府津海溢 長島町 · 南屢郡海溢 浦和 · 比企郡 · 筋

川 · 島領 · 橫見領大水 浸二千餘戶 又大雪 巖手縣大火

東京五二館沒燒 鹿兒島大火 燒四十七戶 新瀉縣大火 燒

四百戶 三島火藥廠火 死女工百三十餘 門司及大坂 黑死

病死千餘人 三河市魚町火藥暴發 鹿島艦火發 將卒死者四

十餘 泳田丸燒于芝罘灣 快鷹丸沒于延日灣 將弁四人死.

9월, 일본 황태자가 우리나라에 내방하여 임금과 황태자(皇太子) 이은(李垠)이 인천항에 가서 그를 맞이하였다. 이를 논의하는 사람들은 반드시 어가(御駕)가 필요가 없으며 동궁이 남대문 밖에 나가 맞이하면 된다고 하였으나, 이완용 등이 힘써 행행(行幸)을 권하였던 것이다. 이근명(李根命)과 민영규(閔泳奎)는 원로로서 국기(國旗)를 들고 앞에 섰고, 이용구(李容九)는 일진회(一進會)를 인솔하고 채단을 엮어 녹문(綠門)[1]을 만들고 일본 황태자가 일행을 바라보자 머리를 조아렸다.

일본 황태자가 통감부에 머물게 되자 임금은 황태자와 함께 몸소 위문하였으며, 함께 각 궁궐을 유람하고 경운궁(慶運宮)에서 연회를 베풀어 예우가 더없이 극진했다. 9월 10일에 입경하여 14일에 돌아갔는데, 다시 선편을 이용하였으므로 인천에서 내려가게 되었다. 우리 황태자와 정부의 여러 신하들이 또 직접 나가서 전송하였다.

註解

1) 녹문(綠門) : 경축이나 환영의 뜻을 나타내기 위하여 푸른 솔잎을 입혀 꾸며 세운 문. 솔문.

原文

九月 日本皇太子來聘 上與皇太子垠 幸仁川港迎之 議者

以不必動駕 可令東宮迎于南門外 李完用等 力勸行幸 李

根命·閔泳奎 以元老執國旗前導 李容九率一進會 結綵作

綠門 望塵叩頭 及其入居于統監府也 上又與太子親幸勞門

與之游覽各闕 設宴慶運宮 所以禮待之甚盛 以初十日入城

十四日歸 復從船路 下仁港 皇太子與政府諸臣 又親往餞

之.

일본 황태자의 내방에 대하여 그 저의를 측량하기 어려웠다.

혹자는 우리나라를 엿보기 위한 것이라 말하기도 하고, 혹은 (천황) 목인(睦仁)이 자기 아들이 겁이 많고 연약한 것을 염려하여 항상 민간을 돌아보도록 하였는데, 이번의 행차도 또한 그를 고생시켜 종합적인 단련을 시키기 위한 것이라고 말하기도 하였다. 서울에 머무르는 동안 매일 각 학교를 살펴보았는데, 돈 8,000원을 희사했다.

原文

倭儲之來 莫測其意 或言覘國 或言睦仁慮其子懦劣 常使之雜作民間 是行也 亦欲其困衝綜鍊云 在京日覽各學校 以金八千元遺之.

그가 환국할 적에 거느리고 왔던 인원들을 그대로 머물게 하였는데, 이는 의병을 토벌하는 데 쓰고자 함이었다. 그것은 크게 군사를 일으키면 열강들의 꾸짖음을 두려워했기 때문이다. 그런 까닭에 호위를 빙자해서 많은 날쌔고 용감한 자들을 대동하고 와서 계속 머물게 했던 것이다. 그것은 밖으로는 그 흔적을 없애고 그리고 안으로는 실용에 충당할 수 있게 한 것이다.

原文

其還也 留其從率 以爲勦義之用 蓋以大發兵 則畏列强之

^진 ^{고 탁 호 위} ^{다 대 효 용 이 래} ^{인 이 유 지} ^{외 민 기 적} ^{이 내 자 실}
嗔 故託護衛 多帶驍勇以來 因以留之 外泯其跡 而內資實

^{용 야}
用也.

이완용(李完用) 등이 교지를 속여서 조유(詔諭)를 내렸다.

"이번 일본 황태자가 한국에 건너온 것은 곧 우리 한국 역사상 없었던 성대한 거사이다. 두 나라의 쌓였던 의심과 곤란했던 일들과 인민들의 다소의 감정이 일시에 얼음 녹듯이 풀렸다. 성심으로 받들어 맞이하여 환호소리가 우레와 같았으니 가히 민심이 하나로 합쳐진 것을 볼 수 있었다. 지금부터 두 황실의 도탑고 화목한 정분은 맹약을 기다릴 것도 없이 더 좋아졌으며, 양국민의 친밀한 정의는 번거롭게 권유하지 않아도 더욱 공고해졌다. 짐은 깊이 그 성대한 뜻에 감사하여 장차 마음을 기울여 함께 연계하고, 도와서 민생의 행복을 증진시키며 나라 기틀의 경명(景命, 大命)을 공고히 할 것이다. 오직 너희 대소 신민은 가히 다 짐의 뜻을 통찰하고 깊이 새겨 의혹하지 말고 영원히 변하지 말기를 기약하기 바란다. 이를 공경할지니라."

原文

^{이 완 용 등} ^{교 지 조 유 왈} ^{차 차} ^{일 본 황 태 자 지 도 한} ^{즉 아 한 역}
李完用等 矯旨詔諭曰 此次 日本皇太子之渡韓 卽我韓歷

^{사 소 미 유 지 성 거 야} ^{양 국 지 적 년 의 조} ^{인 민 지 다 소 감 정} ^{일 시}
史所未有之盛擧也 兩國之積年疑阻 人民之多少憾情 一時

^{빙 석} ^{성 심 봉 영} ^{환 성 여 뢰} ^{가 견 민 심 지 대 동 야} ^{종 차} ^{양 황 실}
氷釋 誠心奉迎 歡聲如雷 可見民心之大同也 從此 兩皇室

<ruby>敦<rt>돈</rt></ruby><ruby>睦<rt>목</rt></ruby><ruby>之<rt>지</rt></ruby><ruby>誼<rt>의</rt></ruby> <ruby>不<rt>부</rt></ruby><ruby>待<rt>대</rt></ruby><ruby>聘<rt>빙</rt></ruby><ruby>盟<rt>맹</rt></ruby><ruby>而<rt>이</rt></ruby><ruby>加<rt>가</rt></ruby><ruby>好<rt>호</rt></ruby> <ruby>兩<rt>양</rt></ruby><ruby>國<rt>국</rt></ruby><ruby>民<rt>민</rt></ruby><ruby>親<rt>친</rt></ruby><ruby>密<rt>밀</rt></ruby><ruby>之<rt>지</rt></ruby><ruby>情<rt>정</rt></ruby> <ruby>不<rt>불</rt></ruby><ruby>煩<rt>번</rt></ruby><ruby>勸<rt>권</rt></ruby><ruby>誘<rt>유</rt></ruby><ruby>而<rt>이</rt></ruby><ruby>益<rt>익</rt></ruby>

<ruby>固<rt>고</rt></ruby> <ruby>朕<rt>짐</rt></ruby><ruby>深<rt>심</rt></ruby><ruby>感<rt>감</rt></ruby><ruby>其<rt>기</rt></ruby><ruby>盛<rt>성</rt></ruby><ruby>意<rt>의</rt></ruby> <ruby>將<rt>장</rt></ruby><ruby>傾<rt>경</rt></ruby><ruby>心<rt>심</rt></ruby><ruby>結<rt>결</rt></ruby><ruby>託<rt>탁</rt></ruby> <ruby>增<rt>증</rt></ruby><ruby>民<rt>민</rt></ruby><ruby>生<rt>생</rt></ruby><ruby>之<rt>지</rt></ruby><ruby>幸<rt>행</rt></ruby><ruby>福<rt>복</rt></ruby> <ruby>鞏<rt>공</rt></ruby><ruby>邦<rt>방</rt></ruby><ruby>基<rt>기</rt></ruby><ruby>之<rt>지</rt></ruby><ruby>景<rt>경</rt></ruby>

<ruby>命<rt>명</rt></ruby> <ruby>惟<rt>유</rt></ruby><ruby>爾<rt>이</rt></ruby><ruby>不<rt>불</rt></ruby><ruby>小<rt>소</rt></ruby><ruby>臣<rt>신</rt></ruby><ruby>民<rt>민</rt></ruby> <ruby>可<rt>가</rt></ruby><ruby>洞<rt>통</rt></ruby><ruby>悉<rt>실</rt></ruby><ruby>朕<rt>짐</rt></ruby><ruby>意<rt>의</rt></ruby> <ruby>深<rt>심</rt></ruby><ruby>結<rt>결</rt></ruby><ruby>毋<rt>무</rt></ruby><ruby>感<rt>감</rt></ruby> <ruby>期<rt>기</rt></ruby><ruby>於<rt>어</rt></ruby><ruby>永<rt>영</rt></ruby><ruby>遠<rt>원</rt></ruby><ruby>不<rt>불</rt></ruby><ruby>變<rt>변</rt></ruby> <ruby>欽<rt>흠</rt></ruby>

<ruby>此<rt>차</rt></ruby>.

일본인 목하전종태랑(目賀田種太郞)은 차관(次官)으로 자기 나라에 돌아갔는데, 이완용(李完用)이 그를 보내면서 눈물을 뿌렸다.

原文

<ruby>倭<rt>왜</rt></ruby><ruby>人<rt>인</rt></ruby><ruby>目<rt>목</rt></ruby><ruby>賀<rt>하</rt></ruby><ruby>田<rt>전</rt></ruby> <ruby>以<rt>이</rt></ruby><ruby>次<rt>차</rt></ruby><ruby>官<rt>관</rt></ruby><ruby>歸<rt>귀</rt></ruby><ruby>其<rt>기</rt></ruby><ruby>國<rt>국</rt></ruby> <ruby>李<rt>이</rt></ruby><ruby>完<rt>완</rt></ruby><ruby>用<rt>용</rt></ruby><ruby>送<rt>송</rt></ruby><ruby>之<rt>지</rt></ruby><ruby>揮<rt>휘</rt></ruby><ruby>淚<rt>루</rt></ruby>.

강계(江界)·후창(厚昌)·자성(慈城)의 산삼 공납(貢納)을 폐지하였다.

原文

<ruby>廢<rt>폐</rt></ruby><ruby>江<rt>강</rt></ruby><ruby>界<rt>계</rt></ruby>·<ruby>厚<rt>후</rt></ruby><ruby>昌<rt>창</rt></ruby>·<ruby>慈<rt>자</rt></ruby><ruby>城<rt>성</rt></ruby><ruby>山<rt>산</rt></ruby><ruby>蔘<rt>삼</rt></ruby><ruby>貢<rt>공</rt></ruby>.

(9월) 전라남북도에 의병이 봉기했다. 6월 이래 관동(關東)과 영남(嶺南) 지방에서는 의병이 날로 치열하여졌으나, 유독 호남

지방만이 없어서 사람들은 호남 사람은 부끄럽게 되었다고 하였다. 이에 이르러 이석용(李錫庸)은 임실(任實)에서 기병하고, 김태원(金泰元)은 함평(咸平)에서 기병했으며, 기삼연(奇三衍)은 장성(長城)에서 기병했고, 문태수(文泰洙)는 무주(茂朱)에서 기병하고, 고광순(高光洵)은 동복(同福)에서 기병하여 일시에 바람을 일으켰다. 그러나 자금과 장비가 없고 기율이 서지 않아서 감히 일본군과 부닥쳐서 혈전을 벌이지 못하고 오직 형세를 지어 교란시킬 뿐이었다.

　김태원은 기략(奇略)이 많아서 전후 적을 죽인 수가 심히 많았다. 문태수는 부어(拊御)[1]를 잘해서 호남과 영남 사이를 왕래하며 민심을 많이 얻어서 민간인들이 서로 숨겨 주었다. 이석용은 왕래하는 것이 표홀(飄忽)[2]하여 일본군은 그를 현상을 걸고 사겠다 하였으나 마침내 붙들지 못했고, 고광순은 지리산에 들어갔다가 패하여 사망했다.

註解

1) 부어(拊御) : 공격함과 방어.
2) 표홀(飄忽) : 바람같이 재빠른 모양.

原文

全羅南北道義兵起 六月以來 關嶺義兵日熾 獨湖南無之

人爲湖南羞之 至是 李錫庸起任實 金泰元起咸平 奇三衍

起長城 文泰洙起茂朱 高光洵起同福 一時風動 然無資裝

無紀律 不敢搏倭血戰 惟作形勢擾之而已 泰元多奇略 前

後斬馘甚多 泰洙善拊御 往來湖嶺間 甚得民心 民相與匿

之 錫庸往來飄忽 倭懸像購之 而終不獲 光洵入智異山 敗

死.

　　전 참찬 허위(許蔿)가 연천(漣川)에서 의병을 일으켰는데, 민긍호(閔肯鎬)와 이강년(李康秊)이 더불어 서로 상응하여 병세(兵勢)를 크게 떨쳤다.

原文

　前參贊許蔿 起義兵于漣川 與閔肯鎬·李康秊相應 兵聲

大振.

　　문의 군수(文義郡守) 경필영(慶必永)이 의병(義兵)에게 살해되었다.

原文

　文義郡守慶必永 爲義兵所殺.

　　강원도 선유사 홍우철(洪祐哲)이 의병(義兵)에게 쫓기는 바 되어 칙인(勅印)을 버리고 도주하였다.

原文

강 원 선 유 사 홍 우 철　위 의 병 소 축　기 칙 인 이 도
江原宣諭使洪祐哲　爲義兵所逐　棄勅印而逃.

일본 군대가 자산(慈山)에 들어가 자모산성(慈母山城)의 무기를 불태웠다.

原文

왜 입 자 산　소 자 모 산 성 군 기
倭入慈山　燒慈母山城軍器.

서울에 있던 일본군 두 개 소대가 강원도로 출동했다.

原文

경 왜 이 소 대　향 강 원 도
京倭二小隊　向江原道.

대구 관찰사 박중양(朴重陽)이 성 안에서 기르는 개를 수색하여 다 죽였다. 대구에 머물고 있는 일본군 한 사람이 개에 물려 죽었다. 그래서 마침내 백성에게 명령하여 기르는 개를 다 죽이라고 하였으며, 듣지 않는 자는 처벌하겠다고 하니, 열흘 동안에 개의 씨가 없어지고 말았다.

原文

<ruby>大邱觀察朴重陽<rt>대구관찰박중양</rt></ruby> <ruby>搜城中畜犬<rt>수성중축견</rt></ruby> <ruby>盡殺之<rt>진살지</rt></ruby> <ruby>大邱留倭<rt>대구유왜</rt></ruby> <ruby>爲犬咬死<rt>위견교사</rt></ruby>
<ruby>一人<rt>일인</rt></ruby> <ruby>遂令民殺盡<rt>수령민살진</rt></ruby> <ruby>否者處罰<rt>부자처벌</rt></ruby> <ruby>旬日犬種遂絶<rt>순일견종수절</rt></ruby>.

삼남(三南)·관동(關東)·해서(海西)의 사환미(社還米)를 정지시키고, 내년 가을을 기다려 받아들이도록 하였다. 이는 지방에서 소요가 있었기 때문이다.

原文

<ruby>停三南<rt>정삼남</rt></ruby>·<ruby>關東<rt>관동</rt></ruby>·<ruby>海西社還米<rt>해서사환미</rt></ruby> <ruby>待明秋收糶<rt>대명추수적</rt></ruby> <ruby>以地方擾攘也<rt>이지방요양야</rt></ruby>.

태평양에서 해소(海嘯, 해저에서 나는 지진 소리)가 발생했다.

原文

<ruby>太平洋海嘯<rt>태평양해소</rt></ruby>.

아라사에서 화산(火山)이 진동하였다.

原文

<ruby>俄國火山震<rt>아국화산진</rt></ruby>.

미국(주)의 가나대(加拿大, 캐나다) 시가지의 땅이 함몰하여 15,000명이 사망했다.

原文

<ruby>美<rt>미</rt></ruby><ruby>國<rt>국</rt></ruby>(<ruby>州<rt>주</rt></ruby>)<ruby>加<rt>가</rt></ruby><ruby>拿<rt>나</rt></ruby><ruby>大<rt>대</rt></ruby><ruby>市<rt>시</rt></ruby><ruby>地<rt>지</rt></ruby><ruby>陷<rt>함</rt></ruby> <ruby>死<rt>사</rt></ruby><ruby>萬<rt>만</rt></ruby><ruby>五<rt>오</rt></ruby><ruby>千<rt>천</rt></ruby><ruby>人<rt>인</rt></ruby>.

이태리에서 큰 홍수가 났다.

原文

<ruby>伊<rt>이</rt></ruby><ruby>太<rt>태</rt></ruby><ruby>利<rt>리</rt></ruby><ruby>大<rt>대</rt></ruby><ruby>洪<rt>홍</rt></ruby><ruby>水<rt>수</rt></ruby>.

서반아(西班牙, 스페인)에 폭풍우가 몰아쳤다.

原文

<ruby>西<rt>서</rt></ruby><ruby>班<rt>반</rt></ruby><ruby>牙<rt>아</rt></ruby><ruby>暴<rt>폭</rt></ruby><ruby>風<rt>풍</rt></ruby><ruby>雨<rt>우</rt></ruby>.

아라사에 호열자(虎列刺)가 발생하여 1만여 명이 사망했다.

原文

<ruby>俄<rt>아</rt></ruby><ruby>國<rt>국</rt></ruby><ruby>虎<rt>호</rt></ruby><ruby>列<rt>열</rt></ruby><ruby>刺<rt>자</rt></ruby><ruby>死<rt>사</rt></ruby><ruby>亡<rt>망</rt></ruby><ruby>萬<rt>만</rt></ruby><ruby>餘<rt>여</rt></ruby><ruby>人<rt>인</rt></ruby>.

10월, 박사(博士)를 고쳐 사업(司業)이라 하였고, 경전(經典)의 뜻을 시험하여 10명을 뽑았다. 박사는 일본 학교에서 최고로 선발하는 벼슬이다. 일본 사람들이 우리나라 사람이 처음 과거에 합격하면 박사라 칭하는 것을 비웃는 까닭에 이름을 고친 것이다. 그러나 사업 또한 과거 합격자의 명목(名目)은 될 수 없는 것이다.

原文

冬十月 改博士曰司業 試經義 取司業十人 博士者 日本 學校極選之官也 倭人笑我人始登第而稱博士 故改之 然司 業亦非科名.

일본인이 박영효(朴泳孝)를 석방하고 편의대로 거주할 수 있도록 하였다. 그러나 박영효는 제주도에서 나오지 않고 주민들에게 권하여 학교를 세우고 실업(實業)에 힘쓰도록 하였다. 또 스스로 과실과 채소를 심어 농장을 만들고 오래 머물 계책을 세웠다.

原文

倭釋朴泳孝 使任便居住 然泳孝不出島 勸島民興學校 營 實業 又自種果蔬成圃 爲久留計.

(10월) 일진회(一進會) 회원들이 일본인과 모의해서 자위단(自衛團)을 만들고 의병을 막고자 하였다. 정미(丁未, 1907) 7월부터 금년 5월에 이르기까지 일진회 회원 사망자가 9,200여 명에 이르렀다.

原文

一進會 通謀于倭 創自衛團 以禦義兵 自丁未(光武十一年)七月至今五月 會民死者 九千二百餘人.

전 판서 김종한(金宗漢)이 일진회(一進會)에 가입하였고, 전 협판 이원긍(李源兢)이 야소교(耶蘇教)에 입교하였다. 김종한은 수원으로 돌아와 이속과 관노배들을 노형(老兄)이라고 불렀다. 수원의 사민(士民)들이 서로들 그를 욕하면서 말하기를, "이 자는 정경(正卿)인데 이속과 관노들을 동등하게 부르니, 우리들은 궁진한 선비로서 장차 어떻게 행세할 것인가?" 하고 드디어 함께 그를 쫓아내 서울로 돌아온 것이다.

原文

前判書金宗漢 入一進會 前協辦李源兢入耶蘇教 宗漢歸 水原 呼吏奴輩爲老兄 水原士民 相與詬之曰 此子正卿也 而唱吏奴同等 吾儕窮士 將何以行 遂共逐之 還京師.

임금이 창덕궁(昌德宮)으로 거처를 옮겼다.

原文

<ruby>上<rt>상</rt></ruby> <ruby>移<rt>이</rt></ruby> <ruby>御<rt>어</rt></ruby> <ruby>昌<rt>창</rt></ruby> <ruby>德<rt>덕</rt></ruby> <ruby>宮<rt>궁</rt></ruby>

上移御昌德宮.

일본군 장교 소취권산(小就權山)이 일개 연대를 거느리고 강원도로 향했다.

原文

倭將小就權山 領一聯隊 向江原道.

궁내부에서 통부(通符)[1] 표신(標信)[2]을 폐지하였다.

註解

1) 통부(通符) : 의금부·이조·병조·형조·한성부의 입직관(入直官) 및 포도청의 종사관·군관이 범인을 체포하는 표로 차던 패.
2) 표신(標信) : 궁중에 급변을 전할 때나 궁궐문을 드나들 때에 표(標)로 가지던 문표(門標). 일종의 출입증.

原文

自宮內府 廢通符標信.

　임금이 운현궁(雲峴宮)에 행차하여 대원왕(大院王)의 사당을 배알하고, 서동궁(棲洞宮)을 둘러 남연군(南延君)의 사당에도 배알하였다.

上幸雲峴宮 謁大院王祠 歷臨棲洞宮 謁南延君祠.

　황태자(皇太子) 이은(李垠)에게 일본에 유학할 것을 명했다. 이등박문(伊藤博文)을 태자 대사(太子大師)로 삼고, 이완용을 태자 소사(太子小師)로 삼았다. 송병준(宋秉畯)과 이윤용(李允用)이 태자를 호위하여 가게 하였다. 이등박문은 태자가 영특하고 지혜로운데다 숙성하여 일찍이 신학문을 공부시키는 것이 좋겠다고 힘써 요청을 했던 것이다. 또 말하기를, "일본 황태자가 내방하였으니 가히 답례로 사례하지 않을 수 없다."고 하였다. 태황제(太皇帝)는 어길 수 없어서 눈물을 뿌리며 보냈던 것이다.

命皇太子垠 游學日本 以伊藤博文爲太子大師 李完用爲
太子少師 宋秉畯·李允用 護太子以往 博文以太子英睿夙
成 可早攻新學 力請之 且曰 日本皇太子之來聘也 可無報
謝已乎 太皇不能違 揮淚送之.

완흥군 이재면(李載冕)을 보빙 대사로 삼아서 일본에 가도록 하였다.

原文

以完興君李載冕爲報聘大使 前赴日本.

김윤식(金允植)이 흥사단(興士團)을 창설하였다.

原文

金允植 創興士團.

유인석(柳麟錫)이 순천군(順川郡)에서 의병을 일으켰다. 평안도 사람들은 평소 유인석을 존중했으며, 따르며 공부한 사람들이 천여 명이나 되었다. 순천 사람 김여석(金呂錫)은 집이 매우 부유하여 유인석에게 숙식을 제공하고 자금을 대주었다. (유인석이) 기치를 세우고 한 번 부르니 의병으로 투신하는 자가 구름처럼 몰려들었다.

原文

柳麟錫 起義兵于順川郡 關西人素重麟錫 從學以千數 順
川人金呂錫家殷富 館麟錫而資之 建旗一呼 投者雲集.

상주(尙州) 사람 강영상(康永相)은 스스로 통감부에 호소하여 군사 1,000명을 빌려 주면 경상북도의 의병을 쓸어 없애겠다고 하였다. 전 참령(參領) 이민직(李敏稷)은 정부에 글을 올려 자기를 소모관(召募官)으로 뽑아주면 해산한 군대들을 불러 모아 충청북도의 의병을 토벌하여 일거에 소탕해서 섬멸하겠다고 하였으나 허락하지 않았다. 이민직은 이미 갑오년(고종 31, 1894)에는 동비(東匪)의 괴수가 되었다가, 또 일진회에 가입하여 지방에 해독을 끼친 자였다.

原文

尙州人康永相 自鳴于統監府 願借千兵 掃滅慶北義兵 前
參領李敏稷 上書政府 願差己召募官 呼召散隊 討忠北義
兵 可一擧蕩殲 不許 敏稷在甲午(高宗三十一年)爲匪魁
又以一進會 貽毒地方者也.

군부(軍部)에서 강원도와 충청도에 군졸 200명을 파병하고, 양서(황해·평안도) 지방에 400명을 파병하여 의병을 토벌하도록 했다.

原文

自軍部派兵二百于江原·忠淸道 四百于兩西 以勦義兵.

일본 120명이 대포를 끌고 충주로 향했다.

原文

^{왜 병 백 이 십 인} ^{휴 대 포 향 충 주}
倭兵百二十人 携大砲向忠州.

일본이 군사 40명을 파견해서 운현궁을 호위하도록 했다. 이준용(李埈鎔)은 고사했으나 끝내 물러가지 않았으니, 만약의 사태를 대비하자는 것이었다. 이준용은 본디 인망이 있었으나 그가 일본에서 돌아와서부터는 날마다 성색(聲色, 소리와 여색)으로 즐기며, 집안일이나 국가의 일에는 아랑곳하지 않았다. 세상 사람들은 그를 가리켜 탕자(蕩子)로 지목하였는데, 혹자는 그가 감추고 숨어 지내기 위한 것이 아닌가 의심하기도 하였다.

原文

^{왜 파 병 사 십} ^{호 운 현 궁} ^{이 준 용 고 사} ^{종 불 퇴} ^{개 비 지 야} ^준
倭派兵四十 護雲峴宮 李埈鎔固辭 終不退 蓋備之也 埈

^{용 소 유 인 망} ^{급 기 환 국 야} ^{일 이 성 색 자 오} ^{불 문 가 국 사} ^{세 목}
鎔素有人望 及其還國也 日以聲色自娛 不門家國事 世目

^{이 탕 자} ^{혹 의 기 도 회}
以蕩子 或疑其韜晦.

기독교청년회관(基督敎靑年會館)[1]이 낙성되었다. 회관을 상량(上梁)할 때에 황태자가 다녀갔으며 친히 상량한 들보에 연월을 쓰고 돈 2만 원을 내렸다. 일본인 목하전종태랑(目賀田種太郎)도

2만 원을 기부하였고, 미국 정부도 10만 원을 기부하였다. 회관이 낙성되니 그 건물의 높이가 마치 산 같았으며, 종현의 교회당(명동 성당)과 함께 우뚝 솟아 남북에 맞서니, 장안의 제일 큰 건물이 되었다. 예로부터 지금까지 공사 관청 건물이나 집이 그만한 것이 없었다고 한다.

註解

1) 기독교청년회(基督敎靑年會) : 기독교주의를 중심으로 하는 남자 청년의 단체. 1844년 영국 런던에서 창설되었으며, 우리나라에서는 1903년 황성기독교청년회로 처음 발족하였다. YMCA. 회관은 서울 종로 2가에 있다.

原文

基督敎靑年會館成 館之上梁也 皇太子歷臨 親書上梁年

月 賜金一萬元 倭人目賀田 捐二萬元 美國政府捐十萬元

館旣成 屋高如山 與鍾峴敎堂 屹然對南北 爲京中第一大

屋 從古公私廨宇 所無有云.

간성(干城) 군수 김인식(金仁植)이 의병에게 살해되었다.

原文

杆城郡守金仁植 爲義兵所殺.

지방에서 받아들이는 서울 사람들의 장조(庄租, 賭租)[1]는 의병들이 다 빼앗아 군자금으로 삼았다. 오직 민범식(閔範植) 집안의 물건은 호송해 보내는 것이 매우 조심스럽게 해주었다. 민범식은 민영환(閔泳煥)의 아들이었기 때문이다.

註解

1) 장조(庄租) : 도조(賭租). 남의 논밭을 빌려서 부치고 그 세(稅)로 매년 내는 곡식.

原文

京人庄租之在外道者 義兵皆奪之爲軍資 惟閔範植家物 護送甚謹 範植泳煥子也.

이상설(李相卨)이 미국에서 법국으로 갔다가, 법국에서 영국으로 갔는데, 이위종(李瑋鍾) · 윤병구(尹炳球) · 송헌주(宋憲周) 등이 수행하였다.

原文

李相卨自美之法 自法之英 李瑋鍾 · 尹炳球 · 宋憲周等 隨之.

궁내부 관리 3,200여 명을 감원하였다.

原文

^{감궁내부관리삼천이백여인}
減宮內部官吏三千二百餘人.

규장각(奎章閣)의 관제를 고쳐 대제학(大提學)·부제학(副提學)·직제학(直提學)·직각(直閣)·대교(待敎) 등의 관직을 모두 무봉(無俸, 무급)으로 하였다. 단지 돌아가면서 자리를 메우게 하여 허함(虛銜)[1]과 다를 게 없었지만, 사람들은 오히려 오랫동안 부러워했던 자리라 분경(奔競)[2]하는 것이 저잣거리와 같았다.

註解

1) 허함(虛銜) : 비어 있는 직함. 허울뿐인 직함.
2) 분경(奔競) : 지지 않으려고 몹시 다툼. 또는 그 다툼질.

原文

^{개규장각관제 대제학 부제학 직제학 직각 대교등}
改奎章閣官制 大提學·副提學·直提學·直閣·待敎等

^{관 구무봉 지윤유전차 무이허함 이인유뉴어적염 분경여}
官 俱無俸 只輪流塡差 無異虛銜 而人猶狃於積艷 奔競如

^시
市.

유성준(俞星濬)의 아들이 조희문(趙羲聞)의 사위가 되었는데, 손을 잡고 혼례를 치렀다. 혼례에 있어서 구미식(歐美式)을 이용한 것은 여기에서 비롯된다.

原文

<ruby>俞<rt>유</rt></ruby><ruby>星<rt>성</rt></ruby><ruby>濬<rt>준</rt></ruby><ruby>之<rt>지</rt></ruby><ruby>子<rt>자</rt></ruby> <ruby>爲<rt>위</rt></ruby><ruby>趙<rt>조</rt></ruby><ruby>義<rt>희</rt></ruby><ruby>聞<rt>문</rt></ruby><ruby>婿<rt>서</rt></ruby> <ruby>握<rt>악</rt></ruby><ruby>手<rt>수</rt></ruby><ruby>行<rt>행</rt></ruby><ruby>巹<rt>근</rt></ruby> <ruby>昏<rt>혼</rt></ruby><ruby>禮<rt>례</rt></ruby><ruby>之<rt>지</rt></ruby><ruby>用<rt>용</rt></ruby><ruby>歐<rt>구</rt></ruby><ruby>美<rt>미</rt></ruby> <ruby>始<rt>시</rt></ruby><ruby>此<rt>차</rt></ruby>.

이완용(李完用)의 사진이 미국에 흘러들어 갔는데 청국 상인 한 사람이 크게 꾸짖어 말하기를, "이 사람이 한국을 망친 7적의 괴수이다. 내가 비록 우방(友邦) 사람이지만 어찌 차마 상대하겠는가?" 하고 드디어 찢어버렸다. 또한 우리나라 사람으로 뉴욕에서 떠돌아다니며 거지 생활을 하는 사람이 있었는데 은돈 10원을 모았으면서도 굶주림을 참아가며 날짜를 보내면서 한 푼도 허비하지 않았다. 어떤 사람이 그 까닭을 물으니 거지가 말하기를, "만약 이완용이 죽었다는 소식을 들을 것 같으면 부의금(賻儀金)을 내려 하는 것이니 어찌 가히 낭비하겠는가?" 하였다고 한다.

原文

<ruby>李<rt>이</rt></ruby><ruby>完<rt>완</rt></ruby><ruby>用<rt>용</rt></ruby><ruby>寫<rt>사</rt></ruby><ruby>眞<rt>진</rt></ruby> <ruby>流<rt>유</rt></ruby><ruby>入<rt>입</rt></ruby><ruby>美<rt>미</rt></ruby><ruby>國<rt>국</rt></ruby> <ruby>清<rt>청</rt></ruby><ruby>商<rt>상</rt></ruby><ruby>一<rt>일</rt></ruby><ruby>人<rt>인</rt></ruby><ruby>大<rt>대</rt></ruby><ruby>罵<rt>매</rt></ruby><ruby>曰<rt>왈</rt></ruby> <ruby>此<rt>차</rt></ruby><ruby>亡<rt>망</rt></ruby><ruby>韓<rt>한</rt></ruby><ruby>七<rt>칠</rt></ruby><ruby>賊<rt>적</rt></ruby><ruby>之<rt>지</rt></ruby><ruby>魁<rt>괴</rt></ruby>

<ruby>我<rt>아</rt></ruby><ruby>雖<rt>수</rt></ruby><ruby>友<rt>우</rt></ruby><ruby>邦<rt>방</rt></ruby><ruby>之<rt>지</rt></ruby><ruby>人<rt>인</rt></ruby> <ruby>何<rt>하</rt></ruby><ruby>忍<rt>인</rt></ruby><ruby>相<rt>상</rt></ruby><ruby>對<rt>대</rt></ruby> <ruby>遂<rt>수</rt></ruby><ruby>扯<rt>차</rt></ruby><ruby>碎<rt>쇄</rt></ruby><ruby>之<rt>지</rt></ruby> <ruby>又<rt>우</rt></ruby><ruby>有<rt>유</rt></ruby><ruby>我<rt>아</rt></ruby><ruby>民<rt>민</rt></ruby><ruby>流<rt>유</rt></ruby><ruby>丐<rt>개</rt></ruby><ruby>於<rt>어</rt></ruby><ruby>紐<rt>뉴</rt></ruby><ruby>育<rt>육</rt></ruby><ruby>者<rt>자</rt></ruby>

<ruby>聚<rt>취</rt></ruby><ruby>銀<rt>은</rt></ruby><ruby>十<rt>십</rt></ruby><ruby>元<rt>원</rt></ruby> <ruby>忍<rt>인</rt></ruby><ruby>飢<rt>기</rt></ruby><ruby>度<rt>탁</rt></ruby><ruby>日<rt>일</rt></ruby> <ruby>而<rt>이</rt></ruby><ruby>不<rt>불</rt></ruby><ruby>費<rt>비</rt></ruby><ruby>一<rt>일</rt></ruby><ruby>文<rt>문</rt></ruby> <ruby>或<rt>혹</rt></ruby><ruby>問<rt>문</rt></ruby><ruby>之<rt>지</rt></ruby> <ruby>丐<rt>개</rt></ruby><ruby>曰<rt>왈</rt></ruby> <ruby>若<rt>약</rt></ruby><ruby>聞<rt>문</rt></ruby><ruby>李<rt>이</rt></ruby><ruby>完<rt>완</rt></ruby><ruby>用<rt>용</rt></ruby>

<ruby>死<rt>사</rt></ruby> <ruby>欲<rt>욕</rt></ruby><ruby>賻<rt>부</rt></ruby><ruby>之<rt>지</rt></ruby> <ruby>何<rt>하</rt></ruby><ruby>可<rt>가</rt></ruby><ruby>浪<rt>랑</rt></ruby><ruby>費<rt>비</rt></ruby>.

미국 영토 하와이와 샌프란시스코에 거주하는 우리 국민들이 함께 두 종류의 신문을 창간하여 해외에서 발행하였다. 「합성신

보(合成新報)」와 「대동공보(大同共報)」가 그것인데, 본국의 정황을 통론(痛論)하고 일본의 무도함을 매도하였다. 그래서 일본은 이 신문을 혐오하여 내부(內部)의 칙령으로 치안방해라 하여 왕왕 압수하여 발매할 수 없었다. 「매일신보(每日申報)」 또한 그러하였고, 교과서나 임하(林下)의 저작에 이르기까지 조금이라도 비분강경한 말을 썼으면 일본총독부는 당장 금지시켰다. 당시 사람들은 탄식하며 말하기를, "우리 한국을 망치는 것은 '치안방해(治安妨害)'라는 네 글자이다."라고 하였다.

原文

我民之在美領布哇及桑港者 共創二新聞 行之海外 曰合
成新報 曰大同共報 痛論本國情形 罵倭無道 故倭惡之 飭
內部托以治安妨害 往往押收 不得發賣 每日申報亦然 至
於教科書及林下著述 稍涉悲憤强硬之辭 倭輒禁之 故時人
歎曰 亡我韓者 治安妨害四字也.

성주군 화약고(火藥庫)에 불이 났다.

原文

星州郡火藥庫火.

충주(忠州) 임경업(林慶業)의 사당 사우(祠宇)에 복숭아와 오얏
꽃이 피었다.

原文

_{충 주 임 경 업 사　도 이 화}
忠州林慶業祠 桃李華.

벽동(碧潼) 백성 이동수(李東秀)의 아들은 농아(聾啞)로 광병
(狂病)이 있어 낫을 휘두르다 그 아비를 찔러 죽였다.

原文

_{벽 동 민 이 동 수 지 자　농 아 유 광 병　휘 겸 자 동 수 사}
碧潼民李東秀之子 聾啞有狂病 揮鎌刺東秀死.

청나라 요하(遼河)에 큰 바람이 불어 선박 네 척을 쓸어 200명
이 사망했다.

原文

_{청 국 요 하 대 풍　엄 사 선 · 사 이 백 인}
淸國遼河大風 淹四船 死二百人.

법국에 대홍수가 났다.

原文

_{법 국 대 홍 수}
法國大洪水.

미국 뉴욕(細育)에 큰 지진이 일어나 3,000명이 사망했다.

原文

_{미 국 뉴 욱 대 지 진 사 삼 천 인}
美國紐育大地震 死三千人.

일본 대판(大坂)에 큰 불이 났으며 또 큰 비바람이 불었다. 천엽현(千葉縣)에도 또한 큰 불이 났다.

原文

_{일 본 대 판 대 화 우 대 풍 우 천 엽 현 우 대 화}
日本大坂大火 又大風雨 千葉縣又大火.

11월, 송병준(宋秉畯)이 자기의 처를 데리고 일본에 들어가서 성명을 야전태랑(野田太郞)으로 바꿨다.

原文

_{십 일 월 송 병 준 대 기 처 입 일 본 개 성 명 왈 야 전 태 랑}
十一月 宋秉畯帶其妻 入日本 改姓名曰 野田太郞.

목내선(睦來善)의 후손 목대석(睦大錫)이 법부에 글을 올려 조상의 신원을 요청했고, 안기영(安驥泳)의 아들 안방렬(安邦烈) 또한 자기 부친의 복관(復官)을 청원하였다.

原文

<ruby>睦<rt>목</rt></ruby><ruby>來<rt>래</rt></ruby><ruby>善<rt>선</rt></ruby><ruby>後<rt>후</rt></ruby><ruby>孫<rt>손</rt></ruby><ruby>大<rt>대</rt></ruby><ruby>錫<rt>석</rt></ruby> <ruby>上<rt>상</rt></ruby><ruby>書<rt>서</rt></ruby><ruby>法<rt>법</rt></ruby><ruby>部<rt>부</rt></ruby> <ruby>請<rt>청</rt></ruby><ruby>伸<rt>신</rt></ruby><ruby>祖<rt>조</rt></ruby><ruby>寃<rt>원</rt></ruby> <ruby>安<rt>안</rt></ruby><ruby>驥<rt>기</rt></ruby><ruby>泳<rt>영</rt></ruby><ruby>子<rt>자</rt></ruby><ruby>邦<rt>방</rt></ruby><ruby>烈<rt>열</rt></ruby> <ruby>亦<rt>역</rt></ruby><ruby>請<rt>청</rt></ruby>

<ruby>復<rt>복</rt></ruby><ruby>父<rt>부</rt></ruby><ruby>官<rt>관</rt></ruby>.

윤갑병(尹甲炳)을 함경북도 관찰사로 삼았다.

原文

<ruby>以<rt>이</rt></ruby><ruby>尹<rt>윤</rt></ruby><ruby>甲<rt>갑</rt></ruby><ruby>炳<rt>병</rt></ruby><ruby>爲<rt>위</rt></ruby><ruby>咸<rt>함</rt></ruby><ruby>北<rt>북</rt></ruby><ruby>觀<rt>관</rt></ruby><ruby>察<rt>찰</rt></ruby><ruby>使<rt>사</rt></ruby>.

어가(御駕)가 행차할 때 길에 까는 황토와 각부(各部)의 사진(仕進)[1]하는 방에 요강을 없앴다.

註解

1) 사진(仕進) : 벼슬아치가 규정된 시간에 출근함.

原文

<ruby>廢<rt>폐</rt></ruby><ruby>御<rt>어</rt></ruby><ruby>幸<rt>행</rt></ruby><ruby>時<rt>시</rt></ruby><ruby>鋪<rt>포</rt></ruby><ruby>街<rt>가</rt></ruby><ruby>黃<rt>황</rt></ruby><ruby>土<rt>토</rt></ruby> · <ruby>各<rt>각</rt></ruby><ruby>部<rt>부</rt></ruby><ruby>仕<rt>사</rt></ruby><ruby>進<rt>진</rt></ruby><ruby>房<rt>방</rt></ruby><ruby>溺<rt>닉</rt></ruby><ruby>器<rt>기</rt></ruby>.

전 승지 김례한(金禮漢, 金福漢의 誤)이 공주 감영에 수감되어 있다가 곧 풀려났다. 이는 그가 민종식(閔宗植)의 무리가 아닌가 의심받았기 때문이다.

原文

전 승 지 김 례 복 한 피 수 공 주 　선 석 　의 기 위 민 종 식 당 야
前承旨金禮(福)漢被囚公州 旋釋 疑其爲閔宗植黨也.

의친왕(義親王) 이강(李堈)이 일본에서 돌아왔다.

原文

의 친 왕 강 　환 자 일 본
義親王堈 還自日本.

일본인이 정산(定山)에 있는 정혜사(定惠寺)를 불태웠다. 또 청풍(淸風)·진천(鎭川)·상주(尙州)·제천(堤川) 등 여러 고을의 관아를 불태웠다. 제천군은 병화를 입은 곳이 절반을 넘었다. 또 청주에 들어가서 화양동(華陽洞) 환장암(煥章菴)에 불을 질러 우암문집(尤菴文集)의 판본(板本)이 모두 불탔다. 의병들에 의해 불탄 경기도 산골 여러 군의 민호(民戶) 또한 수백 채였다.

原文

왜 소 정 산 정 혜 사 우 소 청 풍 　진 천 　상 주 　제 천 제 군 아 제
倭燒定山定惠寺 又燒淸風·鎭川·尙州·堤川諸郡衙 堤
천 일 군 피 선 자 과 반 우 입 청 주 소 화 양 동 환 장 암 우 암 문 집 판
川一郡 被燹者過半 又入淸州 燒華陽洞煥章菴 尤菴文集板
진 훼 의 병 소 소 기 협 제 군 민 호 역 차 수 백
盡燬 義兵所燒 畿峽諸郡民戶 亦且數百.

황제의 어진(御眞)을 각 학교에 봉안하였다.

原文

奉皇帝御眞于各學敎.

전라남도가 크게 가물었는데, 임피(臨陂)와 옥구(沃溝) 등 여러
군의 우물과 샘이 다 고갈되었다.

原文

全南道大旱 臨陂·沃溝諸郡 井泉皆渴.

서울 동대문 밖에서 자주 호환(虎患)이 있었다.

原文

京城東門外 頻有虎患.

인천항(仁川港)에서 큰 불이 났고, 마포(麻浦)에서 또한 큰 불
이 났다.

原文

仁川港 大火 麻浦又大火.

일본에서 큰 바람이 일고 화산이 폭발했으며, 찰황(札幌) 지방에 큰 비바람이 불었다.

原文

<ruby>日本大風<rt>일본대풍</rt></ruby> <ruby>火山崩<rt>화산붕</rt></ruby> <ruby>札幌大風雨<rt>찰황대풍우</rt></ruby>.

영국 남부에 큰 비가 와서 홍수가 났으며, 또 큰 바람이 불었다.

原文

英國南部 大雨洪水 又大風.

인도(印度)에서 흉악한 짐승이 사람을 물었는데, 1년 만에 물린 사람이 2,500여 명에 이르렀다.

原文

印度惡獸嚙人 一年內至二萬五千餘人.

법국인이 안남왕(安南王)을 폐지하고 통감(統監)을 두었다.

原文

法人廢安南王 置統監.

12월. 보빙 대사 이재면(李載冕)이 돌아왔다.

原文

십 이 월　보 빙 대 사 이 재 면 환
十二月　報聘大使李載冕還.

의친왕(義親王) 이강(李堈)이 일본에 갔다.

原文

의 친 왕 강　왕 일 본
義親王堈　往日本.

태황제가 파천(播遷)하여 일본으로 건너갔다는 유언비어(流言 蜚語)가 있었다.

原文

와 언 태 황 파 천 동 도
訛言太皇播遷東渡.

황후 윤씨(尹氏)가 여학교에 입학하여, 황후궁(皇后宮)에 여자 시강(侍講)을 두었다.

原文

황 후 윤 씨 입 여 학　치 여 시 강 우 황 후 궁
皇后尹氏入女學　置女侍講于皇后宮.

이두황(李斗璜)을 전라북도 관찰사로 삼았다.

原文

이 이 두 황 위 전 북 관 찰 사
以李斗璜爲全北觀察使.

다시 선유위원(宣諭委員)을 각도의 의병 진영에 파견하였다.

原文

부 견 선 유 위 원 우 각 도 의 진
復遣宣諭委員于各道義陣.

(12월) 측량법(測量法)을 시행하고 임야 법령을 반포하였다. 그 측량법은 국유(國有)·공유(公有)·사유(私有)로 분류하여 세 단계로 나누었다. 예를 들어 궁장토(宮庄土)와 둔전(屯田)의 종류 같은 땅을 국유라 말하고, 교궁(校宮)·이청(吏廳)·동계(洞契)의 물건 등을 공유라 하였으며, 상호 매매할 수 있는 땅을 사유라 하였다.

국유 재산은 탁지부에서 측량을 담당하고, 공유 재산은 군청에서 측량하며, 사유 재산은 지주가 측량하되, 먼저 산림(山林)부터 시행하였는데, 경술(융희 4년 1910) 겨울까지로 한정했다. 기한 전에 측량하지 않는 것은 일체 국유 재산으로 인정하고, 척식회사(拓殖會社)에 귀속시켜 일본 이민의 자산으로 삼았다. 전야나 가옥에 대해서는 기한의 여유를 두었으며 측량법은 동일하였다. 면적을 산정하는 데에는 정(町)·반(反)·묘(畝)·평(坪)·

보(步)·합(合)·작(勺)의 이름으로 사방의 넓이를 기록하였다. 한 구역마다 도본을 네 벌씩 그려서 2본은 농부에 바치고, 1부는 지주가 갖고, 1부는 양수(量手, 측량사)가 보관하여 서로 증빙케 하였다.

법령이 내리자 국민들은 처음 겪는 일이라 믿을 수 있는지 의심스러운지 마음을 정하지 못하였다. 그러나 일본인에게 빼앗기는 것이 두려워서 각자 사람들을 모아서 서울에 올라가 측량법을 배웠으니, 일시에 쌀이 품귀하게 되었다. 또한 그 기계가 교묘하고 괴상하여 일본인이 아니면 만들지 못해서 많은 경비를 아끼지 않고 일본에 가서 사들여 왔다. 기계 한 벌이 35원에 이르렀다. 측량기를 판매하는 일본인들은 돈을 쌓아둔 것이 언덕처럼 쌓였으며 앉아서 10배의 이득을 보았다.

이에 이르러 서울에는 측량사무소가 있었고 측량총관회가 있었으며 도와 군에는 지회(支會)가 있었다. 신문사에서도 또한 날마다 실려서 알려주며 먼저 속히 측량할 것을 권유하였다. 그러나 그 기술을 배운 자는 측량비를 다투느라 일에 대해서는 급급해 하지 않았다. 땅주민들 또한 돌이 많고 메마른 진황지(陳荒地)는 이득을 보는 것이 많지 않아 측량하기 위해 들어가는 돈이 땅값보다 높아서 왕왕 포기하며 말하기를, "법에 맡길 테니 빼앗아 가든지 하라."고 말했다. 대개 측량비는 정한 규정이 없고 매 만 평당 1원, 혹은 2원으로 서로 버티다가 결정하지 못하였다. 그러므로 기한인 경술(1910) 겨울에 이르기까지 측량을 마친 사람은 10분의 1도 미치지 못했다.

原文

行測量法 頒林野法令 其法 分國有・公有・私有爲三段

如宮庄・屯田之類曰國有 如校宮・吏廳・洞契之物曰公有

互相賣買之地曰私有 國有則度支量之 公有則郡廳量之 私

有則地主量之 先試于山林 限以庚戌冬 限前未量者 一切

認以國有 付之拓殖會社 爲倭移民之資 田野家屋 則寬其

限 而量法則同 積面起算 有曰町・曰反・曰畝・曰坪・曰

步・曰合・曰勺之目 錄其四至 每一區 圖各四本 二申農

部 一在地主 一在量手 以相憑準 令旣下 民以創覩 故疑信

不定 然其爲倭所奪則畏之 各自募人入京 學測量法 一時

米貴 又其機械巧怪 非倭莫製 故不惜重費 向倭購貿 一座

至三十五元 倭之販機者 積鈔貨如丘陵 坐籠十倍之利 於

是京中有測量事務所 有測量總管會 各道郡有支會 自新聞

社 又逐日揭布 勸諭先限速量 然學其技者 爭賁金 不汲汲

焉 地主亦以陳荒磽确 食利無多 而賁金高於地價 往往棄

之曰 任法奪去 蓋賁無定規 每萬坪 或一元・或二元 相持

불결 고급지경술동 이량자 미급십지일언
不決 故及至庚戌冬 已量者 未及十之一焉.

묵서가(墨西哥, 멕시코) 바다 밑에서 화산이 폭발하여 죽은 물고기가 바다를 덮었다.

原文

묵서가해저 화산폭열 사어폐해
墨西哥海底 化山爆裂 死魚蔽海.

포도아(葡萄牙, 포르투갈) 백성들이 자기 나라 황제와 태자를 시해하였다.

原文

포도아민 시기황제급태자
葡萄牙民 弑其皇帝及太子.

이해에 관동(關東)[1]의 백성들이 의병을 궤향(饋餉, 음식을 베풀어 위로함)하느라 감자가 종자까지 떨어지는 지경에 이르렀다.

註解

1) 관동(關東) : 대관령 동쪽의 땅. 곧 강원도. 영동(嶺東).

原文

시세 관동민 이궤향의병 지어북자절종
是歲 關東民 以饋餉義兵 至於北蔗絶種.

무신(1908) 융희 2년
(청 광서 34년, 일본 명치 41년)

 1월(춘정월), 이완용(李完用)에게 금(金) 10만 원을 하사하였
다. 7조약이 체결된 이후 이완용 등은 자기들이 수고한 데 대한
보상을 더 받아내고자 하였는데, 첫째가 가자(加資)요, 둘째가
훈장(勳章)이요, 셋째가 은사금(恩賜金)이었다. 일본인들은 오랫
동안 유보하고 있다가 이때에 이르러 차례로 시행한 것이다.

原文

春正月 賜李完用金十萬元 七協約以來 完用等欲沾酬勞
之賞 一曰加資 二曰勳章 三曰恩金 倭人久持之 至是 次第
行之.

 (1월) 송병준(宋秉畯)이 진황지(陳荒地)를 일본인에게 개간할
것을 허락했고, 이완용(李完用)은 또한 역둔토(驛屯土)[1]를 일본
인에게 주었다. 일본 정부가 우리나라에 이민을 보내려고 자국

에서 주금(株金)을 모집하였으니, 이른바 척식정책(拓殖政策)²⁾이
었다. 송병준 등은 이들을 맞아 회식을 하고 토지로써 아첨을 떨
었다. 지난해에 이윤용(李允用)이 일본에 들어갔을 때, 일본인은
척사(拓社) 모금의 방도를 의논하였다. 이윤용은 말하기를, "우
리나라는 본디 빈한해서 응모할 것이 없으니 원컨대 역둔토(驛屯
土)로써 대신하겠다."고 하였다. 일본인은 말하기를, "그렇다면
가히 조인(調印)하여 승낙하라." 하니 이윤용은 기뻐서 좇았는데
그것은 그의 형제가 의논하여 정한 것이었다고 한다. 이때 신문
보도에는 6백만 명이 이민 와서 산다는 설이 있었다. 전국 연해
에 배로 싣고 와서 퍼뜨리고, 바다로부터 강으로 들어오는 지역
은 배에 싣고 흐트러뜨리니, 이에 연해 하천으로 가히 배로 갈 수
있는 곳은 일본인이 없는 곳이 없었다.

註解

1) **역둔토(驛屯土)** : 역에 급전(給田)으로 나라에서 준 둔토. 역토와 둔
   토.
2) **척식정책(拓殖政策)** : 땅을 개척하는 척지(拓地)와 식민의 뜻으로,
   국외의 영토나 미개한 땅을 개척하여 사람이 살거나 살게 함. 또는
   그 일.

原文

宋秉畯 以陳荒地許倭人墾拓 李完用又以驛屯土畀倭 倭

欲移民我國 方募株金於其國 所謂拓殖政策也 秉畯等迎唅

_{이 토 지 미 지} _{상 년 이 윤 용 입 왜} _{왜 인 의 탁 사 모 금 지 방} _{윤 용 왈}
以土地媚之 上年李允用入倭 倭人議拓社募金之方 允用曰

_{아 국 소 빈} _{무 이 응 모} _{원 이 역 둔 토 대 지} _{왜 왈 연 즉 가 조 인 승 낙}
我國素貧 無以應募 願以驛屯土代之 倭曰然則可調印承諾

_{윤 용 흔 연 종 지} _{개 기 형 제} _{의 감 자 야} _{시 시 보 장} _{유 육 백 만 구}
允用欣然從之 蓋其兄弟 議勘者也 是時報章 有六百萬口

_{이 식 지 설} _{전 국 연 해} _{윤 재 이 파 지} _{유 해 입 강} _{선 이 산 지} _{어 시}
移植之說 全國沿海 輪載以播之 由海入江 船以散之 於是

_{연 해 하 천} _{가 항 행 처} _{무 처 무 왜 인 언}
沿海河川 可航行處 無處無倭人焉.

도성 백성들의 석전(石戰)[1]을 금지시켰다. 서울의 옛 풍속에 정월 상순에 남대문 밖과 오강(五江)[2] 위아래에서 모여 편을 갈라 투석전을 벌이는데, 치고받는 것으로 승부를 겨루어 그 사상자가 생기는 것을 대수롭지 않게 생각했으며, 그것을 이르기를 편전(便戰)이라 부르고, 십수 일간 해산하지 않았다. 이에 이르러 일본은 무예를 익히는 것으로 보아 꺼려하여 군사를 파견하여 엄금하였다. 그런데도 끝내 그만두지 않자 발포까지 하여 겨우 해산시킬 수 있었다.

註解

1) 석전(石戰) : 정월 보름에 민속놀이로 전해지던, 돌팔매질로 다투는 편싸움.
2) 오강(五江) : 한강 · 용산 · 마포 · 현호(玄湖) · 서강 등 다섯 곳의 강변.

原文

_{금 도 민 석 전} _{경 사 구 속} _{이 정 월 상 순} _{취 남 문 외 급 오 강 상 하}
禁都民石戰 京師舊俗 以正月上旬 聚南門外及五江上下

分隊投石 搏擊賭勝 其死傷者 認之爲常 謂之便戰 十數日
不散 至是倭惡其習武 派兵嚴禁 而終不戢至 發砲射擊 僅
以散之.

조희연(趙羲淵)·유길준(俞吉濬) 등이 김홍집(金弘集)·정병하
(鄭秉夏)를 위하여 추도회(追悼會)를 열었다. 이때에 추도회다,
환영회다 하여 사람들에게 아양 부리는 것이 습속이 되어 있었
다. 또 무슨 교(敎)니, 무슨 회(會)니, 무슨 단(團)이니 하는 것이
날마다 새로이 생겨나서 분주히 현혹하는 것이 도깨비장난과 비
슷했다.

原文

趙羲淵·俞吉濬等 爲金弘集·鄭秉夏設追悼會 是時追
悼會·歡迎會 媚人成俗 又有曰敎·曰會·曰團之屬 式日
斯新 奔走眩幻 類魍魎.

이광좌(李光佐)·최석항(崔錫恒)·조태억(趙泰億) 이하 신임사
화(辛壬士禍)[1]의 죄로 죽은 자 30여 명의 관직을 복직시켜 주었
다. 이광좌·최석항·조태억에게는 시호를 내려 주었다. 조중응
(趙重應)의 건의를 좇은 것이다.

註解

1) 신임사화(辛壬士禍) : 조선시대 경종(景宗) 원년(元年, 1721)부터 2년 (1722)에 걸쳐 일어난 사화. 경종이 병이 잦고 세자(世子)가 없자, 노론(老論)의 사대신(四大臣) 이이명(李頤命)·김창집(金昌集)·이건명(李健命)·조태채(趙泰采) 등의 주장으로, 원년 8월에 왕제(王弟) 연잉군(延礽君), 곧 뒤의 영조(英祖)를 세제(世弟)로 책봉하고 다시 경무를 대리하게 되었는데, 소론의 조태구(趙泰耉)·유봉휘(柳鳳輝) 등은 이의 불가함을 상소하고, 또 김일경(金一鏡) 등은 목호룡(睦虎龍)으로 하여금 이들 사대신 등이 역변(逆變)을 도모한다고 무고(誣告)하게 하여 사대신은 극형을 당하고 이희지(李喜之) 외 100여 명이 사사(賜死)·원찬(遠竄)의 참화를 입었음. 신임옥사.

原文

復李光佐· 崔錫恒· 趙泰億以下辛壬罪死者三十餘人官
光佐· 錫恒 泰億賜諡 從趙重應議也.

조중응(趙重應)이 일본에 있을 때, 일본 여자 광강(光岡)을 첩으로 삼아 데리고 돌아왔다. 그 여자는 조중응이 처가 있는 것을 보고 크게 울면서 돌아가려 했는데, 처 최씨(崔氏)가 타일러 만류하고, 임금에게 아뢰어 최씨는 좌부인(左夫人), 광강은 우부인(右夫人)이 되게 하였다.

原文

重應在倭時 畜倭女光岡 携之歸 見重應有妻 大啼欲去

妻崔氏諭止之 聞于上 以崔爲左夫人 光岡爲右夫人.

김윤식(金允植)이 헌의(獻議)하여 개국 이래, 옛 죄적안(罪籍案)에서 군사를 일으켜 대궐을 침범한 일 외에는 일체 죄명을 씻어 주기를 청하였다. 이에 이징옥(李澄玉)·윤원형(尹元衡)·정인홍(鄭仁弘)·윤휴(尹鑴)·민암(閔黯)·이의징(李義徵)·홍국영(洪國榮)·홍술해(洪述海)·김달순(金達淳)·조택원(趙宅顯)·김홍진(金鴻鎭)·권호선(權浩善)·장호익(張浩翼)·원용성(元用星)·허욱(許郁)·이주회(李周會)·권형진(權瀅鎭)·오성모(吳聖模)·김형집(金亨集) 등이 모두 신원되었다. 이진유(李眞儒)·서종하(徐宗夏)·정해(鄭楷)·윤성시(尹聖時)·박필몽(朴弼夢)·이명의(李明誼)·이사상(李師尙)·윤취상(尹就商)·이명언(李明彦)·김중기(金重器)·권익관(權益寬)·윤상백(尹尙白)·윤지(尹志)·이하징(李夏徵)·유수원(柳壽垣)·심추(沈錐)·박찬신(朴纘新)·이거원(李巨源) 등은 이미 신임옥안(辛壬獄案)에 들어 있었다. 당시 사람들은, "이괄(李适)과 한명련(韓明璉)은 어째서 빠졌는가?"라고 하였다. 정인홍의 후손들은 정인홍에게 시호를 내려 줄 것을 청하기에 이르렀다.

原文

金允植獻議 請開國以來 罪籍舊案 除擧兵犯闕以外 一切 蕩釋 於是李澄玉·尹元衡·鄭仁弘·尹鑴·閔黯·李義徵

洪國榮 · 洪述海 · 金達淳 · 趙宅願 · 金鴻鎭 · 權浩善 ·

張浩翼 · 元用星 · 許郁 · 李周會 · 權瀅鎭 · 吳聖模 · 金亨

集皆伸 其李眞儒 · 徐宗廈 · 鄭楷 · 尹聖時 · 朴弼夢 · 李明

誼 · 李師尙 · 尹就商 · 李明彦 · 金重器 · 權益寬 · 尹尙白

· 尹志 · 李夏徵 · 柳壽垣 · 沈錐 · 朴纘新 · 李巨源等 已入

于辛壬案 時人以李适 · 韓明璉 何以見漏 仁弘後孫 至請

仁弘贈諡.

이완용(李完用) 등이 대보단(大報壇)[1]을 폐지할 것을 건의하였
으나, 일본 사람들이 은혜를 저버리는 것은 상서롭지 못하다고
공박하여 마침내 그치게 되었다.

註解

1) 대보단(大報壇) : 명나라 신종(神宗)을 추모하는 제단. 임진왜란 때
원군을 보낸 예(禮)로, 1704년 내빙고(內氷庫) 터에 있었다.

原文

李完用等 議廢大報壇 倭人駁之 以忘恩不祥 遂止.

각도에서 겨울과 여름에 행하던 포폄 제목(褒貶題目, 고과표 작

성)을 폐지했다. 이제부터는 군수의 허물이 있으면 관찰사가 수시로 내부에 보고토록 했다.

原文

廢各道冬夏褒貶題目 自今郡守有過 觀察隨報內部.

이준용(李埈鎔) 등이 종친과 척족의 자제들을 일본에 유학 보낼 것을 건의하였다. 이에 이재완(李載完)·이재곤(李載崑) 및 민병석(閔丙奭)·윤택영(尹澤榮)의 집안과 그 밖의 타성인 경재(卿宰)의 가문에서 뽑았는데, 모두 80명을 선발했다.

原文

李埈鎔等 議送宗戚子弟留學日本 乃選李載完·載崑及
閔丙奭·尹澤榮家 傍及他姓卿宰之門 凡選八十人.

이황(李滉)의 사당(祠堂)을 중건할 것을 명하였다. 내각에서 300원을 도와주었고, 일본인 목내(木內)가 또한 50원을 출연할 것을 청해왔다.

原文

命重建李滉祠 內閣賻金三百元 倭人木內 亦請捐五十元.

의친왕(義親王) 이강(李堈)이 일본에서 돌아왔다. 이강은 일찍이 일본 부인을 얻어 한 아이를 낳았는데, 이에 이르러 데리고 왔다. 바야흐로 나이 3세였다.

原文

<ruby>義<rt>의</rt></ruby><ruby>親<rt>친</rt></ruby><ruby>王<rt>왕</rt></ruby><ruby>堈<rt>강</rt></ruby> <ruby>自<rt>자</rt></ruby><ruby>日<rt>일</rt></ruby><ruby>本<rt>본</rt></ruby><ruby>還<rt>환</rt></ruby> <ruby>堈<rt>강</rt></ruby><ruby>曾<rt>증</rt></ruby><ruby>眄<rt>면</rt></ruby><ruby>倭<rt>왜</rt></ruby><ruby>婦<rt>부</rt></ruby> <ruby>生<rt>생</rt></ruby><ruby>一<rt>일</rt></ruby><ruby>兒<rt>아</rt></ruby> <ruby>至<rt>지</rt></ruby><ruby>是<rt>시</rt></ruby><ruby>携<rt>휴</rt></ruby><ruby>歸<rt>귀</rt></ruby> <ruby>方<rt>방</rt></ruby><ruby>三<rt>삼</rt></ruby><ruby>歲<rt>세</rt></ruby>.

『문헌비고(文獻備考)』 편찬이 완성되었다. 처음 영조(英祖)는 우리나라의 문헌이 흩어졌다고 하여, 여러 신하에게 명하여 청(廳)을 설치하여 찬집(纂輯)하도록 하고, 이름하여 『동국문헌비고(東國文獻備考)』라 하고 활자로 인행(印行)하도록 하였다. 정조 때에 이르러, 그것이 아직도 누락된 것이 많아서 이만운(李萬運)에게 명하여 다시 널리 수집을 더하도록 하였으나, 간행을 보지 못하고 단지 그 초고본이 규장각(奎章閣)에 보관되어 있었다.

광무(光武) 초년에 이르러, 임금은 아름답게 꾸미기를 좋아하였다. 모든 전례 의문(典禮儀文)을 다 장황하게 벌릴 것을 생각하여 이에 사례소(史禮所)를 설치하고 『대한회전(大韓會典)』 및 『문헌비고속편(文獻備考續編)』을 편찬할 것을 명했다. 얼마 안 있어 자금 부족으로 일이 그치게 되었는데, 급히 수정한 것은 『문헌비고』뿐이었다. 이어서 추가된 것은 몇몇 임금의 사적과 갑오년(1894) 이래의 경장(更張)된 제도뿐이었기 때문에 이 사업이 쉽

게 이루어질 수 있었던 것이다. 이때에 그 서명을 고쳐서『증보
문헌비고(增補文獻備考)』라 했는데, 모두 50책이고 활자로 간행
하였다. 대개 태황제(고종) 갑오년(고종 31, 1894) 이후 정신없이
만들어진 것 중에 이 책만이 조금 잘되었다고 하였다.

原文

文獻備考成 初英祖以東國文獻散佚 命諸臣設廳纂輯 名

曰東國文獻備考 活字印行 至正祖中 以其尙多遺漏 命李

萬運 更加蒐羅 然未刊 只藏稿本于奎章閣 及光武初 上浮

慕賁飾 凡典禮儀文 皆思所以張皇之 乃設史禮所 命撰大

韓會典及文獻備考續編 已而貲絀役止 草草修定者 文獻備

考而已 以其所續不過數朝典憲 及甲午以來更張制度 故功

緖易就也 至是改其名曰增補文獻備考 凡五十冊 活字刊行

蓋太皇甲午以後 紛紛制作 惟此稍優云.

　　러시아 영내에 들어가 사는 우리 국민들이 해삼위(海蔘威, 블라
디보스토크)에서 신문사를 창설하고 장지연(張志淵)을 주필로 초
빙하였으며, 신문사 이름을 「해조신문(海朝新聞)」이라 하였다.
장지연은 날카로운 입으로 일본을 배척하여, 그의 숙분(宿憤)을
터뜨렸다. 일본인들은 크게 노하고 내부에 명하여 금지케 했으

며, 또한 장지연을 끌어 오려고 먼저 그의 아들을 수감하니 장지
연은 드디어 상해로 들어갔다가 1년 남짓되어 환국하여 촌구석
에 틀어 박혀 있었는데 일이 오래되자 점점 풀렸다.

原文

我民之流寓俄地者 設報館于海蔘威 聘張志淵主筆 名曰
海朝新聞 志淵矢口斥倭 攄其宿憤 倭人大怒 令內部禁之
且欲拘還志淵 先囚其子 志淵遂入上海 歲餘還國 浮沈閭
里 事久稍解.

함경남도 관찰사 한남규(韓南奎)가 문이(文移, 공문)에서 명치
연호(明治年號)를 썼다.

原文

咸南觀察韓南奎 署明治年號于文移.

이완용(李完用)의 집의 대들보가 울리고 우물물이 뒤집혔다.

原文

李完用家 屋樑鳴 井水翻沸.

호랑이가 창덕궁에 들어왔다.

原文

호 입 창 덕 궁
虎入昌德宮.

일본 대판(大坂)에 큰 역질(疫疾)이 돌아 하루에 500명이 죽었
다.

原文

일 본 대 판 대 역 　일 일 사 오 백 인
日本大坂大疫 一日死五百人.

일본 정부의 국고가 고갈되어 백성에게 세금을 증가해서 과세
하였다. 백성들이 크게 소요하여 전차(電車)를 파괴한 것이 16량
에 이르렀다. 정부는 군대를 파견하여 간신히 진압할 수 있었다.

原文

왜 이 기 국 고 경 갈 　중 민 세 과 　민 대 화 　쇄 전 차 지 십 육 량 　자 정
倭以其國庫罄竭 增民稅課 民大譁 碎電車至十六輛 自政

부 파 병 　근 압 지
府派兵 僅壓之.

미국 사람들은 권비(拳匪, 의화단)의 역(役)으로 청국에서 배상
금 2,440만 원을 받기로 약속을 받았으나, 이에 이르러 우의를 돈

독히 하기 위하여 단지 11,655,496원만을 받고 그 나머지는 다 탕감해 주었다.

美人以拳匪之役 約受賠金 二千四百四十萬元 于淸國至是
爲敦交誼 只受一千一百六十五萬五千四百九十六元 其餘
悉蠲減.

● 의보(義報)

홍원(洪原) 용연사(龍淵社)에서 역전(力戰)하였다. 장진(長津) 의병은 일진회 회원 80여 명을 죽였다.

이천(伊川)으로 들어가 일진회 회원 9명, 일본인 13명을 죽이고, 양덕·서흥 사이에서 싸웠다.

16일 곡산에서 싸웠고,

17일 후퇴하여 해주 산중으로 들어갔다.

20일 문화(文化)·송화(松禾) 지경에서 싸웠다.

10일 일본군은 대포 2문을 싣고 동대문 밖으로 나아갔다.

8일 장흥에서 싸웠고,

21일 충주 장호원(長湖阮)에서 싸움을 벌였는데, 일본군은 광주(光州)의 기삼연(奇三衍)을 잡았으나 의병이 빼앗아 갔다. 일본군 3백여 명이 북청병(北靑兵)에게 섬멸당했다.

12일 장성에서 싸웠고,

8일 김약유(金若有) 의병이 지평(砥平)에서 싸웠으며, 삼수(三水) 순사소를 습격하고,

10일 갑산(甲山)으로 들어가니, 일본군 사상자가 심히 많았다. 장흥(長興) 유치(柳峙)에서 싸웠고,

15일에 인제(麟蹄) 산중에서 싸웠다.

10일 장진(長津)에서 싸우다 삼수(三水)로 후퇴하여 들어갔다.

12일 영변(寧邊)에서 싸움을 벌였고,

14일 변기우(邊起羽) 의병이 양주(楊州) 고곡(高谷)에서 싸웠다. 북청(北靑)의 의병은 일진회 회원 20명을 사로잡았다.

18일 서상렬(徐相烈)·이종협(李鍾俠) 등 천여 명은 토산(兎山)·신계(新溪)를 지나갔다.

19일 일본군은 이천(伊川)을 습격했다.

18일 강도가 김해(金海)에서 일본군 셋을 살해했다. 같은 날 연산(連山)에서도 싸웠다.

15일 흥해(興海)에서 싸웠고,

18일 고양(高陽) 주교(舟橋)에서 싸웠고,

16일 제천(堤川)에서 싸웠고, 재령(載寧)에서 싸웠다. 3,000여 명이 청주 미장(米場)에 모였다.

17일 용담(龍潭)에서 싸우고, 장성에서 싸웠다.

21일 갑산(甲山)에서 싸웠다.

25일 영동(永同)에서 싸웠다.

19일 남원(南原)에서 싸웠으며,

10일 의병이 혜산(惠山)에 들어가 일병 9명을 참했다.

15일에서 19일에 이르기까지, 순창 복흥(卜興) 산중에서 연이어 싸웠으며, 김시동(金時同)의 군은 군산으로 들어갔다. 광주에서 싸웠다.

3일 의병이 갑산(甲山)에 들어가서 일진회 회원 50여 명을 참하였다.

21일 영흥(永興)에서 싸웠고,

23일 장단(長湍)에서 싸웠고,

21일 남양(南陽)에서 싸웠고,

20일 일본군은 충주 입장(立場)에서 패하고 행인 30여 명을 살해했다.

26일 나주(羅州)에서 싸웠고,

18일 무장(茂長)에서 싸웠으며,

23일 정읍(井邑)에서 싸웠고,

20일 영양(英陽)에서 싸웠으며,

13일 단천(端川)에서 싸웠고,

초6일 양주(楊州)에서 싸웠으며,

10일 연천(漣川)에 들어가 일본군 2명을 참했다.

11일 또 전투를 벌였다.

13일 철원(鐵原)에 들어가 또한 일본군 2명을 참했다. 충주에 들어가 광군(礦軍) 30여 명을 살해했다.

10일 일본군은 추격하여 무장(茂長) 선운사(禪雲寺)에 이르렀다.

6일 평창(平昌) 금당산(琴堂山)에서 싸웠고,

22일 이천(伊川)에서 싸웠고,

18일 문태수(文泰洙) 의병이 무주(茂朱)에서 싸웠다.

충청북도에는 노병대(盧炳大)와 조용근(趙用根)의 의병도 있었다.

原文

義報,

力戰于洪原龍淵社　長津兵斬一進會八十餘級　入伊川斬

一進會九・倭十三　戰于陽德・瑞興之間　十六日戰于谷山

十七日退入海州山中　二十日戰于文化・宋禾之境　十日倭

駄大砲二門　出東大門　八日戰于長興　二十一日戰于忠州長

湖院　倭獲光州奇三衍　義兵簒去　倭三百餘爲北青兵所殲

十二日戰于長城　八日金若有兵　戰于砥平　襲三水巡查所

十日入甲山　倭人死傷甚多　戰于長興柳峙　十五日戰于麟蹄

山中　十日戰于長津　退入三水　十二日戰于寧邊　十四日邊

起羽兵　戰于楊州高谷　北青兵虜會員二十人　十八日徐相烈

・李鍾俠等千餘人　過兎山・新溪　十九日倭襲于伊川　十八

日强盜殺三倭于金海　同日戰于連山　十五日戰于興海　十八

日戰于高陽舟橋 十六日戰于堤川 戰于載寧 三千餘人會于

淸州米場 十七一戰于龍潭 戰于長城 二十一日戰于甲山

二十五日 戰于永同 十九日 戰于南原 十日入惠山 斬九倭

十五至十九日 連戰于淳昌卜興山中 金時同兵入群山戰于

光州 三日入甲山 斬一進會五十餘級 二十一日戰于永興

二十三日戰于長湍 二十一日戰于南陽 二十六日倭敗于忠

州立場 殺行人三十餘 二十日戰于羅州 十八日戰于戊長

二十三日戰于井邑 二十日戰于英陽 十三日戰于端川 初六

日戰于楊州 十日入連川 斬二倭 十一日又戰 十三日入鐵

原 又斬二倭 入忠州殺礦軍三十餘人 十日倭追至茂長禪雲

寺 六日戰于平昌琴堂山 二十日戰于伊川 十八日文泰洙兵

戰于茂朱 忠北有盧炳大·趙用根兵.

2월, 승녕부(承寧府)¹⁾에서 기생 20명을 선발했다.

註解

1) 승녕부(承寧府) : 궁내부 소속으로 조정의 물품, 의복, 거마(車馬) 등의 조달과 관리를 맡아보던 관청.

原文

<ruby>二<rt>이</rt></ruby><ruby>月<rt>월</rt></ruby> <ruby>承<rt>승</rt></ruby><ruby>寧<rt>녕</rt></ruby><ruby>府<rt>부</rt></ruby><ruby>選<rt>선</rt></ruby><ruby>妓<rt>기</rt></ruby><ruby>二<rt>이</rt></ruby><ruby>十<rt>십</rt></ruby><ruby>人<rt>인</rt></ruby>.

의병장 민긍호(閔肯鎬)가 패하여 죽임을 당했다. 혹자는 말하기를, '투항한 군사에게 속임을 당했다.'고도 하고, 혹은 '총 맞은 부상이 심해서 붙잡혔다'고 전하기도 하였다. 일본군이 결박지어 갈 때 의병들에게 빼앗길 것을 두려워하여 드디어 죽였다고 한다. 그러나 매우 의롭게 여겨서 관을 갖추어서 후하게 장사를 지내주고 그 묘비에 '의병대장 민긍호의 묘(義兵大將閔肯鎬之墓)'라고 표시하였다. 민긍호가 영동 지방의 산골에서 왕래하며 백성들로 하여금 먹을 것을 달라고 했을 뿐 달리 필요한 것을 찾는 일은 없었다. 부하들이 겨울을 보내는 데도 솜옷을 입지 못해서 동상으로 손가락이 많이 떨어져 나갔다. 그가 죽음에 이르러 민간인들은 추모하여 불쌍히 여겼다. 송지헌(宋之憲)이란 자는 송시열(宋時烈)의 후손으로 당시 내부의 서기관으로 있었는데, 일본인 학강(鶴岡)을 보고, "민긍호의 죽음을 축하한다."고 하였다. 학강이 정색을 하며 말하기를, "민긍호는 가히 사람답다 할 것이다. 또한 그대는 의병이 일어난 근본 원인이 무엇인지 아는가?"라고 하였다. 송지헌은 몹시 부끄러워하며 얼굴을 들지 못했다. 송지헌은 머리를 남보다 먼저 삭발했으며 개화(開化)로 자처했는데, 자기 집에 돌아감에 미처 그의 처가 그를 거부하고 쳐다보지도 않았다고 한다.

原文

義兵將閔肯鎬 兵敗死之 或言爲降兵所賺 或傳病創被擒

倭縛之行 恐爲義兵所篡 遂殺之 然甚義之 具棺斂 厚葬之

表其墓曰 '義兵大將閔肯鎬之墓' 肯鎬往來東峽 令民饋食而

已 無他需索 部下經冬不縣 多墮指 及其死 民間追思憐之

宋之憲者 時烈后也 時以內部書記官 對倭人鶴岡 賀肯鎬

死 鶴岡正色曰 閔肯鎬可人 且君知義兵之根因乎 之憲甚

慚 無以爲容 之憲首先削髮 以開化自名 及歸其家 妻拒之

不相見.

순화궁(順和宮)을 이윤용(李允用)에게 하사했다. 순화궁은 죽은 재상 김흥근(金興根)의 집이다. 이문동(里門洞)에 있었는데, 정교하고 치밀한 것이 북촌(北村)에서 으뜸이었다. 여러 차례 주인이 바뀌어, 고(故) 경빈(慶嬪, 헌종의 후궁 김씨)이 거처하던 곳이었는데, 이윤용이 김각현(金珏鉉)을 시켜 양궁(兩宮)에게 아뢰도록 하는 등 온갖 계책을 써서 얻은 것이다.

原文

以順和宮賜李允用 宮故相金興根第也 在里門洞 精緻甲

北村^{북촌} 屢易主^{누역주} 爲故慶嬪所居^{위고경빈소거} 允用使金珏鉉^{윤용사김각현} 言于兩宮^{언우량궁} 百計^{백계}
得之^{득지}.

조중응(趙重應)·임선준(任善準)이 물품을 부통감 증녜황조(曾禰荒助)에게 뇌물로 바쳤는데, 값어치가 7천 원에 해당되었다. 증녜황조는 준엄히 사양하고 물리쳤다.

原文

趙重應^{조중응}·任善準^{임선준} 以物品賂副統監曾禰荒助^{이물품뇌부통감증녜황조} 可直七千元^{가치칠천원}
荒助峻辭却之^{황조준사각지}.

서상조(徐相祖)와 안정옥(安鼎玉)에게 시호를 내리고, 민영위(閔泳緯)·민응식(閔應植)·윤태원(尹泰元)·윤태준(尹泰駿)·홍계훈(洪啓薰)의 사당에 치제(致祭)[1]하였으니, 임오년(고종 19, 1882)에 호가(護駕)한 공로를 생각해서였던 것이었다.

註解

1) 치제(致祭) : 공신이 죽은 경우, 임금이 제물과 제문을 내려 그 공신을 제사지냄. 또는 그 제사.

原文

贈徐相祖^{증서상조}·安鼎玉謚^{안정옥시} 致祭于閔泳緯^{치제우민영위}·閔應植^{민응식}·尹泰元^{윤태원}·

윤 태 준   홍 계 훈 사   추 념 임 오 호 가 지 노 야
尹泰駿·洪啓薰祠 追念壬午護駕之勞也.

(2월) 장인환(張仁煥)과 전명운(田明雲)이 미국 샌프란시스코
에서 미국인 수지분(須知分, 스티븐스)을 살해했다. 처음에 수지
분은 주미 일본 공관에 고용되어 일본과 매우 친밀한 사이가 되
었다. 드디어 우리 외부(外部)의 고문관이 되니 무릇 일본을 이롭
게 하고 한국을 해치는 짓을 알선하지 않음이 없었다. 이에 이르
러 자국으로 돌아가서 한국이 일본의 보호를 요구함은 진정에서
나온 뜻이라 떠들어댔으며, 또한 우리나라를 온갖 수단으로 헐
뜯고 더럽혔다. 장인환 등은 바야흐로 샌프란시스코에 머물고
있으면서, 통분함을 참지 못하여 그가 하차하는 것을 엿보아 권
총으로 저격하여 즉사시켰다. 미국 사람들도 그것을 의롭게 생
각하여 법으로 다스리는 것도 관전(寬典)[1]을 좇았다. 그러나 장
인환은 징역 15년을 받았고, 전명운은 곧바로 석방되었다. 그것
은 장인환이 스스로 저격했다고 하면서 다른 사람을 끌어들이지
않았기 때문이다. 장인환과 전명운은 모두 평양 사람이다.

註解

1) 관전(寬典) : 너그러운 법전. 관형(寬刑).

原文

장 인 환   전 명 운   살 미 인 수 지 분 우 미 국 상 항   초 분 위 고 용
張仁煥·田明雲 殺美人須知分于美國桑港 初芬爲雇傭

어 주 미 왜 사   심 상 관 일   수 득 위 아 외 부 고 문 관   범 리 왜 이 해 한
於駐美倭使 甚相款昵 遂得爲我外部顧問官 凡利倭而害韓

者 無不斡旋 至是還其國 揚言韓求日保 出於情眞 又毁巘

我國者萬端 仁煥等方留桑港 不勝痛憤 伺其下車 以拳銃擊

之 卽死 美人義之 究治從寬典 然仁煥竟坐役十五年 明雲

全釋 蓋仁煥自認之 不累餘人也 仁煥·明雲俱平壤人也.

이재극(李載克) 등이 종친부에 종학(宗學, 왕족을 위한 학교)을 설치하였다.

原文

李載克等 設宗學于宗親府.

청국 상해(上海)에 거주하는 우리 백성들이 「상해신문(上海新聞)」을 간행하였다.

原文

我民流寓淸國上海者 刊行上海新聞.

도적이 동관왕묘(東關王廟)에 들어가 옥대(玉帶) 및 상탑(床榻)을 훔쳐 달아났다.

原文

^{도 입 동 관 왕 묘} ^{절 옥 대 급 상 탑 이 주}
盜入東關王廟　竊玉帶及床榻以走.

　이종균(李鍾均)이란 자가 반진(斑疹, 홍역 등의 병종)을 치료하는 처방을 내놓았다. (그 처방은) 찹쌀 두 줌, 인동초(忍冬草) 닷 돈, 진하게 달인 황토수 한 잔을 소주 한 종지에 타서 환자의 연령을 헤아려 자주 마시면 조금 취기가 돌며 좋은 효과를 보았다.

原文

^{유 이 종 균 자} ^{저 방 치 반 진} ^{점 미 이 활} ^{인 동 오 전} ^{황 토 수}
有李鍾均者　著方治斑疹　粘米二撮 · 忍冬五錢 · 黃土水
^{농 전 일 잔 허} ^{화 이 소 주 일 종} ^{양 기 년 령} ^{빈 음 지} ^{미 훈 량 효}
濃煎一盞許　和以燒酒一鍾　量其年齡　頻飮之　微醺良效.

　면천군(沔川郡)에 해일이 있었다.

原文

^{면 천 군 해 일}
沔川郡海溢.

　함평(咸平) 사람 이화일(李化一)의 처가 한 번에 삼녀일남(三女一男)을 출산했는데 남자아이와 산모가 모두 죽었다.

原文

咸平民李化一妻 産三女一男 男與母俱死.

(함평민이화일처 산삼여일남 남여모구사)

미국 비란시(碑蘭市)의 소학교에서 화재가 발생하여 178명이 죽었다.

原文

美國飛蘭市小學校火燒 死百七十八人.

(미국비란시소학교화소 사백칠십팔인)

일본 중 고천대항(古川大航)이 보현사(普賢寺) 주지권(住持權)을 꼬여서 탈취했다. 절은 묘향산(妙香山)에 있으며 단군(檀君)의 유적지가 되는데, 건물이 무릇 700칸이며 조정에서 사표(四標)를 정하여 길이가 15리, 너비가 10리였다. 화세(火稅, 火田稅)가 900여 원이었는데, 고천대항(古川大航)이 내부에 위협하여 줄여서 300원으로 만들었다.

原文

倭僧古川大航 誘奪普賢寺住持權 寺在妙香山 爲檀君故

(왜승고천대항 유탈보현사주지권 사재묘향산 위단군고)

基 屋宇凡七百間 朝家所定四標 長十五里 廣十里 火稅爲

(기 옥우범칠백간 조가소정사표 장십오리 광십리 화세위)

九百餘元 大航脅內部 減作三百元.

(구백여원 대항협내부 감작삼백원)

「대한매일신보(大韓每日申報)」를 간행함에 날마다 관보(官報)를 붙였다. 이에 이르러 일본인이 관직 얻기를 도모해서 10중 7, 8을 차지하였다. 그들의 성명이 괴상한 것을 싫어하여 드디어 관보를 신문에 싣지 않았다. 그것은 그 주필(主筆)을 맡은 사람이 끝내 우리 한국 사람을 위한 까닭이었다. 일본인 가운데에는 한국 관직을 임명받고 멀리 자기 나라에 있으면서 누워서 봉급만 타먹는 자들도 있었다.

原文

每日申報之刊行也 逐日附以官報 至是 以倭人之圖差官
職 居十之七八 惡其姓名詭怪 遂不錄官報 蓋其主筆者 終
爲我韓人故也 倭人有差韓官 而遠在其國 臥食俸金者.

내관(內官, 宦官)으로 전후 쫓겨난 자들이 500여 명이었고, 나인(內人)·무감(武監)·별감(別監)·별군관원역(別軍官員役) 등은 3,500여 명이었다.

原文

內官之前後見逐者五百餘人 內人·武監·別監·別軍官
役等 則三千五百餘人.

동대문(東大門)의 양쪽 성가퀴를 헐어냈는데 남대문(南大門)에 까지 미쳤다.

原文

毀東大門兩傍城堞　及南大門.

성주(星州)의 금광(金鑛), 함평(咸平)의 동광(銅鑛), 용천(龍川) 의 흑연광(黑鉛鑛), 창원(昌原)의 동철광(銅鐵鑛), 의주(義州)의 금광, 부평(富平)의 동광, 창원(昌原)의 동광, 순안(順安)의 사금 광(砂金鑛)을 아울러 일본인에게 채굴(採掘)할 것을 허락했다.

原文

星州金鑛 · 咸平銅鑛 · 龍川黑鉛鑛 · 昌原銅鐵鑛 · 義州 金礦 · 富平銅礦 · 昌原銅鑛 · 順安砂金礦　幷許倭人開採.

적성(積城)의 설마치(薛馬峙)는 (당나라의) 설인귀(薛仁貴)가 말 달리던 곳으로 전해지며, 평양의 다석산(多石山)은 을지문덕(乙 支文德)이 강생(降生)한 곳으로 전해진다.

原文

積城薛馬峙　相傳薛仁貴馳馬處　平壤多石山　爲乙支文德

<ruby>降</ruby><ruby>生</ruby><ruby>處</ruby>.
강 생 처

이준용(李埈鎔)이 5만 냥으로 기생 채련(采蓮)을 사서 첩으로 삼고, 가구를 마련하여 배치한 금액이 또 7만 냥에 이르렀다.

原文

李埈鎔以五萬兩　買妓采蓮爲妾　排置家具　又至七萬兩.
이 준 용 이 오 만 량　매 기 채 련 위 첩　배 치 가 구　우 지 칠 만 량

원산(元山)의 소금 상인〔鹽商〕 김두원(金斗源)이 내각에 소장(訴狀)을 냈는데 벌써 열 번째였다.

原文

元山鹽商金斗源　又訴于內閣已十度.
원 산 염 상 김 두 원　우 소 우 내 각 이 십 도

호남 의병장 김태원(金泰元)이 패하여 사망했다. 김태원은 나주 박산촌(博山村, 박메)에서 병을 치료하고 있었는데, 일본군이 뒤를 밟아 김태원은 싸우지도 못하고 드디어 살해되었다. 김태원은 의병을 일으킨 지 1년 동안 일본군을 죽인 것이 전후 수백 명이었다. 부하 의병을 엄히 다루어 백성들이 동요하지 않도록 했다. 일찍이 말하기를, "군인은 본디 정예로운 것이 귀한 것이요, 많은 것이 귀한 것이 아닌데, 하물며 오늘날의 소위 의병이겠는가? (군사가) 많기만 하고 정예롭지 못하면 실패만 거듭할 뿐

이다." 하였다. 이 때문에 처음부터 끝까지 거느렸던 병사가 3, 40명에 지나지 않았으며, 추려서 단련시키면 모두 감히 죽을 수 있는 군사들이었다. 점령하는 경험을 익히고 기습을 많이 하였다.

그러므로 국민들의 기대가 자못 컸었는데, 그의 죽음을 듣고 놀라지 않은 자가 없었다. 장례에 모이는 사람이 상당히 많았지만 일본군 또한 가지 못하게 금하지 않았다.

(그는) 아들이 하나 있었으나 어렸다. 부인 모씨는 남편의 죽음을 듣고 바로 일본군 진영에 들어가 시신을 이고 돌아와서 장사지냈다. (그녀는) 아들을 기른 지 수년에 차츰 자신의 갈 길을 알고 있었다. 때마침 태황(太皇)의 상이 있었는데, 김태원의 부인은 그 소식을 듣고, 김태원의 일족을 모아 놓고 말하기를, "이 아이로서 가히 가통을 세울 것이요, 국상(國喪)이 있음을 들었으니 내 마땅히 이로 인해 죽겠다." 하고 그날 저녁에 자결하였다.

原文

湖南義兵將金泰元敗死　泰元療病于羅州博山村　倭躙之

泰元不能戰　遂見殺　泰元起兵期年　斬倭前後數百級　嚴勒

所部　毋得擾民　嘗曰　兵本貴精不貴多　況今日所謂義兵乎

多而不精　只生得失耳　是以終始所將　不過三四十人　汰之

鍊之　皆敢死之卒也　習占驗多奇中　故民頗倚之　聞其死　莫

不驚動　會葬者甚盛　然倭亦不之禁　泰元　時有一子而幼　妻

某氏聞泰元死 直入倭中 戴尸歸埋 育子數年 稍知方向 而

時有太皇之喪 某氏聞之 會泰元族曰 此兒可以立家 聞有

國喪 吾當因此而死 卽夕決命.

허위(許蔿)·이인영(李麟榮)의 부하로 조수연(趙壽淵)·김규식(金奎植)·홍인관(洪仁觀)·이병채(李秉采)·장순원(張珣遠)·오수영(吳壽榮)·김연상(金演相)·황재호(黃在浩)·이명기(李明起)·연기우(延基羽)·고재석(高在石)·박종한(朴宗漢)·윤인선(尹仁先)·황순일(黃順一)·김운이(金雲伊)·이동섭(李東燮) 등 모두 16명은 역사(力士)로 일컬어졌다.

24일 김태원(金泰元)이 장성(長城)에서 싸워 일본군 50여 급(級)을 참수했으며, 전후 참수한 것이 매우 많았다.

原文

許蔿·李麟榮部下趙壽淵·金奎植·洪仁觀·李秉采·張珣遠·吳壽榮·金演相·黃在浩·李明起·延基羽·高在石·朴宗漢·尹仁先·黃順一·金雲伊·李東燮 凡十六人 號稱力士 二十四日 金泰元戰于長城 斬倭五十餘級 前後斬馘甚多.

● 2월 의보(義報).

16일 청양(靑陽)에서 싸웠고,

초5일 청양에서 싸우며 진천(鎭川)으로 퇴진했다

17일 영평(永平) · 연천(漣川) 경계에서 싸웠다.

초9일 의성(義城)에서 싸웠으며,

15일 한상호(韓相鎬) 의병이 진부역(珍富驛)에서 싸웠고,

18일 철원(鐵原)에서 싸웠고,

16일 가평(加平)에서 싸웠다.

3일에는 주천(酒泉)에서 싸우고, 횡성에서 싸웠다.

7일은 인천에서 싸웠고,

19일은 흥해(興海) · 영천(永川) 사이에서 싸웠고,

24일 배천(白川)에서 싸웠으며,

25일 양덕(陽德)에서 싸웠다.

29일 나주(羅州)에서 싸웠고,

30일 경강 송파 나루에서 싸웠으며,

26일 함창(咸昌)에서 싸우고, 삭녕(朔寧)에서 싸웠다.

24일 영광(靈光)에서 싸우고, 전주(全州) · 고산(高山)에서 순찰을 돌던 왜병과 싸워서 패사자가 21명이 발생했다.

23일 횡성(橫城)에서 싸웠고,

15일 태릉(泰陵) 안에서 싸웠고,

9일 정□□의 의병이 평창(平昌)에서 패하고,

19일 봉화(奉化)에서 싸웠고,

26일 태화역(太和驛)에서 싸웠고,

22일 청주(淸州)에서 싸웠고, 진위(振威)에서 싸웠다.

28일 신천(信川)에서 싸웠으며,

24일 안의(安義)에서 싸웠고, 횡성(橫城)에서 싸웠으며, 해주(海州)에서 싸웠다.

28일 개성(開城)에서 싸웠으며,

23일 횡성에서 싸웠다. 갑산(甲山)에 사는 차도선(車道善)·진용욱(秦容郁)이 일본군에 잡혀 피살되었다.

9일 언양(彦陽)에서 싸웠고,

26일 철원(鐵原)에서 싸웠고,

28일 적성(積城)에서 싸웠고,

29일 언양에서 싸웠으며,

30일 홍천(洪川)에서 일본 군의 한 명을 살해했다.

20일 장수에서 싸웠고,

11일 김태원(金泰元)의 의병이 함평(咸平)에서 싸웠으며,

9일 홍주 지란도(芝蘭島)에서 싸웠다.

11일 김태원의 의병이 광주에서 싸웠고, 허덕천(許德天)의 의병이 옹진(甕津)에 들어갔다.

4일 능주(陵州)에서 싸웠고 삼등(三登)에서도 싸웠다.

15일 고원군(高原郡)을 습격했고,

5일 강경에 주둔한 일본군과 한산(韓山)에서 싸웠고,

7일 해주(海州)에서 싸웠고,

13일 또한 온정원(溫井院)에서 싸웠고,

16일 광주에서 싸웠고, 울진(蔚珍) 불령사(佛靈寺)에 들어갔다

가 일본군의 기습을 받았다.

29일 구례(求禮)에서 싸웠고,

11일 전주(全州) 갈담(葛潭)에서 싸웠고,

22일 담양(潭陽)에서 싸웠고,

15일 영동(永同)에서 싸웠고, 해주(海州)에서도 싸웠다.

13일 수원(水原)에서 싸웠고,

19일 해주에서 싸웠고,

18일 산청(山淸)에서 싸웠고,

13일 순창(淳昌)에서 싸웠고,

15일 고원(高原)에서 싸웠고,

16일 배천(白川)에서 싸웠고,

20일 해주(海州)에서 싸웠고,

14일 강령(康翎)에서 싸웠고,

13일 홍주(洪州)에서 싸웠고,

15일 덕산(德山)에서 싸웠고,

19일 광주(光州)에서 싸웠고,

14일 단양(丹陽)에서 싸웠고,

11일 순천(順天)에서 싸웠고,

16일 이천(伊川)에서 싸웠고,

15일 함창(咸昌)에서 싸웠고,

16일 음성(陰城)에서 싸웠고,

15일 횡성(橫城)에서 싸웠고, 태인(泰仁)에서도 싸웠다.

2일 양주(楊州)의 덕소(德沼)에 들어가 일본군의 군수품을 불태웠다.

19일 한상렬(韓相烈) 의병이 홍주(洪州)에서 큰 싸움을 하였다.

12일 정선군(旌善郡)을 겁탈하고, 고원(高原)에 있는 일진회 회원의 가옥 20여 호를 불태웠다.

17일 고창(高敞)에서 싸웠고,

19일 영평(永平)에서 싸웠고,

4일 광주(光州)에서 싸우고 개성(開城)에서도 싸웠다.

16일 이진규(李晉圭)·최선직(崔善直) 의병이 영덕(盈德)에서 싸웠고,

4일 창평(昌平)에서 싸워 일본군 10명을 죽였다.

18일 교하(交河)에서 싸웠고,

17일 맹산(孟山)에 들어가 싸웠으며,

18일 영원(寧遠)에서 싸웠고,

12일 가평(加平)에서 싸웠고,

30일 거창(居昌)에서 싸웠고,

17일 함양(咸陽)에서 싸웠고,

16일 산청군(山淸郡)에 들어갔으며,

15일 이원(利原)에서 싸웠고,

11일 재령(載寧)에서 싸웠고,

17일 서천(舒川)에서 싸웠다.

原文

義報.
의 보

十六日戰于青陽　初五日自青陽戰退鎭川　十七日戰于永

平・漣川界　初九日戰于義城　十五日韓相鎬兵　戰于珍富驛

十八日戰于鐵原　十六日戰于加平　三日戰于酒泉　戰于橫城

七日戰于仁川　十九日戰于興海・永川間　二十四日戰于白

川　二十五日戰于陽德　二十九日戰于羅州　三十日戰于京江

松波津　二十六日戰于咸昌　戰于朔寧　二十四日戰于靈光

與全州・高山巡倭合戰　敗死者二十一　二十三日戰于橫城

十五日戰于泰陵局內　九日鄭□□兵敗于平昌　十九日戰于

奉化　二十六日戰于太和驛　二十二日戰于淸州　戰于振威

二十八日戰于信川　二十四日戰于安義　二十四日戰于橫城

戰于海州　二十八日戰于開城　二十三日戰于橫城　甲山車道

善・秦容郁　被倭誘殺　九日戰于彦陽　二十六日戰于鐵原

二十八日戰于積城　二十九日戰于彦陽　三十日殺倭醫一於

洪川　二十日戰于長水　十一日金泰元兵戰于咸平　九日戰于

洪州芝蘭島　十一日金泰元兵　戰于光州　許德天兵入甕津

四日戰于綾州　同日戰于三登　十五日襲高原郡　五日與江景

住倭 戰于韓山 七日戰于海州 十三日又戰于溫井院 十六

日戰于光州 入蔚珍佛靈寺 爲倭所襲 二十九日戰于求禮

十一日戰于全州葛潭 二十二日戰于潭陽 十五日戰于永同

十五日戰于海州 十三日戰于水原 十九日戰于海州 十八日

戰于山淸 十三日戰于淳昌 十五日戰于高原 十六日戰于白

川 二十日戰于海州 十四日戰于康翎 十三日戰于洪州 十

五日戰于德山 十九日戰于光州 十四日戰于丹陽 十一日戰

于順天 十六日戰于伊川 十五日戰于咸昌 十八日戰于陰城

十五日戰于橫城 同日戰于泰仁 二日入楊州德沼 燒倭輜重

十九日韓相烈兵 大戰于洪川 十二日劫旌善郡 十二日燒高

原一進會二十餘戶 十七日戰于高敞 十九日戰于永平 四日

戰于光州 同日戰于開城 十六日李晉圭·崔善直兵 戰于盈

德 四日戰昌平斬倭十 十八日戰于交河 十七日入孟山 十

八日戰于寧遠 十二日戰于加平 三十日戰于居昌 十七日戰

于咸陽 十六日入山淸郡 十五日戰于利原 十一日戰于載寧

十七日戰于舒川.

3월, 이완용(李完用) 등이 수지분(須知分, 스티븐스, Stevens, D. W.)이 죽었다는 소식을 듣고 부의금 15만 원을 보냈다.

原文

^{삼 월 이 완 용 등 문 수 지 분 사 부 금 십 오 만 원}
三月 李完用等 聞須知分死 賻金十五萬元.

(3월) 시천교(侍天敎) 교인들은 (3월) 10일이 최제우(崔濟愚)의 생일로 삼고 기념연을 베풀었다. 이때 일진회는 흩어질 형세에 있었다. 천도교 교주 손병희(孫秉熙)는 그 기회를 타서 시천교인들을 권유하고 천도교(天道敎)에 입교시켜 하나의 큰 단체로 만들었다.

原文

^{시 천 교 인 이 초 십 일 위 최 제 우 생 일 설 기 념 연 시 일 진 회 유}
侍天敎人 以初十日爲崔濟愚生日 設紀念宴 時一進會有

^{환 산 지 세 천 도 교 주 손 병 희 승 기 기 유 회 입 교 합 위 일 단}
渙散之勢 天道敎主孫秉熙 乘其機 誘會入敎 合爲一團.

이등박문(伊藤博文)이 돌아왔다.

原文

^{이 등 박 문 환 래}
伊藤博文還來.

김윤식(金允植)을 중추원 의장으로 삼았다.

原文

이 김 윤 식 위 중 추 원 의 장
以金允植爲中樞院議長.

공주 관찰사 양재익(梁在翼)이 전우(田愚)가 임하(林下)¹⁾에서
중망(重望, 두터운 신망)을 받고 있어 마침내 의병에 이용될 것이
두려워, 관찰부로 압박해서 끌어다가 그의 머리털 깎으려고 하
였으나 전우가 죽기로 항거하여 굴하지 않았다.

제자 수백 명이 스승을 따라 죽기를 원하자 양재익은 그를 석
방시켰다.

註解

1) 임하(林下) : 초야에 묻혀 학문에 힘쓰는 선비. 임하유문(林下儒門).

原文

공 주 관 찰 양 재 익　이 전 우 부 임 하 중 망　공 종 위 의 병 거 화　박
公州觀察梁在翼 以田愚負林下重望 恐終爲義兵居貨 迫

치 우 부　욕 수 곤 기 발　우 항 사 불 굴　제 자 수 백 인　원 종 사 사　재
致于府 欲遂髡其髮 愚抗死不屈 弟子數百人 願從師死 在

익 석 지
翼釋之.

경주에 있는 신라 선덕왕릉(善德王陵)이 도굴당했다.

原文

^{도 굴 경 주 신 라 선 덕 왕 릉}
盜掘慶州新羅善德王陵.

일본 동경에 3월 9일, 전에 없던 큰 눈이 내렸다.

原文

^{일 본 동 경 　 이 초 구 일 　 강 무 전 대 설}
日本東京　以初九日　降無前大雪.

「매일신보(每日申報, 대한매일신보)」는 송병준(宋秉畯)·조중
응(趙重應)·신기선(申箕善)을 일본을 위하는 3대 충노(忠奴)로
지목하였다.

原文

^{매 일 신 보 　 이 송 병 준 　 조 중 응 　 신 기 선 　 목 위 일 본 삼 대 충}
每日申報　以宋秉畯·趙重應·申箕善　目爲日本三大忠
^노
奴.

경원(慶源)의 강택규(姜宅圭)가 의병을 일으켰다.

原文

^{경 원 강 택 규 기 병}
慶源姜宅圭起兵.

해주(海州) 신난곡(辛蘭谷)이 의병을 봉기하였는데 인원이 천여 명에 이르렀다. 이윤원(李允元) · 김익진(金翊鎭) · 하재천(河在天) 등이 호응했다. 송화(松禾) · 장연(長淵) · 해주(海州) 사이에서 싸워 전후로 일본군을 죽인 수가 매우 많았다.

原文

海州辛蘭谷起兵　衆至千餘人　李允元 · 金翊鎭 · 河在天
等從之　戰于松禾 · 長淵 · 海州之間　前後斬級甚多.

● 3월 의보(義報).
초5일 의병이 동대문 밖 봉화현(烽火峴)에 들어왔다가 고전하고 물러갔다.
4일 양주(楊州) 주치(舟峙)에서 싸워 일본군을 많이 죽였다.
2일 정산(定山)에서 싸웠으며,
4일 일본군은 영평(永平)에서 이강년(李康秊)을 습격했으며, 같은 날 마전에서 싸웠다.
6일 고양(高陽)에서 싸웠고,
2일 영평(永平)에서 싸웠고,
3일 원주(原州)에서 싸웠고, 같은 날 성주(星州)에서 싸웠다.
9일 안변(安邊)에서 싸웠고,
8일 평산(平山)에서 싸웠고, 합천(陜川) · 삼가(三嘉) 사이에서 싸웠으며, 양구(楊口)에서도 싸웠다.

9일 익산(益山)에서도 싸웠고,

2일 경주(慶州)에서 싸웠고,

4일 회양(淮陽)에서 싸웠고,

6일 양덕(陽德)에서 싸웠고,

4일 해주(海州)에서 싸웠고,

2일 함양(咸陽)에서 싸웠고,

9일 공주(公主)에서 싸웠고,

12일 고양(高陽)에서 싸웠고,

1일 거창(居昌)에서 싸웠고,

4일 경주(慶州)에서 싸웠고,

8일 정산(定山)에서 싸웠고,

9일 강화(江華)에서 싸웠고,

6일 연산(連山)에서 싸웠고,

13일 후창(厚昌)에서 싸웠고,

8일 금화(金化)에서 싸웠고,

7일 회양(淮陽)에서 싸웠고,

4일 장연(長淵)에서 싸웠고,

11일 삼가(三嘉)에서 싸웠고,

10일 황주(黃州)에서 싸웠고,

11일 광주(光州)에서 싸우고,

6일 연안(延安)에서 싸우고,

7일 거창(居昌)에서 싸웠다.

15일 영동(永同)에서 철도를 파괴하고, 그것으로 인해서 공주

(公主)·대전(大田)에서 싸웠다.

10일 경주(慶州) 기림사(祇林寺)에서 싸웠고, 진안(鎭安)에서 싸웠다.

13일 가평(加平)에서 싸웠고,

10일 장수(長水)로 들어가 공사(公私) 가옥 17호를 불태웠다.

16일 단성군(丹城郡)에 들어갔고,

14일 후창(厚昌)에서 싸워 신파강(新坡江)의 전선을 끊었다.

7일 영광(靈光)에서 싸웠다.

19일 상원군(祥原郡)을 습격했고,

18일 문천(文川)에서 싸웠으며 같은 날 임실(任實)에서 싸웠고, 무주(茂朱)에서도 싸웠다.

19일 평산(平山)에서 싸웠고,

18일 파주(坡州) 죽원리(竹院里)를 불태웠다.

14일 흥해(興海)에서 싸웠고,

4일 해주(海州)에서 싸웠고,

12일 고양(高陽) 문산포(文山浦)에 출몰하였고,

16일 이병수(李秉壽)의 의병이 홍주(洪州)에서 싸웠고,

17일 곡성(谷城)에서 싸웠고, 고양군(高陽郡)에서는 헌병 2명을 죽였다.

13일 문경(聞慶)에서 싸웠고,

14일 영천(永川)에서 싸웠고,

17일 청송(靑松)에서 싸웠고,

15일 정산(定山)에서 싸웠고,

13일 무주(茂朱)에서 싸웠고,

14일 홍산(鴻山)에서 싸웠고, 19일과 20일 장진(長津)·삼수(三水) 사이에서 계속 싸웠다.

21일 간도(間島)의 복섭평(伏涉坪)에서 싸웠고,

10일 장단(長湍)에서 싸웠고,

16일 가평(加平)에서 싸웠고, 같은 날 진부역(珍富驛)에서 싸웠다.

13일 곡산(谷山)에서 싸웠고,

19일 강화(江華) 승천포(昇天浦)에서 싸웠고,

13일 신계(新溪)에서 싸웠고,

22일 연안(延安)에서 싸웠고,

17일 임실(任實)에서 싸웠고,

20일 청주(淸州)에서 싸웠고,

22일 함평(咸平)에서 싸웠고,

17일 경주(慶州) 옥산(玉山)에서 싸웠고,

24일 광주(光州)에서 싸웠고,

22일 삭녕(朔寧)에서 싸웠고,

23일 연천(漣川)에서 싸웠고,

20일 무산(茂山)에서 싸웠고,

25일 광주(光州) 어두산(魚頭山)에서 싸웠고,

23일 무장군(茂長郡)을 습격했고,

8일 연풍군(延豊郡)에 들어갔고, 양지군(陽智郡)에도 들어갔다.

26일 남원(南原)에서 싸웠고,

19일 횡성(橫城)에서 싸웠고,

12일 갑산(甲山)에서 싸웠고,

22일 강화(江華)에서 싸웠고,

23일 양지(陽智)에서 싸웠고, 안변(安邊)의 철령(鐵嶺)에서 싸웠다.

26일 천안(天安)에서 싸웠고,

20일 문천(文川) 주재소(駐在所)를 습격했다. 허위(許蔿)와 이강년(李康秊) 등은 13도에 통문을 보냈다.

19일 원주(原州)에서 싸웠다.

25일 곡산(谷山)에서 싸웠고,

27일 해주(海州)에서 싸웠고,

28일 강계(江界)에서 싸웠고, 나주(羅州) 죽포(竹浦)를 습격했다.

18일 문천(文川)에 들어가 일본군 1명을 죽였다.

16일 화순군(和順郡)을 습격했다.

25일 연산(連山)에서 싸웠고,

27일 진천(鎭川)에서 싸웠고,

26일 청송(靑松)에서 싸웠고,

23일 영월(寧越)에서 싸웠고,

17일 연안(延安)에서 싸웠고,

22일 옥천(沃川)에서 싸웠고,

25일 연산(連山)에서 싸웠고,

19일 수안(遂安)에서 싸웠고,

24일 전주(全州)에서 싸웠고,

15일 하동(河東)에서 싸웠고,

18일 순창(淳昌)에서 싸웠고,

28일 양주(楊州)에서 싸웠고,

21일 평강(平康)에서 싸웠고,

28일 공주(公州)에서 싸웠고,

26일 수안(遂安)에서 싸웠고,

27일 함양(咸陽)에서 싸웠고, 평창(平昌)에서 싸웠으며,

30일 온양(溫陽)에서 싸웠다.

29일 해주(海州)에서 싸웠고, 순창(淳昌) 목재창을 습격했다.

27일 강계(江界)에서 싸웠고, 영평(永平)에서 일본군은 자기들의 구원병을 의병인 줄 알고 서로 싸우다 죽은 자가 8명이었다.

26일 마전(麻田)에서 싸웠고,

30일 평강(平康)에서 싸웠고,

29일 해주(海州)에서 싸웠고, 이범윤(李範允)이 북관(北關)에서 산포(山砲)를 모집했다.

24일 고원(高原)에서 싸웠고,

29일 부여(扶餘)에서 싸웠고, 화순군(和順郡)을 습격했다.

8일 박남화(朴南化)가 거느린 의병이 인제(麟蹄)로 들어갔다.

18일 고원(高原)에서 싸웠고,

29일 권득규(權得奎)의 부하 강만국(姜萬國)이 해주(海州)에서 사로잡혔다.

29일 최성집(崔成執) 의병이 청송(靑松)에서 싸웠다.

28일 나주(羅州) 죽포(竹浦)로 들어가 일본군 1명을 죽였다.

29일 영춘(永春)에서 싸웠고,

28일 함평(咸平)에서 싸웠다.

原文

義報.

初五日 入東大門外烽火峴 苦戰而退 四日戰于楊州舟峙

倭多殲 二日戰于定山 四日倭襲李康秊于永平 同日戰于麻

田 六日戰于高陽 二日戰于永平 三日戰于原州 同日戰于

星州 九日戰于安邊 八日戰于平山 同日戰于陜川·三嘉間

同日戰于楊口 九日戰于益山 二日戰于慶州 四日戰于淮陽

六日戰于陽德 四日戰于海州 二日戰于咸陽 九日戰于公州

十二日戰于高陽 一日戰于居昌 四日戰于慶州 八日戰于定

山 九日戰于江華 六日戰于連山 十三日戰于厚昌 八日戰

于金化 七日戰于淮陽 四日戰于長淵 十一日戰于三嘉 十

日戰于黃州 十一日戰于光州 六日戰于延安 七日戰于居昌

十五日破永同鐵道 因戰于公州·大田 十日戰于慶州祇林

寺 十日戰于鎭安 十三日戰于加平 十日入長水 燒公私家

屋十七戶 十六日入丹城郡 十四日戰于厚昌 斷新坡江電線

七日戰于靈光 十九日襲祥原郡 十八日戰于文川 同日戰于

任實 戰于茂朱 十九日戰于平山 十八日燒坡州竹院里 十

四日戰于興海 四日戰于海州 十二日出沒于高陽文山浦 十

六日李秉壽兵戰于洪州 十七日戰于谷城 高陽郡斬憲兵二

十三日戰于聞慶 十四日戰于永川 十七日戰于靑松 十五日

戰于定山 十三日戰于茂朱 十四日戰于鴻山 十九·二十日

連戰長津·三水之間 二十一日戰于間島伏涉坪 十日戰于

長湍 十六日戰于加平 同日戰于珍富驛 十三日戰于谷山

十九日戰于江華昇天浦 十三日戰于新溪 二十二日戰于延

安 十七日戰于任實 二十日戰于淸州 二十二日戰于咸平

十七日戰于慶州玉山 二十四日戰于光州 二十二日戰于朔

寧 二十三日戰于漣川 二十日戰于茂山 二十五日戰于光州

魚頭山 二十三日襲茂長郡 八日入延豊郡 入陽智郡 二十

六日戰于南原 十九日戰于橫城 十二日戰于甲山 二十二日

戰于江華 二十三日戰于陽智 二十三日戰于安邊鐵嶺 二十

六日戰于天安 二十日襲文川駐在所 許爲·李康秊等 發通

于十三道 十九日戰于原州 二十五日戰于谷山 二十七日戰

于海州 二十八日戰于江界 襲羅州竹浦 十八日入文川 斬

一倭 十六日襲和順郡 二十五日戰于連山 二十七日戰于鎭

川 二十六日戰于靑松 二十三日戰于寧越 十七日戰于延安

二十二日戰于沃川 二十五日戰于連山 十九日戰于遂安 二

十四日戰于全州 十五日戰于河東 十八日戰于淳昌 二十八

日戰于楊州 二十一日戰于平康 二十八日戰于公州 二十六

日戰于遂安 二十七日戰于咸陽 戰于平昌 三十日戰于溫陽

二十九日戰于海州 襲淳昌木材廠 二十七日戰于江界 二十

七日遇于永平 倭認其援兵爲義兵 互相鬪死者八人 二十六

日戰于麻田 三十日戰于平康 二十九日戰于海州 李範允募

山砲于北關 二十四日戰于高原 二十九日戰于扶餘 襲和順

郡 八日朴南化兵入麟蹄 十八日戰于高原 二十九日權得奎

部下姜萬國 被禽于海州 二十九日崔成執戰于靑松 二十八

_{일 나 주 죽 포} _{참 일 왜} _{이 십 구 일 전 우 영 춘} _{이 십 팔 일 전 우 함}
日羅州竹浦 斬一倭 二十九日戰于永春 二十八日戰于咸

_평
平.

　4월 초8일, 경운궁(慶運宮)에서 관등회를 열었고, 창덕궁(昌德宮)에서는 광대를 불러 등타령(燈打令, 관등가)을 부르게 했다.

原文

_{하 사 월} _{이 초 파 일} _{경 운 궁 설 관 등 희} _{창 덕 궁 소 우 인} _{창 등 타}
夏四月 以初八日 慶運宮設觀燈戲 昌德宮召優人 唱燈打

_령
令.

　가옥세(家屋稅)를 부과했는데, 1등에서 8등급으로 나누었다. 백 칸 이상을 1등으로 했으며 열 칸 이하를 8등으로 했다. 1등은 10원이고 등수에 따라서 차례로 덜어서 8등에 이르면 30전(錢)이었다. 봄·가을 두 기간으로 나누어 징수했다.

原文

_{행 가 옥 세} _{일 등 지 팔 등} _{백 칸 이 상 위 일 등} _{십 간 이 하 위 팔 등}
行家屋稅 一等至八等 百間以上爲一等 十間以下爲八等

_{일 등 십 원} _{체 감 지 팔 등 삼 십 전} _{징 이 춘 추 량 기}
一等十元 遞減至八等三十錢 徵以春秋兩期.

　일본의 구은화(舊銀貨)를 폐지하였다. 1원은 곧 엽전 5냥에 해당했는데, 질량이 무거워 값어치와 맞먹었던 까닭에 사용한 지 10여 년 동안 민간에서 귀중한 보배로 여기고 많이 저장하였다. 이때에 이르러 일본은 질량이 무거우므로 녹여서 신화(新貨)를 개주하면 그 이익이 여러 배 될 것으로 보아 금했던 것이다. 그 전후로 그 전화(錢貨)를 가지고 올리고 내리는 것을 조종하여, 우리나라 사람들의 조그만 이익까지도 망라한 것이 다 이와 같은 술수였다. 우리나라 사람들은 그것을 알지 못했던 것이 아니라 국권이 땅에 떨어졌던 만큼 감히 그들과 다투어 항변 해보지도 못했다.

原文

廢日本舊銀貨 每一元直葉錢五兩 質重與價相稱 故用之
十餘年 民間認以重珍 多藏之 至是倭以其質重 鎔之改鑄
新貨 則厥利數倍 故禁之 其前後以錢貨操縱升降 網羅我
國錙銖之利 皆此術也 我人非不知之 以國權墮落 不敢與
之爭辨.

임병찬(林炳瓚)을 영광 군수로 삼았으나, 사양하고 나가지 않았다.

原文

以林炳瓚爲靈光郡守 辭不赴.

진종대왕(眞宗大王)을 추존하여 소황제(昭皇帝)로 삼고, 헌종대왕(憲宗大王)을 성황제(成皇帝)로 삼았으며, 철종대왕(哲宗大王)을 장황제(章皇帝)로 삼고, 효순왕후(孝純王后) 조씨(趙氏, 진종의 후비)를 소황후(昭皇后)로 삼았다. 효현왕후(孝顯王后) 김씨(金氏, 헌종의 후비)·효정왕후(孝定王后) 홍씨(洪氏, 헌종의 계비)를 아울러 성황후(成皇后)로 삼고, 철인왕후(哲仁王后) 김씨(金氏, 철종의 후비)를 장황후(章皇后)로 삼았다. 묘호(廟號)는 모두 옛것을 따르되, 도감을 설치하고 1만 원의 비용을 획정하였다.

原文

追尊眞宗大王爲昭皇帝 憲宗大王爲成皇帝 哲宗大王爲
章皇帝 孝純王后趙氏爲昭皇后 孝顯王后金氏·孝定王后
洪氏 幷爲成皇后 哲仁王后金氏爲章皇后 廟號幷仍舊 設
都監 劃費一萬元.

일본인 부인 판야덕(板野德)을 여학교 교관으로 삼았다.

原文

以倭婦板野德 爲女學校敎官.

농부(農部)에 근무하는 일본인이 자기 형이 죽자 기복(起復)을 청하여, 한때 웃음거리가 되었다.

原文

왜 인 사 농 부 자 기 형 사　　청 기 복　　일 시 전 소
倭人仕農部者其兄死　請起復　一時傳笑.

외국인 거류지의 지세(地稅) 및 잡세(雜稅)에 관한 규정을 제정하고, 일본 이사관(理事官)에 속하게 하였다.

原文

정 외 국 인 거 류 지 지 세 급 잡 세 규 정　　속 지 일 본 리 사 관
定外國人居留地地稅及雜稅規程　屬之日本理事官.

충청북도 관찰부를 청주로, 평안북도 관찰부를 의주로 각각 옮겼다.

原文

이 충 북 관 찰 부 우 청 주　　평 북 관 찰 부 우 의 주
移忠北觀察府于淸州　平北觀察府于義州.

일본군 2개 대대(大隊)가 강원도로 향했다.

原文

왜 병 이 대　　향 강 원 도
倭兵二隊　向江原道.

의병이 통감부에 서한을 보냈는데, 네 가지 건(件)을 요구하였다.

첫째, 태황(고종)을 복위(復位)할 것.

둘째, 통감은 철수하여 귀환할 것.

셋째, 일본 관리를 혁파할 것.

넷째, 외교권을 돌려줄 것 등이었다.

당시 우리나라 사람으로 통역을 하는 자들이 애매한 사람을 무고하여 죽이고, 약탈함이 외국에서 들어온 적보다 더 심하여, 사람들은 그들을 말하여 '토왜(土倭)'라 하였다 경상북도 금전(金田) 장터 한 구역만 해도 사망자가 백여 명에 이르렀다고 한다.

原文

義兵投書統監府 要以四事 一曰太皇復位 二曰統監撤還
三曰罷日本人官吏 四曰繳還外交權 時我民爲譯舌者 誣人
殺掠 甚於外寇 人謂之土倭 慶北金田市一區 死者至百餘
人.

김봉기(金鳳基)가 죽임을 당했다. 김봉기는 정미년(광무 11 1907) 7월, 의병을 일으킬 것을 도모하다가 양주에서 홍병수(洪秉壽)를 만났다. 홍병수는 자기 종숙(從叔) 홍세영(洪世泳)이 서울에 있는데, 의리를 위해 죽을 마음이 있으니 가히 서로 도움을 구할 수 있다고 하여 김봉기가 그대로 따라갔던 것이다. 홍세영

이 김봉기를 붙잡아 경무서에 가두었는데, 이에 이르러 교수형
에 처해졌다. (김봉기는) 죽음에 이르러서도 꾸짖는 소리가 입에
서 끊어지지 않았다.

原文

殺金鳳基 鳳基以丁未七月 謀起義兵 遇洪秉壽於楊州 言
其從叔世泳在京 有殉義心 可相聞求助 鳳基從之 世泳執
鳳基 囚于警署 至是坐絞 至死 罵不絶口.

황족의 부인 및 각 대관의 처들이 여자흥학회(女子興學會)를 설
립하였다.

原文

皇族夫人及各大官妻 設女子興學會.

병기 취급령을 반포하였다.

原文

頒兵器取扱令.

이달(4월) 중에 각도에서 항복한 의병이 2,300여 명인데, 왜병

이 모두 그들의 머리를 깎은 뒤에 돌려보냈다.

原文

시월중 각도의병항자 이천삼백여인 왜실체이송지
是月中 各道義兵降者 二千三百餘人 倭悉剃以送之.

공주에 있는 일진회(一進會) 회원 한 사람이 잉어 뱃속에서 한 개의 구슬을 얻었는데, 크기가 계란만하며, 밤이면 방 안을 비추는 것이 전등불 같았다.

原文

일진회지재공주자 부리어득일주 대여계란 야조실중 여
一進會之在公州者 剖鯉魚得一珠 大如鷄卵 夜照室中 如

전등
電燈.

안경수(安駉壽)는 죽은 뒤에 자식이 없었는데, 이때에 이르러 안국태(安國泰)라는 자가 나타나서 스스로 안경수의 아들이라고 말했다. 그것은 심상훈(沈相薰)의 첩 이씨(李氏)가 일찍이 안경수와 통하여 안국태를 낳아 남모르게 그를 길렀는데, 그의 나이가 23세였다. 또한 고(故) 김학우(金鶴羽)가 일본에 있을 때 아들 하나를 낳았는데, 이때에 이르러 환국하니, 나이가 29세였다.

原文

안경수사후무자 지시유안국태자 자언위경수자 개심상
安駉壽死後無子 至是有安國泰者 自言爲駉壽子 蓋沈相

薰妾李 曾與駙壽通 而生國泰 潛養之 年今二十三 又故金

鶴羽在倭時 生一子 至是還國 年二十九.

의병장 허위(許蔿)가 붙잡혔다. 그의 부하 김규식(金奎植)은 신기한 용맹이 있어 함께 붙잡혀오다가 중도에서 묶인 줄을 끊고 몸을 솟구쳐 나는 듯 달아났다.

原文

義兵將許蔿被禽 部下金奎植有神勇被禽 中途斷徽素 湧

身飛去.

임실군(任室郡)에 큰 불이 나서 3백여 호를 불탔다.

原文

任實郡大火 燒三百餘戶.

일본 장야(長野)·전교(前橋)·우도궁(宇都宮)에 된서리가 내렸고, 신석현(新潟縣)에서는 큰 불이 나서 700여 호를 불태웠다.

原文

日本長野·前橋·宇都宮降嚴霜 新潟縣大火 燒七百餘戶.

영국 전 지역이 큰 눈보라에 휩싸였다.

英國全部大風雪.

미국 서부에 큰 바람이 불어 죽은 자가 100여 명이었고, 부상자가 7,000여 명이나 되었다.

美國西部大風 死者百餘 負傷七千餘.

대원군(大院君) 헌의왕(獻懿王)의 무덤을 파주 옛 장릉(長陵) 자리에 옮겨 장례하고, 원호(園號)를 정하여 '대덕(大德)'이라 하였으며, 수봉관(守奉官)[1]을 두었다.

1) 수봉관(守奉官) : 임금 사친(私親)들의 무덤. 원(園)을 관할하는 종9품 벼슬아치

遷葬大院獻懿王于坡州舊長陵 定園號曰大德 置守奉官.

한성여학교(漢城女學校, 경기 여고의 전신)에 일본 여성 판야덕(板野德)을 판임관(判任官)으로 서용(敍用)하였다.

原文

한 성 여 학 교   이 왜 여 판 야 덕   서 판 임 관
漢城女學校 以倭女板野德 敍判任官.

당시에 의병이 전국에 걸쳐 일어났는데, 일본인들은 종전과 같이 회유책을 쓰고 병력을 끝까지 밀어붙이지 않았다. 그러다가 이와 같이 하면 진압하여 굴복시킬 수 없다하여, 드디어 오로지 토벌하여 죽이는데 마음을 두게 되었다.

原文

시 의 병 편 일 국   왜 인 이 종 전 용 회 수 지 책   불 궁 병 력   일 왕 여
時義兵遍一國 倭人以從前用懷綏之策 不窮兵力 一往如
차   무 이 진 복   수 전 의 초 살
此 無以鎭伏 遂專意勦殺.

홍국영(洪國榮)과 홍술해(洪述海)[1]의 죄를 신원하였다.

註解

1) 홍국영(洪國榮)은 정조(正祖) 밑에서 숙위대장과 도승지에 올라 세도정치를 폈다. 후에 왕비(王妃) 살해 음모가 탄로나 강릉에서 죽었다. 홍술해(洪述海)는 정조가 왕위에 오른 초기에 왕을 시해할 음모를 꾸미다 죽임을 당하였다.

原文

伸洪國榮 · 洪述海罪名.
<small>신 홍 국 영　홍 술 해 죄 명</small>

갑진년(광무 8, 1904) 이전까지 지방관들의 공포(公逋, 공금 결손)를 아울러 탕감해 주도록 하였다. 면제 받으려는 지방관이 130여 명에 이르렀으며 그 액수는 110여 만 원에 이르렀다.

原文

甲辰以前地方官公逋　幷議蕩鐲　犯人至一百三十餘　貨額
<small>갑 진 이 전 지 방 관 공 포　병 의 탕 견　범 인 지 일 백 삼 십 여　화 액</small>
至一百十餘萬元.
<small>지 일 백 십 여 만 원</small>

5월, 내부 대신 임선준(任善準)을 탁지부 대신에, 농부 대신 송병준(宋秉畯)을 내부 대신에, 법부 대신 조중응(趙重應)을 농부 대신에, 탁지부 대신 고영희(高永喜)를 법부 대신으로 삼았으니 이들은 서로 자리를 바꾼 것이었다.

原文

五月　以內部任善準爲度支大臣　農部宋秉畯爲內部大臣
<small>오 월　이 내 부 임 선 준 위 탁 지 대 신　농 부 송 병 준 위 내 부 대 신</small>
法部趙重應爲農部大臣　度支高永喜爲法部大臣　乃互換也.
<small>법 부 조 중 응 위 농 부 대 신　탁 지 고 영 희 위 법 부 대 신　내 호 환 야</small>

경상남도 관찰사 김사묵(金思默)을 경기도 관찰사로, 부찬의 (副贊議) 최정덕(崔廷德)을 충청남도 관찰사로, 평안남도 관찰사 박중양(朴重陽)을 경상북도 관찰사로, 전 부찬의(副贊議) 이진호 (李軫鎬)를 평안남도 관찰사로, 장례원경 권봉수(權鳳洙)를 충청 북도 관찰사로, 전 부찬의(副贊議) 이규완(李圭完)을 강원도 관찰 사로, 강원도 관찰사 황철(黃鐵)을 경상남도 관찰사로, 신응희 (申應熙)를 전라남도 관찰사로, 이범래(李範來)를 함경남도 관찰 사로, 조희문(趙羲聞)을 황해도 관찰사로 각각 삼았다.

原文

以慶南觀察金思默爲京幾觀察使 副贊議崔廷德爲忠南觀 察使 平南觀察朴重陽爲慶北觀察使 前副贊議李軫鎬爲平 南觀察使 掌禮院卿權鳳洙爲忠北觀察使 前副贊議李圭完 爲江原觀察使 江原觀察黃鐵爲慶南觀察使 申應熙爲全南 觀察使 李範來爲咸南觀察使 趙羲聞爲黃海觀察使.

송병준(宋秉畯)이 각의(閣議)에 제출하여 각 관찰사로 하여금 군수를 내부(內部)에 보고하여 천거하도록 하였다. 송병준이 내 부 대신의 자리에 앉자 지방 행정을 앞장서 떠들어대며 부득불 개정해야 된다고 하였다. 새 지식〔新知識〕이 없는 관찰사는 아울 러 파면하는 것이 옳다고 하고, 군수는 반드시 관찰사가 천거하

도록 하여 지방 사람을 뽑아 보내는 것은 정부가 간여해서는 안
된다고 주장하였다. 이에 향신(鄕紳, 지방 벼슬아치) 중에 들뜬 자
들은 다투어 관찰사에게 길을 뚫고 명함을 바쳐서 교활한 서리나
완악한 부호들이 열에 일고여덟을 차지하게 되었다.

原文

宋秉畯提出閣議 令各觀察 薦報郡守于內部 秉畯旣涖任

倡言地方行政 不得不改正 觀察之無新知識者 幷加罷免

郡守必待觀察薦報 地方人差送 政府不得預 於是鄕紳熱中

者 競施鑽刺于觀察 而猾胥頑富 十居七八.

궁내부 대신 이윤용(李允用)이 면직되어 본부(本府) 고문관이
되었다. 민병석(閔丙奭)이 궁내부 대신이 되었다.

原文

宮內府大臣李允用免 爲本府顧問官 閔丙奭爲宮內府大

臣.

임금이 문묘(文廟, 성균관)에 행차하여 여러 유생들에게 삭발
할 것을 명했다.

原文

^{상 행 문 묘　명 제 생 삭 발}
上幸文廟 命諸生削髮.

(5월) 「대한매일신보(大韓每日申報)」 사장 영국인 배설(裵說, 베델)이 면직되고, 만함(萬咸, Mangam, A)이 대신하였는데, 그 또한 영국인이다. 일본인들은 배설이 자신들의 악독한 짓을 보도하기를 좋아했고, 또한 그 신문은 의병을 선동하는 것을 주로 삼아서 신문을 철폐할 것을 청하였으나 듣지 않았다. 그래서 신문사를 팔 것을 청했으나 또한 듣지 않았다.

이에 일본은 영국에 많은 뇌물을 주고, 영국 정부에다 배설이 국교를 방해하고 손해를 끼쳤다고 음해하였다. 영국인은 상해에 있는 영사를 시켜 우리나라에 와서 심판토록 하였다. 그런데 조사하여 판단함이 몽롱하였으며 은폐하여 '치안 방해'를 하였다고 배설을 3주일간 감금형에 처했던 것이다. (영국은 마지못해) 상해로 이송시켰다가 기한이 차서 돌아왔다. 그것은 벌을 하였다고 하지만 오히려 벌을 준 것이 아니고 뇌물을 받은 대가로 그친 것이다. 배설은 억울함을 억누르다 병이 나서 결국은 만함에게 신문사의 일을 맡긴 것이다.

原文

^{신 보 사 장 영 인 배 설 면　만 함 대 지　역 영 인 야　왜 인 환 설 희 파}
申報社長英人裵說免 萬咸代之 亦英人也 倭人患說喜播

^{기 악　차 기 보 이 고 선 의 병 위 주　청 철 보　불 청　청 매 사　우 불 청}
其惡 且其報以鼓煽義兵爲主 請撤報 不廳 請賣社 又不廳

乃重賂搆說于英 謂其妨損國交 英人使領事之在上海者 東

來審判 朦朧訊斷 蔽之以治安妨害 處說以監禁三週日 移

于上海 日滿而還 蓋罰猶不罰 償賂以止 說摧鬱成疾 遂傳

社務于咸.

이완용(李完用)이 자기 아들 이항구(李恒九)와 조카 이명구(李明九)를 시종(侍從)으로 삼고, 종질 이회구(李會九)를 부경(副卿)으로 삼았으며, 이용구(李龍九)를 기주관(記注官)으로 삼았고 삼종제(三從弟) 이인용(李仁用)을 예식관(禮式官)으로 삼았으며, 삼종손 이병찬(李丙瓚)을 전무관(典務官)으로 삼았다. 궁내부 대신 민병석(閔丙奭) 등 18인이 모두 그의 인척과 시종이었으며, 시종 박선빈(朴善斌) 등 47명이 모두 그와 가까운 문객이었다. 사람들은 그것을 이르되 '가족 정부'라고 불렀다. 일진회는 이완용에게 사면할 것을 권하였으나 듣지 않았다.

原文

李完用以其子恒九·侄明九幷爲侍從 從侄會九爲副卿 龍

九爲記注官 三從弟仁用爲禮式官 三從孫丙瓚爲典務官 宮

大閔丙奭等十八人 皆其姻戚侍從 朴善斌等四十七人 皆其

狎客 人謂之家族政府一進會勸完用辭免 不聽.

13도 각군에 헌병 보조원을 선발하여 배치했다. 인원은 매 군에 10여 명 혹은 4, 5명으로 잘 먹게 해주고 그 직급 또한 높은 편이어서 각지의 악소배(惡少輩)들이 다투어 지원하였다. 양민을 무고하여 죽이고 자기들의 숙원(宿怨)을 갚았으며, 마을을 함부로 겁탈하여 사복(私腹)을 채우는 일이 왕왕 있었다. 일본인은 그것을 알면서도 또한 금하지 않았으며, 자기들에게 붙는 것만 기뻐하였다. 그들에게 식비로 주는 비용의 예산은 금년에 447,000여 원이었으며, 내년에는 778,000여 원이 될 것이라고 한다.

原文

選置憲兵補助員于十三道各郡 每郡十許人 或四五人 厚

其餼而崇其級 各地惡少爭赴之 誣殺良民 以報宿怨 掠劫

閭里 以充私囊 倭知之而亦不禁 蓋喜其附己也 其餼費預

算 今年爲四十四萬七千餘元 明年則七十七萬八千餘元.

이때에 각군에 있는 일본인들은 소위 분견소(分遣所)·토벌대(討伐隊)·경무청(警務廳)·재무서(財務署)·헌병소(憲兵所)·수비대(守備隊) 등의 이름을 붙이고 있었고, 또 중요한 요처에다 각각 분파소(分派所)를 설치하였다. 매일 쓰는 모든 필요한 물자는 모두 우리 국민들로부터 거두어들이고, 값을 치르지 않는 것은 아니었으나, 거의가 서리 및 토착한 왜인들이 가로채고 결국은 빼앗기는 바가 되었다. 일본인이 처음 들어올 때는 반드시 값을 조심스럽게 잘 치러 주었는데, 얼마 지나지 않아서 토착 일본인들에게 교사(敎唆)되어 반값만 치르던가, 혹은 전액을 갚지 않는 일도 있었다.

原文

是時 倭人之在各郡者 有曰分遣所 曰討伐隊 曰警務廳

曰財務署 曰憲兵所 曰守備隊之等 而又就隘要 各設分派

所 日用百需 皆派斂於民 未嘗不給直 而擧爲胥吏及土倭

所攫奪 倭之始到 必給直惟謹 而未幾 爲土倭所敎唆 或給

半直 或有全不給者.

일본이 양호(兩湖, 충청 · 전라도) 지방 백성의 고빈(藁殯)[1]을 금지시켰다. 그것은 내포(內浦) 지방의 의병들이 거짓으로 고빈을 만들어 놓고서 그 가운데 숨어 있다가 틈을 엿보아 살해했기 때문이다.

註解

1) 고빈(藁殯) : 정식으로 장례를 치르기 전에, 집 근방에 이엉 같은 것으로 덮어 시신을 임시 모셔두는 일. 중폄(中窆). 초빈(草殯).

原文

倭禁兩湖民藁殯 以內浦義兵 假作藁殯 竄伏其中 伺倭以
截殺也.

김윤식(金允植)·유길준(俞吉濬) 등이 강구회(講舊會)를 만들었
는데, 그 명목은 향약(鄉約)[1]과 비슷한 것이다. 또 애국하다 죽은
인사들의 추도회를 열어, 근래 목숨을 바친 민태호(閔台鎬)·조
영하(趙寧夏) 등과 같은 나라를 위해 죽은 이의 제사를 올렸으며,
김옥균(金玉均)과 전봉준(全琫準) 등도 포함시켰다. 그러나 민영
환(閔泳煥)과 조병세(趙秉世) 등의 제공(諸公)들에게는 미치지 못
했으니, 일본인들의 말이 있을 것을 두려워했기 때문이다.

註解

1) 향약(鄉約) : 권선징악(勸善懲惡)을 취지로 한 향촌의 자치 규약.

原文

金允植·俞吉濬等 設講舊會 其目類鄉約 又倡愛國死士
追悼會 以薦近來國殤 如閔台鎬·趙寧夏等 而金玉均·全
琫準等 亦列焉 獨不及于閔泳煥·趙秉世諸公 畏倭之有言
也.

명례궁(明禮宮)·용동궁(龍洞宮)·수진궁(壽進宮)·어의궁(於義宮)의 후사가 없는 공주와 옹주 13위(位)의 제사를 폐지하고, 이제부터 단지 내수궁(內需宮)에서 절사(節祀, 시제)만을 행하도록 하였다.

原文

廢明禮宮·龍洞宮·壽進宮·於義宮所祭公主·翁主無
後者十三位之祀 從今只行節祀于內需宮.

이희직(李熙直)은 제천(堤川) 사람인데, 자기 재산을 기울여 본군의 화전민을 구제하였으며, 또 토지를 각 학교에 기부하였는데, 모두 수십 섬지기에 이르렀다.

原文

李熙直者 堤川人也 傾其貲 救本郡火戶 又捐土田于各學
校會 至數十石落.

일진회(一進會)에 한욱(韓郁)이란 자가 있었는데, 그 부모가 죽지 않았는데 또 몸에 최마복(衰麻服)을 걸쳤다. 어떤 이가 묻자, 대답하기를, "우리나라 2천만 인이 다 이완용(李完用)에게 죽임을 당할 것이다. 그래서 내가 미리 복을 입은 것이다."라고 대답하였다.

原文

一進會有韓郁者 其親不死 而身穿衰麻 或問之 對曰我國
二千萬人 擧爲李完用殺死 吾以是預弔之.

죄적(罪籍, 죄인의 이름이 담겨진 장부)이 깨끗이 씻겨진 뒤에
그 자손들이 글을 올려 정부에 적몰(籍沒)당한 재산을 돌려 줄 것
을 청하였다. 조태구(趙泰耈)는 논〔畓〕이 100여 섬지기, 유봉휘
(柳鳳輝)는 200여 섬지기, 이종해(李宗海)는 논 80여 섬지기였다.

原文

罪籍蕩雪後 其子孫呈書 請還籍沒之物于政府 趙泰耈畓
百餘石落 柳鳳輝二百餘石落 李完海畓八十餘石落.

도적이 강릉향교(鄕校)의 문선왕(文宣王, 孔子)의 화상을 훔쳐
갔다.

原文

盜竊江陵鄕校文宣王像以去.

순천(順川)과 자산(慈山) 등지에 요사스런 사람이 있었는데,
'백백도(白白道)'라 일컫었다. 그 주문에 '백백백(白白白) 적적적
(赤赤赤) 감응감응(感應感應)'이라 하였고, 밤에는 정화수를 떠놓
고 하늘에 제사를 드렸다. 사람들을 유혹하여 말하기를, "얼마 안
가서 백백도 선생이 출현할 터인데, 일본인들은 장차 자멸하게
될 것이다."라고 하였다.

原文

順川·慈山等地有妖人 倡白白道 其呪曰 白白白赤赤赤

感應感應 夜汲淨水祭天 相誑誘曰 未幾有白白道先生出現

倭人將自滅.

일본 군함 송도호(松島號)가 대만 앞바다에서 침몰하여 300여
명이 죽었다.

原文

倭艦松島號 沒于臺灣前洋 死三百餘人.

곡산(谷山)에 큰 우박이 내렸다.
위원(渭原)에서는 눈과 우박이 내렸다.
철원(鐵原)에서는 큰 우박이 내렸다.

原文

곡 산 대 우 박
谷山大雨雹.

위 원 설 이 박
渭原雪而雹.

철 원 대 우 박
鐵原大雨雹.

미국에서 큰 홍수가 났다.

原文

미 국 대 홍 수
美國大洪水.

일본 동경에 큰 우박이 내렸다. 계란만한 것도 있고, 감귤만한
것도 있었다. 포어(鮑魚, 전복)도 같이 떨어지기도 하였는데 부상
당한 사람이 매우 많았다.

原文

일 본 동 경 대 박   여 계 란 여 등 자   포 어 수 하   상 인 심 다
日本東京大雹 如鷄卵如橙子 鮑魚隨下 傷人甚多.

당나라 이훈(李勛)이 평양에서 승리한 후, 고구려 장문고(藏文
庫)를 열람하고 말하기를, "소국(小國)의 문헌이 이와 같이 구비
되어 있단 말인가? 그대로 두었다가는 후대 사람들의 지혜를 열

어주어 변방의 근심이 될 것이다." 하여 겁을 내고 다 불태워버렸다. 『기년아람(紀年兒覽)』에 나온다.

原文

唐李勣克平壤 閱高句麗藏文庫曰 小國文獻 乃如此具備
乎 留之恐開後人之智 滋爲之邊患 悉火 出紀年兒覽.

● 5월 의보(義報).

3일 의병이 음성(陰城)의 무극(茂極) 장터에 들어갔다.

6일 홍범도(洪範道) 의병이 함흥(咸興)에서 싸웠다.

2일 청주(淸州)에서 싸웠고,

4일 홍원(洪原)에서 싸웠고,

1일 순창(淳昌) 만수정(萬水亭)에서 싸웠고,

2일 곡성(谷城)에서 싸웠고,

4일 진보(眞寶)에서 싸웠고, 하동에서도 싸웠다.

6일 광주(廣州) 관동(官洞)에 들어가 일본군 4명을 죽였다.

4일 전주(全州)에서 싸웠고,

2일 무장(茂長)에서 싸웠고,

5일 울진(蔚珍)에서 싸웠고,

8일 부평(富平)에서 싸웠고,

7일 함평(咸平)에서 싸웠고,

8일 안변(安邊)에서 싸웠고,

6일 재령(載寧)에서 싸웠고,

4일 이강년(李康秊) 의병 7백 명이 봉화에서 싸웠다.

3일 충주(忠州) 장호원(長湖院)에서 싸웠고, 평창(平昌)에서도 싸웠다.

9일 광주(廣州)에서 싸웠고,

7일 의령(宜寧)에서 싸웠고,

1일 산청(山淸)에서 싸웠고,

6일 덕천(德川)에서 싸웠고,

7일 정선(旌善)에서 싸웠고,

8일 보령(保寧)에서 싸웠고,

11일 양주(楊州)에서 싸웠고,

6일 이강년(李康秊) 의병이 봉화(奉化)에서 또 싸웠다.

9일 김포(金浦)에서 싸웠고,

10일 진천(鎭川)에서 싸웠고,

7일 홍천(洪川)에서 싸웠고, 안동(安東)에서 싸웠다.

12일, 영흥(永興)에서 싸웠고,

11일 능주(陵州)에서 싸웠고, 순천(順天)에서도 싸웠다.

1일 성천(成川)에서 싸웠고, 3백 명이 맹산(孟山) 창평(倉坪)에서 싸웠다.

9일 고원(高原) 백산리(柏山里)에서 싸웠고,

4일 해주(海州)에서 싸웠고,

17일 함평(咸平)에서도 싸웠고,

12일 강계(江界)에서도 싸웠고,

13일 상원(祥原)에서 싸웠고.

10일 무장(茂長)에서 싸웠고, 거창(居昌) 어수사(漁水寺)에서도 싸웠다.

15일 홍천(洪川)에서 싸웠고.

5일 신계(新溪) 동천리(桐川里)에서 싸웠고.

7일 남포(藍浦)에서도 싸웠고.

19일 강릉(江陵)에서 싸웠는데, 의병의 수가 약 130여 명이었다.

15일 광주(廣州) 소운동(小雲洞)에서 싸웠고.

16일 당진(唐津)에서 싸웠고.

12일 전주(全州)에서 싸웠고.

13일 온양(溫陽)에서 싸워 일본군 2명을 죽였다.

14일 공주(公州)와 태전(太田)에서 싸웠고.

7일 이강년(李康秊)의 부대가 영천(榮川, 영주)에서 싸웠고.

11일 윤보문(尹甫文)의 부대가 삭녕(朔寧)에서 싸웠다.

14일 포천(抱川)에서 싸웠고.

15일 영광(靈光) 음지촌(陰地村)에서 싸웠고, 교하(交河)에서도 싸웠다.

3일 무장(茂長)에서 싸웠고, 또한 함평에서도 싸웠다.

9일 금성(金城)에서 싸웠고.

25일 갑산(甲山)에서 싸웠고.

11일 장진(長津)에서 싸웠고.

13일 부여(扶餘)에서 싸웠고.

11일 삼척(三陟) 전거리(田巨里)에서 싸웠고,

15일 단양(丹陽)에서 싸웠고,

6일 곡산(谷山)에서 싸웠고,

10일 토산(兎山) 백동(柏洞)에서 싸웠고,

17일 안동(安東)에서 싸웠고, 함흥(咸興) 보포리(甫浦里)에서 싸웠다.

19일 초산(楚山)에서 싸웠고,

12일 상원(祥原) 가주동(佳珠洞)에서 싸웠고, 영흥(永興)에서도 싸웠다.

19일 황재석(黃在錫) 의병이 횡성(橫城)에서 싸웠고,

14일 함평(咸平)에서 싸웠고,

19일 태인(泰仁)에서 싸웠고,

20일 강화(江華) 반산포(半山浦)에서 싸웠고,

14일 보성(寶城)에서 싸웠고,

16일 영흥(永興)에서 싸웠고,

26일 양산(梁山) 황산역(黃山驛)에서 싸웠다.

20일 덕천(德川) 서창(西倉)에서 싸웠고, 신계(新溪)에서도 싸웠다.

26일 영월(寧越)에서 싸웠고,

27일 면천(沔川)에서 싸웠고,

25일 북청(北靑)에서 싸웠고,

23일 순안(順安)에서 싸웠고,

25일 문천(文川)에서 약 150여 명이 싸웠으며,

27일 양구(楊口)에서 싸웠고,

28일 철원(鐵原)에서 싸웠고,

29일 영덕(盈德)에서 싸웠고,

25일 장성(長城)에서 싸웠고,

30일 풍덕(豊德) 조강(祖江)에서 싸웠고, 서산에서도 싸웠다.

27일 함양(咸陽)에서 싸웠다.

原文

義報.

三日入陰城茂極市　六日洪範道兵　戰于咸興　二日戰于淸

州　四日戰于洪原　一日戰于淳昌萬水亭　二日戰于谷城　四

日戰于眞寶　戰于河東　六日入廣州官洞　斬四倭　四日戰于

全州　二日戰于茂長　五日戰于蔚珍　八日戰于富平　七日戰

于咸平　八日戰于安邊　六日戰于載寧　四日李康季兵七百人

戰于奉化　三日戰于忠州長湖院　戰于平昌　九日戰于廣州

七日戰于宜寧　一日戰于山淸　六日戰于德川　七日戰于旌善

八日戰于保寧　十一日戰于楊州　六日李康季兵　又戰于奉化

九日戰于金浦　十日戰于鎭川　七日戰于洪川　戰于安東　十

二日戰于永興　十一日戰于綾州　戰于順天　一日戰于成川

三百名戰于孟山倉坪 九日戰于高原柏山里 四日戰于海州

十七日戰于咸平 十二日戰于江界 十三日戰于祥原 十日戰

于茂長 戰于居昌漁水寺 十五日戰于洪川 五日戰于新溪桐

川里 七日戰于藍浦 十九日戰于江陵 兵約一百三十餘 十

五日戰于廣州小雲洞 十六日戰于唐津 十二日戰于全州 十

三日戰于溫陽 斬二倭 十四日戰于公州大田 七日李康秊兵

戰于榮川 十一日尹甫文兵 戰于朔寧 十四日戰于抱川 十

五日戰于靈光陰地村 戰于交河 三日戰于茂長 又戰于咸平

九日戰于金城 二十五日戰于甲山 十一日戰于長津 十三日

戰于扶餘 十一日戰于三陟田巨里 十五日戰于丹陽 六日戰

于谷山 十日戰于兎山柏洞 十七日戰于安東 戰于咸興甫浦

里 十九日戰于楚山 十二日戰于祥原佳珠洞 十二日戰于永

興 十九日黃在錫兵 戰于橫城 十四日戰于咸平 十九日戰

于泰仁 二十日戰于江華半山浦 十四日戰于寶城 十六日戰

于永興 二十六日戰于梁山黃山驛 二十日戰于德川西倉 戰

于新溪 二十六日戰于寧越 二十七日戰于沔川 二十五日戰

于北^우青 二十三日戰于順安 二十五日戰于文川約一百五十

餘人 二十七日戰于楊口 二十八日戰于鐵原 二十九日戰于

盈德 二十五日戰于長城 三十日戰于豊德祖江 戰于瑞山

二十七日戰于咸陽.

6월. 전라·경상 두 도의 결세(結稅)를 다른 도의 예에 따라 8원으로 정할 것을 명하였다.

六月 命全·慶兩道結稅 依他道例 定以八元.

악공(樂工) 700여 명을 도태시키고, 240명만 뽑아 두었다.

汰樂工七百餘名 選置二百四十人.

부통감 증녜황조(曾禰荒助)가 서울에 돌아왔다.

副統監曾禰荒助 還京師.

이용원(李容元)을 대제학으로 삼았다. 이용원은 스스로 자기의
두발을 깎고 높이 쓰이기를 기대하였는데, 이에 제수(除授)된 것
이다.

原文

이 이 용 원 위 대 제 학   용 원 자 삭 기 발   희 도 진 용   득 유 시 제
以李容元爲大提學　容元自削其髮　希圖進用　得有是除.

서정순(徐正淳)과 남정철(南廷哲) 등이 이완용의 집에서 연회
를 베풀고 이등박문을 맞아들여 술을 마셨다. 이등박문이 절구
한 편을 지었는데, 그 내용은 다음과 같다.

신선들이 서로 모였으니 이곳이 도원(桃原)이라
반나절 맑은 놀이에 술잔을 함께 드네
난세를 피하여 들어온 사람 이 자리엔 없거니
서늘한 추녀 곁에 석류 붉고 홰나무 푸르르네.

또 이완용에게 절구 한 편을 지어주었다.

만리 창해에 외로운 배 한 척
광란의 물결 가르고 헤엄치며 노니네.
부침하는 일생의 자취 묻는다면,
창천을 가리키며 포말 속에서 웃노라.

原文

^{서정순} ^{남정철등} ^{설연이완용가} ^{요이등박문음} ^{박문부}
徐正淳·南廷哲等 設宴李完用家 邀伊藤博文飮 博文賦

^{일 절 왈}
一絶曰.

^{군선상회시도원} ^{반일청유공일존} ^{불견도진인재좌} ^{류홍}
群仙相會是桃源 半日淸遊共一尊 不見逃秦人在坐 榴紅

^{괴록방양헌}
槐綠傍凉軒.

^{우 증 완 용 일 절 왈}
又贈完用一絶曰.

^{만리창해일고주} ^{반피광란시영유} ^{약문부침신세적} ^{창천}
萬里滄海一孤舟 半披狂瀾試泳游 若問浮沈身世跡 蒼天

^{소지수중구}
笑指水中漚.

유자광(柳子光) 등 21명을 죄안(罪案)에서 씻어 주었다. 그것은
앞서 논의된 데서 누락되었던 자들이다.

原文

^{탕척유자광등이십일인죄안} ^{개누어전의자야}
蕩滌柳子光等二十一人罪案 蓋漏於前議者也.

김윤식(金允植)이 가묘(家廟)에 서고(誓告)하여, 기제사(忌祭
祀)와 절사(節祀)를 폐지하고, 단지 봄·가을의 마지막 달에 4대
까지 시제(時祭)로 합향(合享)하기로 하였다. 또한 여러 사람에
게 통고하고, 그의 과부된 외손녀를 개가시켰다.

또한 그의 아들 유증(裕曾)이 아들이 없이 죽었으나 적파(嫡派)의 손자뻘되는 이를 버리고 서종질(庶從侄)의 아들로 대를 이었다. 당시 사람들은 그를 이르기를, "정말로 개화되었다."고 하였다.

原文

金允植誓告家廟 廢忌祭及節祀 只以春秋季月 合享四代
類時祭 又通告于衆 改嫁其外孫女之寡者 又其子裕曾無子
而死 舍嫡派孫行 而立庶從侄之子爲嗣 時人謂之眞開化.

이중하(李重夏)를 장례원 경(掌隷院卿)으로 삼았으나, 이중하는 애써 사양하여 면직되었다. 당시의 논의는 개성의 목청전(穆淸殿)과 수원의 화령전(華寧殿)을 폐하고, 각궁의 향사(享祀, 제사)는 육상궁(毓祥宮)에서 함께 지내고, 산천의 제사는 사직(社稷)에 단(壇)을 모시자는 것이었다. 그 일은 모두 장례원에 관계된 것이었는데, 이등박문은 이중하가 아름다운 명망이 있어 반드시 그의 손에서 이 논의를 끌어내놓게 하려고 하여 드디어 장례원 경에 제수하였던 것이다. 이중하는 바로 사절하고자 하면 이등박문의 뜻을 거스르는 게 되고, 벼슬에 나가자니 수백년 내려오던 전례(典禮)를 깨는 것이 되어, 조종의 신명에게 죄를 짓게 되는 것이어서 방황하며 괴로워하는 것이 달포가 지났다. 그의 아들 이범세(李範世)가 힘써 간하여, 이중하는 개연히 항소(抗疏)를 올리고 힘껏 재삼 거절하여 마침내 교체되었다. 이등박문은 성기운(成岐運)을 그 자리에 앉혔다.

原文

以李重夏爲掌禮院卿 重夏力辭以免 時議廢開城穆淸殿

水原華寧殿 合各宮享祀于毓祥宮 山川壇于社稷 其事皆關

禮院 而博文以重夏有雅望 必欲議出其手 遂除院卿 重夏

欲辭之 則咈博文意 出仕則壞數百年典禮 獲罪祖宗神祇

徊皇煩懊者歷月 其子範世力諫 重夏慨然抗疏 力辭再三

竟遞 博文以成岐運代之.

김윤식(金允植)이 이등박문(伊藤博文)과 함께 일본에 들어갔다.

原文

金允植偕伊藤博文 入日本.

창덕궁(昌德宮)의 인정전(仁政殿)을 철거하고 반서양식으로 고쳐 건축하였다. 이때 동궐(창덕궁)과 북궐(경복궁) 두 곳은 아름다운 모습을 예전과 같이 지니고 있었는데, 일본 사람들이 부수어 무너뜨리거나, 혹은 철거하여 새로 짓기도 하였다. 그 비용은 한정 없이 들었으나 쓰임에 이익됨이 없었으며, 또한 국고를 좀먹는 사례의 하나였다. 이 공역의 비용은 128,000원이나 들었다.

原文

철창덕궁지인정전 개건이반양제 시시동북량궐 윤환의
撤昌德宮之仁政殿 改建以半洋製 是時東北兩闕 輪奐依

구 이왜혹절훼지 혹철이신지 비무한이용무익 역모두국
舊 而倭或折毁之 或撤而新之 費無限而用無益 亦蟊蠹國

탕지일야 시역비금십이만팔천원
帑之一也 是役費金十二萬八千元.

홍삼 제조법을 반포하고 정부에서 삼정(蔘政)을 전매하도록 하였다.

原文

반홍삼제조법 자정부전관삼정
頒紅蔘製造法 自政府專管蔘政.

민사·형사 소송법을 반포하고,『형법대전(刑法大典)』을 간행하였다. 그 법은 동서를 종합하고 신구를 조절하여 또한 채용할 만한 것이 많았다. 그런데 다만 해마다 고치고 달마다 변경하여 백성들은 거기에 맞추어 좇아가지 못했다.

原文

포민형소송법 인행형법대전 기법합동서 제신구 역다가
布民刑訴訟法 印行刑法大全 其法合東西 劑新舊 亦多可

<ruby>采<rt>채</rt></ruby> <ruby>而但年改月變<rt>이 단 년 개 월 변</rt></ruby> <ruby>民莫適從<rt>민 막 적 종</rt></ruby>.

양력의 월일(月日) 날짜로 경축일을 바꾸어 정하였다. 건원절(乾元節, 황제 탄신일)은 3월 25일이 되고, 만수절(萬壽節)은 9월 8일이 되었다. 또 천추경절(千秋慶節, 황태자 탄신일)은 10월 20일, 곤원절(坤元節, 황후 탄신일)은 9월 19일, 개국기원절(開國紀元節, 조선왕조 개국일)은 8월 14일, 계천 기원절(繼天紀元節, 대한제국 선포일)은 10월 12일, 즉위 예식일(卽位禮式日)은 8월 27일이 되었다.

原文

以陽曆月日 改定慶祝日 乾元節爲三月二十五日 萬壽節爲九月八日 千秋慶節爲十月二十日 坤元節爲九月十九日 開國紀元節爲八月十四日 繼天紀元節爲十月十二日 卽位禮式日爲八月二十七日.

의병장 이강년(李康秊)이 사로잡히고, 그의 부하 이명하(李明夏)도 9월 중에 또한 사로잡혔다.

原文

義兵將李康秊被虜 其部下李明夏 九月中亦被虜.

윤택영(尹澤榮)의 집 대들보에서 뱀이 엉켜 있다가 바닥으로 떨어졌다.

原文

윤 택 영 가 량 상　사 교 타 지
尹澤榮家樑上　蛇交墮地.

북부 이강하(李康夏)의 집 석유 등잔대에서 죽수(竹笋)가 나왔고, 또 이 아무개 집 벽의 시렁에서 송수(松笋)가 나왔다.

原文

북 부 이 강 하 가　석 유 등 간 생 죽 수　우 이 모 가 벽 가　생 송 수
北部李康夏家　石油燈桿生竹笋　又李某家壁架　生松笋.

평안도에 홍수가 발생하여 대동강 강물의 높이가 순식간에 21척에 이르렀으며, 가옥 90여 채가 떠내려갔다.

原文

평 안 도 대 수　대 동 강 취 고 이 십 일 척　표 구 십 여 호
平安道大水　大同江驟高二十一尺　漂九十餘戶.

청나라 광동성(廣東省)에 홍수가 나서 3,000여 명이 빠져 죽었으며, 또 호북성(湖北省)과 안휘성(安徽省)에도 홍수가 크게 났다. 또 향항(香港, 홍콩)에서는 태풍으로 배가 파괴되어 280명이 죽었다.

原文

<ruby>清<rt>청</rt></ruby><ruby>國<rt>국</rt></ruby><ruby>廣<rt>광</rt></ruby><ruby>東<rt>동</rt></ruby><ruby>大<rt>대</rt></ruby><ruby>水<rt>수</rt></ruby> <ruby>溺<rt>엄</rt></ruby><ruby>死<rt>사</rt></ruby><ruby>三<rt>삼</rt></ruby><ruby>千<rt>천</rt></ruby><ruby>餘<rt>여</rt></ruby><ruby>人<rt>인</rt></ruby> <ruby>又<rt>우</rt></ruby><ruby>湖<rt>호</rt></ruby><ruby>北<rt>북</rt></ruby>·<ruby>安<rt>안</rt></ruby><ruby>徽<rt>휘</rt></ruby><ruby>大<rt>대</rt></ruby><ruby>水<rt>수</rt></ruby> <ruby>又<rt>우</rt></ruby><ruby>香<rt>향</rt></ruby><ruby>港<rt>항</rt></ruby>
<ruby>大<rt>대</rt></ruby><ruby>風<rt>풍</rt></ruby> <ruby>船<rt>선</rt></ruby><ruby>破<rt>파</rt></ruby><ruby>二<rt>이</rt></ruby><ruby>百<rt>백</rt></ruby><ruby>八<rt>팔</rt></ruby><ruby>十<rt>십</rt></ruby><ruby>人<rt>인</rt></ruby><ruby>死<rt>사</rt></ruby>.

일본 염곡군(鹽谷郡)에 지진이 발생하여 5명이 죽고 가옥 6호가 불탔다. 도하군(都賀郡)에도 큰 우박이 내렸으며, 마관(馬關)에서는 소에게 역질이 돌아 3일 사이에 3백 마리가 죽었다.

原文

<ruby>日<rt>일</rt></ruby><ruby>本<rt>본</rt></ruby><ruby>鹽<rt>염</rt></ruby><ruby>谷<rt>곡</rt></ruby><ruby>郡<rt>군</rt></ruby><ruby>震<rt>진</rt></ruby><ruby>災<rt>재</rt></ruby> <ruby>死<rt>사</rt></ruby><ruby>五<rt>오</rt></ruby><ruby>人<rt>인</rt></ruby><ruby>燒<rt>소</rt></ruby><ruby>六<rt>육</rt></ruby><ruby>戶<rt>호</rt></ruby> <ruby>都<rt>도</rt></ruby><ruby>賀<rt>하</rt></ruby><ruby>郡<rt>군</rt></ruby><ruby>大<rt>대</rt></ruby><ruby>雹<rt>박</rt></ruby> <ruby>馬<rt>마</rt></ruby><ruby>關<rt>관</rt></ruby><ruby>牛<rt>우</rt></ruby><ruby>大<rt>대</rt></ruby><ruby>疫<rt>역</rt></ruby>
<ruby>三<rt>삼</rt></ruby><ruby>日<rt>일</rt></ruby><ruby>死<rt>사</rt></ruby><ruby>三<rt>삼</rt></ruby><ruby>百<rt>백</rt></ruby><ruby>頭<rt>두</rt></ruby>.

미국 뉴육(細育, 뉴욕)에서는 폭서로 더위 먹어 죽은 자가 4, 50명이었다.

原文

<ruby>美<rt>미</rt></ruby><ruby>國<rt>국</rt></ruby><ruby>杻<rt>뉴</rt></ruby><ruby>育<rt>육</rt></ruby><ruby>酷<rt>혹</rt></ruby><ruby>暑<rt>서</rt></ruby> <ruby>喝<rt>갈</rt></ruby><ruby>死<rt>사</rt></ruby><ruby>四<rt>사</rt></ruby><ruby>五<rt>오</rt></ruby><ruby>十<rt>십</rt></ruby><ruby>人<rt>인</rt></ruby>.

탁지부로 하여금 역둔토(驛屯土)를 관장하도록 하여 금년 가을부터 국고에 도금(賭金, 토지세)을 거두어들였다.

原文

영 탁 지 관 장 역 둔 토   자 금 년 추   수 입 도 금 우 국 고
令度支管掌驛屯土 自今年秋 收入賭金于國庫.

엽전의 통용 가격을 정하였는데, 엽전 한 개당 5리(厘)에 해당
하고, 다섯 개는 1전(錢)에 해당하도록 하였다.

原文

정 엽 전 통 용 가 격   일 매 당 오 리   오 매 당 일 전
定葉錢通用價格 一枚當五厘 五枚當一錢.

일본인 신문에서 우리나라 생도들을 칭찬하여 말하기를, "그들
은 어학에 있어서 천재이기에 도저히 남이 따를 수가 없다."고 하
였다.

原文

왜 인 신 문   찬 아 국 생 도 왈   기 어 학 출 어 천 재   도 저 불 가 급
倭人新聞 贊我國生徒曰 其語學出於天才 到底不可及.

여영조(呂永祚)와 박대원(朴大遠)이란 자는 허위(許蔿)의 총죽
구교(葱竹舊交)[1]인데, 하루는 허위의 뒤를 밟아 그의 숨어 있는
곳을 찾아왔다. 허위는 의심하여 말하기를, "자네들이 나를 결박
하려 하는가?" 하니, 두 사람은 눈물을 흘리며 귓속말을 하더니
갑자기 일본군이 돌입하여 허위는 붙잡히게 되었다. 대개 이들
두 사람은 일본인이 많은 돈을 주겠다고 하며 궤사(詭詐)[2]를 행

한 것이었다. 이미 허위를 붙잡고 나서는 이들에게 단지 25원을 주었을 뿐이다.

註解

1) **총죽구교**(葱竹舊交) : 파피리를 불고 함께 놀던 어렸을 때부터의 벗의 교분. 죽마고우(竹馬故友)와 같은 말.
2) 궤사(詭詐) : 간사스러운 거짓. 교묘하게 속임.

原文

呂永祖·朴大遠者 許蔿葱竹舊交也 一日 踵許蔿 訪于隱
處 蔿訝曰 君欲縛我乎 二人墮淚話裏 忽倭弁突入被擒 蓋
二人涎倭重購 行詭詐也 旣獲 只給二十五元.

허위(許蔿)가 일본군 사령부에 수감되어 더위에도 솜옷을 입고 소오(嘯傲)[1] 자약하였다. 신문을 하는데, 일본인이, "선동한 자는 누구이며 대장은 누구냐?"고 물으니, 허위는 웃으며 말하기를, "선동한 자는 이등박문이며 대장은 나로다." 하니 일본인이 말하기를, "어째서 이등 공을 가리키는가?" 하니 허위가 말하기를, "이등박문이 우리나라를 전복시키지 않았다면 의병은 반드시 일어나지 않았을 것이다. 그러니 이등박문이 선동하지 않았다면 누구란 말인가?" 하고 대항하며 꾸짖어 굴하지 않았다.

註解

1) 소오(嘯傲) : 구속이 없고 자유로운 것. 인간세계나 어떤 일에서 초월한 모양.

原文

蔫囚可令部 盛署穿綿衣 嘯傲自若 及其訊問也 倭人問倡
之者誰 大將爲誰 蔫笑曰 倡之者伊藤博文也 大將則我也
倭曰 何以指伊藤公 蔫曰 博文不覆我邦 則義兵必不起 然
則非博文之倡而誰也 抗罵不屈.

25일 (의병이) 풍천(豊川)에서 싸웠고, 24일 순흥(順興)으로 들어갔다.

原文

廿五日戰于豊川 廿四日入順興.

일본군이 허위(許蔫)의 뒤를 밟아 깊은 골짜기의 암굴에 이르렀으나 허위는 마침 그곳에 없었다. 그래서 그들이 돌아오는데 도중에 뒤에서 부르며 외치는 소리가 들렸으니, "내가 허위이다." 하였다. 일본군은 의심하여 말하기를, "어찌 스스로 나타났느냐?" 하니 허위가 말하기를, "이등박문과 함께 통쾌하게 한바탕

담판을 짓기 위해서이다." 하고 드디어 체포당했다. 대개 허위는
일이 성사하지 못하여 한갓 노고를 더하게 됨을 알고 명백히 죽
으려 하였다고 한다. 여영조(呂永祖)가 「대한매일신보사(對韓每
日申報社)」에 이르러, 전혀 그러한 일이 없었다고 하였다. 또한
자신의 이름은 영조(永祚)이니 조(祖)자가 아니라면 가히 그 잘
못 알려진 것임을 생각할 수 있다.

原文

倭踵蕎 至深谷广窟 蕎適不在 遂還 路中聞乎聲在後曰
我許蕎也 倭訝曰 何以自現 蕎曰 欲與伊藤快話一場 遂見
執 蓋知事無成 徒添勞苦 欲明白死云 呂永祖到申報社 說
明初無是事 且其名永祚 非祖字 則可想其誤聞云.

　　이달 6월, 우리나라에 거주하는 일본인을 조사했는데, 모두
111,299명이었다.

原文

是月 查倭人之居留者 凡十一萬一千二百九十九.

　　일본의 마관(馬關)에서 소에 역병이 크게 번져 첫날에는 59마
리가 죽었고, 그 다음날에는 234마리가 죽었다.

原文

^{일본마관우대역} ^{일일사오십구두} ^{이일사이백삼십사두}
日本馬關牛大疫 一日死五十九頭 二日死二百三十四頭.

강홍두(康洪斗)가 승니(僧尼)의 가취(嫁娶, 결혼)를 허락해 줄 것을 헌의하였다.

原文

^{강홍두헌청허승니가취}
康洪斗獻請許僧尼嫁娶.

일본인이 북간도(北間島)에 헌병을 파견하였다.

原文

^{왜파헌병우북간도}
倭派憲兵于北間島.

이강년(李康秊)이 붙잡히게 되자 6월 4일에 유서(遺書)를 남겼다.

原文

^{이강년이사일피로출유서}
李康秊以四日被虜出遺書.

• 6월 의보(義報).

16일 동복(同福)에서 싸웠고,

23일 재령(載寧)에서 싸웠고,

26일 순천(順天)에서 싸웠고,

1일 청주(淸州)에서 싸웠고,

5일 화순(和順)에서 싸웠고, 용인(龍仁) 능동(陵洞)에서 싸웠다.

2일 해미(海美)에서 싸웠고,

6일 청주(淸州) 조치원(鳥致院)에서 싸웠고,

9일 해주(海州)에서 싸웠고,

1일 인제(麟蹄) 오작동(烏鵲洞)에서 싸웠고,

4일 횡성(橫城) 소학동(巢鶴洞)에서 싸웠고,

4일 양양(襄陽)에서 싸웠고,

1일 고산(高山)에서 싸웠고,

11일 함흥(咸興)에서 싸웠고,

8일 이천(利川)에서 싸웠고,

9일 담양(潭陽) 장체동(長替洞)에서 싸웠고,

6일 석시장(石市場)에서 싸웠고,

3일 이전(梨田)에서 싸웠고,

4일 한강(漢江) 우안(右岸)에서 싸웠고,

13일 고부(古阜)·영광(靈光) 사이에서 싸웠고,

16일 화순(和順)에서 싸웠고,

11일 고원(高原)에서 싸웠고,

8일 구례(求禮)에서 싸웠고,

14일 장기(長鬐)에서 싸웠고,

11일 청송(靑松)에서 싸웠고,

13일 장수(長水)에서 싸웠고,

14일 단양(丹陽)에서 싸웠고,

17일 영덕(盈德)에서 싸웠고,

18일 부안(扶安)에서 싸웠고,

22일 용담(龍潭)에서 싸웠고,

27일 평해(平海)에서 싸웠고,

20일 홍원(洪原)에서 싸웠고,

21일 북청(北靑)에서 싸웠는데, 의병의 수가 2백여 명이었다.

20일 삼가(三嘉)에서 싸웠고,

25일 단천(端川)에서 싸웠고, 남평(南平)에서도 싸웠는데, 의병 7천여 명이 한국과 청국의 국경 사이에서 싸웠으며 일본군 사망 자가 43명이었다.

7일 함경북도 의병이 경흥(慶興)에서 싸웠으며, 또한 간도(間島)에서도 싸웠는데, 육진(六鎭)[1] 내외에 있는 의병이 수천 명이 었다.

21일 고양(高陽)에서 싸웠고,

28일 삼등(三登)에서 싸웠고, 하동(河東)에서 싸웠고, 순천(順天)에서도 싸웠다.

15일 장성(長城)에서 싸웠고,

17일 장성에서 또 싸웠다.

19일 영해(寧海)에서 싸웠고,

14일 갑산(甲山)에서 싸웠고,

19일 홍산(鴻山)에서 싸웠고,

17일 원주(原州) 문막(文幕)에서 싸웠고,

13일 춘천(春川)에서 싸웠고,

19일 위원(渭原)에서 싸웠고,

14일 갑산(甲山)에서 싸웠고,

19일 위원(渭原)에서 또 싸웠고,

11일 수안(遂安)에서 싸웠고,

25일 월산(月山)에서 싸웠고,

29일 흥덕(興德)에서 싸웠고,

17일 황해도 신원(新院)에서 싸웠고,

16일 송화(松禾)에서 싸웠는데, 의병의 수는 150명이었다.

29일 합천(陜川)에서 싸웠고 순창(淳昌)에서 싸웠다.

22일 진안(鎭安)에서 싸웠고,

29일 포천(抱川)에서 싸웠고,

21일 정읍(井邑)에서 싸웠고,

26일 양덕(陽德)에서 싸웠고,

23일 곡산(谷山)에서 싸웠고, 수안(遂安)에서도 싸웠다.

25일 안변(眼邊)에서 싸웠고,

22일 간성(杆城)에서 싸웠고,

24일 평해(平海)에서 싸웠고,

27일 춘천(春川)에서 싸웠고,

30일 삼가(三嘉)에서 싸웠고,

28일 하동(河東)·삼기(三岐)에서 싸웠고,

27일 초산(楚山)에서 싸웠고,

23일 남평(南平) 창평(倉坪)에서 싸웠고,

30일 곡성(谷城)에서 싸웠고,

27일 성천(成川)의 고매동(古梅洞)에서 싸웠다.

註解

1) 육진(六鎭) : 세종(世宗) 때 북변에 설치한 여섯 진. 곧 경원·경흥
·부령·온성·종성·회령의 여섯 곳에 둠.

原文

義報.

十六日戰于同福　二十三日戰于載寧　二十六日戰于順天

一日戰于淸州　五日戰于和順　五日戰于龍仁陵洞　二日戰于

海美　六日戰于淸州鳥致院　九日戰于海州　一日戰于麟蹄鳥

鵲洞　四日戰于橫城巢鶴洞　四日戰于襄陽　一日戰于高山

十一日戰于咸興　八日戰于利川　九日戰于潭陽長替洞　六日

戰于石市場　三日戰于梨田　四日戰于漢江右岸　十三日戰于

古阜·靈光之間　十六日戰于和順　十一日戰于高原　八日戰

于求禮 十四日戰于長髻 十一日戰于靑松 十三日戰于長水

十四日戰于丹陽 十七日戰于盈德 十八日戰于扶安 二十二

日戰于龍潭 二十七日戰于平海 二十日戰于洪原 二十一日

戰于北靑 兵可二百餘 二十日戰于三嘉 二十五日戰于端川

戰于南平 七千餘兵戰于韓·淸之間 倭死者四十三 七日關

北兵 戰于慶興 又戰于間島 在六鎭內外者數千人 二十一

日戰于高陽 二十八日戰于三登 戰于河東 戰于順川 十五

日戰于長城 十七日又戰于長城 十九日戰于寧海 十四日戰

于甲山 十九日戰于鴻山 十七日戰于原州文幕 十三日戰于

春川 十九日戰于渭原 十四日戰于甲山 十九日戰于渭原

十一日戰于遂安 二十五日戰于月山 二十九日戰于興德 十

七日戰于海西新院 十六日戰于松禾 兵可一百五十 二十九

日戰于陜川 戰于淳昌 二十二日戰于鎭安 二十九日戰于抱

川 二十一日戰于井邑 二十六日戰于陽德 二十三日戰于谷

山 二十三日戰于遂安 二十五日戰于安邊 二十二日戰于杆

城 二十四日戰于平海 二十七日戰于春川 三十日戰于三嘉

<ruby>二十八日戰于河東<rt>이십팔일전우하동</rt></ruby> · <ruby>三岐<rt>삼기</rt></ruby> <ruby>二十七日戰于楚山<rt>이십칠일전우초산</rt></ruby> <ruby>二十三日戰<rt>이십삼일전</rt></ruby>

<ruby>于南平倉坪<rt>우남평창평</rt></ruby> <ruby>三十日戰于谷城<rt>삼십일전우곡성</rt></ruby> <ruby>二十七日戰于成川古梅洞<rt>이십칠일전우성천고매동</rt></ruby>

7월, 중추원 부의장 신기선(申箕善)이 사면하였다. 그는 감사원경 겸 중추원 부의장으로 있었는데, 당시 녹봉은 이중으로 받지 않는 것이 관례였다. 그런데 신기선은 이중으로 받고자 하여 통감부의 지휘로 내장원에 압력을 가했다. 내장원 경 최석민(崔錫敏)은 안 된다고 완강하게 거부하며 말하기를, "통감부는 필시 이 장정(章程, 규정)을 알지 못할 것이다. 그런 것을 안다면 반드시 이런 일은 없을 것이다."라고 하였다. 신기선은 부끄럽고 위축되어 드디어 부의장 자리를 사직하였다.

原文

<ruby>秋七月<rt>추칠월</rt></ruby> <ruby>中樞院副議長申箕善免<rt>중추원부의장신기선면</rt></ruby> <ruby>箕善以監査院卿兼副議<rt>기선이감사원경겸부의</rt></ruby>

<ruby>長<rt>장</rt></ruby> <ruby>時有祿不疊受之例<rt>시유녹불첩수지례</rt></ruby> <ruby>箕善欲疊受<rt>기선욕첩수</rt></ruby> <ruby>乃圖統監府指揮<rt>내도통감부지휘</rt></ruby> <ruby>付于<rt>부우</rt></ruby>

<ruby>內藏院<rt>내장원</rt></ruby> <ruby>院卿崔錫敏<rt>원경최석민</rt></ruby> <ruby>執不可曰<rt>집불가왈</rt></ruby> <ruby>統監府必不知章程<rt>통감부필부지장정</rt></ruby> <ruby>知之必<rt>지지필</rt></ruby>

<ruby>無是事<rt>무시사</rt></ruby> <ruby>箕善愧縮<rt>기선괴축</rt></ruby> <ruby>遂辭副長<rt>수사부장</rt></ruby>.

(7월) 사찰재산보호령(寺刹財産保護令)을 반포하였다. 일본 풍속은 본디 승려를 존경하는데 우리나라에 있어서도 저들을 보호

하기에 힘썼다. 승려들은 그들의 형세를 믿고 횡자(橫恣)[1]가 날로 심했으나, 평민들은 감히 그들에게 대항하지 못했다. 이에 통감부에 위촉하여 이러한 명이 내리도록 한 것이다. 그런데 왕왕 자기들이 스스로 학교를 설립하고 예술을 익히게 하였다. 그러나 간사한 승도들이 치장(鴟張)[2]하여 계율이 다 무너졌던 까닭에 사람들은, "우리나라가 망하기에 앞서 석씨(釋氏, 불교)가 먼저 망한다."고 하였다.

註解

1) 횡자(橫恣) : 제멋대로 함. 막되고 방자함.
2) 치장(鴟張) : 부엉이가 날개를 활짝 편 것처럼 굳세고 거침없음. 방자하게 위세를 부림.

原文

頒保護寺刹財産令 倭俗本右僧 其在我國袒護甚力 僧徒怙其勢 橫恣日甚 平民莫敢抗 乃囑統監府是令 而又往往自設學校 功習藝術 然姦髡鴟張 戒律蕩然 人謂我國之衰釋氏先亡.

이범윤(李範允)이 러시아 영토인 연추(烟秋, 연해주 일대) 지방에서 의용병을 일으켰는데 그 수가 7천여 명에 이르렀다. 이에 북쪽 변경이 크게 진동하였다.

原文

李範允在俄領烟秋地方 召募義勇 至七千餘人 北邊大震.

도적이 고려 광정공(匡定公) 홍규(洪奎, 충숙왕의 장인)의 묘를 도굴하였다. 묘는 풍덕(豊德) 땅에 있었는데, 오래도록 실전(失傳)되었다가 이때에 이르러 비로소 지석(誌石)이 나와 찾게 된 것이다.

原文

盜發高麗匡定公洪奎墓 墓在豊德 久失傳 至是 始因誌出
得之.

충청북도 관찰사 권봉수(權鳳洙)가 관할 관리들에게 강압하여 삭발하도록 하였다.

原文

忠北觀察權鳳洙 勒管下官吏削髮.

경기도 지역에 홍수가 크게 났다. 한강 물이 24척이나 불어났고 오강(五江)의 가옥 500여 채가 떠내려갔다. 또 전라남도와 충청북도에서도 홍수가 났다. 26일에는 전국에 큰 바람이 불고 비가 내렸다.

原文

京畿大水　漢江增水二十四尺　漂五江民五百餘戶　又全南
忠北大水　二十六日通國大風雨.

청국의 호남성(湖南省)과 호북성(湖北省) 지역에 홍수가 나 양자강(揚子江)의 물이 25척이나 불어났다. 강남과 강북 지역에는 역병이 크게 돌았다. 절강성(浙江省)에는 큰 비가 내려 수위 높이가 30척이나 되었다.

일본의 암뢰(巖瀨)와 석천(石川) 등 여러 군에도 큰 비가 내렸다.

영국령 가륜비아(哥倫比亞, 콜롬비아)에 큰 화재가 나서 170명이 죽었고, 또 가나타(加拿陀, 캐나다)에도 큰 화재가 발생하여 그 불이 백 리까지 번졌다.

原文

淸國湖南北大水　楊子江增水二十五尺　江南北大疫　浙江
大雨　水高三十尺.

日本巖瀨·石川諸郡大水.

英領哥倫比亞大火　死者百七十人　又加拿陀大火　火亙百
里.

관서(평안도) 지방 의병이 청국의 마적(馬賊)들과 내통하여 그
형세가 매우 확장되었다. 일본인들이 그것을 두려워하여 동경보
(東京報)에 그 사실을 게재하였다.

原文

관서의병　여청국마적통　세장심　왜인외지　게우동경보
關西義兵　與淸國馬賊通　勢張甚　倭人畏之　揭于東京報.

송우암(宋尤庵, 宋時烈)의 구택(舊宅)이 회덕(懷德)에 있었는데,
후손 송재복(宋在復)이 일본인에게 팔아서 송씨(宋氏)들이 돈을
거두어 그 집을 다시 되돌려 받았다.

原文

송우암구택　재어회덕　후손재복　매어왜인　송씨렴전추
宋尤庵舊宅　在於懷德　後孫在復　賣於倭人　宋氏斂錢推
환
還.

청나라 사람 강유위(康有爲)와 양계초(梁啓超) 등이 연명하여
성명서를 발표하였다. 서태후(西太后)의 수렴청정(垂簾聽政)을
거둘 것을 청하였는데, 신문사에서 그 성명서의 전문을 게재하
니, 정부에서는 신문사 요원을 처벌하도록 하였다.

原文

청인강유위　양계초등　연명발격　청서후철염　신문사게
淸人康有爲·梁啓超等　聯名發檄　請西后撤簾　新聞事揭

<ruby>布<rt>포</rt></ruby><ruby>全<rt>전</rt></ruby><ruby>檄<rt>격</rt></ruby> <ruby>政<rt>정</rt></ruby><ruby>府<rt>부</rt></ruby><ruby>請<rt>청</rt></ruby><ruby>嚴<rt>엄</rt></ruby><ruby>罰<rt>벌</rt></ruby><ruby>社<rt>사</rt></ruby><ruby>員<rt>원</rt></ruby>.

● (7월) 의보(義報).

5일 순흥 오항산(烏項山)에서 싸웠으며,

7월초에 청양(靑陽)에서 싸웠고,

8일 강화(江華)에서 싸웠으며,

7일 무장(茂長)에서 싸웠고,

2일 거창(居昌)에서 싸웠으며,

5일 광주(光州)에서 싸웠고, 공주(公州)에서 싸웠다.

3일 맹산(孟山)에서 싸웠고,

1일 포천(抱川)에서 싸웠고,

2일 황주(黃州)에서 싸웠고,

1일 덕천(德川)에서 싸웠고,

9일 임실(任實)에서 싸웠고, 태인(泰仁)에서 싸웠다.

8일 신계(新溪)에서 싸웠고,

4일 면천(沔川)에서 싸웠고,

9일 회령(會寧)에서 싸웠고,

8일 문천(文川)에서 싸웠고,

5일 경주(慶州)에서 싸웠고,

3일 운봉(雲峰)의 유곡(酉谷)에서 싸웠고,

7일 곡산(谷山)에서 싸웠고, 하동(河東)에서 싸웠다.

8일 예안(禮安)에서 싸웠고,

9일 연안(延安) 탁영대(濯纓臺)에서 싸웠으며,

13일 춘천(春川) 학곡(鶴谷)에서 싸웠고,

6일 천탄(天灘)에서 싸웠고,

4일 함평(咸平)에서 싸웠고,

12일 금산(錦山)에서 싸웠고,

8일 고부(古阜)에서 싸웠고,

19일 함경남도 창평(倉坪)에서 싸웠고,

1일 홍원(洪原)에서 싸웠고,

13일 북청의 통팔령(通八嶺)에서 싸웠고,

15일 태안(泰安)에서 싸웠고,

6일 하동(河東)에서 싸웠고,

10일 함양(咸陽)에서 싸웠고,

11일 영광(靈光)에서 싸웠고, 남원(南原)에서 싸웠다.

13일 태안(泰安)에서 싸웠고,

15일 순천(順天)에서 싸웠고, 같은 날 장진(長津)에서 싸웠다.

13일 철원(鐵原)에서 싸웠고,

4일 함평(咸平) 나산(羅山)에서 싸웠고,

15일 무안(務安)에서 싸웠고,

14일 순창(淳昌)에서 싸웠고,

9일 곡산(谷山)에서 싸웠고,

19일 공주(公州)에서 싸웠고,

18일 담양(潭陽)에서 싸웠고,

14일 원주(原州)에서 싸웠고,

8일 희천(熙川)에서 싸웠다. 유인석은 만주 길림(吉林)지역에서 두류(逗留)¹⁾하다가 간도와 함께 서로 호응하고 있었다.

21일 산청(山靑)에서 싸웠고,

10일 제천(堤川)에서 싸웠고,

19일 진주(晉州) 안간(安澗)에서 싸웠고,

21일 밀양(密陽)에서 싸웠고,

18일 전주(全州) 용계원(龍溪院)에서 싸웠고,

16일 상주(尙州)에서 싸웠고, 마전(麻田)에서도 싸웠다.

24일 보성(寶城)에서 싸웠고,

12일 영월(寧越)에서 싸웠고,

19일 함경남도 황수원(黃水院)에서 싸웠고,

6일 금성의 중추령(中秋嶺)에서 싸웠고,

20일 나주(羅州)에서 싸웠고,

15일 함경남도 고방동(古方洞)에서 싸웠고,

16일 임실(任實)에서 싸웠고,

19일 진보(眞寶)에서 싸웠고,

24일 이안심(李安心)의 의병 170명이 전라남도 진산(眞山)에서 싸웠다.

28일 영암(靈岩)에서 싸웠는데 의병의 수가 약 150여 명이었다.

29일 보성(寶城) 대원사(大源寺)에서 싸웠고,

30일 의병 1백여 명이 광주(廣州)의 판교(板橋)를 포위하였다.

25일 양덕(陽德)의 약현(藥峴)에서 싸웠고,

26일 경주(慶州) 장지동(長枝洞)에서 싸웠고,

25일 부여(扶餘)에서 싸웠고,

23일 덕산(德山)에서 싸웠고,

30일 광주(光州)에서 싸웠고,

16일 온정원(溫井院)에서 싸웠고,

29일 통진(通津)에서 싸웠고,

18일 담양(潭陽)에서 싸웠고,

27일 진남포(鎭南浦)에서 싸웠고,

30일 덕산(德山)에서 싸웠고,

19일 산청(山淸) 허부치(許婦峙)에서 싸웠고,

29일 수안(遂安)에서 싸웠고,

28일 강계(江界)에서 싸웠고,

30일 맹산(孟山) 방상동(防上洞)에서 싸웠다.

註解

1) 두류(逗留) : 한 곳에 오래 머무름.

原文

義報.

五日戰于順興烏項山 月初戰于靑陽 八日戰于江華 七日

戰于茂長 二日戰于居昌 五日戰于光州 戰于公州 三日戰

于孟山 一日戰于抱川 二日戰于黃州 一日戰于德川 九日

戰于任實 戰于泰仁 八日戰于新溪 四日戰于洒川 九日戰

于會寧 八日戰于文川 五日戰于慶州 三日戰于雲峰酉谷

七日戰于谷山 戰于河東 八日戰于禮安 九日戰于延安濯纓

臺 十三日戰于春川鶴谷 六日戰于天灘 四日戰于咸平 十

二日戰于錦山 八日戰于古阜 十九日戰于咸南倉坪 一日戰

于洪原 十三日戰于北青通八嶺 十五日戰于泰安 六日戰于

河東 十日戰于咸陽 十一日戰于靈光 戰于南原 十三日戰

于泰安 十五日戰于順川 同日戰于長津 十三日戰于鐵原

四日戰于咸平羅山 十五日戰于務安 十四日戰于淳昌 九日

戰于谷山 十九日戰于公州 十八日戰于潭陽 十四日戰于原

州 八日戰于熙川 柳麟錫逗留吉林 與間島相應 二十一日

戰于山青 十日戰于堤川 十九日戰于晉州安澗 二十一日戰

于密陽 十八日戰于全州龍溪院 十六日戰于尙州 戰于麻田

二十四日戰于寶城 十二日戰于寧越 十九日戰于咸南黃水

院 六日戰于金城中秋嶺 二十日戰于羅州 十五日戰于咸南

古方洞 十六日戰于任實 十九日戰于眞寶 二十四日李安心

兵百七十名 戰于全南眞山 二十八日戰于靈岩 兵約百五十

許 二十九日戰于寶城大源寺 三十日百許名 圍廣州板橋

二十五日戰于陽德藥峴 二十六日戰于慶州長枝洞 二十五

日戰于扶餘 二十三日戰于德山 三十日戰于光州 十六日戰

于溫井院 二十九日戰于通津 十八日戰于潭陽 二十七日戰

于鎭南浦 三十日戰于德山 十九日戰于山淸許婦峙 二十九

日戰于遂安 二十八日戰于江界 三十日戰于孟山防上洞.

8월에 동양척식회사법(東洋拓殖會社法)을 반포하였다. 일본인
우좌천일정(宇佐川一正)을 총재로 삼고, 민영기(閔泳綺)를 부총재
로 삼았다. 일본 정부는 정친정실정(正親町實正)을 척식회사의
위원장으로 삼았다.

原文

八月 頒東洋拓殖會社法 以倭人宇佐川一正爲總裁 閔泳

綺副之 倭以正親町實正 爲拓殖會社委員長.

재무감독국(財務監督局)의 관제를 개정했다. 한성국(漢城局)은
경기·충청·강원도를 관리하고, 평양국(平壤局)은 평안·황해

도를 관리하고, 대구국(大邱局)은 경상도를 관리하고, 전주국(全州局)은 전라도를 관리하고, 원산국(元山局)은 함경도를 관리한다.

原文

_{개정재무감독국관제} _{한성국관경기} _{충청} _{강원도} _평
改定財務監督局官制 漢城局管京畿 · 忠清 · 江原道 平

_{양국관평안} _{황해도} _{대구국관경상도} _{전주국관전라도} _원
壤局管平安 · 黃海道 大邱局管慶尙道 全州局管全羅道 元

_{산국} _{관함경도}
山局 管咸鏡道.

학부 대신 이재곤(李載崑)이 중앙과 지방에 사립학교령을 반포하였다. 이때에 사립학교는 각 군마다 다투어 설립되었는데, 각종 교과서의 찬술(撰述)도 모두 우리나라 사람들이 하였다. 그러므로 나라가 망하는 것을 통분하여 비슷한 내용으로 말을 엮어 내려가서 왕왕 비분하고 격발(激發)의 의미를 부여하여 서로 감동케 하였다. 일본인은 그것을 미워하여 이재곤에게 제재를 가하도록 지시한 것이다. 무릇 모든 교과서에서 애국이란 말이 들어 있는 것은 모두 거두어 소각시키고, 다시 관리들에게 교과서를 편찬토록 명하니, 단지 온순하고 공손한 행실만을 가려내어 책을 만들도록 해서 가르치고 익히게 하였다.

原文

_{학부대신이재곤} _{반사립학교령우중외} _{시시사립학교} _축
學部大臣李載崑 頒私立學校令于中外 是時私立學校 逐

郡競起 而其敎科諸書撰述 皆出我人 故痛忿國亡 比類屬

辭 往往寓悲憤激發之意 以相感動 倭人惡之 飭載崑 鉗制

之 凡敎科之語涉愛國者 悉聚燒之 更令官吏編輯 只采遜

順愿恭之行 以成書 俾誦習之.

김윤식(金允植)이 일본에서 돌아왔다. 김윤식이 일본에 갔을
때 이등박문의 사위 말송겸징(末松謙澄)이 그를 맞이하여 유람을
했으며, 또 그 나라 문학의 원로들을 모아 하삭음(河朔飮)[1]을 베
풀어 즐겼다. 그리고 지은 시들을 모아 『지성납량집(芝城納凉集)』
이라 이름 붙여 간행하여 보내주었다. 말송겸징이 그 일을 서문
에 기록했는데, "명치(明治) 모년 모월에 한국의 김중추 윤식(金
中樞允植)이 칙명을 받들고 내조(來朝)[2]하였다."라고 쓰여 있었
다. 김윤식은 그것을 부끄럽게 여기지 않고 동인(同人)들에게 증
정하며 자기를 예우해준 것을 자랑하였다.

註解

1) 하삭음(河朔飮) : 더위를 피해 마시는 술. 중북 하북 지방〔河朔〕의
   피서음(避暑飮)에서 유래함.
2) 내조(來朝) : 외국 사신이 찾아옴.

原文

金允植還自日本 允植之往也 博文之婿末松謙澄 邀之遊

覽 又聚其國耆艾文學之徒 爲河朔之飮以樂之 稡其詩 爲

芝城納凉集 梓以送之 謙澄序其事 有曰 明治年月 韓國金

中樞允植奉勅來朝云云 允植不之恥 持贈同人 以誇其遇.

경찰서에서 인력거꾼들에게 칙령을 내려 삭발을 강요하고, 삭발하지 않는 자는 인력거 영업을 허락하지 않는다고 했다. 인력거꾼 신태윤(申泰潤)·김경춘(金敬春)·조덕규(趙德奎) 등이 분개하여 말하기를, "영업을 못하는 것은 말할 것도 없고 차라리 죽을지언정 삭발은 절대로 못하겠다."고 하여 드디어 모두 구속되었다.

原文

自警察署飭人力車夫削髮 不削者 不許賃車營業 車夫申

泰潤·金敬春·趙德奎等奮曰 毋論不營業 寧死不削髮 遂

幷被囚.

경기도의 양근(楊根)과 지평(砥平)을 합하여 양평군(楊平郡)으로 하고, 경상남도 진해(鎭海)와 웅천(熊川)을 창원부(昌原府)에 통합하였다.

原文

^{합경기지양근} ^{지평} ^{위양평군} ^{합경남진해} ^{태천우창}
合京畿之楊根·砥平 爲楊平郡 合慶南鎭海·態川于昌
^{원부}
原府.

민병석(閔丙奭)에게 집을 살 돈 6만 원을 하사했다. 민병석은 임금에게 애걸하기를, "이완용 형제는 다 하사하신 집에서 살고 있는데 신만 유독 그렇지 못합니다. 이 어찌 천지간에 유감이 아닐 수 있겠습니까? 원하옵건대 6만 원을 내려 민영기(閔泳綺)의 양옥을 살 수 있도록 해 주옵소서." 하였다. 임금이 탁지부에 신칙하여 그의 말대로 해 주었다.

原文

^{사민병석매옥비육만원} ^{병석걸우상왈} ^{이완용형제} ^{개거}
賜閔丙奭買屋費六萬元 丙奭乞于上曰 李完用兄弟 皆居
^{사제} ^{이신독무지} ^{불역위천지지감호} ^{원득육만원} ^{매민영}
賜第 而臣獨無之 不亦爲天地之憾乎 願得六萬元 買閔泳
^{기양옥} ^{상칙탁지} ^{의기언}
綺洋屋 上勅度支 依其言.

개성군(開城郡)에 큰 우박이 내렸다.

原文

^{개성군대박}
開城郡大雹.

일본 동경에 홍수가 났고, 또 백하(白河)에서는 제방이 터져 40
여 명이 죽었다.

原文

日本東京大水 又白河堤決 漂死四十餘人.

즉위기원절(卽位紀元節)에 도성의 백성들이 집집마다 국기를
게양했는데, 오직 학부 대신 이재곤(李載崑)만은 우리 국기와 일
본기를 아울러 게양하였다.

原文

卽位紀元節 京師民逐戶懸國旗 惟學大李載崑 幷揭韓·
倭旗.

의병장 이강년(李康秊)이 7월에 체포되었다. 이강년은 문경에
서 거주하였는데, 의병을 일으킨 이래 간관(間關)[1] 십여 년 동안
남도 사람들은 그의 충의에 감복하였다. 일본인 또한 그의 지략
과 용기를 두려워하여 큰 현상금을 내걸어 마침내 체포하게 된
것이다. 허위(許蔿)와 이강년이 차례로 패하여 의민(義民)들은
사기가 떨어졌다. 이때에 김태원(金泰元)도 이미 패하여 사망하
였고, 단지 이석용(李錫庸)은 임실에서 의병을 일으켰고, 안제홍
(安濟弘)은 보성에서 의병을 일으켜 모두 조금씩의 전과는 있었

으나 두려워하여 쫓겨 다녔기 때문에 능히 세력을 형성할 수 없었다. 문태수(文泰洙)는 호남과 영남을 왕래하면서 적은 수로 많은 일본군을 잘 공격하였다. 그러나 피차간 또한 살상하는 자가 상당히 있어서 능히 큰 피해를 주지는 못했다.

註解

1) 간관(間關) : 길이 험하여 가기 어려운 모양. 매우 어려운 고난을 겪음.

原文

義將李康季 以七月被禽 康季居聞慶 自起兵以來 間關數
十載 南民服其忠義 倭亦畏其智勇 重購之 竟獲 許蔫及康
季 次第敗衄 義民喪氣 是時金泰元已敗死 李錫庸起任實
安濟弘起寶城 皆有小小斬獲 而畏約迯遂不能軍 文泰洙往
來湖嶺 善以少擊衆 然亦殺傷相當 不能大創之.

● 의보(義報).

6일 금성(金城)에서 싸웠고,

8일 공주(公州)에서 싸웠고,

3일 200명이 명천(明川)에서 싸웠다.

10일 과천(果川)을 습격하였다.

1일 익산(益山)에서 싸웠고, 홍주(洪州) 구봉산(九峰山)에서 싸웠다.

3일 태안(泰安)에서 싸웠고,

5일 봉화(奉化)에서 싸웠고,

1일 금성(金城)에서 싸웠고,

9일 정읍(井邑)에서 싸웠고,

3일 홍주(洪州)에서 싸웠고,

7일 금산(錦山)에서 싸웠고,

3일 안동(安東)에서 싸웠고, 신계(新溪) 가무동(歌舞洞)에서 싸웠다.

9일 양성(陽城)에서 싸웠고,

4일 삼등(三登) 양춘리(陽春里)에서 싸웠고,

17일 수백 명이 대흥군(大興郡)에 들어가 밤새도록 고전했다.

9일 명천(明川) 내전장(內田場)에서 싸웠고,

11일 음성(陰城) 토택동(土澤洞)에서 싸웠고,

19일 진보(眞寶)에서 싸웠고,

16일 상주(尙州)에서 싸웠고,

12일 고부(古阜)에서 싸웠고,

18일 영천(永川)에서 싸웠고,

20일 고양(高陽) 공릉(恭陵)에서 싸웠으며, 황재호(黃在浩)·이헌찬(李憲贊) 부대가 포천(抱川)과 지평(砥平)으로 들어갔으며, 박내익(朴來益)의 부대가 양양(襄陽)과 인제(麟蹄)로 들어갔으며, 이영준(李永準)·김학습(金學習)의 부대는 회양(淮陽)과 양구(楊

口)로 들어갔다.

16일 전주(全州) 만수동(萬水洞)에서 싸웠고,

11일 북청(北靑)에서 싸웠고, 신경칠(辛敬七) 부대 수백 명이 해주(海州)와 장련(長連)에 들어갔고, 청양(靑陽)과 남포(藍浦)에서 싸웠다.

19일 구례(求禮)에서 싸웠고,

20일 또한 구례(求禮) 백운산(白雲山)에서 싸웠고,

23일 심남일(沈南一) 부대 1백여 명이 장흥(長興) 웅치(熊峙)에서 싸웠고,

26일 고창(高敞) 광암(廣岩)에서 싸웠고,

21일 고창(高敞)과 고부(古阜) 사이에서 싸웠고,

20일 함양(咸陽) 신평(新坪)에서 싸웠고,

21일 전라남도 백암촌(白岩村)에서 싸웠고,

20일 밤에 또한 함양(咸陽) 천평(天坪)에서 싸웠고,

19일 홍원(洪原)에서 싸웠고,

23일 순창(淳昌)에서 싸웠고,

28일 영광(靈光)에서 싸웠고,

29일 장성(長城)에서 싸웠고,

24일 진주(晉州) 원전(院田)에서 싸웠고,

20일 광주(廣州) 무갑산(武甲山)에서 싸웠고,

9일 위원(渭原)에서 싸웠고,

15일 황해도 청주(靑州)에서 싸웠고,

27일 고양(高陽)에서 싸웠고,

24일 황해도 온정원(溫井院)에서 싸웠고,

21일 용인(龍仁)에서 싸웠고,

14일 이천(伊川)에서 싸웠고,

28일 장진(長津)에서 싸웠고,

27일 익산(益山)에서 싸웠고,

30일 남포(藍浦)에서 싸웠고,

28일 청양(靑陽)에서 싸웠고,

30일 강동(江東)에서 싸웠다.

그믐날 공주(公州)의 일본 순찰병이 길에서 예산(禮山)의 일본 순찰병을 만나 의병으로 오인하여 서로 살상하였다.

14일 영암(靈岩)에서 싸웠다.

原文

義報.

六日戰于金城 八日戰于公州 三日二百名 戰于明川 十日

襲果川 一日戰于益山 戰于洪州九峰山 三日戰于泰安 五

日戰于奉化 一日戰于金城 九日戰于井邑 三日戰于洪州

七日戰于錦山 三日戰于安東 戰于新溪歌舞洞 九日戰于陽

城 四日戰于三登陽春里 十七日數百名 入大興郡終夜苦戰

九日戰于明川內田場 十一日戰于陰城土澤洞 十九日戰于

眞寶 十六日戰于尙州 十二日戰于古阜 十八日戰于永川

二十日戰于高陽恭陵 黃在浩・李憲贊兵 入抱川・砥平 朴

來益兵 入襄陽・麟蹄 李永準・金學習兵 入淮陽・楊口

十六日戰于全州萬水洞 十一日戰于北青 辛敬七兵數百 入

海州・長連 戰于青陽・藍浦 十九日戰于求禮 二十日又戰

求禮白雲山 二十三日沈南一兵百餘名 戰于長興熊峙 二十

六日戰于高敞廣岩 二十一日戰于高敞・古阜之間 二十日

戰于咸陽新坪 二十一日戰于全南白岩村 二十日夜又戰咸

陽天坪 十九日戰于洪原 二十三日戰于淳昌 二十八日戰于

靈光 二十九日戰于長城 二十四日戰于晉州院田 二十日戰

于廣州武甲山中 九日戰于渭原 十五日戰于海西青州 二十

七日戰于高陽 二十四日戰于海西溫井院 二十一日戰于龍

仁 十四日戰于伊川 二十八日戰于長津 二十七日戰于益山

三十日戰于藍浦 二十八日戰于青陽 三十日戰于江東 晦間

公州巡倭 路遇禮山巡倭 認以義兵 互相殺傷 十四日戰于

靈岩.

경기도 의병장 김석하(金錫夏)가 싸움에 나아가 전사하였다. 김석하는 처음에 박내승(朴來乘)의 참모로 있었는데, 박내승이 전사하자 김석하는 무리를 이끌고 투순(投順, 투항)하였다. 조금 쉬었다가 거사하려 하였으나 얼마 뒤에 탄식하며 말하기를, "이 것은 마침내 가히 참을 수 없는 일이다."라고 하고, 드디어 다시 의병을 일으켰다. 영평과 양주 사이를 왕래하며 활동하다가 이 에 이르러 전사한 것이다.

原文

京畿義將金錫夏赴死　錫夏始爲朴來乘參謀　及來乘戰亡
錫夏率衆投順　已而欲曰　是終不可忍也　遂再起兵　往來永
平·楊州之間　至是戰死.

9월, 서정순(徐正淳)이 죽었다. 그는 청렴하고 지조가 있었다. 고을을 다스릴 때나 변방을 안찰할 때 백성들로부터 곧잘 송덕의 기림을 받았다. 그러나 성격이 유약하고 추부(趨附, 시세를 잘 좇 음)를 잘해서 평생토록 요령 있게 벼슬살이를 하였다. 근래에는 또한 처조카 조중응(趙重應)으로 인하여 부자이면서도 후한 녹을 받았으며, 남들보다 먼저 삭발하여 벼슬이 몸에서 떠나지 않았 으니, 식자들은 그것을 부끄럽게 여겼다. 나이 74세에 죽으니 시 호를 문□(文□)[1]라 하였다. 아들 서상훈(徐相勛)은 수학원장(修 學院長), 서상면(徐相勉)은 의주 군수였는데, 모두 기복(起復)하였다.

1) 서정순의 시호는 효문(孝文)이다. 이것을 보면 시호를 文□라고 되어 있는 것은 오기(誤記)임이 분명하다. 서정순은 1894년 김홍집 내각에 들어가 공부 대신을 역임하고, 광무 연간에는 참정과 중추원 의장 등을 역임하였다.

原文

九月 徐正淳卒 正淳有廉操 治郡按藩 輒見去思 然柔懧

善趨附 平生巧宦 近又因其妻侄趙重應 得父子厚祿 首先

斷髮 官不離身 識者愧之 年七十四而死 謚文□ 子相勛修

學院長 相勉義州郡守 俱起復.

13도 척식위원(拓殖委員)들이 일본에 건너갔다. 일본인들은 이미 척식(拓殖)하기로 도모하였으며, 형식적으로 우리 국민을 맞아 그 회의에 참석시켰다. 이에 정부는 각도에 영을 내려 지방에서 덕망 있는 사람 1, 2명을 뽑아 참석시켰다. 동경에서 회의를 개최하였는데, 그 회의 안건은 매매·대차(貸借)·경영·관리·건축·이주(移駐)·분배 등속들이 있었다. 이는 모두 조삼모사(朝三暮四)[1]로서 등을 치고 목을 잡으려는 술책이었다. 여러 위원들이 모두 '네, 네'하고 옳다 하였으나 오직 전남위원 박원규(朴源

奎)·김형옥(金衡玉), 황해위원 김영택(金永澤) 만이 목숨을 내걸고 힘써 항의하여 그 의논이 조금 늦추어졌다. 일본인은 강제로 행하지 않겠다고 약속하고 정부에 서신을 보내서 그대로 지키도록 하였다.

박원규 등이 이미 귀국하자 당시 사람들은 황해위원 오형근(吳亨根), 평남위원 백순흠(白舜欽)·황업(黃鄴), 평북위원 이윤실(李允實)·이택원(李宅源), 함남위원 조근호(趙根浩), 함북위원 손서헌(孫瑞憲)·한홍석(韓弘錫)을 박원규 등 세 사람에 덧붙여서 '열두 활불(活佛)²⁾이라 하였다.

註解

1) 조삼모사(朝三暮四) : 간사한 기만술책을 써서 사람을 우롱함.
2) 활불(活佛) : 살아 있는 부처.

原文

十三道拓殖委員等 入日本 倭人旣謀拓殖 假意遼我民 參

其會 於是政府令各道選地方譽望各一二人赴之 開議于東

京 其目有曰賣買·曰貨借·曰經營·曰管理·曰建築·曰

移駐·曰分配之屬 而皆朝三暮四 拊背搤吭之術也 衆皆唯

唯 惟全南委員朴源奎·金衡玉 黃海委員金永澤 捨命力抗

其議稍絀 倭人約不勒行 移書政府 使憑守之 源奎等旣還

時人以黃海吳亨根 · 平南白舜欽 · 黃鄴 平北李允實 · 李宅
源 咸南趙根浩 咸北孫瑞憲 · 韓弘錫 配源奎等三人 稱爲
十二活佛.

임금은 수원에 행행(幸行, 행차)하여 융릉(隆陵)과 건릉(健陵)
을 배알하고, 여러 학교 및 농림모범장(農林模範場)에 상을 내렸
다.

原文

上幸水原 謁隆陵 · 健陵 賞賜諸學校及農林模範場.

을사년(광무 9, 1905) 일진회가 선언서를 선포할 때, 송병준(宋
秉畯)이 통역을 맡아 일본에서 뇌물 몇만 원을 받았으며, 정미년
(광무 11, 1907) 7조약을 체결할 때 또 몇만 원을 받았다.

原文

乙巳一進會之布宣言書也 宋秉畯以通譯 受倭賂幾萬元
及搆七協約 又幾萬元.

우리나라에서 우두법(牛痘法)은 영국 의사 점나(占那, Jenner,

E.) 및 지석영(池錫永)에 의해 처음 시작되었다.

아 국 우 두 발 행 지 시　영 국 의 사 점 나 급 지 석 영
我國牛痘發行之始　英國醫師占那及池錫永.

최강(崔岡)의 집에 『이십사걸기(二十四傑記)』가 있는데, 이는 신라·고려 이후 명장(名將)들의 사적(事蹟)이다.

최 강 가 유 이 십 사 걸 기　나 려 이 래 명 장 사 적
崔岡家有二十四傑記　羅麗以來名將事蹟.

나주 사람 나덕삼(羅德三)은 관리들의 탐학과 횡포에 통분한 나머지 항의, 성토하여 백성을 구제하는 것을 주의(主義)로 삼았는데, 삼대(三代)가 형을 받고 죽었다.

나 주 인 나 덕 삼　통 관 이 지 탐 폭　항 의 성 토　이 구 민 주 의　삼 세
羅州人羅德三　痛官吏之貪暴　抗義聲討　以救民主義　三世
형 사
刑死.

의주 사람 임상옥(林尙玉)은 식화(殖貨)에 머리를 잘 써서 청국과 우리나라 사이에서 (무역으로) 이익을 챙겨 부(富)가 왕실과

비견될 만하였다. 북경 사람들은 아직도 그의 이름을 말하고 있다.

原文

^{의 주 인 림 상 옥 선 식 화} ^{관 량 국 지 리} ^{부 날 왕 실} ^{북 경 인 상 도}
義州人林尙玉善殖貨　縮兩國之利　富埒王室　北京人尙道

^{기 명}
其名.

노·일전쟁에 일진회 회원들이 (일본을 도와) 싸움에 나가 죽은 자가 수천 명을 헤아렸다.

原文

^아 ^{일 전 역} ^{일 진 회 조 전 왕 사 자} ^{수 천 계}
俄·日戰役　一進會助戰往死者　數千計.

임오년(고종 19, 1882)에 처음으로 우리나라 국기(國旗)를 제정하였다.

原文

^{임 오 시 제 국 기}
壬午始製國旗.

『진언집(眞言集)』¹⁾ (불가의 문자)에, "고승 요의(了義)가 국문을 창제했다."고 하였는데, 요의는 어느 시대 사람인지 알 수 없으나 그가 세종 이전의 사람인 것만은 의심의 여지가 없다. 또 일본 사람이 근래 땅속에서 운족(雲族)의 고대 문자를 발굴했는데, '마', '메', '아', '오' 등의 글자와 비슷한 것이 있으니, 이는 백제 때 한문이 일본으로 건너간 것과 유사한 것이다. 어찌 이러한 문자가 우리 국문으로부터 들어갔다고 아니할 수 있겠는가? 그렇다면 국문의 창제는 단군 시대부터라고 할 수 있다.

註解

1) 진언집(眞言集) : 불경(佛經), 진언(眞言)을 모아서 범어(梵語) · 한자 · 한글로 대조하여 기록한 책.

原文

眞言集 佛家文字 言高僧了義 創出國文 了義不知何時人

而其爲世宗以前人則無疑 又日本人近從地中 掘得出雲族

古代文字 有肖마메아오等字 則是猶百濟時漢文渡倭事也

安知此等文 不從我國而入耶 然則國文之創 蓋自檀君時代

云.

고구려 때 기자산(棄子山)이 있었다. 자기 아들을 전쟁터에 보냈는데, 패하여 돌아오자 이 산에 버린 것이다. 그것은 무(武)를 숭상하는 뜻을 표시한 것이다.

原文

高句麗時 有棄子山 有送其子于戰場 而敗還者 棄于此山
蓋表其尙武之意也.

고려의 중 현린(玄麟)이 최영(崔瑩)의 북벌(北伐)을 돕다가 마
침내 함께 죽었다.

原文

高麗僧玄麟 贊崔瑩北伐 竟與同死.

대원군의 면례(緬禮)[1]를 파주(坡州) 옛 장릉(長陵)에서 행하였
다.[2]

註解

1) 면례(緬禮) : 산소(山所)를 옮겨서 장사를 다시 지냄.
2) 이 내용은 앞서 융희 2년(1908) 4월에 이미 밝힌 내용이다.

原文

雲峴緬禮 行于坡州舊長陵.

이용익(李容翊)이 죽은 뒤에, 그 손자 이종호(李鍾浩)는 여전히

큰 재산을 소유하고 있어 12,000원을 은행에 예치해둔 상태였다.
송병준(宋秉畯)과 조민희(趙民熙)가 함께 이종호를 무고하기를,
"예치한 돈은 곧 이용익의 유산이다. 이용익의 유산은 곧 황실에
서 내린 것이다. 이치상으로 의당 국고에 반납해야 한다."하고,
임금의 뜻이라 거짓으로 속이고 송병준의 저택에 가두어 두었
다. 이종호는 젊은 나이긴 하지만 몸가짐을 바르게 잘하여 장곡
천호도(長谷川好道)에게 칭찬을 받은 지 오래되었다. 장곡천호도
가 그 소식을 듣고 증녜황조(曾禰荒助)를 시켜서 송병준과 조민
희를 꾸짖게 하여 일이 그치게 되었다.

原文

李容翊死後 其孫鍾浩 尙擁厚貲 以一萬二千元 立預金於
銀行 宋秉畯與趙民熙 誣奏鍾浩所立金 卽容翊遺産也 容
翊遺産 卽皇室錫賚也 理宜繳納國庫 矯旨拘秉畯邸 鍾浩
年少雅飭 久爲長谷川好道所賞 好道聞之 使曾禰荒助叱責
宋·趙 事得已.

　어리석은 백성으로 일진회에 가입한 자들이 매월 민전(緡錢,
꿴 돈) 한 냥씩을 본부에 보냈으니, 이것을 이름하여 '봉상전(奉上
錢)'이라 한다.

原文

^{우민입일진회자 매월출민전일냥 송우본부 명왈봉상전}
愚民入一進會者 每月出緡錢一兩 送于本部 名曰奉上錢.

박영효(朴泳孝)는 제주에 있으면서 유배 기간이 끝났는데도 돌아오지 않고, 시국(時局)에 대해서는 한마디도 입에 올리지 않았으며, 포전(圃田)을 개간해서 과실나무를 심고 도민들에게 잘 가꾸도록 권장했다.

原文

^{박영효재제주 적만불귀 절구부담시국 간포종과 권도예}
朴泳孝在濟州 謫滿不歸 絶口不談時局 墾圃種果 勸島藝
^식
植.

의병장 이명하(李明夏)는 이강년(李康秊)의 부하였다. 그런데 그가 사로잡혀 공술하기를, "나는 고황제(高皇帝)의 17세손으로 국치(國恥)를 씻으려는 뜻을 품고 의병을 일으킨 지 수년이 되었건만 공을 완수하지 못한 채 몸이 먼저 사로잡혔으니, 살아 있은들 또한 무엇할 것이며 죽는다고 해서 또한 어찌 한스러울 것이 있으리오?" 하였다.

原文

^{의장이명하 이강년부하야 피금공왈 오이고황제십칠세}
義將李明夏 李康秊部下也. 被擒供曰 吾以高皇帝十七世

^손 ^지 ^설 ^국 ^치 ^{기 의 수 년} ^{공 미 수 이 신 선 금} ^{생 역 하 위} ^{사 역 하}
孫 志雪國恥 起義數年 功未遂而身先擒 生亦何爲 死亦何

^한
恨.

일본인으로 우리나라에 사는 사람들이 설립한 학교는 크고 작은 것을 합해 무릇 82곳이나 되었으며 남녀 생도가 10,594명이었다.

原文

^{왜 인 지 거 아 국 자} ^{기 소 설 학 교} ^{대 소 범 팔 십 이 구} ^{남 녀 생 도}
倭人之居我國者 其所設學校 大小凡八十二區 男女生徒

^{위 일 만 오 백 구 십 사 인}
爲一萬五百九十四人.

미국인 우락월(禹洛月)과 여의사 흘씨(訖氏)가 평양에 맹인여학교(盲人女學敎)를 설립하고 눈먼 소녀들을 모아 교육하였다. 처음에는 침수(針繡, 자수)를 가르쳤으며 이어서 교과서를 발간하였으니, 국문(國文)·성경(聖經)·지지(地志)·음악·산술·재봉·가정학·저술법 등의 과목이 있었다.

原文

^{미 국 인 우 락 월 급 녀 의 흘 씨} ^{설 맹 여 학 교 우 평 양} ^{취 맹 여 이}
美國人禹洛月及女醫訖氏 設盲女學校于平壤 聚盲女而

^{교 지} ^{시 교 이 침 수} ^{계 간 과 정} ^{유 국 문} ^{성 경} ^{지 지} ^{음 악}
敎之 始敎以針繡 繼刊科程 有國文·聖經·地志·音樂·

算術^{산술} · 裁縫^{재봉} · 家庭學^{가정학} · 著述法之目^{저술법지목}.

전라남도 관찰사 신응희(申應熙)가 각군의 영저리(營邸吏)를 폐지하였다.

原文

全南觀察申應熙 廢各郡營邸吏.

북부(北部) 재동(齋洞)에 옥씨(玉氏) 성을 가진 집에 고용살이 하는 늙은 부부가 서로 의지하고 살아가고 있었다. 지난해 9월에 그 남편이 먼저 죽었는데, 1년이 되자 그 아내는 30원을 품고 남편의 묘소 아래에 가서 유서를 남겨 남편의 친구에게 부탁하기를, "15원은 남편의 제사비용으로 충당하고 15원은 묘역을 잘 보호해 주시오." 하고 아편을 복용하고 죽었다.

原文

北部齋洞玉姓人家 有雇傭老夫婦 相依爲命 上年九月其

夫死 及朞 妻懷三十元 往夫墓下 遺書託夫友 十五元充夫

祭費 十五元禁護墓域 因服鴉片以死.

민영철(閔泳喆)이 상해로 도망칠 때 서궁(西宮) 건축비 95만 원

을 가지고 갔다. 이에 이르러 태황제(太皇帝, 고종)가 이범규(李範
奎)를 시켜 가서 찾아오게 하였으나 민영철은 준엄히 거절했다.

原文

^{민 영 철 지 분 상 해 야} ^{대 서 궁 건 축 비 구 십 오 만 원 이 거} ^{지 시}
閔泳喆之奔上海也　帶西宮建築費九十五萬元而去　至是
^{태 황 제 사 이 범 규 왕 징 지} ^{영 철 준 거}
太皇帝使李範奎往徵之　泳喆峻拒.

(11일) 의병장 이강년(李康秊)이 살해되었다.

原文

^{십 일 일} ^{의 장 이 강 년 견 살}
十一日　義將李康秊見殺.

일본인 목야금이랑(牧野金二郞)이 80세가 된 자기 할아버지가
노쇠하여 쓸모가 없다고 하여 목 졸라 죽인 뒤 우물에 던져버렸
다.

原文

^{왜 인 목 야 금 이 랑} ^{이 기 조 년 팔 십} ^{노 쇠 무 용} ^{교 살 지} ^{투 정}
倭人牧野金二郞　以其祖年八十　老衰無用　絞殺之　投井
^중
中.

홍재붕(洪在鵬)이 일본에 유학하여 정강농학교(靜岡農學校)에

서 공부하였다. 하루는 일본인 선생이 여러 학생을 대하고 말하기를, "한국의 토지는 삼남(三南) 지방이 가장 비옥하다. 너희들은 졸업을 마치고 일찌감치 그리로 가서 경리(經理, 경작)하지 않겠는가?" 하였다. 홍재붕은 그 소리를 듣고 크게 노해 의자를 들어 집어던져 때리니 이로 인해 그 학교 생도들과 크게 떠들며 싸웠다.

原文

洪在鵬留學日本 受業于靜岡農學校 一日倭敎師對其衆 曰 韓國土地 三南最沃 汝等盍圖卒業早往經理 在鵬聞之 大怒 擧椅樸打 因與該校生徒大鬨.

전라남도 옥과군(玉果郡)을 폐지하여 담양군과 창평군에 나누어 귀속시켰다. 그리고 화순군(和順郡)을 폐하여 능주군(綾州郡)에 합쳤으며, 낙안군(樂安郡)을 폐지하여 순천군과 보성군에 나누어 귀속시켰다.

原文

廢全南玉果郡 分屬潭陽·昌平·廢和順郡 合于綾州 廢 樂安郡 分屬順天·寶城.

영국의 기독교인 허수두(許壽斗, Hoggard, R.)와 반우거(班禹巨) 등이 '구세군(救世軍)'이라 일컫고, 서울에 내주하며 서문 밖 평동(平洞)에 영문(營門)을 세우니, 순일 간에 사람들이 모여 수천 명에 이르렀다.

原文

英國基督敎人許壽斗 · 班禹巨等 稱救世軍 來駐京城 建營於西門外平洞 旬日 衆至數千人.

평양 사람 정인숙(鄭仁叔)이 새로 자기(磁器)를 만들었는데, 품질이 빼어나 청국과 일본에서 생산되는 제품과 견줄 만하였다.

原文

平壤人鄭仁叔 燔造新磁器 品良 與淸 · 倭産埒.

일본 농부 400명이 먼저 상주(尙州)에 도착하였는데, 400만 명이 장차 올 것이라고 떠들어댔다.

原文

倭農夫四百 先到尙州 聲言四百萬人將出來.

시천교인(侍天敎人) 21명이 태인(泰仁) 행단점(杏坍店, 구들재)
에서 잠을 자고 있는데 일본 순찰병들이 의병인 줄 알고 오인하
여 포위하고 모두 죽였다. 일본인이 그 소식을 듣고 대위 한 사람
을 뽑아 한국에 건너가 조사토록 하였다.

경기도와 황해도의 의병이 날로 치열하였는데, 양주에는 황재
호(黃在浩)가 있고, 광주(廣州)에는 김춘호(金春浩)가 있고, 삭녕
에는 연기호(延基浩)가 있고, 파주에는 이인순(李仁順)이 있고,
평산에는 이진용(李鎭龍)이 있고 연안에는 심노술(沈魯述)과 이
근수(李根洙) 등이 있었는데, 그들이 거느린 의병이 천여 명, 백
여 명으로, 혹은 수십 명인 곳도 있었다. 이 때문에 국민들은 편
히 살 수 없었으며 일본군 또는 심히 괴로워하였다.

原文

侍天敎人二十一名 宿于泰仁杏坍店 巡倭認以義兵 圍而
盡殺之 倭人聞之 差大尉一人 渡韓查覈.

京畿·海西義兵日熾 楊州則有黃在浩 廣州則有金春浩
朔寧則有延基浩 坡州則有李仁順 平山則有李鎭龍 延安則
有沈魯述·李根洙 擁衆千百不等 或數十人 民不聊生 倭
亦甚苦之.

이종호(李鍾浩)·윤치호(尹致昊)·안창호(安昌浩) 등이 평양에

대성중학교(大成中學校)를 세웠다. 이종호는 서울에 있으면서 10
만 원을 기부하여 이미 협성학교(協成學教)를 세웠다. 그는 무릇
교육과 관계되는 사업은 미처 따라가지 못할까 걱정하는 듯 항상
앞장서 왔다. 그것은 대개 그 할아버지 이용익(李容翊)의 유지(遺
志)를 준수하였다고 한다. 우리나라에 중학교가 있게 된 것은 이
로부터 시작되었다.

原文

李鍾浩 · 尹致昊 · 安昌浩等　設大成中學校于平壤　鍾浩
在京師　捐十萬元　已建協成學校　凡係敎育　趨鶩如不及　蓋
遵其祖容翊遺志云　我邦之有中學始此.

　9월 28일, 의병장 허위(許蔿)가 처형되었다. 허위가 장차 교형
을 당하게 되니 일본 중이 송경(誦經)하며 그의 명복을 빌려 하였
으나 허위는 꾸짖어 말하기를, "충의의 귀신은 스스로 응해서 신
선이 되어 올라간다. 설령 지옥으로 떨어진다 할지언정 어찌 원
수인 오랑캐 중놈을 자탁해서 내가 도움을 인도해 달라 하겠는
가?" 하였다. 일본 관리가 유언이 있느냐고 묻자 허위가 대답하
기를, "대의(大義)를 펴지 못했으니 유언이 무슨 소용이리오?" 하
였다. 또한 "시신(尸身)을 거두어 줄 사람이 있느냐?"고 물으니 대
답하기를, "시체를 어찌 족히 거둬 가겠는가? 이 감옥에서 썩어
문드러지게 하는 것이 옳겠다." 하며 안색(顔色)이 양양한 채로

속히 나를 죽이라고 크게 호령했다. 신보사(申報社)에서 보고 기록하여 말하기를, "하늘의 해가 빛을 잃었다! 보는 자는 눈물을 흘리지 않음이 없었다."고 하였다. 이때 옥졸(간수) 두 사람은 허위와 이강년의 죽음을 보고 비분(悲憤)함을 참지 못해서 모자를 찢고 그곳을 물러나왔다고 한다.

原文

二十八日 義將許蔿見殺 蔿之將絞也 倭僧欲誦經 蔿其冥
福 蔿喝曰 忠義之鬼 自應升仙 縱墮地獄 豈藉汝輩鯷虜蠻
髠所導佑乎 倭官問 有遺言乎 曰大義未伸 遺言安用 又問
有收屍者乎 曰屍何足收 腐爛此獄可也 顏色揚揚 大呼 速
殺我 申報社目以錄之曰 天日無光 覽者無不流涕 獄卒二
人見許·李(康季)之死 不勝悲憤 裂帽而退.

서울의 가옥은 본래 4만 호에 지나지 않았으나 근래 백성들이 곤궁하고 재산도 탕진되어 외지인들에게 전당잡히지 않은 집은 4,000호에 불과했다.

原文

京中家屋 本不過四萬戶 近因民窮財盡 其不被外人典執

^자 ^{불 과 사 천 호}
者 不過四千戶.

　일본인은 임병찬(林炳瓚)이 영광 군수로 나가지 않는다고 하여 그를 체포하여 서울의 감옥으로 압송한 후 신문하기를, "그대가 벼슬하지 아니하니 장차 거의(擧義)를 다시 도모하려는 것이 아닌가?" 하니 임병찬은 큰 소리로 말하기를, "내가 재차 의병을 일으키지 못하는 것은 힘이 부족해서 그러한 것이다. 오늘 할 수 있는 형편이라면 오늘도 의병을 일으키는 것이요, 내일 준비가 되면 내일도 의병을 일으킬 것이니, 내 일은 내가 알아서 할 뿐이다. 너희가 어찌 물으려 하느냐?" 하였다. 그를 감옥에 오랫동안 가두었다가 석방하였다.

原文

倭人以林炳瓚不赴靈光 逮至京獄 訊之曰 汝不仕 將再圖
擧義乎 炳瓚大言 吾不再擧者 力不足也 今日辦則今日義
兵 明日辦則明日義兵 吾做吾事而已 汝何問爲 繫久乃釋.

　일본인 고곡(古谷)이란 자가 그 아비에게 말하기를, 자신의 딸이 아이를 낳아 매장하고는 딸이 즉시 도망쳤다고 하였다. 이 때문에 고곡은 수감되어 신문을 받았다.

原文

<ruby>倭<rt>왜</rt></ruby><ruby>人<rt>인</rt></ruby><ruby>有<rt>유</rt></ruby><ruby>古<rt>고</rt></ruby><ruby>谷<rt>곡</rt></ruby><ruby>者<rt>자</rt></ruby> <ruby>報<rt>보</rt></ruby><ruby>其<rt>기</rt></ruby><ruby>父<rt>부</rt></ruby> <ruby>女<rt>여</rt></ruby><ruby>生<rt>생</rt></ruby><ruby>雛<rt>추</rt></ruby><ruby>埋<rt>매</rt></ruby><ruby>之<rt>지</rt></ruby> <ruby>女<rt>여</rt></ruby><ruby>卽<rt>즉</rt></ruby><ruby>逃<rt>도</rt></ruby><ruby>去<rt>거</rt></ruby> <ruby>古<rt>고</rt></ruby><ruby>谷<rt>곡</rt></ruby><ruby>囚<rt>수</rt></ruby><ruby>訊<rt>신</rt></ruby>.

● 9월 의보(義報).

1일 의병이 고부(古阜)에서 싸웠고,

4일 광주(廣州) 경안역(慶安驛)에서 싸웠고,

1일 영변에서 싸웠고,

2일 또 영변(寧邊)에서 싸웠다.

7일 길주(吉州) 화태리(花苔里)에서 싸웠고, 삼등(三登)에서 싸웠다.

5일 하동(河東)에서 싸웠고,

7일 구례(求禮) 중산촌(中山村)에서 싸웠고,

3일 이규용(李奎鎔)의 부대가 임천(林川)에서 싸웠고,

4일 삼등(三登)에서 싸웠고,

12일 양주(楊州) 덕소(德沼)에서 싸웠고, 고창(高敞)에서 싸웠다.

19일 맹산(孟山) 학천리(鶴泉里)에서 싸웠고,

10일 영흥(永興)에서 싸웠고,

11일 단천(端川)에서 싸웠고,

10일 신천수(辛天洙)의 부대가 재령(載寧)에서 싸웠다.

6일 연안(延安)에서 싸웠고,

8일 아산(牙山)에서 싸웠고,

11일 둔포(屯浦)에서 싸웠고,

10일 온양(溫陽)에서 싸웠고, 조명서(趙命瑞)의 부대가 해주(海州)로 들어갔다.

12일 단양(丹陽)에서 싸웠고,

8일 하동(河東) 웅동(熊洞)에서 싸웠고, 예천(醴泉)에서 싸웠다.

5일 광양(光陽)에서 싸웠고, 오양선(吳良善)의 부대가 청양(青陽)에 들어갔다. 이민철(李敏哲)과 민창식(閔昌植)의 부대가 유구(維鳩)에 모였다.

16일 영흥(永興)에서 싸웠고, 순창(淳昌)에서 싸웠다.

15일 인천(仁川)에서 싸웠고,

13일 단양(丹陽)에서 싸웠고,

16일 파주(坡州) 문산포(文山浦)에서 싸웠고,

15일 해주(海州) 운봉산(雲峰山)에서 싸웠고, 또한 온정원(溫井院)에서 싸웠다.

12일 개성(開城)에서 싸웠고,

19일 함남(咸南) 신풍리(新豊里)에서 싸웠고,

10일 평남(平南) 약수동(藥水洞)에서 싸웠고,

20일 용담(龍潭)에서 싸웠고, 고부(古阜)에서 싸웠다.

19일 영흥(永興)에서 싸웠고,

16일 해주(海州)에서 싸웠고,

20일 순천(順天)에서 싸웠고,

30일 150여 명이나 나주(羅州) 영산포(榮山浦)에서 싸웠다.

21일 함흥(咸興)에서 싸웠고,

17일 파주(坡州)에서 싸웠고,

14일 해주(海州)에서 싸웠고,

13일 화천(華川)에서 싸웠고,

23일 함평(咸平)에서 싸웠고,

14일 순창(淳昌) 복전(福田)에서 싸웠고,

8일 예천(醴泉)과 함평(咸平)에서 싸웠는데 의병은 약 1백 명이었다.

17일 나주(羅州)에서 싸웠는데 의병은 120명이었다.

24일 장진(長津)에서 싸웠는데, 의병은 백여 명이었다.

26일 한산(韓山)에서 싸웠고, 또한 임천(林川)에서 싸웠다.

24일 청양(靑陽)에서 싸웠는데, 의병 수는 1백여 명이었다.

26일 광주(光州)에서 싸웠고,

22일과 24일 함흥(咸興)에서 싸웠고,

15일 마전(麻田)에서 싸웠고,

17일 울진(蔚珍)에서 싸웠고,

26일 순창(淳昌)에서 싸웠고,

19일 단성(丹城)에서 싸웠고,

23일 온정원(溫井院)에서 싸웠고,

25일 의령(宜寧) 외방촌(外方村)에서 싸웠고, 영월변 약수동(藥水洞)에서 싸웠다.

29일 강화(江華)에서 크게 싸웠는데 병력이 가히 수천 명으로, 일본군을 많이 죽였다. 강춘삼(姜春三)의 부대가 마산(馬山)을 지났다.

25일 안성(安城)에서 싸웠고,

10일 위원(渭原)에서 싸웠고,

23일 평강(平康)에서 싸웠고,

28일 영암(靈岩)에서 싸웠고,

20일 보성(寶城) 봉내시(峰內市)에서 싸웠고, 정산에서 싸웠다.

16일 단성(丹城)에서 싸웠고,

30일 성천(成川)에서 싸웠고, 또 영원(寧遠)에서 싸웠다.

25일 성천(成川)에서 싸웠고,

23일 창평(昌平)에서 싸웠고, 횡성(橫城)에서 싸웠다.

27일 면천(沔川)에서 싸웠고,

29일 관동(關東) 회현(灰峴)에서 싸웠고,

30일 정읍(井邑)에서 싸웠고, 토산(兎山)에서 싸웠고,

28일 청송(靑松)에서 싸웠고,

30일 봉화(奉化)에서 싸웠고,

24일 양덕(陽德)에서 싸웠고,

10일 해서(海西) 기린시(麒麟市)에서 싸웠고,

21일 맹산(孟山)에서 싸웠고,

29일 삼척(三陟)에서 싸웠고,

28일 해남(海南)에서 싸웠고,

30일 성천(成川)에서 싸웠다.

義報.

一日戰于古阜 四日入廣州慶安驛 一日戰于寧邊 二日又

戰寧邊 七日戰于吉州花苔里 戰于三登 五日戰于河東 七

日戰于求禮中山村 三日李奎鎔兵戰于林川 四日戰于三登

十二日戰于楊州德沼 戰于高敞 十九日戰于孟山鶴泉里 十

日戰于永興 十一日戰于端川 十日辛天洙兵戰于載寧 六日

戰于延安 八日戰于牙山 十一日戰于屯浦 十日戰于溫陽

趙命瑞兵入海州 十二日戰于丹陽 八日戰于河東熊洞 戰于

禮泉 五日戰于光陽 吳良善兵入靑陽 李敏哲·閔昌植兵會

于維鳩 十六日戰于永興 戰于淳昌 十五日戰于仁川 十三

日戰于丹陽 十六日戰于坡州文山浦 十五日戰于海州雲峰

山 又戰于溫井院 十二日戰于開城 十九日戰于咸南新豊里

十日戰于平南藥水洞 二十日戰于龍潭 戰于古阜 十九日戰

于永興 十六日戰于海州 二十日戰于順天 三十日百五十餘

人 戰于羅州榮山浦 二十一日戰于咸興 十七日戰于坡州

十四日戰于海州 十三日戰于華川 二十三日戰于咸平 十四

日戰于淳昌福田 八日戰禮泉 戰咸平兵約百名 十七日戰羅

州兵可百二十　二十四日戰于長津兵可百許　二十六日戰韓

山　又戰林川　二十四日戰青陽兵可百餘　二十六日戰光州

二十二 · 二十四日戰咸興　十五日戰麻田　十七日戰蔚珍　二

十六日戰淳昌　十九日戰丹城　二十三日戰溫井院　二十五日

戰宜寧外方村　戰寧越邊藥水洞　二十九日大戰于江華　兵可

數千　倭多被殺　姜春三兵過馬山　二十五日戰安城　十日戰

渭原　二十三日戰平康　二十八日戰靈岩　二十日戰寶城峰內

市　戰于定山　十六日戰丹城　三十日戰成川　又戰寧遠　五日

戰成川　二十三日戰昌平　同日戰橫城　二十七戰日沔川　二

十九日戰關東灰峴　三十日戰井邑　同日戰兎山　二十八日戰

青松　三十日戰奉化　二十四日戰陽德　十日戰海西麒麟市

二十一日戰孟山　二十九日戰三陟　二十八日戰海南　三十日

戰成川.

10월, 이황(李煌)이란 자는 고 승지 이종원(李種元)의 아들이다. 임선준(任善準)은 그가 유락(流落)한 것을 민망히 여겨 그가 거주하고 있는 군의 주사(主事)를 제수하였다. 이황이 탄식하며 말하기를, "옛 사람이 말하기를 굶어 죽는 일은 작고 절개를 잃는 것은 크다고 하였으니, 내가 차라리 굶어서 죽겠노라." 하고 애써 사양하였다.

原文

동 시 월 이 황 자 고 승 지 종 원 자 야 임 선 준 민 기 유 락 위 제 소
冬十月 李煌者 故承旨種元子也 任善準悶其流落 爲除所

거 지 군 주 사 황 탄 왈 고 칭 아 사 사 소 실 절 사 대 오 영 아 차 사
居地郡主事 煌歎曰 古稱餓死事小 失節事大 吾寧餓且死

이 수 역 사
耳 遂力辭.

(10월) 의병장 최봉래(崔鳳來)가 체포되었다. 또한 김순옥(金順玉)과 그의 부하 이완보(李完甫)·김구학(金龜鶴)·이찬실(李贊實)·허백석(許白石) 등도 수원 일본 헌병대(憲兵隊)에 체포되었다.

原文

의 장 최 봉 래 피 금 우 김 순 옥 병 기 부 하 이 완 보 김 구 학 이
義將崔鳳來被禽 又金順玉幷其部下李完甫·金龜鶴·李

찬 실 허 백 석 등 피 금 우 수 원 왜 헌 병
贊實·許白石等 被禽于水原倭憲兵.

김세기(金世基)가 죽었다. 김세기는 욕심이 많고 마음이 더러워 탐욕하는 것이 습관이 되어 있었다. 그가 외직에 있을 때 일찍이 두 번씩이나 백성들의 소요를 불러일으키게 하였다. 재산은 백만 금이나 되었는데, 늙어서는 더욱 탐욕스러웠다. 장토(庄土)

를 팔아 이익을 꾀하려다가 간교한 상인과 못된 중에게 사기를 당하여 평생 모은 재산을 일거에 탕진하였다. 그로 인해 그는 마음을 조급하게 굴며 성을 내다가 화병을 얻어 죽은 것이다. 그의 아들은 아비의 부채에 시달리다가 경향 각지를 떠돌아다니며 살았는데, 사람들이 그를 가리켜 말하기를, "이 사람은 고 김판서의 아들이다."라고 하였다.

原文

金世基卒 世基貪汚成性 其居外官也 嘗再致民擾 家貲百萬 老而愈饕 賣庄營利 爲奸商 · 惡僧所欺 平生之積 一擧蕩然 憤躁成疾死 其子困父債 流離京鄕 人指之曰 此故金判書子也.

평양 대성학교에 세 사람이 특히 많은 의연금을 내었으니 오희원(吳熙源)이 5천 원, 김진후(金鎭厚)가 3천 원, 오치은(吳致殷)이 2천 원이었으며 모두 관서 사람들이다.

原文

平壤大成學校出三大義捐 吳熙源五千元 金鎭厚三千元 吳致殷二千元 皆關西人也.

청나라 당소의(唐紹儀)가 일본에 있으면서 소촌수태랑(小村壽太郎)과 간도조약(間島條約)을 체결하여 그 영토를 청국에 복속시킨다 하였다. 그리고 우리나라 사람들이 섞여 거주하는 것을 허락하며 한국 영사관을 설치하였으며, 광산권은 청국의 허가를 기다리게 하였다. 당소의는 얼마 있다가 소이(紹怡)로 개명하였다. 당소의의 아버지는 청국인이며 어머니는 서양 여자이다. 그래서 그를 혼혈종이라 불렀다.

原文

清唐紹儀在日本 與小村壽太郎 定間島條約 領土屬于清
許韓人雜居 設韓領事館 礦權待清許可 紹儀已而改紹怡
紹儀父清人 而母洋女 故謂之混血種.

왕십리 김광윤(金光潤)의 집에서 돼지 한 마리가 출산을 했는데 머리는 두 개에다 눈은 세 개였다.

原文

往十里金光潤家 産一猪 兩頭三目.

옥천(沃川) 백성 민동식(閔東植)과 김진성(金振聲)이 자직기(自織機)를 발명하여 겨울에도 300척(尺)의 베를 짤 수 있었다.

原文

옥천민민동식　김진성　창자직기　동일가직삼백척
沃川民閔東植·金振聲 創自織機 冬日可織三百尺.

일본인 대원장부(大垣丈夫)는 문학(文學)과 담론(談論)을 잘하여 우리나라 사람과 서로 왕래하였다. 그는 일본의 화평당(和平黨)으로 우리나라 서울에 수년간 있었는데 우리나라의 정형을 민망하게 생각하여 자국 정부에 서신을 보내 말하기를, "한국인이 복종하지 않는 두서너 가지 일이 있으니, 하나는 태황제(고종)가 황제위를 전해 준 일이요. 다른 하나는 황태자가 일본에 건너간 일이요. 다음은 일진회가 폭행하는 일이요. 또 하나는, 내각에 인재가 없는 일이다."라고 하면서 태자를 돌려보내고, 김윤식(金允植)·장박(張博)·유길준(俞吉濬) 등을 내각 후보로 임명하여 여러 사람의 마음을 위안해 주라고 청하였다.

原文

왜인대원장부　이문학담론　여아인상왕환　개기국화평당
倭人大垣丈夫 以文學談論 與我人相往還 蓋其國和平黨
야　유경사수세　민아국정형　상서우기정부왈　한인불복유
也 留京師數歲 悶我國情形 上書于其政府曰 韓人不服有
수사　일왈태황제전선야　일왈황태자동도야　일왈일진회폭
數事 一曰太皇帝傳禪也 一曰皇太子東渡也 一曰一進會暴
행야　일왈내각무인야　청환송태자　이김윤식　장박　유길
行也 一曰內閣無人也 請還送太子 以金允植·張博·俞吉
준위내각후보　이위중심
濬爲內閣候補 以慰衆心.

청국과 일본이 간도(間島)에서 큰 싸움을 하였다.

原文

청 왜 대 홍 우 간 도
清·倭大鬨于間島.

일본인 좌등제(佐藤齊)는 자신의 아버지에게 감정이 있어 목을 졸라 죽인 후, 자신도 물에 투신하여 죽었다.

原文

왜 인 좌 등 제 감 기 부 교 살 지 인 자 투 수 이 사
倭人佐藤齊 憾其父絞殺之 因自投水以死.

함경남도 관찰사 이범래(李範來)가 군수들을 모아놓고 삭발할 것을 논의하자, 정평 군수 이태하(李泰河)가 인끈을 버리고 가버렸다.

原文

함 남 관 찰 이 범 래 회 군 수 의 치 발 정 평 군 수 이 태 하 투 인 이
咸南觀察李範來 會郡守 議薙髮 定平郡守李泰河 投印而
거
去.

의병장 유문재(柳文在)가 체포되어 3년 형을 받았다.

原文

_{의 장 유 문 재 피 금   역 삼 년}
義將柳文在被禽 役三年.

남인도(南印度)에서 홍수가 나서 죽은 자가 2만여 명이나 되었으며, 구주(歐州)의 중부 지역에서도 큰 지진이 일어났다.

原文

_{남 인 도 대 수   사 자 이 만 여 인   구 주 중 부 지 대 진}
南印度大水 死者二萬餘人 歐洲中部地大震.

민간에는 예로부터 고복채(考卜債)[1]란 것이 있었다. 그런데 호남 아전들의 횡포가 매우 심하여, 고채(考債)가 더욱 무거우니, 1결당 세금으로 10두(斗)를 징수하는 자도 있었다. 이때에 이르러 백성들의 고복이 아전들의 손에 떨어지지 않게 하였다. 그러나 백성들은 아전들의 위세에 습속이 되어 여전히 아전들의 고채를 들어주었다. 아전들 또한 다소 줄여주었으나 매 결당 100문에서 200문의 돈을 징수하였는데, 고을마다 각각 동일하지 않았다. 민정은 다소 풀렸다고 할 수 있겠으나, 그러나 전국을 헤아려 보면 호남이 오히려 가장 무거웠다. 그런데도 수령들이 아전 두려워하기를 평민들보다 더하여 그러한 행태를 잘 알고 있으면서도 감히 힐책하지 못하였고, 혹자는 반대로 그들을 위해주는 처지에 있는 자도 있었다.

註解

1) 고복채(考卜債) : 고복의 비용에 보태 쓰려고 결세(結稅) 외에 더 거두던 돈. 고복은 결부(結負)의 변동이 생겼을 때에 이것을 조사하여 드러난 손익이다. 100부(負)는 1결(結)에 해당함. 결복(乞卜). 복(卜)은 부(負)와 같은 말로, 전지(田地) 단위 면적이다.

原文

民間舊有考卜債之例 而湖南吏尤橫 故考債尤重 每一結 有至徵租十斗者 至是令民考卜 勿落吏手 然民習積威 尙 聽吏考 吏亦稍戢 每結徵錢一二百文 邑各不同 民情稍紓 然通國而計 湖南猶爲最重 而守令畏吏 過於平民 熟視不 敢詰 或有反爲之地者.

양산(梁山) 사람 전태준(全泰準)의 아내 김씨는 그의 남편이 나병(癩病)으로 거의 죽게 된 것을 민망히 여겨 허벅지 살을 베어 회로 만들어 먹였더니 병이 나았다.

原文

梁山人全泰準婦金氏 悶其夫病癩垂死 割股作膾 啖之 病 得愈.

10월 14일에는 청나라 광서제(光緒帝, 德宗)가 붕(崩)하고, 15일에는 서태후(西太后)가 붕했다. 광서황후(光緒皇后)는 순붕(殉崩)하였다.

原文

^{십 사 일 청 국 광 서 제 붕} ^{십 오 일 서 태 후 붕} ^{광 서 황 후 순 붕}
十四日淸國光緒帝崩 十五日西太后崩 光緒皇后殉崩.

평안남북도에 훈칙(訓飭)하여 명년도 청력(淸曆)의 발매를 금하게 하였다. 당시 청국의 책력이 왕왕 민간에서 사용되었는데 평안남북도가 더욱 심했다.

原文

^{훈 평 안 남 북 도} ^{금 명 년 도 청 역 발 매} ^{시 청 력 왕 왕 행 우 민 간}
訓平安南北道 禁明年度淸曆發賣 時淸曆往往行于民間
^{이 평 남 북 우 심}
而平南北尤甚.

원주 사람 김운선(金雲仙)은 작년 7월부터 국권이 추락하는 것을 보고, 분하고 원통해서 죽으려고 하다가 일본군을 토벌할 결심을 하고 그 부인에게 말하기를, "나는 바야흐로 의를 일으키려 하오. 화가 반드시 당신에게 미칠 것이니, 당신은 이제 내 손에 죽어서 내 손으로 직접 장사를 치르는 것이 어떠하겠소?" 하니 아내가 웃으며 말하기를, "그것은 내 뜻입니다." 하고 목을 내밀어 죽었다. 김운선은 그날로 짚으로 싸서 장례를 치르고 드디어 단신으로 총 한 자루를 가지고 원주와 제천 사이를 왕래하며 혹은 숨었다 혹은 나타났다 하였으며 총탄을 정확하게 발사하여 10여일 사이에 일본군 30여 명을 죽였다. 일본군이 그를 몹시 두려워하며 말하기를, "숲같이 많은 의병은 족히 두려워할 것이 못되지만 하나의 장군은 하늘에서 내려왔도다." 라고 하였다.

原文

原州人金雲仙 自昨年七月 見國權墮落 奮憤欲死 決意討賊 謂其妻曰 吾方起義 禍必中汝 汝今死於吾手 葬於吾手何如 妻笑曰 此吾志也 延頸就死 雲仙卽日藁葬 遂隻身單砲 往來原州·堤川之間 或隱或現 丸無虛發 旬日斬三十餘級 倭甚畏之曰 如林義兵不足怕 一個將軍自天下.

평양 칠불사(七佛寺)에 큰 화재가 발생하여 다 타버렸다. 이절은 현무문(玄武門) 밖에 있으며, 곧 을지문덕(乙支文德)이 수(隋)나라의 침입을 방어할 때에 일곱 부처의 신조(神助)가 있었다고 한다. 그런 까닭에 절을 지어 보답한 것이다.

原文

平壤七佛寺 大火燒盡. 寺在玄武門外 卽乙支文德禦隋時七佛有神助 故建寺以報者也.

의병장 나성일(羅性一)이 체포되었다.

原文

<ruby>義<rt>의</rt>將<rt>장</rt>羅<rt>나</rt>性<rt>성</rt>一<rt>일</rt>被<rt>피</rt>擒<rt>금</rt></ruby>.

서울의 교민(敎民, 기독교 신자)들이 청년회 개관식을 하였는데 영국 박사 이제마(李提摩)와 태조설강(太曹雪岡) 등이 청나라 청년회 대표로 내한하여 참석했다. 이제마는 영국 사람으로 청나라에 와서 유학한 지 50년이 되며, 나이 이미 70여 세로 한문에 조예가 깊었고 저술도 심히 많았다.

原文

京師敎民　行靑年會開館式　英國博士李提摩 · 太曹雪岡

以淸國靑年會代表來參　李英人也　游學淸國五十年　年已七

十餘　深於漢文　著述甚富.

일본 기선 두 척이 대풍으로 인해서 지부양(芝罘洋)에서 침몰하였다.

原文

倭汽船二隻　因大風沈沒于芝罘洋.

● 의보(義報).

이때에 의병이 출몰하는 지역을 보면 경기도에 삭녕(朔寧)·연천(漣川)·파주(坡州) 등의 군과 관동 지방에 평창(平昌)·양양(襄陽) 등의 군, 그리고 해서 지방에 연안(延安)·배천(白川)·평산(平山) 등과 또한 수원(水原)·광주(廣州)·양주(楊州)·강화(江華)·가평(加平)·죽산(竹山)·양성(陽城)·개성(開城)·춘천(春川)·고양(高陽) 등의 군으로 백 명, 혹은 10명씩 떼를 지어 동서에서 갑자기 나타났다.

또한 안주(安州)·맹산(孟山)·평양(平壤)·양덕(陽德) 등의 군과, 영흥(永興)··안변(安邊) 등의 군, 그리고 수안(遂安)·재령(載寧), 천안(天安)·아산(牙山)·진천(鎭川)·홍주(洪州)·해미(海美)·서산(瑞山)·신창(新昌)·청양(靑陽)·태안(泰安)·충주(忠州)·단양(丹陽)·홍산(鴻山)·임천(林川)·연산(連山) 등의 군과 또한 순창(淳昌)·흥덕(興德)·고창(高敞) 등의 군과 예천(醴泉)·봉화(奉化)·영덕(盈德)·하동(河東)·안의(安義) 등의 군이었다. 그리고 지리산(智異山) 벽송암(碧松菴)에 많이 모였고, 또한 장성(長城)·담양(潭陽)·능주(綾州)·영산(靈山)·나주(羅州)·영암(靈岩)·장흥(長興)·보성(寶城)·곡성(谷城)·순천(順天)·함평(咸平) 등의 군과 또한 명천(明川)·단천(端川)·장진(長津) 등의 군이며, 경성(鏡城)에 최덕준(崔德俊)의 의병이 있었다.

原文

義報.

是時義兵所出沒地 京畿則朔寧·漣川·坡州等郡 關東
則平昌·襄陽等郡 海西則延安·白川·平山等 又水原·
廣州·楊州·江華·加平·竹山·陽城·開城·春川·高
陽等郡 百十成群 東西閃忽 又安州·孟山·平壤·陽德等
郡 又永興·安邊等郡 又遂安·載寧 又天安·牙山·鎭川
·洪州·海美·瑞山·新昌·靑陽·泰安·忠州·丹陽·
鴻山·林川·連山等郡 又淳昌·興德·高敞等郡 又醴川
(泉)·奉化·盈德·河東·安義等郡 又大會于智異山碧松
菴 又長城·潭陽·綾州·靈光·羅州·靈岩·長興·寶城
·谷城·順天·咸平等郡 又明川·端川·長津等郡 鏡城
有崔德俊兵.

경기 의병이 강화에 모이니 무릇 7천여 명이었으며 일본군과
일진회 피살자가 계산할 수 없을 정도로 많아 강화섬이 크게 어
지러웠다.

原文

京畿兵會于江華 凡七千餘 倭及一進會被殺者無算 島中

大亂.

● 의보(義報).

4일 청단(靑丹) 지방에서 싸웠고,

8일 서울 부근에서 싸웠으며,

7일 희천(熙川)에서 싸웠고,

3일 평창(平昌)에서 싸웠으며,

6일 영원(寧遠)에서 싸웠고,

2일 해주(海州)에서 싸웠고,

5일 단양(丹陽)에서 싸웠고, 장단(長湍)에서 싸워 일본군 2명을 죽였다.

4일 죽산(竹山)에서 싸웠고,

10일 문산포(汶山浦)에서 싸웠고,

11일 맹산(孟山)에서 싸웠고,

7일 평안북도 이수원(梨樹院)에서 싸웠고,

8일 제천(堤川)에서 싸웠고,

13일 온양(溫陽)에서 싸웠고, 포천(抱川) 송우시(松隅市)에서 싸워 일본군 2명을 죽였다.

13일 삭녕(朔寧)에서 싸웠고,

7일 안주(安州)에서 싸웠고,

6일 청송(靑松)에서 싸웠고, 평안북도 유원진(柔遠鎭)에서 싸웠다.

16일 평안남도 덕호령(德豪嶺)에서 싸웠고,

9일 맹산(孟山)에서 싸웠고,

13일 강화(江華)에서 싸웠고,

12일 횡성(橫城)에서 싸웠고,

10일 평안남도 오류동(五柳洞)에서 싸웠고,

24일 삼수(三水)에서 싸웠고, 또한 삼등(三登)·상원(祥原)·곡산(谷山)·은율(殷栗)·장련(長連)·위원(渭原)·강계(江界) 등의 군에서 싸웠으며, 의병장 전해산(全海山)과 심남일(沈南一)은 전라남도 연해를 횡행하였으니 전해산은 전봉준의 아들이다.

23일 3백여 명이 광주(光州) 대치(大峙)에서 싸웠고,

8일 죽산(竹山)에서 싸웠고,

13일 이천(伊川)에서 싸웠고, 같은 날 안동(安東)에서 싸웠고,

14일 광주(廣州)에서 싸웠고,

21일 양주(楊州) 퇴계원(退溪院)에서 싸웠다.

28일 영광(靈光)에서 싸웠는데 의병의 수는 수백 명으로 일본군 수십 명을 죽였다. 윤인순(尹仁順)의 병이 양주(楊州)에 들어갔다.

25일 담양(潭陽)에서 싸웠고,

19일 비인(庇仁)에서 싸웠고,

23일 신녕(新寧)에서 싸웠고,

17일 영양(英陽)에서 싸웠고,

22일 퇴계원(退溪院)에서 싸웠고,

26일 강화(江華)에서 대전하여 왜장 1명을 죽였다.

21일 남포(藍浦)에서 싸웠고,

26일 2백여 명이 순창(淳昌)에서 싸웠고,

17일 영원(寧遠) 대남군(大南郡)에서 싸웠고,

22일 평안남도 화창(化倉)에서 싸웠고,

23일 장진(長津)에서 싸웠고,

25일 곡산(谷山)에서 싸웠고,

13일 아산(牙山)에서 싸웠고,

16일 동복(同福)에서 싸웠고

19일 광주(光州)에서 싸웠고,

22일 풍기(豊基)에서 싸웠고,

20일 청단진(靑丹津)에서 싸웠고,

22일 능주(綾州) 석정리(石亭里)에서 싸웠고,

27일 장흥(長興)에서 싸웠고,

25일 150명이 능주 이양원(利陽院)에서 싸웠고, 같은 날 정산 (定山)에서 싸웠다.

28일 밀양(密陽)에서 싸웠고,

23일 성천(成川)에서 싸웠고, 같은 날 영양(英陽)에서 싸웠다.

24일 부여(扶餘)에서 싸웠고,

29일 영춘(永春)에서 싸웠고,

24일 곡성(谷城)에서 싸웠고,

23일 영흥(永興)에서 싸웠고,

15일 마전(麻田)에서 싸웠고,

7일 금산(錦山)에서 싸웠고,

15일 맹산(孟山)에서 싸웠고, 같은 날 나주(羅州)에서 싸웠다.

5일 영흥(永興)에서 싸웠고,

21일 평안북도 용림(龍林)에서 싸웠고,

30일 금화(金化)에서 싸웠고,

27일 춘천(春川)에서 싸웠고,

19일 황간(黃澗)에서 싸웠고,

24일 영흥(永興)에서 싸웠고,

30일 마전(麻田)에서 싸웠다.

原文

四日戰于靑丹地方 八日戰于京城附近 七日戰熙川 三日
戰于平昌 六日戰寧遠 二日戰海州 五日戰丹陽 戰于長湍
二倭死 四日戰于竹山 十日戰汝山浦 十一日戰孟山 七日
戰平北梨樹院 八日戰堤川 十三日戰溫陽 戰抱川松隅市斬
二倭 十三日戰朔寧 七日戰安州 六日戰靑松 戰平北柔遠
鎭 十六日戰平南德豪嶺 九日戰孟山 十三日戰江華 十二
日戰橫城 十日戰平南五柳洞 二十四日戰三水 又三登 · 祥
原 · 谷山 · 殷栗 · 長連 · 渭原 · 江界等郡 義將全海山與沈
南一橫行于全南沿海 海山琫準子也 二十三日三百餘名 戰

于光州大峙　八日戰于竹山　十三日戰于伊川　同日戰安東

十四日戰廣州　二十一日戰楊州退溪院　二十八日戰于靈光

兵可數百殺倭數十　尹仁順兵入楊州　二十五日戰潭陽　十九

日戰庇仁　二十三日戰新寧　十七日戰英陽　二十二日戰退溪

院　二十六日大戰于江華　斬倭將一　二十一日戰于藍浦　二

十六日二百餘名戰于淳昌　十七日戰于寧遠大南郡　二十二

日戰于平南化倉　二十三日戰于長津　二十五日戰于谷山　十

三日戰于牙山　十六日戰同福　十九日戰光州　二十二日戰豊

基　二十日戰靑丹津　二十二日戰綾州石亭里　二十七日戰長

興　二十五日百五十名　戰綾州利陽院　同日戰定山　二十八

日戰密陽　二十三日戰成川　同日戰英陽　二十四日戰扶餘

二十九日戰永春　二十四日戰谷城　二十三日戰永興　十五日

戰麻田　七日戰錦山　十五日戰孟山　同日戰羅州　五日戰永

興　二十一日戰平北龍林　三十日戰金化　二十七日戰春川

十九日戰黃澗　二十四日戰永興　三十日戰麻田.

11월, 청나라 광서제(光緒帝)가 아들이 없어 순친왕(醇親王)의 아들(손자의 잘못)인 부의(溥儀)를 황제로 세웠다. 그의 나이는 이때 6세였으며, 연호를 선통(宣統)으로 바꾸었다. 당시 청나라는 연달아 큰 상(喪)을 만나자 광서제가 시해를 당했다는 유언비어가 나도는가 하면, 중앙과 지방이 흉흉하여 경사(京師, 수도)에 계엄이 내려졌으며 순친왕이 섭정(攝政)을 하였다. 광서제의 묘호(廟號)를 덕종(德宗)이라 올리고, 시호를 경황제(景皇帝)라 하였다.

原文

十一月 清光緒帝無嗣 立醇親王溥儀爲皇帝 年方六歲 改元宣統 時清國連遭大喪 訛言光緒遇弑 中外洶洶 京師戒嚴 醇親王攝政 上光緒廟號曰德宗 諡曰景皇帝.

통감 이등박문(伊藤博文)이 서울로 돌아왔다.

原文

統監伊藤博文還京師.

장수진(張秀鎭)이 호남철도회사(湖南鐵道會社)에서 증기 기계를 만들었다.

原文

장 수 진　창 조 증 기 기 계 우 호 남 철 도 회 사
張秀鎭　創造蒸汽機械于湖南鐵道會社.

하동군 북쪽은 지리산으로 연결되어 의병의 소굴이 되었다. 왜
군이 군 경내에 주둔하여 날로 약탈을 일삼으니 군수 이승두(李承
斗)는 떨어진 옷에 해진 신발을 신고 왜군들이 행군하는 앞에 서서
백성들에게 피해 숨도록 하였다. 왜군들이 민가에 불을 지르려고
하면 이승두가 문득 호곡을 하며 간청하고 빌어서 면할 수 있었다.
왜군이 화가 잔뜩 쌓여 발로 걷어차서 넘어뜨리니 뱃속에 피멍이
들어 죽었다. (이에) 항간에서는 곡성(哭聲)이 계속 이어졌다.

原文

하 동 군 북 침 지 리 산　위 의 병 소 굴　왜 인 의 둔 군 경　일 사 살 약
河東郡北枕智異山　爲義兵巢窟　倭人蟻屯郡境　日肆殺掠

군 수 이 승 두　파 의 폐 이　선 왜 도 로　사 민 피 닉　왜 욕 화 민 거　승
郡守李承斗　破衣弊履　先倭導路　使民避匿　倭欲火民居　承

두 첩 호 곡　간 걸 득 면　왜 적 노 척 도　병 복 하 이 졸　항 곡 상 속
斗輒號哭　懇乞得免　倭積怒踢倒　病腹瘢以卒　巷哭相續.

미국 상항(桑港, 샌프란시스코)에 폭풍이 크게 불어 일본인 27
명, 청국인 67명, 서양인 15명이 익사했다.

原文

미 국 상 항 대 포 풍　익 사 왜 인 이 십 칠　청 인 륙 십 칠　양 인 십 오
美國桑港大暴風　溺死倭人二十七　淸人六十七　洋人十五.

일본인이 선천(宣川) 향교 터에 푯말을 세우자 고을 선비들이
즉시 뽑아치웠다.

原文

_{왜 인 립 표 우 선 천 향 교 기   군 사 즉 위 발 거}
倭人立標于宣川鄕校基　郡士卽爲拔去.

용천(龍川)과 철산(鐵山) 사람들이 제지회사를 설립하여 새 종
이를 만들어냈다. 박영근(朴永根)과 이원상(李元相)은 금천(金川)
사람이다.

原文

_{용 천   철 산 인   설 제 지 회 사   창 조 신 지   박 영 근   이 원 상 김}
龍川·鐵山人　設製紙會社　創造新紙　朴永根·李元相金
_{천 인}
川人.

의병장 인종명(印宗鳴)이 체포되어 5년의 징역형을 받았다.

原文

_{의 장 인 종 명   피 금 역 오 년}
義將印宗鳴　被擒役五年.

서울의 무뢰배들이 떠들면서 이등박문(伊藤博文)은 공덕이 있으
니 동상을 주조할 것을 청하니, 이등박문이 허락하지 않았다. 혹

자는 이 말이 김윤식(金允植)으로부터 나왔다고 말하기도 하였다.

原文

^{경 사 무 뢰 자 창 언} ^{박 문 유 공 덕} ^{청 주 동 상} ^{박 문 불 허} ^{혹 언 창}
京師無賴子倡言 博文有功德 請鑄銅像 博文不許 或言倡
^{자 김 윤 식}
自金允植.

10일, 왜군이 군수품 100여 바리를 싣고 동대문으로 나갔다.

原文

^{십 일} ^{왜 솔 군 물 백 여 태} ^{출 동 대 문}
十日 倭率軍物百餘駄 出東大門.

인천에 큰 바람이 불었다.

原文

^{인 천 대 풍}
仁川大風.

10여 일을 내려오면서 매일 밤 호랑이가 육상궁으로 들어와 포효하다가 가 버렸다.

原文

^{십 여 일 내} ^{매 야 호 입 육 상 궁} ^{포 효 이 거}
十餘日來 每夜虎入毓祥宮 咆哮而去.

(11월) 순창인 이정홍(李廷鴻)은 나이 20세로 대대로 물려온 전장 4백 석락(石落)을 나누어 친하게 지내든 멀게 지내든 멀고 가까운 친척을 가리지 않고 매호 30석락씩 떼어 주어 그 자손의 교육자금으로 쓰도록 하였다.

原文

淳昌人李廷鴻 年方二十 分世業田庄四百石落 毋論親疎
遠近散族戚 每戶三十斗落 俾爲其子孫敎育之資.

일본의 국채(國債)는 내국의 액수가 1,075,128,578원이고, 외국의 액수가 1,165,701,229원이다.

原文

日本國債 內國額十億七千五百十二萬八千五百七十八元
外國額十一億六千五百七十萬一千二百二十元.

순왜(巡倭)들이 각군에 산주(散駐)함에서부터 모두 관아를 빼앗아 들었으나 감히 항의하지도 못했다. 이에 이르러 충북 관찰사 권봉수(權鳳洙)는 그 부대에 가서 보고 다른 나라 사람이 공해(公廨)를 빼앗는 것은 세계 각국에서 처음 있는 일이라 크게 꾸짖으니 일본군 또한 부끄러워하며 다른 곳으로 옮기고 군수로 하여

금 관아에서 사무를 보게 하였다.

原文

자 순 왜 지 산 주 각 군　개 탈 거 관 아　이 막 감 상 항　지 시 충 북 관
自巡倭之散駐各郡 皆奪居官衙 而莫敢相抗 至是忠北觀

찰 권 봉 수　행 부 견 지　대 책 이 탈 인 공 해　만 국 초 유 지 사　왜 역
察權鳳洙 行部見之 大責以奪人公廨 萬國初有之事 倭亦

괴 굴　퇴 처 타 소　사 군 수 리 아 시 사
愧屈 退處他所 使郡守苣衙視事.

평안남도 의병장 신응의(申應義)가 체포되었다.

原文

평 남 의 장 신 응 의 피 금
平南義將申應義被擒.

서울에 있는 일본인이 청결비를 징수했는데, 가옥에 대해 매 칸에 2전씩이었다. 성화같이 재촉하여 사람들이 매우 괴로워하였다.

原文

경 사 왜 인 징 청 결 비　인 가 옥 매 간 이 전　곤 독 여 화　인 심 고 지
京師倭人徵淸潔費 人家屋每間二錢 困督如火 人甚苦之.

전 군수 심의평(沈宜平)은 일생 동안 책을 수집하여 14,000여 권에 이르렀는데 늙어서도 오히려 그치지 않았다.

原文

전군수침의평 일생취서 지일만사천여권 노유부이
前郡守沈宜平 一生聚書 至一萬四千餘卷 老猶不已.

일본인 강등항책(江藤恒策)은 송병준에게 10만 원을 뇌물로 주고 완도의 삼림을 사려 하였는데 송병준이 각의(閣議)에 제출하였으나 대개 그 가격이 50만 원이나 된다 하여 욕을 하며 꾸짖게 되어 계책을 실현하지 못했다.

原文

왜인강등항책 뢰송병준이십만원 도매완도삼림 병준제
倭人江藤恒策 賂宋秉畯以十萬元 圖買莞島森林 秉畯提

출우각의 개기가격가오십만원운 평리훤등 계미과행
出于閣議 蓋其價格可五十萬元云 評詈喧騰 計未果行.

가평 군수 이승조(李承祖)는 고 참판 이항로(李恒老)의 손자인데, 시국에 붙어서 머리를 깎고 군수로 나가 군민들에게 머리를 깎으라고 위협하는 것이 외국인(일본인)보다 더 심했다. 고 진선(進善) 이상수(李象秀)의 손자 □하(□夏)는 토벌대에 투입하여 사납기가 새끼 젖먹이는 암호랑이와 비슷했다. 사람들은 이르기를, "두 집안에 후손이 없으니 유자(儒者)가 먼저 망하는구나."라고 하였다.

原文

가평군수이승조 고참판항노손야 부시국 단발출재 협군
加平郡守李承祖 故參判恒老孫也 附時局 斷髮出宰 脅郡

民斷髮 甚於外人 故進善李象秀孫□夏 投入討伐隊 肆虐
類乳虎 人以爲兩家無孫 儒者先亡.

일본인 등촌(藤村)은 연전에 홍주 의병에게 살해되었다. 이에
이르러 그의 아들 영량(英亮)이란 자는 지방재판에 상소하고 그
의 아비의 배상금 115,000원을 그 당시 의병장 민종식(閔宗植)에
게 추징할 것을 원했다.

原文

倭人藤村 年前爲洪州義兵所殺 至是其子英亮 控告地方
裁判 願徵其父賠傷金十一萬五千元於其時義將閔宗植.

관동의 금화군(金化郡)을 금성군(金城郡)에 통합하고, 양구군
(揚口郡)을 화천(華川)에 통합하였다.

原文

合關東金化郡于金城 楊口郡于華川.

동부의 이병현(李秉賢)이 작잠법(柞蠶法)을 배워서 누에고치를
농부(農部)에 바쳤다. 우리나라의 작잠법은 이에서 비롯되었다.

原文

_{동 부 이 병 현} _{학 작 잠 법} _{헌 견 우 농 부} _{아 국 작 잠 시 차}
東部李秉賢 學柞蠶法 獻繭于農部 我國柞蠶始此.

의병장 방사필(方士必)이 체포되어 3년의 유배형을 받았다.

原文

_{의 장 방 사 필} _{피 금 류 삼 년}
義將方士必 被擒流三年.

일본 광도(廣島)에 큰 지진이 일어났다.

原文

_{일 본 광 도 대 지 진}
日本廣島大地震.

이완용(李完用)이 종로를 지나가니 나이 16, 7세 되어 보이는
아이가 수레를 따라가며 꾸짖어 말하기를, "매국노 완용아!" 하
니 영을 내려 경서(警署)에 구금했다.

原文

_{이 완 용 과 종 노} _{유 일 동 년 가 십 륙 칠} _{수 거 매 왈} _{매 국 노 완 용}
李完用過鍾路 有一童年可十六七 隨車罵曰 賣國奴完用

_{영 구 지 경 서}
令拘之警署.

청국 정무 대신(政務大臣) 왕문소(王文韶)가 죽었다.

原文

청국정무대신왕문소졸
淸國政務大臣王文韶卒.

일본인이 강화도 정족산성(鼎足山城)에 들어가 사초(史草)[1]를 수색하여 가지고 갔다.

註解

1) 사초(史草) : 사관(史官)이 기록하여 둔 사서(史書)의 초고(草稿).

原文

왜인입강화정족산성   수색사초이거
倭人入江華鼎足山城 搜索史草以去.

● 의보(義報).

2일 의병 2백 명이 무장(茂長)에서 싸웠고, 동일 순창(淳昌)에서 싸웠다.

4일 함흥(咸興)에서 싸웠고,

1일 용인(龍仁)에서 싸웠고, 강화(江華)에서 싸웠다.

7일 장수(長水)에서 싸웠고,

6일 홍원(洪原)에서 싸웠고,

2일 고양(高陽)에서 싸웠고,

4일 포천(抱川)에서 싸웠고,

3일 해서 신원(新院)에서 싸웠고, 관동 녹산(鹿山)에서 싸웠다.

5일 경기도 주포(周浦)에서 싸웠고, 영평(永平)에서 싸웠다.

4일 양주(楊州)에서 싸웠고,

3일 영원(寧遠)에서 싸웠고,

10일 온정원(溫井院)에서 싸운 자가 수백 명이었다.

11일 이천(伊川)에서 싸웠고,

4일 배천(白川)에서 싸웠고, 영광(靈光) 명월산(明月山)에서 싸
웠다.

10일 원주(原州)에서 싸웠고,

4일 진부역(珍富驛)에서 싸웠고,

6일 해주(海州)에서 싸웠고,

10일 평산(平山)에서 싸웠고,

3일 장진(長津)에서 싸웠고,

4일 김천(金川)에서 싸웠고,

7일 토산(兎山)에서 싸웠고, 양주(楊州)에서 싸웠고, 횡성(橫
城)에서도 싸웠다.

8일 청단진(靑丹津)에서 싸웠고,

6일 인제(麟蹄)에서 싸웠고,

3일 곡성(谷城)에서 싸웠고,

9일 담양(潭陽)에서 싸웠고,

11일 익산(益山)에서 싸웠고,

8일 이천(伊川)에서 싸웠고,

11일 창평(昌平)에서 싸웠고,

30일 예안(禮安)에서 싸웠고,

10일 화천(華川)에서 싸웠고,

9일 영변(寧邊)에서 싸웠고,

20일 임실(任實)에서 싸웠고,

12일 양근(楊根)에서 싸웠고,

20일 나주(羅州)에서 싸웠고,

24일 청단진(靑丹津)에서 싸웠고,

26일 양덕(陽德)에서 싸웠고,

25일 동복(同福)에서 싸운 의병이 160여 명이었다.

23일 예안(禮安)에서 싸웠으며,

24일 안의(安義)에서 싸웠으며,

27일 온정원(溫井院)에서 싸웠으며, 산청(山淸)에서도 싸웠다.

23일 백여 명이 무산(茂山)에서 싸웠으며,

29일 담양(潭陽)에서 싸웠으며,

16일에서 21일에 이르기까지 평강(平康)에서 싸웠으며,

21일 150여 명이 양주(楊州) 퇴계원(退溪院)에서 싸웠다. 고창
(高敞)·무장(茂長)·흥덕(興德) 등 군의 의병이 합해서 천여 명
이 되었으며, 부민(富民)들은 모두 집을 비우고 도망하였다. 보
성(寶城)·나주(羅州)·남평(南平) 이하가 크게 동요되었다. 6백
여 명이 김천(金泉)에 들어갔고, 조경환(曺京煥)의 병 2백 명이 천
안(天安)에서 싸웠다.

12일 목천(木川)에서 싸웠고,

20일 임실(任實)에서 싸웠고,

12일 양근(楊根)에서 싸웠다.

原文

의보
義報.

二日二百名戰于茂長 同日戰于淳昌 四日戰于咸興 一日

戰于龍仁 同日戰江華 七日戰長水 六日戰洪原 二日戰高

陽 四日戰抱川 三日戰海西新院 同日戰關東鹿山 五日戰

京畿周浦 同日戰永平 四日戰楊州 三日戰寧遠 十日戰溫

井院者數百名 十一日戰伊川 四日戰白川 同日戰靈光明月

山 十日戰原州 四日戰珍富驛 六日戰海州 十日戰平山 三

日戰長津 四日戰金川 七日戰兎山 同日戰楊州 同日戰橫

城 八日戰青丹津 六日戰麟蹄 三日戰谷城 九日戰潭陽 十

一日戰益山 八日戰伊川 十一日戰昌平 三十日戰禮安 十

日戰華川 九日戰寧邊 二十日戰任實 十二日戰楊根 二十

日戰羅州 廿四日戰青丹津 廿六日戰陽德 廿五日戰同福者

百六十餘名 廿三日戰禮安 廿四日戰安義 廿七日戰溫井院

동일전산청 입삼일백여명전무산 입구일전담양 십·육지입
同日戰山淸 廿三日百餘名戰茂山 廿九日戰潭陽 十六至廿

일일전평강 입일일백오십여명 전우양주퇴조 계 원 고창
一日戰平康 廿一日百五十餘名 戰于楊州退朝(溪)院 高敞

무장 흥덕등군병합위천여인 부민개공옥이도 보성
·茂長·興德等郡兵合爲千餘人 富民皆空屋而逃 寶城·

나주 남평이하대요 육백여명입김천 조경환병이백명전
羅州·南平以下大擾 六百餘名入金川 曺京煥兵二百名戰

우천안 십이일전우목천 이십일전우임실 십이일전우양
于天安 十二日戰于木川 二十日戰于任實 十二日戰于楊

근
根.

12월, 개천(价川)에 사는 조문재(趙文在)의 처가 옆구리로 아들
하나를 낳았다.

原文

십이월 개천조문재처 협산일남
十二月 价川趙文在妻 脇産一男.

대내(大內, 내부 대신) 송병준(宋秉畯)은 민충정공(閔忠正公, 민
영환)의 집이 외로워서 의지할 곳이 없음을 얕잡아보아 그 유산
으로 도지로 받아들이는 700여 석의 장전(庄田)을 일본 군대와
결탁하여 강압적으로 위협하는 등 못하는 짓이 없었다. 사람들
이 그것에 분개하여 성토하며 사방에서 들고 일어나자, 송병준
은 이에 일진회원 이강호(李康鎬)를 불러「국민보(國民報)」에 게
재하여 자기의 억울함을 밝혀주면 큰 돈을 보수로 주겠다고 약속

했다. 조금 지나서 약속을 배반하자 이강호 등은 크게 노하여 그 사유를 갖추어 널리 알렸다.

原文

大內宋秉畯 蔑閔忠正家孤寡靡依 覬奪其遺産 收賭七百

餘石庄 締搆倭巡 勒脅無不至 人憤之 聲討四起 秉畯乃招

會員李康鎬 使揭國民報 明其誣枉 則約酬重金 已而背之

康鎬等大怒 具其由廣告.

해삼위(海蔘威)에 거류하는 우리 한국인이 합자해서 「대동공보(大同共報)」를 발간했다.

原文

海蔘威居留韓人合資 刊行大同共報.

미국 샌프란시스코에 건너가서 사는 우리 한국인이 「대도보(大道報)」를 간행했다.

原文

米國桑港流寓韓人 刊行大道報.

　총리(總理) 이완용(李完用)은 양력으로 연말이 되자 일본인에
게 세찬(歲饌)을 보냈는데, 초피(貂皮) 3,000장, 녹용 500대(對)였
다.

原文

　總理李完用　以陽歷年終　饋倭人歲饌　貂皮三千張·鹿茸

五百對.

　송병준(宋秉畯)이 일본 풍속을 흉내 내어 양력으로 기유년(융
희 3, 1909) 원조(元朝, 설날)에 문 밖에다 소나무와 대나무를 마
주 꽂고 종이쪽과 지푸라기 묶음을 달아놓았다.

原文

　宋秉畯傚倭俗　以陽歷己酉元朝　對揷松竹于門外　懸紙條

稈束.

　신라 경순왕릉(敬順王陵)이 도굴되었다. 능은 장단 고랑포(皐浪
浦)에 있다.

原文

　盜發新羅敬順王陵　陵在長湍皐浪浦.

이태리에 큰 지진이 발생해서 10만여 명의 사상자를 냈다.

原文

이 태 리 국 지 대 진　사 상 십 만 여 인
伊太利國地大震　死傷十萬餘人.

기유(己酉) 1월 17일, 순종은 남방 순행차 부산에 이르렀다가 23일 서울에 돌아왔다.

일본인이 장차 순종을 협박하여 자기 나라로 옮겨간다고 와언(訛言)이 퍼지자 부산에 사는 일반인이나 상인들은 수만 명이 항구에 열을 지어 늘어서서 호가(護駕)를 저사(抵死)[1]하려는 움직임이 있었다. 조금 지나서 무사히 이등박문이 참승(驂乘)[2]하고 대전(大田) 정거장에 이르니, 보러 나온 사람들이 구름과 바닷물 같이 밀려와서 이등박문은 차에서 내려 칼을 집고 묻기를, "내가 이등박문이다. 나를 죽이려는 자가 있는가?" 하니 대중들은 감히 대답하지 못했는데 어느 한 사람이 목구멍소리를 만들어 말하기를, "없소." 하였다.

고영희(高永喜)·이재곤(李載崑)을 유도 대신(留都大臣)으로 삼았으며, 순행 경비가 16만 원으로 이완용이 이등박문의 지시를 받고 비밀히 의논을 정하여 민병석으로 하여금 상주케 하고 즉시 조칙을 만들었으며 옥쇄를 찍을 때 소매로 지면을 가렸다. 그러므로 다른 사람들은 아는 자가 없었으며 선포되자 모든 대신들은 모두 깜짝 놀랐다.

김학진(金鶴鎭)은 문임(文任) 호종으로서 지나는 곳에 명신들의 묘묘(墓廟)의 제문을 지었다.

순종이 부산 앞바다에서 일본 함대를 타려고 시험하니 항민들이 모두 5, 6척의 배를 뺑 둘러싸고 크게 부르짖어 말하기를, "폐하께서 만약 일본에 건너가신다고 할 것 같으면 신 등은 일제히 물속에 뛰어들어 죽으면 죽었지 차마 우리 황제께서 잡혀 가시는 것은 볼 수 없다." 하니 순종을 모시고 왔던 대신들이 애를 태우면서 타이르니 여러 대중들은 그치게 되었다.

순종이 마산포에 돌아오니 이등박문은 여러 대중을 대하고 누누이 양국간의 교의(交誼)를 끄집어내어 말하니, 여러 대중들은 흉흉하고 웅성대며 거의 격변에까지 이르게 되었다. 이등박문은 그 말을 꺼낸 것을 뉘우쳤으며 그래서 말을 다 마치지 못하고 그쳤다.

註解

1) 저사(抵死) : 저사위한(抵死爲限). 죽기를 작정하고 굳세게 저항함.
2) 참승(驂乘) : 귀인을 호위하기 위하여 귀인의 곁에 탐. 또는 그 사람. 동승함.

原文

己酉一月十七日 上南巡至釜山 以二十三日還京師 訛言

倭人將脅上遷于其國 釜山民商數萬簇列港口 有抵死護駕

之形 已而無事 博文驂乘 至大田停車場 觀光者如雲海 博

文下車杖劍問曰　吾伊藤博文也　有欲殺之者乎　衆莫敢對

有一人作喉間聲曰無有　以高永喜·李載崑　爲留都大臣　巡

行經費十六萬元　李完用承博文指　密定議　使閔丙奭上奏

卽繕詔勅　按寶時　袖掩紙面　故外人無知者　及宣布　諸大臣

愕然　金鶴鎭以文任扈從　撰所經地方名臣墓廟祭文　上試御

倭艦于釜山前洋　港民齊馼五六船環衛　大呼曰　陛下若東渡

臣等一齊赴水死　不忍見吾君被俘也　從駕諸臣　焦脣曉喩

衆乃止　上還臨馬山浦　博文對衆民　累累提說兩國交誼　衆

民洶沸　幾至激變　博文悔　然未畢其辭而止.

일본군 사령부 장관 대구보(大久保)가 와서 서울에 도착했고,
장곡천호도(長谷川好道)가 그의 나라로 돌아갔다.

原文

倭司令部長官大久保來至京師　長谷川好道歸其國.

흉아리(匈牙利, 헝가리)에서 석탄갱이 폭발하여 백여 명의 사상
자가 났다.

흉아리국탄갱폭열　사상백여인
匈牙利國炭坑爆裂　死傷百餘人.

이달 초 10일 신유(辛酉)는 양력 기유(己酉) 1일 금요일이다. 이로부터 양력을 정삭(正朔)으로 삼고 태양력(太陽曆)을 반포하였다. 그런데 하란에는 전과 같이 태음력을 벌여 놓았으니 이것은 음력을 지키고 양력을 붙인 예이다. 정삭이 이미 고쳐졌으니 그러므로 이후로는 연월을 양력에 좇아 고쳐서 기록하겠다.

原文

시월초십일신유　위양력기유일일금요일　자시이양력위
是月初十日辛酉　爲陽曆己酉一日金曜日　自是以陽曆爲

정삭　반태양력　이열구태음력우하란여전　차주음객양지예
正朔　頒太陽曆　而列舊太陰曆于下攔如前　此主陰客陽之例

정삭이개　고차후기녹년월개종양력
正朔已改　故此後記錄年月改從陽曆.

이 해 전국에서 도살한 소의 수는 70,071두(頭, 마리)였다.

原文

시세전국도우수　위칠만칠십일두
是歲全國屠牛數　爲七萬七十一頭.

이 해 7월부터 해를 마치기까지 징세기관 소속인으로 사망자가 36명이며 부상자가 178명이고, 세금 손실액은 34,570원으로 모두 의병으로 인한 것이었다.

原文

自七月至年終　徵稅機關所屬人　死者三十六　傷者百七十
八　稅金損額三萬四千五百七十元　皆因義兵也.

　● 의보(義報).

2일 진잠(鎭岑)에서 싸웠고,

1일 나주(羅州) 고막원(古幕院)에서 싸웠고,

15일 포천(抱川) 송우시(松隅市)에서 싸웠고,

2일 영흥(永興)에서 싸웠고, 또 2백여 명이 평산(平山)에서 싸
웠다. 보름께 호남 의병장 김영백(金永伯)이 광주 대치(大峙)에서
대첩을 거두었다.

7일 부여(扶餘)에서 싸웠고,

5일 고막원(古幕院)에서 싸웠고,

3일 함평(咸平)에서 싸웠고,

7일 운산(雲山)에서 싸웠고,

10일 광주(光州)에서 싸웠고,

6일 능주(綾州)에서 싸웠고,

4일 포천(抱川)에서 싸웠고,

7일 흥덕(興德)에서 싸웠고,

1일 장단(長湍)에서 싸웠고,

12일 양주(楊州) 의정부(議政府)에서 싸웠고,

6일 광주(光州)에서 싸웠고,

9일 충주(忠州)에서 싸웠고, 파주(坡州)에서 싸웠다. 송상봉(宋相鳳)의 부대가 운산(雲山)에서 싸웠다.

4일 청단진(靑丹津)에서 싸웠고,

12일 문산포(汶山浦)에서 싸웠고,

1일 고부(古阜)에서 싸웠고,

6일 영평(永平)에서 싸웠고,

5일 화순(和順)에서 싸웠고,

6일 원주(原州)에서 싸웠고,

11일 은산(殷山)에서 싸웠고,

12일 회인(懷仁)에서 싸웠고,

1월 20일 백여 명이 동복(同福)에서 싸웠다.

原文

義報.

二日戰鎭岑 一日戰羅州古幕院 十五日戰抱川松隅市 二

日戰永興 同日二百餘名戰平山 望間湖南義兵將金永伯 大

捷于光州大峙 七日戰于扶餘 五日戰古幕院 三日戰咸平

七日戰雲山 十日戰光州 六日戰綾州 四日戰抱川 七日戰

興德 一日戰長湍 十二日戰楊州議政府 六日戰光州 九日

戰忠州 同日戰坡州 宋相鳳兵戰雲山 四日戰靑丹津 十二

日戰汶山浦 一日戰古阜 六日戰永平 五日戰和順 六日戰

原州 十一日戰殷山 十二日戰懷仁 一月二十日 百餘名戰

同福.

12월 경기도에서 일곱 번 싸웠고, 평남에서 한 번 싸웠고, 함경
도에서 여덟 번 싸웠고, 해서 지방에서 17번 싸웠고, 관동 지방에
서 네 번 싸웠고, 충청도에서 한 번 싸웠고, 영남 지방에서 일곱
번 싸웠고, 호남 지방에서 다섯 번 싸웠으니 의병의 수는 대략
3,592명으로 현재 경기·해서·전남 지방이 가장 성하고 그 다음
이 전북이다. 관동·북관·호남·영남·관서 지방은 조금 누그
러졌다. 의병이 점차 많이 출몰하고 점점 번거로운 곳은 양주·
포천·가평·마전·연천·파주 및 평산·연안 등지이며, 이진용
(李鎭龍)·하성태(河聖泰)·한정만(韓丁萬) 등이 강화도에서 온
지홍기(池洪基)와 함께 합하여 황해도에서 횡행하였다.

原文

十二月 京畿七戰 平南一戰 咸鏡道八戰 海西十七戰 關

東四戰 忠淸道一次 嶺南七戰 湖南五戰 兵數大約三千五

百九十二 目下京畿·海西·全南最盛 其次則全北 關東·

북관 호서 영남 관서칙초정 기병초다출몰초번처 즉양
北關 · 湖西 · 嶺南 關西則稍靖 其兵稍多出沒稍繁處 則楊

주 포천 가평 마전 연천 파주급평산 연안등지 이
州 · 抱川 · 加平 · 麻田 · 漣川 · 坡州及平山 · 延安等地 李

진룡 하성태 한정만등 여강화파지홍기합 횡행황해도
鎭龍 · 河聖泰 · 韓丁萬等 與江華派池洪基合 橫行黃海道.

임금이 남쪽을 순행하다가 대구에서 머무르게 되었는데, 군 사
람 구(具) 아무개와 이(李) 아무개가 기(旗)를 길옆에 세우고, 그
기에는 '이등통감질문기(伊藤統監質問旗)'라고 크게 쓰여 있었다.
(그들은) 경찰서에 구금되었다가 3일 만에 석방되었다.

原文

상지남순야 차대구 군인구모 이모 수기노방 대서이등
上之南巡也 次大邱 郡人具某·李某 竪旗路傍 大書伊藤

통감질문기 피구경서 삼일내석
統監質問旗 被拘警署 三日乃釋.

평산 의병장 이근수(李根秀)가 해주 연평도에서 전사했으며 부
하 50여 명도 모두 전사했다. 일본인 전사자도 또한 20여 명이었
다. 이근수는 정미(丁未, 광무 11)에 의병을 일으키면서부터 평산
· 해주 간을 왕래하며 정병 500여 명이 있었으며, 일본군과 30여
회 싸워 일찍이 패하지 않았으나 이 해에 또한 병을 해체한 후,
단지 60여 명을 인솔하고 섬에 들어가 해를 보냈다. 일본군은 정
탐하여 알고 먼저 들어가 매복시키니 이근수는 그 가운데 빠져
힘써 싸우다 전사했다.

原文

平山^{평산}義將^{의장}李根秀^{이근수}　戰死^{전사}于^우海州延平島^{해주연평도}　部下^{부하}五十餘人^{오십여인}盡死^{진사}

倭死者^{왜사자}亦^역二十餘^{이십여}　根秀^{근수}自丁未^{자정미}(光武十一年^{광무십일년})倡義^{창의}　往來^{왕내}平山^{평산}·

海州間^{해주간}　有精兵五百餘^{유정병오백여}　與倭三十餘戰^{여왜삼십여전}　未嘗敗衂^{미상패뉵}　以歲除解^{이세제해}

兵^병　只率六十餘人^{지솔륙십여인}　入島過歲^{입도과세}　倭詗知之^{왜형지지}　先入埋伏^{선입매복}　根秀陷其^{근수함기}

中^중　力戰而死^{력전이사}.

(12월) 9일 의병이 해남(海南)에서 싸웠다.

原文

九日^{구일}　戰海南^{전해남}.

기유(1909) 융희 3년
(청 선통 원년, 일본 명치 42년)

1월 1일(신유), 즉 음력 무신 12월 10일.

原文

일 월 일 일 신 유 즉 음 무 신 십 이 월 초 십 일
日月一日辛酉 卽陰戊申十二月初十日.

　(1월) 27일 순종이 서쪽 순행길에 올랐다. 평양을 지나 의주까지 이르렀다가 2월 3일 서울에 돌아왔다. 이재각(李載覺)·임선준(任善準)을 유도 대신으로 삼았고, 이완용 이하 각부 대신들은 모두 순종의 순행에 따라갔으니 의종(儀從)의 성황이 남순(南巡) 때보다 더 성황을 이루었다.

　순종이 평양에 도착했을 때 송병준은 함께 승차하였으며 순종이 승차한 칸과 한 칸 떨어져 타고 있었는데, 시종무관 어담(魚潭)과 다투다가 칼을 빼어 어담을 내려치려 하였으나 다른 사람이 칼을 빼앗아 막았다. 여러 사람들은 송병준이 임금 곁에서 칼을 빼었으니 눈에 군부(君父)도 보이지 아니한다 하고 성토하는

것이 계속되었으나 송병준은 마침내 탈이 없었다. 개성 환영대 곁에서 순종이 도착하기 하루 전에 폭발탄이 작렬했으니 사람들은 이등박문을 죽이려는 음모에서 나온 것이라 하였다.

原文

二十七日 上西巡 歷平壤至義州 以二月三日還京師 以李 載覺 · 任善準爲留都大臣 李完用以下各部大臣 皆從之 儀 從之盛 過於南巡 上到平壤 宋秉畯參乘 與御座隔一間 與 侍從武官魚潭爭鬨 拔釰欲擊潭 被人奪刀沮之 衆以秉畯御 側拔刀 爲目無君父 聲討相繼 而秉畯竟无恙 開城祗迎所 傍 以駕到前一日 爆發彈炸裂 人謂出於謀殺伊藤云.

영국 사람들은 사람의 활동을 해치는 것은 운무(雲霧, 구름과 안개) 같은 것이 없다고 하고 드디어 안개를 걷히게 하는 기술을 연구하였다.

原文

英人以害人活動 莫如雲霧 遂硏究捲霧術.

라마(羅馬, 로마)에 큰 눈이 내려 온 시가지를 덮었다.

原文

나 마 대 설　몰 전 시
羅馬大雪 沒全市.

평남 관찰사 이진호(李軫鎬)가 후가(候駕)[1] 생도에게 영을 내려 한·일 양국 국기를 교차하여 게양케 하였으나 생도들은 따르지 않고 단지 태극기만을 게양하여 이진호는 성내어 그 교장을 구금하여 징계했다. 의주 비현학교(枇峴學校) 교사 이정근(李鼎根)·박형권(朴亨權) 또한 일본기를 게양하지 않았다고 하여 잡혀가서 엄한 형벌을 받았다.

註解

1) 후가(候駕) : 임금이 수레를 기다림. 임금이 오시는 것을 기다리고 있음.

原文

평남관찰리진호　영후가생도　교차한　일국기　생도부종
平南觀察李軫鎬 令候駕生徒 交叉韓·日國旗 生徒不從

지게태극기　진호노　구기교장　이징지　의주비현학교교사
只揭太極旗 軫鎬怒 拘其校長 以懲之 義州枇峴學校教師

이정근　박형권　역이불게왜기　피수엄형
李鼎根·朴亨權 亦以不揭倭旗 被囚嚴刑.

청나라 광동성 대사도(大沙道)에 큰 불이 나서 300여 명이 타죽었다.

原文

<ruby>清<rt>청</rt></ruby><ruby>廣<rt>광</rt></ruby><ruby>東<rt>동</rt></ruby><ruby>大<rt>대</rt></ruby><ruby>沙<rt>사</rt></ruby><ruby>道<rt>도</rt></ruby><ruby>大<rt>대</rt></ruby><ruby>火<rt>화</rt></ruby> <ruby>三<rt>삼</rt></ruby><ruby>百<rt>백</rt></ruby><ruby>餘<rt>여</rt></ruby><ruby>人<rt>인</rt></ruby><ruby>燒<rt>소</rt></ruby><ruby>死<rt>사</rt></ruby>.

서반아(西班牙, 스페인)에 큰 지진이 났다.

原文

西班牙國大震災.

김천 의병장 고원직(高元直)이 피살되었다. 고원직은 3개월간 갇혀 있으면서 일본인이 만단으로 설득시켰으나 종래 굴복하지 않았다.

原文

金川義將高元直被殺 元直在囚三朔 倭人說誘萬端 終不屈.

남악사(南岳祠, 지리산에 산신을 모신 사당)를 폐지하였다.

原文

廢南岳祠.

연재〔송병선(宋秉璿)〕와 면암〔최익현(崔益鉉)〕 문집이 이어서 간행되었다.

原文

淵齋·勉菴集 相繼刊行.

● 의보(義報).

8일 곡성(谷城)에서 싸웠고,

11일 순창(淳昌)에서 싸웠고, 그날 140여 명이 순천(順天) 광천점(廣川店)을 포위하였고, 나주(羅州)에서도 싸웠다.

16일 태안(泰安)에서 싸웠고,

18일 성천(成川)에서 싸웠고,

20일 1백여 명이 신계(新溪)에서 싸웠고,

15일 송상봉(宋相鳳)의 부대가 장진(長津)에서 싸웠고,

23일 순천(順天)에서 싸워 일본군 3명을 죽였다.

16일 남원(南原)에서 싸웠고,

11일 여천(呂川)에서 싸웠고,

18일 은산(殷山)에서 싸웠고, 강동(江東)에서 싸웠다.

19일 평산(平山)에서 싸웠고,

16일 퇴계원(退溪院)에서 싸웠고,

24일 평산(平山)에서 싸웠고,

19일 하동(河東)에서 싸웠고,

23일 영광(靈光)에서 싸웠고,

19일 150여 명이 고막원(古幕院)에서 싸웠고,

24일 무주(茂朱)에서 싸웠고,

26일 강릉(江陵)에서 싸웠고,

18일 평산(平山)에서 싸웠고,

31일 의정부(議政府)에서 싸웠고,

28일 장진(長津)에서 싸웠고,

31일 연산(連山)에서 싸웠고,

22일 곡산(谷山)에서 싸웠고,

15일 해주(海州)에서 싸웠고,

20일 영월(寧越)에서 싸웠고,

21일 고양(高陽)에서 싸웠고,

31일 무산(茂山)에서 싸웠고,

21일 영월(寧越)에서 싸웠고,

19일 임실(任實)에서 싸웠고,

13일 강령(康翎)에서 싸웠고,

14일 대탄(大灘)에서 싸웠고,

17일 고양(高陽)에서 싸웠고,

19일 지홍윤(池洪潤)의 부대가 곡산(谷山)에서 싸웠다.

27일 270여 명이 양주(楊州) 덕소(德沼)에서 싸웠고,

28일 2백 명이 양주(楊州) 삼패리(三牌里)에서 싸웠고,

16일 온정원(溫井院)에서 싸웠고,

20일 포천(抱川)에서 싸웠고,

21일 광양(光陽)에서 싸웠고,

23일 문산포(汶山浦)에서 싸웠고,

25일 250여 명이 남평(南平)에서 싸웠다.

原文

義報.

八日戰谷域 十一日戰淳昌 同日百四十餘名圍順天廣川

店 同日戰羅州 十六日戰泰安 十八日戰成川 二十日百餘

名戰新溪 十五日宋相鳳兵戰長津 廿三日戰順川斬三倭 十

六日戰南原 十一日戰呂川 十八日戰殷山 同日戰江東 十

九日戰平山 十六日戰退溪院 廿四日戰平山 十九日戰河東

廿三日戰靈光 十九日 百五十餘名戰古幕院 廿四日戰茂朱

廿七日戰江陵 十八日戰平山 三十一日戰議政府 廿八日戰

長津 三十一日戰連山 廿二日戰谷山 十五日戰海州 二十

日戰寧越 廿一日戰高陽 三十一日戰茂山 廿一日戰寧越

十九日戰任實 十三日戰康翎 十四日戰大灘 十七日戰高陽

十九日池洪潤兵戰谷山 廿七日二百七十餘名 戰楊州德沼

廿八日二百名 戰楊州三牌里 十六日戰溫井院 二十日戰抱

^천 ^{입일일전광양} ^{입삼일전문산포} ^{입오일이백오십여명전}
川 廿一日戰光陽 廿三日戰汶山浦 廿五日二百五十餘名戰

^{남평}
南平.

2월 1일 임진(壬辰), 즉 음력 기유년 정월 11일.

原文

^{이 월 일 일 임 진} ^{즉 음 기 유 정 월 십 일 일}
二月一日壬辰 卽陰己酉正月十一日.

(2월) 전 비승(秘丞) 김승문(金升文)이 해삼위에 건너가서 거류민을 위해 학교를 세우고 개명(開明)을 창도하였다. 일본인은 그를 미워하여 그의 노모를 수금하니 김승문은 부득이 나와 이에 수금되었다.

原文

^{전 비 승 김 승 문} ^{도 해 삼 위} ^{위 거 류 한 인 설 학 교} ^{창 도 개 명} ^왜
前秘丞金升文 渡海參威 爲居留韓人設學校 倡導開明 倭

^{인 오 지} ^{수 기 노 모} ^{승 문 부 득 이 취 현} ^{잉 피 수}
人惡之 囚其老母 升文不得已就現 仍被囚.

서울의 화문관(華文館)에서 석판인쇄술(石版印刷術, 석판에 글씨나 그림을 그려 인쇄하는 기술)로 처음 책을 출판하였다.

原文

京師華文館 創行石版印刷法.

임금이 순행하고 돌아온 뒤에 친히 통감부를 방문하였다.

原文

上還御後 親臨統監府.

일본인 동양척식회사 총재 우좌천(宇佐川)이 서울에 들어왔다.

原文

倭人拓殖總裁宇佐川 入京.

13도 각군에 왕왕 민회(民會)를 설치하고 일본인에게 항의를
요구하였으나 그러나 마침내 효력이 없었으니 일본인은 그것을
조소하여 말하기를, "쥐모임〔鼠會〕"이라 하고 삵을 만나면 도망친
다고 말하였다.

原文

十三道各郡往往設民會 要抗倭人 然竟無效力 倭嘲之曰
鼠會 言遇猫則逃也.

함경북도에 소의 역질(疫疾)이 발생했다.

原文

함 북 우 역
咸北牛疫.

통감 이등박문(伊藤博文)이 자기 나라로 돌아갔다. 송병준(宋秉
畯)이 그와 함께 갔다. 당시 나라가 온통 흉흉하여 송병준을 죽이
라는 의론이 분분하였는데, 그가 일본에 들어간 것을 대체로 이
런 여론을 피하기 위함이었다.

原文

통 감 이 등　귀 기 국　송 병 준 여 지 해 왕　시 일 국 흉 흉　의 주 벌
統監伊藤　歸其國　宋兵畯與之偕往　時一國洶洶　議誅罰
기 입 일 본　개 피 인 언 야
其入日本　蓋避人言也.

이윤용(李允用)의 어미 성천(成川) 기생 임씨(任氏)가 사망했는
데, 이윤용은 기복하였다.

原文

이 윤 용 모 성 천 기 임 씨 사　윤 용 기 부
李允容母成川妓任氏死　允用起復.

의병장 전해수(田海壽)가 체포되어 5년의 유배형을 받았다.

原文

의 장 전 해 수 피 착　류 오 년
義將田海壽被捉　流五年.

덕국(德國)에서 홍수가 났는데, 눈이 녹은 때문이었다. 죽은 사람이 30명이었다.

原文

덕 국 대 수　이 설 소 야　사 자 삼 십 인
德國大水　以雪消也　死者三十人.

미국인이 장인환(張仁煥)에게 금고 25년을 판결했다. 처음에 미국인은 장인환을 구금한 지 10개월이 지난 지난해 양력 12월 23일 다시 심리하였는데, 법관은 그의 충의에 감복하고 눈물을 흘리는 자가 있기에 이르렀다. 선고하여 말하기를, "중죄 2등으로 비록 30년의 징역을 인도해야 하나 가히 충의지사를 거기에 적용할 수 없어서 가히 그 다음을 좇겠다." 하고 드디어 5년을 감하여 금고를 하니, 매년 체감의 수를 계산하면 17년 징역에 지나지 않는 것이다.

原文

미 국 인 정 장 인 환 금 고 이 십 오 년　초 미 인 구 인 환 경 십 삭　　내
美國人定張仁煥禁錮二十五年　初美人拘仁煥經十朔　乃

이 거 년 양 력 십 이 월 이 십 삼 일 갱 심　법 관 감 기 충 의　지 유 타 루
以去年陽曆十二月二十三日更審　法官感其忠義　至有墮淚

者 宣告曰 重罪二等 雖有三十年懲役 不可用於忠義之士

可從其次 遂減五年 爲禁錮 而計每年遞減之數 則不過十

七年云.

가옥세(家屋稅) · 주세(酒稅) · 연초세(煙草稅)를 반포하여 실행
케 했다. 본년의 수입 예산은 가옥세가 21만여 원, 연초경작세가
415,000원이고 판매세가 7만여 원, 주세가 163,000여 원이다. 비
록 주점이 아니라도 몇 집을 모아 한 덩어리로 삼아서 1년에 두
차례 징수했다.

이때에 일본군은 의병을 쫓아 전국에 퍼져 있으며 또한 각군에
는 수비대(守備隊) · 경무청(警務廳) · 재무서(財務署) · 헌병청(憲
兵廳) · 토벌대(討伐隊) 등이 있었으며 모두 일본인이었다. 쌀을 징
수하고 닭을 징수해 가고, 계란을 징수하고, 채소를 정수해 가며,
고기 · 과일 · 삼〔麻〕· 솜 등의 각종 물품에까지 미치며 모두가 일
본인을 파견하여 거둬가되 혹은 절반을 혹은 3분의 1을, 혹은 모두
빼앗아가도 국민들은 오오(嗷嗷)하여 호소하지도 못했는데, 이 세
가지 무거운 세목을 부과시키니 국민들은 더욱 곤란하게 되었다.

原文

頒行家屋 · 酒 · 草稅 本年收入豫算 家屋稅爲二十一萬

餘元 煙草耕作稅四十一萬五千元 販賣稅七萬餘元 酒稅十

<ruby>六<rt>륙</rt></ruby><ruby>萬<rt>만</rt></ruby><ruby>三<rt>삼</rt></ruby><ruby>千<rt>천</rt></ruby><ruby>餘<rt>여</rt></ruby><ruby>元<rt>원</rt></ruby> 雖非酒鋪 聚幾戶爲一排 一年二次徵之 是

時 倭逐義兵 遍國中 又各郡有守備隊·警務廳·財務署·

憲兵廳·討伐隊之等 皆倭人也 徵米·徵鷄·徵卵·徵菜

以及魚·果·麻·綿各種 擧皆派斂 或給半直 或三之一

或白奪 民嗷嗷莫訴 而重以三稅 民愈困.

궁내부 대신 민병석(閔丙奭)이 여관(女官, 궁중에서 일을 담당하는 여인) 오봉보(吳奉保)와 천상궁(千尙宮)을 거느리고 일본에 갔다.

原文

宮大閔丙奭率女官吳奉保·千尙宮往日本.

일진회는 최영년(崔永年)을 파견하여 일본 정부에 이등박문이 머물러 있기를 원한다고 하였다.

原文

一進會遣崔永年 願留伊藤於日本政府.

신기선(申箕善)이 죽었다.

原文

^{신 기 선 졸}
申箕善卒.

영국에서 탄광의 갱(坑)이 폭발하여 무너져 36명이 사망했다. 파사(波斯, 페르시아)에서 큰 지진이 일어나 6,000여 명이 죽었다.

原文

^{영국탄갱폭열 사자삼십륙 파사대지진 사자륙천여인}
英國炭坑爆裂 死者三十六 波斯大地震 死者六千餘人.

의병장 이해수(李海秀)·이명상(李明相) 및 종사관 백낙천(白樂天)이 충주에서 사로잡혔다. 백낙천은 처음에는 이중봉(李重鳳)의 종사관이 되었다가 또한 이강년(李康季)·백남규(白南奎)를 따라 일찍이 남방 전체를 횡행하였다.

原文

^{의 장 이 해 수   이 명 상 급 종 사 백 락 천 피 금 우 충 주   락 천 시 위}
義將李海秀 李明相及從事白樂天被禽于忠州 樂天始爲
^{이 중 봉 종 사 우 종 이 강 년   백 남 규   상 횡 행 전 남}
李重鳳從事 又從李康季·白南奎 嘗橫行全南.

함흥 사람 서기준(徐基俊)이 의병과 관련되어 일본군에게 체포되었다. 그의 아내 오씨(吳氏)가 서기준이 이미 죽은 것으로 잘못 전해 듣고 탄식하며 말하기를, "지아비가 이미 순의(殉義)하였거늘 내가 살아서 무엇할 것인가?"라고 하며 독약을 마시고 자살했다.

原文

咸興民徐基俊 以義兵干連 被倭囚 其妻吳氏 誤聞基俊已
死 歎曰 夫已殉義 吾何生爲 因飮毒而死.

문천군(文川郡)에 큰 기근이 들었다.

原文

文川郡大饑.

내부 대신 송병준(宋秉畯)을 면직시키고 박제순(朴齊純)을 새로 내부 대신으로 삼았다.

原文

免宋秉畯 以朴齊純爲內大.

의병장 양세건(梁世建)이 순창군(淳昌郡)에서 체포되었다.

<ruby>義將梁世健<rt>의 장 양 세 건</rt></ruby> <ruby>被禽于淳昌郡<rt>피 금 우 순 창 군</rt></ruby>.

송병준(宋秉畯)이 순종 곁에서 칼을 빼어들었다고 하여 대동협회(大東協會)는 정부에 연서(連書)를 올리고 각도 유생들은 통문헌의(獻議)하여 성토함이 전국에 퍼졌다. 이등박문은 그 소식을 듣고, 또한 송병준이 한국인의 야소교도들을 헐뜯어서 미국 영사가 크게 노하여서 외교 문제를 야기시켜 정계에 영향을 미쳤다. 그러므로 이등박문은 드디어 송병준을 갈아 치워 중심(衆心)을 위로코자 하였다. 그가 교도들을 헐뜯었다 하는 것은 아국의 교도들이 장차 미국 선교사를 움직여 미국의 선동을 얻기를 원해서 일본의 굴레에서 벗어나려 한다고 말한 것이다.

秉畯自拔釖御側 大東協會 連書政府 及各道儒生 通文獻 議 聲討遍國中 博文聞之 又秉畯毁國人之爲耶蘇敎徒者 美領事大怒 惹出外交問題 影響及于政界 故博文遂遞秉畯 以慰衆心 其毁敎徒 則謂我國寅緣敎徒 將依美敎師之煽動 願 得美國煽動 以脫日本之羈絆云云.

법국(法國)에서 15,000년 전의 옛날 사람 뼈를 석굴 속에서 발견하였다.

原文

<ruby>法<rt>법</rt></ruby>國有一萬五千年前古骨 發見於石窟中.
법국유일만오천년전고골 발견어석굴중
法國有一萬五千年前古骨 發見於石窟中.

• 의보(義報).

12일 5백여 명이 광주(光州) 대림(大林)에서 싸워 일본군이 많이 사망했다.

1일 남평(南平)에서 싸웠고,

5일 영평(永平)에서 약 2백 명이 싸웠고,

5일 회양(淮陽)에서 싸웠고, 해서 의병이 신계(新溪)에서 크게 이겼으며, 일본군 수십 명을 죽이고, 이은찬(李殷瓚)의 부대가 가평(加平)에서 싸웠고, 원주(原州)에서도 싸웠다.

5일 영평(永平)에서 싸웠는데 의병이 2백 명이나 되었다.

17일 포천(抱川)에서도 싸웠으며 의병이 2백 명이었다.

11일 안의(安義)에서 싸웠고,

4일 경기 주포(周浦)에서 싸웠는데 의병의 수는 2백 명이었다.

7일 마전(麻田)에서 싸웠으며,

8, 9 양일간 배천(白川)에서 싸웠고,

6일 영산포(榮山浦) 서남방에서 싸웠고,

10일 영암(靈岩)에서 싸웠고,

22일 광라간(光羅間)에서 대전을 벌였고,

18일 가평(加平)에서 싸웠고,

8일 구례(求禮)에서 싸웠고,

12일 홍산(鴻山)에서 싸웠고,

8일 정평(定平)에서 싸웠고,

5일 곡산(谷山)에서 싸웠고,

14일 부여(扶餘)에서 싸웠고,

9일 원주(原州) 북창(北倉)에서 싸웠고,

21일 김제(金堤)에서 싸웠고, 태인(泰仁)에서 싸웠다.

12일에서부터 30일에 이르기까지 평산(平山) · 토산(兎山) · 신계(新溪) · 서흥(瑞興) · 평양(平壤) · 황주(黃州) · 송화(松禾)   지간에서 연전하였다.

19일 금성(金城)에서 싸웠고,

1일에서 9일에 이르기까지 맹산(孟山) · 영원(寧遠) · 덕천(德川) 지간에서 연전하였다.

17일 홍산(鴻山)에서 싸웠고,

12일 장단(長湍)에서 싸웠으며,

17일 배천(白川)에서 싸웠고,

4일 흥양(興陽)에서 싸웠고,

24일 영광(靈光)에서 싸웠고,

26일 박사화(朴士化) · 박민홍(朴珉洪)의 부대가 남평(南平)에서 싸웠다.

14일 평해(平海)에서 싸웠고,

13일 흥양(興陽)에서 싸웠고,

10일 고금도(古今島)에서 싸웠고,

16일 영천(榮川)에서 싸웠고,

20일쯤에 2백 명이 능주(綾州) 월곡(月谷)에 들어가 싸웠으나 일본군이 그들을 쫓았다.

原文

義報.

十二日 五百餘名戰光州大林 倭多死 一日戰南平 五日戰

永平約二百名 五日戰淮陽 海西兵大捷于新溪 斬數十級

李殷瓚兵戰加平 二日戰谷城 同日戰原州 五日戰永平兵可

二百 十七日戰抱川兵可二百 十一日戰安義 四日戰京畿周

浦兵可二百 七日戰麻田 八·九兩日戰白川 六日戰榮山浦

西南 十日戰靈岩 廿二日大戰光羅間 十八日戰加平 八日

戰求禮 十二日戰鴻山 八日戰定平 五日戰谷山 十四日戰

扶餘 九日戰原州北倉 廿一日戰金堤 同日戰泰仁 十二至

三十日連戰平山·兎山·新溪·瑞興·平壤·黃州·松禾

之間 九日戰金城 一日至九日連戰孟山·寧遠·德川之間

十七日戰鴻山 十二日戰長湍 十七日戰白川 四日戰興陽

<ruby>廿四日戰靈光<rt>입사일전영광</rt></ruby> <ruby>廿六日朴士化<rt>입육일박사화</rt></ruby>・<ruby>朴珉洪兵戰南平<rt>박민홍병전남평</rt></ruby> <ruby>十四日戰<rt>십사일전</rt></ruby>

<ruby>平海<rt>평해</rt></ruby> <ruby>十三日戰興陽<rt>십삼일전흥양</rt></ruby> <ruby>十日戰古今島<rt>십일전고금도</rt></ruby> <ruby>十六日戰榮川<rt>십육일전영천</rt></ruby> <ruby>念間二<rt>염간이</rt></ruby>

<ruby>百名<rt>백명</rt></ruby> <ruby>入綾州月谷戰<rt>입릉주월곡전</rt></ruby> <ruby>倭逐之<rt>왜축지</rt></ruby>.

전남 의병이 봉기하여 해상을 왕래하며 남한의 등대를 습격하고 드디어 제주도에 들어갔다. 제주도의 고승천(高承天)・김광일(金光一) 등이 또한 함께 합쳤다.

26일 남두(南斗)에서 싸웠고,

27일 박민홍(朴民洪)의 의병이 영암(靈岩)에서 싸웠고,

22일 풍기(豊基)에서 싸웠고,

16일 순흥(順興)에서 싸웠고,

26일 보은(報恩)에서 싸웠고,

27일 6백여 명이 영암(靈岩)에서 싸웠고,

23일 부여(扶餘)에서 싸웠고,

27일 230명이 영광(靈光) 법성포(法聖浦)에서 싸웠고,

25일 홍천(洪川)에서 싸웠고,

28일 임실(任實)에서 싸웠고, 춘천(春川)에서도 싸웠다.

27일 150여 명이 법성(法聖)을 기습하여 일본군 8명을 죽였다.

25일 보성(寶城)에서 싸웠고,

26일 옥과(玉果)에서 싸웠고,

27일 해남(海南)에서 싸웠다.

28일 유상순(劉尙順)이 철산(鐵山)에서 사로잡혀 칼을 빼앗아

일본인을 죽이고 도망하였다. 전남에 우성오(禹聖五)가 사로잡혀 진도(珍島)에 유배되었으나 중도에서 도망하였다.

原文

全南義兵蜂起 往來海上 襲擊南韓燈臺 遂入濟州 濟州高

承天·金光一等 又與之合 以濟州好屬倭也 廿六日戰南斗

廿七日朴民洪兵戰靈岩 廿二日戰豊基 十六日順興 廿六日

戰報恩 廿七日六百餘名戰靈岩 廿三日戰扶餘 廿七日二百

三十名戰靈光法聖浦 廿五日戰洪川 廿八日戰任實 同日戰

春川 廿七日一百五十餘名 襲法聖斬八倭 廿五日戰寶城

廿六日戰玉果 廿七日戰海南 廿八日劉尙順被禽于鐵山 奪

刀斬倭而逃 全南禹聖五被禽 流珍島 中路而逃.

3월 1일 경신(庚申), 즉 음력 2월 10일.

原文

三月一日庚申 卽陰二月初十日.

장박(張博)을 감사원경(監査院卿)으로 삼았다. 장박은 인동장씨

(仁同張氏)에 붙어서 장현광(張顯光)이 명조(名祖)[1]가 된다고 모칭
(冒稱)[2]하고 항렬을 좇아서 장석주(張錫周)로 개명하였다.

註解

1) 명조(名祖) : 이름난 조상의 자손.
2) 모칭(冒稱) : 이름을 거짓으로 꾸며댐.

原文

以張博爲監査院卿 博附仁同之族 冒顯光爲名祖 從其排
行 改名錫周.

(3월) 포와(하와이)에 거류하는 우리 국민은 일찍이 공립(共
立)·합성(合成)·전흥(電興)의 세 회(會)가 있었다. 이에 이르러
합쳐서 하나로 만들고 국민회(國民會)라 개칭하니 그 인원수가
이미 6, 7천 명에 이르렀다고 한다. 두 가지 신문을 간행하였으
니 「신한민보(新韓民報)」·「신한국보(新韓國報)」인데 일본을 배
격하는 내용을 실었다.

原文

布哇居留我民 曾有共立·合成·電興三會 至是團成一
社 改稱以國民會 其人數已至六七千云 刊行兩新聞 曰新
韓民報 曰新韓國報 以排擊日本.

구례(舊例)에 궁내부가 소장한 나라의 향사(享祀, 제사)는 792 차나 되며 직원이 354명이었는데 작년 7월에 고쳐서 감소시켰다. 향사는 201차로 직원은 253명으로 쓸데없는 비용을 크게 살폈다. 그러나 재물은 일본에 돌아가서 마침내 이익됨이 없었다.

原文

舊例宮內府所掌 國家享祀爲七百九十二次 職員爲三百
五十四人. 昨年七月 更議裁減 享祀則爲二百一次 職員則
二百五十三人 大省冗費 然財歸於倭 竟無益也.

경상남도 관찰사 황철(黃鐵)이 창렬사(彰烈祠) 및 북문 밖에 큰 연못을 일본인에게 팔아먹었다. 창렬사는 계사년(선조 26, 1593)에 순국한 충신들을 향사(제사)하는 곳이다.

原文

慶南觀察黃鐵 賣彰列祠及北門外大池于倭人 祠爲癸巳
殉難忠臣侑享之所.

진남군(鎭南郡)을 용남군(龍南郡)으로 개칭하였다.

改鎭南郡曰龍南郡.

갑오년(고종 31, 1894) 이후, 관찰사나 군수로서 포흠(逋欠)을 범한 자를 조사했더니 2,000여 명이나 되었다. 기한을 정해 상환할 것을 독촉하였다.

査甲午以後觀察 · 郡守犯逋者 爲二千餘人 剋期督刷.

관광단을 일본에 보냈다. 이용원(李容元) · 김학진(金鶴鎭) · 이용직(李容稙) 등이 참여하였다.

送觀光團于日本 李容元 · 金鶴鎭 · 李容稙與焉.

처음 정미년(광무 11, 1907) 6월, 각 부대에 장변(將弁, 장교)으로서 일본에 항의하여 싸우다가 죽은 자가 10여 명이었다. 다 유해를 거두어 돌아가 장사를 지냈는데, 유독 참위 이충순(李忠純)만은 집안이 가난하여 아직도 고빈(藁殯, 草殯)[1]한 상태로 있었다. 그 아버지 이병제(李秉濟)가 군부(軍部)에 호소하여 진휼금을 줄 것을 원했으나 군부에서는 그러한 전례가 없다고 허락하지 않았다.

註解

1) 고빈(藁殯) : 초빈(草殯), 사정에 의해 장사를 지내지 못하고, 시체를
   외지에 두어 이엉 등으로 그 위를 이어 눈과 비를 가리게 하는 일.

原文

初丁未六月　各隊將弁抗倭鬪死者十餘人　皆收骸歸葬　獨

參尉李忠純　家貧尙藁殯　其父秉濟訴軍部　願沾恤金　軍部

以無例　不許.

　윤정원(尹貞媛)을 고등여학교 교수로 삼았다. 윤정원은 윤효정
(尹孝定)의 딸로 일찍이 일본에 유학했고, 또한 일본인 추원(萩
原)이란 자와 동반해서 비리시(比利時, 벨기에)에 갔으며 구라파
를 두루 살펴보고 돌아왔다.

原文

以尹貞媛爲高等女學校教授　貞媛者孝定女也　嘗游學日

本　又伴倭萩原者　往比利時　周覽歐洲而歸.

　서울의 구례(舊例)에 성내 인가에서 사람이 죽으면 운구를 내

보내는데 동쪽은 수구문(水口門), 서쪽은 서소문(西小門)이며 나머지 문으로 나가는 것은 허락하지 않았는데 이에 이르러 구애하지 말라는 영을 내렸다.

原文

京師舊例 域內人家有死者出柩 東則水口門 西則西小門
餘門不許 至是令勿拘.

● 의보(義報).

2일 양주(楊州)에서 싸웠고,

7일 흥덕(興德)에서 싸웠고,

4일 양주(楊州)에서 싸웠고, 능주(綾州)에서 싸워 일본군 3명을 죽이고, 장성(長城)에서도 싸웠다.

1일 영흥(永興)에서 싸웠고,

9일 사리원(沙里院)에서 싸웠고,

10일 개천(价川)에서 싸웠고,

1일 김제(金堤)에서 싸웠고,

7일 순흥(順興)에서 싸웠고,

3일 장성(長城)에서 싸웠고,

15일 영광(靈光)에서 싸웠고,

4일 순천(順天)에서 싸웠고,

13일 광주(光州)에서 싸웠고,

3일 곡성(谷城)에서 싸웠고,

2일 강진(康津)에서 싸웠고,

9일 적성(積城)에서 싸웠고,

10일 안의(安義)에서 싸웠고,

12일 양주(楊州)에서 싸웠고,

3일 영광(靈光)에서 싸웠고,

11일 양주(楊州)에서 싸웠고,

12일 흥해(興海)에서 싸웠고,

18일 해남(海南)에서 싸웠고,

15일 포천(抱川)에서 싸워 일본군 12명을 죽였다.

13일 김상태(金尙台)의 부대가 단양(丹陽)에 들어가 추격하는 일본군에게 패하였다.

1일 마전(麻田)에서 싸웠고,

2일 울진(蔚珍)에서 싸웠고,

12일 적성(積城)에서 싸웠고,

2일 적성에서 또 싸웠다.

7일 정선(旌善)에서 싸웠고,

11일 은산(殷山)에서 싸웠고,

14일 마전(麻田)에서 싸웠고,

9일 순흥(順興)에서 싸웠다.

11일 또한 순흥(順興)에서 싸웠고,

11일 동복(同福)에서 싸웠고,

13일 남평(南平)에서 싸웠고,

7일 낙안(樂安)에서 싸웠고,

8일 영광(靈光)에서 싸웠고,

11일 나주(羅州)에서 싸웠고,

13일 합천(陜川)에서 싸웠고,

9일 순창(淳昌)에서 싸웠고,

19일 장성(長城)에서 싸웠고,

14일 동복(同福)에서 싸웠고,

20일 포천(抱川)에서 싸웠고,

15일 적성(積城) 축산리(杻山里)에서 싸웠고,

9일 정선(旌善)에서 싸웠고,

14일 합천(陜川)에서 싸웠고, 반기학(潘基學)의 부대가 청주(淸州)로 들어갔고, 한봉서(韓鳳瑞)의 의병 3백 명이 청주 청천(靑川)에 둔진하고, 윤인순(尹仁淳)의 부대가 양주 석치(石峙)에서 싸우고, 정해조(鄭海朝)의 부대 수백 명이 고양(高陽)·파주 등지를 횡행하였다.

7일 흥양(興陽)에서 싸웠고, 해남(海南)에서 싸웠다.

25일 개성(開城)에서 싸웠고,

26일 삭녕(朔寧)에서 싸웠고,

22일 진천(鎭川)에서 싸웠고,

16일 장성(長城)에서 싸웠고, 김사성(金士成)의 부대가 양성(陽城)에 들어갔다.

24일 문산포(汶山浦)에서 싸웠고,

25일 삭녕(朔寧)에서 싸웠고,

23일 고산(高山)에서 싸웠고,

15일 순흥(順興)에서 싸웠고,

22일 정평(定平)에서 싸웠고,

27일 통진(通津)에서 싸웠고,

20일 영광(靈光)에서 싸웠고, 신돌석(申乭石)이 다시 대·소백 사이에서 기병하였다.

20일 곡성(谷城) 동리산(桐裏山)에서 싸웠고,

19일 나주(羅州)에서 싸웠고, 최군심(崔君心)이 간도(間島)에서 모병했다. 김광희(金光喜)·김광준(金光浚)이 광주(廣州)에 들어 갔는데 부하가 8백 명이었으며, 유학근(俞鶴根)·안상근(安商根) 이 5백 명을 거닐고 보개산(寶蓋山)에 웅거했다. 권중설(權重卨) 이 각군의 의진(義陣)에 통문을 보냈고, 김수민(金洙敏)이 적성 (積城)에 들어갔고, 유종환(俞鍾煥)이 전남에서 모병했다.

24일 순천(順天) 선암사(仙岩寺)에서 싸웠고,

25일 강진(康津)에서 싸웠고,

18일 장성(長城)에서 싸웠고, 정대홍(鄭大洪)·정대인(鄭大 仁)·양상기(梁相基)·강현수(姜鉉秀)·안계원(安桂源) 등이 전 남 연군(沿郡)에서 출몰하였다.

原文

義報.
의 보

二日戰楊州 七日戰興德 四日戰楊州 四日戰綾州 斬三倭
이 일 전 양 주 칠 일 전 흥 덕 사 일 전 양 주 사 일 전 릉 주 참 삼 왜

同日戰長城 一日戰永興 九日戰沙里院 十日戰价川 一日
동 일 전 장 성 일 일 전 영 흥 구 일 전 사 리 원 십 일 전 개 천 일 일

전김제 칠일전순흥 삼일전장성 십오일전영광 사일전순
戰金堤 七日戰順興 三日戰長城 十五日戰靈光 四日戰順

천 십삼일전광주 삼일전곡성 이일전강진 구일전적성 십
天 十三日戰光州 三日戰谷城 二日戰康津 九日戰積城 十

일전안의 십이일전양주 삼일전영광 십일일전양주 십이
日戰安義 十二日戰楊州 三日戰靈光 十一日戰楊州 十二

일전흥해 십팔일전해남 십오일전포천참십이왜 십삼일김
日戰興海 十八日戰海南 十五日戰抱川斬十二倭 十三日金

상태병 입란양패추왜 일일전마전 이일전울진 십이일전
尙台兵 入丹陽敗追倭 一日戰麻田 二日戰蔚珍 十二日戰

적성 이일전적성 칠일전정선 십일일전은산 십사일전마
積城 二日戰積城 七日戰旌善 十一日戰殷山 十四日戰麻

전 구일우전순흥 십일일우전순흥 십일일전동복 십삼일
田 九日又戰順興 十一日又戰順興 十一日戰同福 十三日

전남평 칠일전락안 팔일전영광 십일일전나주 십삼일전
戰南平 七日戰樂安 八日戰靈光 十一日戰羅州 十三日戰

합천 구일전순창 십구일전장성 십사일전동복 이십일전
陜川 九日戰淳昌 十九日戰長城 十四日戰同福 二十日戰

포천 십오일전적성유산리 구일전정선 십사일전합천 반
抱川 十五日戰積城杻山里 九日戰旌善 十四日戰陜川 潘

기학병입청주 한봉서병삼백둔우청주청천 윤인순병전우
基學兵入淸州 韓鳳瑞兵三百屯于淸州靑川 尹仁淳兵戰于

양주석치 정해조병수백횡행고양 파주등지 칠일전흥양
楊州石峙 鄭海朝兵數百橫行高陽·坡州等地 七日戰興陽

동일전해남 입오일전개성 입륙일전삭녕 입이일전진천
同日戰海南 廿五日戰開城 廿六日戰朔寧 廿二日戰鎭川

십륙일전장성 김사성병입양성 입사일전문산포 입오일전
十六日戰長城 金士成兵入陽城 廿四日戰文山浦 廿五日戰

삭녕 입삼일전고산 십오일전순흥 입이일전정평 입칠일
朔寧 廿三日戰高山 十五日戰順興 廿二日戰定平 廿七日

전통진 이십일전영광 신돌석갱기우대 소백지간 이십일
戰通津 二十日戰靈光 申乭石更起于大·小白之間 二十日

戰谷城桐裏山 十九日戰羅州 崔君心募兵間島 金光喜·金

光浚入廣州 部下八百 兪鶴根·安商根率五百人 據寶蓋山

權重卨通文各郡義陣 金洙敏入積城 兪鍾煥募兵全南 廿四

日戰于順天仙岩寺 廿五日戰康津 十八日戰長城 鄭大洪·

鄭大仁·梁相基·姜鉉秀·安桂源等 出沒全南沿郡.

4월 1일 신묘(辛卯), 즉 음력 윤 2월 11일.

原文

夏四月一日辛卯 卽陰閏二月十一日.

의병장 김현국(金顯國)이 서울의 감옥에서 죽임을 당하였다.

原文

義將金顯國 被殺于京獄.

5일 임금이 동적전(東籍田, 동대문 밖에 있는 적전)에서 친경(親耕)을 하였다.

原文

<ruby>五<rt>오</rt></ruby><ruby>日<rt>일</rt></ruby> <ruby>上<rt>상</rt></ruby><ruby>親<rt>친</rt></ruby><ruby>耕<rt>경</rt></ruby><ruby>于<rt>우</rt></ruby><ruby>東<rt>동</rt></ruby><ruby>籍<rt>적</rt></ruby><ruby>田<rt>전</rt></ruby>.

서울과 지방의 서점에서 만세력(萬歲曆)을 판금(販禁)하였다.

原文

<ruby>禁<rt>금</rt></ruby><ruby>萬<rt>만</rt></ruby><ruby>歲<rt>세</rt></ruby><ruby>曆<rt>력</rt></ruby><ruby>于<rt>우</rt></ruby><ruby>京<rt>경</rt></ruby><ruby>鄕<rt>향</rt></ruby><ruby>書<rt>서</rt></ruby><ruby>舖<rt>포</rt></ruby>.

(4월) 일본군이 우리나라 전체의 지도를 그리고, 세 구역으로 획작(劃作)하여 의병이 있고 없는 땅을 기록하여 살펴서 붙잡는 데 편하도록 하였다.

原文

<ruby>倭<rt>왜</rt></ruby><ruby>人<rt>인</rt></ruby><ruby>畫<rt>화</rt></ruby><ruby>我<rt>아</rt></ruby><ruby>國<rt>국</rt></ruby><ruby>全<rt>전</rt></ruby><ruby>地<rt>지</rt></ruby><ruby>圖<rt>도</rt></ruby> <ruby>劃<rt>획</rt></ruby><ruby>作<rt>작</rt></ruby><ruby>三<rt>삼</rt></ruby><ruby>區<rt>구</rt></ruby> <ruby>錄<rt>녹</rt></ruby><ruby>義<rt>의</rt></ruby><ruby>兵<rt>병</rt></ruby><ruby>有<rt>유</rt></ruby><ruby>無<rt>무</rt></ruby><ruby>地<rt>지</rt></ruby> <ruby>以<rt>이</rt></ruby><ruby>便<rt>편</rt></ruby><ruby>詗<rt>형</rt></ruby><ruby>捉<rt>착</rt></ruby>.

「국민신보(國民新報)」 사장 한석진(韓錫振)이 면직되었다. 「국민신보」는 오랫동안 일진회의 기관지가 되었다. 이에 이르러 송병준이 일본에 있으면서 한석진에게 맡기고, 충정공 민영환(閔泳煥) 부인 박씨를 잡보(雜報)란에 악행이 있음을 게재케 하였으나 한석진은 그의 무고함을 분하게 생각하여 더럽다고 거절하자 송병준(宋秉畯)이 그것을 질시하고 쫓아 면직시켰다.

原文

國民新報社長韓錫振免 國民報 久爲一進會機關 至是宋

秉畯在倭 託錫振揭載閔忠正(泳煥)夫人朴氏有惡行于雜

報 錫振憤其誣 巘不從 秉畯疾之 斥免.

의병장 이은찬(李殷瓚)이 경옥(京獄)에 피금되었으니 나이 33세로 강개 격앙(激昂)하여 보는 자가 칭찬했다. 스스로 말하기를, "대소 40여 싸움에서 일본군 470여 명을 죽였다."고 하였다.

原文

義將李殷瓚被禽于京獄 時年三十三 慷慨激昂 觀者稱之

自言大小四十餘戰 殺倭四百七十餘.

강원도 관찰사 이규완(李圭完)은 매양 공무가 끝나면 스스로 땔나무수레를 끌고 가서 장작을 팼는데, 돌아와서 자기 관아 온돌에 불을 때기 위해서였다.

原文

江原觀察李圭完 每於公退 自負柴車 斫薪而將 燃其衙

突.

민영찬(閔泳瓚)이 상해에서 돌아왔는데 첩인 청국 여자 한 사람이 함께 따라왔다. 민영찬은 스스로 통역이라 하였다. 이완용(李完用)·조중응(趙重應)이 명월관에서 민영찬을 맞아 연회를 베풀고 창서(暢叙)[1]하였다. 민영찬이 청국의 정세를 자세히 들려주고 본국의 근자의 사정에 대해서 물었다. 이완용 등이 하는 말을 듣고 드디어 청국말로 그 첩에게 말하니, 첩은 듣기를 마치고 발연히 이완용(李完用) 등을 향해 연달아 그 얼굴에 침을 뱉었다고 한다.

註解

1) 창서(暢叙) : 명랑하게 또는 통쾌하게 담화함. 창담(暢談).

原文

閔泳瓚 自上海還 妾淸女一人隨來 泳瓚自爲通譯 李完用

·趙重應 邀泳瓚于明月館 設宴暢叙 泳瓚詳陳淸國情形

已問本國近事 聞完用等對 遂以淸語 語其妾 妾聽畢 渤然

向完用等 連唾其面.

청국과 일본이 간도(間島)에서 크게 싸웠다.

原文

淸倭大鬨于間島.

옥천 민가에서 머리가 둘 달린 송아지가 출산되었다. 땅이름은
진약역(眞若驛)이다.

原文

_{옥 천 민 가} _{산 쌍 두 독} _{지 명 진 약 역}
沃川民家 産雙頭犢 地名眞若驛.

이용직(李容植)이 일본에 들어가 정부에 긴 편지를 보내 그들
의 대한 정책을 공격하였다.

첫째, 한국병을 징발해서 의병을 토벌할 것.
둘째, 헌병보조원을 폐지할 것.
셋째, 동양척식회사를 폐지할 것.
넷째, 한국 내 일본인 관리를 없앨 것.
다섯째, 한국인 관리를 기용하여 국내의 세금을 징수할 것 등
을 주장하였다.

原文

_{이 용 직 입 일 본} _{투 장 서 우 정 부} _{공 격 기 대 한 정 책} _{일 왈 징 한}
李容植入日本 投長書于政府 攻擊其對韓政策 一曰徵韓

_{국 병 이 토 의 병} _{이 왈 폐 헌 병 보 조 원} _{삼 왈 폐 동 양 척 식 회 사} _사
國兵以討義兵 二曰廢憲兵補助員 三曰廢東洋拓殖會社 四

_{왈 한 국 내} _{제 태 일 인 관 리} _{오 왈 용 한 인 관 리} _{징 수 국 중 세 금}
曰韓國內 除汰日人官吏 五曰用韓人官吏 徵收國中稅金.

일본인이 우리나라와 연방(聯邦)하는 일을 관광단 일행에게 물으니 이용직은, "부자(否字)"를 크게 써 보였다.

原文

왜 인 이 연 방 사 문 우 관 광 단 일 행 용 직 특 서 부 자
倭人以聯邦事 問于觀光團一行 容植特書否字.

민영휘(閔泳徽)가 당초 전권(專權)할 당시 백성의 재산을 탈취한 것이 전후 거만금이었는데 이에 이르러 빼앗긴 사람들이 모여들어 혹은 재판소에 고소하고 혹은 그의 집에 뛰어들어 칼을 어루만지며 돌려 달라 하였다. 또한 각 신문에서는 그의 오랜 악행을 나열하여 날마다 게재하였다. 민영휘는 그것을 근심하여 변호사에게 많은 뇌물을 주고 빼앗긴 사람의 송안(訟案)을 맡지 말도록 부탁하고 또한 신문사에 애걸하여 그의 악한 것을 숨겨 달라 하였다. 그런데 신문사에서는 아울러 나쁜 일을 숨겨달라는 말까지 게재하니 민영휘는 어찌 할 수 없어서 가족이 모두 상해에 들어가려 하기에 이르렀다.

민영휘의 양자 형식(衡植)은 교양 있고 기의(氣義)를 숭상하였으며 능히 돈을 잘 쓸 줄 알았는데, 민영휘가 금지하여 얻지 못했고 거의 상륜(傷倫)을 하기에 이르렀다.

그의 서자 대식(大植)은 허랑방탕하고 옹졸하고 사악하였으며 날로 노는 비용이 천금에 이르렀으나 민영휘는 그것을 문책하지 않았다.

原文

초민영휘전권시 탈민재산 전후거만계 지시견탈자분집
初閔泳徽專權時 奪民財産 前後鉅萬計 至是見奪者坌集

혹소우재판소 혹틈입기실 안도색환 우각신문 려열기숙
或訴于裁判所 或闖入其室 按鈊索還 又各新聞 臚列其宿

악 일일게포 영휘환지 후뢰변호사 물담부견탈자지송안
惡 日日揭布 泳徽患之 厚賂辯護士 勿擔負見奪者之訟案

우걸보관 은기악 이보관병게기걸은지상 영휘무여지하
又乞報館 隱其惡 而報館幷揭其乞隱之狀 泳徽無如之何

지욕진실입상해 영휘양자형식 유아상기의 능용금전 영
至欲盡室入上海 泳徽養子衡植 儒雅尙氣義 能用金錢 泳

휘금지부득 기치상륜 이기서자대식 낭탕협사 유일비천
徽禁之不得 幾致傷倫 而其庶子大植 浪蕩狹邪 遊日費千

금 영휘부지문
金 泳徽不之問.

가옥세(家屋稅)와 주세(酒稅)를 시행하였다.

原文

행가옥세 주세
行家屋稅·酒稅.

(4월) 7일 이도표(李道杓)가 재판소에 수감되었다. 이도표는 서울 사람으로 남보다 뛰어나게 총명하고 재주와 지혜가 풍부하였다. 태황제의 옥새 찍은 문서를 가지고 장차 상해로 나아가 민영익(閔泳翊)·이윤재(李允在)·현상건(玄尙健)과 통하여 본국에서 의병이 일어날 때 의사들을 규합하여 국난에 임하도록 하였다.

그런데 민영익에게는 신묘(고종 28, 1891)·임진(고종 29, 1892)에 홍삼값으로 은화 80만 원이 있고, 이윤재에게는 그의 숙부 이용익이 상해 노청은행(露淸銀行)에 나랏돈을 저금한 21만 원이 있어 가히 찾아다가 운동비용으로 쓰려 하였다고 한다. 이도표가 남대문에서 기차를 타고 인천항으로 향하다가 바로 일본 순찰에게 붙잡히니 일본인은 그 옥새를 찍은 문서를 위조한 것으로 돌렸다.

原文

七日 李道杓囚裁判所 道杓京師人也 穎悟饒才智 帶太皇
帝璽書 將赴上海 通于閔泳翊·李允在·玄尙健 使因本國
義兵日起之時 糾合義士 來赴國難 而泳翊處 有辛卯·壬
辰 所送紅蔘價銀八十萬圜 允在處 有其叔容翊所儲國金二
十一萬元于上海露淸銀行 可推用于運動費云 道杓方乘車
于南大問 向仁川港 卽爲巡倭所捉 倭歸其璽書于僞造.

의병장 김경만(金敬萬)이 체포되어 3년 유형(流刑)에 처하였다.

原文

義將金敬萬 被禽流三年.

의병장 김규항(金圭恒)이 서울에서 피금되었다. 김규항은 고
이강년의 부하로 이강년이 죽자 병졸들이 장차 해산되니 김규항
은 비분함을 참지 못하고 기치를 세워 의병을 모집하였다. 그 기
세가 심히 왕성하였으며 이에 이르러 일본인을 엿보러 서울에 들
어왔다가 순사 어득진(魚得珍)·김인순(金仁淳)에게 들켜 붙잡히
게 되었다.

原文

義將金圭恒 被禽于京師 圭恒 故李康秊部下 康秊死 兵
卒將散 圭恒不勝悲憤 建旗號召 聲勢甚盛 至是 覘倭入京
爲巡査魚得珍·金仁淳所訽捉.

합천(陜川) 해인사(海印寺)에 5층탑이 있었는데, 고을 사람인
권모(權某) 형제가 탑을 파괴하여 허물고 옛날에 보관되어온 금
은을 절취해갔다. 절의 중들이 도로 찾아오고, 권모 형제를 압송
하여 대구 감옥에 수감했다.

原文

陜川海印寺 有五重塔 郡人權某兄弟 破毁之 取舊藏金銀
而去 寺僧推還 押權送囚于大邱.

우리나라의 농우(農牛)가 지난해에 청국·일본·러시아에 수출한 것이 24,620두였다.

原文

^{아국경우} ^{상년수출어청} ^{왜급아자} ^{이만사천륙백이십}
我國耕牛　上年輸出於淸·倭及俄者　二萬四千六百二十
^두
頭.

하와이에 거주하는 우리 동포들은 우리나라가 일본에게 합병될 것이라는 말을 듣고 일본 황제와 및 송병준(宋秉畯)·이완용(李完用)에게 전보를 보내 힐문하였는데, 「매일신보(每日申報)」가 그 전보 내용을 게재하였다. 일본인은 '치안방해'라 하여 내부에 영을 내려 압수케 하였다. 당시 신문은 수십 종이 있었으나 모두 머뭇거리든가 아첨을 일삼았는데 오직 「매일신보」만은 왕왕 격앙 비분하는 말이 게재되었다. 하와이 교포들이 발간하는 「신한보(新韓報)」와 해삼위의 교포들이 발간하는 「해조신문(海朝新聞)」은 특히 멀리 떨어져 있었고 또한 그때 외국을 배척하는 논의가 있어 일본인은 문득 치안방해라고 말하고 그것의 발매를 금지시켰다. 그러므로 뜻이 있는 인사들을 서로 말하기를, "치안방해 네 자가 실로 망국의 부적"이라 말했다.

原文

^{포와거류아민} ^{이아국장위왜소병} ^{발전힐문우왜황급송}
布哇居留我民　以我國將爲倭所倂　發電詰問于倭皇及宋

秉畯·李完用 每日申報揭其電辭 倭以治安妨害 令內部押

收 時新聞有十數種 而皆娿婀迎媚 惟每日申報 往往有激

昂悲憤之辭 及布哇寓民所刊新韓報 海蔘威寓民所刊海朝

新聞 特其隔遠 亦時有排外之論 倭人輒誘以治安妨害 禁

其發賣 故有志之士 相偶語曰 治安妨害四字 實是亡國之

符.

● 의보(義報).

5일 흥양(興陽)에서 싸웠고,

1일 고부(古阜) 줄포(茁浦)에서 싸웠고,

7일 파주(坡州)를 습격했고,

6일 횡성(橫城)에서 싸웠고,

7일 가평(加平)에서 싸웠고,

8일 능주(綾州)에서 싸워 일본군 3명을 죽였다.

7일 양주(楊州) 퇴계원(退溪院)에서 싸웠고, 박포대(朴抱大)와 전해산(全海山)이 무장(茂長)으로 들어갔다.

6일 해남(海南)에서 싸웠고,

5일 인제(麟蹄)에서 싸웠고,

4일 보령(保寧)에서 싸웠고,

3일 나주(羅州)에서 싸웠고,

5일 백여 명이 영광(靈光)에서 싸웠고,

9일 강원도 지포(芝浦)에서 싸웠고,

14일 3백여 명이 함평(咸平)에서 싸웠고,

11일 퇴계원(退溪院)에서 싸웠고, 전주(全州)에서도 싸웠다.

8일 130여 명이 봉화(奉化)에서 싸웠고,

6일 경기도 주포(周浦)에서 싸웠고,

2일 곡성(谷城)에서 싸웠고,

17일 풍덕(豊德)에서 싸워 일본군 3명을 죽였다.

14일 250여 명이 영광(靈光)에서 싸웠고,

6일 장성(長城)에서 싸웠고, 고성(固城)에서 싸웠다.

19일 음성(陰城)에서 싸웠고,

7일 봉화(奉化)에서 싸웠고,

11일 상주(尙州)에서 싸웠고,

18일 나주(羅州) 고막원(古幕院)에서 싸웠고,

19일 백여 명이 고부(古阜)에서 싸웠다.

11일 순창(淳昌)에서 싸웠고,

15일 고부(古阜)에서 싸웠고,

20일 1백여 명이 순천 쌍암(雙岩) 장터에서 싸웠고, 포천(抱川)에서 싸웠다.

12일 장성(長城)에서 싸웠고,

14일 양구(楊口)에서 싸웠고,

19일 고양(高陽)에서 싸웠고, 영광(靈光)에서 싸웠다.

25일 백여 명이 만경(萬頃)에서 싸웠고,

15일 홍천(洪川)에서 싸웠고,

14일 남원(南原)에서 싸웠고, 영광(靈光)에서 싸웠다.

24일 지도(智島)에서 싸웠고,

26일 진안(鎭安) 삼향(三鄕) 장터를 습격했다.

17일 김천(金川) 상왜(商倭)를 습격했고,

25일 보은(報恩)에서 싸웠고,

20일 순흥(順興)에서 싸웠고, 홍주(洪州)에서도 싸웠다.

21일 강동(江東)에서 싸웠고, 무주(茂朱)에서도 싸웠다.

24일 영평(永平)에서 싸웠고,

26일 목포(木浦)에서 싸웠고,

25일 곡성(谷城)에서 싸웠고,

16일 영암(靈岩)에서 싸웠고,

24일 한봉룡(韓鳳龍)의 부대가 청주(淸州)에서 싸웠다.

20일 삭녕(朔寧)에서 싸웠고,

25일 거창(居昌)에서 싸웠고,

19일 흥양(興陽)에서 싸웠고, 순창(淳昌)에서도 싸웠다.

26일 삼등(三登)에서 싸웠고,

23일 포천(抱川)에서 싸웠고,

27일 백여 명이 영광(靈光)에서 싸웠고,

25일 영평(永平)에서 싸웠고,

26일 전주(全州)에서 싸웠고,

22일 태인(泰仁)에서 싸웠고,

24일 과천(果川)에서 싸웠고,

16일 홍양(興陽)에서 싸웠고,

30일 전주(全州)에서 싸웠고,

27일 영평(永平)에서 싸웠고,

25일 포천(抱川)에서 싸웠고,

28일 목포(木浦)에서 싸웠고,

26일 충주(忠州)에서 싸웠고,

23일 순흥(順興)에서 싸웠고, 태인(泰仁)에서도 싸웠다.

30일 학령(鶴嶺)에서 싸웠고,

26일 구화(九化) 장터에서 싸웠고,

27일 순흥(順興)에서 싸웠고, 해남(海南)에서도 싸웠다.

原文

義報.

五日戰興陽 一日戰古阜茁浦 七日襲坡州 六日戰橫城 七

日戰加平 八日戰綾州 斬三倭 七日戰楊州退溪院 朴抱大

·全海山 入茂長 六日戰海南 五日戰麟蹄 四日戰保寧 三

日戰羅州 五日百餘名戰靈光 九日戰江原道芝浦 十四日三

百餘名戰咸平 十一日戰退溪院 同日戰全州 八日百三十許

名 戰奉化 六日戰京畿周浦 二日戰谷城 十七日戰豊德斬

三級 十四日二百五十餘名 戰靈光 六日戰長城 同日戰固

城 十九日戰陰城 七日戰奉化 十一日戰尙州 十八日戰羅

州古幕院 十九日百餘名戰古阜 十一日戰淳昌 十五日戰古

阜 廿日一百餘名 戰順天雙岩市 二十日戰抱川 十二日戰

長城 十四日戰楊口 十九日戰高陽 十九日戰靈光 廿五日

百餘名 戰萬頃 十五日戰洪川 十四日戰南原 十四 日戰靈

光 廿四日戰智島 廿六日襲鎭安三鄕場 十七日襲金川商倭

廿五日戰報恩 二十日戰順興 同日戰洪州 廿一日戰江東

同日戰茂朱 廿四日戰永平 廿六日戰木浦 廿五日戰谷城

十六日戰靈岩 廿四日韓鳳龍兵戰淸州 二十日戰朔寧 廿五

日戰居昌 十九日戰興陽 同日戰淳昌 廿六日戰三登 廿三

日戰抱川 廿七日百餘名戰靈光 廿五日戰永平 廿六日戰全

州 廿二日戰泰仁 廿四日戰果川 十六日戰興陽 三十日戰

全州 廿七日戰永平 廿五日戰抱川 廿八日戰木浦 廿六日

戰忠州 廿三日戰順興 同日戰泰仁 三十日戰鶴嶺 廿六日

戰九化場 廿七日戰順興 同日戰海南.

5월 1일 신유(辛酉), 즉 음력 3월 12일.

原文

^{오 월 초 일 일 신 유 즉 음 삼 월 십 이 일}
五月初一日辛酉 卽陰三月十二日.

(5월) 1일, 「대한매일신보(大韓每日申報)」 사장 영국인 배설(裵
說, 베델)이 죽으니 나이 37세로 양화진에 장사지냈다. 배설은 신
문을 간행한 지 수년 동안 외세를 배척함에 몹시 애썼는데, 그가
죽음에 많은 사람들이 애도했다.

原文

^{초 일 일 신 문 사 장 영 인 배 설 졸 년 삼 십 칠 장 우 양 화 도 설 간}
初一日 申聞社長英人裵說卒 年三十七 葬于楊花渡 說刊
^{보 수 년 배 외 심 력 급 기 사 중 도 지}
報數年 排外甚力 及其死 衆悼之.

같은 날에 청국인들이 광서제(光緖帝) 및 서태후(西太后)를 장
사지냈다.

原文

^{동 일 청 인 장 광 서 제 급 서 태 후}
同日 淸人葬光緒帝及西太后.

강동군에 명하여 단군릉(檀君陵)을 다시 봉하도록 하였다.

原文

命江東郡 改封檀君陵.

강화 전등사(傳燈寺)에 보관하던 사초(史草)와 열성조(列聖朝)의 어진(御眞)을 경복궁에 옮겼다.

原文

移江華傳燈寺史草及列聖御眞于景福宮.

일본인이 서점에 영을 내려 『월남망국사』·『동국사략(東國史略)』등 유년에 반드시 읽어야 할 책의 판매를 금지케 했다. 그들이 우리나라 사람을 구속하는 것이 이와 같았다. 또한 인쇄법(印刷法)을 제정했다.

原文

倭人令書肆 禁賣越南亡國史·東國史略·幼年必讀等書
其鉗錮我人類此 又定印刷法.

의병장 김준식(金俊植)이 사로잡혔고, 붙잡혀 있던 의병장 이은찬(李殷瓚)이 죽임을 당했다. 경기도 의병장 김성균(金聖均)이 사로잡히고 또한 서우삼(徐禹三)도 사로잡혔다.

原文

義將金俊植被禽　殺被囚義將李殷瓚　京畿義將金聖均被
禽　又徐禹三被禽.

지세(地稅)의 수납 기간은 12월과 2월로, 호세(戶稅)는 4월과 9
월로 정하였다.

原文

定地稅收納期十二月·二月　戶稅四月·九月.

전 위원(渭原) 군수 이관영(李觀榮)이 머리를 깎고 중이 되었다.

原文

前渭原郡守李觀榮　祝髮爲僧.

서울 전동(典洞)에 작잠견습소(柞蠶見習所)를 설치하였다. 대개
이 방법은 영국 윤돈(倫敦, 런던)에서 전해졌는데, 우리나라에서
시행된 것은 이로부터 비롯된다.

原文

京師典洞　設柞蠶見習所　蓋此法傳自英倫　而行于我國　自

此始.

　의병장 연기우(延基羽)의 아우 연창수(延昌壽)가 사로잡혀 피
살되었고, 의병장 서만삼(徐萬三)이 또한 사로잡혔다. 이때 전해
산(全海山)·심남일(沈南一)·안제홍(安濟弘) 등은 호남지방에서
몰아붙였고, 연기우· 김수민(金洙敏)·하상태(河相兌)·이진룡
(李鎭龍)·한정만(韓丁萬)·이인순(李仁淳)·정용대(鄭用大) 등은
동쪽의 철원·평강으로부터 서쪽의 평산·배천에 이르기까지 3
도를 왕래하였다.

　그러자 갑작스레 제어하기가 어려워 일본인은 몹시 곤란하게
여겨 드디어 상하가 일제히 일어나 완전 토벌을 기약하라고 의논
하였다.

原文

義將延基羽弟延昌壽 被禽見殺 義將徐萬三又被禽 是時

全海山·沈南一·安濟弘等 馳驟于湖南 延基羽·金洙敏

·河相兌·李鎭龍·韓丁萬·李仁淳·鄭用大等 東自鐵原

·平康 西至平山·白川 往來三道 焱忽難制 倭甚苦之 遂

議上下齊擧 期於殄剿.

일본인이 대만(臺灣)의 호구 조사표(戶口調査票)를 우리 관부
(官府) 내외에 반포하였다.

原文

^{왜 인 반 대 만 호 구 조 사 표 우 아 관 부 내 외}
倭人頒臺灣戶口調査表于我官府內外.

향항(香港, 홍콩)에 홍수가 나고, 일본 복도(福島)에도 홍수가
났으며, 횡수하(橫須賀)에는 큰 불이 나서 8백여 호를 불태웠다.

原文

^{향 항 대 수   일 본 복 도 대 수   횡 수 하 대 화   소 팔 백 여 호}
香港大水　日本福島大水　橫須賀大火　燒八百餘戶.

전 참서(參書) 김택영(金澤榮)이 통주(通州)에서 귀국했다. 김택
영은 장건(張謇)을 따라 통주로 가서, 장건의 추천으로 한묵관(翰
墨館)에서 편집의 일을 맡아보게 하였다. 그러나 약간의 봉급을 받
아서 살아가자니 생계가 어려웠다. 윤택영(尹澤榮)과 이재곤(李載
崐) 등이 그러한 소식을 듣고 민망하게 여겨 자금을 모아 선비(船
費)를 보내주었다. 윤택영은 평소 우리나라 역사를 찬술할 뜻을
갖고 있었는데, 본국에서 하자니 기휘(忌諱)[1]하는 것이 있고, 중국
에서 하자니 또 고거(考據)[2]할 것이 없어서 그런 까닭에 초청을 받
은 김에 한 번 고국에 돌아가 사료를 수집해 가려고 한 것이다. 드
디어 귀국하고 보니 그 뜻을 알지 못하는 자들은 연두(戀豆)[3]하는

것으로 알고 있었다. 수개월 있다가 머리를 깎고 청국 사람의 복장을 하고 청나라 상인과 함께 길을 떠나 다시 통주로 돌아갔다.

김택영이 처음 귀국하자, 내게(황현) 편지를 보내 이미 그가 일찍이 갖고 있던 뜻을 말하였다. 이미 돌아간 뒤에도 또 서신을 보내 바야흐로 우리나라 편년사(編年史)에 손을 댔다고 말했다. 김택영은 예전에 아들이 없었는데 청나라에 들어간 뒤에 아들 하나를 키웠으니, 이름은 광호(光虎)였다.

註解

1) 기휘(忌諱) : 꺼리고 싫어함.
2) 고거(考據) : 상고하여 증거로 삼음.
3) 연두(戀豆) : 벼슬자리를 탐낸다는 뜻.

原文

前參書金澤榮 自通州東還 澤榮隨張謇往通州 謇薦補翰
墨館纂輯之役 沾丐殘俸 生計蕭然 尹澤榮·李載崑等 聞
而憫之 合資送般費 澤榮素有刪述國朝史之意 而本國則有
忌諱 中國又無考據 故欲因請邀 一還故國 裒聚史乘而去
遂東還 不知者以爲戀豆也 居數月 薙髮淸裝 偕淸商遄發
復歸通州 澤榮始還 貽余書 已言其夙志 既歸 又有書 言方
下手于編年史 澤榮舊無子 入淸後 育一子 名光虎.

술·담배·가옥에 대한 세 가지 세금을 금년부터 실시하기로 정했다.

原文

_주 _초 _{가옥삼세} _{정자금년실시}
酒·草·家屋三稅 定自今年實施.

이보다 먼저 영흥에 사는 이동익(李東益)이 해외에 유람하다가 아라사 국경에서 죽었다. 그의 처 김씨(金氏)는 즉시 분곡(奔哭)을 하려고 하였는데, 시부모가 그것을 말렸다. 시부모가 돌아가시고 3년상을 치른 뒤, 김씨는 단신으로 만리길을 가서 남편의 유해를 수습해 돌아왔다.

原文

_{선시} _{영흥거이동익} _{유람해외} _{사우아경} _{기처김씨} _{즉욕}
先是 永興居李東益 游覽海外 死于俄境 其妻金氏 卽欲
_{분곡} _{구고지지} _{급구고몰} _{기경삼상} _{척신행만리} _{부해이귀}
奔哭 舅姑止之 及舅姑沒 旣經三喪 隻身行萬里 負骸而歸.

경기 의병장 유학근(俞鶴根)·안상근(安商根)·조양서(趙良瑞)·김연희(金淵熙) 등이 죽음을 결단코 함께 맹세하고 의병을 더 모집하여 영평·포천 사이를 왕래했으며 정용대(鄭用大)는 서울에 있는 각국 영사관에 격문을 보냈다.

原文

경기의장유학근　　안상근　조량서　김연희등　결사동맹
京畿義將兪鶴根 · 安商根 · 趙良瑞 · 金淵熙等　決死同盟

가모의병　왕래우영평　포천지간　정용대전격문우경성각
加募義兵　往來于永平 · 抱川之間　鄭用大傳檄文于京城各

영관
領館.

성천(成川)에 큰 비와 우박이 내렸는데, 우박이 계란만하였다.
또 정선(旌善)과 영월(寧越)에도 큰 비와 우박이 내렸다.

原文

성천대우박　박여계난　우정선　영월대우박
成川大雨雹　雹如鷄卵　又旌善 · 寧越大雨雹.

일본의 문사(門司)와 복강(福岡) 등지에 큰 비와 우박이 내렸다.

原文

일본문사　복강등지　대우박
日本門司 · 福岡等地　大雨雹.

● 의보(義報).
1일 능주(綾州)에서 싸웠고, 또 장성(長城)에서 싸웠다.
9일 포천(抱川)에서 싸웠고,
5일 영산포(榮山浦)에서 싸웠고,

4일 나산(羅山)에서 싸웠고, 순창(淳昌)에서도 싸웠다.

11일 포천(抱川)에서 싸웠고,

6일 부여(扶餘)에서 싸웠고,

5일 봉화(奉化)에서 싸웠고,

8일 130여 명이 장수(長水)에서 싸웠고,

9일 진주(晉州)에서 싸웠고,

12일 150여 명이 강진(康津)에서 싸웠다.

8일 거문도(巨文島)에서 싸웠고, 유학근(俞鶴根)·안창근(安昌根) 등이 철원(鐵原)의 동서를 왕래했다. 김상한(金商翰)이 대소백(大小白) 및 4개 군을 근거지로 하여 이명상(李明相)·김상태(金尙泰)를 소모장으로 삼고, 이춘삼(李春三)을 좌익장, 원근선(元根善)을 우익장으로 삼고, 김성부(金聖夫)를 도영장으로 삼았는데, 부하가 모두 7백여 명이나 되었다. 또한 청풍에서 민영팔(閔永八) 부대와 합류했다.

17일 담양(潭陽)에서 싸웠고,

5일 임실(任實)에서 싸웠고,

12일 나주(羅州)에서 싸웠고,

14일 풍덕(豊德)에서 싸웠고,

13일 전라북도 중계(中溪)에서 싸웠다.

14일 순천(順天)에서 싸웠고,

18일 보성(寶城)에서 싸웠고,

25일 문태수(文泰洙)의 부대 6백 명이 무주(茂朱)에서 싸웠다.

24일 능주(綾州)에서 싸웠고,

26일 토산(兔山)에서 싸웠고,

14일 은산(殷山)에서 싸웠고,

11일 전라북도 천원역(川原驛)에서 싸웠고,

19일 광주(光州)에서 싸웠고,

20일 무장(茂長)에서 싸웠고,

12일 원주(原州)에서 싸웠고,

25일 보성(寶城)에서 싸웠고,

17일 완도(莞島)를 습격하여 일본인 2명을 죽였다.

19일 화천(華川)에서 싸웠고,

19일 전라북도 월성(月城)에서 싸웠고,

13일 장진(長津)에서 싸웠고,

20일 단양(丹陽)에서 싸웠고,

19일 관동(關東) 율실리(栗實里)에서 싸웠고,

25일 백여 명이 청풍(淸風)에서 싸웠다.

原文

義報.

一日戰綾州 同日戰長城 同日又戰長城 九日戰抱川 五日戰榮山浦 四日戰羅山 同日戰淳昌 十一日戰抱川 六日戰扶餘 五日戰奉化 八日百三十許名 戰長水 九日戰晉州 十二日一百五十餘名 戰康津 八日戰巨文島 兪鶴根·安昌根

等 往來鐵原東西 金商翰根據大小白及四郡 以李明相·金

相泰爲召募將 李春三爲左翼將 元根善爲右翼將 金聖夫爲

都領將 部下共七百餘人 又會閔永八又淸風 十七日戰潭陽

五日戰任實 十二日戰羅州 十四日戰豊德 十三日戰全北中

溪 十四日戰順天 十八日戰寶城 廿五日文泰洙兵六百人

戰茂朱 廿四日戰綾州 廿六日戰冤山 十四日戰殷山 十一

日戰全北川原驛 十九日戰光州 二十日戰茂長 十二日戰原

州 廿五日戰寶城 十七日襲莞島 斬二倭 十九日戰華川 廿

九日戰全北月城 十三日戰長津 二十日戰丹陽 十九日戰關

東栗實里 廿五日百餘名 戰淸風.

6월 1일 임진(壬辰), 즉 음력 4월 14일.

原文

六月一日壬辰 卽陰曆四月十四日.

황후 윤씨(尹氏)가 수원에 행행(幸行)해서 농림모범장(農林模範場)을 관람하였다.

황후윤씨행행수원 관농림모범장
皇后尹氏幸行水原 觀農林模範場.

(6월) 상무조합부장 이학재(李學宰) 등이 갑오(1894) 동학란 때 종군하다 죽은 상민(商民) 7백여 명을 고부 백산(白山)에서 위혼제(慰魂祭)를 지냈다.

상무조합부장이학재등 설갑오종군상민전망자칠백여인
商務組合部長李學宰等 設甲午從軍商民戰亡者七百餘人
위혼 제어점부지백산
慰魂 祭於占阜之白山.

흥사단장 김윤식(金允植)・김가진(金嘉鎭) 등이 「대한민보(大韓民報)」를 간행했다.

흥사단장김윤식 김가진등 간행대한민보
興士團長金允植・金嘉鎭等 刊行大韓民報.

신정희(申廷熙)・박노천(朴魯天)・조수연(趙壽淵)은 정탐꾼으로 이름이 나 있었는데, 이은찬(李殷瓚)이 체포된 것도 곧 그들의 음모였다.

原文

申廷熙·朴魯天·趙壽淵 以偵探人著名 李殷瓚之被禽
卽其陰謀也.

일본이 연대 병력 4대(隊)를 파견하였는데, 2대(隊)는 목포(木浦)로 내려 보냈고, 2대(隊)는 군산(群山)에 내려 보냈으며, 또 1대는 대구(大邱)로 들여보냈으니, 모두 의병을 진압하기 위한 것이었다.

原文

倭遣聯隊兵四隊 其二隊下木浦 二隊下群山 又一隊入大邱 皆爲鎭壓義兵也.

희천(熙川)에 사는 홍기협(洪基協)은 스스로 측량기를 제조했고, 또한 자명종을 만들어서 사람들은 그의 기교에 감복했다. 당시 측량을 사용한 것은 이미 오래되었으니 백성들은 많은 수가 관망하고만 있었고, 그것을 배우려는 자도 또한 측량기의 값이 너무 비싸서 한탄하며 투덜대다가 날짜를 보냈다. 측량기를 판매하는 일본인들이 국내의 돈을 모두 긁어모았는데, 그것은 몇 조각의 목편에 지나지 않는 것이 70원에 이르렀기 때문이다.

原文

_{희천민홍기협 자제측양기 우제자명종 인복기교 시측양}
熙川民洪基協 自製測量機 又製自鳴鐘 人服其巧 時測量

_{지설이구 이민다관망 기욕학자 우환기가태고 탄타도일}
之設已久 而民多觀望 其欲學者 又患機價太高 歎咤度日

_{왜인지매기자 괄진일국지화 개불과수조목편 이가지칠십}
倭人之賣機者 括盡一國之貨 蓋不過數條木片 而價至七十

_원
元.

일본 정부는 통감 이등박문(伊藤博文)을 면직하고 부통감 증녜황조(曾禰荒助)로 대신케 했다.

原文

_{왜 면통감이등박문 이부감증녜황조대지}
倭免統監伊藤博文 以副監曾禰荒助代之.

일본인 관광단이 (우리나라에) 들어왔는데 이용구(李容九)가 뒤따라 이르렀다. 관광단은 다 고기대가리에 귀신 얼굴을 하고 있었는데 하등 노동자들이었다.

原文

_{왜인관광단입래 이용구종지 관광단 개어두귀면하등노}
倭人觀光團入來 李容九踵至 觀光團 皆魚頭鬼面下等勞

_{동자}
働者.

경기도 의병장 강기동(姜基東)·남학서(南鶴瑞)·오수영(吳壽泳)·임명달(任明達) 등은 이은찬이 붙잡히게 된 것을 분하게 여겨 격문을 띄우고 의병을 모아 설욕할 것을 기약했다.

原文

경기 의장 강기동 　남학서 　오수영 　임명달 　분 이은찬 지
京畿義將姜基東·南鶴瑞·吳壽泳·任明達 憤李殷瓚之

피금 　발격취병 　기이쇄설
被禽 發檄聚兵 期以灑雪.

정부에서 호남철도 부설권을 회수해갔다. 서오순(徐午淳)은 경영한 지 수년이 되었지만 힘이 부쳐 이루지 못하고 있었는데, 이때에 이르러 그 권한마저 잃게 되었다. 혹자는 말하기를 이것은 송병준(宋秉畯)의 음모라고 하였다.

原文

자정부 　작회호남철도부설권 　서오순경영수재 　력출미취
自政府 繳回湖南鐵道敷設權 徐午淳經營數載 力絀未就

지시 　병실기권한 　혹왈 　차송병준지모야
至是 幷失其權限 或曰 此宋秉畯之謀也.

일본 청삼현(靑森縣)에서 어선에 화재가 나서 1백여 명이 익사했다. 또 북해도(北海島)에서도 어선에 불이 나서 130여 명이 죽었다.

原文

日本靑森縣漁船火　溺死百餘人　又北海道漁船火　死者百
三十餘.

충주에 비와 우박이 내렸다. 영흥에도 큰 우박이 내렸다.

原文

忠州雨雹　永興大雹.

기호(畿湖) 의병대장 이인영(李麟榮)이 대전(大田) 분견소에서
붙잡혔다. 부친상을 당해 문경에 숨어 있다가 황간(黃澗)으로 들
어가던 중 정탐하는 일본인에게 체포된 것이다.

原文

畿湖義兵大將李麟榮　被禽于大田分遣所　遭父憂　隱于聞
慶　轉入黃澗　爲偵倭所獲.

궁내부 차관 소궁삼보송(小宮三保松)이 이완용의 주청(奏請)으
로 인해서 종묘의 금책(金册)·금보(金寶)를 마땅히 다른 곳에 이
치하겠다고 하였다. 이에 태황제(고종)가 웃으며 말하기를, "책
보는 순금이 아니고 도금이오." 하니 소궁삼보송 은 아무 말 없이

물러났다.

原文

^{궁내차관소궁삼보송} ^{인이완용주청} ^{종묘금책} ^{금보 당}
宮內次官小宮三保松 因李完用奏請 宗廟金冊 · 金寶 當

^{이치별처} ^{태황제소왈} ^{책보비순김} ^{내도금야} ^{삼보송묵연}
移置別處 太皇帝笑曰 冊寶非純金 乃鍍金也 三保松嘿然

^{이 퇴}
而退.

내부에서 명령을 내려 서울에서 기르는 개들은 다 가죽 목사리
를 채우고 주인의 성명을 표시하도록 하였다. 이에 큰 벼슬아치
의 성명이 개의 목에 걸리게 되었다. 민영소(閔泳韶) 집의 개가
대문을 나가자 마을 어귀에 있던 노동자들이 일제히 소리 질러,
"민보국대감(閔輔國大監)의 행차시다."라고 하면서 크게 웃었다.

原文

^{내부영경중축견} ^{개대혁환} ^{표가주성명} ^{어시대관성명 류}
內部令京中畜犬 皆帶革環 表家主姓名 於是大官姓名 纍

^{견항의} ^{민영소가견출문} ^{동구노동자} ^{제성창야왈} ^{민보국대}
犬項矣 閔泳韶家犬出門 洞口勞働者 齊聲唱哤曰 閔輔國大

^{감행차} ^{상여대소}
監行次 相與大笑.

전라남도 의병장 김현길(金玄吉)이 광주(光州)에서 붙잡혔다.
이때 서울 감옥에서 죽은 의병의 수는 20여 명이었다. 의병장 강

덕화(姜德化)가 서울에서 붙잡혔는데, 이은찬(李殷瓚)은 피살되었으며, 의병장 전해수(全海秀)는 구리개[銅峴]에서 붙잡혔다.

原文

전남의장김현길 피금우광주 의병지사우경옥자이십 의
全南義將金玄吉 被禽于光州 義兵之死于京獄者二十 義

장강덕화 피금경사 이은찬피살 의장전해수 피금우동현
將姜德化 被禽京師 李殷瓚被殺 義將全海秀 被禽于銅峴.

노량진에 있는 사충사(四忠祠)[1]의 영정(影幀)을 도난당했는데, 80원에 일본 상인에게 팔려 드디어 진열장에 걸리게 되었다. 이목은(李牧隱, 이색)의 영정 또한 도난당했는데, 일본 중의 집에서 다시 찾아왔다.

註解

1) 사충사(四忠祠) : 경종 때 노론(老論)과 소론(少論)의 대립에서 희생당한 노론의 4대신, 김창집(金昌集)·이이명(李頤命)·이건명(李健命)·조태채(趙泰采)를 모신 사당.

原文

도절노량사충사영정 이팔십원매우왜상 수괘우진열소
盜竊鷺梁四忠祠影幀 以八十元賣于倭商 遂掛于陳列所

이목은영정우견절 자왜승가멱환
李牧隱影幀又見竊 自倭僧家覓還.

경기도 의병장 하상태(河相泰)가 갑자기 왜군의 습격을 받자,

면하지 못할 것을 헤아려 스스로 목을 찔러 죽었다. 통역을 하던 자가 하상태가 죽는 것을 보고, 자기의 직무를 버리고 도망했다.

原文

京畿義將河相泰 爲倭所襲 自度不免 自刎死 通譯某見相
泰死 棄 其職務而逃.

대련(大連)에 있는 일본인들이 동유회(東游會)를 창설하였다. 청국 사람으로 일본에 유람 온 자들을 잘 인도하고 기쁘게 맞아주어 은근한 맛을 보여주니 그 뜻은 대개 속에 다른 뜻을 갖고 있었기 때문이다. 청나라 사람들은 「상해보(上海報)」를 통해 이를 공박했다.

原文

倭人之在大連者 創東游會 凡淸人之游日本者 利導而歡
待之 示以殷勤 其意 蓋有包藏也 淸人上海報駁之.

일본의 신문 보도에서 우리 태황제를 가리켜 외국 수장(首長)이라 하였다.

原文

倭人報 指斥我太皇帝曰外國首長.

서울에서 공자교회(孔子敎會)를 만들었다. 대개 일본인은 우리 나라 사람이 점점 신학문을 연구하는 것을 싫어하여 옛날 방식으로 사람들을 고지식하게 묶어 두려고 드디어 우리 정부와 종실 척족의 여러 벼슬아치들을 권유해서 이 교회를 창설한 것이다.

原文

京師創孔子敎會 蓋倭惡我人之漸究新學 欲以舊敎愚錮
之 遂誘政府及宗戚諸紳 設是會.

일본 송강(松江)에 홍수가 나서 500여 집이 떠내려갔다.

原文

日本松江大水 漂五百餘家.

안남(베트남) 지방에는 지금도 과거시험이 행해지고 있다.
안남 사람 남광충(南廣忠)이 일본에 있는 우리나라 유학생에게 글을 보내어 '흥학회(興學會)'란 것을 운운하였다.

原文

安南尙行科學 安南人南廣忠 貽書于我游學生之在倭中
而日 興學會者 云云.

● 의보(義報).

1일 양주(楊州) 월계(月溪)에서 싸워 일본군을 많이 죽였다.

5일 양주 송산(松山)에 들어가 일본군 5명을 죽이고,

6일 3백 명이 회양(淮陽)·통천(通川)에 들어갔다.

15일 황주(黃州)에서 싸웠고, 관동 지방의 의병은 점차 식어갔으나 오직 전남 지방은 치열했다. 그러므로 일본군의 각대(各隊)가 모두 호남으로 내려갔다.

18일 영광(靈光)에서 싸웠고,

19일 삼척(三陟)에서 싸웠고,

24일 임실(任實)에서 싸웠고, 곡성(谷城)에서 싸웠고, 남원(南原)에서도 싸웠으며, 그날 흥덕(興德)에서도 싸웠다.

27일 전라남도 적천(積川) 장터에서 싸웠고,

29일 나주(羅州)에서 싸웠고, 교하(交河)에서도 싸웠다.

24일 곡산(谷山)에서 싸웠고,

25일 대흥(大興)에서 싸웠고, 순천(順天)에서도 싸웠고, 화순(和順)에서도 싸웠다.

30일 영춘(永春)에서 싸웠고,

27일 관동(關東) 황지리(黃地里)에서 싸웠고,

28일 전라남도 약수정(藥水亭)에서 싸웠고,

29일 전라북도 천원(川原)에서 싸웠다.

原文

義報.

一日戰楊州月溪 倭多死 五日入楊州松山 斬五倭 六日三

百名入淮陽·通川 十五日戰黃州 關東義兵稍息 惟全南甚

熾 故倭各隊盡萃湖南 十八日戰靈光 十九日戰三陟 廿四

日戰任實 同日戰谷城 同日戰南原 同日戰興德 廿七日戰

全南積川場 廿九日戰羅州 同日戰交河 廿四日戰谷山 廿

五日戰大興 同日戰順天 廿七日戰和順 三十日戰永春 廿

七日戰關東黃地里 廿八日戰全南藥水亭 廿九日戰全北川

原.

7월 1일 임술(壬戌), 즉 음력 5월 14일.

原文

陽秋七月一日壬戌 卽陰五月十四日.

개성 사람이 직접 서양 과자와 일본 떡을 만들었다.

原文

開城人自造洋菓·倭餅.

(7월) 고 최익현(崔益鉉)의 문생들이 그의 문집을 간행하였다. 일본인이 그 소식을 듣고 포위하고 수색하여 문집 가운데 소차(疏箚)와 일본을 토벌하라는 문자가 들어있는 부분을 모두 빼앗아 갔는데, 그것은 대개 정부의 사주(使嗾)에서 나온 것이라고 한다. 결국 문집이 완전치 못한 상태가 되어 널리 배포하지 못했다.

原文

故崔益鉉門生 刊益鉉文集 倭人聞之 圍而索之 其疏劄及

討倭文字所在卷子 盡奪以去 蓋出自政府指嗾云 遂致殘缺

不得廣布.

공주 사람 박경운(朴敬運)의 딸은 어려서부터 한문을 익혀서 경사(經史)에 통달했는데, 과년하도록 결혼을 못했다. 이에 이르러 나이 41세로, 서울에 올라와 안산(安山) 사람 모씨(某氏)와 혼인했다.

原文

公州人朴敬運之女 自幼習漢文 通經史 年過不字 至是

年四十一 乃入京與安山人某成婚.

당시 서역(鼠疫) 예방의 논의가 있었으니 병균이 쥐에서 나온다고 하여 각 항구에 영을 내려 외선(外船)을 검역하고 쥐가 있으면 닥치는 대로 박살하였다. 또한 쥐 한 마리에 돈 3전을 주고 사서 인천·부산 두 항구에서는 매일 4, 50마리씩의 쥐가 잡혔다고 한다.

原文

時有鼠疫豫防之議 以病菌自鼠出 令港口檢外船 有鼠輒
撲殺之 又購鼠一頭 金三錢 仁·釜兩港 每日捕四五十頭.

의병장 박용식(朴鏞植)과 황용환(黃容煥)을 구금하였다가 징역 5년형에 처했다.

原文

處被囚義將朴鏞植·黃容煥 役五年.

호남 의병장 조성팔(趙成八)이 임피(臨陂)에서 체포되었다. 조성팔은 변산(邊山)을 왕래하며 왜군의 목을 베인 것이 매우 많았다.

原文

湖南義將趙成八 被禽于臨陂 容八往來邊山 馘倭甚多.

임금이 동적전(東籍田)에서 보리를 베었다. 이완용은 이등박문을 맞이하러 마산에 가서 배행하느라 참여하지 못했다.

原文

상 예 맥 우 동 적 전　이 완 용 이 영 이 등 왕 마 산　이 불 참 배 시
上刈麥于東籍田 李完用以迎伊藤往馬山 而不參陪侍.

이등박문(伊藤博文)과 신임 통감 증녜황조(曾禰荒助)가 서울에 와서 함께 임금을 알현하였다.

原文

이 등 박 문　여 신 임 통 감 증 녜 황 조 지 경 사　동 위 폐 현
伊藤博文 與新任統監曾禰荒助至京師 同爲陞見.

임금이 통감부에 행차하였고, 다음날에 이등박문이 임금을 배알하였다.

原文

상 행 통 감 부　명 일 박 문 알 상
上幸統監府 明日博文謁上.

태황제께서 풍을 앓아, 일본인 의사 영목(鈴木)이 진찰을 하고, "잠시 일본 마관(馬關)에 가서 치료를 받는 것이 어떻겠는가?"라고 하였다. 태황제가 말하기를, "늙은 몸이 어떻게 멀리 갈 수 있겠는가?" 하였다.

原文

太皇帝患風　倭醫鈴木診之　請暫幸日本馬關　調治何如.
太皇曰　老體何以遠行.

경상남도 동부 일대에 홍수가 났다.

原文

慶南東部一帶　大水.

10일 이등박문(伊藤博文)과 신임 통감 증녜황조(曾禰荒助)가 이완용(李完用)·박제순(朴齊純)을 불러놓고 두 건의 일을 승낙해 줄 것을 요구하였는데, 그것은 통치권의 위임과 군부의 폐지였다. 이완용 등은 모든 각료들을 모아 협의해서 알려 주겠다고 대답하고 각의(閣議)를 여니 여러 사람이 어긋난다 하여 결정짓지 못하고 총사직할 것을 결정하였다. 이등박문이 그 소식을 듣고 크게 화를 내자 이완용(李完用)은 두려워하고 그 청(請)에 따랐다.

原文

十日　博文·荒助　召李完用·朴齊純　以兩件事求其承諾
曰統治權委任也　曰軍部廢止也　完用等　對以會諸僚協議以
報　及開閣議　衆依違不決　決以總辭職　博文聞之大怒　完用

<ruby>恐懼<rt>공 구</rt></ruby> <ruby>請從之<rt>청 종 지</rt></ruby>.

14일, 이등박문이 일본으로 돌아가니 이용원(李容元)은 성추 (省楸)¹⁾를 칭탁해서 지름길로 출발하여 대전(大田)까지 가서 이등박문을 전송하였다. 이등박문은 내규장각의 서책(書冊)을 싣고 갔는데 태조 때 만든 지도 3권도 그 가운데 들어 있다.

註解

1) 성추(省楸) : 성묘(省墓).

原文

十四日 博文還歸 李容元託以省楸徑發 餞博文于大田 博文載內閣書冊以去 太祖時所編地圖三卷入其中.

12일, 법부를 폐지하고 사법권을 일본 정부에 위임하니 법률학교의 모든 학생들은 탄식하며 말하기를, "사법권이 이미 없어졌으니 법률을 배워 어디에 써먹겠는가?" 하고 서로 통곡하여 흩어진 자가 과반수나 되었다. 이완용은 각의를 열고 협약에 도장을 찍어 밤에 통감부에 가져다 바쳤다.

原文

十二日 廢法部 委任司法權於日本 法律學校諸生歎曰 司

法權旣無矣　學法律安用　相與痛哭而散者過半　李完用　開
閣議印協約　夜往獻于統監府.

군부를 폐지하였다. 대신 이병무(李秉武)를 시종무관장으로 삼
고, 군부 내의 기보병(騎步兵)으로서 친위대를 설치하였다. 이로
부터 서울 장안은 더욱 험악해지고 이완용 등은 두려움을 경계하
여 순병들을 더 많이 파병하여 그의 집을 지키게 하였다.

친위부의 기병은 91명이고 보병은 644명이다. 양부(법부 · 군부)
가 폐지되니 장안 사람들은 모여서 통곡하였다.

原文

廢軍部　以大臣李秉武爲侍從武官長　以部內騎步兵　設親
衛府　自是都下尤洶洶　完用等警懼　添派巡兵　守衛其家.
親衛府騎兵九十一　步兵六百四十四　兩部廢　都民會哭.

함흥에 홍수가 나서 우리나라 사람의 가옥 602호와 일본인 가
옥 46호가 침수되었다.

原文

咸興大水　浸我人屋六百二戶　倭人屋四十六戶.

전 교관 이기(李沂)가 죽었다.

前敎官李沂卒.

평안남·북도에 홍수가 나서 대동강이 두 길이나 불어났고, 민가 130여 호가 떠내려갔다. 함경남도에서 평안북도에 이르기까지 전에 없던 재해가 발생했다.

平南北大水 大洞江增水二丈 漂民家一百三十餘 自咸南
至平北 災害無前.

갑오년(고종 31, 1894)부터 정미년(광무 11, 1907)까지 국고금의 포흠진 것을 조사하니 300여만 원에 이르고, 범인은 3,000여 명이었다.

査甲午(高宗三十一年) 至丁未(光武十一年) 國庫金欠逋
至三百餘萬元 犯人爲三千餘人.

함경남 · 북도에 황충(蝗蟲)이 발생했다.

原文

함 남 북 황 기
咸南北蝗起.

나인영(羅寅永) · 오기호(吳基鎬) 등이 서울에 단군교(檀君敎)를
창설했다.

原文

나 인 영　　오 기 호 등　창 단 군 교 우 경 사
羅寅永 · 吳基鎬等　創檀君敎于京師.

영월 어민이 영춘(단양) 경계의 한강 지류에서 고기 한 마리를
잡았는데, 그 고기의 길이는 3척이나 되며 사지(四肢)를 갖추었
는데 머리와 꼬리가 고기의 형체를 띠었고, 온몸에 희고 가는 털
이 났으니 대개 이름을 기어(畸魚)라고 한다. 인조 병자(인조 14,
1636)간에 나왔을 때 청군이 침입한 병자호란이 있었고, 또한 선
조 임진(선조 25, 1592)간에 나왔을 때 왜란이 있었다고 시골 사
람들은 이같이 서로 전했다.

原文

영 월 어 민　획 일 어 우 영 춘 계 지 한 강 지 류　어 장 삼 척 허　구 사
寧越漁民　獲一魚于永春界之漢江支流　魚長三尺許　具四

지　수 미 성 어 형　편 체 생 백 세 모　개 명 기 어 운　인 조 병 자 간 출
肢　首尾成魚形　遍體生白細毛　蓋名畸魚云　仁祖丙子間出

<ruby>有清兵東搶之事 又宣祖壬辰間出 有倭亂 野人相傳如此.</ruby>

청나라 군대가 간도(間島)에 크게 모였는데, 5, 6, 7천 명에 이르자, 일본군은 부산에서 헌병 74(명)을 파견하여, 간평환(栞平丸)을 타고 북쪽을 향해 출발했다.

原文

清兵大會間島 至五六七千 倭自釜山 派憲兵七十四 乘栞平丸 向北進發.

희랍에 지진이 일어났다.

原文

希臘地震.

12일, 새 5조약을 체결하였다.

일본 정부와 한국 정부는 한국의 사법과 감옥 사무를 개선하여 장차 한국 신민과 아울러 한국에 있는 외국 신민의 생명과 재산을 일체 확실히 보호하고 또한 한국 재정을 공고히 함을 목적으로 삼는다고 하였는데 조관을 정한 내용은 다음과 같다.

1. 한국은 사법 및 감옥 사무가 완비되기 이전에는 어느 때에 이르기까지 사법과 감옥의 사무는 일본 정부에 의탁할 것.

2. 일본 정부는 한국인·일본인을 막론하고 자격이 있는 자를 택하여 일본 재판소와 한국 관리로 임용할 것.

3. 일본 재판소로 한국에 있는 것은 협약 및 법령의 특별한 규정이 있는 이외의 것은 한국 신민에 대하여 마땅히 한국법을 적용할 것.

4. 한국 각 관청의 공리(公吏)는 각자 직무에 충실하며 일본 재판소의 지휘를 듣고 아울러 보조해 줄 것.

5. 한국 사법과 감옥의 경비는 일본 정부에서 담당할 것.

위의 각 조문은 각기 정부의 위임을 받아 일본·한국글로 각서 각 2통을 작성하고 교환하여 후고(後考)를 삼는다.

통감 증녜황조(曾禰荒助)는 이완용과 조인하였다.

이로부터 일본은 한국인에 대하여 방자한 생각으로 법을 만들었고, 특별법이라 말했으나 사람들은 능히 반항하지 못하고 단지 옹옹(喁喁)할 뿐이었다. 신조약을 체결한 밤에 일본군 2백 명이 궁성을 둘러싸고 지키면서 비상에 대비하였다.

原文

十二日 新五條約.

日政府與韓政府 以改善韓國司法及監獄事務之意 將韓

國臣民幷在韓外國臣民生命財産 一切確實保護 且鞏固韓

國財政 以爲目的 定條款如左. 一, 韓國於司法及監獄事務
完備以前 至于何時 托司法及獄務于日本政府事. 二, 日政
府毋論韓·日人 擇其有資格者 任用日本裁判所及韓國官
吏事. 三, 日本裁判所之在韓者 除協約及法令之有特別規
定者以外 對韓國臣民 當適用韓法事. 四, 韓地各官廳公吏
各勤職務 以聽日本裁判所指揮 幷爲其補助事. 五, 韓國司
法及監獄經費 自日本政府擔當事 右各承其政府委任 作日
·韓文覺書各二通 交換以爲後考 曾禰荒助與李完用調印.
自此倭於我人恣意創律 謂之特別法 而人莫能抗 只唈唈
而已 新條約締結之夜 倭兵二百圍守宮城 以備非常.

경기도에 홍수가 나서 임진강의 물이 7척이나 불어났다.

原文

京畿大水 臨津江增水七尺.

윤택영(尹澤榮)·이재극(李載克) 등이 일본 천조대신(天照大神)
과 단군(檀君)을 형제로 하고 드디어 신궁(新宮)을 만들고 교회를 받들었으니 일본인의 사주(使嗾)를 받은 것이다.

윤택영 이재극등 이일본천조대신여단군위형제 수창
尹澤榮·李載克等 以日本天照大神與檀君爲兄弟 遂創
신궁 봉교회 승왜주야
神宮 奉敎會 承倭嗾也.

의병장 이주호(李周鎬)가 체포되었다. 또 이원오(李元五)와 김동수(金東洙)의 부하 3명이 광주에서 붙잡혔다.

의장이주호피금 우이원오 김동수부하삼병 피금우광
義將李周鎬被禽 又李元五·金東洙部下三兵 被禽于光
주
州.

일본 대판(大坂)에서 큰 불이 나서 천여 호가 불탔다.

일본대판대화 소천여호
日本大坂大火 燒千餘戶.

미국에 큰 홍수가 났다.

청나라 감숙성(甘肅省)에는 3년 동안 비가 오지 않아 큰 기근이 들어서 사람들이 서로 잡아먹었으며, 영국 윤돈(倫敦, 런던)에서

는 7일 동안 다섯 번이나 큰 불이 났다. 일본의 후우도(後宇都)에
서는 큰 우레가 쳐서 사람 1명과, 말 한 필이 죽고 집 세 채가 불
탔다.

原文

美國大洪水 清甘肅不雨 至三年 大飢 人相食 英倫敦七
日內五大火 日本後宇都大雷震 死人一·馬一·燒屋三.

청나라 남방에서 큰 별이 떨어졌다.

原文

清國南方 隕大星.

● 의보(義報).
12일 교하(交河)로 들어갔고,
14일 파주(坡州)에서 싸웠고,
1일 영광(靈光)에서 싸웠고, 순천(順天) 쌍암(雙岩) 장터에서도
싸웠다. 그리고 지례(知禮)에서 싸웠고, 김천(金泉)에서도 싸웠
다.
2일 순창(淳昌)에서 싸웠고,
8일 풍기(豊基)에서 싸웠고, 백여 명이 흥양(興陽)에서도 싸웠
다.

9일 해남(海南)에서 싸웠고,

10일 진보(眞寶)에서 싸웠고,

2일 전라북도 천원(川原)에서 싸웠고, 관동 황지리(黃地里)에서 싸웠다.

3일 영양(英陽)에서 싸웠고,

1일 삭녕(朔寧)에서 싸웠고,

4일 나주(羅州)에서 싸웠고,

5일 또한 나주에서 싸웠고, 봉화(奉化)에서도 싸웠다.

7일 장성(長城)에서 싸웠고, 관동 임계(臨溪)에서 싸웠다

8일 순창(淳昌)에서 싸웠고, 나주(羅州)에서도 싸웠다. 같은 날 해주(海州)에서도 싸웠고, 영광(靈光)에서 싸웠으며 풍기(豊基)에서도 싸웠다.

9일 전라남도 보암(寶岩) 장터에서 싸웠고, 황중옥(黃重玉)의 부대가 지리산에 들어갔으며, 기춘호(奇春浩)의 부대가 순창(淳昌) 산중을 왕래했다.

17일 곡산(谷山)에서 싸웠고,

18일 동복(同福)에서 싸웠고,

19일 보성(寶城)에서 싸웠고, 곡성(谷城)에서 싸웠다.

22일 하동(河東)에서 싸웠고,

28일 영광(靈光)에서 싸웠고,

29일 풍기(豊基)에서 싸웠고,

30일 나주(羅州)에서 싸웠고,

31일 무안(務安)에서 싸웠고, 나주(羅州)에서도 싸웠다.

原文

義報.

十二日入交河 十四日戰坡州 一日戰靈光 同日戰順川雙

岩場 同日戰知禮·金泉 二日戰淳昌 八日戰豊基 同日百

餘名 戰興陽 九日戰海南 十日戰眞寶 二日戰全北川原 同

日戰關東黃地里 三日戰英陽 一日戰朔寧 四日戰羅州 五

日又戰羅州 同日戰奉化 七日戰長城 同日戰關東臨溪 八

日戰淳昌 同日戰羅州 同日戰海南 同日戰靈光 同日戰豊

基 九日戰全南寶岩場 黃重玉兵入智異山 奇春浩兵 往來

淳昌山中 十七日戰谷山 十八日戰同福 十九日戰寶城 同

日戰谷城 廿二日戰河東 廿八日戰靈光 廿九日戰豊基 三

十日戰羅州 三十一日戰務安 同日戰羅州.

8월 1일 계사(癸巳), 즉 음력 6월 16일.

原文

陽八月一日癸巳 卽陰六月十六日.

(8월) 이완용(李完用)은 새 5조의 서약을 맺은 뒤에 민심이 흉흉해지자 각도에 시찰원을 파견하여 살피도록 하였다. 먼저 정만조(鄭萬朝)를 전라 선유사로 삼았는데 정만조는 일본인을 대동하고 내려갔다. 광주에 이르러 국민들을 모아놓고 달래면서, "황태자는 영명하시어 이웃 나라에 유학 가셨고 국가가 중흥할 것도 머지않았으니 여러분들은 안심하고 각자 업에 종사하며 태평 시기를 기다리라." 하니, 만장한 사람들은 입술을 삐죽거리며 가버렸다. 정만조는 몹시 무료해서 얼마 되지 않아서 슬그머니 서울로 돌아왔다.

原文

李完用以五條新約後　民心不穩　遣視察員于各道以訽之

先以鄭萬朝爲全羅宣喩使　萬朝帶倭而行　至光州大會民人

曉之以皇太子英明　方游學隣國　國家中興之望不遠　衆其安

堵樂業　以待太平之期　滿場反唇而去　萬朝甚無聊　未幾潛

還京師.

함경북도에서는 소를 판매하여 항구로 나가는 것을 금하니 민간의 재정 형편이 크게 곤란해졌다.

原文

함 북 금 매 우 출 항　민 간 재 정 대 곤
咸北禁賣牛出港 民間財政大困.

일본 대판에 큰 불이 나서 800여 호를 불태웠으나 불은 꺼지지
않았다. 신석시(新潟市)에서도 불이 나서 600호를 불태웠다.

原文

일 본 대 판 대 화　소 팔 백 여 호　화 불 식　신 석 시 화　소 육 백 호
日本大坂大火 燒八百餘戶 火不息 新潟市火 燒六百戶.

묵서가(墨西哥, 멕시코)에 큰 지진이 발생하여 수백 명이 사망
했다.

原文

묵 서 가 대 지 진　사 자 수 백 인
墨西哥大地震 死者數百人.

고희준(高義駿)이 '국시유세단(國是遊說團)'이란 것을 만들어 백
성들을 회유하였다. (그 내용은) 일본 사람들에게 저항하지 말고
그들의 지도와 도움을 받아 함께 개명(開明)으로 매진하자는 것
이었으니, 그것은 외세에 아첨하는 데서 나온 것이다.

原文

고 희 준 창 국 시 유 세 단　유 민 물 항 일 인　종 기 도 액　공 진 개 명
高義駿創國是遊說團 誘民勿抗日人 從其導掖 共進開明

^{개 출 어 미 외 야}
蓋出於媚外也.

이때에 전국의 사립학교 청원의 숫자가 2,056구(區)였다.

原文

^{시 시　전 국 사 립 학 교 청 원 수　위 이 천 오 십 육 구}
是時　全國私立學校請願數　爲二千五十六區.

송병준(宋秉畯)을 서용하여 중추원 고문관(中樞院顧問官)으로 삼았다.

原文

^{서 송 병 준 위 중 추 원 고 문 관}
敍宋秉畯爲中樞院顧問官.

더위가 몹시 혹독한 것이 근래의 드물게 있는 일이었다. 일본 사람이 만주(滿洲)의 안봉철도(安奉鐵道, 安東에서 奉天行 철도. 지금의 단동에서 심양행 철도)를 유지하는데 경계해야 할 것이 있음을 두려워하여, 이 달에 병사들을 점검하니 장교 이하 더위를 먹고 죽은 자가 30여 명이나 되었다. 측후표(測候表, 온도계)에 의하면 실내의 온도가 (화씨) 94. 5도에 달했다.

原文

^{서 기 심 혹　위 근 년 소 한 유　왜 인 공 만 주 안 봉 철 도　지 오 유 경}
暑氣甚酷　爲近年所罕有　倭人恐滿洲安奉鐵道　支吾有警

以是月點兵 將校以下 暍死者三十餘人 据測候表 室內溫
度達于九十四五度.

일본군이 길을 나누어 호남 의병을 수색하였다. 위로는 진산·
금산·김제·만경으로부터, 동으로 진주·하동, 남은 목포로부
터 사방을 포위한 것이 그물을 펼쳐놓은 것 같았다. 순찰병을 파
견하여 촌락을 수색하며 집집마다 모조리 조사하여 조금만 의심
해도 문득 죽이니, 이에 행인들은 자연히 끊어지고 이웃 마을과
도 왕래하지 못하였다. 의병들은 셋 다섯 도망하여 사방에 흩어
지며 가히 은신처가 없게 되었다. 강한 자는 적진에 돌진하여 싸
우다 죽고 다친 자는 꾸무럭대다 칼을 받았으며 점차 쫓겨 강진
·해남 땅에 이르러 갈 곳이 다하니 죽은 자가 무려 수천 명이나
되었다. 고제홍(高濟弘)과 심남일(沈南一) 등은 앞뒤로 붙잡히게
되었다.

原文

倭人分道 搜湖南義兵 上自珍·錦·金·萬 東自晉·河
南自木浦 四圍如張網 派巡索村落 逐戶櫛査 少疑輒戮 於
是行人自斷 隣里不能通 義兵三五逃命四散 無可匿 强者
突前鬪死 弱子匍匐受刃 漸次被駈 至康津·海南地盡頭
死者無慮數千人 高濟弘·沈南一等 後先就縛.

이보다 먼저 환산중준(丸山重俊)이 전에 경시총감(警視總監)으로 재임하면서 서울의 인구를 조사해보니 19만 명이었는데, 이에 이르러 겨우 15만 명이었다. 생계가 날로 어려워서 옮겨 다른 곳으로 간 때문이다.

原文

先是丸山重俊　前警視總監在任時　調查京城人口爲十九萬零　至是纔十五萬人　言生計日絀　轉而之他之故.

이때에 국채 조사액은 38,870,973원이나 되었다.

原文

是時國債調查額　爲三千八百八十七萬九百七十三元.

경기도 의병장 김수순(金洙順)이 거느리던 병사 2명과 함께 붙잡혔다.

原文

京畿義將金洙順　并所帶二兵被禽.

서울 사람들은 왕왕 인가 변소간에 이완용(李完用)·박제순(朴

齊純)의 성을 붙여서 여기가 이·박의 요리점이라 크게 썼으니 개와 같은 종류라 말한 것이다.

原文

京師人 往往於人家廁溷 題貼李完用·朴齊純姓 大署此
李·朴料理店 言與狗一類云.

7월 13일, 의병장 이인영(李麟榮)이 피살되었다.

原文

十三日 義將李麟榮被殺.

김윤식(金允植)이 장문의 편지를 써서 통감부에 질문하려고 이용원(李容元)과 의논하였는데, 이용원이 곧바로 일본인에게 밀고하여, 김윤식이 편지를 써서 이원용과 절교하겠다고 알렸다.

原文

金允植 欲以長書 質問統監府 議于李容元 容元走告于倭
允植作書 告容元絶.

함경북도와 경상북도에 홍수가 났다.

原文

咸北·慶北大水.
（함북）（경북대수）

● 의보(義報).

간도 의병이 몹시 치열하게 일어났다.

정용대(鄭用大)는 서울의 동서를 왕래하였고, 연기우(延基羽)는 철원(鐵原)과 연천(漣川)에서 출몰했고, 김정식(金正植)은 안변에 들어갔다.

봉화(奉化)와 안동(安東) 사이에서 무릇 열 번을 싸웠고, 전라남도에서는 무릇 36번이나 싸움하였다.

13일 순창(淳昌)에서 싸웠고,

16일 용두동(龍頭洞)에 집결했다.

15일 양주(楊州) 갈마동(渴馬洞)에서 일본군을 습격해서 20명을 죽였다.

14일 백여 명이 남평(南平)에서 싸웠고,

18일 능주(綾州)에서 싸웠고,

15일 수백 명이 광주(光州)에서 싸웠고,

21일 평산(平山)에서 싸웠고,

22일 의병장 김영준(金永俊)이 이천(伊川)에서 싸웠다.

4일 남원(南原)에서 싸웠고,

6일 전라남도 성전(星田) 장터에서 싸웠고,

8일 장성(長城)에서 싸웠고,

9일 또 장성에서 싸웠다.

7일 의령(宜寧)에서 싸웠고,

4일 4백여 명이 석성(石城)에서 싸웠고,

11일 남원(南原)에서 싸웠고, 황해도 기린(麒麟) 장터에서 싸웠고, 낙안(樂安)에서도 싸웠다.

12일 춘천(春川)에서 싸웠고,

13일 청하(淸河)에서 싸웠고, 평산(平山)에서도 싸웠다.

14일 봉화(奉化)에서 싸웠고,

21일 하동(河東)에서 싸웠고,

13일 서흥(瑞興)에서 싸웠고,

14일 고부(古阜)에서 싸웠고, 공태원(孔泰元)과 윤기태(尹基台) 의 부대가 해주(海州)에 모였다.

22일 평창(平昌)에서 싸웠고,

31일 김억백(金億百)이 평강(平康)에서 싸웠다.

原文

義報.

間島兵甚熾 鄭用大往來京城東西 延基羽出沒鐵原·漣

川 金正植入安邊 奉化·安東間凡十戰 全南凡三十六戰

十三日戰淳昌 十六日會龍頭洞 十五日襲倭于楊州渴馬洞

斬二十餘級 十四日百餘名 戰南平 十八日戰綾州 十五日

數百名 戰光州 廿一日戰平山 廿二日義將金永俊 戰伊川

四日戰南原 六日戰全南星田戰場 八日戰長城 九日又戰長
城 七日戰宜寧 四日四百餘名 戰石城 十一日戰南原 十一
日戰海西麒麟場 同日戰樂安 十二日戰春川 十三日戰清河
同日戰平山 十四日戰奉化 廿一日戰河東 十三日戰瑞興
十四日戰古阜 孔泰元·尹基台兵會海州 廿二日戰平昌 三
十一日金億百戰平康.

괴질(怪疾)이 청나라 안동현(安東縣)에서 관서(關西) 지방으로
번져갔는데, 호열자(虎列刺)라고 부르기도 하며, 또 흑사병(黑死
病)이라고도 말하였다.

原文

怪疾自淸國安東縣犯關西 名曰虎列刺 又曰黑死病.

평안북도에 황충(蝗蟲)이 발생했다.

原文

平北蝗起.

배설(裵說, 베델)의 부인이 자기 나라로 돌아갔다.

_{배 설 처 귀 기 국}
裵說妻歸其國.

동대문 밖 동묘동(東廟洞)에 사는 백성 김만오(金萬五)의 처가 아들 세쌍둥이를 해산했다.

_{동 대 문 외   동 묘 동 민 김 만 오 처   일 태 산 삼 남}
東大門外 東廟洞民金萬五妻 一胎産三男.

일본의 자하현(滋賀縣)·대판(大坂)·빈송(濱松)·송본(松本)·금택(金澤)·산전(山田)·명고옥(名古屋)에 큰 지진이 일어나서 연일 그치지 않았다. 대판에서는 화약고가 폭발하고, 문사(門司)에서는 탄광의 갱이 폭발하였다. 관서(關西)에서 또 지진이 발생하였고, 신주(信州)에서는 산이 울리고, 또 근강(近江)에서는 천둥을 친 것이 두 차례였는데, 45명이 부상당했다.

_{일 본 자 하 현   대 판   빈 송   송 본   금 택   산 전   명 고 옥}
日本滋賀顯· 大坂· 濱松· 松本· 金澤· 山田· 名古屋

_{지 대 진 연 일 부 지   대 판 화 약 고 폭 발   문 사 탄 갱 폭 발   관 서 우}
地大震 連日不止 大坂火藥庫爆發 門司炭坑爆發 關西 又

_{지 진 우 신 주 산 명   우 근 강 뢰 진 자 재   상 자 사 십 오}
地震 又信州山鳴 又近江雷震者再 傷者四十五.

천연정(天然亭)의 연지(蓮池)에는 옛날부터 붉은 연꽃만 피었는데, 금년 여름에는 홀연히 흰 연꽃이 세 송이 피었다.

原文

천연정연지 자고지유홍연 금하홀생백연삼타
天然亭蓮池 自古只有紅蓮 今夏忽生白蓮三朶.

평안남도에 수재가 나서 민가 4,000여 호가 물에 잠겼거나 떠내려갔고 익사한 사람이 279명이나 되었다.

原文

평남수재 침류민옥사천여호 익사자이백칠십구인
平南水災 浸流民屋四千餘戶 溺死者二百七十九人.

영국의 소격관도(蘇格蘭島, 스코틀랜드)에서 큰 불이 났다.

原文

영국소격란도대화
英國蘇格蘭島大火.

9월 1일 갑자(甲子), 즉 음력 7월 17일.

原文

양구월일일갑자 즉음칠월십칠일
陽九月一日甲子 卽陰七月十七日.

개성(開城) · 춘천(春川) · 연안(延安) · 해주(海州)에 전화를 가설했다.

原文

架電話于開城 · 春川 · 延安 · 海州.

미국인 흘법(訖法, 헐버트)이 다시 서울에 왔다. 당시 사람들은 흘법을 가리켜 해아(헤이그) 밀사사건의 주모자라 하였다.

原文

美人訖法 復至京師 時人指法爲海牙事主謀人.

박일현(朴逸鉉)이 청기와를 연구하여 만들었다.

原文

朴逸鉉研製靑瓦.

남방 연해에 경비선(警備船)을 배치했는데, 1년에 세는 7만 원으로 정했고, 일본 선박 16척을 사서 썼다.

原文

設警備船于南方沿海 以一個年定貰七萬元 購用倭船十

육 소
六艘.

일본인이 간도(間島) 문제로 청·일 협약을 맺고 간도 영토를 청국에 돌려주었으며 토문강(土們江, 두만강)을 한·청의 분계선으로 하였다.

原文

왜 인 이 간 도 사　　성 청　　일 협 약　 환 간 도 영 토 우 청　 이 토 문 강
倭人以間島事　成淸·日協約　還間島領土于淸　以土們江

정 한 청 분 계
定韓淸分界.

영광군(靈光郡) 신대리(新臺里)에 전전태(全田太)라는 자가 있는데, 스스로 태어난 해를 기억하지 못하고 단지 젊었을 때에 쌀 한 되에 3전했다고 한다. 다른 노인들이 말하기를 이는 70년 전의 일이며, 그때에 본 전전태의 모습은 지금과 같았다고 하였다. 다시는 그의 내력을 아는 사람이 없었다. 혹은 300세가 되었다고 하고, 혹은 400세가 되었다고도 하는데, 키가 5척 3촌(寸)이며, 몸은 살쪘고, 머리털은 쥐색이며 치아는 오직 하나가 빠졌었는데, 5년 전에 다시 났다고 하며 지금 보기에 강건한 소년과 비슷하다고 했다.

原文

영 광 신 대 리　 유 전 전 태 자　 자 언 불 기 생 년　 단 기 기 소 장 시　 미
靈光新臺里　有全田太者　自言不記生年　但記其少壯時　米

<small>일 승 삼 전</small> <small>타 노 인 언</small> <small>시 칠 십 년 전 사</small> <small>기 시 견 전 태 년 모</small> <small>지 여</small>
一升三錢 他老人言 是七十年前事 其時見田太年貌 只如

<small>금 일</small> <small>갱 무 인 식 기 래 력</small> <small>혹 운 삼 백 세</small> <small>혹 운 사 백 세</small> <small>장 오 척 삼</small>
今日 更無人識其來歷 或云三百歲 或云四百歲 長五尺三

<small>촌</small> <small>체 비 발 서 색</small> <small>치 유 일 낙</small> <small>오 년 전 부 생</small> <small>견 금 강 장 류 소 년</small>
寸 體肥髮鼠色 齒惟一落 五年前復生 見今强壯類少年.

전번 을미(고종 32, 1895) 세입의 총액은 4,809,410원이고 조세액이 2,238,033원이었는데, 금년에 이르러서는 총액이 21,434,723원이고, 조세액은 10,468,202원이니 15년 사이에 거의 5배에 이르렀다.

原文

<small>선 시 을 미 세 입 총 액</small>　<small>사 백 팔 십 만 구 천 사 백 십 원</small>　<small>이 조 세 액</small>
先是乙未歲入總額　四百八十萬九千四百十元　而租稅額

<small>이 백 이 십 삼 만 팔 천 삼 십 삼 원</small>　<small>지 금 년 총 액</small>　<small>이 천 일 백 사 십 삼</small>
二百二十三萬八千三十三元　至今年總額　二千一百四十三

<small>만 사 천 칠 백 이 십 삼 원</small>　<small>조 세 액 일 천 사 십 육 만 팔 천 이 백 이 원</small>
萬四千七百二十三元　租稅額一千四十六萬八千二百二元

<small>십 오 년 지 간</small>　<small>기 지 오 배</small>
十五年之間　幾至五倍.

일진회(一進會) 사람들이 은행의 주식 모집에 응모하여 5만 주를 모았다. 그것은 일본이 아라사와 싸울 때에 일진회가 공로가 있었다 하여, 그런 까닭에 상금으로 40만 원을 주었다. 일진회의 사람들이 이 돈을 가지고 주식 모집에 응했던 것이다.

原文

一進會人應銀行募集五萬株　蓋倭以倭俄戰役　一進會有

効勞　故賞之以四十萬元　會人以此應株式之募也.

남양(南洋)의 조와도(爪哇島)에서 화산이 폭발하였다.

原文

南洋爪哇島　火山噴裂.

경기도의 의병장 정용대(鄭用大)가 붙잡혔다.

原文

京畿義將鄭用大被禽.

일본인은 금강 유역을 주목하고 그 나라 농민들이 모여들어 다투어 서로 땅을 사들여 전라북도·충청남도에서 1년에 사들인 땅이 논은 140,036두락이고, 밭이 12,917두락이며, 갈대밭과 진황전이 20,625두락이고, 염전이 799개소로서 날마다 잠식하여 들어왔으나 가히 제한하여 억제하지 못했다. 일본 농부들은 매양 들 가운데 한 구역을 점령하면 문득 위협하여 사방의 물줄기의 그 위를 막아서 물이 다른 데로 흐르지 않게 하고 가물면 다른 사람의 밭을 끊고 스스로 물을 대며 조금이라도 저항하는 기색이 있으면 주먹으로 때리고 발길로 차니 이로 말미암아 우리나라 농민들은 거개가 손해를 입었다. 그런 까닭에 드디어 일본인에게 싼 값으로 땅을 팔고 다른 곳으로 이사를 가서 그 까닭으로 날로 더 많은 땅을 점령하였다. 일본인이 농사를 시작함에 자기 나라의 옛 법을 써서 농사를 지었으나 토지가 달라서 우리나라 사람의 수확에 미치지 못했다. 이에 왕왕 우리 풍속을 좇았다.

原文

倭人注目于錦江流域 農民鬧集 爭相買地 全北·忠南計

一年所買收者 沓十四萬三十六斗落 田一萬二千九百十七

斗落 蘆田及陳荒田 二萬六百二十五斗落 鹽田七百九十九

所 日日蠶食 不可限制 其農人每占一區于野中 則輒威嚇

其四畔 水則壅其上 使不得妨水 旱則決人田以自灌 小有

抵抗 拳踢立到 由是我人農戶 擧被損害 遂以輕價賣地于

倭 向他焉 其所以日益廣占者以此 倭之始農也 用其國中

古法 土地異宜 不及我民之穫 乃往往從我俗.

미국인 골불안(骨佛安)이 한미 전기회사를 일본인에게 팔아먹어서 장안 사람들은 크게 노하여 들고 일어나서 골불안을 축출했다.

原文

美人骨佛安 賣韓美電機會社于倭人 都民大怒群起 逐佛安.

청국인이 우리 근해에서 어업 활동을 하는 것이 해마다 항상 수천 척의 배가 왔는데 일본인은 그것을 미워했으나 능히 금하지 못했다. 이에 청국인과 함께 한국 근해에서 청국인이 고기 잡는 것을 허락한다는 약속을 하고, 한국과 일본 어민이 또한 서쪽 요해(遼海)에서 고기 잡는 허락을 얻기를 원했다. 청인은 한국 근해는 고래로 자유로이 와서 어업 활동을 하였는데 어찌 갑자기 우리의 영해(領海)를 다른 나라 사람이 밟을 수 있게 하느냐 하면서 듣지 않았다.

原文

清民東漁我海者 歲常數千艘 倭人惡之 不能禁 乃與清人 約以韓海許清民漁 願得韓·日民亦西漁于遼海 清人以韓海 則古來自由往漁 何猝許領土海面 恣他人蹂踐 不聽.

우암(尤庵) 송시열(宋時烈)의 문집은 전에 『송자대전(宋子大全)』이라 하였고, 그 문집의 판본은 청주 화양동 송시열 서원에 보관되었는데, 정미(광무 11, 1907) 가을에 일본인에 의해 불타 없어졌다. 이에 이르러 호서의 유생 등이 내각과 중추원에 글을 보내 사방에서 의연금을 보내 도와줄 것을 청하여 판본을 복간하기로 하였다. (이때) 이용원(李容元)과 김종한(金宗漢)이 그것을 찬동했다.

原文

宋尤庵時烈文集 舊稱宋子大全 其板本藏貯于淸州華陽

洞時烈書院 丁未秋 爲倭所焚 至時湖西儒生等 呈文內閣

及中樞院 淸得四方捐助 復刊板本 李容元 · 金宗漢等和

之.

일본 동경에 홍수가 나서 시가지의 물의 깊이가 1장(丈) 5척(尺)이나 되었다. 신호(神戶)에서는 큰 불이 나서 300호를 태웠다.

原文

日本東京大水 市街水深一丈五尺 神戶大火 燒三百戶.

일본 사람 금미차랑(金尾次郎)이 해인사(海印寺)의 장경(藏經)을 간행할 것을 청했다.

原文

왜 인 금 미 차 낭　청 간 해 인 사 장 경
倭人金尾次郎　請刊海印寺藏經.

이용직(李容稙)이 상소하여 『고려사(高麗史)』 중에 『이색열전(李穡列傳)』을 개찬(改撰)할 것을 청했다. 이용직은 이색(李穡)의 후손인데, 처음 정인지(鄭麟趾)가 『고려사』를 편찬할 때에 이색이 불교에 아첨한 일들을 모두 그 전(傳)에 실었다. 그런 까닭에 근래 김택영(金澤榮)이 『숭양기구전(崧陽耆舊傳)』을 찬술하면서 그 글을 인용하였는데, 이용직이 크게 노하여 상소하여 판명하고자 하였다. 김택영은 그들의 세력이 왕성한 것을 두려워하여 고쳐 쓰기로 하고, 이어서 자핵(自劾, 자책)하여 자신이 맡고 있던 편집국의 일을 그만두었다. 이에 이르러 이용직이 또 정인지의 『고려사』를 추가하여 고치자고 하여 듣는 사람들이 비웃었다.

原文

이 용 직 상 소　청 개 찬 고 여 사 중 이 색 열 전　용 직 색 지 후 야　초
李容稙上疏　請改撰高麗史中李穡列傳　容稙穡之后也　初

정 린 지 찬 고 여 사 시　범 색 녕 불 지 사　개 재 우 기 전　고 근 일 김 택
鄭麟趾撰高麗史時　凡穡佞佛之事　皆載于其傳　故近日金澤

영 찬 숭 양 기 구 전　인 용 기 문　용 직 대 노　욕 상 소 여 지 질 판　택
榮撰崧陽耆舊傳　因用其文　容稙大怒　欲上疏與之質判　澤

榮畏其勢熘息 乞改定 因自劾 以免其所帶編輯局之任 至
是容植又追改鄭史 聞者笑之.

황후궁에 시강(侍講)을 두었다.

原文

置皇后宮侍講.

탁지부는 전에 호조로 있을 때부터 하나의 비밀 창고가 있었
다. 굳게 잠그고 열지 않다가 이때에 이르러 일본인 관야(關野)라
고 하는 자가 처음 열어 보았는데, 그 속에 황금으로 된 군선(軍
扇) 두 자루가 있었다. 이것은 곧 풍신수길(豊臣秀吉)이 휴대하고
있었던 것으로 낙관(落款)이 있어서 확인할 수 있었다. 어떠한 인
연으로 이곳에 있는지 알 수는 없으나 혹자는 말하기를, 반드시
이는 일본이 바친 것이라 하였다.

原文

度支部自前爲戶曹時 有一秘庫 錮之不開 至是倭人關野
者 始開見 中有黃金製軍扇二柄 乃豊臣秀吉所携持者 有
款識可驗 不知緣何在此 或曰必是倭所獻云.

안동 사람들이 김성일(金誠一)의 서원(虎溪書院을 말함)을 복원할 것을 청하였다.

原文

안 동 인　청 복 설 금 성 일 서 원
安東人 請復設金誠一書院.

일본 동경에 홍수가 나서 12,000호가 침수되었다.

原文

일 본 동 경 대 수　침 일 만 이 천 호
日本東京大水 浸一萬二千戶.

이도재(李道宰)가 죽었다. 이도재는 귀양지에서 돌아온 이래 임용되었어도 낯을 떨어뜨리고 움츠러들어 특별히 뜻을 편 바가 없었다. 그래도 그를 비난하는 사람은 없었다. 처음에 신기선(申箕善)과 더불어 이름을 나란히 하였는데, 근년에 이르러 신기선은 날로 명성이 떨어져 조중응(趙重應)·송병준(宋秉畯)과 더불어 함께 일본의 '삼충노(三忠奴)'로 지목을 받게 되었지만, 이도재의 명예는 감퇴되지 않았다. 전염병으로 인해서 죽었는데, 겨우 속광(屬纊)[1]을 마치자 곧장 상여에 실어 용인(龍仁) 고향집으로 가서 밖에다 초빈(草殯)을 하였다. 일본인이 그 소식을 듣고 순사를 보내서 시신을 꺼내 검시하려 하였다. 그런데 정부의 여러 사람들이 힘써 보호해주어서 다행히 면할 수 있었다.

註解

1) 속광(屬纊) : 옛 중국에서 사람이 죽어갈 무렵에 고운 솜을 코나 입
   에 대어 기식(氣息)을 검사했다는 뜻으로 임종(臨終)을 이르는 말.

原文

李道宰卒 道宰自起廢以來 履被任用 而低回局促 無所展

布 然人無非之者 始與申箕善齊名 至近年箕善日復頹唐

至有與趙重應 · 宋秉畯 同爲日本三忠奴之目 而惟道宰名

譽不減 死時以疫死 甫屬纊 卽盛轎往龍仁田廬 出殯于外

倭人聞之 欲遣巡查掘檢 而政府諸人 力護幸免.

서울에 전염병[콜레라]이 크게 돌아 우리나라 사람의 사망자가
1,500여 명, 일본 사람 또한 죽은 자가 수백 명이었다. 역질(疫疾)
은 의주로부터 철로를 따라 곧바로 서울로 들어왔다. 환자는 물
설사를 두 번하고는 바로 죽었다. (하지만 그렇게) 2차를 경과하
면 치료가 되어 병이 나았다. 일본인들은 그것을 몹시 두려워하
여 순사를 파견하여 집집마다 조사하여 신음소리를 내는 자가 있
으면 곧바로 병원으로 실어가고 그 집 사람들이 따라와서 간호하
는 것을 허락하지 않았다. 그런 까닭에 횡사자가 많아 도성 안이
크게 동요되어 난리가 일어난 것 같았다. 한 달여가 지나서 비로
소 식어들었다.

이보다 먼저 기묘년(고종 16, 1879)에는 서울에 전염병이 크게 돌아 1만여 명이 죽었으며, 병술년(고종 23, 1886)에도 전염병이 크게 발생하여 수만 명이 죽었다. 그러나 백성들이 각자 치료하다가 제각기 죽었던 까닭에 민심은 안정되었으며, 횡사자도 또한 적었다. 이에 이르러 일본인이 검사하는 것으로 말미암아 백성들이 흉흉하여 두려워하였다. 기묘년과 병술년에 비해 열 배나 더했으나, 실제로 사망자는 기묘년과 병술년에 비해 10분의 1에도 미치지 않는다고 하였다. 방역비는 19만 원에 이르렀고, 경우궁(景祐宮)을 피병원(避病院)으로 삼았다.

原文

京師大疫 我人死者一千五百餘人 倭人亦死數百人 疫自

義州 循鐵路 直入京師 患者水泄二次輒死 過二次者 治之

獲痊 倭甚畏之 派巡查逐戶査驗 有呻吟者 舁病院 不許其

家人隨護 故多橫死者 京中大擾 如亂離 月餘始息 先是己

卯京師大疫 死萬餘人 丙戌大疫 死者數萬 然聽民自療自

死 故民心安靖 橫死者亦少 至是由倭檢査 民之洶懼 十倍

于己 · 丙 而其實死者不及己 · 丙之十之一云 防疫費至十

九萬元 以景祐宮爲避病院.

일본 유학생 감독 신해영(申海永)이 죽었는데, 또한 전염병 때문이었다. 이때에 전염병으로 죽은 사람은 경재(卿宰)로서는 이도재(李道宰)뿐이었다.

原文

日本遊學生監督申海永卒 亦以疫也 是時疫死者 卿辛只 李道宰.

대만에 큰 바람이 불었다. 청나라 복주(福州)에서도 큰 바람이 불었고, 토이기(土阿其, 터키)에서는 큰 비가 내려서 가옥 500채가 무너지고 1백여 명이 죽었다.

原文

臺灣大風 淸福州大風 土耳其大雨 壞屋五百 死百許人.

의주(義州)에서는 큰 우박이 내려서 새와 참새가 많이 죽었고 소도 한 마리가 죽었다.

原文

義州大雹 鳥雀多死 牛死一.

● 의보(義報).

이정룡(李貞龍)이 수백 명을 이끌고 해서 지방에서 출몰하였으며, 해서의 차두환(車斗煥)·김성희(金性希)가 공태원(孔泰元)과 호응하였다.

13일 양주(楊州) 퇴계원(退溪院)에서 싸웠고,

11일 개성(開城)에서 싸웠으며,

17일 무장(茂長)에서 싸웠다.

18일 양주(楊州) 석적리(石積里)에서 싸웠고,

13일 이천(伊川)에서 싸웠고,

10일 평강(平康)에서 싸웠고,

18일 춘천(春川)에서 싸웠고, 서울에서 김한유(金漢愉)와 김한홍(金漢弘) 등이 염탐되어 붙잡혔으며. 의병장 김동원(金東元)이 여주(驪州)에서 붙잡혔고, 군산(群山)에서 일본 어선을 격침시켰다.

30일 해주(海州)에서 일본 어선을 습격하여 한 사람을 죽였고, 예산(禮山)에서도 싸웠다.

24일 청송(靑松)에서 싸웠고, 호남 의병장 윤상성(尹相聲)과 이철용(李喆用)이 붙잡혔다.

21일 양평(楊平)에서 싸웠고,

31일 전라남도 완도(莞島)에서 싸워 일본군 세 명을 익사시켰다.

20일 순흥(順興)에서 싸웠고,

21일 안동(安東)에서 싸웠고,

30일 예산(禮山)에 들어갔고,

24일 이석부(李石富)·강대경(姜大敬)이 청송(靑松)에서 싸웠
는데 패하여 붙잡혔다.

原文

義報.

李貞龍率數百名出沒海西　海西車斗煥·金性希應孔泰元

十三日戰楊州退溪院　十一日戰開城　十七日戰茂長　十八日

戰楊州石積里　十三日戰伊川　十日戰平康　十八日戰春川

京中詞金漢惟·金漢弘等　義將金東元　被禽于驪州　擊沈群

山倭漁船　三十日襲海州倭漁船殺一人　同日戰禮山　廿四日

戰靑松　湖南義將尹相聲·李喆用被禽　廿一日戰楊平　三十

一日戰全南莞島　溺死三倭　二十日戰順興　廿一日戰安東

三十日入禮山　廿四日李石富·姜大敬　戰靑松　兵敗被執.

10월 1일 갑오(甲午), 즉 음력 8월 18일.

原文

陽冬十月一日甲午　卽陰八月十八日.

함양 사람 하성순(河聖淳)이란 자가 스스로 말하기를, "산신(山神)이 자기에게 내렸다."면서, 만약 명성황후의 재궁(梓宮, 제왕의 묘소)을 남원(南原) 고절방(高節坊)의 제자맥(帝字脈)으로 옮겨 모신다면 나라의 운세가 300년을 이을 수 있다고 하며 소(疏)를 지어 동궐 밖에서 10일간 부복하고 있었는데 순사가 쫓아버렸다.

原文

咸陽人河聖淳者 自言爲山神所憑 若移奉明成后梓宮于 南原高節坊帝字脈 則國祚延三百年 製疏伏東闕外旬日 巡查逐之.

완평군(完平君) 이승응(李昇應)이 죽었다. 시호를 효헌(孝憲)이라 하였다.

原文

完平君李昇應卒 諡孝憲.

청나라 태학사(太學士) 장지동(張之洞)이 죽었다. 시호는 문양(文襄)이다.

原文

^{청 국 태 학 사 장 지 동 졸 시 문 양}
清國太學士張之洞卒 諡文襄.

홍순목(洪淳穆)은 문익(文翼)으로, 선우협(鮮于浹)은 문간(文簡)으로, 조병직(趙秉稷)은 충민(忠敏)으로, 신기선(申箕善)은 문헌(文獻)으로, 이도재(李道宰)는 문정(文貞)으로 각기 시호를 내렸다.

原文

^{시 홍 순 목 문 익   선 우 협 문 간   조 병 직 충 민   신 기 선 문 헌   이 도}
諡洪淳穆文翼 鮮于浹文簡 趙秉稷忠敏 申箕善文獻 李道
^{재 문 정}
宰文貞.

일본인은 역질(疫疾)로 죽은 자에 한해서 3년간 무덤 옮기는 것을 금지했다. 역기(疫氣)가 다시 살아날 것을 두려워해서였다. 일본이 처음 역질 환자를 조사할 때는, 죽은 자는 반드시 관에 넣어 자신들이 운반하여 매장하였다. 사람들은 혹 시신들이 노출되지 않는 것을 다행으로 여겼는데 얼마 지나서 관 하나에 2원씩을 받아 국고에 넣었다.

原文

^{왜 금 역 사 자 이 총 한 삼 년   외 역 기 갱 발 야   왜 지 시 사 환 역 야}
倭禁疫死者移塚限三年 畏疫氣更發也 倭之始查患疫也

死者必盛于棺 自運以埋之 人或幸其不露藏 已而一棺徵價
二元于國庫.

영국인 시란돈(施蘭敦, Scranton, W. B.)의 모친이 상동회당(尙洞會堂)에서 죽었다. 이 분은 대개 20년 전에 우리나라에 와서 권하여 부인학회를 세우고 이현학당(梨峴學堂)을 창설한 사람이다.

原文

英人施蘭敦之母 死于尙洞會堂 此蓋二十年前東來 勸設
婦人學會 而創梨峴學堂者也.

공자 탄신일을 이달 10일로 정하였다. 즉 음력 8월 27일이다.

原文

定孔子誕辰于是月十日 卽陰曆八月二十七日云.

갇혀 있던 의병장 김수민(金洙敏)이 살해되었다.

原文

殺在囚義將金洙敏.

묵서가(墨西哥, 멕시코)에 태풍이 일어 어부 3,000명이 익사했다.

原文

묵 서 가 대 풍　익 사 어 인 삼 천
墨西哥大風　溺死漁人三千.

제주도가 몹시 소란했다. 당초 제주도민들은 어채(漁探)에 종사하며 살았는데 일본인이 수산(水産)을 관리하면서부터 백성들은 드디어 이득을 잃었다. 또한 군수가 20세 이상 60세에 이르는 백성들을 빠짐없이 뽑아서 백성들은 청·일 전쟁터에 끌고 나가 일을 부려먹은 뒤에 모두 도민들을 죽인다는 와언이 퍼지자, 이에 민간인들은 흉흉하여 닭과 돼지를 잡아 술만 퍼마시고, 땅을 팔아서 술 마시는 데 써버리고, 혹은 산정에 올라가 슬피 외치며 떨어져 죽었다. 학교 생도들은 이에 일본인의 교감(校監)을 축출하였으며 서로 격문을 발하여 머무르고 있는 일본인을 토벌하여 섬멸할 것을 기약했다.

原文

제 주 대 난　초 주 민 자 어 채 위 생　자 왜 관 수 산　민 수 실 리　우 군
濟州大亂　初州民資漁探爲生　自倭管水産　民遂失利　又郡

수 적 민 년 이 십 이 상 지 육 십　실 영 무 루　민 이 위 솔 왕 청　왜 전
守籍民年二十以上至六十　悉令無漏　民以爲率往淸·倭戰

장　와 언 왜 태 박 피 기 이 내　진 살 도 민　어 시 민 간 흉 흉　살 계 돈
場　訛言倭馱剝皮機以來　盡殺島民　於是民間洶洶　殺鷄豚

통 음　혹 매 척 장 산　이 자 취 포　혹 등 산 정　비 타 추 사　학 교 생 도
痛飮　或賣斥庄産　以資醉飽　或登山頂　悲吒墜死　學校生徒

乃逐倭人之爲教監者 相與發檄 期以討殲留倭.

전라남도 의병장 심남일(沈南一)이 강무경(姜武景)과 함께 사로잡혔다. 심남일은 7백여 명을 거느리고 장흥(長興) 봉치산(鳳峙山)에서 싸우다 패하여 굴속에 숨어 있다가 마침내 일본군에게 뒤를 밟히게 되었다. 심남일은 본래 함평(咸平) 사람으로 일찍이 일본에 들어가 일본 학문을 배웠고, 겸해서 영어도 익혔다. 그가 동지를 규합하고 의병을 일으켜서 일본군을 죽인 수가 매우 많았다.

原文

全南義將沈南一 與姜武景被禽 南一率七百餘人 戰于長興鳳峙山 兵敗伏窟中 竟爲倭所踪 南一本咸平人 嘗入倭學倭 兼習英語 其徒起兵 斬獲甚多.

단군교(檀君敎)의 교인이 백두산 석굴 속에서 단군의 사적을 얻었다고 칭하고, 드디어 고경각(古經閣)을 지었으며 백봉(白峰)이란 사람을 추대하여 대종사로 삼았다. 무릇 단군교에 들어오는 사람은 반드시 백봉인(白峰印)을 날인하여 신표(信票)로 삼았으니 대개 동학(東學)과 비슷하였다.

原文

檀君敎敎人 稱於白頭山石广中 得檀君事蹟 遂起古經閣
推白峰者爲大宗師 凡入會者 必捺白峰印 以爲信票 大抵
類東學.

호남의 의병장 박영근(朴永根)과 나성화(羅性化)가 체포되었다.

原文

湖南義將朴永根·羅性化 被禽.

일본 동경에 역질(疫疾)이 발생했다.

原文

日本東京疫.

전국의 사찰을 조사하니 전국에 절이 무릇 957개이고, 남자중이 무릇 4,928명이며, 여승이 무릇 563명이었다.

原文

調査全國寺刹 寺凡九百五十七 僧凡四千九百二十八 尼

凡五百六十三.

음력 중양절(重陽節)에 용산강(龍山江) 물이 얼었다.

原文

陰重陽 龍山江水氷.

탁지부 대신 임선준(任善準)이 면직되고, 전 법부 대신 고영희 (高永喜)가 그 자리를 대신했다. 학부 대신 이재곤(李載崑)이 면 직되고 이용직(李容稙)이 그 자리를 대신했다.

原文

度大任善準免 前法大高永喜代之 學大李載崑免 李容稙 代之.

각도에 경찰서 20개소를 증설했다.

原文

增設警察署二十所於各道.

선천(宣川)에 큰 우박이 내렸다. 용천(龍川)에도 우박이 내렸다.

原文

선 천 대 박   룡 천 우 박
宣川大雹 龍川又雹.

의병장 백태운(白台雲)이 붙잡혔다.

原文

의 장 백 태 운 피 금
義將白台雲被禽.

봉화군(奉化郡)의 관청을 춘양면(春陽面)으로 옮겼다.

原文

이 봉 화 군 관 청 어 춘 양 면
移奉化郡官廳於春陽面.

목포에서 항구를 빠져나가는 목화가 매년 30만 원에 이르렀는데, 금년에는 더욱 많았다.

原文

목 포 면 화 출 구   매 년 가 지 삼 십 만 원   이 금 세 우 임
木浦綿花出口 每年可至三十萬元 而今歲尤稔.

군함 양무호(揚武號)를 일본에 도로 팔았다. 처음에 30만 원에 구입했는데, 이때에 이르러 42,000원에 팔았다.

還賣軍艦揚武號于日本 始購以三十萬元 至是以四萬二
千元賣之.

덕국의 천문가(天文家)가 말하기를, "아리대(阿里大) 혜성이 장
차 음력 10월에 나타날 것이며, 이 별은 주기가 74주년이 되어 또
출현할 것."이라고 했다.

德國天文家言 阿里大彗星 將以陰十月發現 此星周七十
四年而又出云.

26일 (음력 9월 13일), 안중근(安重根)이 만주 하얼빈에서 이등
박문(伊藤博文)을 살해했다.

안중근은 갑산에서 태어났으며, 떠돌아 살아서 일정한 곳이
없었고 이제 평양 사람이 되었으니, 나이 그때 31세로서 이등박
문을 죽여서 국치(國恥)를 씻으려고 암암리에 스스로 계획을 짠
것이 이미 수년이 되었다. 금년 봄에 동지들과 맹세하며 말하기
를, "금년에 능히 이 도적놈을 죽이지 못한다면 마땅히 자살할
것을 맹세한다."고 하였다. 여름과 가을 사이에 이등박문이 장차
만주를 순회한다는 소식을 듣고 해삼위로부터 만주로 급히 뒤쫓

아 갔다.

　마침 이등박문이 하얼빈에 이르러 러시아 관원과 상견하기로 약속하고 바야흐로 그가 기차에서 내릴 때 안중근은 러시아병과 섞여서 권총을 연발했다. 세 발을 쏘았는데 세 발이 명중하고 이등박문은 쓰러졌다. 그를 들어서 병원으로 옮겼으나 30분 만에 죽었다. 권총 한 번에 여섯 발이 연달아 나갔는데 세 발은 호위하던 일본인이 맞았으나 모두 죽지 않았다. 이등박문은 오른쪽 복부가 맞아 등에까지 미쳤다. 하루가 지나지 않아서 전파를 타고 동서양에 퍼지니 세계 각국은 모두 놀랐으며, "조선에는 아직도 사람이 있구나!" 하였다고 한다.

　안중근과 동모자 10여 명이 모두 포박되었는데 웃으면서 말하기를, "우리의 일은 이미 성공하였으나 죽는 것을 누가 알아주리오." 하였다. 그 보도가 서울에 이르자 사람들은 감히 통쾌하다고 칭송하지 못했으나 모두 어깨를 치켰으며 각자 깊숙한 방에서 술을 마시면서 서로 경하하였다.

　이완용(李完用) · 윤덕영(尹德榮) · 조민희(趙民熙) · 유길준(俞吉濬) 등은 양궁(兩宮)의 명으로 거짓 속여서 바로 대련에 나아가 조위(吊慰)를 표했으며, 순종 또한 통감부에 가서 친히 조위를 표하고 이등박문에게 시호를 주어 문충공(文忠公)이라 하였다. 제전비(祭奠費) 3만 원을 내주었으며 그의 유족에게 10만 원을 주었다. 이학재(李學宰) 등은 이등박문의 송덕비(頌德碑)를 세울 것을 건의했고 민영우(閔泳雨)는 동상을 세우자고 하며 미치광이 같이 분주하게 서두르자 일본인은 영을 내려 그만두라 하였다. 이등박문의 처는 매자(梅子)이고 아들의 이름은 박방(博邦)이다.

原文

二十六日　陰九月十三日　安重根殺伊藤博文于哈爾濱　重

根生於甲山　流寓無定　今爲平壤人　年方三十一　欲殺博文

以雪國恥　暗自締搆　已數年　是春誓同人曰　今年不能斬此

賊　誓當自殺　夏秋間　聞博文將巡滿洲　自海蔘威跟至　適會

博文　至哈爾濱　約與露官相見　方其下車也　重根混俄兵　連

發拳銃　三發三中　博文墜車　昇入病院　三十分鍾乃死　銃凡

一連六發　其三中護倭　皆不死　博文中右腹及背部　未一日

電飛東西洋　萬國皆驚　以爲朝鮮尙有人　重根與同謀十許人

俱被縛　笑曰　吾事已成　死也誰知　報至京師　人不敢頌言稱

快　而萬肩齊聳　各自瀝酒奧室　以相慶賀　李完用·尹德榮·

趙民熙·兪吉濬　矯兩宮命　卽赴大連弔慰　上幸統監府親弔

諡博文爲文忠公　賻祭奠費三萬元　贈其遺族拾萬元　李學宰

等　議建博文頌德碑　閔泳雨議建銅像　奔走若狂　倭人令止

之　博文妻曰梅子　子曰博邦.

순종은 민병석(閔丙奭)을 차출하고 태황(고종)은 박제빈(朴齊斌)을 차출하고 김윤식(金允植)은 원로 대표로서 함께 일본에 건너가게 했다. 그때에 일본의 조야(朝野)는 크게 놀라고 슬퍼하며 국장(國葬)으로 이등박문의 장례를 치렀다. 일본인은 노한 것이 풀리지 않아서 조수가 밀려드는 것 같았고 불꽃이 타오르는 것 같았다. 민병석 등이 도착하는 것을 보자 미련한 백성들은 그들을 해쳐 분함을 씻으려 하였으나 일본 관원이 엄히 경호하여 면하게 되었다.

황태자는 이등박문을 일찍이 태사(太師)로 삼았던 까닭에 사복(師服) 3개월을 입었다.

안중근(安重根)은 여순 일본 감옥에 갇혀 있었다. 이등박문은 죽기 수일 전에 그의 측근인 소산(小山)에게 말하기를, "다른 사람에게 암살을 당하는 것이 내가 바라고 있는 바이다."고 하였는데, 사람들은 그 말대로 들어맞았다고 하였다.

原文

上差閔丙奭 太皇差朴齊斌爲弔使 金允植以元老代表 幷

赴日本 時日本朝野大驚哀慕 以國葬葬博文 衆努未解 如

潮湧火燃 及見丙奭等至 其愚氓爭欲加害 以洩之 倭官嚴

警獲免 皇太子以博文嘗爲太師 爲之師服三月 重根囚于旅

順倭人獄 博文以前數日 語其屬小山曰 爲人所暗殺 是吾

<ruby>望<rt>망</rt></ruby><ruby>也<rt>야</rt></ruby> <ruby>人<rt>인</rt></ruby><ruby>以<rt>이</rt></ruby><ruby>爲<rt>위</rt></ruby><ruby>語<rt>어</rt></ruby><ruby>讖<rt>참</rt></ruby>.

안중근(安重根)과 연루되어 구속된 사람은 모두 9명이니 홍원 사람 조도선(曹道先), 서울 사람 우연준(禹連俊), 명천 사람 김여생(수)(金麗生(水)), 풍기 사람 유강로(柳江露), 서울 사람 정대휴(호)(丁大鑴, 鄭大鎬) · 김성옥(金成玉), 경북의 김구담(金九潭), 하얼빈에 가 있는 김형재(金衡在)와 함남의 정공경(貞公瓊, 卓公主)이다. 대개 30여 세이며 오직 김성옥이 49세였고 유강로가 18세였다고 한다. 안중근의 아우 안정근(安定根)은 나이 28세로 서울 양정의숙(養正義塾)에서 수학하였으며, 안태(공)근(泰(恭)根)은 나이 24세로 진남포 보통학교의 부훈도(副訓導)로 있었으나 안중근의 사건을 듣고 모두 스스로 면직하고 퇴학했다.

原文

<ruby>以<rt>이</rt></ruby><ruby>安<rt>안</rt></ruby><ruby>重<rt>중</rt></ruby><ruby>根<rt>근</rt></ruby><ruby>連<rt>연</rt></ruby><ruby>累<rt>루</rt></ruby><ruby>被<rt>피</rt></ruby><ruby>拘<rt>구</rt></ruby><ruby>者<rt>자</rt></ruby><ruby>凡<rt>범</rt></ruby><ruby>九<rt>구</rt></ruby><ruby>人<rt>인</rt></ruby> <ruby>洪<rt>홍</rt></ruby><ruby>原<rt>원</rt></ruby><ruby>曹<rt>조</rt></ruby><ruby>道<rt>도</rt></ruby><ruby>先<rt>선</rt></ruby> · <ruby>京<rt>경</rt></ruby><ruby>禹<rt>우</rt></ruby><ruby>連<rt>연</rt></ruby><ruby>俊<rt>준</rt></ruby> · <ruby>明<rt>명</rt></ruby>

<ruby>川<rt>천</rt></ruby><ruby>金<rt>김</rt></ruby><ruby>麗<rt>려</rt></ruby><ruby>生<rt>생</rt></ruby>(<ruby>水<rt>수</rt></ruby>) · <ruby>豊<rt>풍</rt></ruby><ruby>基<rt>기</rt></ruby><ruby>柳<rt>류</rt></ruby><ruby>江<rt>강</rt></ruby><ruby>露<rt>노</rt></ruby> · <ruby>京<rt>경</rt></ruby><ruby>丁<rt>정</rt></ruby><ruby>大<rt>대</rt></ruby><ruby>鑴<rt>휴</rt></ruby>(<ruby>鄭<rt>정</rt></ruby><ruby>大<rt>대</rt></ruby><ruby>鎬<rt>호</rt></ruby>) · <ruby>金<rt>김</rt></ruby><ruby>成<rt>성</rt></ruby><ruby>玉<rt>옥</rt></ruby>

· <ruby>慶<rt>경</rt></ruby><ruby>北<rt>북</rt></ruby><ruby>金<rt>김</rt></ruby><ruby>九<rt>구</rt></ruby><ruby>潭<rt>담</rt></ruby>(<ruby>金<rt>김</rt></ruby><ruby>衍<rt>연</rt></ruby>) · <ruby>哈<rt>합</rt></ruby><ruby>爾<rt>이</rt></ruby><ruby>濱<rt>빈</rt></ruby><ruby>金<rt>김</rt></ruby><ruby>衡<rt>형</rt></ruby><ruby>在<rt>재</rt></ruby>(<ruby>現<rt>현</rt></ruby><ruby>住<rt>주</rt></ruby>) · <ruby>威<rt>위</rt></ruby><ruby>南<rt>남</rt></ruby><ruby>貞<rt>정</rt></ruby><ruby>公<rt>공</rt></ruby><ruby>瓊<rt>경</rt></ruby>

(<ruby>卓<rt>탁</rt></ruby><ruby>公<rt>공</rt></ruby><ruby>主<rt>주</rt></ruby>) <ruby>年<rt>년</rt></ruby><ruby>皆<rt>개</rt></ruby><ruby>三<rt>삼</rt></ruby><ruby>十<rt>십</rt></ruby><ruby>餘<rt>여</rt></ruby> <ruby>而<rt>이</rt></ruby><ruby>惟<rt>유</rt></ruby><ruby>金<rt>김</rt></ruby><ruby>成<rt>성</rt></ruby><ruby>玉<rt>옥</rt></ruby><ruby>爲<rt>위</rt></ruby><ruby>四<rt>사</rt></ruby><ruby>十<rt>십</rt></ruby><ruby>九<rt>구</rt></ruby> <ruby>柳<rt>류</rt></ruby><ruby>江<rt>강</rt></ruby><ruby>露<rt>노</rt></ruby><ruby>爲<rt>위</rt></ruby><ruby>十<rt>십</rt></ruby><ruby>八<rt>팔</rt></ruby>

<ruby>云<rt>운</rt></ruby> <ruby>重<rt>중</rt></ruby><ruby>根<rt>근</rt></ruby><ruby>弟<rt>제</rt></ruby><ruby>定<rt>정</rt></ruby><ruby>根<rt>근</rt></ruby> <ruby>年<rt>년</rt></ruby><ruby>二<rt>이</rt></ruby><ruby>十<rt>십</rt></ruby><ruby>八<rt>팔</rt></ruby> <ruby>修<rt>수</rt></ruby><ruby>學<rt>학</rt></ruby><ruby>于<rt>우</rt></ruby><ruby>京<rt>경</rt></ruby><ruby>城<rt>성</rt></ruby><ruby>養<rt>양</rt></ruby><ruby>正<rt>정</rt></ruby><ruby>義<rt>의</rt></ruby><ruby>塾<rt>숙</rt></ruby> <ruby>泰<rt>태</rt></ruby>(<ruby>恭<rt>공</rt></ruby>)<ruby>根<rt>근</rt></ruby><ruby>年<rt>년</rt></ruby>

<ruby>二<rt>이</rt></ruby><ruby>十<rt>십</rt></ruby><ruby>四<rt>사</rt></ruby> <ruby>爲<rt>위</rt></ruby><ruby>鎭<rt>진</rt></ruby><ruby>南<rt>남</rt></ruby><ruby>浦<rt>포</rt></ruby><ruby>普<rt>보</rt></ruby><ruby>通<rt>통</rt></ruby><ruby>學<rt>학</rt></ruby><ruby>校<rt>교</rt></ruby><ruby>副<rt>부</rt></ruby><ruby>訓<rt>훈</rt></ruby><ruby>導<rt>도</rt></ruby> <ruby>聞<rt>문</rt></ruby><ruby>重<rt>중</rt></ruby><ruby>根<rt>근</rt></ruby><ruby>事<rt>사</rt></ruby> <ruby>皆<rt>개</rt></ruby><ruby>自<rt>자</rt></ruby><ruby>免<rt>면</rt></ruby><ruby>退<rt>퇴</rt></ruby><ruby>學<rt>학</rt></ruby>.

이태리(伊太里)에서 지진이 발생했다. 남미의 지리국(智利國, 칠레)에서 새로 석유갱이 발견되었다.

原文

伊太利地震 南美智利國 新石油坑發現.

전라남도 의병으로 일본군에 의해 사망한 사람은 374명이고, 포로로 잡힌 사람은 1,055명이며, 총을 빼앗긴 것이 295정이고, 군도(軍刀)가 330자루였다.

原文

全南義兵 爲倭所殺者三百七十四 被虜者一千五十五 銃 見奪爲二百九十五挺 軍刀三百三十柄.

의병장 문태수(文泰洙)가 일본인을 이원역(伊院驛)에서 습격하고 불을 질렀다. 이등박문이 피살된 것으로 인하여 일본인의 통행이 더욱 빈번하게 되었는데 문태수가 기회를 틈타 분발하였다. (이에) 원근이 소란했고 일본인들은 크게 경계를 더욱 엄히 갖추었다.

原文

義將文泰洙 襲倭伊院驛停車場 火之 因博文之死 倭之通

行尤頻 泰洙乘機奮發 遠近震擾 倭大驚 戒嚴甚備.

● 의보(義報).

6일 문의(文義)에서 싸웠고, 이장춘(李長春)이 속리산에 웅거
하였다.

22일 강기동(姜基東) 부대가 포천(抱川)에 들어갔고,

7일 정기철(鄭基哲)·정경대(鄭景大) 등이 봉화(奉化)에 들어갔
다.

31일 호남 의병장 김(전)해산(金(全)海山)이 나주에서 붙잡혔
고, 그의 부하 모천년(牟千年)·이강년(李江年)이 또한 사로잡혔
고, 해서 의병장 신준빈(申竣彬)도 사로잡혔다.

11일 양주(楊州)에서 싸웠고, 경기 의병장 윤치장(尹致章)이 붙
잡혔고, 포천(抱川) 송우시(松隅市)로 진입하여 일본군 4명을 붙
들어 1명을 죽였으며 3명은 풀어주었다.

原文

義報.

六日戰文義 李長春據俗離山 廿二日姜基東入抱川 七日
鄭基哲·鄭景大等入奉化 三十一日湖南義將金(全)海山
被執于羅州 其部下牟千年·李江年又被執 海西義將申竣
彬被執 十一日戰楊州 京畿義將尹致章被執 入抱川松隅市

_{획 사 왜} _{참 일} _{방 삼}
獲四倭 斬一·放三.

11월 1일 을축(乙丑), 즉 음력 9월 19일.

原文

_{양 십 일 월 일 일 을 축} _{즉 음 구 월 십 구 일}
陽十一月一日乙丑 卽陰九月十九日.

서상돈(徐相敦)이 연전에 있었던 국채보상금 모금 운동도 마침내 실효를 거두지 못해 서울에서 국채모집금의 처리를 베풀기로 하고, 13도에 영을 내려 각기 한 도에서 두 사람씩 뽑아서 서울에 와서 회의하기로 하였다.

原文

_{서 상 돈 이 년 전 국 채 모 연 사} _{경 무 효} _{설 처 리 어 경 사} _{영 십 삼}
徐相敦以年前國債募捐事 竟無效 設處理於京師 令十三
_{도 각 선 이 인} _{내 부 회 의}
道各選二人 來赴會議.

의친왕(義親王) 이강(李堈)의 궁에서 황손이 태어났는데, 그의 어머니는 궁인(宮人)이다.

原文

_{의 친 왕 강 궁 황 손 생} _{기 모 궁 인 야}
義親王堈宮皇孫生 其母宮人也.

일본은 사법권을 탈취한 이래 일본 관리들은 우리나라 사람의 소장(訴狀)에 강제로 명치(明治) 연호를 쓰도록 하였다. 평양 변호사 안병찬(安秉瓚)은 공박하여 말하기를, "일본인은 우리 한국의 위탁을 받고 사법권을 대신 담당한다면 관청은 비록 일본 관청이라 하지만 사법은 우리 한국의 사법인데 어찌해서 그 사법을 행하는 데 있어서 그 연호를 빼앗는가?" 하니 일본인들은 능히 말하지 못하고 드디어 한국인 소장에 융희(隆熙)를 쓰는 것을 허락했다.

原文

自倭奪法權以來 倭官吏勒民我訴狀 署明治年號 平壤辯

護士安秉瓚駁之曰 日人受我韓委托 替擔法權 則官廳雖日

本官廳 司法是我韓司法 安有行其司法 而沒其年號者乎

倭人不能難 遂許韓人訴狀 署隆熙.

일본 전 지역에서 크게 지진이 일어났는데 사국(四國)과 구주(九州)가 더욱 심했다.

原文

日本全國地大震 四國·九州尤甚.

전라남도 의병장 황재풍(黃在豊)이 붙잡혔다가 도망하였으나 마침내 총에 맞아 죽었다. 경기도 의병장 김수두(金垂斗)의 대원 임우선(林又先)·추삼만(秋三萬)·정운경(鄭云景)이 붙잡혔다.

原文

全南義將黃在豊 被執而逃 竟爲砲殺 京畿義將金垂斗部 下林又先·秋三萬·鄭云景 被執.

최제우(崔濟愚)의 옛 집터 및 분묘가 경주 용담리(龍潭里)에 있는데, 시천교인(侍天敎人)들이 장차 그 곳에다 교당(敎堂)을 세우기 위해 교원을 파견하였다.

原文

崔濟愚故基及墳墓 在於慶州龍潭里 侍天敎人 將建敎堂 于該地 派送敎員.

통감부의 관저인 녹천정(綠泉亭)에 불이 났다가 바로 꺼졌다. 소란하게 유언비어가 나돌아서 일본인들은 더욱 의심하고 두려워했다. 이등박문(伊藤博文)이 죽은 뒤에 다들 큰 원수가 이미 사라졌으니 나라의 훈업(勳業)이 차츰 펴질 것이라고들 생각했다. 일본인들은 더욱 격노하여 정령(政令)을 더욱 준엄하고 가혹하게 하여 거의 나뭇단을 묶듯 하였다. 혹자는 안중근(安重根)이 망해가는 나라를 구하지 못했다고 하였다.

原文

統監府邸綠泉亭 失火旋滅 騷訛頗興 倭愈疑懼 自伊藤之死 咸謂大憝旣剪 國勳稍紓 倭愈激怒 政令峻苛 幾如束濕 或者 謂安重根無救於亂亡.

대서양에 폭풍이 불었고, 인도에는 해일이 있었다. 미국에서는 탄갱(炭坑)이 폭발하여 400명이 불에 타 죽었다.

原文

大西洋颶風 印度海溢 美國炭坑爆裂 燒死四百人.

일본인들이 여순(旅順) 백옥산(白玉山)에 노·일전쟁의 표충비(表忠碑)를 세웠다.

原文

倭人建露·日戰役表忠碑于旅順白玉山.

통감부가 재판령(裁判令)을 반포하였다. 그 조문은 대저 모두

우리나라『형법대전(刑法大典)』에 의거하여 수정하고 윤색한 것
인데, 단지 스스로 조종한 것이라고 한다.

原文

頒統監府裁判令 其條大抵 皆依我國刑法大典 而修潤之
只自操縱云.

일본인이 우리나라의 고서를 모아 간행하니 그 회사의 이름을
국서간행회(國書刊行會)라 하였는데, 이로부터『고려사(高麗史)』
가 비로소 널리 퍼지게 되었다. 그러나 책이 너무 무겁고 글자체
가 너무 작아서 사람들은 읽기가 어려운 것을 근심했다.

原文

倭人建聚我國古書而刊行之 名其會社曰國書刊行會 自
是高麗史始得廣布 然卷面太重 字體太細 人患難閱.

서기순(徐起淳)이 한·일 두 나라 황제의 송성비(頌聖碑)를 세
울 것을 건의하였다.

原文

徐起淳議建韓·日兩皇帝頌聖碑.

진주에 「경남일보(慶南日報)」를 창간하고 장지연(張志淵)을 초
빙하여 주필로 삼았다.

原文

晉州人創慶南日報 聘張志淵爲主筆.

경기도 의병장 최경선(崔敬先)이 수원에서 붙잡혔다.

原文

京畿義將崔敬先 被執于水原.

일본 복강현(福岡縣)에 있는 탄관의 갱도가 폭발하여 사상자가
200명이었다.

原文

日本福岡縣 炭坑爆裂 死傷二百人.

송병준(宋秉畯)은 일본에 체류하면서 아직도 돌아오지 않았다.
이용구(李容九)·서창보(徐彰輔)·이학재(李學宰)·홍긍섭(洪肯
燮)·최정규(崔晶圭) 등과 함께 서로 연락을 취하면서 '한국인은
끝내 회유하기 어려우니 속방(屬邦)으로 끌어들여 진정하는 것
만 같지 못하다' 하고 드디어 합방선언서(合邦宣言書)를 작성하여

일본 정부에 바쳤다. 이에 합방 문제는 비로소 크게 일어나기 시작했다.

原文

송병준재일본 상미환 여이용구 서창보 이학재 홍
宋秉畯在日本 尙未還 與李容九 · 徐彰輔 · 李學宰 · 洪

긍섭 최정규등상문 이한인종난회유 불여인작속방 이진
肯燮 · 崔晶圭等相聞 以韓人終難懷柔 不如引作屬邦 以鎭

지 수작합방선언서 헌우왜 어시합방문제 시대기
之 遂作合邦宣言書 獻于倭 於是合邦問題 始大起.

임진강에 가거철교(架車鐵橋)가 완성되었다.

原文

림진강가차철교성
臨津江架車鐵橋成.

이 해에 세입은 26,386,645원이고 세출은 26,339,430원이며 국액(國額)은 55,549,973원이었다.

原文

시년세입위이천육백삼십팔만육천육백사십오원 세출
是年歲入爲二千六百三十八萬六千六百四十五元 歲出

위이천육백삼십삼만구천사백삼십원 이국액위오천오백오
爲二千六百三十三萬九千四百三十元 而國額爲五千五百五

십사만구천구백칠삼원
十四萬九千九百七三元.

태황제(太皇帝)는 이등박문(伊藤博文)이 죽었다는 소식을 듣고 얼굴에 기쁜 표정으로 한동안 웃고 이야기를 하였는데, 일본 경시 호자우일랑(呼子友一郎)은 그 소식을 듣고 몹시 한탄하며 그 말의 근원을 조사하자 그 진위(眞僞)를 조사하고 나인(內人)[1]을 신문하기에 이르렀다. 어떤 이는 말하기를, "시종 이용한(李容漢)이 고하여 일본인에게 아첨했다."고도 하였다.

註解

1) 나인(內人) : 궁궐 안에서 대전(大殿)·내전(內殿)을 가까이 모시는 내명부(內命婦)의 총칭.

原文

太皇聞伊藤之死 天顔大悅 笑語移時 倭警視呼子友一郎 聞之大憾 査其言根 審其眞僞 至於訊問內人 或曰 侍從李 容漢 告訐以媚倭也.

신녕 사람 황응두(黃應斗)는 지방 위원으로 이등박문의 피살 사건에 대해 사죄 하지 않는 것은 옳지 않다고 앞장서서 주장하니, 윤대섭(尹大燮)·김태환(金台煥)·양정환(梁貞煥) 등이 그에 호응하였다. 이에 각군을 위협하여 강요하니 군에서 위원을 파송하여 일본에 보내기도 하였다. (그러나) 위원 등의 파견에 따른 여비를 거두어서 지방이 크게 동요되었다.

原文

新寧人黃應斗 地方委員也 倡言 伊藤公之變 不可無謝罪

之擧 尹大燮 · 金台煥 · 梁貞煥等和之 威勒各郡 郡送委員

前赴日本 委員等派斂資斧 地方大擾.

서울과 용산의 민호(民戶)를 조사해 보니 호구 수가 58,755호
이며, 인구는 234,023명이었다.

原文

京城幷龍山調查民戶爲五萬八千七百五十五 人口二十三

萬四千二十三.

내년도의 지세(地稅)를 100분의 5 올렸다.

原文

增明年度地稅百分之五.

대한협회(大韓協會)는 일진회와 합하여 한 회로 만들려고 성명
서를 게출(揭出)하였으나 일진회가 응하지 않아서 대한협회장
김가진(金嘉鎭)은 서신을 보내 질책하였다.

대한협회 여일진회합위일회 게출성명서 일진회부응 협
大韓協會 與一進會合爲一會 揭出聲明書 一進會不應 協

회장김가진 이서책지
會長金嘉鎭 移書責之.

의병장 위승환(魏承煥)이 붙잡혔다.

의 장 위 승 환 피 집
義將魏承煥 被執.

일본의 동경 시내 세 곳에 벼락이 떨어졌고, 다음날 또 지진이
발생했다. 일본 기선 상석환(象潟丸)이 폭풍을 만나 대련만(大連
灣)에서 침몰해서 33명이 죽었다.

일 본 동 경 시 내 삼 처 벽 력 진 쇄 명 일 우 지 진 일 본 기 선 상 석
日本東京市內三處 霹靂震碎 明日又地震 日本汽船象潟

환 피 풍 몰 우 대 연 만 사 삼 십 삼 인
丸 被風沒于大連灣 死三十三人.

• 의보(義報).

20일 이한철(李漢喆)·안종근(安鍾根)이 파주(坡州)에 들어갔
고, 이춘삼(李春三)은 광주(廣州)에 들어갔다.

9일 채응언(蔡應彥)이 곡산(谷山)에 들어갔고,

23일 양주(楊州)에서 싸웠고, 신정희(申貞熙)가 평산(平山)으로 들어갔다.

原文

義報.

二十日李漢喆·安鍾根 入坡州 李春三入廣州 九日蔡應

彥入谷山 廿三日戰楊州 申貞熙入平山.

12월 1일 을미(乙未), 즉 음력 10월 19일.

原文

陽十二月一日乙未 卽陰十月十九日.

조경호(趙慶鎬)의 아들 조한억(趙漢億)이 순사 시험을 치러 합격하였다.

原文

趙慶鎬子漢億 試巡查入格.

함경북도에서 태풍이 불어 명태잡이 어선 수백 척이 표몰(漂

沒)하고, 북청 한 군에서 사망자만 800여 명이었으며 실종된 자가 1,800여 명이나 되었다.

남미의 고륜비아(古倫比亞, 콜롬비아)에 태풍이 불어 일본 거류민 20명이 익사했다.

인천항에도 태풍으로 많이 선척(船隻)이 표류하고 파괴되었다. 수십 명이 익사했다.

의주의 강인선(姜仁善)의 처가 아들 세쌍둥이를 낳았다.

原文

咸北大風 明太漁船漂沒數百艘 北靑一郡 死者八百餘 不知去處者一千八百餘.

南美古倫比亞國大風 溺死倭寓民二十人.

仁港大風 船隻多漂壞 溺死數十人.

義州姜仁善妻 一胎三男.

의병장 정용대(鄭用大)가 피살되었다.

原文

義將鄭用大被殺.

(12월) 유점사(楡岾寺) 중이 월지국(月支國) 때 만든 고종(古鐘)

1구 · 향로 1좌 · 앵무배(鸚鵡杯) 1쌍을 박문원에 헌납하여 황제가 보시도록 하니 5백 원의 상금을 주었다.

原文

유점사승 헌월지국소주고종일구 향노일좌 앵무배일
楡岾寺僧 獻月支國所鑄古鍾一口 · 香爐一座 · 鸚鵡杯一

쌍우박물원 이공어람 상금오백원
雙于博物園 以供御覽 賞金五百元.

민영규(閔泳奎) 등이 임시 국민대연설회를 열었다. 이때에 간사한 무리들이 향응하여 합방의 논의가 크게 일어났다. 민영규 등은 벼슬아치와 일반 서민들을 모아 놓고 합방론(合邦論)에 대항하여 통렬히 논박하고 항의하였다. 그곳에 모인 사람은 4천여 명으로 일진회를 통렬히 꾸짖었으며 그들은 이제 우리 국민들에게 끼어들지 말 것을 맹세하였다.

原文

민영규등 설림시국민대연설회 시시간구향응 합방지논
閔泳奎等 設臨時國民大演說會 是時姦究響應 合邦之論

대기 영규등회신금민서 통논항지 회자사천여인 통매일
大起 泳奎等會紳衿民庶 通論抗之 會者四千餘人 痛罵一

진회 서불치국민
進會 誓不齒國民.

각도에 구역재판소(區域裁判所)를 설치하였다.

原文

_{설 구 역 재 판 소 우 각 도}
設區域裁判所于各道.

일진회(一進會)가 정부에 합방론(合邦論)을 내놓고 상주해 줄
것을 원했으나 이완용이 물리쳤다. 이완용이 합방론을 스스로
주장하려 하였으나 일진회에게 선수를 빼앗겼다. 그러므로 민영
규(閔泳奎) 등을 충동시켜 연설회를 열게 하고 일진회의 헌의(獻
議)를 물리쳤다.

原文

_{일 진 회 헌 합 방 논 우 정 부   원 득 상 주   이 완 용 각 지   완 용 욕 자}
一進會獻合邦論于政府 願得上奏 李完用却之 完用欲自
_{창 합 방 안   이 위 일 진 회 소 선   고 질 지   고 민 영 규 등   설 연 설 회}
倡合邦案 而爲一進會所先 故嫉之 鼓閔泳奎等 設演說會
_{이 각 기 헌 의 야}
而却其獻議也.

신녕 군수 이종국(李鍾國)이 이등박문(伊藤博文)의 추도회를 열
고 박상기(朴祥琦)·황응두(黃應斗) 등과 함께 큰 소리로 말하길,
"지난번에 민영환(閔泳煥)·최익현(崔益鉉) 같은 누한(陋漢)들이
죽었을 때에도 온 나라 전체가 친척이 죽은 것같이 애모(哀慕)했
는데, 이제 은인 이등 공이 돌아가셨는데도, 한 사람도 슬퍼하는
이가 없다. 이제 우리 한국이 망함이 임박하였다." 하고 이어서
황응두 등을 독촉해서 사죄단(謝罪團)을 만들어 일본에 건너가게

하였다.

原文

신녕군수이종국　설이등추도회　여박상기　황응두등대
新寧郡守李鍾國　設伊藤追悼會　與朴祥琦·黃應斗等大

언왈　왕자민영환　최익현루한지사　거국애모여친척　이금
言曰 往者閔泳煥·崔益鉉陋漢之死 擧國哀慕如親戚 而今

차은인이등공지사　무일인비지자　아한지망　비조이석야
此恩人伊藤公之死　無一人悲之者　我韓之亡　非朝伊夕也

인독응두등　창사죄단　동부일본
因督應斗等 創謝罪團 東赴日本.

민영익(閔泳翊)은 상해에 있으면서 4만 원을 내어 프랑스와 러시아 변호사를 고빙하여 안중근(安重根)의 옥안(獄案, 재판)을 방조(幇助)[1]하였다.

註解

1) 방조(幇助) : 거들어서 도와줌.

原文

민영익재상해　출금사만원　고법　아변호사　방조안중근
閔永翊在上海 出金四萬元 雇法·俄辯護士 幇助安重根

옥안
獄案.

합방론(合邦論)을 스스로 꺼내 놓은 이래 이용구(李容九)는 자객(刺客)이 있을 것을 두려워하여 하룻밤에 세 번이나 옮겨 다녔

으며 마침내 일본 상점에 숨어 있었다. 무릇 일진회 회원들 또한
이용구가 한 짓을 분하게 생각하고 더러운 물이 든 것을 통분하
였다. 급기야 그들은 이용구를 성토하고 스스로 적을 버리고 일
진회에서 탈퇴하는 자가 하루에도 70명에 이르렀다. 지방에 있
는 회원들도 또한 연달아 일진회에서 물러나왔으며 날마다 그 광
고가 나왔다. 윤길병(尹吉炳) 또한 탈퇴하였다.

原文

自創合邦論以來 李容九畏刺客竊發 一夜三徙 終乃隱伏
倭店 凡會民等 亦嗔容九所爲 痛其汚染 聲討容九 因自割
籍退會者 一日至七十人 外道會民 亦相續退會 日出廣告
尹吉炳亦退.

일본의 신농(信濃)에 있는 천간산(淺磵山)이 크게 울리더니 불
을 뿜어냈다.

原文

日本信濃淺磵山大鳴 因以噴火.

의병장 정정춘(鄭定春)이 피살되고 심광옥(沈光玉)이 붙잡혔다
가 도망하였으나 일본군이 추격하여 살해하였다.

原文

義將鄭定春被殺 沈光玉被執而逃 倭追殺之.

심남일(沈南一)의 부하인 장문황(張文黃)이 영산에서 붙잡혔다.

原文

沈南一部下張文黃 被執于榮山.

대한의원(大韓醫院)에서 교사(絞死)당한 사람의 시체를 해부하여 의생(醫生)들의 실습용으로 삼았다.

原文

大韓醫院 解剖絞死人尸體 以資醫生見習.

전라남도 의병장 신보현(申甫鉉)의 선봉장 이용순(李龍淳)이 장성에서 피살되었고, 경상남도 의병장 서병희(徐丙熙)가 마산에서 붙잡혔다.

原文

全南義將申甫鉉先鋒李龍淳 被殺于長城 慶南義將徐丙
熙 被捉于馬山.

평해(平海) 지방에 태풍이 불고 눈이 내렸다. 가옥 866호가 파
손되었다.

原文

<ruby>平海大風雪<rt>평 해 대 풍 설</rt></ruby> <ruby>家屋損壞八百六十六戶<rt>가 옥 손 괴 팔 백 육 십 육 호</rt></ruby>.

전라남도 지방에 태풍이 불어 광주·여수·목포의 민호(民戶)
500여 호가 피해를 입었다. 남포(藍浦)와 보령(保寧) 연해에도 태
풍이 불었다.

原文

<ruby>全南大風<rt>전 남 대 풍</rt></ruby> <ruby>光州<rt>광 주</rt></ruby>· <ruby>麗水<rt>여 수</rt></ruby>· <ruby>木浦民戶被害五百餘戶<rt>목 포 민 호 피 해 오 백 여 호</rt></ruby> <ruby>藍浦<rt>남 포</rt></ruby>·
<ruby>保寧沿海大風<rt>보 영 연 해 대 풍</rt></ruby>.

일본 유학생 7백여 명이 합방선언서의 소식을 듣고 심히 격분
하여 고원훈(高元勳)·이풍재(李豊載)를 국민 연설회에 파견하여
성토하는 데 돕도록 하였다.

原文

<ruby>日本留學生七百餘人<rt>일 본 류 학 생 칠 백 여 인</rt></ruby> <ruby>聞合邦宣言書<rt>문 합 방 선 언 서</rt></ruby> <ruby>非常噴激<rt>비 상 분 격</rt></ruby> <ruby>派送高元<rt>파 송 고 원</rt></ruby>
<ruby>勳<rt>훈</rt></ruby>· <ruby>李豊載于國民演說會<rt>이 풍 재 우 국 민 연 설 회</rt></ruby> <ruby>以贊聲討<rt>이 찬 성 토</rt></ruby>.

청나라 대련(大連)에 큰 화재가 발생하여 상점 147호가 소실되었다.

原文

청 국 대 연 대 화　　소 상 점 일 백 사 십 칠 호
淸國大連大火 燒商店一百四十七戶.

의병장 권백중(權百中)이 통진(通津)에서 붙잡혔다.

原文

의 장 권 백 중　　피 착 우 통 진
義將權百中 被捉于通津.

일본 유학생 김익삼(金益三)·이익선(李翼宣)이 환국하여 영등포역에 이르니 순사가 장차 이용구(李容九)를 암살하려는 것이 아닌가 의심하여 체포했다.

原文

일 본 류 학 김 익 삼　　이 익 선 환 국　　지 영 등 포 역　　순 사 의 기 장
日本留學金益三·李翼宣還國 至永登浦驛 巡査疑其將
행 자 우 이 용 구　　수 포 지
行刺于李容九 遂捕之.

원산에 사는 소금 상인 김두원(金斗源)이 긴 편지 여러 통을 써서 일본 총리 대신 계태랑(桂太郞)·전 의장 산현유붕(山縣有朋)

및 장곡장순효(長谷場純孝) 등에게 보내고 소금 값을 상환할 것을 독촉하였다.

原文

^{원산염상김두원} ^{작장서수도} ^{송헌우일본총상계태낭}
元山鹽商金斗源 作長書數度 送獻于日本總相桂太郎·

^{전의장산현유붕급장곡장순효등} ^{독환염가}
前議長山縣有朋及長谷場純孝等 督還鹽價.

자객이 홍긍섭(洪肯燮)의 집에 들어갔다가, 일이 발각되어 도망쳤다.

原文

^{자객입홍긍섭가} ^{사각이도}
刺客入洪肯燮家 事覺而逃.

23일 음력(陰曆) 10월 11일, 정사(丁巳).

이재명(李在明)이 이완용(李完用)을 칼로 찔렀으나 죽이지 못했다. 이재명은 평양 사람으로 나이 이제 21세이며 6년 전에 미국에 유학하고 귀국한 후에 항상 국치(國恥)를 생각하였으나 그 분함을 풀 길이 없었다. 이에 이르러 합방론(合邦論)이 일어나자 이재명은 탄식하며 말하기를, "이용구는 불가불 죽여야 하나 이미 저지른 화의 근본을 생각하면 이완용이 저지른 것이라." 말하고, 처음의 계획을 변경하였다.

마침 이완용이 벨기에 황제가 죽어서 종현교당(鍾峴敎堂, 명동

성당)에서 열리는 추도회에 나가게 되었는데 이재명은 건물 밖에서 엿보고 있다가 이완용이 인력거를 타고 나오자 칼을 휘두르며 바로 인력거꾼 박원문(朴元文)을 먼저 찔러 쓰러뜨리고 껑충 뛰어오르니 이완용이 빨리 피하려 할 즈음에 연거푸 허리와 등의 세 곳을 찔렀다. 순사들이 이재명을 찔러 인력거에서 떨어뜨리고 이완용을 마주 들고 돌아갔다. 이완용이 머리를 깎고 양복을 입어서 붙잡기가 불편했고 융전(絨氈)으로 두껍게 입어서 능히 바로 급소를 찌르지 못했다. 양의를 불러 치료했는데 의사 말이 칼이 폐부를 범했으나 요행히 가히 살았다고 하였다.

이재명은 결박되어 탄식하며 말하기를, "능히 이완용을 죽이지 못했으니 내 마땅히 이용구를 죽이겠다."고 하였다. 이재명은 일이 발각되어 순사에게 들켜서 붙잡히자 단도를 옥관(獄官)에게 집어 던지며 말하기를, "이 칼은 이용구를 죽이려는 물건이다. 그런데 이제 할 수 없게 되었으니 어찌할 것인가?" 하였다. 이때에 서울 장안은 크게 놀랐으며 조중응(趙重應)·박제순(朴齊純) 등은 경계를 더 엄히 배가하였다.

原文

廿三日 陰十月十一日丁巳 李在明刺李完用不殊 在明平壤
人年今二十一 六年前 遊學美國 歸國後 常懷國恥 忿憤無
所泄 至是合邦論起 在明歎曰 李容九不可不誅 旣而曰 禍
之本完用也 遂變初計 至是完用以比利時皇帝死 赴追悼會

<ruby>于鍾峴教堂<rt>우종현교당</rt></ruby> <ruby>在明伺于館外<rt>재명사우관외</rt></ruby> <ruby>完用出乘人力車<rt>완용출승인력거</rt></ruby> <ruby>在明揮刀直搏<rt>재명휘도직단</rt></ruby>

<ruby>車夫朴元文<rt>거부박원문</rt></ruby> <ruby>先被刺倒<rt>선피자도</rt></ruby> <ruby>一躍而登<rt>일약이등</rt></ruby> <ruby>完用閃避之際<rt>완용섬피지제</rt></ruby> <ruby>連刺腰<rt>연자요</rt></ruby> ·

<ruby>背三處<rt>배삼처</rt></ruby> <ruby>巡査輩刺在明墜車<rt>순사배자재명추거</rt></ruby> <ruby>因异完用而歸<rt>인여완용이귀</rt></ruby> <ruby>蓋完用剃而洋服<rt>개완용체이양복</rt></ruby>

<ruby>揪住不便<rt>추주불편</rt></ruby> <ruby>絨氈厚裝<rt>융전후장</rt></ruby> <ruby>不能直中要害也<rt>불능직중요해야</rt></ruby> <ruby>邀洋醫療之<rt>요양의료지</rt></ruby> <ruby>醫言<rt>의언</rt></ruby> <ruby>刃<rt>인</rt></ruby>

<ruby>犯肺部<rt>범폐부</rt></ruby> <ruby>幸而可生云<rt>행이가생운</rt></ruby> <ruby>在明被縛歎曰<rt>재명피박탄왈</rt></ruby> <ruby>不能斬完用<rt>불능참완용</rt></ruby> <ruby>我當斬容<rt>아당참용</rt></ruby>

<ruby>九<rt>구</rt></ruby> <ruby>及在明事發<rt>급재명사발</rt></ruby> <ruby>爲巡査所詗被執<rt>위순사소형피집</rt></ruby> <ruby>投短刀于獄官曰<rt>투단도우옥관왈</rt></ruby> <ruby>此卽擬<rt>차즉의</rt></ruby>

<ruby>斬容九之物<rt>참용구지물</rt></ruby> <ruby>而今已矣奈何<rt>이금이의내하</rt></ruby> <ruby>是時京師大駭<rt>시시경사대해</rt></ruby> <ruby>趙重應<rt>조중응</rt></ruby> · <ruby>朴齊純<rt>박제순</rt></ruby>

<ruby>等<rt>등</rt></ruby> <ruby>倍加警嚴<rt>배가경엄</rt></ruby>.

일본 유학생 원주신(元周臣)이 바다에 투신하여 자살했다. 원주신은 귀국길에 올라 하관(下關)에 이르렀을 때 갑자기 성난 파도 속에 투신했다. 그의 행장을 점검하니 유서가 있었는데 그 유서에, "송병준(宋秉畯)을 죽이려 하였으나 그러한 형편을 얻지 못하고 한갓 맨손으로 돌아가자니 여러 사람을 대할 면목이 없구나."라고 쓰여 있었다.

原文

<ruby>日本留學生元周臣<rt>일본유학생원주신</rt></ruby> <ruby>投海死<rt>투해사</rt></ruby> <ruby>周臣還國至下關<rt>주신환국지하관</rt></ruby> <ruby>忽投怒濤中<rt>홀투노도중</rt></ruby>

<ruby>檢其行裝<rt>검기행장</rt></ruby> <ruby>有遺書曰<rt>유유서왈</rt></ruby> <ruby>欲斬宋秉畯<rt>욕참송병준</rt></ruby> <ruby>未得其便<rt>미득기편</rt></ruby> <ruby>徒手回來<rt>도수회래</rt></ruby> <ruby>無面<rt>무면</rt></ruby>

^{대 인 운 운}
對人云云.

21일, 이진룡(李鎭龍)의 부하 최순옥(崔順玉)·김정환(金貞煥)
등이 평산(平山)에서 싸웠으며 호남 의병장 이사임(李士任)이 붙
잡혔다.

原文

^{입일일 이진룡부하최순옥 김정환등 전우평산 호남의}
十一日 李鎭龍部下崔順玉·金貞煥等 戰于平山 湖南義

^{장이사임피집}
將李士任被執.

경술(1910) 융희 4년
(청 선통 2년, 일본 명치 43년)

1월 1일 기유(己酉), 음력 12월 20일.

原文

양 력 일 월 일 일 병 인 음 기 유 십 이 월 이 십 일
陽曆一月一日丙寅 陰己酉十二月二十日.

(1월) 2일, 통감 증녜황조(曾禰荒助)가 자기 나라로 돌아갔다.

原文

초 이 일 통 감 증 녜 황 조 귀 기 국
初二日 統監曾禰荒助歸其國.

혜성이 서방에 나타났다. 구라파나 미주(美洲)의 천문가들은, 혜성은 법칙에 따라 출현하는 것으로 보아, 재앙으로 인정하지 않고 있다. 인천 월미도(月尾島) 부근에 출현하였다.

原文

혜견서방 구미천문가 이위재법당출 불인이재 견우인천
彗見西方 歐美天文家 以爲在法當出 不認以災 見于仁川

월미도 부근
月尾島 附近.

이만규(李晩奎)가 일본 유학생 감독이 되어 일본에 건너갔으니 신해영(申海永)의 대를 이은 것이다.

原文

이 이만규위일본류학생감독 부일본 신해영자대야
以李晩奎爲日本留學生監督 赴日本 申海永之代也.

호남 의병장 전해산(全海山)이 광주(光州)에서 붙잡혔고, 영남 의병장 정문칠(鄭文七)은 영해(寧海)에서 사로잡혔다. 이때 삼남 의병은 차례로 패하여 왕왕 무기를 바치고 귀화하여 지방은 차츰 안정되었다. 그러나 일본군은 의병 토벌을 빙자하여 애매하게 잡혀 죽은 자를 가히 다 기록할 수 없을 정도였다.

原文

호남의장전해산 피착우광주 영남의장정문칠 피금우영
湖南義將全海山 被捉于光州 嶺南義將鄭文七 被擒于寧

해 시시삼남의병 차제패뉵 왕왕납계귀화 지방초정 연연
海 是時三南義兵 次第敗衄 往往納械歸化 地方稍靖 然緣

왜적탁토벌 왕피살사자 불가승기
倭籍托討伐 枉被殺死者 不可勝紀.

전부터 우리나라의 인구는 대략 2,000만이라 칭했는데, 그런
데 혹자는 말하기를, 1,000만 명이 지나지 않는다고 했다. 이때
에 이르러 일본인들이 의병의 자취를 탐지하여 빗질하듯 빼놓지
않고 조사하니 1,500여 만에 이르러 다들 크게 놀랐다. 또 전국의
소는 459,482필(匹)이고 말은 23,077필이었다.

原文

舊稱我國人口 泛言二千萬 而或以爲不過千萬 至是倭人
詗探義踪 査櫛無遺 恰至一千五百萬有奇 皆大驚 又全國
牛爲四十五萬九千四百八十二匹 馬爲二萬三千七十七匹.

안중근(安重根)의 아우 안정근(安定根)과 안공근(安恭根)은 여
순(旅順)에서 서울에 있는 변호사회로 글을 보내서 우리 한국 변
호사 한 사람을 보내 후원해 줄 것을 요청하였다. 서울에 있는 변
호사들은 서로 돌아보며 감히 출발하지 못했는데, 평양 변호사
안병찬(安秉瓚)은 개연(慨然)히 스스로 자청하여 10일에 길을 떠
나 여순으로 향하였다.

原文

安重根弟定根·恭根 自旅順貽書京中辯護士會 願韓人
辯護一員 以援重根 京中人相顧莫敢發 平壤辯護士安秉瓚

慨然自薦 以十日起程 向旅順.

안중근(安重根)의 모친이 변호사를 방문하러 평양에 이르니 말과 안색이 의연(毅然)하여 열장부(烈丈夫)[1]와 같았으니 사람들은 그 어머님의 그 아들이라 말했다.

註解

1) **열장부**(烈丈夫) : 절의를 굳게 지닌 사나이. 열사(烈士).

原文

重根之母 訪辯護士到平壤 詞色毅然 類烈丈夫 人謂之
是母是子.

미국 동부에 태풍이 불어 전신이 불통되었는데 수년 이래 처음 있는 일이라고 하였다.

原文

美國東部大風 電信不通 數年以來初有也.

6일, 의병장 연기우(延基羽)가 연천(漣川)과 철원(鐵原) 사이에서 싸웠다.

原文

六日 義將延基羽 戰于漣川・鐵原之間.

7일, 일본 군인 6명이 나무장사꾼으로 분장하고 소를 끌고 평산군을 지나다가 의병장 추칠성(秋七星)과 민수현(閔壽顯)에게 살해당하는 바 되었다.

原文

七日倭兵六人 假粧柴商 曳牛過平山郡 爲義將秋七星・閔壽顯所殺.

미국인들은 만주의 중립론을 들고 나왔으며 일본을 억눌러 철도를 청국에게 돌려주라 하고, 영국과 독일은 채무를 자담할 테니 청국으로 하여금 일본에게 갚으라 하였다. 대개 일본은 청일전쟁과 노・일 전쟁에서 승리한 이래 국력이 급격히 강대하여져서 동서양의 여러 나라들은 모두 그것을 싫어하였다. 또한 일본이 만주를 점령할 것 같으면 패권의 형세가 편중하여 크게 러시아의 꺼리는 바가 되었다. 이에 드디어 미국인을 사주하여 국외의 언권(言權)을 주장하도록 한 것이다. 각국 신문에서도 분분함이 눈송이 떨어지는 것 같은 것이 달이 지나도록 그치지 않았다.

原文

美人倡滿洲中立議 勒倭還鐵道于淸 英·德自擔債務 使

淸償倭 蓋倭自戰淸戰俄以來 國力驟强 東西洋諸國 皆惡

之 若又聽其佔據滿洲 則雄伯之勢偏重 大爲俄人所忌 遂

嗾美人主局外言權 各國報章 紛如雪片 跨月不止.

민영우(閔泳雨)가 동아찬영회(東亞贊英會)를 만들어 이등박문을 추도하였다. 또한 윤진학(尹進學)이란 자는 백성들에게 돈 10전씩을 거두어 사당을 세우자느니, 혹은 동상을 만들어 세우자느니, 혹은 비석을 세우자느니 하여 분주함이 미친 개 같았다. 민영우는 민영주(閔泳柱)의 고친 이름이다.

原文

閔泳雨倡東亞贊英會 追悼伊藤博文 又有尹進學者 斂民

金十錢 擬建詞享之 或欲作銅像 或欲建碑 奔走如狂犬 泳

雨 泳柱改名也.

서울에 우리나라 사람의 수는 161,656명이고, 일본인의 수는 26,316명이다. 서울의 민호(民戶)는 본래 4만 호나 되나 집주인이 집문서를 가지고 있는 자는 2천 호에 지나지 않았으며 그 나머지는 모두 외국인에게 전집(典執)¹⁾되었다고 한다.

註解

1) 전집(典執) : 전당을 잡히거나 잡음.

原文

京中韓人口　爲十六萬一千百五十六　倭人口爲二萬六千

三百十六 京師民戶 本可四萬 屋主持券者 不過二千戶 其

餘皆爲外人典執云.

대마도(對馬島)에는 예로부터 우리나라가 만들어 준 금인(金印) 한 개와 동인(銅印) 두 개가 있었는데, 지난 병자(고종 13, 1876)년 새로 조약을 맺은 후에 도주 의달(義達)이 우리 정부에 돌려주었다. 그러므로 동래부에 보관토록 하였는데 이에 이르러 일본인이 와서 찾아갔다.

原文

對馬島舊有我國所製給金印一·銅印二 往丙子新條約後

島主義達 邀納政府 故使保管于萊府 至是倭還推去.

지난겨울 이래 목포항이 수출한 면화 값은 가히 백만 환에 이

르렀다. 일본이 무역해 가는데 값이 비싸도 아끼지 않았다. 그러
므로 연해 면상(綿商)들은 시장 같이 분주히 뛰어다녀 왕왕 많은
돈을 벌었으나 일본인들이 어디에 쓸 것인지 알지 못했다. 얼마
되지 않아서 값이 곧 폭락했다.

原文

昨冬以來 木浦港輸出綿花額 可至百萬圜 而倭之購貿也
不惜高價 故沿海綿商 鶩之如市 往往致厚貲 訖不知其何
用也. 未幾價金頓落.

나주 의병장 김치홍(金致洪)이 영산포(榮山浦)에서 붙잡혔다.

原文

羅州義將金致洪 被禽于榮山浦.

채호석(蔡鎬錫) 등이 '석가회(釋迦會)'를 발기하였다.

原文

蔡鎬錫等 發起釋迦會.

일본은 예전 백동화폐의 사용을 금했다. 대개 구화는 크고 두

터워서 녹여서 새로 만들어 단지 자면(字面)만 고치면 앉아서 열 배의 이득을 보았다. 그래서 그것을 금지하는 한편으로 모아들여 신화폐를 만들었다. 갑오(고종 31, 1894)년에 처음으로 은화(銀貨)를 사용했는데 1원에 엽전 다섯 냥에 다다랐으며 실제로 그 가치를 지니고 있었다. (그래서) 모두 진귀하게 여겼으나 얼마 되지 않아서 거두어 녹여서 또한 신화폐를 만들어 동전같이 되었으니, 그들이 속여서 이득을 취하는 정도가 이와 같았다. 붉은 구리색의 구화는 소 눈 같이 컸으나 반 전으로 사용했는데, 신화폐는 닭의 눈만큼 작지만 1전으로 썼다. 이에 구화폐는 날로 없어지게 되었다. 서울에서 떠돌던 민요에, "나를 죽인 자는 누구인고? 광무 2년이다."라 하였으니, 광무 2(1898)년부터 구화를 금하라는 영이 내렸음을 말하는 것이다.

原文

倭禁舊白銅貨 蓋舊貨匡大質厚 鎔而新之 但改字面 則坐

獲十倍之利 故禁之 而一邊收聚 以鑄新貨 甲午之始用銀

貨也 一元抵葉五兩 而實具價値 固民皆珍之 未幾收聚鎔

化 又鑄新貨 如銅貨之爲 其狙詐趨利 類如此 至於赤銅舊

貨 如牛眼 而以半錢用 新貨如鷄眼 而以一錢用 於是舊貨

日歸消化 京師謠曰 殺我者誰 光武二年 言自二年有禁舊

貨^화之^지令^영也^야.

학부 차관 표손일(俵孫一)이 각 학교에 금지령을 내려 정치적
인 논의에 간섭하지 말도록 하였다.

原文

學^학部^부次^차官^관俵^표孫^손一^일 禁^금各^각學^학校^교勿^물涉^섭政^정論^논.

구주(歐洲)의 고가삭(高架索, 코카서스)과 나마니아(羅馬尼亞,
루마니아) 두 지역에 크게 지진이 일어났다.

原文

歐^구洲^주高^고架^가索^삭 · 羅^나馬^마尼^니亞^아兩^양地^지方^방 地^지大^대震^진.

의병들이 장단의 갈마동(渴馬洞) 30여 호를 불질렀는데, 그 촌
민들이 일본군과 내응하였기 때문이다.

原文

義^의兵^병燒^소長^장湍^단葛^갈馬^마洞^동三^삼十^십餘^여戶^호 以^이村^촌民^민爲^위倭^왜內^내應^응也^야.

대동학교(大東學校) 한문 강사 여규형(呂圭亨)이 면직되고, 정

만조(鄭萬朝)가 대신했다. 여규형·정만조는 모두 재주와 학문으로 잘 알려진 사람들인데 개화 이래 외국인에게 따라붙어 미치지 못할 것을 걱정하여 사람들이 다 침을 뱉고 욕을 하였다.

原文

大東學校漢文講師呂圭亨免　鄭萬朝代之　呂·鄭俱以才
學聞 開化以來 趨附外人 逐逐如不及 人皆唾罵.

연안 이씨(延安李氏) 월사〔月沙 이정구(李廷龜)의 호〕종중(宗中)에서 이칭익(李稱翼)과 이학재(李學宰)를 종적(宗籍)에서 삭제하였다. 이 두 사람은 합방하는데 창귀(倀鬼, 못된 귀신) 노릇을 했기 때문이다.

原文

延安李氏月沙宗中　割李稱翼·李學宰于宗籍　以兩人爲
合邦問題倀鬼也.

일본인이 장단(長湍)의 흙 구멍 속에서 대포 3문을 획득했는데, 길이가 4척 5촌이며, 무게가 15관이 나갔다. '감관(監官) 신기립(申起立)·유준홍(俞俊弘), 장인(匠人) 김애립(金愛立), 청 강희16년(淸康熙十六年)'이라는 관지(款識)가 새겨 있었다. 대개 우리나라 효종 때 대흥산성(大興山城)에 보관했던 것인데, 우리 장수 김수민(金洙敏)이 소유하고 있다가 군대가 패하여 묻어두었던 것이라 한다.

原文

倭獲大砲三門于長湍土穴中 長四尺五寸 重十五貫 有款識云 監官申起立·兪俊弘·匠人金愛立 淸康熙十六年 蓋我孝宗時也 藏于大興山城 爲我將金洙敏所有 而兵敗埋之云.

법국 파리(巴里)에 큰 비와 큰 눈이 내렸으며, 그로 인해 큰 홍수가 났다. 도성이 잠겨서 배를 타고 시내를 다녔으며, 죽은 자가 무려 수십만 명이 되었다. 각국이 모두 의휼금(義恤金)을 거두어 도왔다.

原文

法國巴里大雨大雪 因作大洪水 潡沒都城 丹行市中 死者無慮數十萬 各國皆有捐助義恤金.

일본 내량주(奈良州)에 집 한 채가 있었는데 이미 수천 년이 지났는데도 아직까지 공고하여 거처할 만하다고 한다. 대개 우리 나라 목수가 일본에 건너가 그곳 백성들에게 집짓는 방법을 가르칠 때 처음 지은 것이라고 한다.

原文

日本奈良州. 有一屋宇 已經數千年 而尙鞏固可處 蓋我人
匠師東渡 敎民結搆時 始創造云.

의병장 정용대(鄭用大)가 서울 감옥에서 피살되니 지난 달 26일이었다.

原文

義將鄭用大 被殺于京城監獄.(去月二十六日)

일본 어민으로 우리 영해(領海)에 있는 자가 16,644명이며 선척이 3,868척이다.

原文

倭人漁民之在我海者 一萬六千六百四十四人 船爲三千
八百六八隻.

강원도 흡곡군(歙谷郡)을 폐지하고 통천(通川)에 합하였다.

原文

^{폐 강 원 도 흡 곡 군　합 우 통 천}
廢江原道歙谷郡 合于通川.

작년 수재(水災)로 평안남북도에서 물에 빠져서 죽은 사람이 314명, 무너진 집이 3,540호이며, 함경남도가 54명이며 1,751호였다.

原文

^{작 년 수 재　평 남 북 엄 사 인 삼 백 십 사　붕 퇴 가 호 삼 천 오 백 사}
昨年水災 平南北渰死人三百十四 崩頹家戶三千五百四
^{십　함 남 오 십 사 인　천 칠 백 오 십 일 호}
十 咸南五十四人 千七百五十一戶.

순천(順天) 주민들이 시장의 잡세(雜稅)에 항의하여 군아(郡衙)·재무서·우편국·금융회 등 여러 관서를 소각하고 일본인 취급소 소장 대야(大野)를 죽이고 얼굴을 찢고 시체를 불태웠다. 그리고 머물고 있던 일본인을 모두 죽이니 무릇 9명이었으며 아국민의 사망자는 10여 명이었다. 이에 평안도와 황해도 여러 군에서도 소식을 전해 듣고 선동하여 경보가 줄달았다. 일본인은 군대를 파견하여 계엄을 하고 순천에 들어가 그 주동자를 정탐해 체포하니 온 지역이 크게 소란했다. 용천·양시·진남포·증산·

태천·선천·박천 등이었다.

原文

^{순 천 민} ^{항 시 장 잡 세} ^{소 군 아} ^{재 무 서} ^{우 편 국} ^{김 융 회}
順川民 抗市場雜稅 燒郡衙·財務署·郵便局·金融會

^{제 사} ^{살 왜 취 급 소 장 대 야} ^{박 면 소 시} ^{류 왜 개 살 사} ^{범 구 인} ^아
諸司 殺倭取扱所長大野 剝面燒尸 留倭皆殺死 凡九人 我

^{민 사 자 십 여} ^{어 시 양 서 제 군} ^{문 풍 편 동} ^{경 보 상 속} ^{왜 파 병 계}
民死者十餘 於是兩西諸郡 聞風煽動 警報相續 倭派兵戒

^엄 ^{입 순 천} ^{형 착 창 괴} ^{사 경 대 요} ^{룡 천} ^{양 시} ^{진 남 포} ^{증 산}
嚴 入順川 詗捉倡魁 四境大擾 龍川·楊市·鎭南浦·甑山·

^{태 천} ^{선 천} ^{박 천}
泰川 宣川·博川.

2월 1일 정유(丁酉), 음력 기유 12월 22일.

原文

^{이 월 일 일 정 유} ^{음 기 유 십 이 월} ^{이 십 이 일}
二月一日丁酉 陰己酉十二月 二十二日.

　서재필(徐載弼)이 미국에서 그 처에게 이혼당했다. 처는 미국
사람이었다. 서재필은 갑오년(고종 31, 1894)에 귀국했을 때 임
금을 배알하고 외신(外臣)이라 칭했으며, 안경을 쓰고 권련을 물
고 뒷짐을 지고 나오니 온 조정이 통분하였다. 이때에 이르러 사
람들이 말하기를, "천도(天道)가 무심하지 않구나."라고 하였다.

原文

徐載弼在美國 爲其妻所離異 妻美國人也 載弼甲午返國
서 재 필 재 미 국　위 기 처 소 리 이　처 미 국 인 야　재 필 갑 오 반 국

謁上稱外臣 着眼鏡·含卷烟 負手而出 擧朝痛憤 至是 人
알 상 칭 외 신　착 안 경　합 권 연　부 수 이 출　거 조 통 분　지 시　인

以謂 天道有知.
이 위　천 도 유 지

의병장 연기우(延基羽)가 길에서 춥고 굶주려서 빈사 상태에 있는 아들을 만났는데 그의 부하가 불쌍히 여겨 몰래 50환을 주었는데, 연기우가 크게 노하여 말하기를, "이것은 군수(軍需) 자금인데 누가 감히 사사로이 쓰겠는가?" 하고 도로 빼앗았다.

原文

義將延基羽 路遇其子 凍餒瀕死 其部下憐之 暗予五十圜
의 장 연 기 우　노 우 기 자　동 뇌 빈 사　기 부 하 련 지　암 여 오 십 환

起羽大怒曰 此軍需也 孰敢私用 遽奪之.
기 우 대 노 왈　차 군 수 야　숙 감 사 용　거 탈 지

구라파에 태풍과 폭설로 인하여 영국과 법국(法國) 사이에 전신이 불통됐고, 서반아(西班牙, 스페인) 연안에 있던 선척의 파괴는 헤아릴 수 없을 정도로 많았다.

原文

歐洲大風雪 英·法間電信不通 西班牙沿岸舡隻沈壞者
구 주 대 풍 설　영　법 간 전 신 부 통　서 반 아 연 안 강 척 침 괴 자

무 산
無算.

일본인 국송(國松) 등이 함경북도 웅기만(雄基灣) 난도(卵島)에
서 인광(燐壙)을 발견하였다.

原文

왜 인 국 송 등　발 현 린 광 우 북 도 웅 기 만 지 난 도
倭人國松等　發現燐壙于北道雄基灣之卵島.

서울에 매서운 추위가 밀어닥쳐 하룻밤 사이에 동사자 40여 명
이 발생했다.
일본 정강현(靜岡縣)에 큰 불이 나서 300호를 태웠다.

原文

경 사 대 한　일 야 간 동 사 자 사 십 여
京師大寒　一夜間凍死者四十餘.
일 본 정 강 현 대 화　소 삼 백 호
日本靜岡縣大火　燒三百戶.

전해산(全海山)은 체포된 뒤에 시(詩) 한 수를 지어 왜군에게
남기면서 말하기를, "이것은 나의 절필(絕筆)이다"라고 하였다.
그 시(詩)는 이러했다.

서생이 무슨 일로 융의를 입었는가?

본뜻이 빗나간 이제 한숨짓노라.

얼간이 만든 조신(朝臣) 보며 통곡하노니,

외적의 침입 포위 차마 논할 수 있겠는가?

백일하에 울음소리 삼키며 강물에 띄어 보내노니,

청천에 날리는 비 목 메이는 눈물이라.

영산강 길 이별 지금 하노니,

두견새 되어 울며 피눈물 띠우고 돌아오리라.

原文

全海山被禽後 作一詩遺倭曰 此吾絶筆也

詩曰

書生何事着戎衣 太息如今素志違 通哭朝廷臣作蘖 忍論

海外賊侵圍 白日吞聲江水逝 靑天咽泪雨絲飛 從今別却榮

山路 化作啼鵑帶血歸.

삼랑진(三浪津)에 큰 불이 나서 60여 왜호(倭戶)를 불태웠다.

原文

三浪津大火 燒倭戶六十餘.

의병장 한봉서(韓鳳瑞)가 청주 오공시(蜈蚣市)에 출몰했다.

原文

의 장 한 봉 서　출 몰 우 청 주 오 공 시
義將韓鳳瑞　出沒于淸州蜈蚣市.

의병 18명이 양주 백석(白石)에서 일본군 3명과 싸워 1명이 패하여 죽었다.

原文

의 병 십 팔 명　전 삼 왜 우 양 주 백 석　일 명 패 사
義兵十八名　戰三倭于楊州白石　一名敗死.

김종한(金宗漢)과 이용원(李容元) 등이 중추원(中樞院)에 헌의하여 『송자대전(宋子大全)』의 중간을 청하였다.

原文

김 종 한　이 용 원 등　헌 의 중 구 원　청 중 간 송 자 대 전
金宗漢·李容元等　獻議中區院　請重刊宋子大全.

인천항에 큰 불이 나서 70여 호를 불태웠다.

原文

인 천 항 대 화　소 칠 십 여 호
仁川港大火　燒七十餘戶.

2일, 경기도 의병들이 일본군에게 패하게 되어 9명이 전사하고 43명이 사로잡혔으며, 포 178정, 총 269자루, 칼 3자루도 아울러 빼앗겼다. 연기우(延基羽)는 삭녕(朔寧)에서 물러나와 안협(安峽)으로 들어갔다.

原文

二日 京畿義兵 爲倭所敗 死者九人 被禽者四十三 砲百

七十八挺 · 鎗二百六十九柄 · 刀三把 并被奪 延起羽 自朔

寧退 入安峽.

안중근(安重根)이 하얼빈에 도착할 때에 시가(詩歌)를 지어 우덕순(禹德淳)과 동행하며 창화(唱和)[1]하였다.

가사의 내용은 이러했다.

장부가 처세함이여! 그 뜻은 큰 것이로다.

때가 영웅을 만듦이여! 영웅은 때를 만들도다.

천하를 웅시(雄視)[2]함이여! 어느 날 성업(成業)[3]할 것인가?

동풍은 점점 차가워짐이여! 기필코 목적을 이룰 것이로다.

쥐새끼가 엿보고 엿봄이여! 어찌 이 목숨 부지하려는가.

어찌 여기에 이르기를 헤아렸음이여! 시세(時勢)가 고연(固然)[4]하도다.

동포, 동포들이여! 조속이 대업을 성취할지어다. 만세, 만세

외침이여! 대한독립이로다!

註解

1) 창화(唱和) : 한쪽에서 부르면 다른 한쪽에서 이에 따라 부름. 남의 시의 운(韻)에 맞추어 시를 지음. 시가를 서로 증답(贈答)함.
2) 웅시(雄視) : 형세와 위엄을 펴고 남을 내려다봄.
3) 성업(成業) : 학업·사업을 완수함. 생업으로 함.
4) 고연(固然) : 원래 그러함.

原文

安重根始到哈爾賓時 作詩歌 與同行禹德淳唱和

歌曰

丈夫處世兮 其志大矣 時造英雄兮 英雄造時 雄視天下兮

何日成業 東風漸寒兮 必成目的 鼠窺鼠窺兮 豈肯此命 豈

度至此兮 時勢固然 同胞同胞兮 速成大業 萬歲萬歲兮 大

韓獨立.

의병장 강기동(姜基東)이 포천(抱川)에서 일본군과 싸웠다.

原文

義將姜基東 戰倭于抱川.

의병장 이배근(李培根)과 정영진(鄭永軫)이 경옥(京獄)에서 피살되었다.

原文

_{의 장 이 배 근} _{정 영 진} _{피 살 우 경 옥}
義將李培根 · 鄭永軫 被殺于京獄.

태극교(太極敎) 본부 김성근(金聲根) · 남정철(南廷哲) · 김학근(金鶴根) 등이 13도에서 도(都) · 부훈장(副訓長)을 선정하였다. 전우(田愚) · 곽종석(郭鍾錫) · 기우만(奇宇萬) · 박문호(朴文鎬) · 송병순(宋秉珣) 등이 모두 참여하였다.

原文

_{태 극 교 본 부 김 성 근} _{남 정 철} _{김 학 근 등} _{선 정 도 부 훈 장 우}
太極敎本部金聲根 · 南廷哲 · 金鶴根等 選定都副訓長于
_{십 삼 도} _{여 전 우} _{곽 종 석} _{기 우 만} _{박 문 호} _{송 병 순 등} _개
十三道 如田愚 · 郭鍾錫 · 奇宇萬 · 朴文鎬 · 宋秉珣等 皆
_{예 언}
預焉.

일본인이 관동 도독부(關東都督府)에 들어가 여순구에서 재판장을 개정하고 안중근 사건을 공판하였다. 이에 이르러 안중근(安重根)을 사형에 언도하고, 우덕순(禹德淳)은 징역 3년, 조도광(曹道光)과 유종하(劉宗夏, 柳江露)는 징역 1년 6개월을 언도했다. 안중근은 해주에서 나서 신천으로 이사했으며, 4년 전에 또한 진

남포로 옮겼다.

原文

倭入關東都督府 設裁判場于旅順口 公判安重根事件 至
是判安中根死刑 禹德淳役三年 曺道光·劉宗夏(柳江露)
役一年半 重根生于海州 移居信川 四年前 又移平壤鎭南
浦.

이완용(李完用)이 칼을 맞고 병원에서 치료를 받는 중에 지은
시가 있다.

대한의원에서 설날을 만나니,
침상이 정결하고 창문이 밝아 홀로 앉아 있을 때라.
죽고 사는 것 어찌 족히 말할 수 있으랴.
이 마음 오직 후대인만이 알리라.

原文

李完用病創中 有詩曰

大韓醫院逢元日 几淨牕明獨坐時 其死其生何足說 此心
惟有後人知.

민영소(閔泳韶)가 일본인 국분상태랑(國分象太郎)에게 서적 6만여 권을 팔았으니 책값은 1,500원이었다.

原文

민영소 매서육만여권우왜인국분상태낭 봉가일천오백
閔泳韶 賣書六萬餘卷于倭人國分象太郎 捧價一千五百
원
元.

나라 안에 술집 수를 조사하니 13만 호에 이르렀다.

原文

국중주가조사 수지십삼만호
國中酒家調査 數至十三萬戶.

의병장 유보련(柳甫連)이 장단(長湍)에 들어왔다. 음력 정월 4일.

原文

의 장 류보연 입장단 음정월사 일
義將柳甫連 入長湍 陰正月四日.

이지용(李址鎔)이 일본인과 합자해서 북간도(北間島)에 철도를 부설하였다.

原文

이 지용여왜인합자 설철도우북간도
李址鎔與倭人合資 設鐵道于北間島.

우리나라에서 지난해에 머물고 있고 일본인의 수는 145,094명
이며 고래를 잡은 것은 5백 마리였다.

原文

국 중 거 년 거 류 왜 구 위 십 사 만 오 천 구 십 사   포 경 위 오 백 두
國中去年居留倭口爲十四萬五千九十四　浦鯨爲五百頭.

우리나라의 금광·은광·동광·수은광·흑연광·석탄광·아
연광은 무릇 427곳이며 세액은 총 89,317원이었다.

原文

국 중 금   은   동   수 은   흑 연   석 탄   아 연 광 구   범 사 백
國中金·銀·銅·水銀·黑鉛·石炭·亞鉛鑛區　凡四百
이 십 칠   세 액 총 팔 만 구 천 삼 백 십 칠 원
二十七　稅額總八萬九千三百十七元.

3월 1일 을축(乙丑), 즉 음력 경술 정월 20일.

原文

삼 월 일 일 을 축   즉 음 력 경 술 정 월 이 십 일
三月一日乙丑　卽陰曆庚戌正月二十日.

(3월) 1일, 의병 60여 명이 단양(丹陽)에 들어갔다.

原文

일 일 의 병 육 십 여 명 입 단 양
一日義兵六十餘名入丹陽.

또한 의병장 이진룡(李鎭龍) 등이 경의선 철도의 계정(鷄井)에서 잠성(岑城) 사이의 선을 폭파하였다. 또한 평산(平山)에서 싸우다가 10명이 사로잡혔다.

原文

^{우 의 장 이 진 룡 등} ^{훼 파 경 의 철 도 계 정} ^{잠 성 간 선} ^{우 전 우}
又義將李鎭龍等 毀破京義鐵道鷄井·岑城間線 又戰于

^{평 산} ^{십 인 피 금}
平山 十人被禽.

일본인 편창조(片倉組)가 대동강 선창(船廠)을 빼앗았고, 상전충(上田充)은 경강(京江) 마포(麻浦)에 배다리〔船橋〕를 가설하였다.

原文

^{왜 인 편 창 조} ^{탈 대 동 강 선 창} ^{상 전 충 가} ^가 ^{경 강 마 포 선 교}
倭人片倉組 奪大同江船廠 上田充駕(架)京江麻浦船橋.

미국에 폭설이 내려 차(車)가 파묻혔는데, 일본인 사망자가 64명이었다.

原文

^{미 국 대 설 차 함} ^{왜 인 사 자 육 십 사}
美國大雪車陷 倭人死者六十四.

강홍두(康洪斗)가 헌의하여 도읍을 계룡산으로 옮길 것과 또 징병령(徵兵令)을 시행할 것을 청하였다.

原文

강홍두헌의 청이도계룡산 차행징병영
康洪斗獻議 請移都鷄龍山 且行徵兵令.

담양군에 화재가 나서 32호를 불태웠다.

原文

담양군화 소삼십이호
潭陽郡火 燒三十二戶.

의병장 정경태(鄭敬泰)가 울진(蔚珍)에서 싸웠다.

原文

의장정경태 전우울진
義將鄭敬泰 戰于蔚珍.

천안 주민들이 주세·호구세·연초세 등 세 가지 세에 항거하는 대회를 열었다.

原文

천안민 이거삼세주 호 초대회
天安民 以拒三稅酒·戶·草大會.

7일, 의병장 지관식(池寬植)이 해주에서 싸우다 패하여 죽었다. 그의 아우 지관복(池寬復)은 전에 이미 전사했다.

原文

七日 義將池寬植 敗死于海州 其弟寬復 前已戰死.

황후궁 대부 윤우선(尹寓善)이 그의 차자 윤형구(尹亨求)와 더불어 집 한 채를 가지고 다투다가 상호 송사를 벌였다.

原文

皇后宮大夫尹寓善 與其次子亨求 爭一屋 互相訟質.

원산의 소금 상인 김두원(金斗源)이 다시 억울함을 호소하는 편지 네 통을 써서 계태랑(桂太郎)·증녜황조(曾禰荒助)·장곡장순효(長谷場純孝) 및 동경의 골계사(滑稽社)에 보냈다. 골계사의 논의는 모두 김두원이 옳다고 했고 한국에 있는 일본 관리에게 침을 뱉고 욕설을 퍼부었으니 신문사에서는 골계사의 정론(正論)을 게재하였다.

原文

元山鹽商金斗源 更作鳴冤書四度 付于桂太郎·曾禰荒助·長谷場純孝及東京滑稽社 社論皆右斗源 唾罵其官吏

之在韓者 報館揭以滑稽正論.

고산군(高山郡)에 불이 나서 30여 호가 탔다.

原文

高山郡火 燒三十餘戶.

의병장 맹달성(孟達成)이 공주(公州)에서 사로잡혔고, 의병이 재령(載寧)에서 큰 싸움을 하였다.

原文

義將孟達成 被禽于公州 義兵大戰于載寧.

일본 동경에 폭설이 내렸다. 방총해(房總海)에는 태풍이 불어서 죽은 어민이 600여 명이었다. 또 석천현(石川縣)에도 폭설이 내렸다. 갱부 24명, 남녀 13명이 매몰되어 죽었다. 또 기옥현(琦玉縣)에서는 까마귀가 싸우고, 또 방하군(旁賀郡)에서는 불이 나서 50여 호가 불에 탔다.

原文

日本東京大雪 房總海大風 漁民死者六百餘 又石川縣大

雪 坑夫二十四 男女十三埋死 又琦玉縣烏戰 又芳賀郡火
燒五十餘戶.

이완용이 칼에 찔릴 때에 거부(車夫) 박영문(朴永文)이 공격을 받아 죽었다. 이완용은 그를 불쌍하게 생각하여 후하게 도와주어 매달 초하루에 쌀 두 섬, 땔나무 두 바리, 금 20원을 주었다.

原文

李完用被刺時 車夫朴永文 先遭殺死 完用怜之厚恤 每朔
米二石·柴二駄·金二十元.

탁지부(度支部)에서 금곡(金谷) 밖의 해당 지역을 주민들에게 돌려주었다.

原文

自度支部 還給金谷外該地於民人.

은진(恩津)의 재무 주사 이각(李慤)이란 자가 어머니의 죽음을 비밀에 붙이고 전과 같이 일을 보았다.

原文

은 진 재 무 주 사 이 각 자　모 사 비 지　리 사 여 고
恩津財務主事李愨者　母死秘之　涖事如故.

6일, 의병장 강기동(姜基東)·이용규(李容圭) 등이 영평(永平)
에 들어갔는데, 일본인은 강기동을 잡는 사람에게 천금을 주겠
다고 하였다. 13일, 의병장 권중설(權重卨)·고재식(高在植)이 적
성에서 사로잡혔다. 권중설 등은 고 허위(許蔿)의 부하였는데,
김천일(金千日)·이인용(李仁用)을 그들이 부리게 되었다.

原文

육 일　의 장 강 기 동　이 용 규 등 입 영 평　왜 구 기 동 천 금　십 삼
六日　義將姜基東·李容圭等入永平　倭購基東千金　十三
일 의 장 권 중 설　고 재 식　피 금 우 적 성　중 설 등 고 허 위 부 하 야
日義將權重卨·高在植　被禽于積城　重卨等故許蔿部下也
유 김 천 일　이 인 용　위 기 사 용
有金千日·李仁用　爲其使用.

증녜우남(曾禰尤男)이란 자는 증녜황조(曾禰荒助)의 아들이다.
그는 경복궁의 행각(行閣)을 헐어 종묘장(種苗場)을 만들었다.

原文

증 녜 우 남 자　황 조 자 야　훼 경 복 궁 행 각　이 위 종 묘 장
曾禰尤男者　荒助子也　毀景福宮行閣　以爲種苗場.

밀양군 사문동(沙門洞)에 '남림(南林)'이란 산기슭이 있는데, 고

을 사람들의 무덤이 있는 곳이다. 일본인 탕천범평(湯淺凡平) 등
이 진황지(陳荒地)를 개간한다고 하면서 파헤치고 깎아낸 것이
수백여 총이나 되었다.

原文

密陽郡沙門洞 有山麓曰南林 爲郡人叢埋之地 倭人湯淺
凡平等 稱以墾荒 柵掘剃削 至數百餘塚.

안중근(安重根)의 사형 집행일이 이번 달 26일로 정해졌다. 안
중근은 그 보고를 듣고도 언사와 안색과 침식을 하는 것이 보통
때와 같았다.

原文

安重根死刑定期 以本月二十六日 重根聞其報 辭色寢食
如平時.

법국(法國) 파리(巴里)에 또 큰 홍수가 발생했다.

原文

法國巴里 又大洪水.

24일, 의병장 강기동(姜基東)이 포천(抱川)에서 싸웠다.

原文

_{입 사 일} _{의 장 강 기 동} _{전 우 포 천}
廿四日 義將姜基東 戰于抱川.

일본에 우역(牛疫, 광우병)이 크게 번졌다.

原文

_{일 본 우 역 대 치}
日本牛疫大熾.

26일 경인(庚寅), 안중근(安重根)이 여순 감옥에서 사형당했다. 국내인 및 외국인들이 한결같이 장하다고 하며 그를 불쌍하게 생각했다. 처음 안중근은 이등박문(伊藤博文)에게 15죄목을 말하였는데,

1. 명성황후 민비(閔妃)를 시해했고,
2. 광무 9(1905)년 11월에 강제로 을사5조약(乙巳五條約)을 체결했으며,
3. 융희 원년(1907) 7월에 강제로 7조약을 체결했고,
4. 태황제(太皇帝)를 폐했고,
5. 군대를 해산시켰고,
6. 양민을 학살했고,

7. 이권을 약탈했고,

8. 한국 교과서를 금지시켰고,

9. 신문 구독을 금지시켰고,

10. 은행권을 발행했고,

11. 동양 평화를 교란시켰고,

12. 일본 천하를 기만했고,

13. 교과서를 금지시켜 폐기시켰고,

14. 일본 효명천황(孝明天皇)을 시해했고,

15. 궐(闕, 빠짐)했다 등이다.

일본인들은 안중근의 사진을 팔아서 많은 자금을 모았다고 한다.

原文

二十六日庚寅 安重根被殺于旅順監獄場. 內外國人 無不

壯而憐之 始重根數伊藤十五大罪

一, 弑明成皇后 二, 光武九年十一月 勒成五條約 三, 隆

熙元年七月 勒成七協約 四, 廢太皇帝 五, 解散軍隊 六,

殺戮良民 七, 掠奪利權 八, 禁止韓國敎科書 九, 禁止新

聞購覽 十, 行銀行券 十一, 攪亂東洋平和 十二, 期瞞日

本天下 十三, 禁棄敎科書 十四, 弑日本孝明天皇 十五,

闕 倭人賣重根像 致厚貲.

의병장 이진룡(李鎭龍)이 휘하의 의병을 세 부대를 나누고, 각각 김정안(金貞安)·최순거(崔順巨)·한정만(韓丁萬)에게 맡겼다.

原文

義將李鎭龍 分麾下爲三部 曰金貞安·崔順巨·韓丁萬.

황간군(黃澗郡)에 주재하는 일본인이 흑연을 채굴하기 위해서 철도 간선을 설치했다. 황간군 서면(西面)에서 상주군(尙州郡) 득수면(得水面)에 이르는 모두 33리였다.

原文

黃澗郡駐倭 爲開採黑鉛 設鐵道間線 自黃澗西面 至尙州 得水面 凡三十三里.

굴총(掘塚)을 하는 것을 업으로 삼는 일본인이 문성공(文成公) 안유(安裕, 안향)의 묘를 도굴하여 명기(明器)·고물(古物)을 훔쳐가고 해골을 버려둔 채 가버렸다.

原文

倭人業墓盜者 掘文成公安裕墓 取明器古物 抛棄骸骨而去.

21일, 의병이 안동(安東)·용궁(龍宮) 사이에서 싸웠으며, 한영만(韓寧滿)은 예천(醴泉)에서 일본군을 습격하여 한 명을 죽였다. 또한 영양(英陽)에서도 싸웠다.

原文

廿一日　義兵戰于安東·龍宮之間　韓寧滿襲倭于醴泉市
斬一級　又戰于英陽.

민영찬(閔泳瓚)이 다시 상해(上海)로 들어갔다.

原文

閔泳瓚　復入上海.

3월 29일에 압록강 물이 다시 얼었다.

原文

廿九日　鴨綠江水再氷.

의병장 강경칠(姜敬七)이 붙잡혀 서울 감옥에 갇혔다.

原文

<ruby>義<rt>의</rt></ruby><ruby>將<rt>장</rt></ruby><ruby>姜<rt>강</rt></ruby><ruby>敬<rt>경</rt></ruby><ruby>七<rt>칠</rt></ruby><ruby>被<rt>피</rt></ruby><ruby>禽<rt>금</rt></ruby><ruby>于<rt>우</rt></ruby><ruby>京<rt>경</rt></ruby><ruby>獄<rt>옥</rt></ruby>.

의장 강경칠(姜敬七)被禽于京獄.

이태리에서 화산이 크게 폭발하였다.

原文

伊太利火山大裂.

(3월) 31일, 일본 궁내부 대신 암창(岩倉)이 죽었다.

原文

三十一日　日本宮內大臣岩倉死.

4월 1일 병신(丙申), 즉 음력 2월 22일.

原文

四月一日　卽陰二月二十二日丙申.

안중근(安重根)의 집안사람이 유언에 따라 하얼빈에다 장사지
내려 하였으나 일본인은 허락하지 않았고, 여순 감옥 내의 장지
에다 매장하도록 했다.

대개 안중근은 사형에 임하여 당부하기를, 국권이 회복되기 전에는 고국 산에다 묻지 말고 가히 하얼빈에 묻어, 남기고 간 슬픔을 풀도록 해달라고 부탁하였다고 한다.

서울 사람들은 안중근의 초상 사진을 사서 10여 일간에 천금을 벌였는데, 일본인은 그것을 금하였다.

안중근은 그의 유시(遺詩) 두 구절이 전하는데 그것은 다음과 같다.

"장부는 비록 죽더라도 마음은 강철 같고,
의사는 위험에 임하매 기상은 구름처럼 높다."

原文

安重根家人 欲依重根遺言 歸葬哈爾濱 倭人不許 使葬于
旅順監獄內葬地 蓋重根臨死 託以國權未復之前 勿返故山
可殯于哈爾濱 以志遺慟云.

京師人買重根畵像 旬日得千金 倭人禁之.

重根遺詩二句曰,

丈夫雖死心如鐵 義士臨危氣似雲.

4색 당파의 위원을 정해서 양반을 조사토록 하였다. 노론(老論)은 김학진(金鶴鎭), 소론(少論)은 이중하(李重夏), 남인(南人)은 강경희(姜敬熙), 북인(北人)은 남규희(南奎熙)가 각기 담당하고, 지방의 각 군에 대해서는 수비대에서 유생 및 양반 등을 조사토록 하였다.

原文

定四色委員　調査兩班　老論金鶴鎭·少論李重夏·南人姜敬熙·北人南奎熙　外郡則自守備隊　調査儒生及兩班等.

의병장 연기우(延基羽)가 장단(長湍)에서 왜군 영부(零部)를 패퇴시켰다.

原文

義將延基羽　敗倭零部於長湍.

덕수궁(德壽宮)에 서양식 석조건물을 지었는데 그 비용이 132,299원이었다.

原文

建洋製石屋于德壽宮　費十三萬二千二百九十九元.

이학재(李學宰)가 '천조교(天照敎)'란 것을 창립했다. 당시 신궁

봉경교(神宮奉敬教)·신도신리교(神道神理教)·신궁교(神宮教)가
있었다.

原文

이 학 재 창 천 조 교   시 유 신 궁 봉 경 교   신 도 신 리 교   신 궁 교
李學宰倡天照教 時有神宮奉敬教·神道神理教·神宮教.

만주(滿洲) 산잠국(山蠶局)에서 새로 유잠(柳蠶)을 개발했는데,
작잠(柞蠶)에 비교해 더욱 양호한 것이다. 고류(藁柳)는 강변이
나 늪지면 없는 곳이 없는데, 누에를 그곳에 옮겨다가 놓아먹이
면 먹고 잘 자라며 고치를 짓는 것이 매우 빨랐다.

原文

만 주 산 잠 국   신 출 류 잠   비 작 잠 우 량   고 류 자   하 반 구 와   무
滿洲山蠶局 新出柳蠶 比柞蠶尤良 藁柳者 河畔溝窪 無
처 무 지   이 잠 방 식   선 위 사 양   결 견 심 속
處無之 移蠶放食 善爲飼養 結繭甚速.

경성박물관(京城博物館)에서 서화를 전시했는데, 삼조(三朝)의
어한(御翰), 국초 공주의 친필, 정조의 어필, 비해당(匪懈堂, 안평
대군) 친필의 니금사경(泥金寫經), 사륙신(死六臣)과 사대신(四大
臣)의 유묵(遺墨), 석봉(石蜂, 한호)의 생필(生筆), 석양정(石陽正)
의 대그림, 정겸재(鄭謙齋)와 심현재(沈玄齋)의 산수풍경, 김홍도
(金弘道)의 말그림, 김명국(金鳴國)의 인물화, 사임당(師任堂)의
영모(翎毛)와 포도화(葡萄畵), 조창강(趙滄江)의 수조(水鳥) 산조

(山鳥), 원교(圓嶠)의 생필, 삼국(三國)의 옛 기와, 신라의 금불상, 고려의 자기(磁器)와 옛 동전, 서산대사(西山大師)의 진불일대선(塵拂一大扇), 『서경(書經)』과 『주역(周易)』의 전질, 진(晉) 대강(大康) 원년(280)에 제조된 병(瓶), 진나라 때의 벼루, 황산곡(黃山谷)의 친필, 조자앙(趙子昻)의 양마(羊馬) 초충(草虫)을 그린 금벽화첩(金碧畵帖) 한 점 등이었다.

原文

경성박물관서화출품 삼조어한 국초공주신필 정묘어필
京城博物館書畵出品 三朝御翰 國初公主親筆 正廟御筆

비해친필니금사경 육신사상유묵 석봉생필 석양정화죽
匪懈親筆泥金寫經 六臣四相遺墨 石峰生筆 石陽正畵竹

정겸재 심현재산수장 김홍도화마 김명국인물 사임당령
鄭謙齋·沈玄齋山水障 金弘道畵馬 金鳴國人物 師任堂翎

모포도 조창강수조 산조 원교생필 삼국고와 신라금불
毛葡萄 趙滄江水鳥·山鳥 圓嶠生筆 三國古瓦 新羅金佛

고여자기 고동전 서산대사진불일대선 서 주역전질 진
高麗磁器·古銅錢 西山大師塵拂一大扇 書·周易全帙 晉

대강원년조병 진대연 황산곡친필 조자앙양마초충금벽화
大康元年造瓶 晉代硯 黃山谷親筆 趙子昻羊馬草虫金碧畵

일첩
一帖.

서산군 마산면(馬山面) 강경리(江鏡里)의 박판돌(朴判突) 집의 암탉이 알을 낳지 않고 바로 병아리를 낳았는데 깃털과 부리가 다 갖추어져 있었다.

原文

서산군마산면강경리 박판돌가 자계불생란 이직생추 모
瑞山郡馬山面江鏡里 朴判突家 雌鷄不生卵 而直生雛 毛

취 개 구
嘴皆具.

평양 강제남(康濟南)의 처가 나이 사십이 넘어 초산에 세쌍둥이 남아를 낳았다.

原文

평 양 강 제 남 처   년 유 사 십   시 유 일 태 삼 남
平壤康濟南妻 年踰四十 始乳一胎三男.

대한의원(大韓醫院)이 시체 해부법을 시행하였다. 이러한 수술이 행해진 것은 이미 수년이 되었다.

原文

대 한 의 원   행 해 부 시 체 법   차 술 지 행   이 수 년
大韓醫院 行解剖尸體法 此術之行 已數年.

일본인 산본(山本)이란 자가 자기 처의 음행에 분노하여 그가 키우던 2남 1녀를 모두 일시에 참살했다.

原文

왜 인 산 본 자   노 기 처 행 음   병 기 소 육 이 남   일 여   일 시 참 살
倭人山本者 怒其妻行淫 并其所育二男·一女 一時斬殺.

일본 신호(神戶)의 선박 가운데 폭탄이 저절로 터져 그 배에 타고 있던 사람이 모두 몰사하고 바닷가 30리 밖까지 진동했다.

原文

일 본 신 호 선 박 중　폭 발 탄 자 작 열　전 선 참 사　해 진 삼 십 리
日本神戶船舶中　爆發彈自炸裂　全船慘死　海震三十里.

고려 문종의 넷째아들 대각국사(大覺國師)가 문종 10년 병신(丙申, 1056)에 중국 송나라에 들어가서 장경(藏經)을 열람하고 그 전부를 구입해 돌아와서 이거인(李居仁)과 협력해서 판간(板刊)을 시작하여 8년이 걸려서 일을 끝마쳤다. 장판이 무릇 15만 매이며 해인사에 보관했으니 곧 이른바 대장경(大藏經)이다. 그때는 1본만을 판각했으며 조선 태조 계유(태조 2, 1393)년에 또한 다시 간행하고, 세조 을유(乙酉, 1465)에 또한 다시 간행했으며, 연산군 6년(1500)에 또한 다시 간행하고, 태황제(고종) 을축(2, 1865)에 또한 다시 간행했으며, 광무 3년(1899)에 또 간행하였다. 기타 인민의 인쇄는 이루 다 계산하기 어렵다. 일본 동경 증상사(增上寺)와 건인사(建仁寺)에 모두 장본(藏本)이 있는데, 그것은 우리나라의 장본을 가져간 것이다. 이에 이르러 일본 중 좌등(佐藤)이 장차 판본을 운반해 가려 하였으나 전국의 승도들이 분격하였으면서도 어떻게 대책을 세워야 할지 알지 못했다.

原文

고 려 문 종 제 사 자 대 각 국 사　이 문 종 십 년 병 신 입 송　람 장 경
高麗文宗第四子大覺國師　以文宗十年丙申入宋　覽藏經

購全部以還 與李居仁協力鐫刊 經八年竣役 板凡十五萬枚

藏于海印寺 卽所謂大藏經也 其時卽印一本 我太祖癸酉又

開印 世祖乙酉又開印 燕山六年又開印 太皇帝乙丑又開印

光武三年又開印 其他人民印刷 則難以歷計 日本東京增上

寺及建仁寺 皆有藏本 蓋自我國印去者也 至是倭僧佐藤

欲將板本運去 全國僧徒憤激 而不知所以爲計.

의병장 이종만(李鍾萬)·이화경(李和京)이 (4월) 1일 철원의 분견소에서 붙잡혔다.

原文

義將李鍾萬·李和京 以初一日 被禽于鐵原分遣所.

4월 10일, 전 의정 조병호(趙秉鎬)가 죽었다.

原文

初十日 前議政趙秉鎬卒.

율곡(栗谷, 李珥)의 후손 이종성(李鍾成)은 석담서원(石潭書院)

터에서 금광을 발굴하여 서원 건물이 무너질 지경에 이르렀다. 도암(陶庵) 이재(李縡)의 후손 이천구(李天九)는 도암의 영정을 팔아먹었다. 사람들은 말하기를, "사물이 짝을 이루지 않는 것이 없다."고들 하였다. 고 판서 김영수(金永壽)의 손자 김용오(金容五)가 자기의 처를 팔아먹으려고 하다가 일이 드러나서 징역형의 처벌을 받았다.

原文

栗谷後孫鍾成 開金鑛于石潭書院基址 院宇將倒 陶庵後孫天九 賣陶庵影幀 特以爲物無不對 故判書金永壽孫容五欲賣其妻 事現處役.

안악군(安岳郡)에 큰 불이 나서 200여 호가 불탔다.

原文

安岳郡大火 燒二百餘戶.

의병장 정인국(鄭寅國)·정대규(丁大奎) 등이 신계군(新溪郡) 등지에서 출몰하였다.

原文

義將鄭寅國·丁大奎等 出沒于新溪等郡.

종전에 각 관청에서는 모두 머리를 깎도록 하고, 오직 능관(陵官)만은 머리를 깎지 않았었다. 그런데 이에 이르러 모두 머리를 깎게 하였다.

原文

종 전 각 관 청 진 치 발   유 릉 관 불 치   지 시 병 치 지
從前各官廳盡薙髮 惟陵官不薙 至是幷薙之.

용천(龍川)과 양시(楊市)의 사건을 판결하였다. 피고인 중에, 1년 반을 징역형을 받은 자가 6인, 1년을 받은 자가 4명, 10개월을 받은 자가 3인이었다. 일본인은 처음에는 법률에 의거해서 사형에 처하려 하였으나, 관서 사람들의 억세고 사나운 기질을 두려워하여 가벼운 쪽을 좇아 판결하였다고 한다.

原文

판 결 용 천   양 시 사 건   피 고 제 수 역 일 년 반 자 육 인   일 년 자
判決龍川·楊市事件 被告諸囚役一年半者六人 一年者
사 인 시 월 자 삼 인 왜 인 초 욕 조 률 상 명 우 구 서 인 강 한 종 경
四人 十月者三人 倭人初欲照律償命 又懼西人强悍 從輕
재 결 운
裁決云.

단군(檀君)의 등선일(登仙日)을 음력 3월 15일로 정했다. 어느 책에 있는 것을 근거를 했는지는 알 수 없다.

原文

_{단군등선일 지이음삼월십오일 부지거재하서}
檀君登仙日 指以陰三月十五日 不知據在何書.

13일 의병이 성천(成川)에서 싸웠고, 또한 채응팔(蔡應八) 등이 안변(安邊)에서 싸웠으며, 홍원유(洪元裕)의 부대가 포천(抱川)에서 싸웠다.

原文

_{십삼일 의병전우성천 찰응팔등우전우안변 홍원유병 전}
十三日 義兵戰于成川 蔡應八等又戰于安邊 洪元裕兵 戰
_{우포천}
于抱川.

갑오년(고종 31, 1894) 이래 관찰사와 군수로 포흠을 범한 자가 4천여 명에 이르렀다. 서울에서는 근일 몰래 매음(賣淫)하는 여자가 1,400여 명이나 된다고 한다.

原文

_{갑오이내 관찰 군수범포자 지사천여인 경중근일밀매}
甲午以來 觀察·郡守犯逋者 至四千餘人 京中近日密賣
_{음여 위일천사백여명}
淫女 爲一千四百餘名.

16일, 동학(東學)의 교조 최제우(崔濟愚)가 죽은 날인데, 최시형(崔時亨)이 이날 태어났다.

原文

^{십 육 일　위 동 학 교 조 최 제 우 사 일　이 최 시 형 이 시 일 생}
十六日　爲東學敎祖崔濟愚死日　而崔時亨以是日生.

울진(蔚珍) 망양정(望洋亭)에 숙종의 어필이 있는데, 왜인 수등지부(須藤止夫)가 훔쳐갔다.

原文

^{울 진 망 양 정　유 숙 종 조 어 필　왜 인 수 등 지 부　절 거}
蔚珍望洋亭　有肅宗朝御筆　倭人須藤止夫　竊去.

해삼위(海蔘威, 블라디보스토크)에 거류하는 한국인들이 누차 안중근(安重根)의 추도회를 거행하였다.

原文

^{해 삼 위 거 류 한 인　루 행 안 중 근 추 도 회}
海蔘威居留韓人　屢行安重根追悼會.

서울에 국채보상금처리회(國債報償金處理會)를 설립하고 각처에 저축한 금액을 조사하니, 현재 금액이 159,253원 99전이었다. 이 돈을 교육하는 데 사용하고자 하였다.

原文

^{경 사 설 국 채 보 상 김 처 리 회　　조 사 각 처 소 저 금 액　　즉 현 재 수}
京師設國債報償金處理會　調查各處所貯金額　則現在數

<ruby>十五萬九千二百五十三元九十九錢<rt>십오만구천이백오십삼원구십구전</rt></ruby> <ruby>擬爲敎育之用<rt>의위교육지용</rt></ruby>.

일본 능등현(能登縣)에서 큰 불이 나서 1,200여 호를 태웠다.

原文

<ruby>日本能登縣大火<rt>일본능등현대화</rt></ruby> <ruby>燒一千二百餘戶<rt>소일천이백여호</rt></ruby>.

청나라 장사(長沙)의 백성들이 큰 소요를 일으켜 일본 영사관을 파괴했다. 일본은 그 소식을 듣고 복견함(伏見艦)을 급파했으며, 또 상해로부터 우치함(宇治艦)을 파송해서 밤새워 달려가서 구원하도록 하였다.

原文

<ruby>淸國長沙民大譟<rt>청국장사민대조</rt></ruby> <ruby>毀日人領事館<rt>훼일인영사관</rt></ruby> <ruby>倭聞之<rt>왜문지</rt></ruby> <ruby>急派伏見艦<rt>급파복견함</rt></ruby> <ruby>又自<rt>우자</rt></ruby>
<ruby>上海派宇治艦<rt>상해파우치함</rt></ruby> <ruby>星夜赴援<rt>성야부원</rt></ruby>.

농부 대신 조중응(趙重應)이 관광단 50여 명을 이끌고 일본에 갔다.

原文

<ruby>農相趙重應<rt>농상조중응</rt></ruby> <ruby>率觀光團五十餘人<rt>솔관광단오십여인</rt></ruby> <ruby>前赴日本<rt>전부일본</rt></ruby>.

일본 동경에 우역(牛疫)이 크게 번졌다.

原文

_{일 본 동 경   우 대 역}
日本東京　牛大疫.

청국 혁명당(革命黨) 왕조명(往兆銘)이 섭정(攝政) 순친왕(醇親
王)의 집에 폭탄을 투척했다. 그가 붙잡혀 공초를 받았는데 말과
기세가 강개했다. 왕은 그의 재주와 학식을 아낀 나머지 사형을
감하여 종신형에 처했다.

原文

_{청 국 혁 명 당 왕 조 명   투 폭 탄 우 섭 정 순 친 왕 제   피 획 납 공   사}
淸國革命黨汪兆銘　投爆彈于攝政醇親王第　被獲納供　辭
_{기 강 개   왕 애 기 재 학   감 사 처 종 신 역}
氣慷慨　王愛其才學　減死處終身役.

미국에 태풍이 불고 폭설이 내렸다. 상항(桑港, 샌프란시스코)
과 뉴육(細育, 뉴욕)에는 길이 끊겼고, 또 서리가 내려 목화 싹이
말라죽었다.

原文

_{미 국 대 풍 설   상 항   누 육 노 단   우 강 상   면 아 고 손}
美國大風雪　桑港 · 紐育路斷　又降霜　棉芽枯損.

원산 염상(鹽商, 소금 상인) 김두원(金斗源)이 또 일본 정부에 명원서(鳴寃書, 탄원서)를 냈다.

原文

元山鹽商金斗源　又投鳴寃書于倭政府.

의병장 김응백(金應伯)이 하동(河東)에서 사로잡혔다.

原文

義將金應伯　被擒于河東.

의병장 강천필(姜千弼)의 부대가 철원(鐵原)에서 싸웠다.

原文

義將姜千弼兵　戰于鐵原.

황후 윤씨(尹氏)가 일본어를 배웠다.

原文

皇后尹氏　學倭語.

학부(學部)에서 각군에 훈령을 내려 교궁(校宮, 향교)의 재산을 관리하도록 했다.

原文

자학부발훈각군 관리교궁재산
自學部發訓各郡 管理校宮財産.

혜성이 동방에 나타났다.

29일, 의병장 강기동(姜基東)과 전성서(田聖瑞)가 양주에서 싸웠고, 27일에는 의병이 원산(元山)에 들어가서 순찰하던 왜병 1명을 참수했다.

原文

혜견동방
慧見東方.

입구일 의장강기동 전성서 전우양주 입칠일 의병입원
廿九日 義將姜基東·田聖瑞 戰于楊州 廿七日 義兵入元
산 참순왜일
山 斬巡倭一.

서울 안의 과부를 검사했는데, 버려지는 아이가 날로 늘어났기 때문이다.

原文

검경중과여 이기해일자야
檢京中寡女 以棄孩日滋也.

우리나라 해안선은 6,000여 리가 되고 수산물은 104종에 이른다.

原文

아 국 해 안 선　위 육 천 여 리　수 산 물 지 일 백 사 종
我國海岸線　爲六千餘里　水産物至一百四種.

18일, 의병장 정경태(鄭敬泰)가 울진군에 들어가 면장 한 사람을 죽였으니 일본인과 음모했기 때문이다.

原文

십 팔 일　의 장 정 경 태　입 울 진 군　살 면 장 일 인　이 위 왜 모 야
十八日　義將鄭敬泰　入蔚珍郡　殺面長一人　以爲倭謀也.

5월 1일 병인(丙寅), 즉 음력 3월 22일.

原文

오 월 일 일 병 인　즉 음 삼 월 이 십 이 일
五月一日丙寅　卽陰三月二十二日.

우리나라에 주재하는 일본인들의 회사가 162곳, 조합이 40개에 이르렀다. 작년에 우리나라의 수출액은 12,158,885원이고, 수입액이 21,814,091원이다.

原文

<ruby>倭<rt>왜</rt></ruby> <ruby>居<rt>거</rt></ruby> <ruby>我<rt>아</rt></ruby> <ruby>境<rt>경</rt></ruby> <ruby>者<rt>자</rt></ruby> <ruby>會<rt>회</rt></ruby> <ruby>社<rt>사</rt></ruby> <ruby>有<rt>유</rt></ruby> <ruby>一<rt>일</rt></ruby> <ruby>百<rt>백</rt></ruby> <ruby>六<rt>육</rt></ruby> <ruby>十<rt>십</rt></ruby> <ruby>二<rt>이</rt></ruby> <ruby>組<rt>조</rt></ruby> <ruby>合<rt>합</rt></ruby> <ruby>所<rt>소</rt></ruby> <ruby>至<rt>지</rt></ruby> <ruby>四<rt>사</rt></ruby> <ruby>十<rt>십</rt></ruby> <ruby>昨<rt>작</rt></ruby> <ruby>年<rt>년</rt></ruby> <ruby>我<rt>아</rt></ruby> <ruby>國<rt>국</rt></ruby>

倭居我境者 會社有一百六十二 組合所至四十 昨年我國

輸出額 爲一千二百十五萬八千八百八十五元 輸入額二千

一百八十一萬四千九十一元.

공주군에 큰 불이 났다. 한국·청국·일본인의 집으로 소실된 것이 모두 71호였다.

原文

<ruby>公<rt>공</rt></ruby> <ruby>州<rt>주</rt></ruby> <ruby>郡<rt>군</rt></ruby> <ruby>大<rt>대</rt></ruby> <ruby>火<rt>화</rt></ruby> <ruby>韓<rt>한</rt></ruby> <ruby>淸<rt>청</rt></ruby> <ruby>倭<rt>왜</rt></ruby> <ruby>人<rt>인</rt></ruby> <ruby>家<rt>가</rt></ruby> <ruby>被<rt>피</rt></ruby> <ruby>燒<rt>소</rt></ruby> <ruby>者<rt>자</rt></ruby> <ruby>凡<rt>범</rt></ruby> <ruby>七<rt>칠</rt></ruby> <ruby>十<rt>십</rt></ruby> <ruby>一<rt>일</rt></ruby> <ruby>戶<rt>호</rt></ruby>

公州郡大火 韓·淸·倭人家被燒者 凡七十一戶.

의병장 연기우(延基羽)가 사로잡혔다가 도망하였다.

原文

<ruby>義<rt>의</rt></ruby> <ruby>將<rt>장</rt></ruby> <ruby>延<rt>연</rt></ruby> <ruby>基<rt>기</rt></ruby> <ruby>羽<rt>우</rt></ruby> <ruby>被<rt>피</rt></ruby> <ruby>禽<rt>금</rt></ruby> <ruby>旋<rt>선</rt></ruby> <ruby>逸<rt>일</rt></ruby>

義將延基羽 被禽旋逸.

익재(益齋) 이제현(李齊賢)의 묘는 장단군 지금리(芝金里) 역내에 있었는데, 고총(古塚)들이 많아서 명위(名位)[1]가 자세하지 않았다. 근래 도굴꾼에 의해 파헤쳐져 한 무덤에서 지석(誌石)[2]을 얻었으니 이제현의 부친 이진(李瑱)의 무덤에서 나온 것이었다.

註解

1) **명위**(名位) : 명성과 관위(官位). 관명과 관위.
2) **지석**(誌石) : 죽은 사람의 이름·사망 일시·행적과 무덤의 소재 따위를 적어서 무덤 앞에 묻는 돌.

原文

李益齋齊賢墓 在於長湍郡芝金里域內 多古塚 而名位未
詳 近因墓賊掘開 一塚得誌石 乃齊賢父瑱之葬也.

일본 청삼시(靑森市)에서 큰 불이 나서 7천여 호를 불태웠다.

原文

日本靑森市大火 燒七千餘戶.

무신년(융희 2, 1908) 서쪽 지방을 순시할 때, 고려 강감찬(姜邯贊)을 제사지낼 것을 명했는데, 그의 사판(祀板)이 실전되어 오래도록 거행하지 못하고 있었다. 이때에 이르러 비로소 그의 옛 마을인 시흥군 동면(東面) 낙성대(落星臺)에 나가 제사를 지냈다.

原文

戊申西巡時 命祭高麗姜邯贊 以其祀板失傳 久未擧行 至
是就其古里始興東面落星臺 祭之.

일본으로부터 차입한 국채(國債)는 현재 금액이 44,537,958원 89전 7리이다.

原文

國債之自倭借入者 其現在額爲四千四百五十三萬七千九 百五十八元八十九錢七厘.

여자양정회(女子養貞會) 회장 김혜경(金惠卿)은 서울 모 벼슬아치의 첩이다. 그 적처(嫡妻)의 학대를 원망하여 동류들을 연합해서 단체를 조직하여 서로 맞서기로 하였다.

原文

女子養貞會長金惠卿 京師某官妾也 怨其嫡虐待 乃聯合 儕流 組織團體 期於相抗.

이범윤(李範允)이 간도에서 의병을 일으켜 한국인 수천 명이 회령(會寧) 이북에 모였다.

原文

李範允起間島 韓人數千 會于會寧以北.

황해도 강령(康翎)을 옹진군(甕津郡)에 통합했다.

原文

합황해도강령우옹진
合黃海道康翎于甕津.

영국 황제(여황의 아들) 에드워드 7세가 죽었는데 나이 70세였
다.

原文

영황제여황자야조 년칠십
英皇帝女皇子也殂 年七十.

7일, 의병 20여 명이 포천(抱川)에서 일본군과 싸웠다.

原文

칠일 의병이십여인 전왜우포천
七日 義兵二十餘人 戰倭于抱川.

서울 사람들이 모금하여 배설(裵說)의 묘갈(墓碣)을 세웠다.

原文

경사인모금 수배설묘갈
京師人募金 竪裵說墓碣.

경복궁을 절매(折賣)하였다. 궁은 모두 4,000여 칸인데, 매 1칸에 정가를 15원에서 27원까지로 하였으며, 우리나라 사람과 일본 사람으로 구입하려는 자가 80여 명이나 되었다. 3분의 1은 일본인 북정청삼랑(北井靑三郎)에게 팔 것을 허락하고 계약이 이루어졌는데, 장차 대공원을 설치할 것이라 하였다.

原文

折賣景福宮 宮凡四千餘間 每一間 定價自十五元至卄七元 韓倭人願買者 爲八十餘人 三之一許賣于倭人北井靑三郎 成契約 將設大公園.

이재명(李在明)을 신문하여 일본인 검사 이등(伊藤)이 재명을 교수형에 처하고, 김정익(金貞益)·이동수(李東秀)·김병록(金炳錄)·조창호(趙昌鎬)는 15년의 징역을, 오복원(吳復元)·김낙선(金樂善)은 징역 10년에, 박태은(朴泰殷)·김용문(金龍文)은 징역 7년에, 이학필(李學泌)·김이걸(金履杰)·김병현(金秉鉉)·이응삼(李應三)은 징역 5년에 처했다. 이등은 많은 뇌물을 받고 이재명에 대해서는 만은 반드시 죽일 것을 주장했다. 그러나 이완용을 죽이려던 것이 미수에 그쳤기 때문에 인력거꾼 박원문의 죽음을 끌어들여 이재명이 고살(故殺)[1]했다 하여 드디어 살인형률을 적용한 것이다. 일본인 변호사 대기(大崎)·암전(岩田)·목미(木尾) 세 사람이 모두 공박해서 박원문이 죽게 된 것은 오살(誤殺)[2]

이지 고살이 아니며 이재명을 사형죄에 처한다고 한다면 크게 법률의 본뜻을 잃는 것이라 하였다. 한국 변호사 이면우(李冕宇)·안병찬(安秉瓚)도 한 목소리로 이재명은 죽일 죄율이 없다 하였는데, 안병찬의 변론이 더욱 결연하였다. 법정을 가득 메운 사람들은 교수형에 처한다는 선고를 듣고 눈물을 떨어뜨리지 않는 이가 없었다.

註解

1) 고살(故殺) : 고의로 사람을 죽임. 계획적이 아니고 일시적 격정으로 사람을 죽임.
2) 오살(誤殺) : 살의(殺意)가 없이 잘못하여 죽임.

原文

訊李在明 倭檢事伊藤 處在明絞 金貞益·李東秀·金丙錄·趙昌鎬 役十五年 吳復元·金樂善 役十年 朴泰殷·金龍文役七年 李學泌·金履杰·金秉鉉·李應三 役五年 伊藤得重賂 主必殺 然在明爲謀殺未遂 故引車夫朴元文之死 冒在明以故殺 遂擬死律 倭人辯護大崎·岩田·木尾三人 皆駁之 以爲元文之死 是誤殺 非故殺 若坐在明死 則大失法律本意 韓辯護李冕宇·安秉瓚 一辭以爲 在明無死例 秉瓚尤侃侃 滿場人衆 聞處絞宣告 無不下淚.

승니(僧尼)들에게 시집가고 장가드는 것을 명했으니 중추원의
건의를 좇은 것이다.

原文

命僧尼嫁娶 從樞院之議.

샌프란시스코의 우리 교포가 「신한민보(新韓民報)」를 발행하
였는데 제180호부터 비로소 영문을 삽입하여 구미 지역에 배포
하여 우리 한국의 상황을 알도록 하였다.

原文

桑港韓人 發行新韓民報 自第一百八十一號 始揷入英字
傳布歐美 使知我韓事狀.

해삼위에 사는 우리나라 사람 유승하(柳承夏)가 안중근(安重
根)의 기념비를 세우기 위해 모금을 하였다.

原文

海蔘威韓人柳承夏 募金營建安重根紀念碑.

혜성이 서방에 나타났다. 구라파의 측산자(測算者)들은 지구가

멸망할 징후라고 말했다.

原文

慧出西方 歐洲測算者 以爲地球滅亡之候.

16일, 의병장 강기동(姜基東)의 의병이 양주 노원(蘆原)에서 싸웠다.

原文

十六日 義將姜基東兵 戰于楊州蘆原.

의병장 오용문(吳龍文)이 노성(魯城)에서 피금되었다. 정윤득(鄭允得)은 양평에서, 김낙여(金洛汝)는 정선에서, 심용식(沈容植)은 장단에서 붙잡혔다.

原文

義將吳龍文 被禽于魯城 鄭允得被禽于楊平 金洛汝被禽于旌善 沈容植被禽于長湍.

강화도 전등사(傳燈寺)의 중이 대궐에 옛 동화로(銅火爐)를 진상했다.

原文

강화전등사승 진고동로우대내
江華傳燈寺僧 進古銅爐于大內.

간도 이범윤(李範允)의 부하인 조상갑(趙尙甲)·이승호(李昇鎬)
·방병기(方丙基)·전제익(全濟益)·한진수(韓進洙) 등이 온성
과 종성 사이에서 출몰하며, 대군이 6월에 강을 건너온다는 말을
널리 퍼뜨렸다. 함경도 인민들은 이에 힘입어 성원하게 되었으
며, 육진에 있는 일본군은 밤낮 경계가 엄했다.

原文

간도이범윤부하조상갑 이승호 방병기 전제익 한
間島李範允部下趙尙甲 · 李昇鎬 · 方丙基 · 全濟益 · 韓
진수등 출몰온성 종성지간 성언대군이육월도강 북민의
進洙等 出沒穩城 · 鍾城之間 聲言大軍以六月渡江 北民倚
위성원 왜지재육진자 주야계엄
爲聲援 倭之在六鎭者 晝夜戒嚴.

원주의 맹인 김유진(金裕鎭)이 맹인조합소(盲人組合所)를 설립
하고 내부에 청원했다.

原文

원주맹인김유진 설맹인조합소 청원내부
原州盲人金裕鎭 設盲人組合所 請願內部.

영국 황제 교치(喬致, 조지 5세)가 죽었다.

原文

英^영皇^황喬^교致^치死^사.

민병석(閔丙奭)이 모금하여 이등박문(伊藤博文)의 송덕비를 세우려 하였다.

原文

閔^민丙^병奭^석募^모金^김 擬^의建^건伊^이藤^등博^박文^문頌^송德^덕碑^비.

인도의 큰 코끼리를 구입해 동물원에서 길렀다. 매일 먹이는 사료가 양병(洋餠) 20근, 마른풀 50냥이었다.

原文

購^구入^입印^인度^도大^대象^상 養^양于^우動^동物^물園^원 每^매日^일喂^위料^료 洋^양餠^병二^이十^십斤^근 藁^고草^초五^오十^십兩^냥.

일본인 거류자가 발간하는 신문이 40종에 이르렀다.

原文

倭^왜人^인居^거留^류者^자 刊^간發^발新^신聞^문 至^지四^사十^십種^종.

황주 사람 이승옥(李丞鈺)의 처가 한 아이를 낳았는데, 머리 두 개에 꼬리 하나가 달렸고, 양경(陽莖)과 음호(陰戶)가 각각 하나씩 있었다. 같은 군 임응구(林應龜) 집의 닭이 병아리를 하나 낳았는데, 눈 하나에 코가 없었다. 홍주(洪州)에서는 개가 새끼를 낳았는데 사람 머리에, 개몸뚱이었다.

原文

黃州民李承鈺妻産一兒 二頭·一尾·陽莖·陰戶各一 同郡林應龜家 鷄産一雛 一目兩喙 同郡徐致洪家 猫産雛 一目無鼻 洪州有狗産雛 人頭狗身.

일본의 찰황(札幌)에서 큰 불이 났다.

原文

日本札幌大火.

이완용(李完用)이 온양(溫陽) 온천에 가서 병을 조리했는데, 연도의 경위(경호)가 매우 엄했다. 그는 과부가 된 며느리 임씨(任氏)를 데리고 함께 갔다.

原文

李完用赴溫陽溫泉調病 沿途警衛甚嚴 携其寡媳任偕往.

안주 용당현(龍塘峴)에서는 을지문덕(乙支文德)의 석상(石像)과 석비(石碑)를 흙 속에서 얻었다. 석비는 잘려서 단지 반 동강인데 운반하여 그 군의 안흥학교(安興學校)에 보관하였다.

原文

安州龍塘峴 得乙支文德石像及石碑于土中 碑折只半段.
運置于該郡安興學校.

일본인이 기로소(耆老所) 보첩(寶牒)을 흠문각(欽文閣)으로 강제로 옮기고 그곳에 상점을 설치했다.

原文

倭人勒移耆老所寶牒于欽文閣 設商店于其處.

당초 미국인 골불안(骨佛安)이 전차회사를 설립할 때 이완용과 이윤용 등이 태상황에게 권하여 백만 원을 기부하여 돕게 하였다. 이완용은 그 중에서 40만 원을 사취하고 단지 60만 원만을 골불안에게 주었다. 골불안이 전찻길을 수선하자 태상황이 또한 70만 원을 기부했다. (그런데) 작년 골불안이 일본인에게 당 회사를 팔게 되어 태상황이 두 차례 기부한 금액을 대궐에 돌려주니 또한 이완용에게 의탁해서 바쳤다. 태상황은 골불안이 전차회사를 팔았다는 소식을 듣고 출연한 원금이 들어오지 않는 것을 괴

이하게 생각하여 다른 사람을 시켜 골불안을 힐책하였다. 골불
안은 옥새를 찍은 영수증을 가져다 바치니 즉 태황제가 평일 사
용하시던 네모난 조그마한 도장이었다. 대개 이완용은 골불안이
환납하는 돈도 절취하고 조그마한 옥새를 도용해서 영수증을 내
어주고 미봉(彌縫)하려던 것이었다. 이에 태황제는 크게 노하여
그 근원을 조사하였다.

조남승(趙南升)은 그때 심부름하던 사람으로 있었는데 중죄를
질까 두려워하고 도망하였으나 마침내 붙잡혔다. 이에 이완용
등은 간상(奸狀)[1]이 다 폭로되었는데, 이완용은 이미 저지른 죄
에서 벗어나려고 드디어 태상황이 갑오년(1894) 이래 일본을 배
반한 모든 사건을 통감부에 폭로하였다. 또한 전후 문적을 비장
하였던 철궤 하나를 프랑스 영사관에 몰래 보관하고 있다는 것을
말하여 일본인은 드디어 프랑스인과 교섭하여 그 궤를 얻어서 열
어보니 무릇 태상황이 재위에 있을 때 외교문적과 각국의 문장
(文狀)[2]이 모두 있었다. 헤이그밀사사건 또한 나왔는데 일본인은
점차 비밀에 붙이고 자기 나라로 그 궤를 보냈으며 조금 지나서
조남승은 석방되었다.

청국·일본·영국·미국·독일·프랑스·러시아·이탈리아
·벨기에 9개국과의 조약을 체결한 정문(正文)은 이등박문이 외
부(外部)를 폐지할 때 간 곳을 알지 못하여 수색하는 데 힘을 다
했으나 마침내 얻지 못했다. 대개 조남승은 오래도록 태상황의
신임을 받았으며, 또한 천주교도가 되었으므로 프랑스 교회당에
비밀리에 보관할 수 있었다.

註解

1) 간상(奸狀) : 간사한 행동의 실상.
2) 문장(文狀) : 문첩(文牒). 관아에서 쓰던 서류. 외교 문서.

原文

初美人骨佛安之設電車會社也　李完用·允用等　勸太上

皇帝　捐金百萬元助之　完用竊其四十萬元　只以六十萬元付

佛安　及佛安之修繕車道也　上又捐七十萬元　昨年佛安賣該

會社于倭人　而還納上兩度所捐額于大內　亦托完用進之　上

聞佛安賣社　而怪其原捐之不入　使人詰佛安　佛安以御璽領

收證來獻　卽太皇帝平日所署四角小圖章也　蓋完用又竊佛

安所還納　而盜用小璽　出證彌縫者也　於是太皇大怒　究其

根　趙南升以其時伻人　恐獲重罪　逃而竟獲　於是完用等　奸

狀盡露　完用圖脫己罪　遂暴太上皇甲午以來排日諸事件于

統監府　且言前後文蹟　秘藏一鐵櫃　潛置于法國領事館　倭

人遂交涉法人　得其櫃閱之　凡太皇時　外交文蹟　各國文狀

俱在　而海牙事件亦出　倭稍秘之　送櫃于其國　已而南升得釋

淸^청·日^일·英^영·美^미·德^덕·法^법·俄^아·伊^이·比^비九國締結條約正文^{구국체결조약정문}　博文廢^{박문폐}

外部時^{외부시} 不知去處^{부지거처} 搜索盡力^{수색진력} 而竟不得^{이경부득} 蓋南昇久爲太皇所信任^{개남승구위태황소신임} 而^이

于爲天主敎徒^{우위천주교도} 故得密置于法國敎會堂^{고득밀치우법국교회당}.

북관묘(北關廟)를 철폐하고 그곳에 있던 소상(塑像)을 동묘(東廟)로 옮겼다.

原文

撤北關廟^{철북관묘} 移塑像于東廟^{이소상우동묘}.

일본인이 남산 아래에도 새 공원을 조성했다.

原文

倭人築新公園于南山下^{왜인축신공원우남산하}.

일본 정부는 육군 대신 사내정의(寺內正毅)를 통감으로 임명하고 산현이삼랑(山縣伊三郎)을 부통감에 임명하였다.

原文

倭以陸軍大臣寺內正毅爲統監^{왜이륙군대신사내정의위통감} 山縣伊三郎爲副統監^{산현이삼랑위부통감}.

영남 좌도의 태백산과 소백산 사이에 의병이 아직도 치성하였다.

原文

영좌태   소백지간   의병상치
嶺左太 · 小白之間 義兵尙熾.

27일, 강기동(姜基東)의 의병이 양주에서 싸웠는데 얼마 되지 않아서 강기동은 서울에 들어왔다가 붙잡혔으나 순사를 발길로 차서 쓰러뜨리고 도망쳤다.

原文

입칠일 강기동병 전우양주 미기기동입경피획 척도순사
廿七日 姜基東兵 戰于楊州 未幾基東入京被獲 踢倒巡査

이도
而逃.

경기도 · 충청도 · 황해도가 크게 가물었다. 양남(兩南) 지방 또한 가물었다.

原文

기호해서대한   양남역한
畿湖海西大旱 兩南亦旱.

「대한매일신보(大韓每日申報)」는 이달 중부터 우리나라에 부임

하는 일본인들을 다시 게재하였다.

原文

_{매일신보 자시월중 갱게왜인지내사자}
每日申報 自是月中 更揭倭人之來仕者.

청나라 태원부(太原府)에 9세 여아가 8세 남아와 함께 관계를
갖고 아이 하나를 낳았는데, 신장이 1척 5촌이었다.

原文

_{청국태원부구세여 여팔세남상통 생일아 장일척오촌}
淸國太原府九歲女 與八歲男相通 生一兒 長一尺五寸.

6월 1일 정유(丁酉), 즉 음력 4월 24일.

原文

_{육월일일정유 즉음사월이십사일}
六月一日丁酉 卽陰四月二十四日.

이때 산림 측량 기한이 이미 박두하였으나 민간인들은 관망하
면서 날짜만 보내고 있었다. 일본인들은 사방으로 나가 제멋대
로 측량을 하니, 산림·천택(川澤)을 가리지 않고 한 번 그들의
손을 거치면 이미 자기 것으로 인정하였다. 광주의 일본인이 무
등산(無等山)을 측량하려 하였으나 군수 홍난유(洪蘭裕)가 민중
들을 격동시켜 재판소에 고소하였다. (그렇게 한 것이) 무릇 12차

례나 되니 일본인들은 스스로 주춤하였다.

原文

是時山林測量期限已迫 而民間觀望愒日 倭人遂四出私測
毋論山林·川澤 一經其手 認作己有 光州之倭 欲測無等山
郡守洪蘭裕 激起衆民 訴于裁判所 凡十二次 倭人自戢.

청풍도정(淸風都正) 이해승(李海昇)을 봉해서 청풍군(淸豊君)으로 삼았다.

原文

封淸豊都正李海昇 爲淸豊君.

「매일신보(每日申報)」 사장 영국인 만함(萬咸)이 신문사 일을 거두고 본국에 돌아갔다. 사원 이장훈(李章薰) 등이 4만 원으로 그 활판을 사서 포전병문(布廛屛門)으로 신문사를 옮기고 이장훈이 주필이 되었다. 이 달 14일부터 신문을 발간했다. 그러나 논조(論調)가 점점 겸손해졌다.

原文

申報社長英人萬咸 撤務歸國 社員李章薰等 以四萬元 買

其^기活^활版^판 移^이館^관于^우布^포廛^전屛^병門^문 章^장薰^훈爲^위主^주筆^필 自^자是^시月^월十^십四^사日^일發^발刊^간
其活版 移館于布廛屛門 章薰爲主筆 自是月十四日發刊

然論議稍遜矣.

한창수(韓昌洙)는 통감 증녜황조(曾禰荒助)가 이임하는 것을 위문하기 위해 일본에 건너갔다. 김윤식(金允植) 등은 시를 붙여 위문하였다. 대신들이 증녜황조에게 서신을 붙이되 자칭 '소관(小官)'이라 하는 자도 있었다.

原文

韓昌洙 以慰遞統監曾禰 赴日本 金允植等寄詩慰之 大臣
有寄書曾禰 而自稱小官者.

우리나라 사람으로 외국에 나가고자 하는 자는 모두 민적등본(民籍謄本)을 발급했다.

原文

國人有欲往外國者 幷給民籍謄本.

박영효(朴泳孝)는 마산포(馬山浦)로부터 동래(東萊) 온정(溫井)에 가서 목욕했다.

朴泳孝自馬山浦往浴東萊溫井.

평창군(平昌郡)에서 큰 호랑이 한 마리를 잡아 동물원에 헌납하니 대내로부터 상금으로 1천 원을 주었다.

平昌郡捕獻大虎一頭于動物園 自內賞與一千元.

일본인이 책 하나를 간행하였다. 『이등공장식여운(伊藤公葬式餘韻)』인데 각 관청에 배포하였다. 또 유시(遺詩) 한 책을 간행하였는데, 『삼백시존(三百詩存)』이란 이름을 붙였으며, 김윤식에게 보내 여러 관원에게 나누어 주도록 하였다.

倭人刊行一冊曰 伊藤公葬式餘韻 頒給各官廳 又刊遺詩
一冊曰三百詩存 寄金允植 使分各官.

덕국(德國)에 태풍이 불고 비가 퍼부었으며, 번개가 땅에 떨어졌는데 죽은 사람이 67명이었다.

덕국대풍우 전광타지 피사자육십칠인
德國大風雨 電光墮地 被死者六十七人.

일본 산양도(山陽道)에 홍수가 나서 철도가 파괴되었다.

일본산양도대수 철도파괴
日本山陽道大水 鐵道破壞.

의병이 곡산(谷山)으로 진입하였는데 왜군 피살자가 8명이었
다.

의병입곡산 왜피사자팔인
義兵入谷山 倭被死者八人.

동소문 밖 정릉동(貞陵洞)의 농민이 땅 속에서 오래된 종(鍾)
두 개를 얻었다.

동소문외정릉동농민 득고종이어토중
東小門外貞陵洞農民 得古鍾二於土中.

전라남도 해남군에서부터 연해의 여러 고을을 가로질러 마산

포에 이르기까지 길을 닦아서 마차가 통할 수 있게 하는 데 너비
는 7, 8장(丈)으로 구렁텅이를 메우고 농지를 깎아서 벼나 보리
를 베어내기도 하였다. 봄 초에 역사를 일으켜 이미 4, 5개월을
넘겼다. 귀화한 사람들을 강제로 모집하여 역부(役夫)로 삼았는
데, 이들은 난폭하고 말을 잘 듣지 않아서 연도가 항상 시끄러웠
다. 경기도 진위(振威) 위아래의 여러 군들도 또한 그러했다.

原文

全南道自海南郡 橫貫沿海諸邑 至馬山浦 除直道 可以通
馬車者 廣七八丈 堙壑刊田 斬刈禾麥 春初起役 已踰四五
朔 勒募歸化人爲役夫 獷猂不馴 沿途騷然 京畿振威上下
列郡 亦然.

　세속(世俗)에 전해 내려오기를 최고운(崔孤雲, 최치원)이, "나의
30세(世) 후에 반드시 성인(聖人)이 나올 것이다."라는 참언을 남
겼다는데, 이에 이르러 동학당은 최제우(崔濟愚)가 그 후손이 되
어 족히 거기에 합당할 것이라고 하였다.

原文

俗傳崔孤雲留讖曰 我三十世後 必有聖人 至是東學黨 以
崔濟愚爲其後 足以當之.

경찰권을 일본에 이속시키고 경시청의 관제를 개정했다.

原文

이속경찰권우일본　개정경시청관제
移屬警察權于日本 改正警視廳官制.

북청(北靑)에 눈이 내리고 또 서리도 내렸다.

原文

북청강설　우강상
北靑降雪 又降霜.

영희전(永禧殿)을 헐고 통감부 특허국(特許局)을 축조하였다.

原文

훼영희전　축통감부특허국
毀永禧殿 築統監府特許局.

이봉환(李鳳煥)의 시호를 충정(忠貞)이라 하였다.

原文

시이봉환왈충정
諡李鳳煥曰忠貞.

통리(統理) 이완용(李完用)이 온양(溫陽)에서 서울로 돌아왔다.

이완용은 자객을 겁내어 출발 일자를 알리지 않았으므로 그가 몸을 일으킬 때에 사람들은 비로소 그것을 알 수 있었다. 남대문 밖에서 하차하지 않고, 길을 우회하여 서대문 밖에서 내렸다. 그가 집에 들어옴에 미처 경비가 매우 엄했다.

原文

統理李完用 自溫陽還京師 完用懼刺客竊發 不宣行期 其

起身時 人始知之 不於南門外下車 乃迂路下西門外 及入

于其家 警備甚嚴.

남미의 국가에서 고분을 발굴하여 사람의 형체와 유사한 물건을 얻었는데 매우 교묘하였다. 사물의 이치에 정통한 학자는 7,000년 전의 옛 물건이라고 판단하였다.

原文

南美國掘古墓 得類人形之物 甚巧妙 精于物理學者 斷爲

七千年前舊物.

이재명(李在明)의 공판을 공소원에서 재개하니 법관은 모두 일본 사람이었으며, 이면우(李冕宇)가 변호사가 되었다.

原文

재개이재명공판우공소원　기법관개일인야　이면우위변
再開李在明公判于控訴院　其法官皆日人也　李冕宇爲辯

호 사
護士.

통감부에 경무총감부(警務總監部)를 설치하고 종전의 경시청과
내부의 경무국 제관을 모두 총감부로 이관시켰다. 7월 1일을 위
시로 각 경찰서의 보고 및 총감부의 사령서는 일체 명치 연월(明
治年月)을 쓰고 순종의 융희(隆熙) 연호를 쓰지 못하도록 하였다.

原文

통감부설경무총감부　종전경시청급내부경무국제관　개
統監府設警務總監部　從前警視廳及內部警務局諸官　皆

전사우총감부　이칠월일일위시　각경찰서보고급총감부사
轉仕于總監部　以七月一日爲始　各警察署報告及總監部辭

영서　일체서명치년월　불행융희
令書　一切署明治年月　不行隆熙.

• 의보(義報).

16일 광주(廣州)에서 싸웠고,

18일 익산(益山)에서 싸웠고,

19일 평산(平山)에서 싸웠고,

20일 수안(遂安)에서 싸웠고,

21일 해서 신막(新幕)에서 싸웠고,

22일 채응려(蔡應麗)와 강두필(姜斗弼)의 부대가 이천(伊川)에

서 싸웠다.

原文

義報.
의 보

十六日戰廣州 十八日戰盆山 十九日戰平山 二十日戰遂
십 육 일 전 광 주　십 팔 일 전 익 산　십 구 일 전 평 산　이 십 일 전 수

安 卄一日戰海西新幕 卄二日蔡應麗·姜斗弼兵 戰伊川.
안　입 일 일 전 해 서 신 막　입 이 일 채 응 려　강 두 필 병　전 이 천

해인사(海印寺)의 대장경 판목을 궁내부로 옮겼다가, 다시 박
물원에 옮겨 놓았다. 연월은 미상임.

原文

移海印寺藏經板于宮內府 轉置博物院 年月未詳.
이 해 인 사 장 경 판 우 궁 내 부　전 치 박 물 원　년 월 미 상

7월 1일 정묘(丁卯), 즉 음력 5월 25일.

原文

陽七月一日丁卯 卽陰五月二十五日.
양 칠 월 일 일 정 묘　즉 음 오 월 이 십 오 일

청국의 정륵(貞勒)과 재도(載濤)가 구라파를 유람하다가 그곳
에 거류하고 있는 두 아이가 비행선 제조법을 배워 체득한 것을
보고서 자기 정부에 전보로 알렸다. 재도는 출국할 때에 머리를

깎고 복장을 바꾸어 입었다.

原文

<ruby>清<rt>청</rt></ruby><ruby>貞<rt>정</rt></ruby><ruby>勒<rt>륵</rt></ruby> · <ruby>載<rt>재</rt></ruby><ruby>濤<rt>도</rt></ruby> <ruby>游<rt>유</rt></ruby><ruby>歐<rt>구</rt></ruby><ruby>洲<rt>주</rt></ruby> <ruby>見<rt>견</rt></ruby><ruby>有<rt>유</rt></ruby><ruby>清<rt>청</rt></ruby><ruby>國<rt>국</rt></ruby><ruby>寓<rt>우</rt></ruby><ruby>兒<rt>아</rt></ruby><ruby>二<rt>이</rt></ruby><ruby>人<rt>인</rt></ruby> <ruby>學<rt>학</rt></ruby><ruby>得<rt>득</rt></ruby><ruby>飛<rt>비</rt></ruby><ruby>行<rt>행</rt></ruby><ruby>船<rt>선</rt></ruby><ruby>製<rt>제</rt></ruby>
<ruby>法<rt>법</rt></ruby> <ruby>電<rt>전</rt></ruby><ruby>聞<rt>문</rt></ruby><ruby>政<rt>정</rt></ruby><ruby>府<rt>부</rt></ruby> <ruby>濤<rt>도</rt></ruby><ruby>出<rt>출</rt></ruby><ruby>洋<rt>양</rt></ruby><ruby>時<rt>시</rt></ruby> <ruby>削<rt>삭</rt></ruby><ruby>髮<rt>발</rt></ruby><ruby>易<rt>역</rt></ruby><ruby>服<rt>복</rt></ruby>.

부통감 산현이삼랑(山縣伊三郞)이 7월 3일에 서울로 들어왔다.

原文

<ruby>副<rt>부</rt></ruby><ruby>統<rt>통</rt></ruby><ruby>監<rt>감</rt></ruby><ruby>山<rt>산</rt></ruby><ruby>縣<rt>현</rt></ruby><ruby>伊<rt>이</rt></ruby><ruby>三<rt>삼</rt></ruby><ruby>郞<rt>낭</rt></ruby> <ruby>以<rt>이</rt></ruby><ruby>三<rt>삼</rt></ruby><ruby>日<rt>일</rt></ruby><ruby>入<rt>입</rt></ruby><ruby>城<rt>성</rt></ruby>.

일본인이 조사한 바, 우리나라의 양반은 원로 이하 실직에 있는 사람과 차함(借啣)[1]을 합해서 8만여 명이고, 유생은 110여만 명이었다.

註解

1) 차함(借啣) : 실제로 근무하지 아니하고 이름만을 갖고 있는 벼슬.

原文

<ruby>倭<rt>왜</rt></ruby><ruby>人<rt>인</rt></ruby><ruby>調<rt>조</rt></ruby><ruby>査<rt>사</rt></ruby><ruby>我<rt>아</rt></ruby><ruby>國<rt>국</rt></ruby><ruby>兩<rt>양</rt></ruby><ruby>班<rt>반</rt></ruby> <ruby>元<rt>원</rt></ruby><ruby>老<rt>노</rt></ruby><ruby>以<rt>이</rt></ruby><ruby>下<rt>하</rt></ruby> <ruby>實<rt>실</rt></ruby><ruby>借<rt>차</rt></ruby><ruby>啣<rt>함</rt></ruby><ruby>合<rt>합</rt></ruby><ruby>八<rt>팔</rt></ruby><ruby>萬<rt>만</rt></ruby><ruby>餘<rt>여</rt></ruby><ruby>名<rt>명</rt></ruby> <ruby>儒<rt>유</rt></ruby><ruby>生<rt>생</rt></ruby><ruby>一<rt>일</rt></ruby>
<ruby>百<rt>백</rt></ruby><ruby>十<rt>십</rt></ruby><ruby>餘<rt>여</rt></ruby><ruby>萬<rt>만</rt></ruby>.

김홍집(金弘集)은 충헌(忠獻)으로, 홍영식(洪英植)은 충민(忠愍)으로, 김옥균(金玉均)은 충달(忠達)로, 어윤중(魚允中)은 충숙(忠肅)으로 각각 시호를 내렸다.

原文

^{시 김 홍 집 충 헌} ^{홍 영 식 충 민} ^{김 옥 균 충 달} ^{어 윤 중 충 숙}
諡金弘集忠獻 洪英植忠愍 金玉均忠達 魚允中忠肅.

전라남도 의병장 전해산(全海山)이 장수(長水)에서 대구(大邱)로 이감되어 신문을 받았다.

原文

^{전 남 의 장 전 해 산} ^{자 장 수 이 신 우 대 구}
全南義將全海山 自長水移訊于大邱.

일로협약(日露協約)이 체결되었다.

原文

^{일 노 협 약 성}
日露協約成.

전라남도와 경상북도에 홍수가 났다. 경기도에도 홍수가 나서 문산포(汶山浦)가 침수되었다. 전주에도 홍수가 났다. 이때에 전국이 큰 장마에 접어들었으나 강릉(江陵)과 정선(旌善)만은 크게 가물었다.

原文

^{전남} ^{경북대수} ^{경기대수} ^{침문산포} ^{전주대수} ^{시시전국}
全南 · 慶北大水 京畿大水 浸汶山浦 全州大水 是時全國
^{대림} ^{강릉} ^{정선독대한}
大霖 江陵 · 旌善獨大旱.

농부(農部)에서 초목의 명부(名部)를 간행하여 배포하였다.

原文

^{자농부간포초목명부}
自農部刊布草木名部.

경기도 의병장 강원호(姜元浩)가 포천군(抱川郡)에서 붙잡히고, 이주보(李周甫)는 서울 헌병대(憲兵隊)에 의해 붙잡혔다.

原文

^{경기의장강원호} ^{피노포천군} ^{이주보피노우경성헌대}
京畿義將姜元浩 被虜抱川郡 李周甫被虜于京城憲隊.

이재명(李在明)을 사형, 김병록(金炳錄)을 징역 15년으로 판결하였다.

原文

^{판결이재명사형} ^{김병록역십오년}
判決李在明死刑 金丙祿役十五年.

일본인이 중앙복음전도관(中央福音傳道館)을 창립하였다. 일본인은 안중근(安重根)·이재명(李在明) 등이 모두 야소교(耶蘇教) 출신이라, 꺼리고 미워함이 더욱 심했다. 그러나 힘써 능히 금하지 못했으니 복음전도의 설교를 만들어 사람들을 유인하여 입교시켰다. 국가의 흥망은 생각지 말고 자기집의 죽고 삶을 꾀하지 말며 오직 한 마음으로 하늘을 믿으면 복음(福音)이 스스로 이른다고 하였다. 그것은 우리 국민의 충의의 기백을 없애 버려 허적(虛寂)의 영역으로 떨어뜨리려는 것이었으니, 우민들은 자못 매혹하였다.

이때에 일본이 종교를 설치한 것으로 신궁경의회(神宮敬義會), 정토종(淨土宗), 신리교(神籬教), 천조교(天照教) 등이 있는데 이제는 이러한 술책까지 쓰게 되었다.

原文

倭人創中央福音傳道館 倭以安重根·李在明等 皆出於

耶教 忌惡之殊甚 然力不能禁 乃創福音傳道之說 誘人入

教 勿念國家興亡 勿計自家死生 惟一心信天 則福音自至

蓋欲我民消鑠其忠義之氣 墮於虛寂之域也 愚民頗惑焉 是

時倭之設教 有曰神宮敬義會 曰淨土宗 曰神籬教 曰天照

教 今用此術.

청국 곡부(曲阜)에서 태풍이 불어 공림(孔林)의 측백나무 2,000주(株)가 뽑혀 쓸어졌다.

原文

청국곡부대풍 발도공림백이천여주
清國曲阜大風 拔倒孔林柏二千餘株.

서반아(西班牙)에서 큰 지진이 일어났다. 덕국(德國)에서는 홍수가 나고, 청국 정해(定海)에 두 차례에 걸쳐 피색깔의 비가 내렸다.

原文

서반아대지진 덕국홍수 청정해이차우혈
西班牙大地震 德國洪水 清定海二次雨血.

미국의 전 대통령 누시별투(婁施別透, 루즈벨트)가 비주(菲洲, 아프리카)와 구라파의 각지를 두루 여행했는데, 1년간에 1만 7,000리를 다니고, 맹수 1만 마리를 사냥하였다.

原文

미국전대통영루시별투 주행비주 구주각지 일년간행
美國前大統領累施別透 周行菲州·歐洲各地 一年間行
일만칠천리 격살맹수일만
一萬七千里 格殺猛獸一萬.

임금이 신문 열람하기를 기뻐했다.

原文

<ruby>上<rt>상</rt></ruby><ruby>喜<rt>희</rt></ruby><ruby>覽<rt>람</rt></ruby><ruby>新<rt>신</rt></ruby><ruby>聞<rt>문</rt></ruby>.

上喜覽新聞.

덕국(德國) 북부에 큰 지진이 났고, 미국 상항(桑港)에는 큰 불이 났다.

原文

德國北部大地震 美國桑港大火.

김춘희(金春熙)는 4살 난 어린 자식을 숙부인 김홍집(金弘集)의 양손(養孫)으로 삼았다. 한 대의 간격을 띄어 후사(後嗣)를 세운 것이다.

原文

金春熙以四歲幼子 爲其叔父弘集養孫 間一世而立嗣也.

정병하(鄭秉夏)·서광범(徐光範)·안경수(安駉壽)에 대해 시장(諡狀)을 기다리지 않고 시호(諡號)를 의논하여, 정병하는 충희(忠僖), 안경수는 의민(毅愍), 서광범은 익헌(翼獻)이라 하였다.

原文

鄭秉夏 · 徐光範 · 安駉壽 不待狀 議諡 鄭曰忠僖 安曰毅
愍 徐曰翼獻.

이보다 먼저 일본인 등정(藤井)이 익산(益山) 오리면(五里面)의 물이 빠져나가는 곳에 제방을 쌓았는데, 그곳 이름을 요교(腰橋)라고 하였다. 주민들과 함께 계투(械鬪, 싸움)를 벌이며 죽을힘을 다해 축성했는데, 이에 이르러 홍수가 났다. (그런데) 물이 빠지지 않아서 수만 이랑의 농토에 물이 범람하고 수백 호의 집이 잠겨서 넘실넘실 물바다를 만들었다.

原文

先是倭人藤井築堰于益山五里面都水口 地名腰橋 至於
與民械鬪 死力築成 至是大水不洩 汎濫數萬頃 渰沒數百
戶 滉漾成澤國.

신임통감 사내정의(寺內正毅)가 7월 23일 서울에 이르니 경비가 점점 더 삼엄하였다. 사내정의가 배를 타고 인천에 이르러 상륙하였는데 모든 대신들이 가서 항구에서 영접하였다.

_{신 통 감 사 내 정 의} _{이 이 십 삼 일 지 경 사} _{경 점 심 엄} _{정 의 승 선}
新統監寺內正毅 以二十三日至京師 警漸甚嚴 正毅乘船
_{지 인 천 하 륙} _{제 대 신 등} _{개 왕 영 항 구}
至仁川下陸 諸大臣等 皆往迎港口.

박영교(朴泳敎)·조총희(趙寵熙)·김학우(金鶴羽)·조인승(曺寅承)·김규식(金奎軾)·권형진(權瀅鎭)에게 아울러 규장각 제학(提學)을 증직했다. 권숙(權潚)·서상기(徐相耆)·신복모(申福摸)·김봉균(金鳳均)·이인종(李寅鍾)·변수(邊樹)·한선회(韓善會)·이창렬(李彰烈)·홍종헌(洪鐘憲)·안종수(安宗洙)·임병길(林炳吉) 등을 아울러 규장각 부제학(副題學)에 증직했다. 6품인 서재창(徐載昌)·윤영관(尹榮觀)·백낙운(白樂雲)·이병호(李秉虎)·박응학(朴膺學)·하응선(河應善)·신중모(申仲模)·정행징(鄭行徵)·이건영(李建榮)·이은동(李殷東)·백춘배(白春培)·오창근(吳昌根)·정재관(丁在寬)·김병숙(金炳塾)·하원홍(河元泓)·엄주봉(嚴柱鳳)·조택현(趙宅顯)·장호익(張浩翼)·권호선(權浩善)·김홍진(金鴻鎭) 등은 모두 정3품을 증직했다. 진사 김각균(金珏均)·유생 박제선(朴齊璿)·오감(吳鑑)·변성연(卞聲淵)·유형준(俞亨濬)·박영빈(朴泳斌)·서광철(徐光轍)·김호연(金浩然)·장길윤(張吉允)·오성모(吳聖模)·이용익(李鎔益)·김성운(金聖雲)·조명선(曺命先)·이병학(李秉學)에게는 모두 6품에 증직했다.

原文

^{박영교}朴泳教 · ^{조총희}趙籠熙 · ^{김학우}金鶴羽 · ^{조인승}曹寅承 · ^{김규식}金奎軾 · ^{권형진}權瀅鎭 ^병幷

^{증규장각제학}贈奎章閣提學 ^{권숙}權潚 · ^{서상기}徐相耆 · ^{신복모}申福模 · ^{김봉균}金鳳均 · ^{이인종}李寅鍾 ·

^{변수}邊樹 · ^{한선회}韓善會 · ^{이창열}李彰烈 · ^{홍종헌}洪鍾憲 · ^{안종수}安宗洙 · ^{림병길병증규}林炳吉幷贈奎

^{장각부제학}章閣副提學 ^{육품인서재창}六品人徐載昌 · ^{윤영관}尹榮觀 · ^{백락운}白樂雲 · ^{이병호}李秉虎 · ^박朴

^{응학}膺學 · ^{하응선}河應善 · ^{신중모}申仲模 · ^{정행징}鄭行徵 · ^{이건영}李建榮 · ^{이은동}李殷東 · ^{백춘}白春

^배培 · ^{오창근}吳昌根 · ^{정재관}丁在寬 · ^{김병숙}金炳塾 · ^{하원홍}河元泓 · ^{엄주봉}嚴柱鳳 · ^{조택현}趙宅顯

· ^{장호익}張浩翼 · ^{권호선}權浩善 · ^{김홍진병증정삼품}金鴻鎭幷贈正三品. ^{진사김각균}進士金珏均 · ^유儒

^{생박제선}生朴齊璿 · ^{오감}吳鑑 · ^{변성연}卞聲淵 · ^{유형준}兪亨濬 · ^{박영빈}朴泳斌 · ^{서광철}徐光轍 · ^김金

^{호연}浩然 · ^{장길윤}張吉允 · ^{오성모}吳聖模 · ^{이용익}李鎔益 · ^{김성운}金聖雲 · ^{조명선}曹命先 · ^{이병}李秉

^학學 ^{병증육품}幷贈六品.

일본 북해도 백산(白山)이 울리며 진동하다가 연기를 뿜어냈다. 일명 '유주산(有珠山)'이라 칭하기도 한다.

原文

^{일본북해도백산}日本北海道白山 ^{명동분연}鳴動噴烟 ^{일칭유주산}一稱有珠山.

아라사에 크게 전염병이 돌았는데, 즉 '호열자(虎列剌)'라고 하는 것이다.

原文

아 국 대 역　즉 호 열 자
俄國大疫　卽虎列剌.

임금이 전 통감 증녜황조(曾禰荒助)가 공적이 있다고 하여 금제다당(金製茶鐺) 2구(口)를 하사했다. 그 가치는 6,000원 상당이었다.

原文

상 이 전 통 감 증 녜 유 공　기 사 금 제 다 당 이 구　가 가 육 천 원
上以前統監曾禰有功　寄賜金製茶鐺二口　價可六千元.

이태리 북부에 폭풍우가 몰아쳤다.

原文

이 태 리 북 부 포 풍 우
伊太利北部暴風雨.

청국 학생으로 일본에 유학하는 자가 2만 명이나 되었는데 근래 영국인이 청국 북경에 고등학교와 대학교를 설치하니 학생 반수가 본국으로 돌아갔다. 그들을 상대로 물품을 공급하던 일본인의 요리점과 상점들은 이득의 원천이 갑작스레 떨어져서 자못

아우성이었다. 대개 학생 한 사람의 한 달 비용은 50원에 이르렀
다.

原文

청국학생재일본자 가이만인 근인영인설고등 대학우
淸國學生在日本者　可二萬人　近因英人設高等 · 大學于

청북경 학생반수환기국 일인료리급상점 공기물품 리원
淸北京　學生半數還其國　日人料理及商店　供其物品　利源

취락 파오오 개학생일인 일월비지오십원
驟落　頗嗷嗷　蓋學生一人　一月費至五十元.

우리 유학생들이 일진회를 성토하니 일본인들은 권리의 남용
이라 책하고 천 원의 벌금을 물게 했다.

原文

아유학생 장성토일진회 일인책람권 징금천원
我游學生　將聲討一進會　日人責濫權　懲金千元.

최익남(崔益男) · 이상수(李象秀) · 송익필(宋翼弼)을 규장각 제
학(提學)에 추증하고, 시장(諡狀)을 기다리지 말고 시호를 내릴
것을 명했다.

原文

명증최익남 이상수 송익필규장각제학 사시부대장
命贈崔益男 · 李象秀 · 宋翼弼奎章閣提學　賜諡不待狀.

임금이 통감부에 행차하였다.

原文

상 행 통 감 부
上幸統監府.

일본인이 문관의 홍패(紅牌)를 사들였다.

原文

왜 인 구 매 문 관 홍 패
倭人購買文官紅牌.

함경북도 국민으로 북간도에 이주한 자는 지난해 9월부터 금년 4월에 이르기까지 1,304호나 되었다.

原文

함 북 민 이 주 북 간 도 자 자 상 년 구 월 지 금 년 사 월 위 일 천 삼
咸北民移住北間島者 自上年九月 至今年四月 爲一千三

백 사 호
百四戶.

경상북도 금산군(金山郡)의 관아를 김천(金泉) 정거장이 있는 곳으로 이전했다.

原文

移慶北金山郡衙于金泉停車場.
<small>이 경 북 금 산 군 아 우 김 천 정 거 장</small>

미국 뉴육(紐育, 뉴욕)에 혹서(酷暑)로 인해서 더위 먹어 11명이 사망했다.

原文

美紐育大暑 喝死十一人.
<small>미 뉴 육 대 서 갈 사 십 일 인</small>

외양(外洋)의 반곡(磐谷, 방콕)·산두(汕頭, 광동성의 항구)·하문(厦門, 마카오)·신가파(新嘉坡, 싱가포르)에 호열자가 크게 번졌다.

原文

外洋磐谷·汕頭·厦門·新嘉坡 虎疫大熾.
<small>외 양 반 곡 산 두 하 문 신 가 파 호 역 대 치</small>

일본의 유주산(有珠山)이 재차 폭발하였고, 법국(法國)에 폭풍우가 휘몰아쳤다.

原文

日本有珠山再裂 法國暴風雨.
<small>일 본 유 주 산 재 열 법 국 폭 풍 우</small>

8월 1일 무술(戊戌), 즉 음력 6월 26일.

原文

양 팔 월 일 일 무 술   즉 음 유 월 입 육 일
陽八月一日戊戌 卽陰六月卄六日.

추시(追諡)를 하였다.

송익필(宋翼弼)·이중호(李仲虎)·이상정(李象靖)을 문경(文敬)이라 했고, 최숙생(崔淑生)은 문정(文貞), 이예(李藝)는 충숙(忠肅), 윤승훈(尹承勳)은 문숙(文肅), 어유구(魚有龜)는 익헌(翼獻), 민제장(閔濟章)·천만리(千萬里)는 충장(忠壯), 이양(李穰)은 충민(忠愍), 서명서(徐命瑞)는 정간(貞簡), 권정침(權正忱)·최익남(崔益男)은 충헌(忠憲)·이상수(李象秀)·기정진(奇正鎭)은 문간(文簡)으로 하였다. 한장석(韓章錫)은 효문(孝文)이었던 것을 문간(文簡)으로 고쳤다. 신정희(申正熙)는 정익(靖翊), 엄세영(嚴世永)은 숙민(肅民), 서상우(徐相雨)·김영직(金永稷)·장석룡(張錫龍)은 문헌(文獻)에, 조병식(趙秉式)·이순익(李淳翼)·조병필(趙秉弼)은 문정(文靖)에 이헌영(李鑣永)은 문정(文貞), 김만식(金晩植)은 정효(靖孝)에, 이인명(李寅命)은 효헌(孝獻)에 이유승(李裕承)은 정헌(靖憲)이었다.

原文

추 시 송 익 필   이 중 호   이 상 정 왈 문 경   최 숙 생 왈 문 정   이
追諡宋翼弼·李仲虎·李象靖曰文敬 崔淑生曰文貞 李

藝曰忠肅 尹承勳曰文肅 魚有龜曰翼獻 閔濟章 · 千萬里曰
忠壯 李穰曰忠愍 徐命瑞曰貞簡 權正沈 · 崔益男曰忠憲
李象秀 · 奇正鎭曰文簡 改韓章錫孝文曰文簡 申正熙曰靖
翼 嚴世永曰肅敏 徐相雨 · 金永稷 · 張錫龍曰文憲 趙秉式
· 李淳翼 · 趙秉弼曰文靖 李鑛永曰文貞 金晩植曰靖孝 李
寅命曰孝獻 李裕承曰靖憲.

일본인이 휴가로 귀국하는 유학생을 엄히 조사하였다.

原文

倭人嚴査留學生休暇還國者.

일본 동경에 크게 우레가 치고 큰 비가 내렸다. 벼락을 맞고 한
사람이 죽었으며, 홍수는 50년 만에 처음이라고 하며 인가 14만
호가 침수되었다. 전면적의 4분의 1이 물에 잠겼다.

原文

日本東京大雷雨 震死一人 大水爲五十年來初 浸人家十
四萬戶 沈全面積四分之一.

대만(大灣)의 생번(生蕃, 대만 토족의 하나)이 크게 동요하여, 일본인은 그들을 공격하여 토벌하는데 피곤했으며 전후 누차 패했다. 온통 나라가 걱정스러웠고 두려워하였다. 이에 결사대를 모집하였다.

原文

臺灣生蕃大動 倭人疲於攻伐 前後屢敗 舉國憂恐 乃募決死隊.

해서(海西, 황해도) 의병장 이용진(李龍鎭)의 부하 이택양(李澤陽)이 평산(平山)에서 사로잡혔다.

原文

海西義兵李龍鎭部下李澤陽 被禽于平山.

남정철(南廷哲)·윤웅렬(尹雄烈) 등이 공주에 충남중학교(忠南中學校)를 세웠다.

原文

南廷哲·尹雄烈等 設忠南中學校于公州.

이준용(李埈鎔)·윤덕영(尹德榮)·김윤식(金允植)의 자급(資級)을 승격시켜 보국대부(輔國大夫)로 하고, 또 김윤식을 대제학(大提學)으로 삼았다.

原文

陞李埈鎔·尹德榮·金允植資輔國 又以允植爲大提學.

이보다 먼저 일본인 촌상(村上)이란 자가 익산군(益山郡) 만석리(萬石里)에서 보(洑)의 위쪽에다 또 보를 쌓았다. 농민들이 바로 서울에 올라와 호소하였으나 금할 수 없었다. 근자 홍수로 인해 보가 터져서 수십 호가 침몰되고 백여 명이 물에 빠져 죽었다.

原文

先是倭人村上者 於益山郡萬石里 洑上築洑 農民至徑訴京 而不能禁 近因大水洑決 沈沒數十戶 湋死百餘人.

완흥군(完興君) 이재면(李載冕)을 봉하여 흥왕(興王)으로 삼고, 그 저택을 흥왕부(興王府)로 칭하였다.

原文

封完興君李載冕爲興王 稱其第曰興王府.

추시(追諡)를 하였다.

성제원(成悌元)을 문강(文康)으로, 박홍수(朴洪壽)를 문단(文端)으로 하였다. 성제원은 성기운(成岐運)의 11세조이며, 박홍수는 박제순(朴齊純)의 아버지이다.

原文

追諡成悌元曰文康 朴洪壽曰文端 悌元 成岐運十一世祖 洪壽朴齊純父也.

예안(禮安)의 퇴계(退溪) 종손 모(某)씨는 도산서원 옛터에다 '보문의숙(寶文義塾)'을 세웠다.

原文

禮安退溪宗孫某 設寶文義塾于陶山書院舊址.

국채보상금처리회(國債報償金處理會)는 의론을 정하되 모아둔 금액으로 전지(田地)를 매입하고 그 소작료를 받아서 교육의 비용으로 쓰기로 하였다.

原文

國債報償金處理會定議 以所儲金額買收田地 收其佃租 以供教育之費.

송병준(宋秉畯)이 귀국했다.

<ruby>宋<rt>송</rt></ruby><ruby>秉<rt>병</rt></ruby><ruby>畯<rt>준</rt></ruby><ruby>還<rt>환</rt></ruby><ruby>國<rt>국</rt></ruby>.

정약용(丁若鏞)을 추시하여 문도(文度)로 하였다.

追諡丁若鏞曰文度.

의병장 연기우(延基羽)는 방탄 요갑(腰甲)을 착용했다. 그 제품은 소가죽 두 겹을 썼고, 광두정(廣頭丁)[1]을 빽빽하게 박았는데, 길이가 6척 1촌 5푼이며 넓이가 1척 7촌이었다. 탄환에 맞은 흔적이 있으니, 대개 탄환이 능히 뚫지 못한 것이다.

1) 광두정(廣頭丁) : 머리가 넓적한 못.

延基羽有防丸腰甲 其製用牛皮二匝 密鎖廣頭丁 長六尺
一寸五分 廣一尺七寸 有中丸痕 蓋丸不能穿也.

추시를 하였다.

서기(徐起)는 문목(文穆), 정렴(鄭濂)은 장혜(章惠), 남이(南怡)는 충무(忠武), 김달순(金達淳)은 익헌(翼獻), 권돈인(權敦仁)은 문헌(文獻), 김□ 고 판서는 문익(文翼), 이돈우(李敦宇)는 문정(文貞), 이시민(李時敏)은 효경(孝敬), 조석우(曺錫雨)는 문정(文靖), 남치헌(南致獻)은 숙헌(肅憲), 신헌(申櫶)은 장양(莊襄), 이규원(李奎遠)은 장희(莊僖), 성대영(成大英)은 정헌(貞憲), 성운(成運)은 문각(文恪), 안민학(安敏學)은 문정(文靖), 고순(高淳)은 효의(孝義), 임징하(任徵夏)는 충헌(忠憲), 박지원(朴趾源)은 문도(文度), 유신환(俞莘煥)은 문장(文長), 이시무(李時茂)는 충민(忠愍), 김경복(金慶福)은 장양(壯襄), 이유장(李惟樟)은 문의(文懿), 소휘면(蘇輝冕)은 문량(文良), 정해택(鄭海澤)은 양의(襄毅), 김평묵(金平黙)은 문의(文懿), 박문일(朴文一)은 문헌(文獻)으로 했다. 충숙공(忠肅公) 백인걸(白仁傑)은 문경(文敬)으로 고치고, 익헌공(翼憲公) 정태화(鄭太和)를 충익(忠翼)으로 효정공(孝靖公) 이윤응(李沇應)은 효정(孝貞)으로, 각각 시호를 바꾸었다.

당시에 합방론(合邦論)이 이미 정해졌는데도, 증직을 의론하며 시호를 논의하여 미친개처럼 쫓아다니니 나라가 어찌 망하지 않을 수 있겠는가? 유신환의 아들인 전 군수 유치병(俞致秉)은 회인불권왈(誨人不倦曰) '장(長)'[1]이라 하였는데, 선고(先考)의 행사한 일에 적합하지 않다하여 다른 시호로 고쳐달라고 청하였다.

1) 회인불권왈(誨人不倦曰) '장(長)' : 사람을 가르치는데 있어 게으르

지 않는 것을 '장'이라 한다는 말.

原文

_{추 시 서 기 왈 문 목　정 렴 왈 장 혜　남 이 왈 충 무　김 달 순 왈 익 헌}
追諡徐起曰文穆　鄭濂曰章惠　南怡曰忠武　金達淳曰翼憲

_{권 돈 인 왈 문 헌　김　고 판 서 왈 문 익　이 돈 우 왈 문 정　이 시 민 왈}
權敦仁曰文獻　金□故判書曰文翼　李敦宇曰文貞　李時敏曰

_{효 경　조 석 우 왈 문 정　남 치 헌 왈 숙 헌　신 헌 왈 장 양　이 규 원 왈}
孝敬　曺錫雨曰文靖　南致獻曰肅憲　申櫶曰莊襄　李奎遠曰

_{장 희　성 대 영 왈 정 헌　성 운 왈 문 각　안 민 학 왈 문 정　고 순 왈 효}
莊僖　成大永曰貞憲　成運曰文恪　安敏學曰文靖　高淳曰孝

_{의　임 징 하 왈 충 헌　박 지 원 왈 문 도　유 신 환 왈 문 장　이 시 무 왈}
義　任徵夏曰忠憲　朴趾源曰文度　兪莘煥曰文長　李時茂曰

_{충 민　김 경 복 왈 장 양　이 유 장 왈 문 의　소 휘 면 왈 문 량　정 해 택}
忠愍　金慶福曰壯襄　李惟樟曰文懿　蘇輝冕曰文良　鄭海澤

_{왈 양 의　김 평 묵 왈 문 의　박 문 일 왈 문 헌　개 충 숙 공 백 인 걸 왈 문}
曰襄毅　金平默曰文懿　朴文一曰文憲　改忠肅公白仁傑曰文

_{경　익 헌 공 정 태 화 왈 충 익　효 정 공 이 연 응 왈 효 정　시 합 방 지 논}
敬　翼憲公鄭太和曰忠翼　孝靖公李沇應曰孝貞　時合邦之論

_{이 정　이 의 증 의 시　축 축 여 계 구　국 안 득 불 망 재　유 신 환 지 자}
已定　而議贈議諡　逐逐如瘦狗　國安得不亡哉　兪莘煥之子

_{전 군 수 치 병　이 회 인 불 권 왈 장　불 합 어 궐 고 사 행　청 개 타 시}
前郡守致秉　以誨人不倦曰長　不合於厥考事行　請改他諡.

「황성보(皇城報, 皇城新聞)」는 1,452호 음력 7월 19일 경신(庚申)에 이르러 끝났다. 또 제57호에서 합방(合邦)을 보도했는데, 크게 죄수를 사면하니 서울과 지방에서 900명이었다고 했다.

原文

황 성 보 지 천 사 백 오 십 이 호 음 칠 월 십 구 일 경 신 필 우 지 오
皇城報 至千四百五十二號 陰七月十九日庚申畢 又至五

십 칠 호 견 합 방 대 사 죄 수 경 향 합 구 백 인
十七號見合邦 大赦罪囚 京鄕合九百人.

흥친왕(興親王)은 8월 28일 합방 후 6일 책봉의 예를 행한 뒤, 창
기(倡妓)를 불러다가 종일토록 잔치를 열고 즐겼다.

原文

흥 친 왕 이 팔 월 입 팔 일 합 방 후 육 일 행 책 봉 후 소 창 기 종 일
興親王以八月卄八日合邦後六日 行冊封後 召倡妓 終日

연 락
宴樂.

윤덕영(尹德榮)은 자기의 인척에게 직각(直閣) 70여 자리를 임
명하였다.

原文

윤 덕 영 제 기 친 아 인 직 각 칠 십 여 과
尹德榮 除其親婭人直閣七十餘窠.

정2품으로 자계(資階)가 오른 자가 저자를 이루어 금관자(金貫
子)가 거의 동이 날 지경이었다.

原文

정 이 품 승 자 자 여 시　김 관 자 지 어 핍 절
正二品陞資者如市　金貫子至於乏絶.

22일. 기미(己未) 합방조약(合邦條約)을 정했다. 이로부터 이하는 고용주(高墉柱)가 첨부하여 기록했다.

原文

이 십 이 일 기 미　정 합 방 조 약　　자 차 이 하　　고 광 용 부 기
二十二日己未　定合邦條約.　自此以下　高壙墉附記.

합방의 칙유(勅諭)는 다음과 같다.

"황제가 이르노라. 짐이 부덕해서 간대(艱大)한 업을 이어받아 황제 위에 오른 이후 오늘에 이르기까지 유신정령(維新政令)에 관하여 급속히 충분한 시험을 도모코자 하여 힘을 쓰지 아니한 것이 아니었으나 쭉 내려오면서 허약한 것이 쌓이고 고질이 되어 폐단이 펼쳐진 것이 극도에 이르게 되었도다. 시일에 처하는 동안 만회할 시책과 조치가 희망이 없게 되어 한밤중까지 근심하며 생각해 보았으나 좋은 계책은 아득하기만 하고 이것을 맡고 있으면 지리(支離)[1]함이 더욱 심하며 그 종국에 가서는 밑으로부터 수습함을 얻지 못하게 되었으니 차라리 다른 사람에게 대임(大任)을 맡겨서 완전한 방법을 아뢰어 공효(功效)[2]를 혁신하는 것만 같지 못하다. 그러므로 짐은 이에 구연(瞿然)[3]히 마음속으로 성찰하고 확연(廓然)[4]히 스스로 결단하여 이에 한국 통치권을 종

전부터 친히 믿고 의지하고 우러러 보던 이웃나라 대일본 황제폐
하께 양여하여 밖으로는 동양의 평화를 공고히 하고 안으로는 조
선 8도의 생민을 보전케 하노라. 오직 대소 신민들은 나라 형세
의 시의(時宜)를 깊이 통찰하고 번거로운 소란을 피우지 말 것이
며, 각자 그 업에 열중하고 일본제국의 문명한 새로운 정치에 복
종하여 함께 행복을 받도록 할지어다. 짐의 오늘의 이 거사는 우
리 인민을 저버리려는 것이 아니요, 오로지 인민을 구해 살게 하
려는 뜻에서 나온 것이니 너희 신민들은 짐의 이러한 뜻을 체득
하기 바라노라."

註解

1) **지리**(支離) : 부질없이 오래 걸려서 괴롭고 싫증이 남.
2) **공효**(功效) : 공을 들인 보람.
3) **구연**(瞿緣) : 놀라고 괴이쩍게 여기는 모양. 무서워하고 놀라는 모
   양. 분주한 모양.
4) **확연**(廓然) : 넓고 빈 모양. 마음이 넓고 거리낌이 없는 모양.

原文

勅諭曰

皇帝若曰 朕以否德 承艱大之業 臨御以後 至於今日 關
於維新政令 亟圖備試 其用力未嘗不至 而由來積弱成痼
羅弊到極 處於時日間 挽回之施措無望 中夜憂慮 善後之

策茫然 任此而支離益甚 則其於終局 自底收拾不得者 不

如無寧托大任於人 而奏完全方法 及革新功效 故朕於是瞿

然內省 廓然自斷 玆讓與韓國統治權於從前親信依仰之隣

國大日本皇帝陛下 外以鞏固東洋之平和 內以保全八域之

生民 惟爾大小臣民 深察國勢時宜 勿爲煩擾 各安其業 服

從日本帝國之文明新政 共受幸福 朕之今日此舉 非忘爾有

衆 亶出於救活爾有衆之至意 爾臣民等 克體朕此意.

조서(詔書)에서는 이러하다.

"짐은 동양 평화를 위하여 한·일 양국의 친밀한 관계로써 피아가 서로 합하여 한 집안으로 만들어 상호 만대의 행복을 도모할 것을 생각하고, 이에 한국 통치를 들어 짐이 극진히 신뢰하는 일본제국 황제폐하께 양여하기를 결정하게 되었다. 이에 필요한 조장(條章)을 규정하여 장래 우리 황실의 영구 안녕과 생민의 복리 보장을 위하여 총리 대신 이완용(李完用)에게 명하여 전권 위원을 맡기고 대일본제국 통감 사내정의(寺內正毅)와 회동하고 상의하여 협정케 하는 것이다. 제신들 또한 몸소 짐의 뜻이 확실한 바 봉행(奉行)하도록 하라."

전권 위원 이완용과 사내정의 통감과의 협정한 모든 조문은 다음과 같다.

1. 한국 황제폐하는 완전히 또한 영구히 한국 전부(全部)의 소관 일체의 통치권을 일본제국 황제폐하에게 양여한다.

2. 일본국 황제폐하는 전조에 게재한 양여를 수락하며, 또한 한국은 일본과 합병함을 승낙한다. 이전의 을사조약은 무효에 돌리고 외교 자주권을 환수하고 의미구어를 참가할 것은『순종실기(純宗實記)』보호조약 중 칙명에서 나온다.

3. 일본 황제폐하는 한국 황제폐하, 태황제 폐하, 황태자 전하와 그 후(后)와 비(妃) 및 후예로 하여금 각각 그 지위에 응하여 그들의 상당한 존칭과 위엄 및 명예를 향유토록 하고, 또한 이를 유지하는데 필요한 자금을 공급해 준다.

※ 역주(譯註) : 4조항은 원문에 누락되어 있음.

5. 일본국 황제폐하는 훈공이 있는 한국인에 대해서 특별히 적당한 표창자를 인정하여 영예로운 작위를 주고 또한 은금(銀金)을 지급한다.

6. 일본국 정부는 한국인의 앞 조문 병합의 결과, 온전히 한국의 시정을 준수하여 그 해당 지역의 법규를 시행하는 자는 그들의 신체 및 재산을 위하여 신분 보호를 주며, 또한 그들의 복리 증진을 도모한다.

7. 일본 정부는 한국인의 성의 있고 충실하여 새로운 제도를 존중하여 상당한 자격을 구비한 자는 허가 범위의 사정에 따라 한국의 제국 관리로 등용한다.

8. 본 조약은 한국 황제폐하 및 일본제국 황제폐하의 재가를 거치며, 이것은 공포일로부터 시행한다. 이 협정을 증거하기 위

하여 양 전권 위원이 본 조약에 기명(記名) 조인한다.

註解

※ 누락된 제4조는 규장각 일기(奎章閣日記) 순종 융희 4년 경술(庚戌)
8월 22일자 〔『승정원일기(承政院日記)』고순종편 15책 134쪽〕에 의
하면 다음과 같다.

"第四條 日本國皇帝陛下는 前條以外에 韓國皇族及後裔에 對ᄒ야
各相當혼 名譽及待遇를 享有케 ᄒ고 且此를 維持ᄒ기에 必要혼 資
金을 供與홈을 約함."

原文

詔曰 朕爲東洋平和 以韓·日兩國親密之關係 彼我相合

作爲一家者 念所以圖互相萬世之幸福也 玆擧韓國統治 以

讓與於朕極信賴之大日本帝國皇帝陛下 爲之決定 仍規定

必要之條章 而爲將來我皇室之永久安寧及生民之福利保障

命總理大臣李完用 任全權委員 與大日本帝國統監寺內正

毅會同 使之商議協定也 諸臣亦體朕意所確實而奉行

全權委員李完用 及寺內正毅會同協定諸條如左.

一, 韓國皇帝陛下 完全且永久 讓與韓國全部所關一切統

治權於日本帝國皇帝陛下. 二, 日本國皇帝陛下 受諾其前

條揭載之讓與者 且承諾其倂合全然韓國於日本帝國者 以前

乙巳條約은 無效에 歸하고 外交自主權을 還收하고 意味句語添加

事 有勅命出純宗實記保護條約中. 三, 日本國皇帝陛下 使韓

國皇帝陛下·太皇帝陛下·皇太子殿下 幷其后妃及後裔 應

各其地位 享有其相當尊稱·威嚴及名譽 而且此保持 約以

供與此維持必要之資金. 五, 日本國皇帝陛下 對有勳功韓

人 特認適當表彰者 以授榮爵 且與恩金. 六, 日本國政府 對

韓人之以前記倂合結果擔任 全然韓國之施政遵守 該地施

行法規者 爲其身體及財産 以與十分保護 且圖其福利之增

進. 七, 日本政府 有韓人誠意忠實 尊重新制度之相當資格

者 其於事情可許之範圍 登用於在韓國之帝國官吏. 八, 本

條約則經韓國皇帝陛下 及日本國皇帝陛下之裁可者也 此

自公布日施行 右以爲證據 而兩全權委員 記名調印於本條約.

8월 29일 병인(丙寅) 음력 경술(庚戌) 7월 25일.

한국은 일본에 병합되었다. 한국 국호를 개정하여 조선이라 하
였으며 통감부를 조선총독부(朝鮮總督府)라 하고 한국 대신 이하

모든 관리들은 처음에는 소속처에 나와서 잔무를 정리토록 하였다.

原文

八月二十九日丙寅 庚戌七月二十五日 倂合韓國於倭 改韓
國國號曰朝鮮 統監府曰朝鮮總督府 韓國大臣以下諸官吏
始屬之 使整理殘務.

일본 황제의 조서(詔書)에서는 이러하다.

짐은 동양 평화의 영구 유지와 제국 안전의 장래 보장의 필요함을 생각하고, 또한 항상 한국 화란의 연원을 돌아보니, 전번 짐의 정부와 한국 정부가 협정을 맺게 하여 한국을 일본제국의 보호 하에 두어 화란의 근원을 끊어버리고 평화를 확보하려던 것이었다. 이래 4년이 더 경과하였는데 그간 짐의 정부는 한국 시정 개선에 예의(銳意) 노력하였고, 그 성적 또한 가히 볼 만한 것이 있었다. 그러나 한국의 현재의 모든 제도는 아직도 치안의 보지(保持)가 완성되지 못해서 의구(疑懼)의 생각이 매시 국내에 충일하며 백성들은 편안히 살 수 없으니, 진실로 공공의 안녕의 유지와 민중의 복리를 증진하기 위하여 요연히 현재의 제도를 혁신하기에 이른 것은 불가피한 것이었다. 짐과 한국 황제폐하는 이러한 사태를 거울삼아 만부득이 한국을 일본제국에 병합하여 시대 요구에 응하려는 것이다. 이에 한국으로 하여금 일본제국에게

영구 병합하고 한국 황제폐하 및 황실 각원은 비록 병합한 후에
도 마땅히 상당한 우대를 받으며, 민중은 직접 짐의 수무(綏撫)
밑에 서서 강복(康福)을 증진하며 산업과 무역은 현재 치평(治平)
밑에 현저한 발달에 이르게 함이라. 동양 평화는 이에 의거해서
더욱 그 기초를 공고히 하려는 것이니 짐이 믿는 바 의심하지 않
는다. 짐은 특히 조선 총독을 두고 짐의 명령을 받들도록 하여 육
・해군을 통솔하고 제반 정무를 통찰하니 백관들은 몸소 짐의 뜻
을 듣고 일에 따라 시설의 완급의 그 마땅함을 얻고 서중(庶衆)들
로 하여금 영원히 치평의 경사를 의뢰할 것을 기약하라.

原文

倭皇詔曰

朕念東洋平和永久維持 帝國安全將來保障之必要 又常
顧韓國禍亂之淵源 曩者期以朕之政府與韓國政府 使之協
定 置韓國於帝國保護之下 以杜絶禍源 確保平和也. 爾來
經過四年有餘 其間朕之政府 銳意努力韓國施政之改善 其
成績亦有可見者 然韓國之現制 尙未完治安之保持 疑懼之
念 每時充溢於國內 民不安其堵 苟爲維持公共之安寧 增
進民衆之福利者 暸然至其革新現制之不避也 朕與韓國皇

帝陛下 鑑此事態 念不得已 有擧韓國而併合於日本帝國

以應勢時之要求者也 玆使韓國永久併合於日本帝國 韓國

皇帝陛下及其皇室各員 則雖併合之後 當受相當之優遇也

民衆則直接立於朕綏撫之下 增進其康福也 產業及貿易 則

使至見治平之下願著之發達也 東洋平和 依此尤爲鞏固其

基礎者 朕所信之不疑也 朕特置朝鮮總督 使承朕命 統率

陸海軍 總轄諸般政務 爾百官有司 克體朕意而從事施設緩

急得其宜 使庶衆期賴永遠治平之慶.

(여기에는) 일본 황제의 이름과 어새(御璽)가 있고, 내각 총리 대신(內閣總理大臣) 겸 대장 대신(大藏大臣) 후작(侯爵) 계태랑(桂太郎)·육군 대신 자작(子爵) 사내정의(寺內正毅)·외무 대신 남작(男爵) 재등실(齋藤實)·내무 대신 법학박사 남작(男爵) 평전동조(平田東助)·체신 대신 남작(男爵) 후등신평(後藤新平)·문부 대신 겸 농상무 대신 소송원영태랑(小松原英太郎)·사법 대신 자작(子爵) 강부장직(岡部長職) 등이 서명되어 있었다.

原文

倭皇名御璽 內閣總理大臣兼大藏大臣侯爵桂太郎·陸軍

대신자작사내정의
大臣子爵寺內正毅 ·
외무대신남작재등실
外務大臣男爵齋藤實 ·
내무대신법학
內務大臣法學

박사남작평전동조
博士男爵平田東助 ·
체신대신남작후등신평
遞信大臣男爵後藤新平 ·
문부대신겸
文部大臣兼

농상무대신소송원영태랑
農商務大臣小松原英太郎 ·
사법대신자작강부장직
司法大臣子爵岡部長職.

　한국 황제를 낮추어 왕으로 삼고 '창덕궁(昌德宮) 이왕(李王)'이라 칭하며, 황태자를 왕세자로 삼고, 태황제를 태왕으로 삼아서 '덕수궁(德壽宮) 이태왕(李太王)'이라 일컬었다. 각 후비를 왕비·왕태비·세자왕비로 삼았다.

原文

책한국황제위왕
冊韓國皇帝爲王
칭창덕궁이왕
稱昌德宮李王
황태자위왕세자
皇太子爲王世子
태황제
太皇帝

위태왕
爲太王
칭덕수궁이태왕
稱德壽宮李太王
각후비위왕비
各后妃爲王妃 ·
왕태비
王太妃 ·
세자왕
世子王

비
妃.

　이강(李堈)과 이희(李熹, 이재면)가 공작이 되었다.

原文

이강
李堈 ·
이희위공작
李熹爲公爵

　재외 지정학교 임면(任免) 및 한국 군인 및 거류지의 사항을 의

정(依定)했다.

原文

<ruby>依定在外指定學校職員任免及韓國軍人及居留地事項<rt>의 정 재 외 지 정 학 교 직 원 임 면 급 한 국 군 인 급 거 유 지 사 항</rt></ruby>.

한국 정부의 재정을 그대로 이어받아 썼다.

原文

<ruby>襲用韓國政府財政<rt>습 용 한 국 정 부 재 정</rt></ruby>.

세관 및 법률을 개정하고 대사면을 하였다.

原文

<ruby>改定稅關及法律而大赦<rt>개 정 세 관 급 법 율 이 대 사</rt></ruby>.

한국이 망하자 전 진사 황현(黃玹)이 약을 마시고 자결했다.

原文

<ruby>韓亡 前進士黃玹 仰藥死之<rt>한 망 전 진 토 황 현 앙 약 사 지</rt></ruby>.

황현(黃玹)의 자는 운경(雲卿)이요, 본관은 장수(長水)이다. 무

민공(武愍公) 황진(黃進)의 후예로, 호는 매천(梅泉)이다. 어려서
부터 재주가 남달리 뛰어났는데, 일찍이 노사(蘆沙) 기정진(奇正
鎭)을 뵈었을 때 선생이 그를 기특하게 여겼다. 성장하여 서울에
올라옴에 미처, 영재(甯齋) 이건창(李建昌), 창강(滄江) 김택영(金
澤榮)과 함께 도우(道友)로서 잘 지냈으며, 태상황제(太上皇帝) 무
자년(고종 25, 1888)에 성균 생원이 되었다. 담론(談論)을 잘했
고, 뛰어난 절개를 흠모했다. 세상이 잘못되어가는 것을 알고 고
향에 돌아와 시문(詩文)에 마음을 붙여 아름다운 문장을 이루었
고, 평상시에 지내면서도 일찍이 손에서 책을 놓는 일이 없었다.
융희 4년(1910) 8월 3일, 합방령(合邦令)이 군아(郡衙)로부터 여
리(閭里)에 반포되자, 바로 그날 밤 아편을 복용하고 다음날 숨을
거두었다.

유시(遺詩, 絶命詩) 네 수(首)를 남겼다. 유시는 다음과 같다.

난리를 겪다 보니 백두년(白頭年)이 되었구나
몇 번이고 목숨을 끊으려다 이루지 못했도다
오늘날 참으로 어찌할 수 없고 보니,
가물거리는 촛불이 창천(蒼天)에 비추도다.

요망한 기운이 가려서 제성(帝星)이 옮겨지니
구중궁궐을 침침한데 시각이 더디구나
이제부터 조칙(詔勅)을 받을 길이 없으니
구슬 같은 눈물이 주룩주룩 조칙에 얽히는구나.

새와 짐승도 슬피 울고 강산도 찡그리는데
무궁화 삼천리 강산은 이미 침륜(沈淪)되었구나
가을 등잔불 아래 책을 덮고 지난 일을 생각하니
인간의 안다고 하는 것이 얼마나 견디기 어려운 일인가.

일찍이 나라를 지탱할 조그만 공도 없었으니
다만 인(仁)을 이룰 뿐이니, 충(忠)이라 할 수 있는가.
겨우 윤곡(尹穀)[1]을 따르는 데 그칠 뿐이요
그 당시 진동(陳東)[2]의 행동을 밟지 못함이 부끄럽도다!

註解

1) 윤곡(尹穀) : 자는 경수(耕叟), 진사(進士). 남송(南宋) 때 몽고군에
   의해 나라가 망하자 집을 불사르고 죽음으로써 절개를 지켰다.
2) 진동(陳東) : 자는 소양(少陽). 북송(北宋) 때 간신배들의 처단을 주
   장하고 파직당한 충신을 위해 소를 올렸다가 죽임을 당했다. 황현
   이 진동의 행동을 밟지 못한 것은 임금이나 조정에 글을 올려 진동
   과 같이 행동하지 못한 것을 뜻함인 듯.

原文

黃玹字雲卿 其先長水人 武愍公進之後 號梅泉. 幼有才
謂 見蘆沙奇正鎭 先生奇之 及長遊京師 與甯齋李建昌·
滄江金澤榮友善 太上皇帝戊子上庠 善談論 好奇節 知世
無可爲 還家寓於詩文 斐然成章 平居未嘗釋卷 隆熙四年

八月三日^{팔월삼일} 合邦令自郡衙頒布閭里^{합방령자군아반포여리} 卽日夜^{즉일야} 仰鴉片^{앙아편} 而翌日^{이익일}

殯絶^{운절}

有遺詩四首^{유유시사수}.

亂離滾到白頭年^{난이곤도백두년} 幾合捐生却未然^{기합연생각미연}

今日眞成無可奈^{금일진성무가내} 輝輝風燭照蒼天^{휘휘풍촉조창천}

妖氛晻翳帝星移^{요분엄예제성이} 九闕沈沈晝漏遲^{구궐침침주루지}

詔勅從今無復有^{조칙종금무복유} 琳琅一紙淚千絲^{림랑일지루천사}

鳥獸哀鳴海岳嚬^{조수애명해악빈} 槿花世界已沈淪^{근화세계이침륜}

秋鐙揜卷懷千古^{추등엄권회천고} 難作人間識字人^{난작인간식자인}

曾無支厦半椽功^{증무지하반연공} 只是成仁不是忠^{지시성인불시충}

止竟僅能追尹穀^{지경근능추윤곡} 當時愧不躡陳東^{당시괴불섭진동}.

-終-

黃玹의 生涯와 思想

1. 머리말

梅泉 黃玹은 일찍이 문학으로 세상에 이름을 떨쳤으며 氣槪가 높고 節操가 굳어서 비록 亂世에 처하였어도 濁流에 말려들지 않았다. 그가 당시 社會에서 얼마만한 큰 비중을 점하고 있었는가에 대하여는 정확히 말하기 어렵지만 白巖 朴殷植이 '文章氣節 冠冕士林'[1]라 한 것을 보면 상당한 영향력을 행사할 수 있는 위치에 있었던 것으로 보이며, 이로 인해 韓日合邦 직후 그의 殉節은 단순한 한 개인의 죽음으로 무의미하게 끝난 것이 아니었음을 알 수 있다. 특히 그가 스스로 목숨을 끊기에 앞서 지은 遺詩(絶命詩)는 이후 많은 사람에게 감화를 주어 애송되었으며 망국의 그날을 회상하게끔 하였다. 그리하여 일제는 그 詩가 일반에 전파되는 것을 꺼려하여 紙上에 게재되는 것조차 금지시켰다.[2]

---

1) 朴殷植,『韓國痛史』第3篇 58章 日人倂韓之最終 (檀國大學校 東洋學研究所,『朴殷植全集』上, 352쪽).

2) 張志淵이 慶南日報 主筆로 있을 때 黃玹의 絶命詩를 실었다 하여 停刊시킨 것은 그 좋은 예가 되겠다. (千寬宇,「張志淵과 그 思想」,『白山學報』3, 1967)

그런데 우리가 지금까지 알고 있던 매천은 詩人이나 憂國之士로
만 널리 통해 왔다. 그것도 1955년 國史編纂委員會에서『梅泉野錄』
(이하 野錄이라 칭함)이 간행되기 이전까지는 더욱 그러했다. 본 야
록이 출간되면서부터 매천에 대한 인식은 다소 새로워지기 시작
했으며, 그에 대하여 상당한 관심을 갖게 되었고 어렴풋이나마 그
에 대한 인물됨을 가늠하게 되었다. 그러나 그것도 매천은 역사의
식이 투철한 시인이었다는 한계를 벗어날 수 없었고 야록에 기술
된 풍부한 자료를 인용하는데 그쳤지 매천 자신에 대하여는 그다
지 큰 관심을 갖지 않았던 것이 사실이다.

근자에 와서 필자는 야록을 훑어볼 기회를 가졌고 이어서『梅泉
集』까지 더듬어 보게 되었는데 그 후의 소견은 매천을 시인으로만
간주할 수 없는 다른 一面을 지녔다는 결론을 얻게 되었다. 학문을
수용하는 폭이라든가, 시국을 통찰하는 그의 안목은 儒者 一般知識
層의 고루하고 진부한 사고방식과는 다른 지극히 진취적인 것이었
다.

지금까지 매천에 관해서는 그의 시가 연구되었을 뿐이었고,3) 그
의 사상이 어떠한 것인가에 대하여는 별로 연구되지 못하였다. 필
자는 이 점을 감안하여 그의 생애를 더듬어 보면서 학문과 시국관
에 대하여 논하고 아울러 야록을 통하여 역사의식도 살펴보고자
한다.

2. 梅泉의 生涯

黃玹은 字가 雲卿, 號는 梅泉으로 本貫은 長水이다. 哲宗 6년(1855)

---

3) 林熒澤,「黃梅泉의 詩人意識과 詩」,『創作과 批評』19, 1970.

12월 11일 全羅道 光陽縣 西石村의 한미한 가문에서 태어났다. 조상으로는 世宗 代에 名相으로 이름 높던 黃喜가 있어 漢京大族으로 이름을 떨쳤고, 그후 수대 내려와서 호남으로 返居한 후에도 임진왜란 때 진주성에서 왜군과 싸우다가 장렬히 전사한 충청병사 黃進이 있고, 仁祖 연간에 정언을 지낸 黃暐가 있어 양반 체통은 유지되었으나 이후 매천 대에 이르기까지 7대 200여 년간은 벼슬을 하는 이가 없어 자연히 士大夫系列에서 탈락, 농민이나 다름없는 殘班層으로 몰락하였다. 남원에 세거하다가 아버지 대에 이르러 광양현으로 이주하였고 뒤에 다시 구례로 옮겨가서 살았다.

매천은 2, 3세 때 炭片을 들고 다니며 담장벽에 글씨 쓰는 시늉을 하였다고 한다. 7세에 비로소 書堂에 다니기 시작하였으며 글읽기를 좋아하였다 한다. 서당은 家山 뒤 소나무 숲이 우거진 수리 거리에 떨어져 있어서 양친은 獸患을 염려하여 밤에 다니는 것을 막았으나 그는 부모 몰래 빠져나가 글을 읽고 돌아오곤 하였다 한다. 이런 것으로 보아 그는 好學도 好學이려니와 膽力도 대단하였던 듯하다. 어린 나이에도 遊戲를 즐겨하지 아니하여 동리에 廣大가 들어와서 마을 사람들이 몰려가서 관람을 해도 매천은 홀로 들어앉아서 책을 읽는 데만 열중하였다 하며 서당에 가서도 學童들과 어울려서 노는 일이 없었다. 그는 聰穎絶人하여 한 번 들은 것이나 본 것은 종신토록 잊는 일이 없었다고 한다. 서당을 다닐 때도 문리를 일찍 터득하여 선생을 대신하여 같은 또래의 학동들을 가르쳤다고 한다.『史略』을 읽을 때 능히『通鑑』을 가르쳤고,『通鑑』을 읽을 때 능히『孟子』를 가르쳤으며,『孟子』를 읽을 때는 가르치지 못할 책이 없을 정도로 뛰어난 才能의 소유자였다 한다.[4] 11세 되

---

4)『梅泉集』卷頭 朴文鎬 撰 梅泉黃公墓表 "數歲時 常持炭片 畫墻壁 若習書狀

던 해 하루는 마을 어른을 따라 잔치에 갔다가 應口輒對로 ‘雁聲初
落遊人席’이란 詩句를 지어 長老들을 경탄시켰으며 이때부터 詩名
이 원근에 알려졌다고 한다.5)

매천이 시명을 떨치면서부터 黃氏一門에서 그에 대한 기대는 커
졌으며 양친은 더욱 그러했다. 그가 글공부를 할 수 있는 조건이
갖추어진 것은 조부의 힘이 컸다. 매천은 「王考手蹟拔」에서,

> “우리 집안은 王考 이상은 대대로 집안이 가난하였다. 王考께서
> 發憤出游해서 居積하는 것을 업으로 삼아 10년에 자본이 수만이었
> 으니 此卷은 즉 佃租貨殖한 帳簿의 하나이며 자손은 오히려 그것에
> 의뢰하고 있다.”6)

라 한 것을 보면 그의 조부가 佃租 貨殖으로 거금을 마련하여 기울
어진 가세를 만회할 수 있었음을 알 수 있다. 그 후 조부는 가난하
여 자신이 배우지 못한 것을 가슴 아프게 생각하여 서적을 구입하
고 선생을 초빙하여 子姪과 재주 있는 鄕人들을 불러다가 재워주
며 글공부를 시켰다고 한다.7) 그러나 그의 부친은 공부하여 남다

既入學 凡一過耳一寓目者 至終身不忘”; 『梅泉集』 卷頭 黃瑗 撰 先兄梅泉公事
行零錄 “七歲入塾 便能嗜讀書 塾在家山之背數里 路有松林 父母慮有獸患 不令
夜往 公乘間潛往 讀書而歸 幼不好戲 每伶人來村前呈技 村人皆聚觀而公獨讀書
自如其在塾也 未嘗與同隊作嬉 幼在塾 文理早融 能代師敎同隊 盖讀史略時 能敎
通鑑 讀通鑑時 能敎孟子 讀孟子時 無書不能敎”

5) 『梅泉集』 卷頭 朴文鎬 撰 梅泉黃公墓表 “十一歲能詩 塾師王川社大驚異之曰 異
   日必爲名家”; 前揭 梅泉事行零錄 “十一歲 陪里中長老之讌 始作詩曰　雁聲初落
   遊人席 長老皆爲之驚’

6) 『梅泉集』 卷6 王考手蹟跋 “我家自王考以上世甚貧 王考發憤出游 居積以爲業 十
   年貲數萬 此卷卽其佃租貨殖之簿之一也 子孫尙賴之”

7) 『梅泉集』 卷7 王考府君墓表 “家旣饒 傷早貧失學 購書延師 督子侄 招鄕人之才
   而孱者皆舘之 所居成學”

른 식견을 갖지도 못하였고, 그렇다고 治産하는 소질도 없었던 것으로 보인다. 다만 자식에 대한 교육 열의가 대단하여 자신이 못한 학문을 자식이 이루어줄 것을 간절히 바랐다. 그가 '撙財用移以購書可千卷'[8]이라 한 것을 보면 학문에 필요한 서적을 구입하여 아들의 글공부를 꾸준히 이끌어 온 것을 알 수 있다. 이런 것으로 미루어 보아 매천이 훗날 학자로서 대성할 수 있었던 것은 그의 타고난 재주도 재주려니와 조부의 치산과 학문적 분위기의 조성 그리고 부친의 열성도 무시할 수 없다.

소년기에 접어든 매천은 문장을 업으로 택할 것인가, 아니면 科業을 위한 공부를 할 것인가를 놓고 고심하게 된다. 문장만을 업으로 택하자니 몰락한 가세를 일으킬 길이 막연하고 科擧를 거쳐 立身揚名을 하자니 科弊가 극심하여 실력만으로 성취될 수 없었다. 이럴 수도 저럴 수도 없어 결국 양자를 並進하기로 하고 詩文에 열중하면서 한편 科業에도 충실하였다. 매천이 鄕試에 처음 응한 것은 14~5세 때였다. 試場에서 붓을 놀리는 것이 하도 빨라 바람을 일으킬 정도라 함께 응시한 제생들은 그의 앞에 모여들어 그 광경을 보고 모두 찬사를 보냈다고 한다.[9]

벗 朴文鎬는 매천의 과장 출입의 정황에 대하여,

"점점 擧子業을 익혀 才名이 크게 알려지자 마침내 湖南左右의 場屋을 馳騖하였는데 응시자가 다투어 모여들어 그를 보려하여 慶雲景星이 비친 듯하여 비록 街竪市童들 또한 다 光陽의 黃童을 알게 되었다."[10]

---

8) 『梅泉集』 卷7 先考學生府君行狀

9) 『梅泉集』 卷頭 黃瑗 撰 先兄梅泉公事行零錄 "十四五歲 赴本道試 落筆生風 試場諸生 聚觀如堵 無不嘖嘖稱奇"

라 한 것을 보면 그의 명성은 20세가 되기 전에 벌써 호남전역에
알려져 있었음을 알 수 있다.

그러나 매천은 그곳이 古邑이라 향리가 闇陋하여 자신이 듣고
배울 것이 없음을 근심하였는데 서울에는 大學士가 많다는 말을
듣고 마음속으로 기쁘게 생각하여 장차 얻음이 있으리라는 기대
를 갖고 5백 리 길을 걸어서 서울에 올라왔다. 막상 올라와 보니
아는 사람이라고는 없었다. 어찌할 바를 모르던 매천은 마침 寧齋
李建昌을 말해주는 사람이 있어 自作詩를 들고 찾아갔다. 그런데
그때 영재는 충청도 암행어사로 나갔다가 무고한 선비를 장살하
였다는 죄로 문을 굳게 닫고 다른 사람의 접견을 거절하다가 벽동
에 유배되어 만나보지 못하고, 2, 3명의 公卿을 알게 되어 맞아들이
려는 사람도 있었으나 매천은 성격이 畏勢하여 오래까지 함께 하
려 하지 않았다. 다음해 영재가 유배지에서 돌아오자 매천은 크게
기뻐하고 다시 自作詩文을 가지고 그를 찾았으며 첫 대면에서 두
사람은 지기가 서로 투합하여 이로부터 함께 지내는 일이 많게 되
었다.[11]

舊韓末 漢詩壇에는 三雄이 있었다고 하며, 이들은 바로 秋琴 姜瑋
와 滄江 金澤榮, 그리고 梅泉 黃玹이었다고 한다. 매천이 이와 같이
三雄으로 손꼽힐 수 있었던 것은 당시 영재가 縉紳들에 의해 文章
의 第一人者로 손꼽혀서 國中 名士로 秋琴 이하 모든 사람이 從遊하

10) 『梅泉集』 卷頭 朴文鎬 撰 梅泉黃公墓表

11) 李建昌, 『明美堂集』 卷9 送雲卿序 "其年甫二十七 方古所云茂材異等者蔑過矣
始雲卿攻文辭於其鄕 患固而寡聞 人道京師之大學士之衆也 意欣然如將有獲 徒
步半千里北上 旣至靡所響 會有以余告雲卿者 輒以詩贄而叩余 余時獲罪 杜戶謝
人事 尋以謫行不果遇 雲卿則浮湛遊居間爲數三公卿所知 或延之勤 然雲卿性畏
熱 不能與之久 踰年余宥還 雲卿大喜 復以詩與文來 余一面驩甚 宿素如也 自
是雲卿舘於余之日爲多"

지 않는 이가 없었는데 그가 매천의 詩作을 보고 높이 평가하였으
므로 이로 인해 명성이 날로 높아지게 되었다 한다.[12] 이후 매천은
一世名士들과 두루 교유할 수 있었으며 秋琴·寧齋·滄江과는 師友
로써 대했으며, 茂亭 鄭萬朝·荷亭 呂圭亨·海鶴 李沂 등과도 친분
이 두터웠다. 더욱이 영재·창강과는 神交로써 서로를 아껴주었
다.[13] 영재가 죽음이 임박하여 한숨을 지으면서 구례 향리에 내려
가 은거하는 매천을 보았으면 죽어도 유한이 없겠다고 한 것이나,
매천이 순절한 후 중국에 있던 창강이 어려움을 잊고 그곳에서 손
수『梅泉集』을 간행한 것은 그것을 말해준다. 이로 인해 매천의 文
名은 중국에까지 알려졌다.[14]

매천은 高宗 20년(1883) 特設保擧科에 응시하여 初試 初場에서 그
의 策을 본 試官 韓章錫은 크게 놀라며 壯元으로 뽑았으나 잠시 후
매천이 몰락한 가문에 잘 알려지지도 않은 시골 사람임을 알고 차
석으로 떨어뜨렸으니[15] 그 때 매천의 나이 29세였다.

그 후 시국을 간파한 매천은 政事에 뜻을 두려하지 않고 지이산
하단으로 옮겨가서 초야에 파묻혀 글만 읽다가 부친의 뜻을 저버
릴 수 없어 高宗 28년에 다시 상경하여 鄕貢初試生으로 成均會試二

---

12) 『梅泉集』卷頭 金澤榮 撰 梅泉本傳 "時李校理建昌 文章冠薦紳 國中名士自姜
瑋以下莫不從遊 玹贄詩以見 建昌見詩大稱之 由是名聲日起"-宋相燾 著 『騎驢
隨筆』黃玹條는 金澤榮이 撰한 梅泉本傳를 그대로 옮겨 놓은 것임.

13) 『梅泉集』卷頭 朴文鎬 撰 梅泉黃公墓表 "(黃玹)弱冠後出遊京城 遍交一世名士
與姜古懽瑋·李寧齋建昌及金滄江相師友 尤以李金託爲神交 自是文章大進 聞于
國中"

14) 滄江이 上海에서『梅泉集』을 간행한 것은 嶺湖南士人들의 誠金으로 용이
하였던 것 같다.(『梅泉集』卷頭 金澤榮 撰 梅泉本傳)

15) 『梅泉集』卷頭 金澤榮 撰 梅泉本傳 "太皇二十年 特設保擧及第試 玹對初試初
章策 試官韓章錫 見其文大驚 擢爲第一 旣而知爲鄕人 改置第二"

所 生員試에 나아갔다. 판서 鄭範朝가 試官이었는데 그는 당시 主事로 있던 鄭萬朝와 總兄弟間이었다. 總弟 萬朝는 전에 이건창을 인연으로 하여 매천을 알고 있었던 터였으며 그의 재주를 매우 아깝게 여겼다. 만조는 시관 범조를 보고 말하기를 황현을 前列에 놓지 않으면 科試로 취급할 수 없다 하니 범조는 그의 말을 받아들여 第一(壯元)로 뽑았다.[16] 이 때 매천의 나이 34세로 성균생원에 진출할 수 있었으니 몰락한 양반가문을 어느 정도 만회할 수 있었다고나 할까.

그러나 이때를 당하여 나라에서는 外憂가 날로 커지고 정사가 어지러워져서 매천은 벼슬에 몸담기를 꺼려하여 성균생원 자리마저 버리고 다시 구례로 내려갔다. 36세 되던 해 萬壽山 속에 '苟安室'을 세워 두어 칸의 서실을 마련하고 많은 典籍을 쌓아두고 두문불출하여 학문 연구에만 몰두하여 후진 교육에 힘썼다. 高宗 29년에 外艱을 당하고 다음 해에 또 內艱을 당하여 출입이 부자유하였던 것만은 사실이었지만 탈상을 한 후에도 일체 외부와의 관계를 끊었으며 다시 上京하지 않았다. 이로 인하여 서울에 있는 文士들과의 교유도 모두 끊어졌다. 때로는 서울로부터 문우들이 書札을 보내 상경하여 함께 國政에 참여할 것을 요청해 왔으나 그 때마다 그는 회답하기를 '그대들은 어찌 나로 하여금 鬼國狂人 속에 뛰어들어 함께 鬼狂이 되란 말인가'하였다. 당대 文學大臣으로 성망이 높았던 申箕善·李道宰 등이 上京하여 함께 일할 것을 권유하였으나 이를 모두 거절하고 응하지 않았다.[17]

16)『梅泉集』卷頭 朴文鎬 撰 梅泉黃公墓表

17)『梅泉集』卷頭 朴文鎬 撰 梅泉黃公墓表 "壬辰遭外艱 翌年遭內艱 旣免喪 猶絶跡城市 名其室苟安 以敎育後進爲事";『梅泉集』卷頭 金澤榮 撰 梅泉本傳 "當是時國家外憂日重 而政事日謬 玹無意進取 遂杜門 不入京師 潛心文籍 京"

光武 2년(1898)에는 성균관에서 博士試를 설치하였는데 구례군수 朴恒來가 매천에게 응시할 것을 권유하며 천거하겠다 하니 매천은 사양하며 '나는 宕巾을 잊은 지 이미 오래다'하고 누차 권하는 것을 거절하여 응하지 않았다.[18]

光武 6년에 매천은 같은 군내 月谷里로 이사하였고 이곳으로 이주한 지 3년만에 五賊大臣에 의해 乙巳保護條約이 勒約되어 日帝의 統監府가 서울에 설치된다는 소식이 구례에까지 전해지자 나라가 망해가는 슬픔을 달랠 길이 없어 대성통곡을 하며 식음을 전폐하고 詩로 마음을 달래었다.「聞變三首」[19] 중 끝 구절을 소개하면 다음과 같다.

> 한강물이 흐느끼고 북악산이 신음하는데
> 세도가 양반들은 티끌 속에 묻혀 있네
> 청하노니 歷代姦臣傳을 훑어보소
> 나라 팔아먹지 나라 위해 죽어간 자 있었던고.

또한 「五哀詩」[20]를 지어 保護條約이 체결된 직후 순국한 趙秉世 · 閔泳煥 · 洪萬植을 感慕하고 이미 세상을 떠난 崔益鉉과 李建昌을

師親友或貽書責長往 輒答曰子奈何欲使我入於鬼國狂人之中 而同爲鬼狂耶 一
時文學大官申箕善 · 李道宰輩 爭願結識 而皆拒不應焉"

18) 『梅泉集』卷頭 黃瑗 撰 先兄梅泉公事行零錄 "戊戌設博士試于成均舘 求禮郡守
朴恒來 勸公赴試 將薦之 公辭曰 吾忘宕巾久矣 屢勸竟不應 宕巾者本邦官人所
戴馬鬃帽子之名也"

19) 『梅泉集』卷4 詩 乙巳稿 聞變三首 "幽蘭軒燬亦奇哉 萬歲亭摧宇宙哀 屈指千
秋亡國史 幾人能得快心來/ 廟堂磨墨日尋盟 一夜天崩七廟驚 瞻彼齊山松栢老
遺民歌哭不成聲/ 洌水吞聲白岳嚬 紅塵依舊簇簪紳 請看歷代姦臣傳 賣國元無死
國人"

20) 『梅泉集』卷4 詩 乙巳稿 五哀詩

追思하며 시국을 근심하였고, 平壤隊兵 金奉鶴(學)이 自裁한 것을 슬퍼하며 갸륵하게 생각하여 애도하는 시도 지었다.[21]

이보다 먼저 乙巳년(1905) 9월 滄江은 국운이 장차 위태로울 것을 깨닫고 벼슬을 버리고 중국 회남으로 들어갔는데, 그해 1월 떠나기에 앞서 매천에게 서신을 보내오기를 '異國 낯선 땅에서 살다가 죽는다 해도 오히려 島兒(倭人)의 노예가 되는 것보다 낫지 않겠느냐'하면서 매천도 함께 중국에 들어갈 것을 청하였다. 매천이 그것을 받아 본 것은 늦은 봄이었다. 영재도 이미 세상을 떠났고(1898) 남은 창강마저 국외로 떠난다 하여 마음을 가누지 못하던 차 家人에게 알리지 않고 비밀히 資斧를 마련하여 가을을 기다려 떠나려 하였다. 그러나 6월에 홀로된 從姪이 매천에 의지하여 살아가겠다는 간절한 소청으로 결국 계획을 포기하여 뜻을 이루지 못하였다.[22]

다음 丙午년(1906)에는 홀로 난세에 처하여 몸을 깨끗이 살아간 중국인 梅福·管寧·張翰·陶潛·司公圖·梁震·家鉉翁·謝翶·顧炎武·魏禧 등 10人을 그린 열 폭 병풍에 自作詩를 題하여 이것을 쳐다보며 괴로운 심정을 달랬다 한다.[23]

---

21) 『梅泉集』卷4 詩 乙巳稿 紀平壤隊兵金奉鶴(學)自裁事

22) 『梅泉集』卷4 詩 乙巳稿 聞金滄江去國作 "春暮得滄江正月出書云 新年來 頗有萬里之想 倘借天靈 得終老於蘇浙之間 則不猶愈於作島兒之奴耶 老兄聞此 亦當仙仙欲擧 但我輩俱羸弱人 辦此豈易易 余執書歎息 遂不告家人 潛辦資斧 擬待凉北上 六月初 忽哭宗家從姪 姪本孑然無近親 其孤寡視余爲命 由是行計自輟"
滄江은 「梅泉本傳」에서 '貧無財費 不能遽決'라 하여 梅泉이 出國하지 못한 것은 旅費가 없었던 때문이라 하였으나 이는 직접적인 이유는 아니었다.

23) 『梅泉集』卷4 詩 丙午稿 題屛畵十絶 및 前揭 梅泉本傳

1907년 일제가 高宗을 퇴위시키고 韓日新協約을 체결한 후 통감의 권한을 대폭 강화하는 한편, 사법권과 경찰권을 박탈하고 군대마저 해산하자 각지에서 의병이 치열하게 일어났는데 매천은 의병 대열에 직접 참여하여 싸우지는 못했으나 쓰러져 가는 의병을 보고 가슴아파하는 哀痛詩를 지었다.

> 艱難이 다시 불어쳤던 除夜를 맞이하니
> 올해의 밤은 지난해와 다르구나
> 猿虫(義兵)이 쓰러져 눈 속에 묻힌 곳이 얼마나 많은고
> 千郊에 豺虎(倭兵)가 人前에 일어나는구나
> 허공을 향해 꾸짖어도 끝내 보상할 길 없고
> 땅을 치고 미쳐서 외쳐대도 자신이 가련할 뿐이구나
> 막상 닭이 울은 후(條約締結後)에 감당할 수 없음을 생각하니
> 지난 봄 소식이 아득히 바뀌는 것만 같구나.24)

1910년 7월 25일에 韓日合邦이 강제 체결되었다는 소식이 구례에 전해진 것은 8월 3일이었다. 소식에 접한 매천은 비통해하며 식음을 전폐하였다. 손과 더불어 바둑을 두던 매천은 皇城新聞을 얻어 松肪을 태워가며 읽어내려 갔다고 하는데 그때 이웃에 사는 노인이 와서 함께 유숙하려 하였다. 매천은 술을 내어 三杯를 들면서 말하기를, '나는 오늘밤 할 일이 있으니 그대는 家兒의 침소에서 쉬라'하여 물리치고 밤 四更이 되자 방문을 걸어 닫고 絶命詩 4首를 지었다.

> 난리를 겪다보니 白頭年이 되었구나

---

24) 『梅泉集』 卷4 詩 丁未稿 除夜 "艱難又到歲除天 此夜今年異往年 幾處猿虫僵雪裏 千郊豺虎起人前 向空怒罵終無補 斫地狂歌只自憐 設想不堪鷄唱後 王春消息轉茫然"

몇 번이나 목숨을 끊으려다 이루지 못하였네

오늘 와서 어찌할 수 없고 보니

까물거리는 촛불만이 창천에 비치누나

요망한 기운이 가려 帝星이 옮겨가니

궁궐은 침침하여 晝漏가 더디구나

詔勅은 이제 받을 길이 없어졌으니

구슬 같은 눈물만 주루룩 조칙에 얽히는구나

새와 짐승도 슬피 울고 바다와 산악도 찡그리는데

무궁화 삼천리 강산 이미 궁지에 빠졌구나

가을 등잔불 밑에 책을 덮고 지난 일들 생각하니

글 아는 사람구실 어렵기만 하구나

일찍이 나라 지탱할 조그마한 공도 없었으니

仁을 이룰 뿐이요 忠은 되지 못함이라

겨우 尹穀을 따르는데 그칠 뿐이요

때를 당하여 陳東을 밟지 못하는 것이 부끄럽도다.25)

이어 子弟에게 遺書를 지어 먼저 '當死之義'를 밝혔는데,

"내가 가히 죽어 義를 지켜야 할 까닭은 없으나 단 국가에서 선
비를 키워온 지 五百年에 나라가 망하는 날을 당하여 한 사람도 책
임을 지고 죽는 사람이 없다. 어찌 가슴 아프지 아니한가. 나는 위
로 皇天에서 받은 올바른 마음씨를 저버린 적이 없고 아래로는 평
생 읽던 좋은 글을 저버리지 아니하려 길이 잠들려 하니 통쾌하지
아니한가. 너희들은 내가 죽는 것을 지나치게 슬퍼하지 말라."26)

---

25) 『梅泉集』 卷5 詩 庚戌稿 絶命詩 "亂離滾到白頭年 幾合捐生却未然 今日眞成
無可奈 輝輝風燭照蒼天/ 妖氣晻翳帝星移 九闕沉沉畫漏遲 詔勅從今無復有 琳
琅一紙淚千絲/ 鳥獸哀鳴海岳嚬 槿花世界已沉淪 秋燈掩卷懷千古 難作人間識字
人/ 曾無支厦半椽功 只是成仁不是忠 止竟僅能追尹穀 當時愧不蹈陳東"

26) 『梅泉集』 卷頭 金澤榮 撰 梅泉本傳 "又爲遺子弟書曰 吾無可死之義 但國家養
士五百年 國亡之日 無一人死難者 寧不痛哉 吾上不負皇天秉彝之懿 下不負平日
所讀之書 冥然長寢 良覺痛快 汝曹勿過悲"

하였다.

　또한 子弟에 남긴 유서에서 '治喪은 간소하게 하라' 말하고 箱篋
속에 들어있는 詩文은 잘 찾아서 책으로 엮되 詩는 年別로, 文은 門
別로 나눈 후에 明眼人에 부탁하여 綜理토록 하라고 일렀다. 이어
'書冊은 내가 精力을 들여서 지은 것이니 잘 보관하라'고 당부하였
다. 遺書를 마무리하자 매천은 독약을 끌어 마시었다. 8월 7일 새벽
에 장자 巖顯이 그 사실을 알고 삼촌 瑗에게 알렸다. 瑗이 달려가
울면서 '전하실 말씀이 없는가' 물으니 매천은 '너희 나이 40이 넘
었는데 조금은 깨달음이 있을 터인즉 어찌 내가 이렇게 된 것을
애통해 하는가. 세상일이 이 지경에 이르렀는데 선비가 죽는 것이
당연한 것이 아니겠느냐. 다른 할 말은 없다. 단 내가 쓴 유서를
보라'하며 태연히 웃으면서 '죽기도 쉽지는 않구나. 독약을 마실
때 세 번이나 입에서 떼었으니 내가 이렇게 어리석을 수가 있는가'
하였다. 조금 지나서 숨을 거두었으니 향년 56세였다. 그 해 10월
20일 그의 유언을 따라 本郡 乳山村 뒤 艮坐에 장사지냈다.[27]

　매천은 羸瘠하여 병이 잦았으며 체구는 短小했다. 기상은 精悍하
여 秋鷹이 竦立한 것 같았으며, 넓은 이마에 光氣가 서려 있고 눈썹
은 떨어져 있으며, 음성은 맑고 깨끗했고, 눈은 짧고 우측으로 꺾
여져 보이며, 평평하고 곧은 귀에 치아는 가늘고 입술은 검었으며,
턱수염은 길이가 數寸이나 되는 용모를 갖고 있었다고 한다.[28]

　창강은 매천의 위인에 대하여 '豪爽方剛하며 악한 것은 원수같이

27) 『梅泉集』卷頭 黃瑗 撰 先兄梅泉公事行零錄 및 『梅泉集』卷頭 金澤榮 撰 梅
　　泉本傳

28) 『梅泉集』卷頭 朴文鎬 撰 梅泉黃公墓表 "生而羸瘠多病 爲人短小精悍 疎眉廣顙
　　其聰明剛決酷類"; 『梅泉集』卷頭 黃瑗 撰 先兄梅泉公事行零錄 "形貌精悍 如秋
　　鷹竦立 額豊有光氣 眉疎聲淸亮 眼短視而右拗 準直耳懸 齒細脣黯鬚長數寸"

여기고 기질이 傲兀하여 다른 사람에 帖帖하지 않았다. 驕貴輩를
보면 고개를 저어 거절하였고, 그가 좋아하는 사람이면 遷謫되어
죽었다 하더라도 천리 길을 걸어서 조상하는 일이 많았다'29)고 하
였는데, 그것은 매천에 대한 적절한 인물평이라 하겠다.

매천에 관한 일화를 소개하는 것은 그의 인간성을 이해하는데
도움이 되리라고 생각되어 둘만 소개하겠다.

먼저 매천이 17세 때의 일이다. 順天營 白日場試에 나아가니 이미
呈券을 마친지라 밤에 營將이 거처하는 곳으로 갔다. 영장은 尹明
信이란 사람이었는데 갓을 벗고 맨발로 걸상에 걸터앉아 있었다.
이것을 본 매천은 괘씸하게 생각하고 뻣뻣이 서서 拜禮도 하지 않
고 '내가 들어와선 안 될 곳을 왔다'하니 윤명신이 무슨 말이냐고
물었다. 매천이 대답하기를 '내가 비록 眇少하나 또한 선비이거늘
어찌 이같이 무례할 수 있느냐'고 나무랐다. 영장은 크게 웃으며
冠을 찾아 쓰고 예절을 갖추어 새로 맞이하였다고 한다.30)

다음은 매천이 성균생원시에 응했을 때의 일이다. 科場이 늦어
지자 함께 응시한 金春熙는 집에서 美饌을 가져왔으나 사람이 많
아서 혼자 먹을 수도 없고 그렇다고 나누어 먹기에도 음식이 부족
하여 어찌할 바를 몰랐으며 諸生들도 또한 먹을 엄두조차 못하고
있었다. 이 광경을 쳐다본 매천은 試券을 쓰다가 재빨리 붓을 던지
고 바삐 다가와서 먼저 음식을 집어들며 '公들은 모두 貴家의 子弟
들이라 먹지 않아도 배부를 것이지만 나는 천리길을 걸어온 나그
네로 굶어죽으면 누가 구해줄 것인가'하였다.31) 이것을 지켜본 金

29) 『梅泉集』 卷頭 金澤榮 撰 梅泉本傳 "爲人'豪爽方剛 嫉惡如讐 氣傲兀不帖帖於
人 見驕貴輩 動面折之 其於生平所好者之遷謫死喪 徒步走千里存吊者爲多"

30) 『梅泉集』 卷頭 黃瑗 撰 先兄梅泉公事行零錄

春熙는 혼연히 梅泉의 快爽함에 감탄하였다 한다. 영재가 '梅泉은 뛰어난 선비이며 文章은 오히려 그 다음이다'[32]라 한 것은 知友를 치켜세우기 위한 것만이 아니었음을 알 수 있다.

그의 遺著로는 『梅泉集』(續集 포함) 9卷과 『梅泉野錄』·『梧下記聞』·『東匪紀略』 등이 있는데 文集은 위에 말한 바와 같이 그가 죽은 2년 뒤에 滄江에 의해 上海에서 간행되었으며,[33] 野錄은 1955년 國史編纂委員會에서 발간되었으나 『東匪紀略』은 그 행방을 알 수 없어 어떠한 내용인지조차 모르고 있다.

3. 梅泉의 學問世界

逸士들의 학구적 경향을 보면 文章業이나 기타 다른 학문에 뜻을 두기보다는 性理學 쪽을 택하는 예가 많았다. 그런데 梅泉에 있어서는 그렇지가 않다. 매천이 당초부터 성리학에 대하여 관심이 없었다든가 先哲들이 연구한 학문에 대하여 흥미를 갖지 못한 데서도 아니었다. 단지 그가 성리학에 몰두하지 않았던 것은 그럴만한 이유가 있었던 것 같다.

이에 대해 朴文鎬는 梅泉墓表에서,

---

31) 『梅泉集』 卷頭 黃瑗 撰 先兄梅泉公事行零錄

32) 『梅泉集』 卷頭 黃瑗 撰 先兄梅泉公事行零錄 "朴判書定陽之赴美國 李大將惟遠之往鬱陵島也 李寧齋建昌 皆以隨員薦公 公皆謝之曰 吾不慣爲隨員 寧齋歎曰 梅泉傑士也 文章猶其次"

33) 梅泉이 죽음에 임박해서 아우 瑗이 耕齋 李建昇(李建昌의 弟)에 부탁하여 遺稿를 綜理하는 것이 어떻겠느냐고 물었을 때 "公沈吟久之曰 聽金滄江 則遠無梯矣"라 한 것으로 보아 『梅泉集』을 滄江이 上海에서 발간한 것은 梅泉의 遺言에 따른 듯하다.(『梅泉集』 卷頭 黃瑗 撰 先兄梅泉公事行零錄)

"처음 梅泉이 少時에 예물을 싸들고 이웃 마을에 사는 儒林老師를 찾아뵙고 가르침을 청한 적이 있었다. 그런데 그 老師가 두 손을 벌려 화로를 끼고 앉아서 불을 돋우고 있는 것을 보고 마음속으로 생각하기를 儒者가 비록 귀하다고는 하지만 진실로 어찌 이럴 수 가 있는가. 바로 예물을 들고 물러 나왔는데 이로부터 儒學의 陳腐 한 學問을 싫어하게 되어 그것을 구하려 하지 않고 오직 文章業에 專力하게 되었다."[34]

라 한 것을 보면 儒學 그 자체가 마음에 없어서 그런 것이 아니라 儒者랍시고 학문에 새로운 방향을 제시도 못하면서 몸가짐마저 제 대로 못하는 데서 혐오감을 가졌던 것이 연유가 아닌가 한다.

이에 대하여 매천 자신이,

"朝鮮王朝가 건국하면서 宋과 같이 眞儒를 배출하여 洛建의 번성 을 방불케 하더니 세력이 쌓여 지나친 欽慕가 痼疾이 되었고 그것 이 오래되어 일찍이 虛僞의 混淆가 없지 않았다.…근세의 선비라고 하는 자가 살아서 조금 스스로 몸을 꾸려갔다고 해서 반드시 몇 권의 文字가 있어 劈理抽氣한다면서 장황하게 공허한 文詞를 늘어놓 는다. 또한 소위 立言者는 그 誌狀을 만들어 엄연히 道學先生이라 외쳐댄다.[35]

라 한 것을 보면 알 수 있듯이, 매천은 성리학의 말폐현상이 고질 화하여 그 弊瘼이 컸던 것을 신랄하게 비판하였다. '隱逸獨行之倫

---

34) 『梅泉集』卷頭 朴文鎬 撰 梅泉黃公墓表 "始梅泉之少也 嘗齎刺候隣鄕之儒林老 師 將請業 見其展兩手 夾挑爐火 心竊以爲 儒者雖貴 眞率何至於是 不委贄而退 遂厭儒者陳腐之學 而不之求 惟專力於文章之業"

35) 『梅泉集』卷6 東溪草堂記 "我朝立國 與趙宋同眞儒輩出 亦庶幾洛建之盛 而積 勢所趨 浮慕成痼 及其久也 未嘗無虛僞之混焉…乃近世之士 則生前稍自修飾身 後 必有幾卷文字 劈理抽氣 張皇飣餖 又推所謂立言者 而成其誌狀 則又未嘗非 儼然道學先兄然上焉"

不必皆說心說性 而奇偉卓絶 輝映千古者何限'36)이라 하였는데 이것으로 보면 앞에서 말한 성리학을 택하지 않은 이유가 꼭 隣鄕老師의 몸가짐에서만 비롯되었다고는 볼 수 없고, 그의 성격상 道學先生이란 말을 함부로 떠들어대는데 환멸을 느꼈음직도 하다.

매천은 詩文에 모두 능하였으나 文보다는 詩가 뛰어났다. 창강은 그의 詩에 대하여 논평하기를 '淸切하고 飄勁하며 古今人의 伏節捐軀한 일들을 읊은 것이 많은데 肝腸을 傾倒케 하지 않음이 없어 그 비통함이 극에 이르게 한 후에 그치니 天性이 篤好하지 않고서야 그럴 수 있겠는가, 거기에 婥節을 더했으니 그 광채가 百世에까지 전할 것은 의심치 않을 것'37)이라 극찬하였고, 朴暢鉉도 '詩는 理致와 氣力과 聲響 三者를 갖춘 연후에야 名家라 할 수 있다. 이제 梅泉先生의 詩를 보건대 그 理致가 공교함은 봄누에가 고치를 만드는 것 같고 氣力의 勁함은 壯士가 斫營하는 것 같으며, 聲響의 밝음은 구성진 비파소리가 울려 퍼지는 것 같다. 詩가 여기에까지만 이르러도 영원히 빛날 것인데 하물며 巍巍大節을 겸하고 있음에서이랴'38)하였다.

이상에서 매천의 詩는 비상한 才質에다 殉節이 곁들여서 더욱 그 眞價를 발휘할 수 있었음을 알 수 있다.39)

---

36) 『梅泉集』 卷6 東溪草堂記

37) 『梅泉集』 卷頭 金澤榮 撰 梅泉本傳 "金澤榮曰 玹詩淸切飄勁 在本朝藝苑中 指不多屈 而其所咏古今人伏節捐軀之事者甚多 莫不傾肝倒腸 極其悲痛然後乃已 非天性篤好而能然哉 加羔裘於錦衣之上 雖三尺之童 無不知其美也 以玹之文章 而加之以婥節 其光垂百世奚疑焉"

38) 『梅泉集』 卷頭 朴暢鉉 撰 梅泉評語 "詩具理致氣力聲響三者然後 方爲名家 今觀梅泉先兄之詩 其理致之工 如春蠶之作繭 氣力之勁 如壯士之斫營 聲響之亮 如哀筑之鳴堂 詩至於此 可以千古 而況兼有巍巍之大節者乎"

39) 林熒澤, 「黃梅泉의 詩人意識」, 『創作과 批評』 19, 1970 참조.

그러나 매천은 詩의 세계를 방황하여 술이나 마시고 詩나 읊조리면서 살아가지는 않았다. 그는 자신이 '患地僻無可觀文字'[40]라 한 바 窮巷僻村에서 읽을 만한 책이 없음을 근심하였지만 부친이 매천을 위하여 '다른 데 쓸 것을 절약하여 1천 권의 책을 구입하여 주는—撙財用移以購書可千卷'[41] 성의를 보여 많은 책을 읽을 수 있었고, 그후 梅泉 스스로도 책을 모으는 버릇이 있어서 家産을 기울여서까지 三千卷의 책을 購得하여 몸을 그 가운데 파묻고 晝夜로 閱讀하면서 잠시도 손에서 책을 놓지 않았으며 다 읽지 못하는 것을 한스럽게 생각했고, 他家에 奇文異書가 있다는 말을 들으면 수백리 길을 걸어서 꼭 빌려보았다고 한다.[42] 그가 읽은 책이 얼마쯤이나 되는지 따지는 것은 무의미한 일이지만 '1만여 권의 책을 쭉 훑어봐도 다 기억할 수 있었다—閱書萬餘卷 皆能記憶'[43]라고 한 것을 보면 책 수도 많으려니와 모두 기억할 수 있었다는 것은 매천이 精聰絶人하였음을 말해주고 있다.

매천의 학구적 태도는 博識을 염두에 두었던 것으로 생각된다. 그가 여러 종류의 많은 典籍을 읽었다는 것이 그것을 말해 주거니와, 그가 학문을 위해 남원에서 구례 萬壽山으로 찾아온 盧性茂에게,

---

40)『梅泉集』卷6 竹塢記

41)『梅泉集』卷7 先考學生府君行狀

42)『梅泉集』卷頭 朴文鎬 撰 梅泉黃公墓表 "傾家貲 儲書三千卷 身處其中 晝夜披閱 手不暫釋 或達曉不寐 聞人家有奇文異書 不遠數百里必借讀";『梅泉集』卷頭 黃瑗 撰 先兄梅泉公事行零錄 "於書有至癖 至賣田以購 常以書未盡讀爲恨 聞有好書 雖數百里必借致之 遇有獘者 補以還之"

43)『梅泉集』卷頭 黃瑗 撰 先兄梅泉公事行零錄

"대저 博學은 反約하여 그치지 않는 것이 聖門敎人之術이 되는 것이며 무릇 九流, 七略에 있어서도 다 그렇지 않은 것이 없다. 그러므로 古人의 學은 일찍이 規規가 있는 것이 아니며 그것의 한 방법은 天下의 典籍을 모두 披閱하며 天下之物을 다 窮格해야 한다."[44]

라 한 것으로도 추측할 수 있다. 여기에서 매천의 학문세계는 어느한 곳에 집착하지 않고 학문전반에 걸쳐서 이를 섭렵하여 실제적인 현실에 대처하였던 것 같다.

매천의 학문에 대한 기록을 보면 다음과 같다.

① "역대 사적에 실려 있는 治亂盛衰의 자취와 兵刑錢穀의 제도에 이르기까지 考觀하기를 좋아했다."[45]
② "이미 九流百氏도 관통하지 않은 것이 없으며 역사 兵刑錢穀에 관한 서책에 우수했으며 더욱 明·淸 사람들의 文集에 익숙했다"[46]
③ "綱目 및 明史에 더욱 밝았으며 國朝典故도 수람하지 않은 것이 없을 정도로 밝기가 손바닥을 가리키는 것 같았다."[47]

위의 ①·②·③에서 매천의 학문세계를 종합적으로 살펴보면 儒學에만 유념한 것이 아니고 道家, 陰陽家, 法家, 名家, 墨家, 縱橫家, 雜家, 農家와 百家에 이르기까지 貫通하지 않은 것이 없음을 알 수 있고, 歷代史籍에 실려 있는 治亂盛衰의 자취를 考觀하기를 좋아하

44) 『梅泉集』 卷6 送性茂序 "盧君性茂 自南原南走百許里 訪余萬壽山中 執冊請益 …… 夫博學反約非止 爲聖門敎人之術 凡九流七略 莫不皆然 故古人之學未嘗 規規一塗 擧天下之書 無不披閱 擧天下之物 無不窮格"
45) 『梅泉集』 卷頭 金澤榮 撰 梅泉本傳
46) 『梅泉集』 卷頭 朴文鎬 撰 梅泉黃公墓表
47) 『梅泉集』 卷頭 黃瑗 撰 先兄梅泉公事行零錄

다 보니 朱子綱目과 明史, 明淸人의 文集을 즐겨 읽었던 듯하며, 兵
・刑・錢穀에 관한 書籍도 탐독하여 그 방면에도 一家를 이루었음
을 알 수 있다. 또한 우리나라에 관한 典故는 훤히 알고 있었음을
볼 수 있다. 이상과 같은 그의 학문 태도는 佛敎에 관해서도 異端視
하지 않았으니,

 "儒者들은 입을 열면 佛敎를 매도한다. 그것은 그렇게 하지 아니
 하면 吾道(儒敎)를 높이지 않는 것이라 하지만 그러나 그것은 通論
 이 아니다."[48]

하여 儒者들의 그릇된 관념을 지적한 것으로 보아 고식적인 것이
아니며 학문의 개방성을 띠었던 것으로 보인다.
 그렇다면 매천의 學이 이와 같이 歷史・兵・刑・錢穀에 이르기
까지 광범위하게 실용적인 바탕 위에 설 수 있었던 것은 누구의
영향을 받았을까 하는 것이다. 그가 茶山 丁若鏞을 가리켜

 "古今을 연구하여 民生國計에 마음을 두었으며 討論한 著述은 근
 원을 연구하여 힘써 쌓아 有用한 학문을 세웠으매 다 後世의 법으
 로 삼을만하다. 『牧民心書』・『欽欽新書』・『邦禮艸本』・『田制考』등 諸
 書가 그것으로 우리 東方에서는 가히 前無하고 後無할 것이며 柳磻
 溪나 李星湖의 學問에 비하여 더욱 이익이 큰 것이다."[49]

하여 茶山學의 有用性을 말하였으며, 또한

48) 『梅泉集』卷6 題大乘庵雲公手鈔華嚴經後 "儒者開口罵佛 盖以不如此 則吾道不
 尊耳 然而非通論也"

49) 『梅泉野錄』卷1 上(甲午以前) (國史編纂委員會, 1955) "丁茶山 名若鏞 午人
 也…研究古今 留心民生國計 討論著述 窮源極委 要爲有用之學 而皆可爲後世法
 若牧民心書・欽欽新書・邦禮艸本・田制考等諸書是也 在東方殆可謂曠前絶後
 而比諸柳磻溪・李星湖之學 抑亦益大以肆者也"

"茶山은 天才가 旣高하여 百家를 掩貫하여 단지 實用에 힘쓴 까닭에 그 著述은 古人에 구애하지 않아서 다소 駁雜한 병폐가 있다하나 馬端臨·顧炎武 諸人에 부끄러울 것이 없고 그 문장은 明·淸 이래 諸名家에 미치지는 못하나 이것을 가지고 저것을 바꾸려는 것은 옳지 않다."[50]

하여 茶山의 實用性이 있는 학문에 대하여 明·淸人보다 더욱 높이 평가하고 있다. 매천이 茶山學에 대하여 높이 평한 것과, 매천의 학문이 다산과 같은 현실성을 중요시한 것을 보면 다산을 私淑하여 그 영향을 많이 받은 것으로 추측된다.

매천은 甲午년(1894) 이후 세태가 크게 바뀐 것을 간파하고 비로소 泰西(西洋)에 관한 서적(漢譯本)도 구독하였다고 하는데,[51] 이는 창강이 '또한 일찍이 서양의 利用厚生에도 관심을 갖고 나라의 어려움을 구제할 수 있는 길은 없는가도 생각하였다'[52]라 말한 바와 같이 서양의 利用厚生의 기술로 어려운 시국을 타개해 볼 수는 없을까 하는 것을 염두에 두고 있었음을 알 수 있다.

매천의 그러한 학문세계는 신식교육에 있어서도 반대하지 않았다. 舊韓末에 有志들이 학교를 세울 때 많은 사람들이 이에 반대하여 유교사회에 西敎가 들어와 혼효현상을 일으켜 孔孟의 사상을 그르칠까 염려하였다. 그러나 매천은 西敎와 西洋技術을 구분하여 생각했다. 서양 기술을 배운다하여 서교에 물이 드는 것이 아니며

50) 『梅泉野錄』卷1 上(甲午以前) "茶山天才旣高 掩貫百家 只務實用 故其著述 不規規求合古人 而微有駁雜之病 雖無愧於馬端臨·顧炎武諸人 而其文章終不逮明淸以來諸名家 然不可以此而易彼也"

51) 『梅泉集』卷頭 黃瑗 撰 先兄梅泉公事行零錄 "自甲午以後 慨念世變 始購覽泰西之書 泛及文獻通考·通典之類"

52) 『梅泉集』卷頭 金澤榮 撰 梅泉本傳

그것은 기술을 습득하는데 불과한 것임을 말하고 서교에 관해서는 그다지 신경을 쓰지 않았다.

　그는 『養英學校記』에서,

　　"혹자는 말하기를 학문을 혼칭하여 異教(西教)가 들어오면 어찌 할까 한다. 나는 그렇게 생각하지 않는다. 우리나라는 유학을 두터이 믿은 것이 5백년이나 되어 (그 道가) 마음속에 깊이 스며들어 있어서 비록 婦人 孺子라 할지라도 다 孔孟 이외는 다른 道가 없는 것을 알고 있거늘 하루아침에 그것을 빼앗고 다른 道를 비록 賞을 준다해도 하지 않을 것이며 그것을 刑을 준다해도 하지 않을 것이다."53)

하여 신식학교의 설립을 찬성하고 이로 인한 西教가 學校로 흘러 들어오는 것을 염려하지 않았으며 오직 新教育이 기술문명을 발휘할 수 있는 것임을 매천 스스로 느꼈다. 말하자면 그는 '東道西器'를 주장하였다. 그리하여 그는 新學을 연구하여 工藝技術을 습득한 것을 기쁘게 생각하였다.

　　"我人으로 新學問을 연구하여 工藝를 창조하는 데까지 이르렀다. 李汝古・李泰鎭・李仁基・李泰浩가 自織機를 만들었고, 兪肯煥이 自搗練機를 만들었으며 韓昱이 電報機를 만들고 高永鎰이 量地機를 만들고 閔大植이 留聲機・寫眞板을 만들었다."54)

라 하여 自織機 등의 제조가 新學問 연구의 결과임을 자랑스럽게 여겼다.

　위에서 보아온 바, 매천은 詩로서 그 명성을 날렸고 그로 해서

---

53) 『梅泉集』 卷6 養英學校記

54) 『梅泉野錄』 卷3 光武 3年 己亥 12月

詩人으로 통하고 있지만, 그의 학문의 폭은 九流·百氏와 歷史·兵·刑·錢穀에 이르기까지 관통하지 않은 것이 없으며, 世變에 適應하여 西洋學問과 기술도입에도 적극적이어서 新敎育 啓發에도 상당한 관심과 기대를 갖고 있었다. 단 堪輿術은 믿으려하지 않았으니 '居恒不信塚墓之術 曰白骨有吉凶 子孫無禍福'55)이라 한 것은 이를 말해준다.

4. 梅泉의 時局觀

매천은 학자이면서 經綸之士였다. 그러므로 시국을 간파하는 안목은 정확하였으며 一般 儒者와는 달리 舊制를 맹종하지 않고 時勢變轉에 따라 이에 대처할 수 있는 방안을 터득하려 노력하였다. 그는 斥邪衛正을 내세워 東漸하는 西勢를 無條件 막아낸다고 해서 이루어질 수 없다는 힘의 한계성을 알았으며 그렇다고 급진개화를 주장하여 國俗을 버리고 졸속한 서구식 제도를 받아들이는 것을 원치 않았다. 말하자면 鎖國을 고집하는 것만이 꼭 衛正을 할 수는 없는 것이며, 문호개방이 바로 開化와 연결된다고 보지 않았다. 그는 急變하는 정세에 대하여 對症之劑를 생각하여 그 方法을 연구한 연후 실행에 옮겨야 된다는 주장이었다.

매천은 高宗 3년(1866) 丙寅洋擾 때 프랑스 艦隊가 江華島에 침입한 사실에 대해 '불란서 배가 강화도에 정박한 것은 다 兵艦으로 순회하는 것이지 寇掠의 의사는 없었던 것'56)이라 하여 구략할 목적으로 온 것이 아니라 하였다. 이 때 門戶를 개방했어야 된다는

---

55) 『梅泉集』 卷頭 黃瑗 撰 先兄梅泉公事行零錄

56) 『梅泉野錄』 卷1 上(甲午以前)

뜻은 비치지 않았으나 大院君의 鎖國一邊倒에 대하여는 이후 將來할 어려움에 대하여 어딘지 불안한 생각을 하고 있었던 듯하다. 그러나 막상 韓日修好通商條約을 계기로 문호가 개방되고 이어 열강의 세력이 한반도에 진출하여 외국상품이 범람하자 우려를 표하고 있다.

> "개항 이래 外勢商品이 들어와 그 값이 매우 저렴하여 우리 商民들이 轉販하여 높은 이익을 얻었으나 수년이 채 경과하지 않아서 倭人의 狙詐가 我國人보다 더 심했으니 다 我國奸民이 그렇게 인도한 것이다. 들어온 외국상품은 열이면 아홉이 人造品이요 수출하는 상품은 열이면 아홉이 天然産品으로 이는 우리나라 사람의 頑鈍한 탓이다."[57]

라 하여 輸入商品은 人造物인데 비하여 輸出品은 天然産物임을 염려하고 그것을 狙詐한 日本人을 미워하기에 앞서 우리나라 사람의 頑鈍한 탓이라 경고하고 사치성이 강한 소모품의 대가로 米·豆·牛皮 등이 해외로 나가는 것을 염려하였다.[58]

그러나 개화에 대하여는 상당한 관심을 갖고 있었다. 高宗 17년(1880) 金弘集이 修信使로 일본을 다녀오는 길에 『易言』2책을 가져와서 高宗에게 바쳤다. 이것을 曲解하는 儒生들은 金弘集이 天主學에 들어갔다 이르고 그것을 공박하는 의논이 분분히 일어났으나 매천은 이에 대해,

> "『易言』이란 청국 사람 黃遵憲[59]의 저작이다. 전체의 뜻은 오늘

---

57) 『梅泉野錄』 卷1 上(甲午以前)

58) 『梅泉野錄』 卷1 上(甲午以前) "盖其入國者 不過繒表緞鍾髹漆 滛巧奇衺之物 而出國者 摠米豆皮革金銀 平常樸實之寶也 國欲不瘠得乎"

에 처해서 富强하려고 한다면 반드시 먼저 西洋의 制度를 배워야
되며 西洋技術을 익혀야 된다는 것인데 數十萬言에 이르니 대략 策
士가 馳騁揣摩하면서 본 견해들이다. 황준헌이 그 책을 휴대하고 日
本에 건너간 것을 金弘集이 얻어 가지고 와서 高宗께 보이려고 한
것으로, 대개 왕이 천하대세를 默察케 하고 또 原隰咨詢의 주장을
하게끔 하기 위한 것이지 사사로운 뜻을 품고 가져온 것이 아니
다.”[60]

라 하여 김홍집을 옹호하였다. 이것으로 보아 매천이 개화에 대하
여 얼마나 많은 관심을 보이고 있는가를 알 수 있다.

매천은 甲午更張에 대하여 ‘按此諸條 未必出於眞情爲我 而不謂之
對症之劑 則不可也’[61]라 하여 일본인이 진정 우리를 위하여 改革한
것은 아니니 그에 대한 처방을 마련하는 것이 옳다고 하여 更張案
에 대하여 다소 비판적인 태도를 취하고는 있으나 반대하지는 않
았다. 그의 「言事疏」[62]의 내용을 보면 오히려 찬성하는 편에 가깝
다. 그는 말하기를 甲午更張 이래 時局이 날로 변하여 모든 法律, 制
度가 고치어 새롭게 되어 놀라우리만큼 萬代中興의 기반이 세워졌
다는 것을 觀聽하니 아름답지 않은 것이 없다. 그러나 그 실상을
살펴보건대 更張 이전보다 禍亂이 일어날 기미나 危亡의 징조가 더
욱 두드러져 있으니 그것은 다름이 아니라 한갓 開化의 ‘本’을 연
구하지 않고 한갓 개화의 ‘末’만을 浮慕한 까닭이라 하였다.[63]

---

59) 『易言』의 저자는 黃遵憲이 아니라 鄭觀應이다. 梅泉이 잘못 알았던 것
   같다.(李光麟, 『韓國開化史硏究』, p.31 참조)

60) 『梅泉野錄』 卷1 上(甲午以前)

61) 『梅泉野錄』 卷2 高宗 31年 甲午

62) 疏文이 ‘代作’이라 하였으나 그것은 梅泉 자신의 見解를 밝힌 것임.

63) 『梅泉集』 卷7 言事疏 “竊伏見 甲午以來 時局日變 百度更張赫然 建中興萬世

매천은 개화에 대하여,

　　"대저 開化라고 하는 것은 別件이 아니라 開物, 化民을 이르는 것
　에 지나지 않는 것이다. 開物化民을 가히 그 '本'이 없고 이룰 수
　있을 것인가. 어진 이를 가까이 하고 간사한 무리를 멀리하며 백
　성을 사랑하고 財用을 절약하며 信賞必罰하는 類가 이른바 '本'이
　되는 것이며 軍伍를 操鍊시키고 器械를 만들며 商販하는 등의 일이
　이른바 '末'이 되는 것이다. 西洋 사람의 法이 비록 東洋과 다르다
　고는 하나 이제 저들의 萬國史를 훑어보건대 그들이 흥기한 것은
　반드시 그 本을 세운데서 연유한 것이다. 진실로 그 '本'이 없으면
　비록 강했다 하더라도 반드시 쓸어졌으니 그러한 흥망의 자취를
　종종 찾아볼 수 있다. 이렇게 볼 때 '開化'라는 명칭은 비록 처음
　발견한 것이기는 하나 실상은 동양의 治道와 다를 것이 없다."[64]

라 하여 親賢·遠姦·愛民·節用·信賞必罰 등 사회윤리나 정신적
인 면을 '本'으로 삼아야 올바른 개화가 되는 것이며, 軍事·技術·
貿易 등과 같은 물질적인 '末'만으로는 이루어질 수 없음을 역설하
였다. 그리고 개화라는 말은 처음 발견한 것 같지만 開物化民이란
점에서 볼 때 그렇게만 볼 수 없다고 하였다.[65] 이어 매천은 그의
『梅泉集』卷7「言事疏」에서 甲午 이후 難局打開策으로 '開化의 本' 9
條를 제시하였다.

　첫째, 言路를 개방하여 命脈을 疏通하라고 주장하였다. 즉, 나라

之基 觀聽非不美矣 而夷考其實 禍難之作 危亡之兆 反有甚於更化之前 此何故
也 徒慕乎開化之末 而不究其本也 天下之事 毋論巨細 莫不有本有末 奚獨於開
化而無之哉"

64)『梅泉集』卷7 言事疏

65) '開化'란 말은 당초 淸國에서 지어낸 말이라 한다. (『독립신문』37호,
　　건양 원년 6월 30일 화요일 논설)

에 있어서 言路라고 하는 것은 사람의 호흡과 같은 것인데 호흡이
막히고서야 어찌 살아갈 수 있겠는가 하였다. 또한 戚里가 勢道를
잡아 온지 백여년에 當世의 선비들을 鉗制하여 자기의 私人으로 만
들었으므로 廟堂大臣들도, 戚里의 허물을 거들지 않는 것이 풍습이
되었으며, 東學之變에 이르러 兵이 頸上에까지 임박했음에도 權臣
들의 秕政이 亂을 자초했다고 말하는 사람은 하나도 없었다고 하
고, 이제 대간이 폐지되어 누구나 제각기 품은 생각을 국가에 陳言
할 수 있다고는 하여도 愚氓한 사람들이 事理를 분간 못하고 마구
투서를 하는지라 煩黷하여 實效를 거둘 수 없으니 명분은 있으나
그 실효를 거둘 수 없다. 매일 千疏를 하여 보았자 어찌 도움이 되
겠는가. 이럴 바에야 몇 사람의 諫官을 두되 그 秩望을 준엄히 하되
門地에 구애됨이 없이 一代讀書人으로 義理를 아는 사람을 충당한
다면 草野의 樸直之論도 날로 창달하여 위로 壅蔽의 근심이 없어질
것이다.[66]

둘째, 法令의 信賴를 갖게 하여 群志를 정하라 하였다. 法令은 君
臣, 上下가 꼭 一定한 것이어서 범할 수 없는 것이며 이러한 법령이
있어서 사회가 유지될 수 있는 것이다. 그러므로 法令은 '人主御世
之器'라 하루라도 믿지 않아서는 안 된다고 하였다. 甲午更張 이래
施設이 날로 번거로웠는데 본시 처음 취지는 미상불 백성을 위해
서 나온 것이었으나 狐埋狐搰하여 자연히 모순이 생겼다. 이러한

---

66) '一曰 開言路 以通命脉 嗚呼 言路之於國家也 猶人之有呼吸 呼吸塞而人得有不
死者乎 國朝戚里秉政已百餘年 傳神護法 黨與蟠結 鉗制一世之士 擧不免爲其私
人 故臺閣之上 噤喙成風 至於甲午之變 兵臨頸上 而亦有一人言權臣之致亂者乎
思之可爲於邑也 今臺諫廢 而聽民言事 可謂人人盡其所懷 然拘儒賤氓 未諳大體
紛紛投匭已不勝其煩黷…且可特置諫官幾員 峻其秩望 無拘門地 妙選一代讀書知
義理者 以充之 開顔以導之 懸賞以獎之 順旨者斥之 逆旨者進之 則草野樸直之
論 庶乎日達黈纊之下 而上無壅蔽之患'

부조리를 바로잡아 신뢰를 회복해야 된다고 하였다.[67]

셋째, 刑章을 肅正하여 綱紀를 振作시킬 것을 요구하였다. 刑律이라는 것은 '寬則糾之以猛'하며 '猛則濟之以寬'하여 寬猛相救하는 것이 원칙이나 우리나라는 수백년간 仁厚를 숭상하여 맡은 책임을 게을리 하는 습속이 생겼는데 금일에 이르러 寬容이 極에 이르러 거의 解弛한 지경에 이르렀다. 重典이 있지 않고서 어찌 亂國을 다스릴 수 있겠는가 하였다.[68]

넷째로, 節儉을 숭상하여 재원을 흡족히 할 것을 주장하였다. 예전부터 3년 먹을 餘蓄이 없으면 나라 구실을 할 수 없다고 하였는데 우리나라는 근일에 와서 1년 먹을 여축이 없으면서 外債를 끌어들이게 되었다. 이는 다름이 아니라 歲入은 한정된 양인데 반해 歲出은 節制가 없는 까닭이다. 국가가 多事한 날을 당하여 飢民을 賑恤하고 戰士를 褒賞하는 것은 어찌할 수 없지만, 빈번한 土木工事나 服御의 奢侈, 醮禱의 빈번함, 游宴의 비용, 戚里의 濫費, 厚口 같은 것도 꼭 필요한 것인가. 이리하여 財政이 고갈하니 賣科·賣官·賣獄을 하고도 부족해서 먼 시골 匹庶가 수천 금을 바치고 벼락출세를 하게 된다고 나무랐다.[69]

---

67) '二日 信法令 以定群志 嗚呼 均是人也 謂之君臣焉 謂之上下焉 截然一定 而不可犯者 以其有法令以維持也 然則法令者 人主御世之器 而一日不可不信者也 法旣設矣 令旣行矣…'

68) '三日 肅刑章 以振綱紀 嗚呼 寬則糾之以猛 猛則濟之以寬 寬猛相救…國朝政尙仁厚數百年 恬嬉成俗 至於今日 則寬之極而幾於弛矣 不有重典 何以治亂…魚允中大臣也 曹寅承方伯也 有罪當死 則王法存焉 不幸見戕於强盜 而盜旣就捕反曲宥之 有若隱忍於平日 而仮手於亂民者 然噫凡民相殺 猶得償命 況國家器使之臣乎'

69) '四日 崇節儉 以裕財源 嗚呼無三年之蓄 則古稱國非其國 而我國近日何嘗有一年之蓄乎 堂堂萬乘之賦而經用 不敷至引外國之債 此無他 其入有限 而其出無節故也 夫當國家多事之日 若事大交隣 賑飢民 賞戰士 此等所不可不費者 固無如

다섯째로, 戚畹을 쫓아내어 公憤을 풀 것을 요구하였다. 人主가 넓은 땅에 많은 사람을 다스릴 수 있는 것은 信賞必罰하여 백성으로 하여금 心服할 수 있게 만들 수 있기 때문이다. 功이 있어도 賞을 주지 아니하고 죄가 있어도 벌하지 않는다면 비록 堯舜 같은 聖君일지라도 어찌 다스릴 수 있겠는가. 죄를 지은 戚里 諸閔들을 懲治하여 백성들을 북돋아야 한다.[70]

여섯째, 保擧를 엄히 하여 才賢들을 진출시킬 것을 주장하였다. 人主의 職은 一日에 萬機, 百司庶務를 총괄하는데 一人의 총명으로는 할 수 없는 것이다. 반드시 주위에 재주 있는 사람들을 두고 함께 한 연후에야 가히 '咸熙之績'을 이룩할 수 있는 것이라 하였다. 그리하여 一主事, 一委員의 微官도 保擧者가 아니면 쓰지 말고 시험을 거친 후에 一賞一罰은 반드시 擧主에게 먼저 하면 仕路가 다소 맑아져서 세상에 재주 있는 사람이 없음을 탄식하지 않을 것이라 하였다.[71]

일곱째, 職任期間을 오래하여 治效를 책임지게 할 것을 주장하였다. 같은 자리에 오래 두지 않으면 갖고 있는 포부를 펼 기회가 없는데 지금 조정 대신들은 '朝差夕改'하며 수령들은 '春迎秋送'하는

之何 至於土木之煩・服御之奢・醮禱之勤・游宴之荒・戚里之濫恩・近習之厚賚 是亦不可以已乎…就以近日 景福・昌德兩宮 何等壯麗 而必新闕之役乎 或疑兩宮 距洋館差遠 懼有意外之變 故新闕不得不建 誠有變也 新闕獨在天上乎 惟擧措得當安靖 以鎭服之 庶乎銷患於未萌耳 至若洪陵之役 糜費鉅萬…'

70) '五曰 黜戚畹 以泄公憤 嗚呼四海之廣兆民之衆 人主安得以家威而戶警哉 要在信賞必罰 使民心服而已 夫功不賞 而罪不誅 雖堯舜何以爲治 聖上試思之 今之所謂戚里諸閔功乎罪乎…'

71) '六曰 嚴保擧 以進才賢 嗚呼人主之職 一日萬機百司庶務 有非一人聰明 所可周管則必須旁招俊乂 以共天位然後 可以致咸熙之績…自今日 雖一主事一委員之微 非保擧者勿用 而歷試之後 一賞一罰 必先於擧主 則庶乎仕路少淸 而世無無才之歎也'

형편이니 어찌 능력이 있다고 일을 할 수 있겠는가.72)

여덟째, 軍制를 고쳐서 亂萌이 없어야 된다고 주장하였다. 養兵鍊兵은 오늘날 진실로 세계에서 通行되는 急務이다. 그러나 軍을 양성하고 훈련하는 것은 '觀美之具'로 두고 보자는 것이 아니며 禁暴止亂을 하는데 실용이 있어야 하는 것이다. 壬午(1882) 이래 양성한 군대는 일이 없을 때는 軍律을 어기어 가며 작폐나 일삼고, 變이 생기면 배반하여 먼저 대궐이나 범하였다. 이제부터 中央에 있는 諸聯隊는 軍部에 소속시키고 地方隊는 관찰사에 소속시켜 편의대로 움직이게 하고 大隊長 이하 명령을 이행하지 않는 자는 군율로 다스린다면 詔勅 한 장으로 風飛雷厲하여 탐하던 자는 청렴하게 될 것이고 비겁했던 자는 용감하여져서 '禁暴止亂之用'의 實效를 거둘 수 있다. 전일 같이 계속 군사를 양성한다면 그것은 養兵이 아니라 養寇인 것이어서 兵이 없는 것만 못하다 하였다.73)

아홉째, 田帳을 조사해서 國計를 넉넉히 할 것을 주장하였다. 甲午更張 이래 각지에 관원을 파견하여 양전을 하여 隱結을 조사케 하였으나 공정을 기했다는 자는 사무에 어둡고, 貪瀆者는 賂物을 받고 봐주어 실효를 거두지 못하였으니 量田事業을 펴서 隱結을 밝혀냄으로써 國益을 도모할 것을 요청하였다.74)

이상과 같은 시국 타개 안을 제시한 매천은 결론으로 우리가 지

---

72) '七日 久職任 以責治效…今也不然 大臣之署 朝差夕改 守令之行 春迎秋送 此雖伊周交臂 龔黃接踵 何以就一事'

73) '八日 變軍制 以銷亂萌 嗚呼 兵農之分久矣 養兵鍊兵 在今日誠爲天下通行之急務 然其所以養而鍊之者 非欲爲備數觀之美之具 以其有禁暴止亂之實用也…朝廷自壬午以來 軍制改易 不知其幾 編伍鍊技 日號加精 宜其有可用之實 而每飽煖無事則犯分違律 人莫誰何 一有變故 輒倒戈作倀 爭先犯闕'

74) '九日 覈田帳 以贍國計…更化以來 分遣派員 調査相望 而其間公正者 昧於事務 貪瀆者餂於賂遺.循例按簿 忽忽磨勘 此等雖日來十輩 何以檢一負之隱結…'

금 당면한 정국은 오랜 병에 걸려 죽어가는 사람에 비유할 수 있어 俞跗와 扁鵲 같은 名醫가 아니고서는 起死回生하기 어렵다고 말하고, 외세를 물리치려면 먼저 內修를 해야 하는데 外務가 급하다고 하여 '經國之本'과 '安民之方'을 막연히 잊어버리고 있다. 설사 소위 開明하였다고 하는 자나 날로 技藝에 매진하는 자는 매일 羅馬 글자를 외우면서 '雷汽之學'을 말하나 內亂이 가라앉지 않고 外訌이 더욱 심하여 대들보가 불타고 집이 무너지면 燕雀이 있을 곳이 없다. 그 때 어느 땅에 살 수 있겠는가 하면서[75] '開化의 本'의 중요성을 역설하였다.

매천의 이와 같은 9個 條文의 제시는 일부 수긍할 수 없는 점도 없지 아니하나 당시 舊韓末 정치국면의 昏迷와 外勢의 거센 입김을 생각할 때 妥當性을 지닌 卓見임에 틀림없다.

매천의 개화개념은 당시 『독립신문』에서도,

"기화란 말은 아모 것도 모로는 쇼견이 열녀 리치를 가지고 일을 싱각하야 실샹디로 만스를 힝ᄒ자는 뜻시라 …죠션 사람들이 지금 힘쓸거시 무슴 일이든지 공사 간에 문 열어 놋코 ᄆᆞᆷ 열어 놋코 서로 의론ᄒ야 만스를 쟉뎡ᄒ고 컴컴ᄒ 것과 그늘진 거슨 업시ᄇ리고 실샹과 리치와 도리를 가지고 희빗 잇는디셔 말도ᄒ고 일도ᄒᆞᆫ거시 나라에 중흥ᄒᆞᆫ 근본인 줄노 우리는 싱각ᄒ노라."[76]

라 하여 매천이 주장한 '開化의 本'과 일치하고 있음을 알 수 있는데 이는 일부 개안한 識者層에서 생각하던 공통된 개념이었던 것 같다.

---

75) 『梅泉集』 卷7 言事疏
76) 『독립신문』 37호 건양 원년 6월 30일 화요일 논설

매천은 '尊華攘夷'나 '貴王賤伯'을 주장하는 儒者들의 從來觀念을 부정했다. 아무리 예전에는 중국인이 '夷'라 하여 漢族과 구별하여 인간 축에 들지 못했다고 해도 이제 와서 무서운 힘을 배경으로 하여 詭譎과 鉗勒으로 급속히 중국(동양)을 위압하니 이러고서야 어찌 '夷'가 있으며, 세상에 華夷가 없어졌으니 어찌 王伯이 존재한다 할 수 있겠는가. 떠들어 보았자 西勢를 감당해낼 수 없다. 나라를 스스로 망하게 둘 수는 없는 일이고 백성도 스스로 죽음을 초래할 수 없는 노릇이니 오직 분발하고 힘을 다해서 列強으로부터 弱肉強食을 모면한 뒤에야 비로소 우리도 천하에 외쳐대며 사람 구실을 한다고 말할 수 있을 것이라 하였다. 또 기술을 어디에서 찾아야 되는가 하면 저들의 부강한 것을 본받으면 되는 것이요, 부강하고자 하면 그들의 학문(기술)을 본받는데 지나지 않는다 하고 新式學校敎育에 기대를 걸었다.77)

그러나 매천은 급진개화에 대하여는 부정적이었다. 급진개화파의 뛰어난 재주를 인정하면서도 너무 서두르는 그들의 행동에 대하여는 회의를 가졌다. '時朴泳孝等 浮慕洋制 嗜好若狂'78)이라 한 것을 보면 알 수 있다. 그것은 開化 자체에 대한 것을 비난한 것은 아니며 너무 다급히 서두르는 것을 염려하여 개화운동에 실효를 거두지 못할 것을 염려한 듯하다. 朴珪壽에 대하여도 '練達吏事 貴

77) 『梅泉集』 卷6 養英學校記 "論義理 則尊華而攘夷 談政治 則貴王而賤伯 此自 挾冊伊吾者類能言之 非必老生也 然以今天下之勢觀之 凡古昔中國之人之所當夷 之 而不齒者反肆 然以抗非惟抗也 其雄鷙詭譎條鏃鉗勒 駸駸壓中國而上之 於是 乎天下無夷 嗚呼天下無華夷 天下有王伯乎…號稱學古者 卽當洗耳 蹈海之不暇 況可與之上下其論乎 然國焉而不可任其自亡民焉而不可任其自殲 惟當奮勵振淬 力 與之敵得免弱肉強食然後 始可以號于天下曰 我亦人耳 其術顧安在哉 不過曰 效彼富強 欲富強 不過曰效彼學問"

78) 『梅泉野錄』 卷1 上(甲午以前)

之以文學 時推可用'이라 하여 吏務에 밝고 文學에 뛰어나서 쓸만한
인물이라 평하면서도,

> "雲峴이 세력을 잡던 시절에는 힘써 斥洋을 주장하다가 甲戌년(高
> 宗 11年)후에는 힘써 왜와 통상을 주장하였다. 눈치를 보면서 時議
> 와 영합함이 이와 같아서 사람들이 비로소 의심하게 되었다."79)

라 하여 그가 대원군 집정기간에는 斥洋을 주장하다가 高宗이 親政
을 하면서부터 通倭를 역설하는 것을 보고 時議에 영합했다고 불
만을 표시했다. 매천이 그와 같이 생각했던 것은 그가 일본을 '倭'
라 하여 몹시 미워하였던 점도 있으나 선비의 성격을 지닌 그는
時議와 영합하는 것을 싫어하였던 탓이었을 것이다. 그리하여 그
는 문학한다는 사람들이 권력과 결탁하여 時輩로 전락하는 것을
가장 꺼려하였고 또한 증오하였다. 『梅泉野錄』을 보면 잘 알 수 있
듯이 대다수의 인물에 대하여 좋지 않은 평을 가하고 있다. 그것은
당시 정국이 時利에 추종하는 사람으로 가득하였다는 말도 되겠으
나 지나칠 정도로 酷評에 가까운 비판을 가한 것도 눈에 뜨인다.
그런데 반면 金弘集·魚允中 등 소수 穩健開化派에 대하여는 아무
런 相關性도 없으면서 그들의 정치노선을 지지하였는데 여기에서
우리는 매천의 시국관이 어떠한 것인가를 엿볼 수 있다.

> "金弘集은 비록 일본과의 和議를 주장하다가 淸議에 죄를 얻었으
> 나 國事에 마음을 다하였으며 재간과 모략이 流輩들보다 뛰어났다.
> 죽고 나니 물의가 자못 애석해 하였다."80)

---

79) 『梅泉野錄』 卷1 上(甲午以前)

80) 『梅泉野錄』 卷2 高宗 32年 乙未 12月 27日 "弘集雖主張和倭 得罪淸議 盡心
國事幹略長於流輩 及死 物議頗惜之"

라 하여 甲午更張의 장본인인 김홍집을 두둔했고, 또한

> "魚允中은 고집이 세고 자기의 뜻을 관철하여 원한을 사는 일이
> 있더라도 그대로 밀고 나가서 원한 또한 많이 샀다. 부지런히 公務
> 를 보살펴서 時輩들은 미치지 못했다. 金弘集과 함께 難時를 구제할
> 만한 재주가 있다고 칭하였는데 그들이 죽자 모두 탄식하기를 開
> 化할 사람이 없다하였다."81)

라 한 바, 어윤중의 公職生活의 기민함을 높이 평했으며, 金·魚 양
인이 살해된 것을 보고 開化할 사람이 없다 하여 애석해 한 것으로
보아 매천의 개화에 관한 통찰력은 俗儒와 다른 데가 있음을 엿볼
수 있고, 그 자신은 金弘集 등이 주도한 穩健開化路線을 지지하였던
인물임을 알 수 있다.

5. 『梅泉野錄』과 歷史意識

『梅泉野錄』은 주지하는 바와 같이 高宗 1년(1864)으로부터 純宗
隆熙 4년(1910) 韓日合邦에 이르기까지 47년간 우리나라 最近世에
있었던 사실들을 기록한 것으로, 體裁에 있어서 甲午 이전은 隨聞
隨錄한 것이며, 그 이후는 編年體로 기록한 것이다. 매천이 本 野錄
을 저술하게 된 動機가 어디에 있었는지 糾明할 길은 없으나 白巖
朴殷植이 國魂을 잃지 않기 위해『韓國痛史』를 썼던 것과 같이,82)

---

81)『梅泉野錄』卷2 高宗 32年 乙未 12月 27日 "盜殺魚允中于龍仁地…允中强項
執拗 任怨敢行 慎誤亦多 而孜孜奉公 時輩莫及 故與金弘集 俱稱救時之才 及其
死 咸歎開化之無人"

82) 朴殷植은 '國敎·國學·國語·國文·國史는 魂에 속하는 것이오, 錢穀·
軍隊·船艦·器械는 魄에 속하는 것으로, 魂의 됨됨은 魄에 따라서 죽
고 사는 것이 아니다. 그러므로 國敎와 國史가 망하지 아니하면 그 나

매천은 후세인으로 하여금 역사의 심판이 얼마나 준엄한 것인가
를 깨우치게 하여 다시는 그런 일이 반복되지 말도록 경계하려는
의도에서 이 책을 쓴 것이 아니었나한다.

또한 야록을 쓰기 시작한 것이 언제부터였는가 하는 것이다. 이
것 역시 알 수 없으나 甲午년 아니면 그 직후가 아닌가 한다. 그와
같이 볼 수 있는 근거로는 갑오 이전의 기록이 隨聞隨錄한 것이었
는데 반하여 그 이후는 年月日順으로 되어 있다는 사실이다. 그러
나 집필의 시점이 언제냐 하는 것은 별로 문제될 것이 없다. 얼마
나 事實의 정확을 기하였으며 어떠한 관점에서 사실을 보았나 하
는 것이 중요하다.

우리는 위에서 이미 매천의 인간성에 대하여 살펴보았다. 그리
고 그의 학문에 대하여도 알아보았다. 그가 일생 벼슬에 몸을 담지
않고 세상을 깨끗이 살아갔다는 것과, 불의와 타협할 수 없는 인물
이었다는 것은, 그로서 어떠한 사실을 파악하는데 공정을 기할 수
있었을 것이라 믿고 싶고, 일찍이 史學에 깊은 관심을 갖고 많은
史書를 읽을 수 있었던 것은 史眼을 넓혀 올바른 역사인식을 할 수
있는 능력을 키우기에 족했을 것이다.

이 책에 수록된 사실은 몇몇 사건이나 분야에 치중하여 다룬 것
이 아니라 국정 전반에 걸쳐서 다루었으며 한반도를 圍繞한·국제
관계도 빠짐없이 수록하였다. 그 梗槪는 고종의 즉위와 興宣大院君
의 등장, 安東金氏의 擅權始末, 대원군 10년 執權의 得失, 閔妃와 大

라도 망하지 않는 것이다.····3편 114장을 지어 「痛史」라 이름하니 감히
「正史」를 자처하는 것은 아니고 다행히 우리 동포들이 國魂이 담겨 있
는 것임을 인정하여 버리거나 내던지지 않기를 바랄 뿐이다' 한 것을
보면 痛史를 쓰게 된 동기가 國魂을 잃지 않기 위함에서였음을 알 수
있다. (『韓國痛史』 結論)

院君의 軋轢, 閔妃와 그 戚里의 亂政, 外勢의 浸透過程, 壬午軍亂과 淸
國의 干涉, 甲申政變의 始末, 淸日 兩國의 角逐과 淸日開戰, 戰後處理
問題, 甲午更張, 乙未事變, 러시아 세력의 南下와 日本과의 角逐, 露日
戰爭의 발발, 乙巳勒約, 日本의 奸計, 親日派의 賣國行爲, 義兵運動, 貪
官汚吏의 非行 등으로 요략된다. 이들 내용은 사실만을 기록한 것
도 있으나 매천 스스로가 각 사실에 대하여 주관적인 비판을 가한
것이 많이 있어 더욱 史料의 貴重性을 띠고 있으며, 事實만을 기록
한 것이라 해도 많은 부분의 관찬기록이나 여타 개인기록에서 찾
아볼 수 없는 것들이라 귀중한 자료들이다. 본 야록이 한말비사로
서 높이 평가되는 이유도 여기에 있는 것이며 그 기록이 후세 사
람들에게 많은 공감을 주어 최근세사 연구에 있어 史料로서 널리
활용되는 所以도 바로 여기에 있는 것이다. 말하자면 본 野錄은 舊
韓末史를 연구하는데 없어서는 아니 될 큰 비중을 차지하고 있다.
  그렇다면 매천은 야록에서 조선말기의 역사를 어떠한 눈으로 보
았는가. 그는 대원군의 執政과 閔妃 및 그 戚里의 秉權을 비교하되,

  "大院君이 十年執權에 內外에 위엄을 떨쳐 大院位分付 다섯 자면
  三千里를 風行하며 雷霆湯火 같아서 관리나 백성들은 무서워하며 항
  상 관청의 刑律을 근심하였다. 朝夕으로 訛言이 횡행하여 시골 사람
  이 서울에 오면 잡아 죽인다고 하여 窮山遐滋의 백성들까지 원망하
  여 살맛을 잃었다. 大院君이 權座에서 물러나자 기뻐하며 서로를
  축하하였다.… 閔氏들이 정권을 잡은 이래 백성들은 誅求를 감당
  못해 왕왕 탄식하며 도리어 大院君의 治政을 생각하게 되었으니 後
  漢人들이 民心이 嗷嗷하여 다시 莽朝(新)를 생각하게 된 것이나 비
  슷한 것으로, 그것은 大院君의 遺愛가 있어서 그런 것이 아니었다
  ."[83]

  _____

  83) 『梅泉野錄』 卷1 上(甲午以前) "雲峴十年當國 威行內外 大院位分付五字 風行

라 하여 戚族 閔氏가 세력을 잡은 시절에 백성들이 대원군 시절을
다시 생각하게 된 것은 대원군의 정치가 좋아서가 아니라, 閔氏 秉
權은 대원군집권 시절만도 못하였다는 데서 그러한 비판을 가하였
음을 알 수 있는데 이는 양자를 정확히 판단한 탁견임에 틀림없다.
乙未事變으로 민비가 처참한 죽음을 당한데 대하여 '干政二十年 馴
致亡國 遂遭千古所無之變'[84]이라 하여 閔妃의 정치 간여가 亡國으로
치닫게 하여 千古에 없었던 變을 당하게 된 것임을 강조하였다.
    매천은 李範晋 등 親露派 인물이 중심이 되어 '俄館播遷'을 한 것
에 대하여,

> "그것은 忠義로서 한 것이 아니며 러시아를 厚하게 한 것도 아니
> 고 日本을 薄하게 하려던 것도 아니며 단지 權力 다툼이라."[85]

하였으니 그것은 정확한 판단이었다. 露日戰爭에 대하여서도 당시
조야가 모두 말하기를 '倭는 그래도 사람이라 할 수 있으나 러시아
人은 짐승이나 다를 것이 없다. 그들이 倭를 이기고 席捲하여 남으
로 내려오면 우리 인종은 없어질 것이라' 하여 日本이 승리하고 러
시아가 패망하기를 빌면서 日本軍의 군수품을 운반하여 주었는데,
그들의 禍心이 진실로 宣戰布告하던 날에 있었던 것을 알지 못하였
다고 그 어리석음을 지적하였다.[86] 그는 東學에 대해서 東學敎徒를

三千里 如雷霆湯火 吏民惴惴 恒憂攸司之律 朝夕橫發訛言 鄕人入京者 掩捕輒
戮 窮山遐滋 囂然喪樂生之心 至是胥欣欣相賀 論者謂雲峴不廢 國家之亡 不待
今日 及諸閔以來 民庶不堪誅求往往咨嗟 反思雲峴之政 正漢人所謂民心噭噭 復
思莽朝之類 非遺愛使然也"

84) 『梅泉野錄』 卷2 高宗 32年 乙未 8月

85) 『梅泉野錄』 卷2 高宗 32年 乙未 12月 "範晋等此擧 非爲忠義也 非厚俄而薄倭
也 只爭權耳"

'東匪', 그 教主를 '東匪賊魁'니 하여 匪賊視하고 있으나 많은 민중이 東學에 가담하여 政府에 反旗를 들게 된 책임은 一次 爲政當局에 있음을 지적하였다. 야록에 '東學始末 詳具東匪紀略 故此編槩及之'[87]라 한 것을 보면 東學에 대한 매천의 견해는 『東匪紀略』을 보아야 잘 알 수 있겠으나 그 책의 행방이 묘연하여 접할 수 없음은 유감이다.

매천은 東漸하는 서양세력에 대하여 위에서도 말한 바와 같이 경계하지 않았던 것은 아니나 그가 역사를 보는 눈은 斥邪衛正을 주장하던 정통 성리학 계열에의 학자와는 다른 견해를 갖고 있었다. 그는 문호가 개방되자 이를 기정사실로 인정하고 이에 대한 대책을 강구할 것을 주장하였다. 한반도에서 일본의 세력이 커짐에 따라 그들을 가장 경계하였으며 야록에서 일본을 倭로 표기한 것은 의도적인 것이었다. 그는 일제의 對韓侵略相을 신랄히 파헤쳤으며 親日政客들을 '倭大臣'이라 매도하며 그들 私生活의 不美한 일들을 낱낱이 歷史에 고발하였다. 그것은 한낱 梅泉의 個人 感情에서 한 것이 아니며 투철한 歷史意識에서 우러나온 정성어린 역사적 고발이었던 것이다. 그는 자신이 義兵戰爭에 가담하였다든가, 愛國啓蒙運動을 통하여 사회일선에서 활약한 일은 없다. 그러나 그것을 지켜보면서 하나하나 그들의 애국상을 야록에 담고 있었다. 또한 韓日合邦으로 나라가 망하자 識字人으로 亡國의 罪人意識을 느껴 자결하였다. 그 자신은 자기 죽음에 대하여 「絶命詩」에서 '忠'이 되지 못하고 '仁'을 이룰 뿐이라 하였지만, 友人 朴文鎬가 '能實踐其義 如梅泉者能幾人哉'[88]라 하여 매천과 같이 義를 실천하여 죽은 자가

---

86) 『梅泉野錄』 卷4 光武 8年 甲辰 4月

87) 『梅泉野錄』 卷1 下(甲午以前)

몇 사람이나 되겠느냐고 그의 죽음을 높이 평가한 바와 같이 그의 죽음은 헛된 것이 아니었다. 말하자면 그가 죽음을 택한 것은 親日賣國人들에게 조금의 양심이라도 있다면 늦으나마 반성할 수 있는 계기를 만들어주고 망국민으로 하여금 민족혼을 일깨워주려는 역사적 사명의식에서 우러나온 것으로 보인다. 따라서 그의 죽음은 무의미한 것이 아니었으며 역사와 더불어 오늘에 이르기까지 그 빛은 더해 왔던 것이다.

6. 結 語

위에서 우리는 매천에 관해 전반적인 것을 살펴보았다. 한 때 그는 과거에 응시하여 중앙정계로 진출하려는 생각도 하였으나 科弊가 극에 달하여 올바른 실력 평가가 인정될 수 없었으므로 이를 포기하였다. 그는 학문이 두터워 당대 일류 문사들과 교유하여 잦은 접촉을 하였다. 그러나 세상 돌아가는 형편을 예의 주시했던 매천은 계속 서울에 머물러 있기가 싫어져서 다시 고향 구례로 내려가서 萬壽山 중에 '苟安室'이란 두어 칸의 서실을 짓고 학문에 몰두하는 한편 후진을 육성했다. 이 때부터 서울에 있는 문사들과 교유도 끊었다. 때로는 서울의 文友들이 상경하여 함께 국정에 참여해 줄 것을 요구해 오기도 하였으나 그는 鬼國狂人 속에 뛰어들어 함께 鬼狂이 되기 싫다고 거절하였고 韓日合邦이 勒約되자 絶命詩 4首를 남기고 殉節하였다.

---

88) 『梅泉集』 卷頭 朴文鎬 撰 梅泉黃公墓表 "爲士者 不幸値社屋之世 雖無所得之地 而有所之天 是以 人無必死之責 而身有當死之義 此則非惟士也 自皂肆廝賤 凡頂天足地之類 莫不皆然 能實踐其義如梅泉者能幾人哉"

　매천은 儒者들의 진부한 학문을 싫어하여 文章業에 전력하여 文名을 날렸으며 韓末 漢詩壇에 '三雄'으로 불리어질 만큼 유명하였다. 그러나 그는 博學多識의 필요성을 느껴 詩나 읊으면서 세월을 보내지 않았다. 필요하다고 생각되는 서적이면 가재를 털어 구독하였고 타인에게서 빌려다 읽기도 하였다. 그는 九流·百氏에 貫通하였고, 歷史·兵·刑·錢穀에 관한 서적도 많이 읽었다. 특히 綱目 및 明史와 明淸人 문집을 많이 읽었으며 우리나라의 典故는 搜覽하지 않은 것이 없었다고 한다. 이와 같이 매천이 광범위한 분야에 걸쳐서 학문을 연구하게 된 것은 茶山學에 많은 영향을 받았던 것으로 느껴진다. 매천은 丁茶山에 대하여 明·淸代의 어느 학자와 비교해도 전혀 손색이 없다고 높이 평가하고 있다. 어떻게 보면 매천은 茶山學에 심취하였고 茶山을 私淑하여 '學主乎通'하는 실용적인 학문을 좋아하였던 것을 확신할 수 있다.

　매천은 시국관에 있어서도 상당히 진보적인 면을 보이고 있다. 그는 서양에 관한 서적에도 많은 관심을 보였다. 그리하여 甲午년 이후부터는 서양 서적도 읽기 시작하였다. 그는 甲午更張에 반대하지 않았으며 그의 「言事疏」를 보면 오히려 찬성하는 쪽에 가깝다. 그러나 그는 親賢·遠姦·愛民·節用·信賞必罰 등 개화의 '本'을 생각지 않고 軍事·技術·貿易 같은 개화의 '末'만을 생각하기 때문에 개화를 그르친다하고 이에 대한 是正을 촉구하였다.

　또한 '尊王攘夷'나 '貴王賤伯'에 대하여 종래 儒者들의 공통된 관념을 부정하고 나섰다. 밀려오는 서양 세력에 살아남을 수 있는 길은 그들의 학문과 기술을 익히는 도리밖에 없다는 것이다. 그러나 매천은 金玉均 등 급진개화파의 주장보다 金弘集·魚允中 등 온건노선을 걷는 개화방안을 찬성하였다. 이것으로 보아 매천 자신은 온건개화노선의 인물로 보인다.

매천은 투철한 역사의식을 가졌다. 『梅泉野錄』을 쓰게 된 동기도 그러한데서 나왔을 것으로 여겨진다. 그리하여 그는 조선왕조대의 史官의 입장에 서서 春秋筆法으로 가혹한 비판을 가하였다. 우리가 본 야록을 높이 평가하는 소이도 여기에 있다.

끝으로 매천이 '新敎育機關을 창설하고 후진 계몽에 전력하였다'[89]라고 한 것으로 보면 그가 新式學校를 창설한 것 같이 보이나 그러한 일은 없었던 것으로 보인다.

※ 이 글은 역자가 1978년 고려대학교부설 아세아문제연구소에서 간행한 『亞細亞研究』(통권 60)에 게재한 논문임.

---

89) 國史編纂委員會, 『韓國獨立運動史』 2, 黃玹, 1966.

찾아보기

(나)

(아)

(파)